HEYNE

Osho

Ego

Von der Illusion zur Freiheit

Zusammengestellt und
aus dem Englischen übersetzt
von Ma Prem Rajmani (Hannelore Müller)

WILHELM HEYNE VERLAG
MÜNCHEN

HEYNE ESOTERISCHES WISSEN
Herausgegeben von Michael Görden
Nr. 13/9820

Dieses Buch erschien in einer früheren Ausgabe unter dem Titel
Das Buch vom Ego

*Sämtliche ausgewählten Texte von Osho
stammen aus spontan gehaltenen Vorträgen,
die überwiegend in Englisch, aber auch in Hindi gehalten,
auf Tonband aufgezeichnet und in
Schriftform übertragen wurden.
Fast alle verwendeten Vorträge sind als Buch
in englischer, einige auch in deutscher Sprache, erschienen.
Die Ziffern am Textende verweisen auf
den Quellennachweis am Ende des Buches.*

Umwelthinweis:
Dieses Buch wurde auf
chlor- und säurefreiem Papier gedruckt.

5. Auflage

Deutsche Erstausgabe 3/2000

www.heyne.de
Printed in Germany 2003
Lektorat: Renate Schilling
Umschlaggestaltung: FranklDesign, München
Umschlagillustration: Art by Osho, Osho International Foundation
Satz: Pinkuin Satz- und Datentechnik, Berlin
Druck und Bindung: Ebner & Spiegel, Ulm

ISBN 3-453-16253-6

Das Ego ist ein Eisberg.
Lass ihn schmelzen.
Lass ihn dahinschmelzen
in tiefer Liebe,
sodass er sich auflöst
und du eins wirst
mit dem Ozean.

Osho

Inhalt

Vorwort

Ein ganzes, dickes Buch über das Ego? Ja – denn das Ego ist im Grunde ein Missverständnis, das aufgeklärt und in seiner ganzen Tiefe verstanden werden muss. Das Ego ist nicht der Sündenbock, wie fast alle spirituellen Traditionen uns einzureden versucht haben. Das Ego ist aber auch nicht der Gipfel der menschlichen Selbstverwirklichung und des Erfolges, wie der vorherrschende Zeitgeist an der Wende zum dritten Jahrtausend uns weismachen will.

»Das Ego des Menschen«, sagt Osho, *»ist der Ursprung all seiner Probleme, aller Kriege, aller Konflikte, aller Eifersucht und allen Neides, aller Ängste und Depressionen. Sich selbst als Versager zu fühlen und sich ständig mit anderen zu vergleichen – das schmerzt jeden. Und es tut furchtbar weh, denn du kannst nicht alles haben. Jemand ist schöner als du – das tut weh. Jemand hat mehr Geld als du – das tut weh. Jemand hat mehr Wissen als du – das tut weh. Da gibt es Millionen Dinge, die dir wehtun. Aber du erkennst nie, dass es gar nicht diese Dinge sind, die dir wehtun – denn mir tun diese Dinge nicht weh. Dir tun sie weh wegen deines Egos.«*

Das Ego ist eine Fiktion. Es existiert überhaupt nicht. Es ist nur eine falsche Vorstellung – die Vorstellung von einem getrennten »Ich«, das unabhängig von allem existiert.

»Alle Erleuchteten, alle Religionen«, sagt Osho, *»sind sich in einer Sache einig. So unterschiedlich ihre Auffassungen in anderen Dingen auch sein mögen – in einer einzigen Sache stimmen sie alle überein: Das Ego trennt den Menschen von der Wirklichkeit. Das Ego ist die einzige Barriere, dieses Gefühl von: ›Ich bin‹. In diesem Punkt sind sich alle einig – Buddha und Christus und Krishna … Und weil alle in diesem Punkt übereinstimmen, scheint mir dies die Grundlage allen religiösen Strebens zu sein. Alles andere ist zweitrangig, aber dieses eine ist wesentlich: Das Ego trennt dich von der Wirklichkeit.«*

Osho nennt das Ego »die menschliche Krankheit«.

Was ist dieses Ego? Worin besteht es und wie entsteht es? Und warum erlangt es eine solche Bedeutung? Wofür brauchen wir das Ego und warum haben wir so viel darin investiert? Worin zeigt es sich und wie geschieht es, dass alle unsere Bemühungen letztlich in Frustration enden? Und wenn es tatsächlich stimmt, dass das Ego uns von der Erfahrung der Wirklichkeit abhält – wie kann man dann ohne Ego leben? Wie gelangt man in den Zustand der Egolosigkeit? Und was soll uns das bringen?

Das Ego ist unser Freund und kein Feind. Es ist uns am nächsten – unser ständiger Begleiter, mit dem wir unser ganzes Leben verbracht haben. Wir haben unser »Ich«, unsere Persönlichkeit, gehegt und gehätschelt, haben uns ständig neue Ziele und Pläne ausgedacht, um es zu nähren und immer größer werden zu lassen, und wir haben uns mit seinen Erfolgen und Misserfolgen identifiziert.

Erst wenn wir oft genug gescheitert sind, sodass wir allmählich die Hoffnung verlieren, unsere ehrgeizigen Pläne und unerschöpflichen Wünsche doch noch zu erfüllen, um endlich das erträumte Glück zu erlangen, erst dann beginnen wir, den ganzen Mechanismus unseres äußeren Strebens nach dem Glück infrage zu stellen. Erst wenn wir das Ego gelebt und in seiner Unersättlichkeit schmerzhaft erfahren haben, werden wir seiner Spiele überdrüssig und erkennen die ganze Sinnlosigkeit dieses Strebens.

Frustration, Schmerz, Verzweiflung, alle unsere Probleme, unsere psychischen und körperlichen Leiden sind die Wegweiser, die uns aus der Illusion des »Ichs« zur Freiheit des wahren Seins führen. Darum ist das Ego unser Freund, denn es weist uns den Weg zur Befreiung.

Diese Befreiung beruht aber nicht auf irgendwelchen Ideologien und Glaubenssystemen – denn jeder Versuch, Freiheit durch politische und gesellschaftliche Veränderungen herbeizuführen, hat sich als gescheitert erwiesen. Wahre Freiheit kann nur durch eine innere Revolution, eine individuelle Transformation des Menschen kommen.

Es ist erstaunlich, wie beharrlich die öffentlichen Diskussionen der immer komplexer und unlösbarer werdenden Probleme, denen sich die ganze Menschheit heute gegenübersieht, an der eigentlichen Ursache vorbeigehen – dem Ego.

Osho legt den Finger direkt auf diese Wunde, und mit Sicherheit ist das der Grund, warum er von den politischen und religiösen Machthabern dieser Welt so sehr angefeindet wurde. Wie kein anderer zeigt er die tief greifenden Zusammenhänge zwischen Ego und Machtstreben, Politik und Minderwertigkeitskomplex, Fanatismus und Denkstruktur, Gewalttätigkeit und Selbstunterdrückung, wirtschaftlicher Ausbeutung und Habgier auf. Am Beispiel von Mahatma Gandhi und Adolf Hitler macht Osho deutlich, wie sehr die Ideologien und Glaubenssysteme unserer ganzen religiösen und politischen Vergangenheit die Menschen daran gehindert haben, ihr wahres menschliches Potenzial zu erkennen und zu verwirklichen. *»Fünftausend Kriege in dreitausend Jahren«* – das ist die traurige Bilanz unserer Geschichte.

Angesichts der drohenden Gefahr des globalen Selbstmordes – sei es durch einen atomaren Weltkrieg, sei es durch Umweltkatastrophen größeren Ausmaßes, sei es durch Bevölkerungskatastrophen mit Hungersnöten, Seuchen, Gewalttätigkeit und unvorstellbarem menschlichem Elend und Leid – sieht Osho nur noch einen Weg, wie die Menschheit der kollektiven Selbstvernichtung entgehen kann: *»Die Alternative«*, sagt er, *»heißt Krieg oder Meditation, globaler Selbstmord oder eine spirituelle Revolution.«*

Die Probleme, mit denen wir uns heute – kollektiv ebenso wie individuell – konfrontiert sehen, lassen sich nur durch einen tief greifenden Bewusstseinswandel lösen.

Osho ist ein Visionär. Manche seiner provokativen Gedanken mögen uns heute als völlig utopisch und unrealisierbar erscheinen, doch geht es ihm darum, den Boden vorzubereiten für den »neuen Menschen«. Sein revolutionärer Beitrag hierzu ist die umfassende »Psychologie der Buddhas« – die Psychologie für das dritte Jahrtausend.

Es war nicht einfach, aus der Fülle von Tausenden von Vorträgen, die Osho über die Jahre vor seinen Schülern und spirituellen Suchern aus der ganzen Welt gehalten hat, eine Auswahl zu treffen, die dem komplexen Thema »Ego«, das unsere ganze Wahrnehmung und unser Verständnis von uns selbst und von der Welt so grundlegend bestimmt, einigermaßen gerecht wird. Zweifellos kann diese Auswahl von spontanen Antworten Oshos nur mein eigenes subjektives Verständnis widerspiegeln – und dieses beschränkt sich auf das Ego. Man möge mir nachsehen, dass ich von dem Zustand der Egolosigkeit, von dem Osho redet, bisher nur »einen blassen Schimmer habe«.

Für dieses Buch sind zum größten Teil Textstellen ausgewählt worden, die bisher nicht in deutscher Sprache vorlagen. Dies möge als Einladung dienen, sich mit Oshos Originalvorträgen intensiver zu beschäftigen, denn sie liefern einen hervorragend dokumentierten Hintergrund für den sich bereits ankündigenden Quantensprung des Bewusstseins, aus dem der »neue Mensch« der Zukunft hervorgehen wird.

Ma Prem Rajmani

München, im November 1999

Einführung

Das Einfache ist keine Herausforderung für das menschliche Ego. Das Schwierige ist eine Herausforderung und das Unmögliche ist eine wirklich große Herausforderung. Die Größe des Egos, das ein Mensch anstrebt, lässt sich an der Herausforderung erkennen, die er annimmt; sie lässt sich an seinem Ehrgeiz ablesen. Aber das Einfache ist nicht attraktiv für das Ego; das Einfache ist der Tod des Egos.

Und so entscheiden wir uns für das Komplizierte, selbst da, wo Kompliziertheit gar nicht angesagt ist, denn je komplizierter etwas ist, umso größer und stärker wird unser Ego. So gelangt es zu immer größerer Wichtigkeit – in der Politik, in der Religion, überall in der Gesellschaft.

Die ganze Psychologie ist darauf aus, das Ego zu stärken. Selbst die Psychologen, diese Toren, behaupten: Man braucht ein starkes Ego! Darum ist die ganze Erziehung nur ein Programm, das mittels Strafe und Belohnung Ehrgeiz erzeugt, um dich in eine bestimmte Richtung zu drängen. Von Anfang an setzen deine Eltern viel zu große Hoffnungen in dich. Sie meinen, sie hätten vielleicht Alexander den Großen zur Welt gebracht und ihre Tochter sei nichts weniger als die reinkarnierte Kleopatra. Von Anfang an wirst du von deinen Eltern konditioniert: Du musst dich beweisen, sonst bist du nichts wert – ein Taugenichts. Ein einfacher Mensch gilt als Einfaltspinsel.

Der einfache Mensch wurde bisher in der menschlichen Gesellschaft nicht als erstrebenswertes Ziel angesehen. Und der einfache Mensch kann auch gar nicht das Ziel sein, weil jeder schon von Geburt an einfach *ist*. Jedes Kind ist einfach, ein unbeschriebenes Blatt. Aber dann beginnen die Eltern, dieses leere Blatt mit allem, was es einmal werden soll, zu beschreiben. Und alle Lehrer und Priester und Führenden trichtern dir ständig ein: Aus dir muss etwas *werden*, sonst vergeudest du dein Leben!

In Wirklichkeit ist es genau andersherum. Du *bist* schon ein Wesen, ein Sein. Du brauchst nichts anderes zu werden. So ist Einfachheit zu verstehen: einfach zu *sein* und sich damit wohl zu fühlen und nicht auf das Geleise des *Werdens* zu geraten, das ins Endlose führt.

Es gibt keine Stelle, an der du je das Gefühl haben könntest: »Jetzt ist meine Reise zu Ende. Ich bin am höchsten Gipfel angelangt, wo ich immer hinwollte.« In der ganzen Menschheitsgeschichte ist noch keiner an diesen Punkt gekommen, aus dem einfachen Grund, weil wir Menschen uns im Kreis bewegen. Irgendjemand ist einem immer in irgendetwas voraus.

Selbst wenn man es schafft, Präsident von Amerika zu werden, fühlt man sich Muhammad Ali dem Großen unterlegen. Mit seinen Bärenkräften kann man sich nicht messen. Wenn Muhammad Ali dem Ronald Reagan eins auf die Nase gibt, liegt Ronald Reagan flach. Und selbst wenn es einem gelänge, Kanzler zu werden, würde man neben Albert Einstein wie ein Winzling aussehen – nicht wie der große Kanzler, sondern wie ein Zwerg.

Das Leben hat viele Dimensionen; man kann unmöglich alle Richtungen verfolgen und überall der Erste sein. Das ist unmöglich; so funktioniert das Leben nicht.

Das Ego ist die menschliche Krankheit.

Die Machthaber wollen, dass ihr krank bleibt. Es liegt nicht in ihrem Interesse, dass ihr gesund und heil seid, denn gesund und heil seid ihr eine Gefahr für ihre Machtinteressen. Darum findet niemand es erstrebenswert, einfach zu sein. Niemand will ein Niemand sein.

Aber das ist mein ganzes Anliegen: Du sollst dich gut fühlen, so wie du bist, und dein Wesen, dein inneres Sein akzeptieren.

Werden ist Krankheit, Sein ist Gesundheit. Aber von dieser Erfahrung hast du noch nie geschmeckt – einfach, heil und ganz, gesund und glücklich zu sein! Das hat dir die Gesellschaft nicht für eine Sekunde gestattet; darum kennst du nur die eine Art zu sein – als Ego. Man hat dir eingeimpft, du müsstest wie Jesus Christus werden. Und in manchen Kulturen haben sogar alle das Ziel, wie Gott zu werden. Was für eine irrsinnige Welt! Aus dieser ganzen Programmierung musst du aussteigen! Wenn du freudig, entspannt und in Frieden leben willst, wenn du dich an der Schönheit dieser Existenz erfreuen willst, musst du aus diesem falschen Ego aussteigen.

Nur das will ich dir wegnehmen. Nur dieses Ego will ich dir nehmen, das ohnehin nur ein Fantasiegebilde ist. Es hat keine Wirklichkeit, darum kann ich dir eigentlich auch gar nichts wegnehmen. Und ich will dir dein Sein geben. Aber natürlich brauche ich es dir nicht zu geben – du hast es ja schon! Man muss dich nur ein bisschen schütteln, damit du aufwachst zur unbeschreiblichen Schönheit deiner Unschuld.

Es gibt nichts zu verlieren. Du rennst bloß hinter Schatten her, die du niemals einholen kannst, und darüber vergisst du die ganzen Schätze, die du in diese Welt mitgebracht hast. Bevor dein Ego zu seiner Erfüllung kommen kann, setzt der Tod einen Schlussstrich. Das Leben ist viel zu kurz, als dass du es mit einem so törichten Spiel wie dem Ego vergeuden solltest.

Und es ist nur eine Frage des Verstehens. *(1)*

1. KAPITEL
Ego

Was ist das Ego?

Das Ego ist das genaue Gegenteil von deinem wahren Selbst. Das Ego, das bist nicht du. Das Ego ist eine Täuschung, die dir von der Gesellschaft gegeben wurde, damit du ein Spielzeug hast, das dich beschäftigt hält und dich nie nach der Wahrheit fragen lässt. Darum betone ich immer wieder: Ihr könnt erst erkennen, wer ihr wirklich seid, wenn ihr das Ego aufgebt.

Als du geboren wurdest, hattest du noch dein authentisches Selbst. Aber dann hat man angefangen, ein falsches Selbst in dir zu erzeugen: »Du bist ein Christ, ein Katholik, ein Weißer, ein Deutscher! Du gehörst zu Gottes auserwähltem Volk! Du bist einer von denen, die über die Welt herrschen sollen!« – und so weiter und so fort. Man erzeugt in dir eine falsche Vorstellung davon, wer du bist. Man gibt dir einen Namen und mit diesem Namen verknüpft man Ehrgeiz und alle möglichen anderen Konditionierungen.

Nach und nach, und darüber vergeht fast ein Drittel deines Lebens, wird so dein Ego aufgebaut: durch Schule, Kirche, Ausbildung, Universität. Und bis du dann endlich von der Universität kommst, hast du dein natürliches, unschuldiges Wesen völlig vergessen. Dann hast du dir ein überdimensionales Ego erworben, mit allen möglichen Titeln und Auszeichnungen, *summa cum laude.* Jetzt bist du bereit, in die Welt hinauszugehen.

Dieses Ego enthält alle deine Wünsche und Ambitionen; es will bei allem immer an der Spitze sein. Dieses Ego beutet dich aus und gestattet dir nie auch nur einen flüchtigen Blick auf dein wahres, authentisches Selbst. Aber darin liegt dein wahres Leben, in deiner Echtheit.

So erzeugt dieses Ego nichts als Unglück und Leid, Kampf und Frustration, Geistesverwirrung, Selbstmord, Mord, alle möglichen Verbrechen.

Wer die Wahrheit sucht, muss genau an diesem Punkt anfangen: Alles, was die Gesellschaft dir eingeredet hat, dass du seist – verwirf es! Das alles bist du mit Sicherheit *nicht*, denn außer dir kann niemand wissen, wer du bist – weder die Eltern noch die Lehrer noch die Priester. Außer dir hat niemand Zutritt zur Privatsphäre deines Wesens. Deshalb kann keiner wissen, wer du bist. Alles, was man dir über dich erzählt hat, ist falsch.

Weise es von dir. Demontiere dieses ganze Ego! Und indem du das Ego auseinander nimmst, wirst du dein wahres Sein entdecken. Diese Entdeckung ist die großartigste Entdeckung überhaupt, denn damit beginnt eine völlig neue Pilgerreise – zur höchsten Seligkeit, zum ewigen Leben.

Du kannst wählen: entweder Frustration, Leid, Unglück – dann halte an deinem Ego fest und gib ihm ständig Nahrung. Oder Frieden, Stille, Glückseligkeit – aber dafür musst du deine Unschuld wieder entdecken. *(2)*

Das Kind wird ohne Ego geboren. Das Ego wird ihm erst von der Gesellschaft beigebracht, von der Religion, von seinem Kulturkreis. Vielleicht ist dir schon mal an kleinen Kindern aufgefallen – sie sagen nicht: »Ich habe Hunger.« Wenn das Kind Peter heißt, sagt es: »Peter hat Hunger.« »Peter muss aufs Klo.« Das Kind hat noch kein Gefühl von »Ich«. Es spricht von sich selbst in der dritten Person. Peter – so nennen es die Leute, also nennt es sich selbst auch Peter. Doch eines Tages, wenn es ein bisschen größer geworden ist, bringt man ihm bei: »Das ist nicht richtig! Peter – so sagen die anderen zu dir. Du musst aufhören, dich selbst Peter zu nennen. Du bist eine eigenständige Persönlichkeit; du musst lernen, ›ich‹ zu sagen.«

An dem Tag, an dem aus Peter »ich« wird, verliert er die

Wirklichkeit des Seins und stürzt in das abgrundtiefe, dunkle Loch einer Halluzination. Sobald er anfängt, »ich« zu sagen, kommt eine völlig andere Energie ins Spiel. Von nun an will dieses Ich wachsen, will es groß werden, will es dies und das. Es will immer höher hinaus in der Welt der Hierarchien, will sein Territorium immer weiter ausdehnen.

Wenn jemand ein größeres Ich hat als du, erzeugt es in dir einen Minderwertigkeitskomplex. Dann wirst du alles unternehmen, um besser, größer, wertvoller zu sein als der andere. Nun dreht sich alles in deinem Leben nur noch um diese eine törichte Sache, die in Wirklichkeit gar nicht existiert. Du wandelst auf einem Traumpfad. Nun wirst du immer so weitermachen und trachten, dass dein Ich größer und größer wird. Und daraus entstehen fast alle deine Probleme.

Selbst Alexander der Große hatte enorme Probleme. Sein Ich wollte sich als Welteroberer sehen, und beinahe gelang es ihm auch, die Welt zu erobern. Ich sage »beinahe«, aus zwei Gründen: Erstens war damals die halbe Welt noch nicht bekannt, Amerika war noch unbekannt. Und zweitens kam er zwar bis Indien, konnte es aber nicht erobern; er musste an den Grenzen umkehren.

Er war noch nicht alt, erst dreiunddreißig, doch diese dreiunddreißig Jahre waren ein einziges Kämpfen und Kämpfen und Kämpfen. Er war krank geworden und all des Kämpfens und Tötens, des Mordens und Hinschlachtens müde. Jetzt wollte er nach Hause zurückkehren und sich ausruhen, aber das war ihm nicht vergönnt. Er kam nicht mehr bis in seine Heimatstadt Athen. Einen Tag, bevor er Athen erreichte, starb er; Athen war nur noch eine Tagesreise entfernt.

Nach der Erfahrung seines ganzen Lebens – immer reicher und größer, immer mächtiger und mächtiger zu werden – nun diese totale Hilflosigkeit zu erleben! Dass er nicht einmal in der Lage war, den Tod um vierundzwanzig Stunden hinauszuzögern! Er hatte seiner Mutter versprochen, wenn er die Welt erobert hätte, würde er zurückkommen und ihr die ganze Welt zu Füßen legen. Das hatte noch kein Sohn für seine Mutter getan; was er vorhatte, war noch nie da gewesen!

Doch nun, umringt von den allerbesten Ärzten, fühlte er seine Ohnmacht. Sie sagten ihm alle: »Du wirst es nicht überleben. Diese vierundzwanzigstündige Reise wäre dein Ende! Es ist besser, du ruhst dich hier aus, dann hast du vielleicht eine Chance. Aber du solltest nicht weiterziehen. Und selbst wenn du hier bleibst, haben wir nicht allzu viel Hoffnung – du bist ein Ertrinkender. Du kommst immer näher – aber nicht der Heimat, sondern dem Tod, nicht der Heimat, sondern dem Grab. Und wir können überhaupt nichts tun. Krankheiten können wir heilen, aber den Tod können wir nicht heilen. Und es ist keine Krankheit; du bist wie ausgebrannt. In diesen dreiunddreißig Jahren hast du deine ganze Lebensenergie aufgebraucht im Kampf gegen dieses und jenes Volk. Du hast dein Leben verschwendet. Es ist keine Krankheit. Du hast nur deine Lebensenergie verausgabt, sinnlos verausgabt.«

Alexander war ein intelligenter Mensch, Schüler des großen Logikers und Philosophen Aristoteles, der sein Privatlehrer war. Und er starb, bevor er die Hauptstadt erreichte. Bevor er starb, sagte er zu seinem Feldmarschall: »Dies ist mein letzter Wunsch, und ihr müsst ihn mir erfüllen.« Was war sein letzter Wunsch? Ein sonderbarer Wunsch. Er lautete: »Wenn mein Sarg zu Grabe getragen wird, lasst meine Hände aus dem Sarg heraushängen.«

Sein Feldmarschall sagte: »Was soll das für ein Wunsch sein? Man lässt die Hände immer im Sarg. Wer hätte je davon gehört, dass man einen Sarg zu Grabe trug, bei dem die Hände heraushingen!«

Alexander sagte: »Mein Atem reicht nicht mehr, es dir zu erklären, also kurz: Ich will der Welt zeigen, dass ich mit leeren Händen gehe. Ich hatte erwartet, immer größer und größer, reicher und reicher zu werden, aber tatsächlich wurde ich immer ärmer und ärmer. Als ich geboren wurde, kam ich mit geschlossenen Fäusten, als hielte ich etwas fest. Aber im Angesicht des Todes kann ich nicht mit geschlossenen Fäusten gehen.«

Für geschlossene Fäuste braucht man Leben, Energie. Kein Mensch stirbt je mit geschlossenen Fäusten. Wer ist da, um sie zu schließen? Ein Toter ist nicht mehr da. Die ganze Energie hat ihn verlassen, und die Hände öffnen sich von selbst.

»Lass es alle wissen: Alexander der Große stirbt mit leeren Händen wie ein Bettler.«

Soviel ich sehen kann, hat niemand etwas daraus gelernt. Die Menschen, die nach Alexander gekommen sind, haben es genauso gemacht wie er, auf ihre Weise.

Das Ego des Menschen ist der Ursprung all seiner Probleme, aller Kriege, aller Konflikte, aller Eifersucht und allen Neides, aller Ängste und Depressionen. Sich selbst als Versager zu fühlen und sich ständig mit anderen zu vergleichen – das schmerzt jeden. Und es tut furchtbar weh, denn du kannst nicht alles haben.

Jemand ist schöner als du – das tut weh. Jemand hat mehr Geld als du – das tut weh. Jemand hat mehr Wissen als du – das tut weh. Da gibt es Millionen Dinge, die dir wehtun. Aber du erkennst nie, dass es gar nicht diese *Dinge* sind, die dir wehtun – denn mir tun diese Dinge nicht weh. Dir tun sie weh wegen deines Egos.

Das Ego zittert ständig vor Angst, weil es ganz genau weiß, dass es bloß ein Kunstprodukt ist – ein künstlich geschaffenes Mittel der Gesellschaft, dich auf Trab zu halten und dich hinter Schatten herlaufen zu lassen.

Dieses Spiel des Egos, immer höher und höher hinauszugelangen, ist Politik.

Das Ego und all seine Spiele ... Die Ehe ist ein solches Spiel, Geld ist ein Spiel, Macht ist ein Spiel. All diese Spiele sind Egospiele. Die ganze Gesellschaft hat bisher immer nur diese Spiele gespielt; auf der ganzen Welt spielt sich ein ständiger olympischer Wettkampf ab. Alle erkämpfen sich ihren Weg nach oben, und jeder versucht, dem anderen ein Bein zu stellen, denn auf dem Gipfel des Mount Everest ist nicht genug Platz für alle.

Es ist ein halsbrecherisches Wettrennen. Und es wird von solcher Wichtigkeit für dich, dass du total vergisst, dass dir dieses Ego von der Gesellschaft, von all deinen Lehrmeistern eingeimpft wurde. Von der Krabbelstube bis zur Universität sind alle fortwährend damit beschäftigt, dein Ego zu stärken! Und je mehr Titel du deinem Namen voranstellen kannst, umso größer und bedeutender und wichtiger fühlst du dich.

Das Ego ist die größte Lüge. Aber du hast sie als Wahrheit akzeptiert.

Doch das liegt ganz im Interesse derjenigen, die an der Macht sind, denn wenn sich jeder bewusst würde, dass er auch ohne Ego sein kann, würde dieses olympische Gerangel auf der ganzen Welt zum Stillstand kommen. Dann würde niemand mehr den Mount Everest bezwingen wollen; jeder wäre mit dem Platz zufrieden, an dem er sich befindet.

Und die Menschen würden sich freuen.

Das Ego hält dich auf Warteposition: Ja, morgen, wenn du erfolgreich bist, wirst du dich freuen! Aber jetzt musst du natürlich erst leiden, du musst ein Opfer bringen. Wenn du morgen Erfolg haben willst, musst du heute dafür Opfer bringen. Du musst dir den Erfolg erst verdienen. Und dafür bist du zu allen möglichen Verrenkungen bereit. Es ist nur eine Frage einer kurzen Zeit des Leidens, und dann wirst du jubilieren. Aber das Morgen trifft nie ein; es ist noch nie eingetroffen.

Morgen bedeutet nichts anderes als das, was nie eintrifft. Es bedeutet, das Leben aufzuschieben. Es ist eine fantastische Strategie, um dein Leiden fortzusetzen.

Das Ego kann sich nicht in der Gegenwart freuen. Es kann überhaupt nicht in der Gegenwart existieren; es kann nur in der Zukunft, in der Vergangenheit existieren – in dem, was nicht ist. Die Vergangenheit ist nicht mehr, die Zukunft ist noch nicht. Beides existiert nicht. Das Ego kann nur in dem existieren, was nicht existiert, weil es selbst nicht existiert.

Im reinen Augenblick der Gegenwart wirst du kein Ego in dir finden – nur eine stille Freude, ein stilles, reines Nichts. *(3)*

Die Vorstellung, ein eigenes Zentrum zu haben, ist die Wurzel des Egos. Wenn ein Kind auf die Welt kommt, hat es noch kein eigenes Zentrum. Während der neun Monate im Bauch der Mutter ist das Zentrum der Mutter auch das Zentrum des Kindes; es funktioniert noch nicht getrennt. Dann wird das Kind geboren. Nun wird es zweckmäßig, sich als eigenes Zentrum zu begreifen, weil das Leben sonst sehr schwierig wäre, nahezu unmöglich.

Um zu überleben und im Lebenskampf bestehen zu können, braucht jeder Mensch eine gewisse Vorstellung, wer er ist. Aber niemand hat eine Vorstellung und tatsächlich kann auch niemand eine Vorstellung davon haben – denn im innersten Wesenskern bist du ein Mysterium. Du kannst keine Vorstellung davon haben. In deinem tiefsten, innersten Wesenskern bist du nicht individuell; dort bist du universell.

Wenn man daher Buddha fragt: »Wer bist du?«, wird er schweigen und nicht antworten. Er kann darauf keine Antwort geben, weil er nicht mehr getrennt ist. Er ist das Ganze geworden. Doch im alltäglichen Leben muss auch Buddha das Wort »ich« gebrauchen. Wenn er durstig ist, wird er sagen: »Ich bin durstig. Bringe mir Wasser, Ananda, ich habe Durst.« Er wird weiter das alte, sinnvolle Wörtchen »ich« gebrauchen. Es ist durchaus sinnvoll – zwar bloß eine Fiktion, aber trotzdem sinnvoll. Doch viele Fiktionen sind sinnvoll.

Zum Beispiel dein Name. Auch er ist eine Fiktion. Du bist ohne Namen auf die Welt gekommen, hast keinen Namen mitgebracht; deinen Namen hat man dir erst gegeben. Und durch die ständige Wiederholung fängst du an, dich mit ihm zu identifizieren. Aber es ist eine Fiktion. Doch wenn ich sage, es ist eine Fiktion, meine ich nicht, dass es unnötig sei.

Es ist eine notwendige Fiktion, es ist zweckmäßig. Wie würdest du sonst mit anderen kommunizieren? Wenn du jemandem einen Brief schreiben willst, an wen würdest du ihn adressieren?

Ein kleiner Junge schrieb einen Brief an den lieben Gott. Die Mutter war krank, und nun war der Vater gestorben und sie hatten kein Geld. So bat er den lieben Gott um fünfzig Rupien.

Als der Brief bei der Post ankam, waren die Leute ratlos – was sollte man mit so einem Brief anfangen? Wohin sollte man ihn schicken? Als Adresse stand da einfach: »An den lieben Gott«. Sie öffneten den Brief, und weil sie mit dem kleinen Jungen Mitleid hatten, beschlossen sie, für ihn zu sammeln und ihm das Geld zu schicken. Es kam einiges zusammen. Er hatte um fünfzig Rupien gebeten, aber schließlich waren es nur vierzig.

Nach einer Weile kam wieder so ein Brief, an Gott adressiert, und diesmal hatte der Junge geschrieben: »Lieber Gott! Wenn du mir das nächste Mal Geld schickst, dann schicke es bitte direkt an mich und nicht über das Postamt. Die haben sich zehn Rupien als Provision behalten!«

Ohne Namen wäre es schwierig. Obwohl eigentlich in Wirklichkeit niemand einen Namen hat … aber er ist eine wunderbare Erfindung, sehr praktisch. Namen sind notwendig, damit man dich anreden kann. Das »Ich« ist notwendig, damit du dich selbst irgendwie benennen kannst – aber im Grunde ist es nur eine Fiktion, eine Erfindung. Wenn du tief in dich hineinschaust, wirst du es sehen: Dein Name verschwindet, die ganze Vorstellung von »Ich« verschwindet. Was übrig bleibt, ist nur noch »bin« – Ist-heit, Existenz, reines Sein.

Und dieses Sein kennt keine Trennungen; es gehört weder dir noch mir. Es ist das gleiche Sein, das allem innewohnt: den Felsen, Flüssen, Bergen, Bäumen – alles ist darin enthalten. Es ist allumfassend; nichts ist davon ausgenommen. Die ganze Vergangenheit, die ganze Zukunft, dieses unermesslich große Universum – alles ist darin enthalten.

Je tiefer du in dich selbst hineinschaust, umso klarer wirst du sehen, dass es so etwas wie Personen gar nicht gibt, dass es Individuen gar nicht gibt. Alles, was existiert, ist universelles Sein. Nur an der Oberfläche haben wir einen Namen, ein Ego, eine Identität. Doch wenn wir den Sprung von der Oberfläche ins Zentrum machen, verschwindet jegliche Identität.

Das Ego ist lediglich eine nützliche Fiktion. Benutze sie, aber lass dich davon nicht täuschen. *(4)*

Funktionieren wir immer durch das Ego oder gibt es auch Augenblicke, in denen wir frei davon sind?

Weil das Ego eine Fiktion ist, gibt es auch Augenblicke, in denen du frei davon bist. Weil es eine Fiktion ist, kann es nur so lange bestehen, wie du es aufrechterhältst. Eine Fiktion muss ständig aufrechterhalten werden. Die Wahrheit braucht man nicht aufrechtzuerhalten, das ist das Schöne an der Wahrheit, aber eine Fiktion ... Man muss sie laufend anmalen und muss sie immer wieder an verschiedenen Stellen abstützen, weil sie sonst ständig einzustürzen droht. Kaum hat man es geschafft, sie an der einen Stelle zu stützen, beginnt sie an einer anderen Stelle zusammenzubrechen.

Und das tun die Menschen ihr ganzes Leben lang: Sie versuchen, dieser Fiktion den Anstrich der Wahrheit zu geben. Habe mehr Geld! Dann kannst du ein größeres Ego haben, ein etwas stabileres Ego als ein Armer. Der Arme hat ein schwaches Ego; er kann sich ein dickeres Ego gar nicht leisten. Werde Premierminister oder Präsident eines Landes! Dann kann sich dein Ego extrem aufblähen; dann wandelst du nicht mehr auf dieser Erde!

Unser ganzes Leben, dieses ganze Streben nach Geld, Macht, Ansehen, diesem und jenem, ist nichts als der Versuch, immer neue Stützen, immer neue Krücken zu finden, um die Fiktion irgendwie am Laufen zu halten. Und dennoch weißt du die ganze Zeit, dass der Tod näher kommt. Was immer du auch hervorbringst, der Tod wird es vernichten. Aber trotzdem hoffst du weiter, gegen alle Hoffnung: Vielleicht sterben alle anderen, nur du nicht.

Und in gewisser Weise stimmt das auch, denn du hast immer nur erlebt, dass andere sterben. Du hast nie erlebt, dass du selber stirbst. Darum erscheint es dir wahr und auch logisch. Hier stirbt einer, dort stirbt einer, aber *du* stirbst nie! Du bleibst immer übrig, voll Bedauern, und begleitest die Toten auf den Friedhof, um ihnen Lebewohl zu sagen. Und anschließend gehst du wieder nach Hause.

Lass dich davon nicht täuschen, denn all diese Leute haben es genauso gemacht. Keiner ist eine Ausnahme. Der Tod kommt und zerstört die ganze Fiktion – deinen Namen, deinen Ruhm. Der Tod kommt und löscht einfach alles aus. Nicht einmal Fußspuren bleiben zurück. Alles, was wir in unserem Leben hervorbringen, ist geradeso, als würde man auf Wasser schreiben – nicht mal auf Sand, sondern auf Wasser. Man ist noch nicht mal mit dem Schreiben fertig, da ist es schon wieder verschwunden. Man kann es nicht mal lesen. Noch bevor man es lesen konnte, hat es sich schon wieder verflüchtigt.

Aber trotzdem machen wir immer so weiter und bauen an unseren Luftschlössern. Weil das Ego eine Fiktion ist, muss es ständig aufrechterhalten werden, braucht es ständig Aufmerksamkeit, Tag und Nacht. Aber niemand kann vierundzwanzig Stunden lang ununterbrochen aufmerksam sein. Darum gibt es manchmal, trotz all deiner Bemühungen, Augenblicke, in denen du einen Schimmer der Wirklichkeit erhaschst, ohne dass das Ego als Barriere im Weg steht.

Ohne den Filter des Egos gibt es solche Augenblicke – wohlgemerkt, ohne dein Zutun. Jeder Mensch hat gelegentlich solche Lichtblicke.

Zum Beispiel in der Nacht, wenn du in tiefen Schlaf fällst und der Schlaf eine solche Tiefe erreicht, dass nicht einmal mehr Träume da sind: Dann ist auch das Ego nicht mehr da; sämtliche Fiktionen verschwinden. Der tiefe, traumlose Schlaf ist eine Art kleiner Tod.

Im traumlosen Schlaf ist das Ego vollständig verschwunden, denn wie könnte die Fiktion aufrechterhalten werden, wenn keine Gedanken und Träume da sind? Der traumlose Schlaf macht aber nur einen Bruchteil aus. Von acht Stunden gesundem Schlaf sind es nicht mehr als zwei Stunden, aber in diesen zwei Stunden regenerierst du dich. Wenn du zwei Stunden tiefen, traumlosen Schlaf haben kannst, fühlst du dich am Morgen wieder wie neu, frisch und lebendig. Das Leben ist wieder aufregend, der neue Tag ein Geschenk. Alles erscheint dir neu, weil *du* neu bist. Und alles erscheint dir gut, weil du dich so gut fühlst.

Was geschieht in diesen zwei Stunden, während du im Tiefschlaf bist, im traumlosen Schlaf, *Sushupti*, wie Yoga und Patanjali* diesen Zustand nennen? Das Ego verschwindet. Und durch das Verschwinden des Egos wirst du erfrischt, verjüngt. Durch das Verschwinden des Egos bekommst du, wenn auch völlig unbewusst, eine Kostprobe des Göttlichen. Laut Patanjali besteht kein großer Unterschied zwischen *Sushupti*, dem traumlosen Schlaf, und *Samadhi*, dem höchsten Zustand des Buddhabewusstseins – kein allzu großer Unterschied, aber es gibt einen: Der Unterschied liegt in der Bewusstheit. Im traumlosen Schlaf bist du unbewusst, in *Samadhi* bist du voll bewusst, aber es ist der gleiche Zustand. Du tauchst ein in das Göttliche, in das universelle Zentrum. Du verschwindest von der Peripherie und gehst ins Zentrum. Und dieses Eintauchen ins Zentrum ist es, was dich so erfrischt.

Weil das Ego eine Fiktion ist, verschwindet es manchmal. Und die wichtigste Zeit dafür ist der traumlose Schlaf. Darum achte auf deinen Schlaf; er ist sehr wertvoll. Du solltest ihn unter keinen Umständen versäumen.

Die zweite wichtige Quelle für die Erfahrung der Egolo-

---

* Begründer der Yoga-Wissenschaft

sigkeit ist Sex, ist die Liebe. Diese Quelle ist von den Priestern kaputtgemacht worden. Sie haben Sex so sehr verurteilt, dass diese großartige Erfahrung dabei nicht mehr gemacht wird. Weil man Sex über so lange Zeit verteufelt hat, ist das Denken der Menschen konditioniert worden. Selbst wenn sie sich lieben, haben sie tief im Inneren das Gefühl, etwas Unrechtes zu tun. Irgendwo lauern immer Schuldgefühle. Und das gilt noch ganz genauso für die heutigen Menschen, für die modernen Leute, auch für die jüngere Generation.

An der Oberfläche mögt ihr gegen die Gesellschaft revoltiert haben, an der Oberfläche mögt ihr jetzt Nonkonformisten sein, aber diese Dinge reichen sehr viel tiefer! Das ist keine Sache, die man durch eine oberflächliche Revolution bereinigen könnte. Ihr könnt euch die Haare lang wachsen lassen, aber das wird nicht viel bringen. Ihr könnt Hippies werden und aufhören, euch zu waschen, aber das wird nicht viel bringen. Ihr könnt in jeder Hinsicht zu Aussteigern werden, aber das wird nicht wirklich etwas bringen – denn diese Dinge sind so tief gegangen, dass alles andere nur an der Oberfläche kratzt.

Jahrtausendelang hat man uns eingeredet, dass Sex die größte Sünde sei. Das ist uns ins Blut, in die Knochen, ja bis ins Mark gedrungen. Selbst wenn dein Bewusstsein sich darüber im Klaren ist, dass am Sex nichts verkehrt ist, wird dein Unterbewusstsein dich immer auf Distanz halten, ängstlich und schuldbeladen, und du wirst dich nie total darauf einlassen können.

Wenn du im Sex total sein kannst, verschwindet das Ego, denn auf dem Höhepunkt, am höchsten Gipfel des Liebesaktes, bist du reine Energie. Dann kann das Denken nicht mehr funktionieren. Es erfasst dich eine solche Welle von Energie, dass der Verstand die Kontrolle verliert und nicht mehr weiß, was er tun soll. In gewöhnlichen Situationen ist er perfekt imstande zu funktionieren, aber wenn etwas völlig Neues, etwas sehr Vitales passiert, kommt er zum Stillstand. Und Sex ist die vitalste Sache überhaupt.

Wenn du in der Liebe tief gehen kannst, verschwindet das Ego. Das ist das Schöne an der körperlichen Liebe, dass sie eine weitere Quelle ist, durch die du einen Schimmer des Göttlichen erhaschen kannst, genau wie im Tiefschlaf – aber diese Erfahrung ist noch wertvoller, weil du nicht unbewusst bist wie im Tiefschlaf. Im Sex bist du bewusst, bei vollem Bewusstsein – aber ohne den Verstand.

Aus dieser Möglichkeit entstand die großartige Wissenschaft des Tantra, während Patanjali und Yoga mit dem Tiefschlaf arbeiteten. Sie wählten diesen Weg – den Tiefschlaf in einen bewussten Zustand zu transformieren, in dem man erkennen kannt, wer man ist und was das Zentrum ist. Tantra hingegen wählte die Sexualität als Fenster zu Gott.

Der Weg des Yoga ist sehr lang, denn es ist sehr mühsam, den unbewussten Schlaf in Bewusstheit umzuwandeln. Das kann viele Leben dauern … Doch Tantra wählte den kürzeren Weg, den kürzesten – und noch dazu angenehmsten! Beim Liebesakt kann sich das Fenster öffnen. Dazu müsst ihr nur die Konditionierungen, die ihr von den Priestern bekommen habt, mit der Wurzel ausreißen. Die Priester haben euch konditioniert, damit sie selbst Mittelsmänner sein können, Vermittler zwischen euch und Gott, und damit konnten sie eure direkte Verbindung zu Gott durchtrennen. Natürlich brauchtet ihr dann jemanden, der diese Verbindung wieder herstellte, und so konnte der Priester mächtig werden. Daraus haben die Priester seit Menschengedenken ihre Macht bezogen.

Wer euch mit der Macht, mit der wahren Macht, in Kontakt zu bringen vermag, der wird mächtig. Gott ist die wahre Macht, die Quelle aller Macht. Und darum waren die Priester seit jeher so mächtig – mächtiger als die Könige. Heute nehmen die Wissenschaftler den Platz der Priester ein, denn nun sind sie es, die wissen, wie man die Türen zu der Macht, die in der Natur verborgen ist, entriegeln kann. Die Priester wussten, wie sie euch mit Gott in Verbindung bringen konnten, und die Wissenschaftler wissen, wie sie euch mit der Natur in Verbindung bringen können. Aber zuerst mussten die Priester eure Verbindung unterbrechen, damit ihr keine private, individuelle Verbindung zu Gott beibehalten konntet. Sie haben eure inneren Quellen verdorben, haben sie vergiftet. Sie wurden sehr mächtig, doch die ganze Menschheit wurde lustlos, lieblos und schuldbeladen.

Ihr müsst diese Schuldgefühle völlig loslassen. Wenn ihr euch liebt, macht es zu einer andächtigen, meditativen, göttlichen Erfahrung. Wenn ihr euch liebt, macht aus eurem Schlafzimmer einen Tempel, einen heiligen Ort. Sex sollte keine eilige Sache sein. Ihr müsst tiefer hineingehen, müsst es auskosten – so langsam und so andächtig wie nur möglich –, dann werdet ihr euch wundern! Dann habt ihr den Schlüssel.

Gott hat euch nicht in diese Welt geschickt, ohne euch ein paar Schlüssel zu geben. Aber diese Schlüssel wollen benutzt werden; man muss sie nur ins richtige Schloss stecken und umdrehen.

Die Liebe ist also eines jener Phänomene – und eines der machtvollsten –, bei denen das Ego verschwindet. Du wirst bewusst, total bewusst, pulsierende Energie. Du hörst auf, ein Individuum zu sein, und gehst auf in der Energie des Ganzen.

Lass dies allmählich zu deiner ganzen Lebensart werden. Du kannst das, was du auf dem Höhepunkt der Liebe erlebt hast, zu einer inneren Disziplin werden lassen – nicht nur als einmalige Erfahrung, sondern als ständiges Gewahrsein. Du kannst bei allem, was du tust, und überall, wo du hingehst – beim Spazierengehen frühmorgens, wenn die Sonne aufgeht – das gleiche Gefühl haben und das gleiche Einswerden mit der Existenz erleben. Oder wenn du auf der Erde liegst, über dir der Sternenhimmel, kannst du das gleiche Einswerden wieder erleben. Lege dich auf die Erde und fühle dich eins mit ihr.

So kann die Liebe, kann Sex dich mit der Zeit lehren, wie du mit der ganzen Existenz in liebevoller Hingabe verschmelzen kannst. Dann wirst du erkennen, dass das Ego eine Fiktion ist, und dann kannst du es als Fiktion benutzen.

Und wenn du es als Fiktion benutzt, kann es dir nicht mehr gefährlich werden.

Es gibt noch andere Augenblicke, in denen das Ego von selbst verschwindet – etwa in Momenten großer Gefahr: Du fährst Auto und plötzlich erkennst du, dass gleich ein Unfall passieren wird. Du hast die Kontrolle über den Wagen verloren und es scheint keine Möglichkeit mehr zu geben, dich zu retten. Der Zusammenstoß mit einem Baum oder einem entgegenkommenden Lastwagen scheint unausweichlich, der Sturz in einen Fluss absolut sicher. In solchen Augenblicken verschwindet plötzlich das Ego.

Daher hat es auch eine große Faszination, sich gefährlichen Situationen auszusetzen. Die Leute besteigen den Mount Everest. Das ist eine tiefe Meditation, ob sie es nun so sehen oder nicht. Bergsteigen hat eine tiefere Bedeutung: Berge zu besteigen ist riskant – je riskanter, desto schöner. Man kann dabei großartige Augenblicke erleben, Momente der Egolosigkeit. Wenn man der Gefahr besonders nahe kommt, bleibt der Verstand stehen. Der Verstand kann nur denken, wenn du nicht in Gefahr bist. Bei Gefahr fällt ihm nichts mehr ein. Gefahr macht dich spontan und in dieser Spontaneität erkennst du plötzlich, dass du nicht das Ego bist.

Oder – und das gilt vielleicht für andere, denn jeder ist anders – wenn du Sinn für Ästhetik hast, kann Schönheit dir die Türen öffnen. Du siehst eine schöne Frau, einen schönen Mann vorübergehen, und für einen kurzen Moment erlebst du das Aufblitzen von Schönheit – und plötzlich ist das Ego verschwunden! Du bist überwältigt.

Oder du siehst eine Seerose auf einem Teich ... oder einen Sonnenuntergang ... oder einen Vogel im Flug ... Alles, was dich in deiner Empfindsamkeit berührt, alles, was für einen Moment so tief von dir Besitz ergreift, dass du dich selbst vergisst ... Du bist und gleichzeitig bist du nicht. Du bist ganz außer dir, selbstvergessen – in diesen Momenten entgleitet dir das Ego. Es ist eine Fiktion und du musst es ständig aufrechterhalten. Wenn du es für einen Moment vergisst, entgleitet es dir.

Und es ist gut, dass es solche Momente gibt, in denen dir das Ego entgleitet und du einen Schimmer der Wirklichkeit erhaschen kannst. An diesen lichtvollen Momenten liegt es, dass die Religion noch nicht ganz gestorben ist, nicht an den Priestern, denn sie haben alles dazu getan, um sie abzutöten, und auch nicht an den so genannten religiösen Leuten, die in die Kirche oder in die Moschee oder in den Tempel gehen, denn sie sind überhaupt nicht religiös, sie tun nur so.

Die Religion ist noch nicht gestorben, weil es diese seltenen Augenblicke gibt, die fast jeder schon mal erlebt hat.

Achte mehr auf diese Augenblicke, nimm ihren Duft in dich auf. Lass immer öfter solche Augenblicke zu und schaffe Situationen, in denen sie passieren können.

Das ist der richtige Weg, um das Göttliche zu finden. Ohne Ego zu sein bedeutet, in Gott zu sein. *(5)*

Es gibt in dir drei Ichs: Das erste Ich, das ist die Persönlichkeit. Das Wort Persönlichkeit stammt aus der griechischen Wurzel *persona*. Im griechischen Drama verwendete man Masken, und durch die Maske hindurch ertönte die Stimme. *Sona* heißt Stimme, Klang, und *per* bedeutet durch. Das wahre Gesicht kennt man nicht; man weiß nicht, wer der Schauspieler in Wirklichkeit ist. Da ist nur die Maske und durch die Maske hindurch ertönt die Stimme. Sie scheint aus der Maske zu kommen, aber das wahre Gesicht kennt man nicht. Dieses Wort Persönlichkeit ist wirklich schön; es stammt aus dem griechischen Drama. So kam es zustande.

Im griechischen Drama hatte jeder nur eine Maske, aber du hast viele Masken – Masken über Masken, wie die Schalen einer Zwiebel. Wenn du eine Maske ablegst, ist dahinter eine andere, und wenn du diese ablegst, ist dahinter die nächste. Und so kannst du immer weiter graben – du wirst dich wundern, wie viele Gesichter du hast. Unzählige! Du sammelst sie schon seit vielen Leben. Und jede erfüllt ihren Zweck, weil du dich so oft verändern musst.

Wenn du mit einem Untergebenen redest, kannst du nicht das gleiche Gesicht aufsetzen, wie wenn du mit deinem Vorgesetzten redest. Und womöglich sind beide im selben Raum anwesend. Wenn du mit dem Untergebenen redest, trägst du die eine Maske, und wenn du deinen Vorgesetzten anschaust, setzt du eine andere Maske auf. Du wechselst ständig die Masken. Das geschieht fast automatisch. Du brauchst gar nichts zu tun; es ändert sich von selbst. Wenn du den Chef anschaust, lächelst du. Und wenn du den Untergebenen anschaust, verschwindet das Lächeln und du wirst hart – genauso hart, wie der Chef zu dir ist. Doch wenn er *seinen* Chef anschaut, dann lächelt er.

Es kann vorkommen, dass du in einem kurzen Augenblick dein Gesicht viele Male wechselst. Man muss schon sehr aufmerksam sein, um erkennen zu können, wie viele Gesichter man hat. Unzählige. Man kann sie nicht zählen.

Das ist also dein erstes Ich, das falsche Ich. Man kann es auch »Ego« nennen.

Es ist dir von der Gesellschaft gegeben worden, es ist eine Mitgift der Gesellschaft – der Politiker, Priester, Eltern, Pädagogen. Sie gaben dir all diese Gesichter, damit dein Leben möglichst reibungslos abläuft. Sie nahmen dir deine Wahrheit und gaben dir einen Ersatz dafür. Und weil du all diese Ersatzgesichter hast, weißt du nicht mehr, wer du wirklich bist. Du kannst es nicht wissen, weil die Gesichter so schnell wechseln und weil es so viele sind. Du kannst dir selbst nicht trauen. Du weißt nicht genau, welches dieser Gesichter dein eigenes ist.

Und tatsächlich ist keines dieser Gesichter dein eigenes.

Die Zen-Leute sagen: »Erst wenn du dein ursprüngliches Gesicht kennst, weißt du, was Buddha ist.« Denn Buddha ist dein ursprüngliches Gesicht.

Du bist als Buddha geboren, aber du lebst eine Lüge.

Diese Mitgift der Gesellschaft musst du fallen lassen. Das ist der Sinn von *Sannyas,* Einweihung. Du bist ein Christ oder ein Hindu oder ein Mohammedaner, doch dieses Gesicht musst du fallen lassen. Es ist nicht dein eigenes Gesicht – es ist dir von anderen gegeben worden. Man hat dich so konditioniert. Und du bist nicht einmal gefragt worden; man hat dich nicht um Erlaubnis gefragt. Es wurde dir einfach aufgezwungen, gewaltsam übergestülpt.

Alle Eltern üben Zwang aus und alle Erziehungssysteme üben Zwang aus, denn keiner nimmt dich richtig wahr. Sie haben vorgefasste Ideen und wissen schon von vornherein, was richtig ist. Und dieses »Richtige« stülpen sie dir über. So sehr du dich auch windest und innerlich schreist – du bist machtlos dagegen. Ein Kind ist so hilflos und so zart, dass man es auf jede beliebige Weise formen kann. Und genau das macht die Gesellschaft. Noch bevor das Kind selbst stark genug ist, hat man es bereits auf tausenderlei Arten verkrüppelt, gelähmt, vergiftet.

An dem Tag, an dem du dich für die wahre Religiosität entscheidest, musst du alle Religionen aufgeben. An dem Tag, an dem du direkten Kontakt mit Gott suchst, musst du alle Ideologien über Gott aufgeben. An dem Tag, an dem du erkennen willst, wer du bist, musst du alle Antworten aufgeben, die man dir gegeben hat. Du musst alles Geborgte verbrennen.

Darum wird Zen auch beschrieben als »ein direktes Zeigen auf des Menschen Herz. Das Wesen erkennen und zum Buddha werden. Kein Festhalten an Buchstaben. Eine Übertragung außerhalb der Schriften.«

Eine Übertragung außerhalb der Schriften ... Das bedeutet, dass weder der Koran noch das Dhammapada, weder die Bibel noch der Talmud oder die Bhagavadgita es dir geben können. Keine Schrift kann es dir geben. Solange du an die Schriften glaubst, verpasst du die Wahrheit.

Die Wahrheit ist *in* dir. Nur dort kannst du ihr begegnen. »Das Wesen erkennen und zum Buddha werden. Ein direktes Zeigen auf des Menschen Herz.« Du brauchst nirgendwohin zu gehen. Und wo immer du auch hingehst, wirst du derselbe sein – wozu also? Du kannst in den Himalaja gehen, aber dadurch wird sich nichts ändern. Du wirst alles, was du hast, dorthin mitnehmen. Alles, was du geworden bist, und alles, zu dem man dich gemacht hat, wirst du mitnehmen, deine ganze Künstlichkeit. Deine Plastikgesichter, dein geborgtes Wissen, deine Schriften werden weiter in deinem Inneren an dir kleben. Nicht mal wenn du allein in einer Höhle im Himalaja sitzt, wirst du allein sein. Deine Lehrer werden bei dir sein, die Priester, die Politiker, die Eltern, die ganze Gesellschaft. Man wird es von außen nicht sehen können, aber in deinem Inneren bist du von einer ganzen Menschenmenge umlagert. Und du wirst weiterhin Christ sein oder Hindu oder Mohammedaner. Du wirst weiterhin wie ein Papagei Worte nur nachplappern. Daran wird sich nichts ändern; daran kann sich nichts ändern.

Du bist du selbst, wo immer du hingehst, sogar im Himalaja oder im Himmel. Du kannst nicht anders. Die Welt existiert nicht außerhalb von dir; *du bist* die Welt. Und überall, wo du hingehst, nimmst du deine Welt mit.

Wirkliche Veränderung kann nicht nur eine Veränderung des Ortes sein. Wirkliche Veränderung kann nicht außen sein. Wirkliche Veränderung geschieht im Inneren. Und was meine ich mit »wirklicher Veränderung«? Damit meine ich nicht, dass du besser werden musst, denn jede Verbesserung wäre auch nur wieder eine Lüge.

Verbesserung bedeutet, dass man seine Persönlichkeit nur aufpoliert. Man kann seine Persönlichkeit ungeheuer attraktiv machen – aber bedenke: je attraktiver, umso gefährlicher, denn umso schwieriger wird es, auf die Persönlichkeit zu verzichten.

Darum kann es manchmal vorkommen, dass aus einem Sünder ein Heiliger wird. Doch diese so genannten »angesehenen« Leute werden es nie. Sie können es nicht werden – ihre Persönlichkeit ist zu kostbar; sie haben sie so sehr dekoriert und poliert und darin so viel investiert. Ihr ganzes Leben diente nur der Fassadenkosmetik. Jetzt können sie es sich nicht leisten, auf ihre schöne Persönlichkeit zu verzichten. Ein Sünder kann darauf verzichten; er hat nichts investiert. Im Gegenteil, er hat so genug davon; sie ist so hässlich. Aber wie könnte ein angesehener Mensch so leicht auf seine Persönlichkeit verzichten? Er hat einen solchen Nutzen daraus gezogen; sie war ein solcher Gewinn! Sie hat ihm immer mehr Ansehen gebracht; er steigt dadurch immer höher und ist auf dem besten Weg, den Gipfel des Erfolges zu erreichen. Für ihn ist es sehr schwierig, damit aufzuhören, auf der Erfolgsleiter immer höher zu klettern. Diese Leiter endet niemals; auf ihr kann man ewig so weiterklettern.

Jemand fragte Henry Ford, als er im Sterben lag – er lag auf dem Sterbebett, aber er plante immer noch neue Fabriken, neue Firmen … da fragte ihn jemand: »Sie liegen im Sterben und die Ärzte sagen, Sie hätten nur noch wenige Tage zu leben, aber nicht mal das ist sicher. Sie können heute oder morgen sterben! Warum also …? Sie haben Ihr Leben lang nichts anderes getan! Sie haben so viel Geld – mehr, als Sie je ausgeben können, mehr, als Sie je verbrauchen können. Es ist nutzloses Geld. Warum planen Sie immer noch neue Unternehmungen?«

Für einen kurzen Augenblick muss Henry Ford wohl seine Planungen unterbrochen haben, und er sagte: »Wissen Sie, ich kann nicht aufhören. Das geht nicht. Nur der Tod kann mich zum Aufhören zwingen. Ich kann nicht aufhören. Solange ich lebe, werde ich immer weitermachen und die nächste Sprosse erklimmen. Ich weiß, dass es sinnlos ist, aber ich kann nicht aufhören!«

Wenn man in der Welt Erfolg hat, ist es schwer aufzuhören. Wenn man reich wird, ist es schwer aufzuhören, wenn man berühmt wird, ist es schwer aufzuhören. Je dekorierter die Persönlichkeit ist, desto mehr hängt man an ihr.

Ich sage also nicht, dass du besser werden sollst. Keiner der großen Meister, von Buddha bis Hakuin, hat je gesagt, dass man besser werden sollte. Hüte dich vor all diesen Büchern zur Persönlichkeitsverbesserung. Der amerikanische Markt ist voll von diesen Ratgebern – hüte dich davor! Keine Verbesserung wird dich irgendwohin bringen. Es ist keine Frage von Verbesserung, denn jedes Besserwerden verbessert nur die Lüge. Es verbessert die Persönlichkeit – sie wird geschliffener, ausgefeilter, subtiler, wertvoller, edler –, aber das hat nichts mit Transformation zu tun. Transformation kommt nicht durch Besserwerden, sondern durch das Aufgeben der Persönlichkeit.

Aus einer Lüge kann nie die Wahrheit werden. Es ist unmöglich, eine Lüge so zu verbessern, dass aus ihr die Wahrheit wird. Sie bleibt eine Lüge. Vielleicht wird sie immer mehr den Anschein der Wahrheit erwecken, aber sie bleibt eine Lüge. Und je mehr sie den Anschein der Wahrheit hat, umso mehr wirst du davon gefesselt sein, umso mehr wirst du darin verwurzelt sein. Die Lüge kann so sehr den Anschein der Wahrheit haben, dass du die Tatsache völlig vergisst, dass es nur eine Lüge ist.

Die Lüge sagt dir: Suche nach der Wahrheit! Verbessere deinen Charakter, deine Persönlichkeit! Suche nach der Wahrheit! Werde dies, werde jenes! Die Lüge gibt dir ständig ein neues Programm: Wenn du das tust, wird alles gut, und dann wirst du für immer glücklich sein! Tu dies, tu jenes! Mit diesem bist du gescheitert? Keine Sorge, ich habe neue Pläne für dich! – Die Lüge gibt dir ständig neue Pläne, und immer wieder gehst du diesen Plänen nach und verschwendest damit dein Leben.

Tatsächlich beruht auch die Suche nach der Wahrheit auf dieser Lüge. Das ist vielleicht schwer zu verstehen, aber man *muss* es verstehen: Die Suche nach der Wahrheit beruht auf genau dieser Lüge. Es ist die Methode, mit der die Lüge sich selbst absichert. Sie liefert dir sogar die Suche nach der Wahrheit. Wie kannst du deiner Persönlichkeit da böse sein? Wie kannst du sie als Lüge bezeichnen? Sie treibt dich an, sie motiviert dich, sie bestärkt dich darin, nach der Wahrheit zu suchen.

Aber zu suchen bedeutet, sich von der Wahrheit zu entfernen. Denn die Wahrheit ist hier, und die Lüge treibt dich weg, von hier nach dort. Die Wahrheit ist jetzt, doch die

Lüge sagt »dann« und »dort«. Die Lüge spricht immer entweder von der Vergangenheit oder von der Zukunft, aber sie spricht nie von der Gegenwart. Doch die Wahrheit ist in der Gegenwart. In diesem gegenwärtigen Augenblick! Sie ist hier und jetzt.

Das erste Ich ist also die Lüge, die Show, die du abziehst, die Pseudopersönlichkeit, mit der du dich umgibst. Dein Gesicht für die Öffentlichkeit, deine Scheinheiligkeit. Es ist ein Schwindel, ein Täuschungsmanöver. Aber die Gesellschaft hat es dir aufgezwungen, und du hast es mitgespielt.

Du musst deine Mitwirkung an dieser gesellschaftlichen Lüge aufkündigen, denn nur wenn du völlig nackt bist, kannst du sein, wer du bist. Alle Kleider sind gesellschaftliche Verkleidungen. Alle Ideale und Identitäten, für die du dich hältst, sind gesellschaftliche Leihgaben, die andere dir verliehen haben. Sie haben ihre eigene Motivation, dir diese Ideen einzugeben. Es ist eine subtile Ausbeutung.

Die wahre Ausbeutung ist weder ökonomisch noch politisch, die wahre Ausbeutung ist psychisch. Darum sind auch bisher alle Revolutionen gescheitert. Bis heute war noch keine einzige Revolution erfolgreich. Und der Grund? Sie haben die tiefstgehende Ausbeutung außer Acht gelassen – die psychische. Sie haben immer nur die Dinge an der Oberfläche verändert. Ob eine kapitalistische Gesellschaft kommunistisch wird, macht im Grunde keinen Unterschied. Ob eine Demokratie zur Diktatur wird oder eine Diktatur zur Demokratie, macht im Grunde keinen Unterschied. Das sind nur oberflächliche Veränderungen – ein neuer Anstrich, aber die Grundstruktur auf der tieferen Ebene bleibt gleich.

Worin besteht diese psychische Ausbeutung? Die psychische Ausbeutung besteht darin, dass niemand so sein darf, wie er ist. Dass niemand so akzeptiert wird, wie er oder sie ist. Dass niemand respektiert wird. Wie kann man die Menschen respektieren, wenn man sie nicht so akzeptiert, wie sie sind? Wenn man jemanden nur respektiert, wenn er bestimmte Dinge befolgt, die man ihm aufgezwungen hat, dann respektiert man ihn nicht in seiner Ursprünglichkeit. Dann respektiert man ihn nicht in seiner Natürlichkeit, respektiert ihn nicht in seiner Spontaneität, respektiert nicht sein echtes Lächeln und seine echten Tränen. Dann respektiert man nur seine Unechtheit, seine Scheinheiligkeit, seine Schauspielerei. Nur sein Theaterspielen wird respektiert.

Dieses erste Ich, »Ich eins«, muss man zur Gänze aufgeben. Sigmund Freud hat viel dazu beigetragen, der Menschheit die Unechtheit der Persönlichkeit, des bewussten Verstandes, bewusst zu machen. Seine Revolution geht viel tiefer als die von Karl Marx, viel tiefer als jede andere Revolution bisher. Sie geht sehr tief, aber nicht tief genug.

Sie geht bis zum zweiten Ich, »Ich zwei«: Dies ist das verdrängte Ich, das instinktive Ich, das unbewusste Ich. Es umfasst alles, was die Gesellschaft nicht zulässt, alles, was die Gesellschaft in dein Inneres verbannt und dort eingeschlossen hat. Es kommt nur in deinen Träumen hoch, kommt nur in Bildern hoch, kommt nur, wenn du betrunken bist, kommt nur, wenn du die Kontrolle verlierst. Ansonsten bleibt es dir unzugänglich. Aber es ist authentischer; es ist nicht so verlogen. Freud hat viel dazu beigetragen, die Menschen darauf aufmerksam zu machen. Und die humanistische Psychologie, insbesondere die Selbsterfahrungsgruppen, *Encounter* und Ähnliches, haben enorm dazu beigetragen, euch all das bewusst zu machen, was in eurem Inneren schreit – all das, was verdrängt und unterdrückt wurde.

Doch das ist eure vitalste Seite. Das ist euer wahres Leben, euer natürliches Leben. Die Religionen haben es verurteilt als eure animalische Seite, sie haben es verurteilt als Ursprung der Sünde. Es ist nicht der Ursprung der Sünde, es ist der Ursprung des Lebens. Und es ist nicht niedriger als das Bewusste – tiefer zweifellos, aber nicht niedriger.

Und dass es animalisch ist, daran ist nichts falsch. Die Tiere sind schön, und die Bäume ebenso. Sie leben noch nackt, in völliger Schlichtheit. Sie sind noch nicht zerstört von den Priestern und Politikern, sie haben noch teil an Gott. Nur der Mensch ist in die Irre gegangen. Der Mensch ist das einzige Tier auf dieser Erde, das nicht normal ist – alle anderen Tiere sind einfach normal. Daher ihre Freude, ihre Schönheit, ihre Gesundheit. Daher ihre Vitalität. Hast du es nicht auch schon erlebt? Hast du nicht schon Neid verspürt, wenn ein Vogel sich in die Lüfte schwang? Hast du schon einmal beobachtet, wie ein Hirsch durch den Wald prescht? Hast du nicht Neid verspürt angesichts dieser Vitalität, dieser reinen Freude an der Energie?

Oder Kinder – hast du nicht Neid verspürt? Vielleicht liegt es an diesem Neid, dass du Kinder als kindisch verurteilst. Immer verurteilt man sie. Ich gebe Montague Recht, wenn er sagt, man solle nicht sagen: »Sei nicht so kindisch«, sondern man sollte anfangen, den Leuten zu sagen: »Sei nicht so erwachsen!« Er hat Recht, ich pflichte ihm bei.

Ein Kind ist schön; hässlich ist nur der Erwachsene. Er ist nicht mehr im Fluss, er hat viele Blockaden. Er ist erstarrt, er ist stumpf und tot. Er hat seine Lebenslust verloren, er hat seine Begeisterung verloren, er schleppt sich nur noch so dahin. Er ist gelangweilt, ohne Sinn für das Wunderbare. Nichts kann ihn mehr überraschen; er hat die Sprache des Staunens verlernt. Das Wunderbare ist ihm abhanden gekommen. Er hat für alles eine Erklärung; nichts ist ein Geheimnis. Darum hat er Poesie und Tanz verloren und alles, was wertvoll ist und dem Leben Sinn und Bedeutung gibt, alles, was dem Leben Würze gibt.

Dieses zweite Ich ist viel wertvoller als das erste. An diesem Punkt bin ich gegen alle Religionen, an diesem Punkt bin ich gegen alle Priester, weil sie beim ersten, beim oberflächlichsten Ich Halt machen. Man muss weitergehen zum zweiten. Aber auch das zweite ist nicht das Ende. An diesem Punkt mangelt es Freud und an diesem Punkt mangelt es der humanistischen Psychologie, obwohl sie etwas tiefer geht als Freud – aber noch nicht tief genug, um zum dritten Ich zu gelangen.

Es gibt ein drittes Ich, »Ich drei«: das wahre Ich, das ursprüngliche Gesicht, das über »Ich eins« und »Ich zwei«

hinausgeht. Das Transzendentale. Die Buddhaschaft. Ungeteiltes, reines Bewusstsein.

Das erste Ich ist gesellschaftlich, das zweite Ich ist natürlich, und das dritte Ich ist göttlich.

Und vergiss nicht, ich sage nicht, dass das erste Ich nicht nützlich sei. Wenn das dritte vorhanden ist, kann auch das erste wunderbar benutzt werden. Wenn das dritte vorhanden ist, kann auch das zweite wunderbar benutzt werden. Aber nur, wenn das dritte vorhanden ist. Wenn das Zentrum gut funktioniert, ist auch die Peripherie in Ordnung, ist auch die Oberfläche in Ordnung. Aber nur die Oberfläche, ohne Zentrum, ist eine Art Tod.

Doch das ist mit den Menschen passiert. Darum halten so viele westliche Denker das Leben für sinnlos. Das Leben ist nicht sinnlos. Es erscheint nur deshalb sinnlos, weil ihr die Verbindung zur Quelle, aus der aller Sinn entsteht, verloren habt.

Es ist wie bei einem Baum, der die Verbindung zu den eigenen Wurzeln verloren hat. Nun kommen keine Blüten mehr. Nun verschwindet allmählich das Laub, die Blätter fallen ab, doch keine neuen Blätter kommen nach. Die Säfte hören auf zu fließen, der Saft versiegt. Der Baum stirbt, der Baum ist tot.

Und womöglich fängt der Baum dann an zu philosophieren, womöglich wird er zu einem Existenzialisten wie Sartre und andere. Und womöglich sagt der Baum: »Es gibt im Leben überhaupt keine Blüten! Dieses Leben ist ohne Blüten, ohne Duft, ohne Vögel.« Und womöglich sagt der Baum sogar: »Das war schon immer so, und die Alten haben sich das nur eingebildet, als sie sagten, dass es Blüten gibt – sie haben nur fantasiert. Es war schon immer so. Den Frühling hat es nie gegeben! Diese Leute haben nur fantasiert. Diese Buddhas haben sich das alles nur eingebildet. Sie haben nur fantasiert, dass die Blumen blühen und große Wonne herrscht und all diese Vögel kommen und die Sonne scheint. Das ist alles gar nicht wahr. Alles ist im Dunkel, alles ist reiner Zufall und es gibt keinen Sinn!« So könnte der Baum reden.

Aber die Wahrheit ist nicht, dass es keinen Sinn gibt, dass es keine Blüten mehr gibt, dass Blüten überhaupt nicht existieren und ihr Duft nur eine Einbildung ist – in Wahrheit hat der Baum nur die Verbindung zu seinen Wurzeln verloren.

Solange du nicht in deiner Buddhaschaft verwurzelt bist, wirst du nicht zur Blüte kommen. Du wirst nicht singen, du wirst nicht wissen, was Jubel ist. Und wie kannst du Gott erfahren, wenn du nicht weißt, was Jubel ist? Wie kannst du beten, wenn du zu tanzen verlernt hast? Wenn du zu singen und zu lieben verlernt hast, ist Gott tot. Nicht, dass er wirklich tot wäre. Gott ist nur in *dir* tot, nur in dir. Dein Baum ist vertrocknet, der Saft ist versiegt. Du wirst deine Wurzeln wiederfinden müssen. Doch wo sind diese Wurzeln zu finden? Die Wurzeln werden im Hier und Jetzt gefunden. *(6)*

2. KAPITEL

Ideale

Es war einmal ein kleiner Eisbär, der fragte seine Mutter: »War mein Papa auch ein Eisbär?«

»Na klar, dein Papa war auch ein Eisbär.«

»Du, Mama«, sagt der Kleine nach einer Weile, »sag, war mein Großvater auch ein Eisbär?«

»Ja, der war auch ein Eisbär.«

Es vergeht eine Zeit, und dann fragt der Kleine wieder die Mutter: »Und was war mit meinem Urgroßvater? War der auch ein Eisbär?«

»Ja, der war auch einer. Aber warum fragst du denn?«

»Weil mir so kalt ist!«

Osho, man hat mir gesagt, mein Vater war ein Eisbär. Man hat mir auch gesagt, mein Großvater war ein Eisbär, und auch mein Urgroßvater, aber mir ist so kalt! Wie kann ich das ändern?

Zufällig kenne ich deinen Vater, und ich kenne deinen Großvater, und deinen Urgroßvater kenne ich auch – und ihnen allen war kalt. Und ihre Mütter haben ihnen genau die gleiche Geschichte erzählt: »Dein Vater war ein Eisbär und dein Großvater war ein Eisbär und dein Urgroßvater war ein Eisbär …«

Wenn dir kalt ist, ist dir kalt. Daran können auch solche Geschichten nichts ändern. Sie beweisen nur, dass sogar Eisbären kalt ist. Hör auf deine Realität und kümmere dich nicht um Tradition und Vergangenheit. Wenn dir kalt ist, ist dir kalt. Und dass du ein Eisbär bist, ist überhaupt kein Trost.

Aber solche Trostpflaster hat man der Menschheit immer gegeben. Wenn du stirbst, dann stirbst du, auch wenn jemand daherkommt und sagt: »Du brauchst keine Angst zu haben, deine Seele ist unsterblich.« Trotzdem stirbst du!

Ich habe von einem Juden gehört, der auf der Straße zusammenbrach und im Sterben lag – Herzinfarkt! Eine Menschengruppe scharte sich um ihn, und man begann, nach einem Priester zu suchen, einem frommen Mann, irgendeinem religiösen Menschen, denn der Mann lag im Sterben. Ein katholischer Priester meldete sich, nicht wissend, um wen es sich handelte. Er trat neben den Sterbenden und fragte: »Bist du gläubig? Glaubst du an die Heilige Dreifaltigkeit? An Gottvater und den Sohn, Jesus Christus, und den Heiligen Geist?«

Da öffnete der sterbende Jude die Augen und sagte: »Ich sterbe, und du stellst mir Quizfragen! Was soll ich denn mit dieser Heiligen Dreifaltigkeit? Ich liege im Sterben! Was redest du für einen Unsinn?«

Ein Mensch liegt im Sterben, und man tröstet ihn mit der Unsterblichkeit seiner Seele. Solche Tröstungen werden ihm nichts helfen. Jemand ist verzweifelt, und du sagst zu ihm: »Sei nicht verzweifelt! Das ist nur psychisch!« Meinst du, das wird ihm helfen? Es wird ihn nur noch verzweifelter machen! Solche Theorien sind nicht sehr hilfreich. Man hat sie nur erfunden, um Trost zu spenden und über etwas hinwegzutäuschen.

Wenn dir kalt ist, ist dir kalt. Statt dich zu erkundigen, ob dein Vater ebenfalls ein Eisbär war, mach lieber ein bisschen Gymnastik! Geh joggen, spring herum oder mach die Dynamische Meditation, dann wird dir nicht mehr kalt sein, das versprech ich dir! Vergiss das Ganze mit deinem Vater und deinem Großvater und deinem Urgroßvater. Hör einfach auf deine Realität. Wenn dir kalt ist, dann tu etwas dagegen! Irgendetwas kann man immer tun.

Aber was du machst, bringt gar nichts. Du bist auf der falschen Spur. So kannst du immer weiterfragen, und natürlich wird deine arme Mutter dich dann trösten wollen.

Die Frage ist wunderbar, sehr bedeutungsvoll und von immenser Tragweite.

So leidet die Menschheit.

Höre auf das Leiden! Untersuche das Problem und suche nicht die Lösung außerhalb des Problems. Schau dir das Problem gut an, dann wirst du die Lösung darin finden. Schau dir die Frage genauer an; suche nicht nach einer Antwort.

Du kannst also fragen: »Wer bin ich?« und zu einem Christen gehen, und er wird dir sagen: »Du bist ein Kind Gottes und Gott liebt dich über alles.« Das wird dich nur verwirren, denn wie kann Gott dich lieben?

Ein Priester sagte zu Mulla Nasruddin: »Gott liebt dich über alles.«

Mulla sagte: »Wie kann er mich lieben? Er kennt mich ja nicht einmal!«

Und der Priester sagte: »Darum kann er dich ja lieben. Wir kennen dich, wir können dich nicht lieben – das ist zu schwierig!«

Oder wenn du zu den Hindus gehst und sie fragst, werden sie sagen: »Du bist Gott selbst!« – kein Kind Gottes, sondern Gott selbst. Aber trotzdem hast du Kopfweh und du hast deine Migräne und du fragst dich, wie Gott Migräne haben kann – und das Problem ist überhaupt nicht gelöst.

Wenn du wissen willst: »Wer bin ich?«, dann geh nirgendwohin. Setz dich still hin und frag dein eigenes, tieferes Sein. Lass die Frage widerhallen, aber nicht mit Worten, sondern existenziell. Lass die Frage wie ein Pfeil dein Herz durchbohren: »Wer bin ich?«, und geh mit der Frage nach innen.

Und hab es nicht eilig, sie zu beantworten, denn wenn du sie beantwortest, kann das nur die Antwort von jemand anderem sein, von irgendeinem Priester oder Politiker, aus irgendeiner Tradition. Antworte nicht aus dem Gedächtnis, denn dein ganzes Gedächtnis ist nur geborgt. Dein Gedächtnis ist wie ein Computer, ein totes Ding. Dein Gedächtnis kann dir keine Erkenntnis vermitteln. Das ist dir alles nur eingetrichtert worden. Wenn du also fragst: »Wer bin ich?«, und dein Gedächtnis sagt: »Du bist eine ewige Seele«, dann pass bloß auf und falle nicht drauf rein! Wirf diesen ganzen Krempel einfach fort. Es ist alles Schrott.

Frag immer weiter: »Wer bin ich …? Wer bin ich …? Wer bin ich …?«, dann wirst du eines Tages erkennen, dass die Frage verschwunden ist; nur der Durst ist noch da: »Wer bin ich?« Eigentlich keine Frage mehr, sondern nur ein Dürsten. Dein ganzes Sein pulsiert mit diesem Dürsten: »Wer bin ich?«

Und eines Tages wirst du dann sehen, dass selbst du nicht mehr da bist, nur noch der Durst. Und in diesem intensiven, leidenschaftlichen Seinszustand wird plötzlich etwas in dir explodieren. Unvermutet wirst du dir von Angesicht zu Angesicht gegenüberstehen – und dann weißt du, wer du bist.

Es hat keinen Sinn, deinen Vater zu fragen: »Wer bin ich?« Er weiß selbst nicht, wer er ist. Es hat keinen Sinn, deinen Großvater oder Urgroßvater zu fragen. Frage niemanden! Frage nicht die Mutter und frage auch nicht die Gesellschaft, die Kultur, die Zivilisation.

Frage deinen eigenen innersten Kern.

Wenn du die Antwort wirklich wissen willst, geh nach innen. Und durch diese innere Erfahrung verändert sich alles.

Du fragst: »*Wie kann ich das ändern?*« Du kannst es nicht ändern. Zuerst musst du deiner Wirklichkeit begegnen, und diese Begegnung wird dich verändern.

Ein Reporter ist auf der Suche nach einer rührenden Story und fragt einen alten Mann in einem Altersheim: »Opa, was würdest du sagen, wenn plötzlich ein Brief kommt, in dem steht, dass ein entfernter Verwandter dir fünf Millionen Dollar vermacht hat?«

»Mein Sohn«, kommt langsam die Antwort, »ich wäre immer noch vierundneunzig Jahre alt.«

Kapiert? Der alte Mann sagt: »Ich bin vierundneunzig! Selbst wenn man mir fünf Millionen Dollar schenkt – was soll ich damit anfangen? Ich wäre immer noch vierundneunzig!«

Was Buddha sagt, was Mahavira, was Christus sagt, wird dir gar nichts helfen. Dir ist kalt – du bist immer noch vierundneunzig Jahre alt! Selbst wenn man alle Weisheit dieser Welt über dich ausschüttet, wird es dir nichts helfen: Dir ist immer noch kalt, du bist immer noch vierundneunzig Jahre alt. Solange du nicht selbst eine Erfahrung machst, eine lebendige Erfahrung, die dein Sein transformiert und dich wieder jung und lebendig macht, ist alles andere wertlos.

Frage also nicht andere. Das ist die erste Lektion, die es zu lernen gilt. Frage dich selbst. Und dann merke dir eines: Es werden Antworten auftauchen, die andere dir schon gegeben haben, und du musst diese Antworten beiseite schieben. Es ist *deine* Frage, darum kann dir die Antwort von jemand anderem nicht helfen. Es ist *deine* Frage; darum muss es auch *deine* Antwort sein.

Buddha hat getrunken und seinen Durst gelöscht. Jesus hat getrunken und ist ekstatisch geworden. Auch ich habe getrunken – aber wie soll das *deinen* Durst löschen? Du wirst selber trinken müssen.

Einmal geschah es, dass ein großer Sufi-Mystiker von einem Herrscher an dessen Hof geladen wurde, um für ihn zu beten. Der Mystiker folgte der Einladung, aber er lehnte es ab zu beten. Er sagte: »Das geht nicht. Wie kann ich für dich beten?« Und dann sagte er: »Es gibt ein paar Dinge, die man selbst tun muss. Wenn du eine Frau lieben willst, musst du es selbst tun. Ich kann es nicht für dich tun. Oder wenn du dich schnäuzen musst, dann musst du dir selbst die Nase putzen. Ich kann mich nicht für dich schnäuzen, das würde nichts helfen. Und ebenso ist es mit dem Beten. Wie könnte ich für dich beten? Bete selbst. Ich kann nur für mich selbst beten.« Und er schloss die Augen und fiel in tiefes Gebet.

Das ist auch das, was ich tun kann. Mein eigenes Problem ist verschwunden, aber nicht durch die Antwort von jemand anderem. Ich habe niemanden gefragt. Im Gegenteil, meine ganze Bemühung ging dahin, sämtliche Antworten wieder loszuwerden, die andere mir so überaus großzügig mitgegeben hatten.

Die Leute geben einem ständig Ratschläge. Mit Ratschlägen sind sie wirklich großzügig. Mit anderen Dingen sind sie nicht so großzügig, aber mit Ratschlägen sind sie sehr freigebig. Egal, ob man sie fragt oder nicht, sie geben einem ständig Ratschläge.

Ratschläge sind das einzige, was alle großzügig geben, aber keiner annimmt. Keiner will sie haben.

Ich habe von zwei Landstreichern gehört, die unter einem Baum saßen. Einer sagte zum anderen: »Ich bin hier gelandet, weil ich die Ratschläge der anderen nie befolgt habe.«

Und der andere sagte: »Bruderherz, und ich bin hier gelandet, weil ich die Ratschläge von allen immer befolgt habe.«

Du musst die Reise selbst machen.

Dir ist kalt – ich weiß. Du leidest – ich weiß. Das Leben ist hart – ich weiß. Und ich kann dir keinen Trost spenden. Ich glaube nicht an Trost. Denn jeder Trost, den ich dir spenden könnte, würde nur ein Hinausschieben bedeuten. Die Mutter sagt zu dem kleinen Bären: »Ja, dein Vater war ein Eisbär«, und eine Zeit lang bemüht er sich, nicht zu frieren, weil man von Eisbären erwartet, dass ihnen nicht kalt ist. Aber es hilft nichts. Wieder fragt er: »Mama, war mein Großvater auch ein Eisbär?«, und eigentlich fragt er damit: »Ist etwas mit meinen Genen nicht in Ordnung, dass mir so kalt ist?« Doch die Mutter sagt: »Ja, dein Großvater war auch ein Eisbär.« Und wieder versucht er, das Gefühl von sich wegzuschieben, dass ihm kalt ist, aber es lässt sich nicht wegschieben. Man kann es höchstens ein bisschen hinausschieben, aber dann ist es wieder da.

Die Wirklichkeit lässt sich nicht vermeiden.

Theoretisieren hilft da gar nichts. Vergiss sämtliche Theorien und nimm die Tatsache ernst. Du leidest? Dann schau dir dein Leiden an. Du bist wütend? Dann schau dir diese

Wut an. Du bist voller Begierde? Dann vergiss, was andere darüber gesagt haben; untersuche es selbst. Es ist *dein* Leben, und es ist deine Aufgabe, es zu leben. Nimm nichts Geborgtes an, lebe nicht aus zweiter Hand. Gott liebt diejenigen, die aus erster Hand leben. Er scheint noch nie Duplikate gemocht zu haben. Sei also ein Original, aus erster Hand, ein Unikat, ein Individuum. Sei du selbst und geh deinen Problemen auf den Grund.

Und ich kann dir nur eines sagen: In dem Problem selbst verbirgt sich die Lösung. Das Problem ist wie ein Same. Wenn du tief genug eindringst, wird daraus die Lösung emporkeimen. Dein Nicht-Wissen ist der Same. Wenn du tief genug eindringst, wird daraus die Erkenntnis erblühen. Dass dir kalt ist und dass du frierst, das ist das Problem. Geh ihm auf den Grund, dann kann daraus Wärme entstehen.

In der Tat hast du schon alles mitbekommen – die Frage ebenso wie die Antwort, das Problem ebenso wie die Lösung, das Nicht-Wissen ebenso wie die Erkenntnis. Du musst nur nach innen schauen. *(7)*

Es scheint mir, dass fast jeder das Gefühl hat, so wie er ist, nicht zu genügen. Warum stehen die meisten Menschen unter diesem Zwang, es in ihrem Leben zu Einfluss, Prestige usw. bringen zu müssen, statt einfach ganz gewöhnlich zu sein?

Das ist eine komplizierte Frage. Sie hat zwei Aspekte, die man verstehen muss. Zunächst einmal seid ihr von euren Eltern, den Lehrern, den Nachbarn, dem ganzen gesellschaftlichen Umfeld, nie so akzeptiert worden, wie ihr seid. Jeder hat versucht, an euch herumzuerziehen und euch zu etwas Besserem zu machen. Alle haben immer nur auf eure Mängel und Fehler, auf die Irrtümer, Schwächen und Unzulänglichkeiten hingewiesen, zu denen schließlich jeder Mensch neigt. Niemand hat euch auf eure Schönheit hingewiesen, niemand hat auf eure Intelligenz hingewiesen, niemand hat auf eure Einzigartigkeit hingewiesen.

Einfach am Leben zu sein ist ein solches Geschenk! Aber niemand hat euch je gezeigt, dass man der Existenz dankbar sein sollte. Im Gegenteil, alle waren mürrisch und haben sich nur beklagt. Und wenn in deinem Leben von Anfang an alles ständig darauf hinweist, dass du anders sein solltest, als du bist, wenn alle dir diese großartigen Ideale geben, nach denen du leben und dich verwirklichen sollst, dann wird natürlich dein Sosein nie als etwas Erstrebenswertes gepriesen. Was gepriesen wird, ist deine Zukunft – vorausgesetzt, du erlangst Ansehen, Macht, Reichtum, Intellektualität oder wirst sonst wie berühmt – nur kein Niemand.

Durch diese ständige gegen dich gerichtete Konditionierung hat sich in dir der Gedanke festgesetzt: »Es genügt nicht, so zu sein, wie ich bin. Mir fehlt etwas. Und ich bin hier falsch. Dies ist nicht der Platz, wo ich sein sollte, sondern irgendwo höher, mächtiger, beherrschender, angesehener, berühmter.

Das ist die eine Seite der Geschichte – und es ist hässlich, es sollte nicht so sein. Das könnte einfach aufhören, wenn die Menschen ein bisschen intelligenter mit ihrer Rolle als Mutter, Vater oder Lehrer umgingen. Man sollte das Kind nicht verziehen. Man sollte ihm helfen, in seiner Selbstachtung, seiner Selbstakzeptanz zu wachsen. Doch stattdessen behindert man sein Wachstum. Das ist die hässliche Seite, aber es ist die einfachere Seite. Sie lässt sich ändern, denn schließlich ist es einfach und logisch, zu erkennen, dass ihr nicht für das verantwortlich seid, was ihr seid. So hat die Natur euch eben gemacht! Jetzt wäre es dumm, über das Unabänderliche zu jammern.

Doch es gibt einen zweiten Aspekt, und er ist von immenser Bedeutung. Selbst wenn all diese Konditionierungen beseitigt wären, wenn du dich entprogrammiert und all diese Ideale aus deinem Kopf verbannt hättest, würdest du immer noch das Gefühl haben, nicht genug zu sein. Aber das wäre eine völlig andere Erfahrung. Es hört sich genauso an, aber die Erfahrung ist eine völlig andere.

Du bist nicht genug, weil du mehr sein könntest. Aber

nun geht es nicht mehr darum, berühmt oder angesehen oder mächtig oder reich zu werden. Darum geht es jetzt nicht mehr. Nun geht es darum, dass dein Sein nur als Same existiert. Bei deiner Geburt kommst du nicht als fertiger Baum, sondern nur als Same auf die Welt, und du musst wachsen, bis du schließlich zur Blüte kommst, und in diesem Erblühen wirst du deine Befriedigung, deine Erfüllung finden.

Dieses Erblühen hat weder etwas mit Macht zu tun noch mit Geld oder Politik. Es hat ausschließlich etwas mit *dir* zu tun. Es geht um deine Entwicklung als Individuum und dafür sind all die anderen Konditionierungen ein Hindernis, eine Ablenkung, ein Missbrauch deiner natürlichen Sehnsucht nach Wachstum.

Jedes Kind wird geboren, um zu wachsen und ein voll entwickelter Mensch zu werden, voller Liebe, Mitgefühl und Stille. Jeder sollte dahin kommen, sich selbst zu feiern. Und es geht dabei nicht um Konkurrenz, ja nicht einmal um Vergleichen.

Aber diese hässliche erste Konditionierung lenkt euch ab von euch selbst, weil die Gesellschaft eure Sehnsucht zu wachsen, die Sehnsucht, mehr zu werden und sich auszuweiten, im Interesse der Mächtigen benutzt. Sie lenkt sie um und füttert euren Kopf so lange mit Idealen, bis ihr denkt, eure Sehnsucht bestünde darin, mehr Geld zu haben und überall an der Spitze zu sein – in der Ausbildung, in der Politik. Wo immer ihr seid, müsst ihr an der Spitze sein. Und alles, was darunter ist, gibt euch das Gefühl, nicht gut genug zu sein; es gibt euch einen tiefen Minderwertigkeitskomplex.

Diese ganze Konditionierung erzeugt Minderwertigkeitskomplexe, weil sie darauf hinausläuft, dass man immer besser sein will, besser als alle anderen.

Sie lehrt euch zu konkurrieren und zu vergleichen. Sie lehrt euch Gewalt und Kampf.

Sie lehrt euch, dass der Zweck die Mittel heiligt und der Erfolg das einzige Ziel ist.

Und das alles lässt sich ganz leicht erreichen, weil in euch diese angeborene Sehnsucht ist, zu wachsen und euch weiterzuentwickeln. Der Same muss einen weiten Weg zurücklegen, bis er Blüten trägt. Es ist eine Pilgerreise. Diese Sehnsucht ist etwas Schönes, und die Natur hat selbst dafür gesorgt. Aber die Gesellschaft ist bisher sehr raffiniert damit umgegangen; sie hat eure natürlichen Instinkte zu ihrem eigenen Nutzen umgeleitet, abgewandelt, umgelenkt.

Diese beiden Aspekte sind es also, die dir das Gefühl geben, dass, egal, wo du bist, immer irgendetwas fehlt. Du musst etwas erreichen, musst etwas erzielen, musst eine Leistung erbringen, musst auf der Karriereleiter immer höher klettern.

Nun ist deine Intelligenz gefordert, um klar zu sehen, was deine natürliche Sehnsucht und was die gesellschaftliche Konditionierung ist. Lass die gesellschaftliche Konditionierung, diesen ganzen Krampf, fallen, dann wird dein natürliches Wesen in seiner Reinheit und Unverstelltheit zutage treten. Und die Wesensnatur ist immer individualistisch.

Dann wirst du wachsen und zur Blüte kommen, und vielleicht wirst du Rosenblüten hervorbringen. Ein anderer wird vielleicht wachsen und Margeriten hervorbringen. Du bist aber nicht besser, weil du Rosen hast, und er ist nicht schlechter, weil er Margeriten hat. Ihr seid beide zur Blüte gekommen, das ist das Wesentliche. Und dieses Erblühen verschafft euch eine tiefe Befriedigung. Alle Frustration, alle Spannung ist verschwunden; in dir herrscht ein tiefer Friede – jener Friede, der alles Begreifen übersteigt. Aber vorher musst du den ganzen gesellschaftlichen Krampf in dir ad acta legen, sonst wird er dich ständig von dir ablenken.

Du sollst reich sein, aber nicht wohlhabend. Reichtum ist etwas ganz anderes. Ein Bettler kann reich sein, und ein Kaiser arm. Reichtum ist eine Seinsqualität.

Alexander der Große traf einst Diogenes, einen nackten Bettler, der nur eine Lampe hatte – das war sein einziger Besitz. Und er ließ diese Lampe sogar am Tage brennen. Er benahm sich wirklich sonderbar; selbst Alexander fühlte sich gedrängt, ihn zu fragen: »Wozu lässt du diese Lampe am Tage brennen?«

Da hob dieser die Lampe hoch und schaute dem Alexander ins Gesicht, und dann sagte er: »Ich suche bei Tag und Nacht nach dem wahren Menschen und kann ihn nicht finden.«

Alexander war schockiert, dass ein nackter Bettler zu ihm, dem Welteroberer, etwas Derartiges sagte. Doch er konnte sehen, wie schön dieser Diogenes in seiner Nacktheit war. Seine Augen waren so still, sein Gesicht war so friedlich, seine Worte hatten eine solche Autorität, seine Präsenz war so gelassen und ruhig und angenehm, dass Alexander nichts erwidern konnte, obwohl er sich verletzt fühlte. Die Präsenz dieses Mannes war so stark, dass Alexander sich neben ihm wie ein Bettler ausnahm. In sein Tagebuch schrieb er: »Zum ersten Male fühlte ich, dass Reichtum etwas anderes bedeutet, als Geld zu besitzen. Ich habe einen reichen Menschen getroffen.«

Reichtum bedeutet deine Authentizität, deine Aufrichtigkeit, deine Wahrheit, deine Liebe, deine Kreativität, deine Empfindsamkeit, dein meditatives Wesen. Darin besteht dein wahrer Reichtum.

Die Gesellschaft hat euch den Kopf verdreht und auf profane Dinge gerichtet, und ihr habt völlig vergessen, dass man euch den Kopf verdreht hat.

Dazu fällt mir eine wahre Geschichte ein …

In Indien fuhr ein Mann auf dem Motorrad, und weil es sehr kalt war, hatte er seinen Mantel verkehrt herum angezogen, mit der Rückseite nach vorne, damit ihn der Fahrtwind nicht so kalt auf der Brust treffen sollte. Aus der anderen Richtung kam ihm ein *Sardar** entgegen, auch er auf seinem Motorrad. Nun sagt man den Sardars eine gewisse

---

* respektvoller Titel für einen indischen Sikh

Schlichtheit des Geistes nach, und dieser traute seinen Augen kaum und dachte: »Der Mann trägt ja seinen Kopf verkehrt herum!«

Und er bekam eine solche Angst, dass er beim Näherkommen mit dem Motorrad des anderen zusammenstieß, und der arme Mann stürzte zu Boden und wurde bewusstlos. Der Sardar besah ihn sich aus der Nähe und sagte: »Mein Gott, was ist denn mit dem passiert? Der nächste Ort ist so weit weg und das Krankenhaus auch, aber etwas muss geschehen!«

Die Sardars haben in Indien den Ruf, die stärksten Leute zu sein. Und weil der arme Mann nicht bei Bewusstsein war, nahm der Sardar seinen Kopf in die Hände und drehte ihn so lange, bis er wieder richtig herum aus dem Mantel rausschaute. Just in diesem Augenblick blieb ein Polizeiauto stehen und der Polizist fragte: »Was ist passiert?«

Der Sardar sagte: »Du kommst gerade rechtzeitig! Siehst du diesen Mann? Er ist vom Motorrad gefallen.«

Der Polizist fragte: »Lebt er noch oder ist er schon tot?«

Der Sardar sagte: »Gerade lebte er noch, aber sein Kopf saß verkehrt herum. Da habe ich ihn herumgedreht, und jetzt atmet er nicht mehr.«

Der Polizist sagte: »Du hast nur auf den Kopf geachtet und gar nicht gesehen, dass nur der Mantel verkehrt rum war und nicht der Kopf!«

Der Sardar sagte: »Wir Sardars sind einfache, arme Leute. Ich habe noch nie jemanden gesehen, bei dem der Mantel hinten zugeknöpft war. Ich dachte, das muss ein Unfall sein. Er atmete noch, aber er war bewusstlos. Drum habe ich ihm den Kopf herumgedreht. Es war nicht leicht, aber wenn ich mir etwas vornehme, dann schaffe ich es auch. Und ich habe es geschafft, den Kopf in die richtige Position zu drehen, so dass er wieder auf den Mantel passt. Aber da hat er ganz zu atmen aufgehört. Ein sonderbarer Kerl!«

Dir wurde der Kopf verdreht, das Denken verdreht, auf mannigfache Weise und von vielen Leuten, entsprechend ihren Vorstellungen, wie du sein solltest. Sie taten es nicht in böser Absicht. Deine Eltern, deine Lehrer taten es aus Liebe. Schließlich will doch die Gesellschaft, dass aus dir etwas wird! Alle hatten die besten Absichten, aber wenig Verständnis. Sie haben dabei übersehen, dass man aus einer Margerite keinen Rosenstrauch machen kann oder umgekehrt.

Alles, was man tun kann, ist, den Rosen zu helfen, größere, buntere, stärker duftende Blüten hervorzubringen. Man kann ihnen zwar alle chemischen Zusätze geben, die notwendig sind, um Farbe und Duft zu verändern, den nötigen Dünger, den richtigen Boden, die richtige Bewässerung zur rechten Zeit, aber es wird einem nicht gelingen, aus dem Rosenstrauch Lotosblüten hervorzuholen.

Und wenn man dem Rosenstrauch die Idee einpflanzt: »Du musst Lotosblüten hervorbringen« – weil Lotosblüten so schön und groß sind, dann gibt man ihm damit eine falsche Konditionierung, die natürlich niemals dazu führen kann, dass dieser Strauch Lotosblüten hervorbringen wird. Außerdem lenkt man seine ganze Energie auf den falschen Weg, und er wird nun nicht einmal mehr Rosen produzieren können, denn woher soll er nun die Energie nehmen, um Rosen zu produzieren? Dann gibt es weder Lotosblüten noch Rosen, und natürlich wird sich der arme Strauch ständig frustriert, unproduktiv, unfruchtbar und wertlos fühlen.

Genauso hat man es mit den Menschen gemacht. Mit den allerbesten Absichten verdrehen euch die Leute den Kopf.

In einer besseren Gesellschaft mit mehr Verständnis wird niemand versuchen, dich zu ändern. Jeder wird dich darin unterstützen, du selbst zu sein. Du selbst zu sein ist die reichste Erfahrung auf der Welt. Du selbst zu sein gibt dir alles, was du zu deiner Erfüllung brauchst, alles, was deinem Leben Sinn und Bedeutung gibt. Einfach du selbst zu sein und entsprechend deiner Wesensnatur zu wachsen bringt dir die Erfüllung deines Schicksals.

Diese Sehnsucht ist also nichts Schlechtes, aber sie wurde auf die falschen Objekte verlagert. Du musst aufpassen, dich nicht von anderen manipulieren zu lassen, so gut ihre Absichten auch sein mögen. Du musst dich vor vielen wohlmeinenden Leuten in Sicherheit bringen, vor so vielen Wohltätern, die dir ständig Ratschläge geben, wie du zu sein oder nicht zu sein hättest. Hör sie an und bedanke dich bei ihnen, denn sie meinen es gut mit dir, aber es tut dir nicht gut.

Hör lieber auf dein eigenes Herz – das sei dein einziger Lehrer.

Auf der wirklichen Reise deines Lebens wird deine Intuition dein einziger Lehrer sein.

Hast du das Wort »Intuition« schon einmal näher betrachtet? Es hat den gleichen Stamm wie das (englische) Wort *tuition*, und *tuition* bedeutet die Unterweisung, die dir von einem Lehrer gegeben wird, von außen. In-tuition wird dir von deinem eigenen Wesen gegeben, von innen. Du hast deinen eigenen Ratgeber in dir. Und wenn du nur ein bisschen Courage hast, wirst du dich niemals wertlos fühlen. Du wirst vielleicht kein Staatspräsident werden, auch kein Henry Ford, aber wozu auch? Vielleicht wirst du ein guter Sänger, ein guter Maler. Und es spielt keine Rolle, was du machst ... Vielleicht wirst du auch ein guter Schuster.

Abraham Lincoln war zum amerikanischen Präsidenten gewählt worden ... Sein Vater war Schuster gewesen, und der ganze Senat war etwas peinlich berührt, dass nun ein Schuhmachersohn über die Reichsten der Oberschicht präsidieren sollte. Sie hielten sich alle für überlegen, weil sie mehr Geld hatten und aus angesehenen, traditionsreichen Familien stammten. Alle im Senat waren peinlich berührt, verärgert, irritiert; keiner war glücklich darüber, dass Lincoln Präsident geworden war.

Ein besonders arroganter Mann, ein richtiger Bourgeois, erhob sich, als Lincoln Anstalten machte, seine erste Rede, seine Jungfernrede, vor dem Senat zu halten. Und er sagte: »Mister Lincoln, bevor Sie loslegen, möchte ich Sie nur daran erinnern, dass Sie der Sohn eines Schuhmachers sind.« Und der ganze Senat lachte. Sie wollten Lincoln erniedrigen; wenn sie ihn schon nicht besiegen konnten, so konnten sie ihn zumindest lächerlich machen. Aber einen Menschen wie Lincoln kann man nicht so leicht erniedrigen.

Er sagte zu dem Mann: »Ich bin Ihnen unendlich dankbar, dass Sie mich an meinen Vater erinnert haben, der inzwischen tot ist. Ich werde mich immer an Ihren Rat erinnern. Ich weiß, dass ich als Präsident niemals so gut sein kann, wie mein Vater als Schuster war.« Da war es so still, dass man eine Stecknadel hätte fallen hören können – die Art und Weise, wie Lincoln das pariert hatte ...!

Und er sagte zu dem Mann: »Soweit ich weiß, hat mein Vater auch für Ihre Familie Schuhe gemacht. Wenn Sie also irgendwo der Schuh drückt oder sonst etwas nicht in Ordnung ist ... Ich bin zwar kein guter Schuster, doch ich habe diese Kunst von meinem Vater von Kindheit auf gelernt – ich kann es für Sie reparieren. Und das gilt für Sie alle hier im Senat: Wenn Sie Schuhe meines Vaters haben und diese einer Korrektur, einer Verbesserung bedürfen, stehe ich Ihnen immer zu Ihrer Verfügung – obwohl es klar ist, dass ich nie so gut sein kann wie er. Mein Vater hatte goldene Hände.« Und in der Erinnerung an seinen wunderbaren Vater traten ihm Tränen in die Augen.

Es macht keinen Unterschied, ob du nun ein drittklassiger Präsident oder ein erstklassiger Schuster bist. Was wird dir Befriedigung bringen? Dass das, was du tust, dir Freude macht, und dass du deine ganze Energie hineingibst. Dass du niemand anderer sein möchtest und dass du genau dort bist, wo du sein willst. Dass du mit der Natur einig bist und die Rolle, die dir in diesem Drama zugeteilt wurde, für die richtige hältst. Und dass du nicht bereit bist zu tauschen – nicht mal mit einem Präsidenten oder einem Kaiser. Das ist wahrer Reichtum. Das ist wahre Macht.

Wenn jeder in das hineinwächst, was er schon ist, wird man überall auf der Erde machtvolle Menschen antreffen, Menschen von großer Stärke und Intelligenz, voll Verständnis und voll Befriedigung und Freude darüber, dass sie nach Hause gekommen sind. *(8)*

Das Wort »Ideal« ist in meinen Augen ein Schimpfwort. Ich habe keine Ideale. Ideale treiben euch in den Wahnsinn. Ideale haben aus dieser ganzen Erde ein einziges großes Irrenhaus gemacht.

Ein Ideal bedeutet: Du bist nicht das, was du sein solltest. Es erzeugt Spannung, Nervosität und Angst. Es spaltet dich, es macht dich schizophren.

Das Ideal ist in der Zukunft, und du bist hier. Und wie kannst du leben, wenn du das Ideal nicht erfüllst? Erfülle zuerst das Ideal, dann kannst du anfangen zu leben! Doch dazu kommt es nie. Dazu kann es gar nicht kommen; es liegt nicht in der Natur der Sache.

Ideale sind unmöglich zu erfüllen; genau das macht ihr Wesen aus. Sie treiben dich in den Wahnsinn und machen dich verrückt. Und sie bewirken, dass du dich selbst verurteilst, weil du immer hinter dem Ideal zurückbleibst. Sie erzeugen Schuldgefühle. Aber genau so haben es die Priester und die Politiker immer gemacht, um in euch Schuldgefühle zu erzeugen. Sie benutzen Ideale, um Schuldgefühle zu erzeugen. Das geht ganz leicht: Zuerst erhebt man etwas zum Ideal und dann kommen automatisch die Schuldgefühle.

Wenn ich dir sage: »Es genügt nicht, dass du zwei Augen hast ... du brauchst drei Augen. Öffne dein drittes Auge! Lies Lobsang Rampa, öffne das dritte Auge!«, dann wirst du dich enorm ins Zeug legen, du wirst dieses und jenes versuchen, wirst dich auf den Kopf stellen, ein *Mantra* rezitieren – aber das dritte Auge will sich nicht öffnen! Dann wirst du anfangen, dich schuldig zu fühlen. Irgendetwas stimmt mit dir nicht, du bist dafür nicht geeignet. Dann wirst du deprimiert sein. Und so fest du auch dein drittes Auge reibst – es will und will sich nicht öffnen!

Hüte dich vor all solchem Unsinn. Diese zwei Augen sind

großartig, und selbst wenn du nur ein Auge hättest, wäre das perfekt. Akzeptiere dich einfach so, wie du bist!

Gott hat dich perfekt gemacht, er hat an dir nichts unvollkommen gelassen. Und wenn du das Gefühl hast, etwas sei unvollständig, dann macht gerade das deine Vollkommenheit aus. Du bist auf perfekte Weise unperfekt.

Gott weiß es besser. Nur in der Unvollkommenheit gibt es Wachstum, nur in der Unvollkommenheit gibt es Bewegung, nur in der Unvollkommenheit gibt es Fortschritt. Wenn du schon vollkommen wärest, dann wärest du tot wie ein Stein. Dann würde nichts mehr passieren, dann könnte nichts mehr passieren.

Versteh mich richtig – ich will dir sagen: Selbst Gott ist auf perfekte Weise unperfekt, sonst wäre er schon längst tot. Er hätte nicht so lange gewartet, bis Friedrich Nietzsche verkündete: »Gott ist tot.« Womit würde dieser Gott sich die Zeit vertreiben, wenn er schon vollkommen wäre? Er hätte nichts mehr zu tun, er hätte keine Freiheit, etwas zu tun. Er könnte nicht mehr wachsen und es gäbe nichts mehr zu erreichen. Er wäre einfach blockiert. Ja, er könnte nicht mal Selbstmord begehen, denn wenn man vollkommen ist, tut man so etwas nicht!

Akzeptiere dich so, wie du bist.

Und an einer idealen Gesellschaft bin ich überhaupt nicht interessiert, genauso wenig, wie ich an idealen Individuen interessiert bin. Ich bin überhaupt nicht an Idealen interessiert.

Die Gesellschaft existiert für mich nicht, nur das Individuum. Die Gesellschaft hat lediglich eine zweckmäßige Hilfsfunktion. Die Gesellschaft kann man nirgendwo antreffen. Oder ist dir je die Gesellschaft über den Weg gelaufen? Ist dir je die Menschheit über den Weg gelaufen? Ist dir je das Christentum, der Hinduismus, der Islam über den Weg gelaufen? Nein. Man begegnet immer einem Individuum, einem konkreten Menschen, dem Einzelnen.

Doch es gibt immer Leute, die sich Gedanken machen, wie sie die Gesellschaft verbessern könnten, wie sie eine ideale Gesellschaft errichten könnten. Solche Leute haben sich immer als Katastrophe erwiesen; sie sind ein großes Ärgernis. Um ihrer »idealen Gesellschaft« willen machen sie die Selbstachtung der Menschen kaputt und erzeugen in jedem Schuldgefühle.

Jeder fühlt sich schuldig, keiner scheint glücklich zu sein, so wie er ist. Es ist ganz einfach, wegen irgendeiner Kleinigkeit Schuld zu erzeugen. Und wenn man beim anderen erst einmal Schuldgefühle ausgelöst hat, kann man Macht über ihn ausüben. Wer Schuldgefühle in dir erzeugt, erlangt Macht über dich – sei dir dieser Strategie bewusst! Und nur er kann dich von dieser Schuld wieder erlösen. Du bist auf ihn angewiesen. Zuerst erzeugt der Priester Schuld in dir, und dann musst du zu ihm in die Kirche kommen und beichten: »Ich habe eine Sünde begangen.« Dann kann er dir im Namen Gottes vergeben. Zuerst erzeugt er Schuld, im Namen Gottes, und dann gewährt er Vergebung, im Namen Gottes.

Genau wie in der folgenden Geschichte …

Michael wird von der Mutter ertappt, wie er eine schwere Sünde begeht, und sie schickt ihn umgehend zur Beichte.

»Ehrwürdiger Vater«, sagt Michael, »ich habe mit mir gespielt.«

»Warum hast du das getan?«, fährt ihn der Priester ärgerlich an.

»Ich hatte nichts Besseres zu tun«, sagt Michael.

»Sprich zur Buße fünf Vaterunser und fünf Ave-Maria.«

Eine Woche später erwischt ihn die Mutter wieder, und wieder muss Michael beichten gehen.

»Vater, ich habe mit mir gespielt.«

»Warum hast du das getan?«

»Ich hatte nichts Besseres zu tun«, sagt Michael.

»Sprich zur Buße zehn Vaterunser und fünf Ave-Maria.«

Eine Woche später sündigt Michael erneut. »Du weißt ja, wo du jetzt hingehst«, sagt die Mutter. »Und bring dem ehrwürdigen Vater dieses Stück Schokoladentorte mit.«

Michael muss in einer langen Schlange warten, und

schließlich macht er sich über den Kuchen her. Als er endlich im Beichtstuhl sitzt, sagt er: »Ehrwürdiger Vater, die Mutter hat mir Schokoladentorte für Sie mitgegeben, aber ich habe sie aufgegessen, weil ich so lange warten musste.«

»Warum hast du das getan?«, fragt der Priester.

»Ich hatte nichts Besseres zu tun.«

»Und warum hast du dann nicht mit dir gespielt?«

Der Priester ist gar nicht daran interessiert, was du machst. Er verfolgt seine eigenen Interessen – seine Schokoladentorte. Und im Übrigen kannst du zur Hölle gehen! Mach doch, was du willst! Aber wo bleibt die Schokoladentorte?

Erst erzeugen sie Schuld und dann vergeben sie euch im Namen Gottes. Erst machen sie euch zu Sündern und dann sagen sie: »Komm zu Christus, deinem Erlöser.«

Niemand kann dich erlösen, denn du hast von vornherein gar keine Sünde begangen. Du brauchst nicht erlöst zu werden.

Ich habe kein Interesse an einer idealen Gesellschaft. Bitte gib diesen Traum auf! Er hat der Welt furchtbare Alpträume beschert. Du darfst eines nicht vergessen: Auf der politischen Ebene lässt sich nichts mehr verändern. Die Politik ist tot. Und wenn du wählen gehst, ob rechts oder links, dann tue es ohne Illusionen.

Ihr müsst die Vorstellung aufgeben, dass euch irgendein System die Erlösung bringen könnte. Kein System kann die Erlösung sein – weder der Kommunismus noch der Faschismus noch der Gandhiismus. Keine Gesellschaftsform kann euch erlösen und keine Gesellschaftsform kann ideal sein. Und es gibt auch keinen Erlöser – weder Christus noch Krishna noch Rama. Ihr müsst all diese unsinnigen Ideen von Schuld und Sünde, die man euch aufgebürdet hat, fallen lassen.

Gib deine ganze Energie ins Tanzen und Feiern. Dann *bist* du bereits das Ideal, hier und jetzt, und musst es nicht erst *werden*.

Ideologien an sich haben ihre Wahrheit eingebüßt, und tatsächlich lag darin überhaupt nie eine Wahrheit. Sie haben ihre ganze Überzeugungskraft eingebüßt. Nur einige wenige ernsthafte Gemüter glauben noch daran, dass man gesellschaftliche Modelle festlegen und durch soziale Veränderungen eine Utopie gesellschaftlicher Harmonie verwirklichen könne.

Wir leben im Zeitalter totaler Freiheit. Wir sind erwachsen geworden.

Die Menschheit ist den Kinderschuhen entwachsen, sie ist reifer geworden. Wir leben in einer sokratischen Periode: Die Menschen stellen heute all die wichtigen Fragen des Lebens.

Fang nicht an, irgendeinem zukünftigen Ideal, irgendeiner Idee von Perfektion nachzuhängen und dich danach zu sehnen. Verzichte auf alle Ideale und lebe einfach im Hier und Jetzt. *(9)*

Perfektionismus ist die Wurzel aller Neurosen. Solange die Menschheit die Vorstellung von Perfektion nicht aufgibt, kann sie niemals geistig und seelisch gesund werden. Die bloße Vorstellung von Perfektion hat die ganze Menschheit in den Wahnsinn getrieben. Wer an Perfektion denkt, denkt an Ideologien, Ziele, Werte, Gebote und Verbote.

Man muss einem bestimmten Schema entsprechen und wenn man von diesem Schema abweicht, fühlt man sich total schuldig, ein Sünder. Und das Vorbild muss zwangsläufig so aussehen, dass man ihm gar nicht entsprechen kann. Wenn man ihm entsprechen könnte, hätte es für das Ego keinen besonderen Wert.

Das Kennzeichen des perfektionistischen Ideals ist also seine Unerreichbarkeit; nur dann ist es erstrebenswert. Siehst du den Widerspruch? Und dieser Widerspruch erzeugt eine Schizophrenie: Du versuchst, etwas Unmögliches zu erreichen, von dem du genau weißt, dass es nicht eintreten wird; es geht von Natur aus nicht. Wenn es ginge, dann wäre es nicht sonderlich perfekt; dann könnte es ja jeder! Dann würde für das Ego keine große Befriedigung darin liegen. Das Ego kann sich daran nicht festbeißen, es kann daran nicht wachsen. Das Ego braucht das Unmögliche – und das Unmögliche wird von Natur aus nicht eintreten.

Dann bleiben dir nur zwei Alternativen: Die eine ist, du beginnst dich schuldig zu fühlen. Wenn du unschuldig, naiv, intelligent bist, wirst du anfangen, dich schuldig zu fühlen – und Schuldgefühle sind eine Art Krankheit. Ich bin nicht hier, um euch irgendwelche Schuldgefühle zu machen. Meine ganze Anstrengung ist die, euch aus allen Schuldgefühlen herauszuhelfen. In dem Augenblick, wo ihr frei seid von Schuld, bricht die Freude in euch durch. Und die Wurzel aller Schuld ist die Vorstellung von Perfektion.

Und die zweite Alternative: Wenn du berechnend bist, wirst du zum Heuchler. Dann wirst du so tun, als hättest du es geschafft. Du wirst anderen etwas vormachen und du wirst sogar versuchen, dir selbst etwas vorzumachen.

Du wirst anfangen, in Illusionen, in Halluzinationen zu leben, und das ist alles andere als heilig, alles andere als religiös, alles andere als gesund.

Etwas vorzutäuschen und ein Leben voller Täuschungsmanöver zu führen ist noch weit schlimmer, als mit Schuldgefühlen zu leben. Ein schuldbewusster Mensch ist zumindest einfach, aber ein Heuchler, ein Scheinheiliger, ein so genannter Heiliger oder Weiser, ein *Mahatma,* ist ein Betrüger. Er ist im Grunde ein Unmensch – unmenschlich gegen sich selbst, weil er vieles unterdrückt; nur so kann man etwas vortäuschen. Alles, was er in sich sieht, was seiner Idee von Perfektion widerspricht, muss unterdrückt werden. Er wird innerlich kochen, er wird voller Ärger und Wut sein. Sein Ärger und seine Wut werden sich auf tausend verschiedene Arten verraten; auf ganz subtile, indirekte Art werden sie nach außen dringen.

Selbst Menschen wie Jesus – so gut und edel – sind voller Ärger und Wut, und zwar gegen so unschuldige Dinge, dass es kaum zu glauben ist. Jesus kommt daher mit seinen Gefolgsleuten – diesem Haufen von Schafsköpfen, die man Apostel nennt. Er hat Hunger, der ganze Haufen hat Hunger. Sie kommen zu einem Feigenbaum, aber die Feigen sind noch nicht reif. Der Baum kann nichts dafür, aber Jesus wird so wütend, dass er den Baum beschimpft; er verflucht den Feigenbaum. Wie ist so etwas möglich? Einerseits sagt er: »Liebe deine Feinde wie dich selbst.« Andererseits kann er nicht einmal einem Feigenbaum verzeihen, dass er keine Früchte trägt, nur weil es nicht die entsprechende Jahreszeit dafür ist.

Diese Spaltung, diese Schizophrenie beherrscht die Menschheit seit Tausenden von Jahren.

Er sagt: »Gott ist Liebe«, aber trotzdem bringt Gott eine Hölle zustande. Wenn Gott Liebe ist, dann müsste als erstes die Hölle abgeschafft werden. Die Hölle sollte auf der Stelle beseitigt werden, sie sollte in Flammen aufgehen! Diese ganze Idee von einer Hölle kann nur ein sehr eifersüchtiger Gott haben. Aber Jesus wurde als Jude geboren, lebte als Jude, starb als Jude. Er war kein Christ, er hat das Wort »Christ« nie gehört. Und die jüdische Vorstellung von Gott ist keine besonders schöne Vorstellung. Im Talmud steht – und diese Erklärung stammt aus Gottes eigenem Munde: »Ich bin ein eifernder Gott, sehr eifersüchtig. Ich bin nicht freundlich! Ich bin nicht euer Onkel!« Ein solcher Gott muss zwangsläufig eine Hölle schaffen. Aber sogar im Himmel mit einem solchen Gott zu leben – der nicht dein Onkel ist, der nicht freundlich ist, sondern eifersüchtig – wäre die Hölle. Was soll schon paradiesisch daran sein, mit einem solchen Gott zusammenzuleben? Es wird dort ein despotisches, diktatorisches Klima herrschen! Keine Freiheit, keine Liebe! Eifersucht und Liebe können nicht gemeinsam existieren.

So haben gerade die so genannten »guten« Menschen viel Elend über die Menschheit gebracht.

Es schmerzt, weil wir über diese Dinge noch nie nachgedacht haben. Wir haben uns nie die Mühe gemacht, unsere Vergangenheit auszugraben, und alle Wurzeln unseres Unglücks liegen in der Vergangenheit. Und merkt es euch gut: Eure Vergangenheit wird weit stärker von Jesus, Mahavira, Konfuzius, Krishna, Rama und Buddha beherrscht als von Alexander dem Großen, Julius Cäsar, Tamerlan, Dschingis Khan und Attila. Die Geschichtsbücher reden von diesen Leuten, aber sie sind nicht Teil eures Unterbewusstseins. Sie mögen Teil der Geschichte sein, aber sie sind nicht Bestandteil eurer Persönlichkeit. Eure Persönlichkeit wird von den so genannten »guten« Menschen geformt. Sicherlich, sie hatten ein paar gute Eigenschaften an sich, aber parallel dazu gab es einen Zwiespalt, und der kam aus der Vorstellung von Perfektion.

Die Jainas behaupten, Mahavira hätte nie geschwitzt. Wie könnte ein perfekter Mensch schwitzen? *Ich* kann schwitzen – *ich* bin nicht perfekt. Und im Sommer ist Schwitzen so schön, dass ich lieber schwitze, als perfekt zu sein. Denn ein Mensch, der nicht schwitzt, hat einfach einen Plastikkörper, synthetisch, ohne Atem, ohne Poren. Der ganze Körper atmet, deshalb schwitzt man. Schwitzen ist ein natürlicher Vorgang, um die Körpertemperatur ständig gleich zu halten. Also, dieser Mahavira muss in seinem Inneren höllisch gekocht haben! Wie sollte er es geschafft haben, seine Körpertemperatur konstant zu halten? Ohne Schwitzen geht das nicht, unmöglich.

Und die Jainas behaupten außerdem, eine Schlange hätte Mahavira in den Fuß gebissen, aber es sei kein Blut, sondern Milch herausgeflossen. Also, Milch kann nur herauskommen, wenn Mahaviras Füße nicht Füße, sondern Brüste waren – und ein Mann mit Brüsten an den Füßen gehört in den Zirkus!

Aber das zeigt ihre Vorstellung von Perfektion: ein Mensch von Milch und Honig. Aber stellt euch mal vor: ein Mensch voller Milch und Honig – wie der stinken würde! Die Milch würde sauer werden, und der Honig würde massenweise die Fliegen und Mücken anziehen. Er wäre völlig mit Fliegen bedeckt! Ich mag diese Art von Perfektion nicht.

Mahavira ist so perfekt, dass er weder seine Blase noch

seinen Darm entleert. Solche Dinge tun nur unperfekte Menschen. Man kann sich Mahavira nicht auf dem Klo sitzend vorstellen – unmöglich. Aber was macht er dann mit all seiner Scheiße? Kein Mensch auf der Welt muss jemals so voller Scheiße gewesen sein wie er!

In medizinischen Fachblättern hab ich mal von einem Mann gelesen ... es war der längste Fall von Verstopfung: achtzehn Monate. Aber diese Mediziner scheinen noch nichts von Mahavira gehört zu haben. Im Vergleich zu ihm ist das gar nichts: *vierzig Jahre!* So lange hat noch kein Mensch je seinen Stuhlgang zurückgehalten. Das ist wahrer Yoga! Der absolute Menschheitsrekord von Verstopfung! Ich glaube nicht, dass das jemals zu übertreffen sein wird.

Aber solche albernen Vorstellungen werden nur aufrechterhalten, um die Menschen weiter leiden zu lassen. Wer solche Vorstellungen im Kopf hat, der fühlt sich wegen allem schuldig.

Ich liebe diese Welt, gerade weil sie so unvollkommen ist. Gerade weil sie nicht perfekt ist, entwickelt sie sich weiter. Wenn sie perfekt wäre, wäre sie tot. Entwicklung ist nur dort möglich, wo es keine Perfektion gibt.

Perfektion setzt einen Schlusspunkt, Perfektion ist der endgültige Tod. Dann gibt es keine Möglichkeit mehr, darüber hinauszugehen. Ich kann euch nur immer wieder daran erinnern: Ich bin nicht perfekt, genauso wenig wie der ganze Kosmos. Das Unperfekte zu lieben und sich am Unperfekten zu erfreuen, das ist meine ganze Botschaft. *(10)*

Kümmere dich nicht um Perfektion. Ersetze das Wort »Perfektion« lieber durch »Totalität«. Denke nicht, dass du perfekt sein solltest; denke lieber, dass du total sein solltest. Totalität wird dir eine andere Dimension geben.

Darin besteht meine Lehre: Sei total; vergiss das Perfektsein. Sei total bei allem, was du tust – nicht perfekt, sondern total. Und worin besteht der Unterschied? Wenn du wütend wirst, wird ein Perfektionist sagen: »Es ist nicht gut, wütend zu werden! Ein perfekter Mensch wird nie wütend.« Das ist einfach Unsinn, denn wie wir wissen, wurde sogar Jesus wütend. Er war total zornig auf die traditionelle Religion, auf die Priester, auf die Rabbiner. Er wurde so wütend, dass er ganz allein, mit der Peitsche in der Hand, alle Geldwechsler aus dem Tempel trieb. Und dabei schrie er so laut, dass sie es mit der Angst bekamen. So intensiv und leidenschaftlich war sein Zorn. Es war nicht bloß zufällig, dass die Menschen, unter denen er geboren wurde, ihn töteten. Er war wirklich zornig, er war rebellisch.

Vergiss nicht, der Perfektionist sagt: »Werde nicht wütend!« Aber was willst du stattdessen tun? Du wirst deine Wut unterdrücken, wirst sie hinunterschlucken und sie wird zu einem schleichenden Gift in deiner Seele. Es mag dir gelingen, sie zu unterdrücken, aber dann wirst du zu einem zornigen Menschen, und das ist nicht gut. Ein gelegentlicher Wutausbruch hat seinen Sinn, seine eigene Schönheit, seine eigene Menschlichkeit. Ein Mensch, der nie wütend wird, hat kein Rückgrat, keinen Mumm.

Ein Mensch, der nicht wütend werden kann, kann auch nicht lieben – denn beides braucht Leidenschaft, die gleiche Leidenschaftlichkeit. Ein Mensch, der nicht hassen kann, kann auch nicht lieben; es gehört zusammen. Seine Liebe ist kalt. Und bedenke, dass ein warmer Hass viel besser ist als eine kalte Liebe. Zumindest ist er menschlich – in ihm ist Intensität, in ihm ist Leben, er atmet.

Ein Mensch, der alle Leidenschaftlichkeit verloren hat, ist nur noch öde, langweilig und tot, aber die Wut durchzieht sein ganzes Leben. Er wird sie nicht ausdrücken, sondern sie ständig unterdrücken. Schicht um Schicht wird die Wut sich in ihm anstauen, bis er schließlich nur noch aus Wut besteht. Man sieht es den so genannten Heiligen und *Mahatmas* an, dass sie voller Wut sind. Sie meinen, sie hätten die Wut unter Kontrolle, aber was macht man mit seiner kontrollierten Wut? Man kann sie höchstens hinunterschlucken.

Wo soll sie denn sonst hin? Sie gehört zu dir, sie ist ein Teil von dir, und so bleibt sie einfach in dir unterdrückt.

Wenn du deine Wut ausdrückst, wirst du frei davon. Und nachdem du sie ausgedrückt hast, kannst du wieder Mitgefühl empfinden. Wenn die Wut vorüber ist und der Sturm sich gelegt hat, wirst du die Stille der Liebe spüren. Es gibt einen Rhythmus, ein Gleichgewicht zwischen Hass und Liebe, Wut und Mitgefühl. Wenn du das eine aufgibst, verschwindet auch das andere. Und die Ironie ist, dass das, was du aufgibst, nur verdrängt wird; es bleibt im System erhalten. Dann wirst du ständig grundlos wütend werden, und deine Wut wird irrational sein. Sie wird sich in deinen Augen, in deiner Traurigkeit, in deiner Düsterkeit, in deiner Ernsthaftigkeit zeigen. Du wirst unfähig sein, das Leben zu feiern.

Wenn ich sage, dass du Perfektion durch Totalität ersetzen sollst, dann meine ich damit: Wenn du wütend wirst, werde total wütend. Sei einfach Wut, reine Wut. Das hat seine Schönheit.

Die Welt wäre sehr viel besser dran, wenn wir die Wut als etwas Menschliches akzeptieren würden, als einen Teil des Spiels der Polarität: ohne Westen kein Osten, ohne Tag keine Nacht, ohne Winter kein Sommer.

Man muss das Leben in seiner Totalität, in seiner Ganzheit akzeptieren. Darin ist ein bestimmter Rhythmus enthalten, ein polares Gleichgewicht. *(11)*

Ist es wichtig, eine bestimmte Einstellung zum Leben zu haben?

Der beste Weg, am Leben vorbeizuleben, besteht darin, eine bestimmte Einstellung zum Leben zu haben. Einstellungen entspringen dem Denken und das Leben ist jenseits vom Denken. Einstellungen sind unsere Fabrikationen, unsere Vorurteile, unsere Erfindungen. Das Leben wird aber nicht von uns fabriziert – im Gegenteil, wir sind bloß kleine Wellen, die den See des Lebens kräuseln.

Was kann eine Welle im Ozean schon für eine Einstellung zum Meer haben? Was kann ein Grashalm für eine Einstellung zur Erde, zum Mond, zur Sonne, zu den Sternen haben? Jede Einstellung ist egoistisch, jede Einstellung ist dumm.

Das Leben ist keine Philosophie, kein Problem – es ist ein Mysterium. Du musst es leben – nicht nach einem bestimmten Muster, nicht nach deinen Konditionierungen und nicht nach dem, was man dir darüber gesagt hat. Du musst ganz neu anfangen, ganz von vorne.

Jeder Einzelne sollte so leben, als wäre er der Erste auf dieser Welt, Adam oder Eva. Dann kannst du offen sein, dann kannst du dich für die unendlichen Möglichkeiten öffnen. Dann bist du verletzlich und zugänglich. Und je verletzlicher und zugänglicher du bist, desto größer ist die Möglichkeit, dass das Leben zu dir kommt.

Deine Einstellungen wirken wie Barrieren. Folglich kann dich das Leben nie so erreichen, wie es ist – es muss sich deiner Philosophie, deiner Religion, deiner Ideologie anpassen, und bei diesem Anpassungsprozess stirbt es. Was du dann bekommst, ist ein Leichnam. Es sieht vielleicht wie Leben aus, ist es aber nicht.

Doch genau so haben es die Menschen seit ewigen Zeiten gemacht. Die Hindus leben nach der hinduistischen Einstellung, die Mohammedaner leben nach der mohammedanischen Einstellung und die Kommunisten leben nach der kommunistischen Einstellung. Aber merke dir eine grundlegende, fundamentale Wahrheit: Deine Einstellung erlaubt dir nicht, mit dem Leben, so wie es ist, in Kontakt zu treten; sie entstellt alles, sie interpretiert alles.

Es gibt da eine alte griechische Geschichte:

Ein fanatischer König hatte ein wunderbares, goldenes Bett, das sehr prunkvoll und mit Tausenden von Diamanten verziert war. Sooft jemand im Palast zu Gast war, bot ihm der König dieses Bett an, aber er hatte eine bestimmte Einstellung: Der Gast musste in das Bett passen.

Wenn der Gast ein bisschen größer war, ließ ihn der König auf die passende Größe kürzen. Ein so kostbares Bett konnte man natürlich nicht verändern, also musste man den Gast auf die entsprechende Größe bringen – als ob nicht das Bett für den Gast, sondern der Gast für das Bett gemacht wäre.

Nun ist es selten, ja nahezu unmöglich, einen Menschen zu finden, der genau in ein vorgefertigtes Bett passt. Den Durchschnittsmenschen gibt es nicht, vergiss das nicht. Der Durchschnittsmensch ist eine Fiktion. Doch das Bett war für den Durchschnittsmenschen gemacht worden. Der König war Mathematiker und hatte große Berechnungen anstellen lassen. Er ließ die Größe sämtlicher Einwohner der Hauptstadt messen und teilte sie durch die Anzahl der Einwohner, und auf diese Weise legte er den Durchschnitt fest. Nun lebten aber auch kleine Kinder in der Hauptstadt, junge Menschen, alte Menschen, Zwerge und Riesen – doch der Durchschnitt war etwas ganz anderes. Nicht eine einzige Person in der ganzen Hauptstadt entsprach genau dem Durchschnitt. Auch mir ist noch nie ein Durchschnittsmensch begegnet. Der Durchschnittsmensch ist eine Fiktion.

So kam jeder Gast in Schwierigkeiten. War er kleiner als das Bett, holte der König seine kräftigsten Ringkämpfer und ließ ihn auf das rechte Maß strecken. – Das muss der Ursprung des Rolfing gewesen sein! Ida Rolf muss bei diesem König in die Schule gegangen sein! – Natürlich überlebte das keiner der Gäste, aber daran konnte der König auch nichts ändern. Er tat das alles ja nur mit den allerbesten Absichten!

Wenn du eine bestimmte Einstellung zum Leben hast, gehst du am Leben vorbei. Das Leben ist unermesslich, es lässt sich in nicht in eine Lebensanschauung pressen. Es in eine bestimmte Definition zu zwängen ist unmöglich. Gewiß, deine Einstellung mag einem bestimmten Aspekt gerecht werden, aber es wird eben nur ein Aspekt sein. Und das Denken neigt immer dazu, einen Teilaspekt für das Ganze zu halten, und sobald ein Teilaspekt für das Ganze gehalten wird, geht die Verbindung zum Leben verloren.

Dann lebst du in deine Einstellung eingezwängt wie eine verkapselte Schmetterlingspuppe und es wird dir damit nicht gut gehen. Aber dann freuen sich alle eure so genannten Religionen, denn das predigen sie ja schon immer: Leben heißt Leiden.

Buddha sagt: Geburt ist Leiden, Jugend ist Leiden, Alter ist Leiden, Tod ist Leiden – das ganze Leben ist nichts als eine endlose Tragödie. Wenn du dem Leben mit seiner Einstellung begegnest, wirst du feststellen, dass Buddha absolut Recht hat – du selbst bist der beste Beweis dafür.

Doch ich möchte dir sagen: Das Leben ist *nicht* Leiden und ich stimme überhaupt nicht mit Buddha überein. Das Leben *wird* zum Leiden, aber das ist *dein* Werk! Das Leben an sich ist ewige Freude. Doch um diese ewige Freude kennen zu lernen, musst du ihm mit offenem Herzen und offenen Händen begegnen.

Begegne dem Leben nicht mit geschlossenen Fäusten. Öffne deine Hände und geh ins Leben mit vollkommener Unschuld.

Eine Einstellung ist berechnend. Du hast schon von vornherein eine Entscheidung getroffen, ohne vorherige Kostprobe, ohne vorherige Erfahrung, ohne vorheriges Erleben. Du hast schon bestimmte Schlussfolgerungen gezogen, und wenn du diese Schlussfolgerungen von vornherein triffst, wirst du sie natürlich durch das Leben bestätigt finden. Nicht dass das Leben sie bestätigt, doch dein ganzes Denken findet Mittel und Wege, Argumente und Fakten, durch die sich deine Schlüsse bestätigen.

Der Kopf ist wie ein Schwamm, der alles aufsaugt. Er ist ein Parasit. Sobald der Kern einer bestimmten vorgefassten Meinung da ist, kristallisiert sich ein ganzes System darum herum.

Es kam einmal ein Mann zu mir, der jahrelang in vielen Ländern der Erde an einer bestimmten Hypothese gearbeitet hatte: Im Westen, insbesondere in Amerika, gilt die Zahl Dreizehn als Unglückszahl. In Amerika gibt es Hotels ohne dreizehntes Stockwerk; vom zwölften kommt man direkt in den vierzehnten Stock. Die Zahl Dreizehn wird übergangen, und es gibt auch keine Zimmer mit der Nummer dreizehn. Nach zwölf kommt gleich vierzehn, weil niemand in Zimmer dreizehn oder im dreizehnten Stock wohnen will. Eine große Angst – die Vorstellung, dass die Zahl Dreizehn Unheil bringt.

Dieser Mann hatte daran gearbeitet und alle möglichen Daten gesammelt. Er hatte wirklich einen Riesenberg von Beweisen zusammengetragen – wie viele Unfälle am Dreizehnten jedes Monats passieren, wie viele Leute an einem Dreizehnten sterben, wie viele Selbstmord begehen, wie viele Morde es gibt, wie viele verrückt werden. Er zeigte mir seine umfangreiche Abhandlung und sagte: »Wie findest du das?«

Ich sagte: »Wenn du schon so viel Energie in diese Sache steckst, dann solltest du jetzt noch eines tun: Finde heraus, was alles am Zwölften passiert! Du wirst zu den gleichen Ergebnissen kommen, denn auch am Zwölften werden die Leute verrückt, bringen sich um, begehen Morde und Raubüberfälle. Das alles passiert tagtäglich, aber wenn du von einer festen Einstellung ausgehst, wählst du alles nach dieser Einstellung aus. Und wenn dann so viele Informationen und Beweise vorliegen, fühlst du dich natürlich bestätigt, dass deine Einstellung stimmt!«

Ich lehre euch, frei von allen Einstellungen zu leben.

Das ist eine meine grundlegendsten Erfahrungen: Wenn du wirklich erkennen willst, was ist, musst du dich von jeglicher Philosophie, von allen Ismen lösen. Trete mit offenen Händen und völlig nackt unter das Licht der Sonne und schau, was ist.

Früher dachte man, unsere Sinne seien Tore, durch die die Wirklichkeit in unser innerstes Sein gelangt. Die jüngere Forschung zeigt etwas anderes: Unsere Sinne sind nicht nur

Tore, sie sind auch Torwächter. Nur zwei Prozent der Informationen werden eingelassen, achtundneunzig Prozent werden draußen gehalten. Alles, was gegen unsere Vorstellung vom Leben geht, muss draußen bleiben, und nur zwei Prozent gelangen durch den Filter herein.

Also, ein zweiprozentiges Leben ist doch gar kein Leben! Warum sollte man sich für ein zweiprozentiges Leben entscheiden, wenn man hundertprozentig leben kann?

Du fragst mich: *»Ist es wichtig, eine bestimmte Einstellung zum Leben zu haben?«*

Es ist nicht nur nicht wichtig, es ist geradezu gefährlich, *irgend*eine Einstellung zum Leben zu haben. Warum erlaubst du dem Leben nicht seinen eigenen Tanz, sein eigenes Lied, ohne irgendetwas zu erwarten? Warum lebst du nicht einfach ohne jede Erwartung? Warum siehst du nicht einfach das, was ist, in seiner Reinheit? Warum willst du dich dem Leben aufdrängen? Niemand hat etwas zu verlieren, doch wenn du dich dem Leben aufdrängst, bist du der einzige Verlierer.

Drei deutsche Professoren besuchten studienhalber das Nachtleben von St. Pauli. Als sie eine ganze Schar von Prostituierten auf sich zukommen sahen, forderten sie sich gegenseitig auf, spontan zu sagen, woran sie der Anblick erinnerte.

»An Schillers ›Horen‹«, sagte der Germanist.

»An die ›Blumen des Bösen‹ von Baudelaire«, sagte der Romanist.

»An das Semikolon«, sagte der Grammatiker.

»Wieso?«, fragten verblüfft die beiden anderen.

»Ach, ich bin nicht poetisch«, klagte er. »Ich denke da nur: Strich – Punkt.«

Es ist besser, das Leben nicht in Kategorien zu pressen; es ist besser, ihm keine Struktur zu geben. Es ist besser, alles offen zu lassen. Es ist besser, nicht zu kategorisieren und nicht alles in Schubladen zu stecken. Du wirst eine viel schönere

Erfahrung, eine viel kosmischere Erfahrung der Dinge machen, denn in Wirklichkeit ist nichts voneinander getrennt. Die Existenz ist ein einziges orgasmisches Ganzes, eine einzige organische Einheit.

Der winzigste Grashalm, das kleinste Blatt eines schlichten Bäumchens hat die gleiche Bedeutung wie der größte Stern. Das Kleinste ist auch das Größte, denn alles ist Einheit, ein einziges abgestuftes Ganzes. Sobald du die Dinge trennst, schaffst du willkürliche Grenzlinien, Definitionen, und auf diese Weise gehst du am Leben und an seinem Geheimnis vorbei.

Wir alle haben Einstellungen – das ist unser Elend. Wir alle nehmen einen bestimmten Standpunkt ein, deshalb wird unser Leben arm, denn jeder Aspekt kann höchstens eindimensional sein, und das Leben ist vieldimensional.

Du musst flüssiger sein, fließender, dich mehr vermischen und verschmelzen. Du bist nicht zum Beobachten da. Es gibt nichts herauszufinden. Nimm das Leben nicht als Problem. Es ist ein Geheimnis von ungeheurer Schönheit. Trinke davon – es ist reiner Wein. Berausche dich daran.

Ein erfolgreicher Modefabrikant hatte endlich die Frau seiner Träume gefunden und sie bereiteten eine Hochzeit vor, von der die Branche noch lange reden sollte. Seine besten Designer entwarfen ein Brautkleid aus den feinsten Importseiden und Satins und der Hochzeitsanzug des Bräutigams war ein Anblick für sich.

Das ganze Spektakel war schlicht atemberaubend, an nichts war gespart worden, doch als die Neuvermählten schließlich zur Hochzeitsreise nach Acapulco abfliegen wollten, kam ein dringliches Telegramm an.

»Es ist von meinem Kompagnon«, erklärte der Bräutigam, »dringende Geschäfte. Ich muss mich sofort darum kümmern.«

»Aber was wird aus unseren Flitterwochen?«, fragte die Braut, den Tränen nahe.

»Das Geschäft geht vor«, erwiderte er, »aber fliege du

schon mal los. Ich nehme das nächste Flugzeug und heute Abend bin ich da.«

»Aber wenn du es nicht schaffst bis heute Abend?«, fragte sie schmollend.

»Ach was«, brauste er auf, »dann fängst du halt ohne mich an!«

Ein Geschäftsmann hat seine eigene Philosophie, seine eigene Einstellung. Ein Wissenschaftler hat seine eigene Einstellung. Jeder lebt im engen Gefängnis seiner Einstellungen.

Mir geht es darum, euch aus dieser Gefangenschaft zu befreien, deshalb lehre ich euch keine Doktrin, gebe euch kein Dogma, keinen Glauben, nach dem ihr leben könnt. Ich versuche einfach, euch von all diesem Unsinn zu befreien, den man euch jahrhundertelang aufgebürdet hat. Erst wenn du diesen ganzen Berg an Altlasten aus der Vergangenheit abwerfen und so leben kannst, als wärst du der erste Mensch, hast du eine Chance, die Erfahrung des Göttlichen zu machen, der Freiheit, der Freude. Andernfalls ist Leiden dein Los und natürlich wirst du dann früher oder später die pessimistische Haltung Buddhas teilen, dass alles Leiden und Schmerz ist.

Ich lehne das absolut ab, weil ich genau das Gegenteil erfahre: Alles ist unendliche Freude, alles ist ein einziger Segen. Aber es hängt von dir ab – davon, wie du an das Leben herangehst: abgesichert und alles durch eine bestimmte Brille betrachtend oder ohne Sicherheiten, voll tiefen Vertrauens und voller Liebe. *(12)*

Ist ein moralischer Charakter absolut nutzlos?

Ein moralischer Charakter bedeutet nichts anderes, als dass andere dir etwas auferlegt haben. Das hat aber keinen religiösen Wert. Es ist eine Bevormundung, eine Versklavung, denn du bist nicht selbst zu der Einsicht von Richtig und Falsch gekommen, sondern hast es nur von anderen übernommen. Eigentlich weißt du gar nicht, ob das, was du »moralisch« nennst, moralisch oder unmoralisch ist. Was in der einen Gesellschaft als moralisch gilt, kann in einer anderen Gesellschaft unmoralisch sein.

Wenn du dich auf der Welt ein bisschen umsiehst und etwas mehr Weitblick entwickelst, wirst du dich wundern: Es gibt so viele verschiedene Moralvorstellungen! Wie ist das möglich? Richtig ist richtig und falsch ist falsch! Eigentlich kann es doch gar nicht so viele Moralvorstellungen geben! Eigentlich ist es doch unmöglich, dass es eine hinduistische Moral, eine mohammedanische Moral, eine christliche Moral gibt – und doch *gibt* es sie.

Im Grunde beweist das nur, dass alle diese Moralvorstellungen bloß erfunden sind – eine Erfindung der verschiedenen Kulturen, um die Menschen des jeweiligen Kulturkreises zu bevormunden. Es ist eine Strategie, um das Individuum in Abhängigkeit zu halten.

Der ganze Vorgang ist ein subtiler Trick, und inzwischen hat man sogar eine Abkürzung dafür gefunden. Der Wissenschaftler Delgado machte die Entdeckung, dass man dem menschlichen Gehirn Elektroden einpflanzen kann, ohne dass der Betreffende etwas davon merkt, denn das Gehirn ist ein ziemlich unempfindlicher Körperteil.

So geschah es einmal, dass im Schädel eines Mannes eine Gewehrkugel gefunden wurde – nach elf Jahren! Als man für eine andere Operation Röntgenaufnahmen machte, fand man im Schädel diese Kugel. Der Mann war in der Armee gewesen und hatte elf Jahre lang die Kugel im Kopf gehabt, ohne etwas davon zu merken, denn im Gehirn spürt man nichts; es ist empfindungslos. Man könnte dir also eine Elektrode, eine kleine elektronische Vorrichtung, in den Kopf einpflanzen, eine Art Schalter, ohne dass du je etwas davon merkst. Und dann kann man dich fernsteuern. Über diesen elektronischen Schalter in deinem Gehirn kann jeder, der sich damit auskennt, Kontrolle über dich ausüben. Mit einer kleinen Fernsteuerung kann er dich auf Knopfdruck wütend machen, oder er kann einen anderen Knopf drücken und du wirst liebevoll, oder einen dritten Knopf und du wirst ganz still, oder einen vierten Knopf und du wirst total gewalttätig.

Delgado hat bewiesen, dass das möglich ist. Er pflanzte einem Stier eine Elektrode ins Gehirn und dann stellte er sich mit seiner Fernsteuerung hin. Der Stier wurde losgelassen und Delgado drückte einen Knopf. Da wurde der Stier rasend – so rasend, wie man noch nie einen Stier gesehen hatte, und zwar völlig grundlos. Und er kam auf Delgado losgestürmt. Tausende Zuschauer hatten sich eingefunden, um das Experiment zu erleben, und nun sah es so aus, als würde der Stier Delgado gleich den Garaus machen, und damit wäre das Experiment beendet. Allen stockte der Atem. Der Stier war schon ganz nah. Nur noch ein paar Schritte und in der nächsten Sekunde würde er Delgado töten! Doch da drückte Delgado einen anderen Knopf und der Stier kam plötzlich zum Stillstand. Er blieb wie angewurzelt stehen und sah aus wie eine Statue – in einem Meter Entfernung! Die ganze Wut war wie weggeblasen. Er stand da, als wäre er in einer Yogaposition erstarrt, und rührte sich nicht.

Delgado sagt, man könne das Gleiche auch mit dem Menschen machen. Und früher oder später wird Delgado den Politikern das Geheimnis verraten, wie Albert Einstein es tat, und dann braucht man sich nicht zu wundern, was dann passieren wird. Dann ist absolut sicher, dass man in Ländern wie Russland oder China die Neugeborenen sofort zu Sklaven machen wird – nur durch einen kleinen Eingriff im Gehirn. Und dann kann vom Moskauer Kreml oder von Peking aus der Staatschef – oder wer auch immer das Land regiert – Kontrolle über das ganze Land ausüben. Je nachdem, welche Wellen er aussendet, wird großer Friede herrschen, oder er kann, wenn er gegen ein anderes Land Krieg führen will, die Menschen so gewalttätig und mordgierig machen, dass ein Einzelner zehn bis hundert Killer in den Schatten stellt. So weit kommt es noch, denn vor den Politikern ist kein Geheimnis sicher.

Das gleiche Verfahren haben die so genannten Moralprediger seit Jahrhunderten angewandt, aber sie gingen dabei nach einer Ochsenkarrenmethode vor. Heute leben wir im Jet-Zeitalter. Delgado sagt, dies sei die Methode, mit der man das menschliche Verhalten steuern kann. Dann wird es völlig überflüssig, den Menschen Moral beizubringen – wozu? Man pflanzt ihnen einfach eine Elektrode ein und auf diese Weise kann man alle steuern.

Die Priester machen das schon seit vielen Jahrhunderten, aber natürlich wussten sie nichts von einem so raffinierten Mechanismus. Sie haben in euch das Gewissen erzeugt – das ist auch so etwas wie eine Elektrode. Jedem Kind wurde pausenlos eingetrichtert: »Das ist richtig ... das ist richtig ... das ist richtig ...« Und auch, was falsch ist: »Das musst du tun ... und das darfst du nicht tun!« So entsteht das Gewissen, ein autohypnotischer Zustand. Bis das Kind groß ist, hat es eine bestimmte Vorstellung von Gut und Böse übernommen. Dann wird dieser Mensch sein ganzes Leben lang in der Zwickmühle sein. Folgt er der Moral, wird er zum Heuchler, denn die Moral nimmt keine Rücksicht auf sein Wesen, seine Einzigartigkeit, seine Individualität. Der Einzelne wurde nie berücksichtigt; man hat ihn überhaupt nicht beachtet.

Für die Hindus hat irgend so ein Typ namens Manu vor fünftausend Jahren festgelegt, was richtig und was falsch ist. Und das gilt bis heute, für die Hindus gilt es bis heute. Immer noch gibt es Frauen, die Selbstmord begehen, indem sie bei der Totenverbrennung ihres Ehemannes ins Feuer springen – nur weil dieser Manu gesagt hat, dass es die größte Tugend einer Frau sei, wenn sie zur *Sati* wird und gemeinsam mit ihrem Ehemann stirbt. Und immer noch passiert es, dass irgendwo in Indien eine Frau Selbstmord begeht und sich bei lebendigem Leibe verbrennen lässt. Und diese Frauen werden von den Hindus verehrt und als Heilige angebetet! Dabei haben sie nur Selbstmord begangen. Es ist illegal; man hat es zu einem Verbrechen erklärt. Die Engländer, die zweihundert Jahre in Indien herrschten, konnten nichts Moralisches darin sehen; für sie war es einfach Selbstmord. Ihre

Denkweise war nicht von Manu geprägt, sondern von Moses, und unter den zehn Geboten gibt es keines, das besagt, eine Witwe müsse Selbstmord begehen. Deshalb waren sie so sehr dagegen, dass sie ein Gesetz erließen. Dieses Gesetz existiert immer noch, aber trotzdem wird dieses Verbrechen der Witwenverbrennung immer wieder begangen. Und die Frauen, die sich auf diese Weise das Leben nehmen, tun es in dem Glauben, etwas Großartiges von allerhöchstem Wert zu tun.

Die Mohammedaner haben ihre eigene Moral. Erst kürzlich kam es in Indien zu Tumulten, weil ein Schwein, ein völlig unschuldiges Schwein, in den heiligen Gebetsraum der Mohammedaner eingedrungen war! Während die Gläubigen ihre Gebete verrichteten, kam plötzlich das Schwein herein! Nun hat irgend so ein dummer Mensch im Verlauf ihrer Geschichte das Gerücht in Umlauf gebracht, dass das Schwein das unheiligste Tier auf der Welt sei. Schweine sind bloß arme Schweine, vielleicht ein bisschen beschränkt, aber im Grunde ganz arme, unschuldige Wesen! Wie kann denn ein Schwein einen heiligen Ort unheilig machen? Das würde doch heißen, dass ein einziges Schwein in seiner Unheiligkeit machtvoller ist als Tausende Mohammedaner, die an einem heiligen Ort beten. Ihr Gebet ist nicht stark genug, um ein Schwein zu transformieren. Ein einziges Schwein kann die ganze Atmosphäre versauen!

Sie töteten das Schwein und dazu gleich auch noch den Polizisten, der vor der Tür gestanden hatte, weil sie dachten, er hätte das Schwein reingelassen – er war nämlich ein Hindu! Und das löste den Tumult aus. Auf einen Schlag gab es hundertdreißig Tote – und das ist nur die offizielle Zahl. Und wenn man eine offizielle Zahl sieht, kann man sie immer gleich mit vier multiplizieren, dann hat man die richtige Zahl. Es muss mindestens sechshundert Tote gegeben haben oder noch mehr.

Die Hindus glauben an die Kuh. Sie ist ihnen das heiligste Tier auf der Welt, heiliger als viele Menschen. Die Unberührbaren, die *Sudras*, welche die große Mehrheit der Hindugesellschaft ausmachen, gelten weniger als eine heilige Kuh. Einen *Sudra* zu töten ist laut Manu kein so großes Verbrechen, wie eine Kuh zu ermorden – es ist das größte Verbrechen überhaupt! Man kann Hunderte von anderen Verbrechen begehen, kein Problem, aber eine Kuh zu töten ...! Zumindest schreibt das die Moral der Hindus so vor, und jeder Hindu glaubt tatsächlich, dass die Kuh seine Mutter ist. Darin besteht sein Gewissen. Und genauso ist es mit allen anderen.

Moral ist eine religiöse Erfindung und keine religiöse Erfahrung. Die religiöse Erfahrung musst du selbst machen – dann wird sich zweifellos eine große Revolution in dir ereignen. Dann wird mit Sicherheit dein Charakter tugendhaft sein, aber nicht moralisch; er wird religiös sein, spirituell.

Ein moralischer Charakter hat nur für jene einen Wert, die dich versklaven wollen, aber das richtet sich *gegen* dich. Was du brauchst, ist ein spiritueller Charakter, und ein spiritueller Charakter entsteht nicht durch moralische Erziehung, sondern durch Meditation.

Du brauchst mehr Bewusstheit, nicht mehr moralische Erziehung.

Deshalb lege ich überhaupt keinen Wert auf Moral und Charakter. Mir geht es ausschließlich um die Essenz. Wenn sich im Zentrum deines Seins Erkenntnis und Klarheit ausbreiten, wird dein Leben sich ändern, und zwar total. Es wird voller Schönheit und Anmut sein. Dann kannst du dich, wenn du ein Inder bist, nicht mehr nach Manu richten. Nur Dumme richten sich nach anderen. Sich nach dem zu richten, was ein anderer sagt, ist dumm.

Es geht also überhaupt nicht darum, dass du dich nach mir richtest. Ich kann dir nur helfen, zur eigenen Erkenntnis zu gelangen, das ist alles. Ich werde dir nicht meine Einsichten aufdrängen. Wenn es mir um moralischen Charakter ginge, würde ich dir meine Sicht der Dinge als das einzig Richtige aufdrängen. Aber was für den einen Nektar ist, ist für den anderen Gift. Was für den einen Medizin ist, kann einen anderen umbringen. Was für mich richtig ist, was für mich wahr ist, ist nur für mich wahr. Ich kann dir aber helfen, die Quelle zu finden, die dich sehend machen wird.

Einem Blinden kann man auf zwei Arten helfen. Man kann ihm detaillierte Anweisungen geben: »Geh zuerst hundert Meter geradeaus, wende dich dann neunzig Grad nach links, geh zweihundert Meter, wende dich dann nach rechts und geh wieder hundert Meter«, und so weiter, auf diese Art, ganz detailliert. Das ist Moral. Der Blinde bleibt blind, aber zumindest kann er funktionieren, er kann sich in Bewegung setzen.

Meditation zu lehren bedeutet, einem Blinden Augen zu geben. Dann ist es unnötig, ihm detaillierte Anweisungen zu geben: »Geh erst rechts, dann links, dann …« Das ist unnötig, wenn man ihm Augen gibt. Dann kann er selber sehen, wo er gehen muss und wo der Weg sich nach links oder rechts wendet.

Das Leben ist viel zu komplex. Man kann einen Blinden nicht ständig anleiten. Er wird zwangsläufig irgendwo stolpern, er wird viele Fehler machen, wird vieles vergessen. Jeder Augenblick bringt neue Situationen, und wenn er nur den Anweisungen folgt, dann kann es sein, dass diese vielleicht gar nicht mehr zutreffen. Das Leben ändert sich ständig.

Otto, der Verkehrspolizist, fragt seinen Freund Klaus, ob er in der Stadt ein Bordell kennt. Klaus gibt Otto die Adresse. Am nächsten Tag begegnen sich die beiden wieder auf der Straße.

»Nun«, fragt Klaus, »hast du deinen Spaß gehabt?«

»Ach nee!«, antwortet Otto. »Das Haus hab ich zwar gefunden, aber dann hab ich die ganze Nacht draußen vor der Tür gestanden.«

»Warum bist du denn nicht reingegangen?«

»Ich hab gewartet, dass das rote Licht wechselt.«

Ein Verkehrspolizist hat seine festen Vorstellungen. Rotes Licht hat für ihn eine ganz bestimmte Bedeutung.

Ein attraktives New Yorker Karrieremädchen heiratet Stefano, einen hübschen italienischen Bauernjungen. Sie ist nicht allzu glücklich über seine Manieren in Gesellschaft und fängt sofort an, ihn zu erziehen. Während des Hochzeitsempfangs verbessert sie ihn ständig, sagt ihm, was er sagen soll, welches Messer er bei Tisch benutzen soll und wie man die Butter weiterreicht.

Als das Fest endlich zu Ende ist und sie im Bett landen, fummelt Stefano unsicher unter der Bettdecke herum und wendet sich schließlich stotternd an seine junge Frau: »Könntest du mir bitte die Möse reichen?«

Zu so etwas muss es dabei kommen! Das ist unvermeidlich. Ein moralischer Mensch bleibt dumm und unintelligent, weil er ständig auf die Anweisungen anderer angewiesen ist.

Ein moralischer Mensch lebt nach den Regeln der Vergangenheit und ein Meditierender lebt nach den Erfordernissen der Gegenwart. Ein Meditierender reagiert spontan auf die realen Gegebenheiten; ein moralischer Mensch kann immer nur nach einem fertigen Rezept reagieren.

All diese Puritaner und Moralapostel haben euer Denken und euer ganzes Sein mit so viel Müll voll gestopft! Sie haben die reinste Mülldeponie aus euch gemacht!

Eine Hausfrau mit verquollenen Augen und ohne Make-up, den Kopf voller Lockenwickler, eingewickelt in einen zerschlissenen alten Morgenmantel und mit ausgelatschten Pantoffeln an den Füßen, kommt mit einem Mülleimer in der Hand aus dem Haus gerannt, als der Wagen der Müllabfuhr gerade Anstalten macht, weiterzufahren.

Nach Luft japsend, stürzt sie auf den Wagen zu und fragt den Müllmann: »Komme ich zu spät?«

»Aber nein, Gnädigste, springen Sie nur rein!«

Vergiss das Gewissen und kümmere dich um Bewusstheit, dann wird dein Leben authentisch, und authentisch zu sein bedeutet, göttlich zu sein. Authentisch zu sein bedeutet zu erkennen, was es mit Gott auf sich hat. Authentisch zu sein bedeutet, im Einklang mit dem Tao, mit der höchsten Wesensnatur, zu leben. »*Ais dhammo sanantano*«, sagt Buddha. »Dies ist das höchste Gesetz. Sei bewusst, sei dir selbst ein Licht.« *(13)*

Mein ganzes Anliegen geht dahin, euch Bewusstheit zu geben und nicht einen Charakter. Bewusstheit ist die wahre Sache, Charakter eine falsche Münze. Einen Charakter braucht man, wenn man keine Bewusstheit hat. Wer Augen hat, braucht keinen Blindenstock, um seinen Weg zu finden, um sich den Weg zu ertasten. Wenn man sehen kann, fragt man nicht andere: »Wo ist die Tür?«

Ein Charakter ist nötig, weil die Menschen so unbewusst sind. Ein Charakter ist nur ein Schmiermittel; er sorgt dafür, dass das Leben reibungslos abläuft.

Gurdjieff* sagte immer, der Charakter sei wie ein Puffer. Puffer verwendet man bei Eisenbahnzügen; zwischen den einzelnen Waggons gibt es Puffer. Wenn etwas passiert, können zwei hintereinander liegende Waggons nicht zusammenprallen; die Puffer verhindern, dass sie gegeneinander stoßen. Oder er ist wie die Federung in einem Auto: Sie ist dazu da, dass das Auto zügig fährt, sogar auf holprigen indischen Straßen. Die Federn fangen die Stöße auf; sie wirken als Stoßdämpfer.

Genau das ist der Charakter: ein Stoßdämpfer. So lernt man zum Beispiel, bescheiden zu sein, und bescheiden zu sein ist wie ein Stoßdämpfer. Wenn man lernt, bescheiden zu sein, kann man sich gegen das Ego anderer Leute absichern. Dann können sie einen nicht mehr so leicht verletzen, denn man ist ja ein bescheidener Mensch. Wenn man egoistisch ist, holt man sich immer wieder Verletzungen. Das Ego ist sehr empfindlich, darum verbirgt man es lieber hinter ei-

---

* erleuchteter Meister des 20. Jahrhunderts

nem Mantel der Bescheidenheit. Das ist hilfreich, weil es das Leben glatter ablaufen lässt, aber transformiert werden kann man auf diese Weise nicht.

Meine Arbeit besteht in Transformation. Dies hier ist eine alchimistische Schule. Ich will euch transformieren – von der Unbewusstheit zur Bewusstheit, von der Dunkelheit zum Licht.

Ich kann euch keinen Charakter geben, ich kann euch nur Einsicht geben, Gewahrsein. Ich möchte, dass ihr von Augenblick zu Augenblick lebt, aber nicht nach irgendeinem vorgegebenen Schema, das ich euch gebe – oder die Gesellschaft, die Kirche, der Staat. Ich möchte, dass ihr das Leben mit eurer eigenen kleinen Lampe der Bewusstheit lebt, aus eurem eigenen Bewusstsein heraus. Dass ihr spontan lebt und auf jeden Augenblick antwortet.

Charakter bedeutet, man hat schon bestimmte vorgefertigte Antworten für alle Lebensfragen parat, und sobald irgendeine Situation auftaucht, reagiert man nach einem festen Schema. Wenn man mit einer vorgefertigten Antwort reagiert, ist es keine richtige Antwort, sondern ein bloßes Reagieren. Ein Mensch mit Charakter reagiert bloß, ein Mensch mit Bewusstheit antwortet auf die Situation, er geht auf sie ein, er reflektiert die Wirklichkeit, so wie sie ist, und aus diesem Reflektieren heraus handelt er. Ein Mensch mit Charakter re-agiert, ein Mensch mit Bewusstheit agiert. Ein Mensch mit Charakter ist mechanisch, er funktioniert wie ein Roboter. In seinem Hirn ist dieser Computer, voll gestopft mit Informationen, und wenn man ihn irgendetwas fragt, spuckt der Computer die fertige Antwort aus.

Ein Mensch mit Bewusstheit handelt einfach aus dem Augenblick heraus, nicht aus der Vergangenheit, nicht aus der Erinnerung, dem Gedächtnis. Seine Antwort hat eine Schönheit, eine Natürlichkeit, seine Antwort entspricht der Situation. Ein Mensch mit Charakter hinkt immer hinterher, weil das Leben sich unaufhörlich ändert; es bleibt nie gleich. Aber die fertigen Antworten sind immer gleich, weil sie nicht mitwachsen; sie können nicht mitwachsen, weil sie tot sind.

In deiner Kindheit hat man dir eine bestimmte Sache beigebracht und sie ist noch immer genauso vorhanden. Inzwischen hast du dich längst weiterentwickelt, dein Leben hat sich verändert, aber die Antwort, die dir von deinen Eltern oder von den Lehrern oder den Priestern gegeben wurde, ist immer noch vorhanden. Und wenn irgendetwas geschieht, funktionierst du immer noch nach dieser Antwort, die man dir vor fünfzig Jahren gegeben hat. In den fünfzig Jahren ist so viel Wasser den Ganges hinuntergeflossen! Das Leben hat sich total verändert.

Heraklit sagt: »Man kann nicht zweimal in denselben Fluss steigen.« Und ich sage dir: Du kannst nicht *ein*mal in denselben Fluss steigen, so schnell fließt er dahin.

Charakter bedeutet Stagnation; er ist wie ein schmutziger Tümpel. Bewusstsein ist wie ein Fluss.

Darum gebe ich meinen Leuten keinen Verhaltenskodex. Ich gebe ihnen Augen, mit denen sie sehen können, ein Bewusstsein, mit dem sie alles reflektieren können, ein spiegelgleiches Sein, mit dem sie in der Lage sind, auf jede entstehende Situation spontan zu antworten. Ich gebe ihnen keine detaillierten Anweisungen, was sie tun oder nicht tun sollen. Ich gebe ihnen keine Zehn Gebote. Sobald man sich auf Gebote einlässt, kann man bei zehn nicht Halt machen, weil das Leben viel zu kompliziert ist.

In den buddhistischen Schriften gibt es dreiunddreißigtausend Regeln für buddhistische Mönche. Dreiunddreißigtausend! Für jede erdenkliche Situation, die je entstehen kann, gibt es eine fertige Antwort. Aber wie soll man sich dreiunddreißigtausend Verhaltensregeln merken? Und wenn man so schlau ist, dass man sich dreiunddreißigtausend Verhaltensregeln merken kann, dann ist man auch schlau genug, immer ein Schlupfloch zu finden. Wenn man etwas nicht tun will, findet man bestimmt einen Ausweg, und auch wenn man etwas tun will, findet man einen Ausweg.

Ich habe von einem christlichen Heiligen gehört … Jemand gab ihm eine Ohrfeige, weil er am selben Tag in der Morgenpredigt gesagt hatte: »Jesus sagt: Wenn dich jemand auf eine Backe schlägt, dann halte ihm auch die andere hin.« Dieser Mann wollte das testen, und darum gab er ihm eine Ohrfeige. Er schlug ihn richtig fest auf die Backe. Aber es war ein richtiger Heiliger: Er stand zu seinem Wort und hielt ihm auch die andere Backe hin.

Der Mann war aber auch nicht ohne: Er schlug ihn noch fester auf die andere Backe. Zu seiner Verblüffung stürzte sich da der Heilige auf ihn und fing an, ihn dermaßen zu verprügeln, dass er rief: »Was machst du denn? Ich denke, du bist ein Heiliger! Und erst heute morgen hast du gesagt, wenn man auf eine Backe geschlagen wird, soll man auch die andere hinhalten!«

»Das stimmt«, sagte der Heilige, »aber ich habe nur zwei Backen! Und Jesus hört da auf. Jetzt habe ich die Freiheit, zu tun, was ich will. Jesus sagt darüber nichts mehr.«

Genau das Gleiche geschah zu Jesu Lebzeiten. Er sagte einmal zu einem Jünger: »Du sollst siebenmal vergeben.« Der Jünger sagte: »Okay.« Aber die Art, wie er »Okay« sagte, machte Jesus misstrauisch. Er sagte: »Siebenundsiebzigmal, hörst du?« Der Jünger war ein wenig beunruhigt, aber er sagte: »Okay« – denn die Zahlen hören ja nicht bei siebenundsiebzig auf. Was ist bei achtundsiebzig? Dann bin ich frei! Dann kann ich tun, was ich will!

Wie viele Regeln kann man den Menschen geben? Es ist dumm, völlig zwecklos. Aber so ist es um die Religiosität der Leute bestellt: Sie finden immer einen Weg, die Gebote und Verhaltensregeln zu umgehen. Sie finden immer ein Hintertürchen.

Charakter kann euch höchstens eine oberflächliche, unechte Maske geben, hauchdünn. Wenn man nur ein bisschen an euren Heiligen kratzt, stößt man auf das Tier, das sich dahinter verbirgt. An der Oberfläche sehen sie großartig aus, aber nur an der Oberfläche.

Ich möchte nicht, dass ihr oberflächlich seid. Ich möchte,

dass ihr euch *wirklich* ändert. Doch wirkliche Veränderung ereignet sich im Zentrum eures Seins und nicht an der Oberfläche.

Charakter bedeutet Kosmetik an der Oberfläche, Bewusstsein bedeutet Transformation im Zentrum.

Ein Schreiner arbeitete einmal in einer Kirche und schlug sich dabei mit dem Hammer auf den Daumen. »Verflucht noch mal!«, schrie er.

Das hörte der Pfarrer, der zufällig vorbeikam. »Solche Worte solltest du hier nicht gebrauchen, mein Sohn!«, ermahnte er ihn. »Du bist in einem Gotteshaus!«

»Verzeihen Sie, Hochwürden, aber was soll man denn schließlich sagen, wenn man sich mit dem Hammer den Daumen zerquetscht?«

»Du kannst sagen: ›Gott schütze mich!‹ oder: ›Jesus steh mir bei!‹«, meinte der Pfarrer.

Etwas später geschah es, dass der Schreiner sich beim Sägen eines Holzbalkens mitten durch den Finger schnitt und dieser zu Boden fiel. »Gott schütze mich!«, rief der Schreiner. Da sprang der Finger zurück an die Hand und war verheilt.

»Verflucht noch mal!«, konnte man da den Pfarrer vernehmen. *(14)*

Was habe ich eigentlich von Gedanken wie: »Ich bin nicht gut genug, ich verdiene es nicht, ich bin es nicht wert, ich bin nicht reif genug, ich bin …«

Das sind alles Methoden des Egos, und zwar ganz subtile, raffinierte Methoden des Egos. Du willst absolut perfekt sein, das Ego will absolut perfekt sein. Das hat zur Folge, dass du, egal wie du bist, immer das Gefühl hast, nicht gut genug zu sein und den Anforderungen nicht zu entsprechen. Du setzt den Maßstab hoch an, zu hoch. Du willst immer an der Spitze sein. Und das ist dann die Folge: Du fühlst dich nicht reif genug – weil du ein so hohes Ideal von Reife hast, dass du es nicht erfüllen kannst. Eigentlich kannst du es nie erfüllen; so reif war noch nie jemand! Und dann fühlst du dich schlecht.

Das ist es, was du davon hast. Es ist ein sehr subtiles Ego, und das Ego fühlt sich gut bei dem Gedanken: »*Ich bin nicht reif genug.*« Das ist eine total raffinierte Masche. Normalerweise wird ein Egoist sagen: »Ich bin der Perfekteste!« Das ist offensichtlich und direkt, nicht sehr subtil. Im Grunde sagst du aber das Gleiche, nur sagst du: »Ich möchte gerne die perfekteste Frau sein. Und ich habe das Potenzial dazu! Eines Tages werde ich es sein, aber jetzt ist es noch nicht so weit. Darum muss ich leiden, und ich muss erst richtig leiden, bis ich perfekt werde.« Darin besteht deine Investition.

Solange du nicht von deinem hohen Roß herunterkommst, kannst du das nicht fallen lassen. Das meine ich, wenn ich sage: »Begegnet dir Buddha unterwegs, dann töte ihn!« Das ist gemeint. Töte ihn auf der Stelle, leg ihn um! Und mit »Buddha« sind hier jegliche Ideale gemeint.

Du hast ein paar unmögliche Ideale im Kopf: dass du so oder so sein solltest. Du *bist* es aber nicht – übrigens ist das niemand – und dann fühlst du dich schlecht. Und wenn du dich schlecht fühlst, schmückst du dein Ideal noch mehr aus. Eines Tages wirst du dein Ideal erreichen, und dann wirst du der Welt zeigen, wer du wirklich bist! Siehst du diesen Trip? Darin besteht deine Investition.

Es ist ein Egospiel von beiden Seiten: Erst stellt das Ego ein großes Ideal auf, und dann fühlt es sich schlecht. Das Ego kreiert diese Egotrips, und dann ist es unglücklich!

Lass das Ego fallen, dann wird das Ziel verschwinden und mit ihm das Unglück – sie gehören zusammen. Es ist ein und dasselbe Spiel; die beiden sind nicht voneinander zu trennen.

Fang an, das Leben so zu leben, wie du bist. Was kannst du machen? Wenn du nicht reif bist, bist du eben nicht reif. Kann man von einem unreifen Menschen erwarten, dass er plötzlich reif wird? Wie soll das denn gehen? Das ist, als würde man von einem kleinen Kind erwarten, dass es erwachsen wird. Wie kann aus einem Kleinkind ein Erwachsener werden?

Aber auf diese Weise kannst du es unglücklich machen. Das Kind kann gelegentlich mal so tun, als ob: Es setzt sich mit einer Zeitung in den Lehnsessel und tut so, als würde es Zeitung lesen wie ein Erwachsener – aber das ist auch schon alles. Ein Kind ist ein Kind. Früher oder später wirft es die Zeitung in die Ecke und rennt hinaus in den Garten, um wieder das zu tun, was es eigentlich tun möchte. Wie lange kann diese Reife schon anhalten?

Ein Kind muss Kind sein. Und wenn du ein Kind bist, dann sei eben ein Kind. Dann wirst du, wenn du alt bist, nicht bereuen, dass du deine Kindheit nicht genossen hast. Sonst wird nämlich genau das passieren: Als Kind wolltest du erwachsen sein, und als Erwachsener wolltest du wieder Kind sein.

Aus diesem Grund singen so viele Dichter auf der ganzen Welt, in allen Sprachen, immer wieder Lieder der Kindheit. Weil sie es versäumt haben, Kind zu sein! Jetzt, da sie alt geworden sind, denken sie: »Was für herrliche Tage waren das, diese Tage der Kindheit – diese Unschuld, diese Freiheit, diese Sorglosigkeit, und keine Verantwortung!« Nun sehnen sie sich danach zurück. Sie schwelgen in Nostalgie.

Als sie noch Kinder waren, dachten sie daran, wie sie erwachsen sein könnten. Jetzt, wo sie erwachsen sind, denken sie daran, wie sie wieder Kinder sein könnten.

Dies ist der richtige Zeitpunkt, um dich über dein Nichterwachsensein zu freuen, über deine Unreife, denn sonst verpasst du etwas! Unreife hat etwas Schönes, genau wie Kindsein etwas Schönes hat. Auch Reife hat etwas Schönes, so wie das Alter etwas Schönes hat. Aber sehne dich nicht unnötig nach dem anderen, wenn du es nicht hast.

Solange du jung bist, genieße deine Jugend mit ihrer ganzen Unreife, mit all ihren Schwächen. Genieße sie trotz all ihrer Begrenzungen, denn die Jugend verleiht dir Flügel. Bald schon ist sie vorbei und du wirst ein reifer Mensch, und dann gibt es keinen Weg zurück. Dann holt dich die Reife ein, und dann wirst du leiden und wirst sagen: »Jetzt, wo ich reif bin, kann ich nicht mehr so herumtollen, wie ich das früher gerne getan hätte.« Dann wärst du gerne wieder unreif und würdest all die Dinge gerne vergessen, die die Weisheit mit sich bringt.

Genieße es, solange du unreif bist. Und wenn du reif wirst, genieße auch das. Das ist meine Philosophie: Wo immer du dich in diesem Augenblick befindest, sei total darin! Erzeuge keine Ideale, die dagegen oder darüber stehen, sonst fühlst du dich als Versager.

Jeglicher Idealismus ist eine Art Neurose und alle Perfektionisten haben einen Hang zum Verrücktwerden. Lass das Ganze also fallen. Genieße diese närrischen Tage – es ist eine herrliche Zeit! Sie geht viel zu schnell vorüber. Und bevor sie vorüber ist, trinke ihren Saft bis zur Neige; dann wirst du nicht zurückschauen. Und wenn sich die Reife einstellt, wirst du es genießen.

So kann man sein ganzes Leben vom Anfang bis zum Ende genießen. Man kann seine Kindheit genießen, seine Jugend genießen, sein Alter genießen. Man kann den Erfolg genießen und den Misserfolg genießen – man kann alles genießen, wie es kommt.

Dann wird man das Leben genießen und genauso wird man auch den Tod genießen. Und wenn das ganze Leben zu einer einzigen Kette von Freude wird, ist es heilig. Ein solches Leben nenne ich heilig, weil es heil und ganz ist! *(15)*

3. KAPITEL

Erfolg

Ich habe immer davon geträumt, ein weltberühmter, reicher, erfolgreicher Mann zu werden. Kannst du mir bei der Erfüllung dieses Wunsches helfen?

Nein, mein Herr, ganz und gar nicht, niemals – denn dein Wunsch ist selbstmörderisch.

Ich kann dir nicht helfen, Selbstmord zu begehen! Ich kann dir nur helfen, zu wachsen und du selbst zu sein, aber ich kann dir nicht helfen, Selbstmord zu begehen. Ich kann dir nicht helfen, dich für nichts und wieder nichts zugrunde zu richten.

Ehrgeiz ist Gift. Wenn du ein besserer Musiker sein willst, kann ich dir helfen, aber du solltest keinen Gedanken daran verschwenden, weltberühmt zu werden. Wenn du ein besserer Dichter sein willst, kann ich dir helfen, aber du solltest nicht einen Gedanken daran verschwenden, den Nobelpreis zu erringen. Wenn du ein guter Maler sein willst, kann ich dir helfen – ich helfe der Kreativität.

Kreativität hat aber nichts mit Rang und Namen, Geld und Erfolg zu tun. Und ich sage nicht, dass du auf diese Dinge verzichten sollst, falls sie sich einstellen. Wenn sie sich einstellen, gut – dann genieße es. Aber lass dich nicht davon motivieren. Denn wie kann man ein wirklicher Dichter sein, wenn man nach Erfolg strebt? Wie kann man Poesie hervorbringen, wenn man von der Energie her ein Politiker ist? Wie kann man ein richtiger Maler sein, wenn man versucht, reich zu werden? Die ganze Energie geht dann ins Reichwerden. Ein Maler braucht seine ganze Energie fürs Malen und Malen passiert immer hier und jetzt. Reichtum kann sich irgendwann in der Zukunft einstellen – vielleicht, vielleicht aber auch nicht. Es ist nicht zwingend, es passiert alles zufällig.

Der Erfolg ist dem Zufall überlassen, der Ruhm ist dem Zufall überlassen.

Doch das Gefühl der Glückseligkeit ist nicht dem Zufall überlassen. Ich kann dir helfen, glücklich und selig zu sein; du kannst malen und dabei selig sein. Ob das Bild berühmt wird oder nicht, ob du ein Picasso wirst oder nicht, ist völlig egal, aber ich kann dir helfen, auf eine Art und Weise zu malen, dass selbst Picasso vor Neid erblassen würde, wenn er dir beim Malen zuschauen könnte. Du kannst im Malen völlig aufgehen und darin liegt die wahre Freude.

Das sind die Momente, in denen sich Liebe und Meditation ereignen. Das sind die wahrhaft göttlichen Augenblicke.

Ein göttlicher Augenblick ist einer, in dem du vollkommen aufgehst: Deine Grenzen verschwinden und für einen Moment bist du nicht mehr da – dann ist Gott.

Aber ich kann dir nicht helfen, Erfolg zu haben.

Ich bin nicht gegen den Erfolg, das möchte ich doch sehr betonen. Ich sage nicht, dass du nicht erfolgreich sein sollst. Ich habe nichts dagegen; es ist völlig in Ordnung. Was ich sage, ist: Lass dich nicht vom Erfolg motivieren, sonst entgeht dir das Malen, sonst entgeht dir die Poesie, sonst entgeht dir das Lied, das du jetzt singen könntest. Und falls sich irgendwann später der Erfolg einstellt, stehst du mit leeren Händen da, denn der Erfolg an sich bringt keine Erfüllung.

Der Erfolg kann dich nicht nähren; er hat nichts Nährendes. Erfolg ist nur heiße Luft.

Kürzlich las ich in einem Buch über Somerset Maugham, *Gespräche mit Willie*, das sein Neffe Robin Maugham geschrieben hat. Nun war Somerset Maugham wohl einer der berühmtesten, erfolgreichsten und reichsten Männer seiner Zeit, doch diese Memoiren sind wirklich aufschlussreich. Höre, was Robin Maugham über seinen berühmten, erfolgreichen Onkel Somerset Maugham schreibt:*

»Er war zweifellos der berühmteste lebende Autor. Aber auch der traurigste … ›Weißt du‹, sagte er einmal zu mir,

---

* eigene Übertragung ins Deutsche – *Anm. d. Übers.*

›ich werde bald tot sein, und diese Vorstellung behagt mir gar nicht.‹ Diese Bemerkung machte er im Alter von einundneunzig Jahren. ›Ich bin zwar schon ein altes Haus‹, sagte er, ›aber das macht mir die Sache um nichts leichter.‹

Er war reich, weltberühmt und so weiter, und mit einundneunzig verdiente er immer noch ein Vermögen, obwohl er schon seit langem keine Zeile mehr geschrieben hatte. Die Tantiemen aus seinen Büchern kamen nach wie vor buchstäblich aus der ganzen Welt zu ihm geflossen, ebenso wie die Briefe seiner Verehrer. Zu diesem Zeitpunkt standen vier seiner Theaterstücke in Deutschland auf dem Spielplan, sein Stück *Der Kreis* hatte gerade in England eine brillante Wiederaufführung erlebt, und *Finden Sie, dass Constanze sich richtig verhält* war soeben in einer Musicalfassung herausgekommen. Einer seiner berühmtesten Romane, *Der Menschen Hörigkeit*, sollte demnächst verfilmt werden, was ihm wahrscheinlich ebenso viele Dollarmillionen einbringen würde wie *Silbermond und Kupfermünze* und *Auf Messers Schneide*. Leider war das Einzige, was ihm trotz all seines Talents und seiner Erfolge versagt blieb, der Lohn des Glücks. Er war der traurigste Mensch der Welt.

›Was war denn in deiner Erinnerung der glücklichste Augenblick deines Lebens?‹, fragte ich ihn. ›Ich kann mich an keinen einzigen erinnern‹, sagte er. Ich blickte mich in dem Salon um« – so schreibt der Neffe – »mit all den kostbaren Möbeln, Gemälden und Kunstgegenständen, die zu erwerben ihm sein Erfolg ermöglicht hatte. Allein die Villa und dieser wunderbare Garten an einem atemberaubend schönen Platz an der Mittelmeerküste waren ihre sechshunderttausend Pfund wert. Er hatte elf persönliche Bedienstete, aber glücklich war er nicht.

Am nächsten Tag traf ich ihn in seiner Bibel lesend an, und er sagte: ›Ich bin auf dieses Zitat gestoßen: *Welchen Nutzen hätte der Mensch, wenn er die ganze Welt gewönne und verlöre die eigene Seele?*‹ In einer schmerzlichen Geste verschränkte er immer wieder die Hände, und dann sagte er: ›Ich muss dir davon erzählen, mein lieber Robin: Dieser Satz hing in meiner Kindheit an der Wand gegenüber meinem Bett.‹ Und als ich ihn anschließend zum Spazierengehen in den Garten mitnahm, sagte er: ›Weißt du, wenn ich sterbe, wird mir das alles genommen: all die Bäume, das ganze Haus, jedes einzelne Möbelstück. Nicht mal einen Tisch kann ich mitnehmen.‹ Und dabei wurde er sehr traurig und zitterte.

Eine Zeit lang schwieg er, während wir durch einen Orangenhain spazierten, und dann sagte er: ›Ich war mein ganzes Leben lang ein Versager.‹ Ich versuchte ihn zu trösten: ›Aber du bist doch der berühmteste lebende Autor. Das muss dir doch irgendetwas bedeuten?‹, fragte ich ihn. ›Ich wünschte, ich hätte kein einziges Wort geschrieben‹, erwiderte er. ›Was hat es mir gebracht? Mein Leben war ein einziger Misserfolg, und jetzt ist es zu spät, um daran noch etwas zu ändern‹, sagte er. ›Es ist zu spät.‹ Und Tränen traten ihm in die Augen.«

Was kann der Erfolg dir bringen? Schau, dieser Mann, Somerset Maugham ... er lebte umsonst. Er lebte lang, einundneunzig Jahre; er hätte ein rundum zufriedener, erfüllter Mensch sein können. Aber nur, wenn der Erfolg ihm das zu geben vermocht hätte. Nur wenn all die Reichtümer und die große Villa mit Dienerschaft ihm das zu geben vermocht hätten.

In der Summe des Lebens sind Rang und Namen ohne jede Bedeutung. Worauf es unterm Strich letztlich ankommt, ist: Wie hast du dein Leben in jedem Augenblick gelebt? War es eine Freude? War es ein Fest? Und warst du glücklich in den kleinen Dingen? Wenn du ein Bad nahmst oder deinen Tee schlürftest, wenn du den Fußboden gereinigt hast oder im Garten herumspaziert bist, wenn du Bäume gepflanzt, mit einem Freund geplaudert oder mit einem geliebten Menschen einfach nur still dagesessen hast, wenn du den Mond angeschaut oder den Vögeln zugehört hast ... Warst du glücklich in all diesen Momenten? War jeder Augenblick wie verwandelt durch das Leuchten deines Glücks? War er erfüllt vom Strahlen deiner Freude? Das ist es, was letztlich zählt.

Du fragst mich, ob ich dir bei der Erfüllung deines Wunsches helfen kann. Nein, ganz gewiss nicht, denn dieser Wunsch ist dein Feind; er wird dich zugrunde richten. Und falls du dann eines Tages in der Bibel über diesen Satz stolperst: »*Welchen Nutzen hätte der Mensch, wenn er die ganze Welt gewönne und verlöre die eigene Seele?*«, wirst du weinen vor lauter Frustration und du wirst sagen: »Jetzt ist es zu spät, um daran noch etwas zu ändern. Es ist zu spät.«

Ich sage dir, noch ist es nicht zu spät; noch kann man etwas tun. Du kannst dein Leben von Grund auf ändern. Ich kann dir helfen, durch eine alchimistische Transformation hindurchzugehen, aber ich kann dir keinerlei Garantien im weltlichen Sinne geben. Nur in der inneren Welt kann ich dir jeden Erfolg garantieren. Ich kann dich reich machen – so reich wie irgendein Buddha. Und nur die Buddhas sind reich. Die Menschen, die sich lediglich mit weltlichen Dingen umgeben, sind nicht wirklich reich. Sie sind arm, auch wenn sie sich selbst und andere glauben machen wollen, sie seien reich. Im Inneren sind sie Bettler; dort sind sie nicht die wahren Könige.

Einmal kam Buddha in eine Stadt und der König zögerte hinzugehen, um ihn zu begrüßen. Sein Großwesir sagte zu ihm: »Wenn du nicht hingehst, um ihn zu begrüßen, lege ich mein Amt nieder. Dann kann ich dir nicht mehr dienen.«

Der König wunderte sich: »Aber warum denn?«, denn dieser Mann war ihm unersetzlich. Ohne ihn war der König verloren; er hielt den eigentlichen Schlüssel zu seiner Macht in Händen. Also sagte er: »Warum denn? Weshalb bestehst du darauf? Weshalb sollte ich hingehen, um diesen Bettler zu begrüßen?«

Doch der Großwesir, der ein alter Mann war, sagte: »Der Bettler bist du, er ist ein König – deshalb! Geh hin und begrüße ihn, sonst bist du es nicht wert, dass ich dir diene.«

Der König musste hingehen – widerstrebend, doch er ging. Und nachdem er Buddha gesehen hatte, fiel er dem alten Mann, seinem Großwesir, zu Füßen und sagte: »Du hattest Recht! Er ist der König und ich bin der Bettler.«

Das Leben ist sonderbar. Manchmal sind die Könige Bettler und die Bettler sind Könige. Falle nicht auf den bloßen Schein herein. Schau nach innen. Das Herz ist reich, wenn es vor Freude pulsiert, das Herz ist reich, wenn es in Harmonie ist mit der Natur, mit dem *Tao,* mit dem *Dhamma,* dem höchsten Lebensgesetz.

Sonst wird einmal der Tag kommen, an dem du weinst und sagst: »Es ist zu spät ...!«

Ich kann dir nicht helfen, dein Leben zugrunde zu richten. Ich bin hier, um dein Leben so intensiv wie möglich zu machen. Ich bin hier, um dir zur Fülle deines Lebens zu verhelfen. *(16)*

Der Gedanke an den Erfolg lässt dir keine Ruhe. Der Gedanke an den Erfolg und die Vorstellung, erfolgreich sein zu müssen, sind das größte Unglück, das der Menschheit widerfahren ist.

Erfolg zu haben bedeutet, man muss konkurrieren, man muss kämpfen – ob mit lauteren oder unlauteren Mitteln, spielt dabei keine Rolle. Sobald man Erfolg hat, ist alles geregelt. Nur der Erfolg zählt. Selbst wenn man ihn mit unlauteren Mitteln erringt ... Wenn man erst einmal Erfolg gehabt hat, erscheint alles, was dazu führte, gerechtfertigt. Der Erfolg verändert die Qualität sämtlicher Handlungen. Der Erfolg heiligt die Mittel.

Also ist die einzige Frage: Wie hat man Erfolg? Wie kommt man an die Spitze? Und natürlich können nur ganz wenige an die Spitze kommen. Wenn jeder den Gipfel des Mount Everest erreichen wollte, wie viele Leute hätten dort Platz? Es ist nicht viel Platz dort; nur einer kann bequem stehen. Dann fühlen sich Millionen andere, die es auch probiert haben, als Versager, und in ihrer Seele breitet sich Frustration aus; sie bekommen eine negative Einstellung.

Diese Art von Erziehung ist völlig verkehrt. Das reinste Gift ist diese so genannte Erziehung, die man euch angedeihen lässt. Eure Schulen, eure Hochschulen und Universitäten – sie alle vergiften euch. Sie schaffen euch so viel Leid! Es sind Fabriken, in denen Höllen produziert werden! Das geschieht aber auf eine so angenehme Weise, dass ihr noch nicht einmal bemerkt, was da abläuft. Durch diese falsche Erziehung ist die ganze Welt zu einer Hölle geworden. Jede Erziehung, die auf Ehrgeiz beruht, erzeugt die Hölle auf Erden – aber sie hat Erfolg!

Jeder leidet unter dem Gefühl, nicht gut genug zu sein. Das ist wirklich eine seltsame Situation. Keiner ist schlechter und keiner ist besser, denn jedes Individuum ist einmalig. Ein Vergleich ist nicht möglich.

Du bist du. Du bist einfach nur du und kannst niemand anderer sein – und das ist auch gar nicht nötig. Du brauchst nicht berühmt zu werden, brauchst nicht erfolgreich dazustehen in den Augen der Welt. Das sind alles unsinnige Ideen.

Kreativ und liebevoll, bewusst und meditativ zu sein ist alles, was du brauchst. Wenn du fühlst, dass ein Gedicht in dir aufsteigt, schreib es auf – für dich, für deine Frau, deine Kinder, deine Freunde – und dann vergiss es wieder. Sing dein Lied, und wenn keiner dir zuhört, dann sing es allein und freu dich darüber. Geh zu den Bäumen: Sie werden dir Beifall und Anerkennung schenken. Oder sprich mit den Vögeln, mit den Tieren: Sie werden dich viel besser verstehen als diese dummen Menschen, die man seit vielen Jahrhunderten mit all diesen falschen Konzepten über das Leben vergiftet hat.

Ehrgeiz ist pathologisch. *(17)*

Ich habe das Gefühl, dass ich etwas ganz Besonderes bin. Und ich bin sogar so besonders, dass ich ganz gewöhnlich sein will. Kannst du mir was dazu sagen?

Alle denken genau wie du. Jeder Mensch weiß in der Tiefe seines Herzens, dass er etwas ganz Besonderes ist. Das ist der Witz, den Gott mit allen Menschen treibt. Jedes Mal wenn er einen neuen Menschen erschaffen hat, flüstert er ihm ins Ohr, bevor er ihn auf die Erde hinunterschubst: »Du bist etwas ganz Besonderes. Du bist unvergleichlich! Du bist einfach einmalig!«

Aber so macht er das mit jedem. Und jeder hat es tief im Herzen vergraben, nur wagt es keiner so laut auszusprechen wie du, weil man befürchten muss, dass andere daran Anstoß nehmen. Außerdem würde es ohnehin niemanden überzeugen. Wozu es dann überhaupt sagen? Wenn du zu jemand sagst: »Ich bin etwas ganz Besonderes«, wirst du ihn nicht überzeugen, weil er sich doch selbst für etwas ganz Besonderes hält. Wie könntest du irgendjemanden davon überzeugen? Möglich, dass hier und da jemand überzeugt ist oder zumindest so tut. Wenn er einen Auftrag von dir bekommen will, wird er, nur um dich zu bestechen, vielleicht sagen: »Oh, Sie sind aber etwas ganz Besonderes! Sie sind großartig!« Aber insgeheim denkt er: »Geschäft ist Geschäft.«

Ein Angeber erzählt seinem Freund von seinen drei Cabrios et cetera et cetera. Dann kommt er darauf zu sprechen, dass er sich zwei Mätressen in New York hält ... Und kürzlich sei doch glatt seine berückend schöne, total leidenschaftliche Sekretärin von ihm schwanger geworden und darum sei er jetzt gezwungen, mit seiner bezaubernden Stenotypistin, einer Blondine, auf Geschäftsreise zum Karneval nach Rio zu fliegen ...

Da fängt plötzlich sein Zuhörer zu röcheln an, fasst sich an die Krawatte und erleidet einen Herzinfarkt.

Der Angeber unterbricht kurz seine Erzählung, holt ein Glas Wasser, klopft seinem Opfer auf den Rücken et cetera et cetera und erkundigt sich besorgt, was ihm denn fehle. »Ich kann nichts dafür«, sagt der andere und ringt nach Luft, »aber gegen Scheiße bin ich allergisch.«

Es ist besser, diese Art von Scheiße für sich zu behalten, weil andere allergisch darauf reagieren könnten. Aber in gewisser Hinsicht ist es gut, dass du deine Gedanken entblößt hast.

Wenn du glaubst, etwas Besonderes zu sein, wirst du dir zwangsläufig Leid einheimsen. Wenn du glaubst, etwas Besseres zu sein und viel klüger als andere, wirst du dir ein dickes Ego einhandeln. Und das Ego ist Gift, reinstes Gift.

Je egoistischer du wirst, desto mehr wird es wehtun, denn es ist eine Wunde. Und je egoistischer du wirst, desto weniger wirst du mit dem Leben verbunden sein. Du fällst aus dem Leben heraus. Du bist nicht mehr im Fluss mit der Existenz; du wirst zu einem Felsbrocken im Strom. Du wirst kalt wie Eis, verlierst alle Wärme, alle Liebe.

Ein Mensch, der etwas Besonderes ist, kann nicht lieben, denn wo will er jemanden finden, der genauso besonders ist wie er?

Und dieses Ego ist so trickreich und raffiniert, dass es dir ein neues Ziel gibt: »Du bist so etwas Besonderes … Jetzt werde mal ganz gewöhnlich!« Aber in deinem Gewöhnlichsein wirst du genau wissen, dass du der außergewöhnlichste gewöhnliche Mensch bist. Keiner ist so gewöhnlich wie du! – Und damit bist du wieder genau beim gleichen Spiel, aber gut getarnt.

So machen es die so genannten bescheidenen Leute. Sie geben zu verstehen: »Ich bin ja so bescheiden! Der reinste Staub zu deinen Füßen!« Aber sie meinen es gar nicht so. Wehe, man sagt ihnen: »Ja, stimmt!« – dann werden sie einem das nie verzeihen! Sie erwarten, dass man sagt: »Ich kenne keinen, der so bescheiden ist wie du. Ich kenne keinen, der so edel ist wie du.« Dann sind sie befriedigt, dann sind sie glücklich. Auf diese Weise kann sich das Ego sogar hinter Bescheidenheit verstecken. Aber auf die Weise wird man sein Ego nie los.

Deine Frage lautet: *»Ich habe das Gefühl, dass ich etwas ganz Besonderes bin. Und ich bin sogar so besonders, dass ich ganz gewöhnlich sein will. Kannst du mir was dazu sagen?«*

Keiner ist etwas Besonderes – oder jeder ist etwas Besonderes. Keiner ist gewöhnlich – oder jeder ist gewöhnlich. Aber ganz egal, wie du über dich denkst: Denke doch bitte genauso über alle anderen, dann ist das Problem gelöst.

Du kannst es dir aussuchen: Wenn du das Wort »besonders« magst, dann halte dich ruhig für etwas Besonderes. Aber dann ist *jeder* etwas Besonderes – nicht nur die Menschen, sondern auch die Bäume, die Vögel, die Tiere, die Felsen. Die ganze Schöpfung ist etwas Besonderes und du bist aus ihr hervorgegangen und wirst dich wieder in ihr auflösen. Wenn du aber lieber das Wort »gewöhnlich« magst, weil es sich besser und lockerer anhört, dann sei dir einfach im Klaren darüber, dass *jeder* gewöhnlich ist. In diesem Sinne ist die ganze Schöpfung gewöhnlich.

Merke dir: Alles, was du über dich denkst, solltest du genauso über alle anderen denken, dann löst sich das Ego auf.

Das Ego ist die Illusion, die daraus entsteht, dass du von dir selbst in einer bestimmten Art und Weise denkst und von anderen in einer anderen Weise. Es ist ein Denken mit zweierlei Maß. Wenn du dieses geteilte Denken aufgibst, stirbt das Ego ganz von allein. *(18)*

Wie kann ich aufhören, etwas Besonderes sein zu wollen?

Du *bist* es ja schon, du brauchst es nicht erst sein zu wollen. Du *bist* etwas Besonderes, du bist einzigartig. Gott erschafft nie weniger als das.

Jeder Mensch ist einzigartig, absolut einmalig. Noch nie zuvor hat es jemand wie dich gegeben und nie wieder wird es jemand wie dich geben! Gott zeigt sich zum ersten und letzten Mal in dieser ganz besonderen Form. Darum ist es völlig überflüssig, etwas Besonderes sein zu wollen, weil du es ja schon *bist*. Das Bemühen, etwas Besonderes zu sein, macht dich gewöhnlich.

Aber dieses Bemühen beruht auf einem Missverständnis. Es schafft Verwirrung, denn wenn du etwas Besonderes werden willst, setzt du damit voraus, dass du nichts Besonderes bist. Genau das macht dich aber gewöhnlich, und so verfehlst du das Ganze.

Wenn du erst einmal von der Voraussetzung ausgegangen bist, gewöhnlich zu sein, wie kannst du da etwas Besonderes werden? Du wirst alles Mögliche versuchen, aber du bleibst doch gewöhnlich, weil die Basis, die ganze Grundlage nicht stimmt.

Du kannst natürlich zum Schneider gehen und dir die raffiniertesten Kleider machen lassen. Du kannst dir eine neue Frisur verpassen lassen, kannst Kosmetika verwenden. Du kannst ein paar neue Dinge hinzulernen, um besser informiert zu sein. Du kannst anfangen zu malen und dir dann einbilden, dass du jetzt ein Maler bist. Du kannst alles Mögliche tun, um berühmt oder auch berüchtigt zu werden – aber insgeheim weißt du, dass du ganz gewöhnlich bist. All diese Dinge sind nur an der Oberfläche. Aber wie willst du deine gewöhnliche Seele zu einer außergewöhnlichen Seele transformieren? Das geht nicht.

Gott hat dafür nichts vorgesehen, weil er keine gewöhnlichen Seelen erschafft; darum konnte er dein Problem nicht vorhersehen. Er gab dir bereits eine ganz besondere, außergewöhnliche Seele. Er gab sie keinem anderen; sie ist ausschließlich für dich bestimmt.

Was ich dir sagen möchte: Erkenne deine Besonderheit. Es ist nicht nötig, sie zu erlangen; sie ist schon vorhanden – du brauchst sie nur zu erkennen! Geh in dein Inneres und fühle sie.

Keiner hat den gleichen Daumenabdruck wie du – noch nicht mal den Daumenabdruck! Keiner hat die gleichen Augen wie du, keiner hört sich an wie du, keiner schmeckt wie du. Du bist absolut außergewöhnlich. Es gibt nirgendwo ein Double von dir. Sogar Zwillinge sind verschieden – so ähnlich sie sich auch sein mögen, sind sie doch verschieden. Sie gehen verschiedene Wege, sie entwickeln sich auf verschiedene Weise, ihre Individualität manifestiert sich auf verschiedene Weise.

Nur diese Erkenntnis ist nötig.

Du fragst: »*Wie kann ich aufhören, etwas Besonderes sein zu wollen?*«

Geh einfach nach innen und erkenne dein Sein, dann wird jedes Bestreben, etwas Besonderes sein zu wollen, aufhören. Wenn du *weißt*, dass du etwas Besonderes bist, hört dieses Bestreben auf. Wenn du von mir eine Technik erwartest, damit du aufhören kannst, etwas Besonderes zu sein, wäre diese Technik nur im Wege. Dann würdest du wieder nur versuchen, etwas zu *tun*, etwas zu *werden*. Zuerst hast du dich bemüht, etwas Besonderes zu werden, und nun würdest du dich bemühen, *nichts* Besonderes zu werden. Aber du wirst dich immer weiter bemühen und bemühen ... um auf die eine oder andere Weise besser zu werden. Aber so wirst du nie das akzeptieren, was du schon bist.

Meine ganze Botschaft lautet: Akzeptiere den, der du bist, weil auch Gott ihn akzeptiert. Gott respektiert dich, nur du selbst hast dein Sein noch nicht respektiert. Sei doch froh und glücklich, dass Gott dich erwählt hat, dass du sein darfst, dass du existieren und seine Welt erleben darfst, dass du seine Musik hören, seine Sterne, seine Menschen sehen darfst, dass du lieben und geliebt werden darfst. Was willst du denn noch mehr?

Freu dich! Ich sage es immer wieder: Freu dich darüber! Und durch deine Freude wird nach und nach ein Raum in dir entstehen, in dem die Erkenntnis blitzartig in dir explodieren kann: Du bist etwas Besonderes!

Aber denke daran: Das kommt nicht als Ego; du bist nicht etwas Besonderes im Vergleich zu anderen. Nein, wenn es passiert, weißt du, dass *jeder* etwas Besonderes ist und dass es nichts gibt, was gewöhnlich wäre.

Das ist das Kriterium: Sobald du denkst, dass du etwas Besonderes bist, etwas Besseres als dieser Mann, als diese Frau, hast du's noch nicht verstanden. Dann ist es nur ein Spiel des Egos.

Du *bist* etwas Besonderes, aber nicht im Vergleich. Du bist besonders, aber nicht im Vergleich zu irgendjemand anderem. Du bist besonders, einfach weil du *bist*.

Ein Zen-Meister wurde einmal gefragt – von einem Professor, der gekommen war, ihn zu sehen … Und dieser Professor fragte: »Warum kann ich nicht so sein wie du? Ich wünsche mir das so sehr! Warum bin ich nicht wie du? Warum kann ich nicht so still sein wie du? Warum kann ich nicht so weise sein wie du?«

Der Zen-Meister sagte: »Warte. Setz dich still hin und beobachte. Beobachte mich und beobachte dich selbst. Und wenn alle anderen weg sind und deine Frage immer noch da ist, werde ich sie dir beantworten.«

Den ganzen Tag war ein Kommen und Gehen und die Schüler stellten ihre Fragen und der Professor wurde schon ganz unruhig – es erschien ihm als Zeitverschwendung. Doch dieser Mann hatte gesagt: »Wenn alle anderen weg sind …«

Endlich kam der Abend und es war kein anderer mehr da. Da sagte der Professor: »Jetzt reicht es! Ich warte schon den ganzen Tag. Was ist denn nun mit meiner Frage?«

Der Mond ging gerade auf – es war eine Vollmondnacht. Und der Meister sagte: »Hast du die Antwort noch nicht erhalten?«

Der Professor sagte: »Du hast mir ja noch nicht geantwortet!«

Der Meister lachte. Er sagte: »Ich habe so vielen Menschen geantwortet, den ganzen Tag lang. Wenn du genau beobachtet hättest, dann hättest du es verstanden. Aber komm mit in den Garten. Draußen ist Vollmond und es ist eine schöne Nacht.« Und dann sagte der Meister zu ihm: »Sieh die Zypresse dort« – und er zeigte auf einen großen Zypressenbaum, der hoch aufragte und fast den Mond berührte, welcher sich in seinen Zweigen verbarg. »Und sieh dort diesen kleinen Strauch!«

Doch der Professor sagte: »Wovon redest du? Hast du vergessen, was ich gefragt habe?«

Der Meister sagte: »Ich beantworte es gerade. Dieser Strauch und diese Zypresse sind seit Jahren in meinem Garten. Nie habe ich den Strauch zur Zypresse sagen hören:

›Warum kann ich nicht so sein wie du?‹ Und nie habe ich den Zypressenbaum den Strauch fragen hören: ›Warum kann ich nicht so sein wie du?‹ Der Zypressenbaum ist der Zypressenbaum und der Strauch ist der Strauch und jeder ist glücklich, so wie er ist.«

Ich bin ich und du bist du. Jeder Vergleich bedeutet Konflikt. Vergleich bedeutet Ehrgeiz, Vergleich bedeutet Nachahmung.

Sobald du fragst: »Warum kann ich nicht so sein wie du?«, versuchst du, so zu sein wie ich, und damit machst du dir dein ganzes Leben kaputt. Du wirst zu einer Imitation, einer Kopie. Und wenn du zu einer Imitation wirst, verlierst du deine ganze Selbstachtung.

Man findet sehr selten einen Menschen, der sich selbst achtet. Warum kommt das so selten vor? Warum ist da so wenig Wertschätzung für das Leben, das eigene Leben? Und wenn die Wertschätzung für dein eigenes Leben fehlt, wie kann sie für andere da sein? Wenn du dein eigenes Wesen so wenig achtest, wie kannst du andere achten – deinen Vater, deine Mutter, deinen Freund, deine Ehefrau, deinen Ehemann? Wie kannst du deine Kinder achten, wenn du dich selbst nicht achtest?

Aber man findet selten einen Menschen, der sich selbst achtet.

Warum ist das so selten? Weil man euch beigebracht hat, andere nachzuahmen.

Von frühester Kindheit an hat man euch gepredigt: »Werdet wie Christus!« oder: »Werdet wie Buddha!« Aber wozu? Warum solltest du wie Buddha sein? Buddha war nie wie du. Buddha war Buddha. Christus war Christus. Krishna war Krishna. Warum solltest du wie Krishna werden? Was hast du für einen Fehler gemacht, was hast du für eine Sünde begangen, dass du nun wie Krishna werden sollst? Gott hat nie wieder einen Krishna geschaffen, er hat nie wieder einen Buddha, einen Christus geschaffen – niemals! Er hält nichts davon, die gleichen Dinge immer wieder zu erschaffen. Er ist ein Schöpfer. Er ist kein Fließband, auf dem ein Ford-Modell nach dem anderen erscheint, ein Auto wie das andere, eine Fließbandproduktion. Gott hält nichts von Serienfertigung. Er erschafft nur Originale und nie zweimal das Gleiche.

Und das Gleiche hätte auch gar keinen Wert. Stell dir vor, Jesus wäre wieder mitten unter uns! Er würde nicht hierher passen. Er wäre überholt, eine Antiquität, höchstens fürs Museum geeignet, sonst gar nichts. Gott wiederholt sich niemals.

Dir aber hat man immer beizubringen versucht, dass du jemand anderer werden sollst. »Du solltest werden wie ... der Sohn des Nachbarn! Werde wie der Nachbarssohn! Schau, wie intelligent er ist! Schau, dieses Mädchen, wie graziös es geht! So musst du auch werden!« Ständig hat man dir gesagt, dass du wie jemand anderer sein solltest.

Nie hat dir jemand gesagt: *»Sei du selbst!* Und respektiere dein Wesen, denn es ist ein Geschenk Gottes.«

Ahme nie jemanden nach! Das sage ich dir: Ahme nie jemanden nach!

Sei du selbst. Das bist du Gott schuldig. Sei du selbst! Wenn du dein authentisches Selbst bist, wirst du erkennen, dass du etwas Besonderes bist. Gott liebt dich – so sehr, dass er dich hier sein lässt! Darum bist du überhaupt hier, sonst würde es dich gar nicht geben. Das beweist doch seine unermessliche Liebe zu dir.

Aber du bist nicht besonders im Vergleich zu jemand anderem. Du bist nicht besonders im Vergleich zu deinen Mitmenschen, deinen Freunden, deiner Frau, deinem Mann. Du bist einfach etwas Besonderes, ganz für dich allein. Du bist der einzige Mensch, der so ist wie du. Durch diese Wertschätzung, durch dieses Verständnis wird jedes Bestreben, etwas Besonderes zu sein, aufhören.

All dein Bestreben, etwas Besonderes zu sein, ist geradeso, als wolltest du einer Schlange Füße verpassen. Du wirst sie umbringen! Du denkst aus Mitgefühl, die Schlange müsste Füße haben: »Die arme Schlange! Wie kann sie denn laufen, wenn sie keine Füße hat?« Es ist so, als würde die Schlange einem Tausendfüßler in die Hände geraten. Der Tausendfüßler wird Mitleid mit der Schlange haben und er wird denken: »Arme Schlange! Ich habe tausend Füße und sie hat gar keine! Wie kann sie denn laufen? Sie braucht wenigstens ein paar Füße!« Und wenn er die Schlange operiert und ihr ein paar Füße verpasst hat, wird er sie umgebracht haben. Die Schlange ist völlig in Ordnung. Sie ist perfekt, so wie sie ist; sie braucht keine Füße.

Du bist perfekt und völlig in Ordnung, so wie du bist.

Das nenne ich Selbstachtung.

Und Selbstachtung, wohlgemerkt, hat nichts mit Ego zu tun! Selbstachtung ist nicht das Gleiche wie Selbstüberhöhung. Sich selbst zu achten bedeutet, die Achtung Gottes anzuerkennen. Es bedeutet, den Schöpfer anzuerkennen, denn du bist wie ein Gemälde, sein Gemälde. Und indem du das Gemälde anerkennst, gibst du auch dem Maler Anerkennung.

Achte und akzeptiere dich und gib dir selbst Anerkennung – dann wird dieses ganze törichte Bemühen, etwas Besonderes sein zu wollen, verschwinden. *(19)*

In letzter Zeit sehe ich, dass ich mich verzweifelt bemühe, etwas zu finden, was ich tun oder lernen kann, um mir eine Identität zu geben. Dabei weiß ich genau, dass ich damit nur dem Verstand auf den Leim gehe. Warum ist es so schmerzhaft und schockierend, keine Identität zu haben und ein Niemand zu sein?

Es ist ein Problem der Massenpsychologie. Eure ganze Erziehung bringt euch bei, mit eurer Persönlichkeit identifiziert zu sein. Niemand kümmert sich darum, wer du wirklich bist. Alle kleben dir nur verschiedene Etiketten auf. Und das ist ganz einfach. Aber nach deinem wahren Selbst kannst nur du selbst dich auf die Suche machen. Niemand kann es für dich tun.

Jedes Kind kommt in völliger Unschuld auf die Welt, als

unbeschriebenes Blatt. Es kennt seine eigene Unterschrift noch nicht. Wir müssen ihm seinen Namen erst beibringen und der ist eine Fiktion. Mit dieser Fiktion beginnt die Geschichte eines jeden Individuums und dann führt eine Fiktion zur nächsten. Das ganze Leben wird fiktiv, doch wir klammern uns daran, weil wir nichts anderes haben. Ohne diese Fiktion gäbe es nur völlige Leere, das Nichts, einen Abgrund. Wir würden uns verlieren.

Eine Geschichte zum besseren Verständnis ...

Ein Mann hatte sich in den Bergen verirrt und fand nicht mehr zum Dorf zurück. Die Sonne ging unter, die Dunkelheit senkte sich über die Berge. Der Pfad war sehr schmal und es war gefährlich, in den Bergen zu bleiben, wegen der wilden Tiere. So bewegte er sich langsam weiter, um vielleicht den Weg aus dem Gebirge zu finden. Doch da glitt sein Fuß auf einem Felsen aus und er konnte sich gerade noch festhalten und hing nun an dem Felsen – unter ihm die totale Finsternis, der Abgrund.

Was tut man in dieser Lage? Kann man zu diesem Mann sagen: »Lass den Felsen los! Es ist doch zwecklos. Warum hältst du dich noch daran fest?« Eigentlich hält er nicht an dem Felsen fest, sondern er versucht nur, dem Abgrund zu entgehen. Die einzige Alternative wäre, den Felsen loszulassen und im Nichts zu verschwinden.

Die Nacht war kalt, und als es immer kälter wurde, wurden ihm die Hände starr vor Kälte. Mitten in der Nacht kam schließlich der Augenblick, in dem er sich nicht mehr an dem Felsen festhalten konnte. Nicht, dass er es nicht gewollt hätte, aber seine Hände waren klamm und steif; er konnte die Finger nicht mehr bewegen. Schließlich musste er in letzter Verzweiflung den Felsen loslassen. Dabei waren es nur noch sechs Stunden bis zum Morgen, bis er vielleicht einen Ausweg hätte finden können.

Doch im Bruchteil einer Sekunde nimmt die ganze Geschichte eine überraschende Wendung. In höchster Verzweiflung spürte er, wie seine Finger vom Fels abglitten.

Doch sobald seine Hände den Felsen losgelassen hatten, fand er sich auf festem Boden wieder! In der Dunkelheit hatte er den Erdboden nicht sehen können. All diese Stunden, in denen er gelitten hatte, vollkommen unnötig gelitten hatte! Der Erdboden war höchstens zwanzig Zentimeter entfernt gewesen! Doch in der Dunkelheit sind zwanzig Zentimeter eine Unendlichkeit.

Man hat dir eine falsche Identität gegeben, denn deine wahre Identität kannst nur du selbst entdecken. Es trifft also niemanden die Schuld und du kannst die Verantwortung nicht auf deine Eltern schieben, auf die Lehrer, auf die Gesellschaft, auf irgendjemanden. So wie die Dinge liegen, ist es einfach so. Auch du selbst bist nicht verantwortlich, darum fühle dich nicht schuldig. Gib keinem anderen die Schuld und fühle dich auch selbst nicht schuldig. Es liegt in der Natur der Sache.

Du hast mit einer falschen Identität begonnen, die andere dir gegeben haben, und mit der Zeit kommen immer noch mehr Fiktionen hinzu. Jede Meinung, die jemand über dich äußert, wird zu einem Teil von dir. Jemand sagt, du bist schön, und es bleibt nicht bloß eine Meinung, sondern wird zu einem Teil von dir. Und wenn viele dir sagen, dass du schön bist, akzeptierst du diese Idee; sie gibt dir Befriedigung. Du freust dich darüber und verstärkst sie noch. Wenn jemand dir sagt, du bist intelligent, wirst du es nicht abstreiten. Vielleicht warst du noch nie besonders intelligent, aber wenn jemand dir sagt: »Du bist ja so intelligent!«, stellst du es nicht in Abrede. Es gibt dir eine große Genugtuung, einen solchen Trost. Dann wirst du versuchen, etwas zu tun, um diese Fiktion aufrechtzuerhalten, denn die Fiktion braucht Nahrung.

Es ist ein seltsames Phänomen. Du hast eine Frau oder einen Mann geliebt und vor den Flitterwochen hast du zu der Frau gesagt: »Du bist die schönste Frau der Welt!« Und die Frau hat es nicht abgewehrt, sie hat nicht gesagt: »Du kennst ja gar nicht alle Frauen auf dieser Welt, wie kannst du so was sagen?« Aber es schmeckt so süß ... wer fragt da nach Logik und Vernunft und Rationalität. Du hast ihr eine Fiktion gegeben und nun muss sie diese Fiktion ständig nähren.

Jede Fiktion braucht Nahrung. Deshalb drängt es dich danach, etwas zu tun, denn nur so kannst du beweisen, dass du jemand bist. Und du willst das, was du tust, möglichst perfekt tun, denn nur durch dein Tun gelangt das Ego auf seinen Gipfel.

Es ist kein Zufall, dass Maler, Dichter, Schauspieler, politische Führungspersönlichkeiten – die verschiedensten Leute, die eine gewisse Bekanntheit, eine gewisse Berühmtheit erlangt haben – große Egoisten sind.

Sehr selten findet man einen Dichter, der demütig ist. Und wenn ein Dichter Demut besitzt, bringt er möglicherweise eine *Upanishad** hervor. Aber einen Dichter, der bescheiden ist, findet man ganz selten. Ein Dichter ist ja schließlich kein gewöhnlicher Mensch – er ist außergewöhnlich! Was er kann, kannst du nicht! Sein Ego ... obwohl er kreativ ist, bleibt seine Kreativität aufgrund seines Egos auf einem niedrigen, profanen Niveau. Und wenn sich gelegentlich ein Ego allzu sehr aufbläht, kann es sogar dem Wahnsinn verfallen.

Den Bildern von Picasso und anderen Malern der Moderne sieht man den Wahnsinn an, denn ihr Ego reicht bis zu den Sternen. Wenn das Ego so mächtig geworden ist, wird natürlich das Unwirkliche, die Fiktion, beinahe wirklich. Die Wirklichkeit wird völlig außer Acht gelassen.

Wenn dir durch Zufall plötzlich deine eigene Wirklichkeit begegnet, wirst du sie nicht erkennen können. Du kannst nur dein unwirkliches Selbst erkennen – was wir Persönlichkeit nennen, Ego, Identität, das Gefühl, jemand zu sein.

Und wer keine legalen Wege findet, um sein Ego zu stärken, wird illegale Wege finden. So wird man beispielsweise

---

* philosophisch-religiöse Schrift in Sanskrit

zum »größten Dieb«. Die Frage ist nicht, ob jemand ein Dieb oder ein Heiliger ist; ob Dieb oder Heiliger, ist unwesentlich. Worauf es ankommt, ist, der Größte zu sein.

Aber die vielen, die es weder auf die eine noch auf die andere Weise schaffen – weder auf die legale noch auf die illegale Tour –, all die Mittelmäßigen, sie wollen auch zeigen, dass sie jemand sind, und sie tun das auf eine einfachere Weise.

Du kannst es auch: Du brauchst dir nur den halben Schnurrbart abzurasieren. Dann kennt dich innerhalb von drei Tagen die ganze Stadt. Die Leute werden sogar anfangen, dich um ein Autogramm, um deine Unterschrift, zu bitten. Leute tun so was.

In Europa gibt es jetzt diese Mode: Man rasiert sich den halben Schnurrbart, den halben Kopf und schneidet sich nicht nur die Haare ganz kurz, sondern färbt sie auch noch grün, rot oder gelb, und der halbe Schädel ist kahl. Und das machen keine Idioten, sondern ganz normale Leute. Aber was kann man sonst tun? In einer solchen Konkurrenzwelt, wo man auf allen Gebieten enorme Anstrengungen unternehmen muss, und selbst dann kann man nicht der Erste sein ...

Du willst also etwas tun, willst jemand sein und fragst, warum du solche Angst davor hast, ein Niemand zu sein. Diese Angst rührt daher, dass du keine Ahnung hast, dass die Dunkelheit des Niemandseins nicht der Tod ist, sondern das authentische Leben. Es ist dein wahres Leben, das Leben, in das du hineingeboren wurdest: ohne Namen, ohne Kaste, ohne Religion, ohne Nationalität.

Als Niemand bist du geboren und als Niemand wirst du sterben. Und zwischen diesen beiden Polen des Niemandseins bist und bleibst du immer ein Niemand. Du versuchst dir nur selber vorzumachen, dass du dies oder jenes seist.

Und weil diese ganze Gesellschaft aus Leuten von der gleichen Art besteht – wir sitzen alle im gleichen Verschwörerboot: Wir betrügen uns alle gegenseitig, weil wir auch von den anderen betrogen werden wollen. Wir sagen zu jemandem: »Du bist fantastisch!«, weil wir von ihm das Gleiche hören wollen: »Du bist fantastisch!«

Es gibt dieses gegenseitige Einverständnis in der Gesellschaft: »Du sagst etwas Schönes über mich, dann sage ich etwas Schönes über dich.«

Einer redet über den anderen und alle geben sich gegenseitig ihre Gedanken. Und man muss etwas tun, um in aller Munde zu bleiben, um Preise und Auszeichnungen zu bekommen, um den Nobelpreis zu bekommen.

Einer meiner *Sannyasins* ist Nobelpreisträger und er erzählte mir: »Ich war gar nicht so sehr daran interessiert, den Nobelpreis zu gewinnen. Mein Interesse war mehr, dass ich als Nobelpreisträger jemand anderen für den Nobelpreis vorschlagen darf, und ich wollte deinen Namen vorschlagen. Das war mein einziger Wunsch, wenn ich den Nobelpreis bekomme: dass ich dazu berechtigt bin.«

Als er den Nobelpreis bekam, sprach er sofort, noch am selben Tag, mit dem Präsidenten des Nobelpreiskomitees. Er gab ihm einige Bücher mit meinen Vorträgen und sagte zu ihm: »Wenn dieser Mann keinen Nobelpreis bekommt, dann ist es eine Schande für den Nobelpreis!«

Doch der Präsident flüsterte ihm ins Ohr: »Erwähnen Sie niemals den Namen dieses Mannes im Komitee! Weil Sie Nobelpreisträger sind, können Sie zwar seinen Namen vorschlagen, aber Sie würden nie die Stimmen zusammenbekommen. Diesen Namen wird keiner unterstützen. Diese Bücher habe ich alle gelesen und wahrscheinlich hat *jeder* Nobelpreisträger sie gelesen, aber niemand wird je seinen Namen erwähnen. Es ist gefährlich, mit diesem Namen in Verbindung gebracht zu werden und so eng mit diesem Mann in Verbindung zu sein, dass man seinen Namen für den Nobelpreis vorschlägt.«

Das fand er sehr schockierend. Er sagte zu mir: »Ich dachte, ich kann meinen Ohren nicht trauen! Und meine ganze Freude, als Wirtschaftswissenschaftler den Nobelpreis bekommen zu haben, verschwand. Es war reine Politik! Es ging dabei gar nicht um ein Qualitätsurteil! Die Frage war nur, wie es das politische Klima beeinflussen würde. Und der Präsident sagte zu mir: ›Dieser Mann ist gefährlich! Sie dürfen seinen Namen nicht erwähnen oder Sie kommen in schlechten Ruf!‹«

Auf diese Weise bastelt jeder an seinen Fiktionen. Deshalb drängt es dich, etwas zu tun, etwas ganz Besonderes. Und so machen das die Menschen schon seit Tausenden von Jahren.

So mancher stellt sich nackt in die Kälte, in den fallenden Schnee, und wird dadurch berühmt. Ich kenne einen Mann, der im Fluss stand, bis zum Hals im Wasser, und er übertraf alle Rekorde, weil er zweiundsiebzig Stunden lang ununterbrochen dort stand. Ich fragte ihn: »Aber was bringt denn das? Wird die Welt dadurch besser, dass du zweiundsiebzig Stunden im Fluss gestanden hast? Hast du die Welt dadurch ein bisschen schöner und lebendiger gemacht? Hast du ein bisschen mehr Musik und Tanz in die Welt gebracht?«

Er sagte: »Was hat das mit der Welt zu tun? Immerhin bin ich jetzt der berühmteste Mann weit und breit, und genau das wollte ich!«

Du willst etwas tun, aber alles, was du davon haben wirst, sind Meinungen – gute wie schlechte. Das wird dir eine bestimmte Identität geben. Und du hast Angst, ohne Identität zu sein.

Doch der wichtigste Schritt auf dem Weg zum Höchsten, zum Absoluten, zu deinem eigenen Selbst, besteht darin, die falsche Identität aufzugeben und dich vertrauensvoll ins Dunkel zu begeben.

Hab den Mut, den Dschungel der Meinungen zu verlassen, in dem du dein ganzes Leben verbracht hast. Nur in der Übergangsphase wirst du, für einen Moment, ein Niemand sein – und dann: alles und jedes. Und diese Freiheit, alles und jedes, universell und ewig zu sein, ist das Ziel aller wahren Sucher. *(20)*

»Positives Denken« ist heute in Amerika bei vielen Leuten – von Meditierenden bis zu Managern – sehr verbreitet. Man versucht, negative Gedanken und Glaubenssätze über sich selbst, über andere und die Welt in positive Gedanken umzuwandeln. Davon verspricht man sich mehr Erfolg in dem jeweiligen Lebensbereich, in dem diese Technik angewandt wird. Wenn ich mir den Verstand als einen Käfig vorstelle, frage ich mich, ob diese Technik den Käfig nicht einfach nur mit einem goldenen Anstrich versieht. Ist »positives Denken« hilfreich, um aufzuwachen? Oder vernebelt es nur das Bewusstsein, dass wir im Denken gefangen sind, und hindert uns daran, Befreiung zu suchen?

Die Technik des positiven Denkens ist keine Technik, die dich transformieren kann. Sie besteht einfach in der Unterdrückung der negativen Seite deiner Persönlichkeit. Es ist eine Methode, bei der du eine Wahl triffst. Sie unterstützt nicht deine Bewusstheit, sondern geht dagegen. Bewusstheit ist immer wahlfrei.

Positives Denken bedeutet nichts anderes, als dass man die negativen Dinge ins Unterbewusstsein verdrängt und den bewussten Verstand mit positiven Gedanken konditioniert. Doch das Problem ist, dass das Unterbewusstsein sehr viel mächtiger ist als der bewusste Verstand, neunmal mächtiger. Sobald also etwas ins Unterbewusstsein verdrängt wird, wird es neunmal stärker als zuvor. Es zeigt sich dann zwar nicht mehr in der alten Weise, findet aber neue Wege, sich auszudrücken.

Positives Denken ist eine sehr unzureichende Methode, der es an tieferem Verständnis fehlt und die in dir nur falsche Ideen über dich selbst erzeugt.

Das positive Denken stammt von einer christlichen Sekte in Amerika, die sich *Christian Science*, »Christliche Wissenschaft«, nannte. Um das Wort »christlich« zu umgehen, damit auch andere sich angesprochen fühlen konnten, ließ man nach und nach die alte Bezeichnung fallen und begann von einer Philosophie des »positiven Denkens« zu sprechen.

Die Ursprungsquelle, *Christian Science*, vertrat die Ansicht, dass alles, was einem im Leben widerfährt, nur eine Projektion der eigenen Gedanken ist. Wenn man negativ denkt, passiert einem Negatives, und wenn man positiv denkt, passiert einem Positives. Wenn man reich sein will, sollte man denken, dass man reich ist. Durch positives Denken, dass man reich ist, könne man reich werden und den Dollarstrom in die eigene Richtung lenken.

In Amerika ist diese Art von Büchern sehr verbreitet. Nirgendwo sonst auf der Welt hat das positive Denken einen solchen Einfluss gewonnen. Aber es ist kindisch. *»Denke nach und werde reich«* – jeder weiß, dass das Schwachsinn ist. Und es kann Schaden anrichten und sogar gefährlich sein.

Man muss die negativen Gedanken im Verstand freisetzen und nicht durch positive Gedanken unterdrücken. Es geht darum, ein Bewusstsein zu entwickeln, das weder positiv noch negativ ist. Es geht darum, reines Bewusstsein zu erfahren. Und in diesem reinen Bewusstsein erfährst du ein total natürliches und glückliches Leben.

Wenn du einen negativen Gedanken unterdrückst, weil er dir Schmerz bereitet – zum Beispiel, wenn du wütend bist und es unterdrückst und dich stattdessen bemühst, die Energie ins Positive zu verwandeln, indem du zu der Person, auf die du wütend bist, liebevoll bist und Mitgefühl für sie hast –, dann weißt du genau, dass du dir etwas vormachst.

In der Tiefe ist immer noch die Wut; du hast sie nur übertüncht. An der Oberfläche lächelst du, aber dieses Lächeln beschränkt sich auf die Lippen. Es ist nur Lippengymnastik. Es ist nicht mit *dir* verbunden, mit deinem Herzen, deinem Sein. Du selbst hast zwischen deinem Lächeln und deinem Herzen eine große Barriere errichtet: das negative Gefühl, das du bloß unterdrückt hast.

Und nicht nur *ein* Gefühl; im Leben gibt es Tausende von negativen Gefühlen. Du magst jemanden nicht, du magst viele Dinge nicht, du magst dich selber nicht, du magst die Situation nicht, in der du dich befindest ... Dieser ganze Müll sammelt sich im Unterbewusstsein, doch an der Oberfläche zeigt sich dieser Heuchler, der sagt: »Ich liebe alle!

Liebe ist der Schlüssel zur Seligkeit«, aber in seinem Leben sieht man keine Seligkeit. Er trägt die ganze Hölle in sich.

Er kann anderen etwas vormachen, und wenn er anderen lange genug etwas vorgemacht hat, wird er sogar selbst daran glauben. Aber es ändert sich nichts. Er verschwendet damit nur sein Leben – dieses ungeheuer wertvolle Leben, das man nicht zurückdrehen kann.

Positives Denken ist schlicht eine Philosophie der Heuchelei – um es mal beim richtigen Namen zu nennen. Wenn einem zum Heulen ist, soll man singen. Das kann zwar gelingen, wenn man es versucht, aber die unterdrückten Tränen werden an anderer Stelle, in einer anderen Situation wieder hochkommen. Unterdrückung hat ihre Grenzen. Und das Lied, das man gesungen hat, war ohne Bedeutung, ohne Gefühl; es kam nicht aus dem Herzen. Es entsprach nur dieser Philosophie, die besagt, dass man sich immer für das Positive entscheiden soll.

Ich bin ein absoluter Gegner des positiven Denkens.

Ihr werdet euch wundern – aber wenn ihr euch nicht entscheidet und stattdessen im Zustand des nicht wählenden Bewusstseins verweilt, wird euer Leben anfangen, ein Ausdruck von etwas zu sein, was jenseits von positiv oder negativ ist und über beides hinausgeht. Ihr werdet nichts verlieren. Euer Leben wird weder negativ noch positiv sein, aber existenziell.

Und wenn Tränen kommen, werden sie ihre eigene Schönheit, ihr eigenes Lied in sich haben. Man braucht ihnen kein Lied überzustülpen. Sie werden von selbst hervorquellen – aus Freude und Erfüllung, nicht aus Traurigkeit und Scheitern. Und wenn dieses Lied hervorbricht, ist es kein Gegenmittel gegen Tränen und Verzweiflung. Es ist einfach ein Ausdruck deiner Freude ... weder dafür noch dagegen. Es ist einfach das Erblühen deines Seins; darum nenne ich es existenziell.

Das positive Denken hat Amerika auf einen völlig falschen Weg gebracht. Es hat die Menschen zu Heuchlern gemacht. Es ist zwar die einflussreichste Philosophie in Amerika, aber eigentlich kann man es nicht mal eine Philosophie nennen – es ist der reinste Schrott. Darin ist überhaupt kein Verständnis der menschlichen Psychologie; es beruht nicht auf den Erkenntnissen der Psychologie und es beruht nicht auf den tiefen Erkenntnissen der Meditation. Es gibt den Menschen nur Hoffnung – vor allem jenen, die schon ganz die Hoffnung verloren haben. Und es gibt den Menschen Ehrgeiz.

Dann meint so ein armer Mensch, wenn er ständig daran denkt, wird aus heiterem Himmel plötzlich ein Cadillac in seiner Garage stehen – selbst wenn er noch gar keine Garage hat. Zuerst muss er sich die Garage herbeidenken. Durch positives Denken wird er sich die Garage kreieren und dann wird das positive Denken ihm auch den Cadillac bringen. Falls das aber je passiert, setz dich um Himmels willen nicht in ein solches Auto, denn es ist gefährlich! Da ist kein Auto und auch keine Garage – das sind alles nur Halluzinationen. Dieser Mensch ist nicht ganz bei Sinnen. Alles will verdient sein.

Es gibt dieses berühmte Buch von Napoleon Hill: *Denke nach und werde reich*, und er betont immer wieder, dass man reich wird, wenn man es wirklich intensiv denkt. Er hat Millionen von Exemplaren verkauft, denn er ist ein guter Autor, einer der besten, die Amerika hervorgebracht hat. Er schreibt gut und sehr überzeugend.

Aber ich habe schon einmal davon erzählt, wie er beim Erscheinen des Buches in einer Buchhandlung anwesend war, wo der Verleger ihn seinen Kunden vorstellte und man das Buch von ihm signieren lassen konnte. Da ergab es sich zufällig, dass Henry Ford hereinkam. Er wollte sich ein paar Bücher anschauen, denn er liebte Bücher, und er fragte: »Was ist denn hier los? Was macht denn dieser Mann?«

Man sagte ihm, es sei Napoleon Hill, dieser fantastische Autor, der gerade sein neuestes Buch veröffentlicht habe. »Er wird sich bestimmt sehr freuen, Sie kennen zu lernen.« Also ging Henry Ford zu ihm hin. Der Verleger stellte ihm Napoleon Hill vor, indem er sagte: »Er hat dieses Buch *Denke nach und werde reich* geschrieben.«

Henry Ford besah sich das Titelbild, las den Umschlag und fragte dann Napoleon Hill: »Sind Sie mit dem eigenen Wagen gekommen oder mit dem öffentlichen Bus?«

Die Frage erschien nebensächlich, aber weil Henry Ford sie stellte, musste Napoleon Hill ihm antworten: »Ich bin mit dem öffentlichen Bus gekommen.«

Da gab Henry Ford ihm das Buch zurück und sagte: »Wenn Sie lange genug über ein schönes Auto nachgedacht haben und es in Ihrer Garage auftaucht, können Sie mir das Buch bringen. Ich bin Henry Ford. Ich brauche dieses Buch nicht. Ich weiß, dass man durch Nachdenken nicht reich wird. Mit diesem Buch können Sie höchstens armen Leuten etwas vormachen. Alle wollen reich werden, darum wird sich das Buch gut verkaufen, und vielleicht werden Sie selbst dadurch reich und können sich ein Auto leisten. Aber denken Sie daran, meine Bedingung ist anders: Ich werde Ihr Buch nur akzeptieren, wenn das Auto durch Ihr Nachdenken auftaucht.«

Das Auto tauchte nie auf und er konnte nie zu Henry Ford hingehen. Doch was machte dieser alte Sonderling? Er rief ihn gelegentlich per Telefon an und fragte: »Was ist mit dem Auto? Ist es noch nicht aufgetaucht? Dann sollten Sie Ihr Buch aus dem Verkehr ziehen. Es ist der reine Betrug!« Und das ganze Buch handelt vom positiven Denken – wie man nur positiv denkt.

Seht den Unterschied zu dem, was ich hier mache: *Alle* Gedanken – egal, ob positiv oder negativ – sind sinnlos. Sie repräsentieren die beiden Seiten ein und derselben Medaille. Du solltest nicht einfach nur von der negativen zur positiven Seite überwechseln. Du sollst über beide hinausgelangen! Du musst beides fallen lassen und zu dem Bewusstsein werden, das jenseits allen Denkens ist.

Aus diesem gedankenfreien Bewusstsein heraus wird alles, was du tust, richtig sein. Alles, was du tust, wird eine immense Schönheit haben. Alles, was du tust, wird dir Befriedigung geben. *(21)*

Das ist einfach. Von Anfang an wird einem Kind gesagt, was richtig und falsch ist. Es hat nie die Freiheit, selbst zu entscheiden. Man bringt ihm Prinzipien und Regeln bei und gestattet ihm nie, etwas zu untersuchen und selbst herauszufinden. Und immer, wenn es etwas auf eigene Faust unternimmt, erntet es Tadel – von der Familie, der Gemeinschaft, der Schule, von allen. So wird es unsicher. Etwas auf eigene Faust zu unternehmen ist nicht akzeptabel für die Gesellschaft. Man braucht für alles eine Erlaubnis, eine Bestätigung.

So weit meine Erinnerung zurückreicht, konnte ich das als kleines Kind einfach nicht begreifen. Ich sagte: »Das ist doch *mein* Leben und ich muss es leben. Lebt ihr doch euer Leben und lasst mich mit euren Ansichten in Ruhe!«

Jedes Jahr fand ein paar Kilometer von meinem Dorf entfernt ein Jahrmarkt statt. Ich ging hin, ohne meine Familie zu fragen. Drei Tage genoss ich es dort. Der Jahrmarkt lag an einem sehr schönen, großen Fluss, und es gab viele Zauberer, Tänzer, Theateraufführungen ... Die drei Tage vergingen mir wie im Flug.

Als ich nach Hause zurückkam, waren alle auf mich böse. Mein Vater fragte mich: »Warum hast du mich nicht gefragt, wenn du zum Jahrmarkt wolltest?«

Ich sagte: »Weil ich wirklich hinwollte. Sei ehrlich: Hättest du ja gesagt, wenn ich dich gefragt hätte? Sei ganz ehrlich, wenigstens dieses eine Mal.« Und dabei schaute ich ihm in die Augen. Einen Moment herrschte Schweigen. Ich sagte: »Dein Schweigen sagt alles.«

Er sagte: »Wahrscheinlich hast du Recht. Ich hätte dir nicht erlaubt hinzugehen, weil es dort Glücksspiel, Prostituierte und alle möglichen hässlichen Dinge gibt. Ich hätte es dir nicht erlaubt.«

Da sagte ich: »Also ist es klar. Ich wollte hin und darum habe ich nicht gefragt. Und von jetzt an«, sagte ich ihm, »merke dir eines: Immer wenn ich etwas tun will, werde ich dich nicht fragen. Nur wenn ich etwas nicht tun will, kann es sein, dass ich dich frage, denn ich bin immer konträr.«

Ich wollte über den Fluss schwimmen. Zur Regenzeit war er immer sehr breit, denn er kam aus den Bergen. Im Sommer schrumpfte er zusammen und wurde zu einem kleinen Rinnsal, doch in der Regenzeit war er plötzlich riesig. Ich wollte hinüberschwimmen. Und so tat ich es einfach – es war riskant. Und als ich wiederkam ...!

Ich brauchte sechs Stunden, um ans andere Ufer zu gelangen. In einem solchen Fluss kann man keine gerade Strecke schwimmen. Das Wasser stürzt so schnell dahin, dass man erst drei bis vier Kilometer weiter unten ans andere Ufer kommt. Dann muss man wieder ein paar Kilometer zurücklaufen, und nicht nur vier, sondern insgesamt acht Kilometer. Erst dann kann man wieder an die Stelle zurückschwimmen, wo man begonnen hat. Alle dachten, ich sei ertrunken, und als ich wieder nach Hause kam, suchten sie bereits mit Booten nach meiner Leiche.

Ich sagte: »Was macht ihr denn da?«

Sie sagten: »Wir haben nicht geglaubt, dass du es tun wirst. Du hättest uns fragen sollen!«

Ich sagte: »Ich wollte es aber tun! Ob ich es überlebe oder dabei draufgehe, spielt keine Rolle. Was immer ich tun will, ich bin bereit, den Preis dafür zu bezahlen. Ich bin dafür verantwortlich! Ich lasse mir von niemandem sagen, was ich zu tun habe. Ich bin keine Marionette.«

Es war ein ständiges Tauziehen mit meiner Familie – und sie meinten es alle nur gut mit mir. Ich lag ständig im Kampf mit meinen Lehrern, meinen Professoren, meinen Rektoren – sie meinten es alle gut! Sie hatten keine schlechten Absichten, sie wollten mir nur helfen. Aber ich musste es allen absolut klarmachen, und zwar mein ganzes Leben lang, dass ich keine Hilfe wollte, von niemandem, weil daraus Abhängigkeit entsteht.

Einer meiner Professoren – er ist längst im Ruhestand, darum kann ich jetzt die Wahrheit erzählen ... Professor S. S. Roy war mein Lehrer und er war sehr besorgt um mich.

Er liebte mich sehr. Er wollte, dass aus mir etwas Besonderes wird. Aber ich sagte zu ihm: »Aus mir wird nie etwas Besonderes. Ich habe nicht diesen Wunsch. Ich will nur ein Niemand werden!«

Er sagte: »Sprich nicht so! Jetzt kommen bald die Prüfungen und ich weiß, dass du kein einziges Lehrbuch besitzt!« Ich kaufte mir nie die Lehrbücher. Ich kaufte Tausende von Büchern, aber kein einziges Lehrbuch. Und er wusste das.

Kurz vor Prüfungsbeginn rief er mich zu sich. »Morgen früh«, sagte er, »beginnen deine Prüfungen. Hier ist der Fragebogen, den du zur Prüfung beantworten musst. Setz dich bitte mit mir hin und beantworte alle diese Fragen, denn ich will wissen … Diese Fragen habe ich selbst ausgearbeitet, denn ich stelle die Prüfung. Nun beantworte mir eine Frage nach der anderen, damit ich sicher sein kann, dass du nicht durchfällst – zumindest nicht in meiner Prüfung! Es wäre eine Schande, wenn du in meiner Prüfung durchfällst!«

Ich sagte: »Mach dir keine Sorgen!«, nahm den Fragebogen, zerriss ihn in kleine Stücke und warf sie aus dem Fenster.

Er sagte: »Was tust du da?«

Ich sagte: »Ich werde diese Fragen schon beantworten. Ob ich die Prüfung bestehe oder ob ich durchfalle, ist nicht wichtig. Aber wichtig ist, dass ich von niemandem abhängig sein will – das würde mich mein Leben lang belasten. Ich verstehe ja, dass du mich liebst, aber wenn du nicht verstehst, warum ich das tue, ist es mit deiner Liebe nicht weit her. Ich will diese Fragen nicht gesehen haben. Ich will sie erst morgen früh im Prüfungssaal zu Gesicht bekommen. Und du bekommst ja schließlich diese Blätter, dann siehst du meine Antworten.«

Er sagte: »Ich habe dir die ganze Prüfungsaufgabe gezeigt, was gegen die Vorschrift ist, kriminell. Für dich war ich bereit, meinen Ruf aufs Spiel zu setzen! Aber ich hätte es wissen müssen. Ich kenne dich doch. Und ich verstehe dich«, sagte er. »Du willst mir nichts schuldig sein.«

Ich sagte: »Genau. Weder will ich dir etwas schuldig sein, noch will ich, dass irgendjemand mir etwas schuldig ist. Jeder soll für sich selbst sorgen und seinen eigenen Weg gehen. Lieber komme ich in die Hölle und behalte meine Freiheit, als dass ich durch jemand anderen in den Himmel komme.«

Du fragst, warum wir immer nach Bestätigung durch andere suchen. Das kommt daher, dass wir uns unserer selbst nicht sicher sind.

Du bist in einer Art und Weise aufgewachsen, dass die Unsicherheit dir zur zweiten Natur geworden ist. Wenn jemand, der Autorität, Macht oder Ansehen besitzt, dich bestätigt, fühlst du dich sicher. Dann weißt du, dass du richtig liegst. Du bist nicht in der Lage, allein etwas zu entscheiden, weil man von frühester Kindheit an alles, was du auf eigene Faust unternommen hast, als falsch verurteilte und dich dafür bestrafte. Dieses Kind ist immer noch in dir lebendig, nur dein Körper ist erwachsen geworden. Doch dein Denken hängt immer noch irgendwo in der Kindheit fest und sucht nach Bestätigung.

Irgendwann musst du damit aufhören. An dem Tag, an dem du damit aufhörst, beginnst du zu wachsen. Wenn du nicht damit aufhörst, bleibst du ein Kind, bis du stirbst. Dann kannst du hundert Jahre alt werden und bleibst doch kindisch. Selbst im Sterben wirst du noch nach Bestätigung suchen.

Im Augenblick des Todes, wenn der Tod naht, wird sofort der Priester geholt, der Bischof, der Rabbi, der Pandit – und sie fangen an, dir großartige Ratschläge für das zukünftige Leben zu geben. Man erlaubt dir nicht mal, in Freiheit zu sterben. Man hat dir nicht erlaubt, dein Leben in Freiheit zu leben, wie könnte man dir da erlauben, in Freiheit zu sterben?

Und eigentlich wäre es dir lieber, wenn du nicht in Freiheit sterben müsstest, denn du weißt ja nicht … jetzt trittst du in eine unbekannte Dimension ein. Du brauchst jemanden, der Bescheid weiß, der dir Mut machen kann, der dir sagt: »Mach dir keine Sorgen, nur der Körper stirbt. Deine Seele lebt weiter.« Bist du Hindu, dann wird dieser Rat etwas anders aussehen, aber grundsätzlich ist es das Gleiche: Du kannst nicht in Freiheit sterben.

Freiheit stellt sich als Begleiterscheinung von Meditation ein.

Sobald du dein inneres Sein zu erkennen beginnst, gelangst du zur Einsicht, was zu tun ist und was nicht. Und das kommt von deiner eigenen inneren Stimme, die nur in der Stille vernommen wird. Dann fängst du zum ersten Mal an, dich in Freiheit zu bewegen und in Freiheit zu leben.

Und denke daran: Ein Sklave – und insbesondere ein psychologischer Sklave – kennt nicht diese Freude, kennt nicht diesen Segen. Er sucht immer nach Bestätigung.

Es kann aber niemand die Quelle der Bestätigung für dich sein, noch kann irgendeine Schrift die Quelle der Bestätigung sein. Du musst auf deine eigene innere Stimme hören und danach leben. *(22)*

Mir ist bewusst, wie sehr ich das Bedürfnis habe, Bestätigung und Anerkennung durch andere zu bekommen, aber ich mag mich davon nicht mehr steuern lassen. Wie kann ich das auflösen?

Man muss nur erkennen, wie töricht das ist. Es ist keine Frage von Auflösen. Man muss nur erkennen, wie lächerlich das ist, dann fällt es von allein ab. Niemand löst es auf. Krankheiten braucht man nicht aufzulösen, sie fallen von selbst weg. Versuche also einfach zu sehen, wie töricht das ist.

Jeder ist ein Egoist. Aber es fällt schwer zu sehen, dass du im gleichen Boot sitzt. Du kannst nur sehen, dass alle anderen im gleichen Boot sitzen. Sieh es einfach so: Solange man in tiefer Unwissenheit verharrt, bleibt man ein Egoist und kann nur in Kategorien des Egos denken. Aber niemand auf der Welt ist dazu da, dein Ego zu befriedigen. Jeder ist bestrebt, sein eigenes Ego zu befriedigen. Wer hätte Zeit, dein

Ego zu befriedigen? Und wenn gelegentlich doch jemand mal dein Ego befriedigt, dann tut er es bestimmt nur, um sein eigenes Ego zu befriedigen.

Im Grunde ist jeder nur an sich selbst interessiert. Genauso, wie du nur an dir selbst interessiert bist, sind auch alle anderen nur an sich selbst interessiert. Mach dir das einfach mal klar.

Jeder bemüht sich, der Konkurrenz standzuhalten. Doch in diesem Wettkampf, in diesem egoistischen, ehrgeizigen Wettrennen, machst du dir alles Schöne kaputt. Du verhinderst dein schönes Leben, das zum Erblühen hätte kommen können, zu einem Gipfel des Daseins, wie bei Buddha, Jesus, Krishna. Aber jeder sucht und bettelt bei den anderen: »Gib mir Anerkennung! Sag mir etwas, damit ich mich gut fühle!« So funktioniert Schmeichelei. Jeder kann dir etwas vormachen, einfach indem er dir schmeichelt.

Und die Leute tun ständig Dinge, die sie eigentlich nie tun wollten, machen aber immer weiter damit, weil es die einzige Möglichkeit ist, von anderen Anerkennung zu bekommen. Jeder lässt sich von seiner Bestimmung ablenken, weil andere ihm zuschauen, die eine bestimmte Vorstellung davon haben, unter welchen Bedingungen sie ihm ihre Anerkennung geben wollen.

Es geschah in einem Dorf …

Die junge Braut kehrte in das Dorf zurück, nachdem sie von einem Tag auf den nächsten verschwunden war und heimlich geheiratet hatte. »Ich nehme an, dass mein plötzliches Verschwinden das Dorf für neun Tage in Aufregung versetzt hat!«, sagte sie zum Ortspolizisten.

»Hätte es, normalerweise«, antwortete er, »aber in derselben Nacht hat der Hund vom Huber die Tollwut gekriegt.«

Damit vergeuden die Menschen ständig ihre Zeit und ihr Leben und ihre Energie. Dabei ist es völlig unnötig. Im Gegenteil: So wie du bist, bist du vollkommen. Es geht dir überhaupt nichts ab. Gott erschafft nie jemanden, der nicht vollkommen ist. Wie könnte er jemanden erschaffen, der nicht vollkommen ist?

Du hast die religiösen Leute predigen gehört: »Gott erschuf die Welt.« Und weiter predigen sie: »Gott erschuf den Menschen nach seinem Bild.« Aber gleichzeitig predigen sie: »Werdet vollkommen!«

Das ist einfach absurd. Gott erschuf dich nach seinem Bild und trotzdem musst du erst vollkommen werden? Dann kann Gott unmöglich vollkommen sein. Wie könnte er sonst etwas hervorbringen, das unvollkommen ist? Die ganze Schöpfung trägt seinen Stempel. Auch du trägst seinen Stempel. Hör auf mit dieser Bettelei!

Ein Mensch bittet um Geld, ein anderer bittet um Brot und ein dritter bittet um Anerkennung. Sie alle sind Bettler.

Hör auf zu betteln. Sobald du um etwas bittest, entgeht dir viel von dem, was du schon hast. Schau lieber genau hin, statt zu betteln. Schau in dich selbst hinein: Dort ist der König aller Könige. Fang an, dich darüber zu freuen. Fang an, es zu leben!

Es geschah einmal …

Ein berühmter Leichtathlet war gerade von den Olympischen Spielen zurückgekommen, wo er zahlreiche Medaillen gewonnen hatte, als er plötzlich erkrankte. Der junge Arzt im Krankenhaus, der seine Temperatur messen wollte, schüttelte zweifelnd den Kopf: »Das Thermometer ist auf 41,5 gesprungen!«

»Ach ja?«, antwortete der Sportler mit schwacher Stimme. Und dann, plötzlich interessiert: »Und wie hoch liegt der Weltrekord?«

Hör auf mit dem ganzen Quatsch! Du hast schon alle Anerkennung, sonst wärest du nicht hier. Gott hat dich schon akzeptiert, er hat dir das Leben geschenkt. Wenn ein van Gogh seine Bilder malt, ist alles, was er hervorbringt, schon anerkannt, sonst hätte er es gar nicht geschaffen. Wenn ein

Picasso etwas malt, ist das Gemälde allein durch das Malen schon anerkannt, denn der Maler hat sein Herz hineingegeben.

Geh tiefer in dein eigenes Sein – Gott hat alle Schätze, die du brauchst, dort hineingelegt. Er hat dich anerkannt, er hat dich akzeptiert. Er ist glücklich, dass es dich gibt!

Aber du schaust dort gar nicht hin. Du suchst es bei anderen, wie ein Bettler: »Gib mir Anerkennung!« Aber auch sie sind Bettler, genau wie du. Bettler suchen es bei Bettlern. Und selbst wenn sie dir ein bisschen Anerkennung geben, erwarten sie, dass auch du ihnen Anerkennung gibst. Es ist ein Kuhhandel. Und überleg doch mal: Sie haben dir nichts zu geben, da sie doch selber betteln. Und was hättest du ihnen zu geben, da du doch selber bettelst?

Mit ein bisschen Bewusstheit hört dieses ganze Betteln auf. Und damit hört auch der Ehrgeiz auf, hört das Ego auf. Du fängst an zu leben.

Tanze, während du lebst. Atme voller Seligkeit, während du lebst. Singe, während du lebst. Liebe, meditiere, während du lebst. Und wenn du einmal angefangen hast, dein Bewusstsein, den Brennpunkt deiner Aufmerksamkeit, von außen nach innen zu verlagern, wirst du dich ungeheuer glücklich und gesegnet fühlen. Allein schon das Gefühl: »Ich lebe!« ist ein solcher Segen, dass nichts anderes mehr nötig ist. »Ich lebe!« – darin ist alles Tanzen, alles Singen, aller Segen enthalten. »Ich lebe!« – darin ist Gott enthalten.

Mach das Göttliche in dir nicht zu einem Bettler. Sei selbst ein Gott! Erkenne deine Göttlichkeit, dann gibt es nichts mehr zu erreichen. Du musst einfach damit anfangen, du musst einfach anfangen zu leben.

Lebe wie ein Gott – das ist meine Botschaft. Ich sage nicht, dass du zu einem Gott werden sollst. Ich sage, dass du es schon *bist*. Fang an zu leben! Du bist es schon – erkenne es! Du bist es schon – erinnere dich! Du bist es schon – werde dir dessen bewusst!

Es gibt nichts zu erreichen. Das Leben ist keine Errungenschaft, sondern ein Geschenk. Und es ist dir schon geschenkt worden – worauf wartest du noch? Die Tür steht offen und der Gastgeber hat dich schon hereingebeten. Tritt ein! *(23)*

Worin unterscheiden sich Wünsche von Bedürfnissen? Und wie kann man seine Wünsche reduzieren, ohne sie zu unterdrücken?

Wünsche sind Träume; sie haben keine Realität. Du kannst sie weder erfüllen noch unterdrücken, denn um eine Sache zu erfüllen, muss sie real sein, und um eine Sache zu unterdrücken, muss sie ebenfalls real sein.

Bedürfnisse kann man erfüllen oder man kann sie unterdrücken. Doch Wünsche kann man weder erfüllen noch unterdrücken. Versuche, das zu verstehen, denn es ist ziemlich komplex.

Ein Wunsch ist ein Traum. Sobald du das verstanden hast, verschwindet er. Man braucht ihn nicht zu unterdrücken. Warum sollte es nötig sein, einen Wunsch zu unterdrücken?

Du willst berühmt werden: Das ist ein Traum, ein Wunsch, denn es ist deinem Körper nicht wichtig, ob du berühmt bist. Im Gegenteil, dein Körper leidet sehr, wenn du berühmt wirst. Du weißt ja gar nicht, wie sehr der Körper leidet, wenn jemand berühmt wird. Dann ist es vorbei mit dem Frieden. Dann wirst du ständig von anderen behelligt und belästigt, nur weil du berühmt bist.

Voltaire schrieb einmal: »Als ich noch nicht berühmt war, betete ich jeden Abend zu Gott: ›Mach mich berühmt. Ich bin ein Niemand, darum lass etwas aus mir werden!‹ Dann wurde ich berühmt und dann fing ich an zu beten: ›Jetzt ist es genug! Lass mich wieder ein Niemand sein!‹ Früher ging ich durch die Straßen von Paris, aber keiner beachtete mich und ich war ganz traurig. Keiner beachtete mich – es war, als ob ich gar nicht existierte. Ich ging in die Restaurants und kam wieder heraus, aber keiner, nicht mal der Kellner, beachtete mich ... Dann wurde ich berühmt«, schreibt er, »und von da an wurde es schwierig, auf die Straße zu gehen, weil ich immer von Menschen umringt war. Es wurde schwierig, irgendwohin zu gehen. Es wurde schwierig, ins Restaurant zu gehen und in Ruhe zu speisen. Immer scharte sich eine Menschenmenge um mich.«

Es kam ein Zeitpunkt, da es ihm fast unmöglich wurde, aus dem Hause zu gehen. In jenen Tagen herrschte in Paris, in Frankreich, der Aberglaube, dass es Glück bringt, wenn man ein Stück Stoff von einer Berühmtheit ergattert und daraus ein Amulett macht. Überall, wo er hinkam, rissen ihm die Leute die Kleider vom Leib, bis er fast nackt war. Und sie fügten auch seinem Körper Verletzungen zu. Wenn er aus einer anderen Stadt nach Paris zurückkehrte oder wenn er verreisen wollte, brauchte er Polizeischutz.

Also betete er: »Ich war im Irrtum. Mach wieder einen Niemand aus mir, denn ich kann mir nicht mal den Fluss anschauen gehen, ich kann nicht mal den Sonnenaufgang anschauen gehen, ich kann nicht in die Berge gehen. Ich kann mich nicht mehr frei bewegen. Ich bin ein Gefangener.«

Berühmte Leute sind immer Gefangene. Der Körper hat nicht das Bedürfnis, berühmt zu werden. Der Körper fühlt sich absolut gut, so wie er ist; er braucht diesen Quatsch nicht. Was er braucht, ist einfach: Nahrung, Trinkwasser, ein Obdach, Schutz vor der heißen Sonne. Seine Bedürfnisse sind ganz einfach.

Die Welt ist verrückt – nicht wegen der Bedürfnisse, sondern wegen der Wünsche.

Und die Menschen werden verrückt, weil sie ihre Bedürfnisse immer mehr einschränken, aber ihre Wünsche steigern und mehren. Es gibt Leute, die lieber auf eine Mahlzeit pro Tag verzichten würden als auf ihre Zeitung, auf das Kino, auf das Rauchen. Sie können auf das Essen verzichten, auf Bedürfnisse können sie verzichten, aber nicht auf Wünsche.

Der *Mind,* die Vorstellung, wird zum Despoten.

Der Körper ist immer schön. Denkt daran, das ist eine der Grundregeln, die ich euch gebe – eine Regel, die unter allen Umständen wahr ist, absolut wahr, kategorisch wahr: Der

Körper ist immer schön, nur das Denken ist hässlich. Nicht der Körper muss verändert werden, am Körper gibt es nichts zu verändern. Nur das Denken. Und Denken ist gleichbedeutend mit Wünschen. Der Körper hat Bedürfnisse, doch die körperlichen Bedürfnisse sind echte Bedürfnisse.

Wenn du leben willst, brauchst du Nahrung. Um zu leben, brauchst du keinen Ruhm, um lebendig zu sein, brauchst du keine Ehre. Du brauchst kein bedeutender Mensch zu werden, kein bedeutender Maler, berühmt und weltbekannt. Um zu leben, brauchst du kein Nobelpreisträger zu sein, denn der Nobelpreis erfüllt kein körperliches Bedürfnis.

Wenn du auf Bedürfnisse verzichten willst, musst du sie unterdrücken, denn sie sind real. Wenn du fastest, musst du den Hunger unterdrücken. Dann verdrängst du ihn und jedes Verdrängen ist falsch, denn Verdrängung ist ein innerer Kampf. Dann versuchst du, den Körper abzutöten, doch der Körper ist deine Verankerung – das Schiff, das dich ans andere Ufer bringt. Der Körper birgt in sich den Schatz, den Samen des Göttlichen in dir, und gibt ihm Schutz. Für diesen Schutz ist Nahrung nötig, ist Wasser nötig, ist ein Obdach nötig, ist eine gewisse Behaglichkeit nötig – für den Körper, denn das Denken legt keinen Wert auf Behaglichkeit.

Seht euch die modernen Möbel an: Sie sind überhaupt nicht bequem. Doch der Verstand sagt: »Das ist modern! Was sitzt du da auf diesem alten Stuhl herum? Die Welt hat sich verändert und jetzt gibt es modernere Möbel!« Diese modernen Möbel sind wirklich eigenartig. Man fühlt sich darin nicht wohl; man kann nicht lange darin sitzen. Aber Hauptsache, sie sind modern! Der Verstand ist für das Moderne. Wie kannst du nur so unmodern sein? Geh mit der Zeit!

Die moderne Kleidung ist unbequem, aber modern, und der Verstand sagt, dass man mit der Mode gehen muss. Und so viel Hässliches tun die Leute, nur weil es Mode ist.

Der Körper braucht nichts davon. Das sind alles nur Wünsche des Verstandes und sie lassen sich nicht befriedigen, niemals, denn sie sind nicht real. Was nicht real ist, lässt sich nicht befriedigen. Wie könnte man ein Bedürfnis befriedigen, das nicht real ist, das gar nicht wirklich existiert?

Welches Bedürfnis soll die Berühmtheit befriedigen? Meditiere mal darüber. Mach die Augen zu und schau hin: Wo verlangt dein Körper nach Berühmtheit? Was würde es deinem Körper bringen, wenn du berühmt wärest? Wärest du gesünder, wenn du berühmt wärest? Wärest du stiller und friedlicher, wenn du berühmt wärest? Was gewinnst du daraus?

Mach immer deinen Körper zum Maßstab. Wenn dir dein Verstand etwas einzureden versucht, frag immer den Körper: »Was sagst du dazu?« Und wenn der Körper sagt: »Unsinn!«, dann lass es fallen. Das ist keine Unterdrückung, weil es nicht wirklich ist, und etwas Unwirkliches kannst du nicht unterdrücken.

Wenn du morgens aus dem Bett steigst, erinnerst du dich an einen Traum. Musst du ihn unterdrücken oder musst du ihn erfüllen? Vielleicht hast du geträumt, dass du zum Herrscher über die Welt geworden bist. Was machst du nun? Musst du das nun in Angriff nehmen, weil sich sonst die Frage stellt: »Wenn ich es nicht versuche, muss ich es unterdrücken«? Ein Traum ist ein Traum. Wie kann man einen Traum unterdrücken? Ein Traum verschwindet von selbst. Man muss nur aufwachen. Man muss nur wissen, dass es ein Traum ist. Wenn ein Traum ein Traum ist und als solcher erkannt wird, verschwindet er.

Versuche also herauszufinden, was deine Wünsche und was deine Bedürfnisse sind. Bedürfnisse richten sich nach dem Körper. Wünsche richten sich überhaupt nicht nach dem Körper. Sie haben keine Wurzeln. Sie sind bloß Gedanken, die in unserem Kopf vorüberziehen.

Fast immer kommen deine körperlichen Bedürfnisse vom Körper, aber deine gedanklichen Bedürfnisse kommen von außen, von anderen. Jemand, den du kennst, hat sich ein schönes Auto gekauft, ein ausländisches Modell, und jetzt kreiert dein Verstand daraus ein Bedürfnis: Wie kannst du das tolerieren?

Mulla Nasruddin saß am Steuer seines Autos und ich neben ihm. Es war ein glühend heißer Sommertag, und als wir uns seinem Haus näherten, schloss er alle Fenster des Autos. Ich sagte: »Warum machst du das?«

Er sagte: »Was meinst du denn? Soll etwa die ganze Nachbarschaft wissen, dass ich keine Klimaanlage habe?«

Er schwitzte und ich schwitzte mit ihm. Es war heiß wie im Backofen. Aber wie kann man den Nachbarn zeigen, dass man noch kein Auto mit Klimaanlage hat?

Das ist ein Bedürfnis des Verstandes. Der Körper sagt: »Spinnst du? Lass diesen Unsinn!« Er schwitzt und protestiert. Hör auf deinen Körper, hör nicht auf deinen Verstand. Bedürfnisse aus dem Verstand werden von anderen um dich herum erzeugt und sie sind töricht und dumm, einfach idiotisch.

Die Bedürfnisse des Körpers sind einfach und schön. Du solltest deine körperlichen Bedürfnisse befriedigen und sie nicht unterdrücken. Wenn du sie unterdrückst, wirst du nur krank und kränker. Doch die Bedürfnisse des Verstandes solltest du unbeachtet lassen, sobald dir klar ist, dass sie nur aus dem Denken kommen. Und ist das etwa schwer zu wissen? Was wäre daran schwierig? Du kannst ganz leicht erkennen, ob es sich um ein Bedürfnis des Verstandes handelt: Frag einfach deinen Körper! Schau in deinem Körper nach, suche dort nach dem Ursprung. Liegt der Ursprung im Körper?

Du wirst dir töricht vorkommen. Alle eure Kaiser und Könige sind töricht, die reinsten Clowns – schau sie dir nur an! Wie töricht sie aussehen, mit ihren Tausenden von Medaillen! Was tun sie denn? Und dafür haben sie so lange gelitten? Um das zu erreichen, haben sie so viel Leiden auf sich genommen – und trotzdem sind sie unglücklich. Sie können nur unglücklich sein.

Der Verstand ist das Tor zur Hölle und am Eingang stehen die Wünsche. Wenn du Wünsche tötest, wird kein Blut aus ihnen fließen, denn sie sind blutleer. Aber wenn du ein Bedürfnis abtötest, gibt es Blutvergießen. Wenn du ein Bedürfnis abtötest, stirbt ein Teil von dir.

Du stirbst nicht, wenn du einen Wunsch tötest. Im Gegenteil, dadurch wirst du freier. Wenn du deine Wünsche aufgibst, wird daraus mehr und mehr Freiheit entstehen. *(24)*

Warum legen die Menschen so viel Wert auf Besitz?

Das ist etwas Grundlegendes, das man verstehen muss. Solange du nicht verstehst, woher dieser ständige Drang kommt, immer mehr Dinge, Geld und Macht zu besitzen, kannst du diesen ganzen Wahnsinn des Besitzenwollens nicht loswerden.

Die Menschen streben nach Besitz, weil sie nicht wissen, wer sie sind. Sie haben keine Ahnung von dem Königreich in ihrem Inneren. Sie halten sich für Bettler; darum betteln sie.

Wünsche sind Bettler.

Je mehr Wünsche man hat, umso mehr zeigt man damit, dass man seine eigenen Schätze nicht kennt. Diese Unkenntnis treibt die Menschen in die Wüste der Besitzgier. Es ist eine Wüste, weil es dort nichts zu gewinnen gibt. Man kann die ganze Welt besitzen und bleibt dennoch derselbe hohle Mensch – leer im Inneren, das Leben sinnlos, die Sicht vernebelt, das Herz tot, die Seele ungeboren.

Die Menschen legen so viel Wert auf Besitz, weil sie insgeheim spüren, dass ihnen etwas fehlt. Was es genau ist, können sie nicht sagen, aber irgendetwas fehlt. Das fühlt jeder und darum muss man ganz schnell dieses Loch voll stopfen. Und natürlich macht jeder es den anderen nach.

Kinder machen alles nach. Das ist die einzige Art, wie sie lernen: durch Nachahmen der Eltern und der anderen Leute in ihrer Umgebung. Und weil alle hinter Geld, Macht, Ruhm und Ansehen herlaufen, denkt das Kind natürlich, diese Dinge seien es wert, dass man sie erlangt: »Egal, welchen Preis ich dafür bezahlen muss – ich muss alles riskieren. Das Leben ist kurz. Darum muss ich alle Energien auf mein Ziel konzentrieren und muss es zielstrebig mit allem, was mir zur Verfügung steht, verfolgen. Wenn ich zu Geld kommen will, muss ich davon besessen sein, denn ich bin nicht der Einzige, der hinter dem Geld her ist. Millionen von Menschen sind hinter dem Geld her. Es wird ein großer Wettkampf, und nur wenn ich schlau genug bin, clever und gerissen, kann ich das Wettrennen gewinnen!«

Darum sei schlau und gerissen, denn du musst auf jeden Fall das Rennen gewinnen! Du musst beweisen, dass du jemand bist. Du musst beweisen, dass dein Leben nicht umsonst war.

So wird ein Kind durch das Klima, in dem es aufwächst, unbewusst alles aufschnappen. Und in jeder Gesellschaft ist es das gleiche Spiel. Mal ist das Geld am wichtigsten – wenn man in Amerika geboren wird, ist das Geld am wichtigsten, denn Geld bedeutet Macht. Wenn man in der Sowjetunion geboren wird, ist das Geld nicht so wichtig. Politische Macht ist das wahre Geld, das wahre Gold. Man muss hoch aufsteigen in der Hierarchie der kommunistischen Partei, aber es ist das gleiche Spiel. Wenn man in einem so genannten religiösen Land wie Indien geboren wird, muss man ein großer Heiliger werden, der alle anderen Heiligen in den Schatten stellt. Das gleiche Spiel, aber nun im Namen der Religion. Man muss der größte, berühmteste Asket sein; man muss alle anderen weit hinter sich lassen.

Du musst der ganzen Sache auf den Grund gehen. Es ist ein und dasselbe Spiel – egal, ob es in einem so genannten religiösen Land, einem kapitalistischen Land oder einem kommunistischen Land gespielt wird. Egal, in welcher Form, in welcher Struktur: Das Spiel ist das gleiche.

Es ist das Spiel des Egos.

Unser größtes Interesse ist es, unser Ego zu befriedigen. Aber es ist nicht zu befriedigen. Das Ego kann unmöglich befriedigt werden, weil es von vornherein überhaupt nicht existiert. Es ist nicht wirklich, es ist nur eine Fiktion.

Wenn du wirklich Hunger hast, lässt er sich befriedigen, aber wenn dein Hunger unwirklich ist, lässt er sich unmöglich befriedigen.

Wenn du wirklich eine Krankheit hast, kann man sie heilen, aber wenn du ein Hypochonder bist und Krankheiten erfindest, die es gar nicht gibt, kann dich keiner heilen. Dann ist es unmöglich, dich zu heilen – weil da gar nichts zu heilen ist. Und selbst wenn man dich überzeugen könnte, dass deine Krankheit geheilt ist, wirst du mit demselben alten Verstand eine neue Krankheit erfinden. Er ist sehr erfinderisch.

Das Ego ist deine Erfindung.

Der Hunger des Egos ist deine Erfindung.

Du musst dich irgendwie beschäftigt halten, weil du dich in einer peinlichen Lage befindest: Du weißt nicht mal, wer du bist! Wie kannst du da entspannt leben? In dir ist eine tiefe Unrast und sie ist immer da. Um sie zu verbergen, hältst du dich ständig beschäftigt – mit Geld, Macht, Religion, Politik. Das sind alles Mittel, um dich abzulenken. Du findest immer irgendeine Ablenkung, denn Möglichkeiten gibt es genug. Aber irgendwie musst du dich immer beschäftigt halten, damit dir dein inneres Zittern nicht bewusst wird.

Immer wenn du Zeit hast, immer wenn du nichts zu tun hast, tut sich plötzlich diese innere Leere auf und du bekommst Angst. Es ist wie ein Abgrund. Du hast Angst hineinzufallen, und so klammerst du dich an irgendetwas oder, wenn nichts anderes zum Festklammern da ist, erfindest du etwas. Darum sind die Leute bereit, sich sogar an ihr Unglück zu klammern. Niemand ist bereit, auf sein Unglück so schnell zu verzichten.

Das ist meine Erfahrung in der Arbeit mit Tausenden von Menschen. Alle ihre Probleme lassen sich auf ein einziges reduzieren: Sie klammern sich an ihr Unglück. Es fällt ihnen schwer, auf ihr Unglück zu verzichten, weil das Unglück ihnen Beschäftigung gibt. Ihr Unglück hilft ihnen, sich selbst und der inneren Hohlheit, der Leere und Sinnlosigkeit auszuweichen. Ihr Unglück ist nichts anderes als eine Vermeidungsstrategie. Natürlich tut das Unglück weh; darum reden sie davon, dass sie es loswerden wollen, aber sie können nicht darauf verzichten, denn darauf zu verzichten würde bedeuten, dass sie leer zurückbleiben.

Sie sind in einem Dilemma: Einerseits wollen sie nicht unglücklich sein, aber andererseits können sie auf ihr Unglück nicht verzichten.

Vergiss nicht: Nicht das Unglück klammert sich an dich, sondern du klammerst dich an dein Unglück!

Du kannst dein Unglück nur aufgeben, wenn in dir eine innere Sinnhaftigkeit aufblüht. Das Unglück kann erst aufgegeben werden, wenn Meditation in dir aufblüht, weil du erst dann anfängst, deine Leere zu genießen – sie ist nicht mehr leer. Die Leere beginnt sich mit einem positiven Duft zu füllen; sie ist nicht mehr negativ.

Darin besteht die Magie der Meditation: Sie transformiert deine Leere in positive Erfüllung, in etwas überwältigend Schönes: Die Leere wird zur Stille, die Leere wird zum Frieden, die Leere wird göttlich, sie wird zur Göttlichkeit. *(25)*

Warum habe ich das Gefühl, ein Versager zu sein? Liegt es daran, dass ich immer noch den Wunsch habe, perfekt zu sein, ein Übermensch, etwas Besonderes?

Nur wer jemand sein will oder irgendwohin will, erleidet die Tragik des Scheiterns. Wenn du niemand sein willst und nirgendwohin willst, wirst du nie unter der Tragik des Scheiterns leiden. Du wirst immer erfolgreich sein, genau wie ich.

Von Kindheit an haben meine Eltern und alle, die es gut mit mir meinten – meine Nachbarn, meine Lehrer –, sie alle haben ständig gesagt: »Aus dir wird mal nichts Gescheites. Du wirst bloß ein Nichtsnutz.«

Ich sagte: »Wenn das mein Schicksal ist, bin ich zufrieden. Warum soll ich versuchen, jemand anderer zu werden? Nichts Gescheites? – wunderbar! Ein Nichtsnutz? Ich sehe darin keinen Nachteil.«

Und sie sagten dann: »Kannst du denn nicht *ein*mal vernünftig reden?«

Ich sagte: »Das ist doch vernünftig! Egal, was passiert: Ich werde erfolgreich sein! Ich mache meinen Erfolg nicht davon abhängig, dass etwas Bestimmtes passieren muss. Nein, umgekehrt: Ich bin immer erfolgreich, egal, was passiert. Mein Erfolg ist mir sicher!«

Einer meiner Professoren machte sich große Sorgen um mich – er liebte mich sehr. Er sagte: »Es wäre ein Leichtes für dich, als Bester deiner Universität abzuschneiden, aber du benimmst dich einfach unmöglich! Es wird ein Wunder sein, wenn du überhaupt durchkommst. Ich sehe dich nie ein Lehrbuch in die Hand nehmen!«

Er kam häufig zu mir zu Besuch ins Studentenheim und sah nie ein Lehrbuch in meinem Zimmer. Ich habe nie eines gekauft.

»Während die Professoren ihre Vorlesung halten, schläfst du. Und sie lassen dich schlafen, denn wenn du wach bist, streitest du dich nur mit ihnen herum. Es ist besser, du schläfst, dann haben sie ihre Ruhe.«

Er machte sich große Sorgen – vielleicht würde ich zur Prüfung gehen, vielleicht aber auch nicht. Kurz vor meiner Abschlussprüfung kam er eines Abends und sagte: »Du musst mir jetzt ein Versprechen geben.«

Ich sagte: »Ich kann dir ein Versprechen geben. Aber ich lüge. Es wird also nicht viel taugen.«

Er sagte: »Du lügst?«

Ich sagte: »Ja, ich lüge. Ich tue immer das, was zweckmäßig ist. Du willst ein Versprechen von mir? Gut, dann gebe ich dir ein Versprechen. Aber wenn irgendjemand anderer ein Versprechen von mir will, gebe ich es ihm ebenfalls.«

Er sagte: »Das heißt, du willst mich auf die Folter spannen! Also, morgen früh um sieben, sei bereit! Ich werde dich abholen und zur Prüfung hinfahren, und zwar jeden Tag!«

Und es war wirklich eine Tortur für ihn, denn er war ein stiller Zecher, ein lieber Mensch, aber er stand nie vor ein Uhr mittags auf. Um sechs Uhr aufzustehen und sich fertig zu machen ... Er hatte einen uralten Wagen, der oft Stunden brauchte, bis er ansprang, und die ganze Nachbarschaft musste anschieben. Aber wenn er erst einmal angesprungen war, lief er dann irgendwie.

Er war tatsächlich um Punkt sieben da, trotz all dieser Schwierigkeiten. Er traf mich noch schlafend an, weckte mich auf und sagte: »Also, das ist zu viel! Ich stehe sonst nie vor eins auf und nun stehe ich sogar um sechs Uhr auf! Und du kennst mein Auto – es ist noch bequemer als ich. Es ist so schwer, es um sechs Uhr morgens in dieser Kälte zu starten. Die ganze Nachbarschaft musste mithelfen. Und du liegst noch im Bett!«

Ich sagte: »Du hast gesagt, du kommst, und ich habe dir vertraut. Warum soll ich mir denn die Mühe machen, so früh aufzustehen? Wenn du kommst, steh ich auf und setz mich in dein Auto.«

Er sagte: »Willst du denn gar kein Bad nehmen oder so was?«

Ich sagte: »Alles nach der Prüfung.«

»Gar keine Vorbereitung?«

Ich sagte: »Wozu denn vorbereiten?«

Auf dem Weg zum Prüfungssaal versuchte er mich noch zu präparieren: »Hör gut zu, du musst dir ein paar Dinge merken: Das hier ist deine Matrikelnummer. Vergiss sie nicht.« Er zwang mich, mir die Matrikelnummer in die Hand zu schreiben, damit ich sie nicht vergaß. Als ich mir die Matrikelnummer in die Hand schrieb, sagte er: »Schreib deinen Namen dazu, sonst wunderst du dich nachher, was das ist, und weißt nicht mehr, wessen Matrikelnummer das ist.«

Ich sagte: »Ein bisschen was könntest du mir schon zutrauen!«

Er sagte: »Ich traue dir überhaupt nichts zu. Zuerst musst du diese Prüfung bestehen. Du musst als Bester der ganzen Universität abschneiden.«

Ich sagte: »Was auch immer passiert: Ich bin zufrieden.«

Und er sagte zur Aufsichtsperson: »Lass ihn auf keinen Fall vor drei Stunden aus dem Saal!« Drei Stunden war die Prüfungsdauer – denn er machte sich Sorgen, ich könnte wieder zurück ins Bett gehen, wenn er weg war. Und dann kam der Prüfungsaufseher zu mir und sagte: »Du brauchst dich nicht zu beeilen, um schnell fertig zu werden. Lass dir ruhig Zeit. Du darfst hier erst nach drei Stunden raus. Dein Professor hat mir das aufgetragen und ich habe Respekt vor dem alten Herrn.«

Ich sagte: »Das ist aber merkwürdig.«

Als ich nach eineinhalb bis zwei Stunden mit der Prüfungsaufgabe fertig war, sagte ich zu dem Aufseher: »Wie du siehst, bin ich mit der Prüfungsarbeit fertig. Jetzt halte mich nicht länger auf; ich habe noch nicht mal ein Bad genommen. Ich muss gehen und mir die Zähne putzen, ein Bad nehmen und frische Kleider anziehen. Ich bin direkt aus dem Bett gestiegen.«

Er sagte: »Direkt aus dem Bett? Aber wer hat dich denn gezwungen?«

Ich sagte: »Derselbe Professor, der dich gezwungen hat. Aber ich werde es ihm nicht weitersagen. Niemand wird etwas sagen. Alle sind viel zu beschäftigt mit Schreiben.«

Er sagte: »Wenn das so ist, kannst du gehen. Aber hast du auch alle Fragen beantwortet?«

»Hier, schau her!« Er konnte sehen, dass ich geantwortet hatte, aber er machte große Augen und sagte: »Sonderbar! Zur Abschlussprüfung gibst du eine Antwort von einer Seite, einer halben Seite? Und damit hoffst du durchzukommen?«

Ich sagte: »Ich hoffe nie auf irgendetwas. Bis jetzt hat es mir Spaß gemacht und mehr als das ... Ich tue nie etwas, was mir keinen Spaß macht.«

Und zufällig war derjenige, der die Prüfungsarbeit und meine Antworten zu beurteilen hatte, ein Professor Ranade, ein pensionierter Professor der Allahabad-Universität, eine weltberühmte Autorität.

Nun drehte mein Professor völlig durch. Er sagte: »Erst dachte ich, du würdest grade so durchkommen, obwohl du Erster werden könntest. Aber jetzt bist du diesem gefährlichen Mann ausgeliefert! Seit Jahren ist er berüchtigt dafür, dass er noch nie in seinem Leben die beste Note vergeben hat. Und obwohl er schon im Ruhestand ist, bekommt er immer noch die Prüfungsarbeiten zu sehen. Und jetzt wird ausgerechnet er deine Arbeit korrigieren! Dann bist du erledigt!«

Ich sagte: »Jetzt mach dir mal keine Sorgen. Auch damit wäre ich zufrieden, denn dann könnte ich noch ein Jahr länger hier bei dir bleiben!«

Er sagte: »Rede keinen Unsinn!«

Ich sagte: »Ich rede keinen Unsinn. Dann kannst du mich wieder zur Prüfung fahren und mich quälen. Das sollte dich doch freuen!«

Doch es passieren seltsame Dinge: Ranade gab mir neunundneunzig Prozent, mit dem besonderen Vermerk: »Ich wollte eigentlich hundert Prozent geben, aber das würde so aussehen, als wäre ich voreingenommen. Und ich gebe ihm deshalb neunundneunzig Prozent – zum ersten Mal in meinem Leben gebe ich die beste Note –, weil ich mir immer gewünscht habe, dass die Antworten präzise sein sollen, und ich habe noch nie erlebt, dass jemand eine ganze Frage in einem einzigen Absatz beantworten konnte. Ich schätze diesen Jungen sehr!«

Er hatte dem Rektor eine Notiz dazugeschrieben: »Sagen Sie es bitte dem Studenten und zeigen Sie ihm meine Notiz« – er war schon ziemlich alt, fünfundsiebzig –, »dass ich zum ersten Mal in meinem Leben die Note ›sehr gut‹ vergebe!«

Und so schloss ich als Bester der Universität ab. Mein Professor, der so ängstlich gewesen war, konnte es überhaupt nicht fassen. Als das Ergebnis bekannt gegeben wurde, fragte er mich: »Was ist denn das? Das muss ein Irrtum sein. Du und Bester der Universität? Du musst ins Rektorat, um es rauszukriegen – das muss ein Druckfehler in der Zeitung sein!«

Ich sagte: »Mach dir keine Sorgen. Falls es ein Fehler ist, spielt das auch keine Rolle.«

Aber er musste es unbedingt wissen, und so musste ich sein Auto anschieben und er startete den Wagen und wir fuhren zum Büro des Rektors. Erst als er die Notiz gelesen hatte, konnte er es glauben.

Als wir aus dem Büro traten, sah er mich von oben bis unten an und sagte: »Das ist die sonderbarste Geschichte, die ich je in meinem Leben erlebt habe! Ich musste dich aus dem Bett holen – ganz ohne Vorbereitung, ohne alles – und jetzt hast du sogar die Goldmedaille errungen! Zum ersten Mal«, sagte er, »beginne ich an Gott zu glauben! *Du* konntest das unmöglich hinkriegen! Gott muss hinter dir stehen!«

Ich sagte: »Das ist absolut klar. Darum war ich ja so entspannt. Du hast dir völlig unnötige Sorgen gemacht. Gott steht genauso hinter mir, wie ich hinter deinem Auto stehe, um es zu starten. Er startet mich, und sobald ich gestartet bin, läuft alles wie geschmiert.«

Es gibt im Leben kein Versagen. Alles hängt davon ab, wie man die Dinge nimmt. Wenn du dir zu viel wünschst, wenn du zu viel erreichen willst und es dir nicht gelingt, dann gibt es Frustration und Versagen. Aber wenn du dir gar nichts wünschst und da, wo du dich befindest, völlig zufrieden bist, ist das Leben von einem Augenblick zum nächsten ein Sieg. *(26)*

4. KAPITEL

»Mind«

Im Englischen gibt es dieses Wort *mind** für den DenkProzess, das Denken, den Verstand. Für den Bewusstseinszustand jenseits des Denkens hat die englische (und auch die deutsche) Sprache jedoch kein Wort.

Die ganze Philosophie von Gautama Buddha, Bodhidharma, Zen besteht darin, über den Verstand hinauszugelangen. Sanskrit und Pali haben dafür zwei verschiedene Begriffe: *manus,* die Wurzel des englischen Wortes *mind,* bezeichnet den Denkvorgang, und *chitta* bedeutet das Bewusstsein jenseits des Denkens, *no-mind.* *(27)*

Was ist dieser »Mind«, dieser Schnatterkasten in meinem Kopf? Warum rattert mein Verstand pausenlos, seit ich denken kann? Wann hat das seinen Anfang genommen? Liegt der Ursprung des Denkens irgendwo in dieser unendlichen Stille, die ich in deiner Gegenwart erfahre?

Unser Verstand, der *»Mind«,* ist einfach ein Biocomputer. Wenn ein Kind zur Welt kommt, hat es noch keinen *Mind;* in

---

* Das englische Wort *mind* bezeichnet den ganzen Komplex des denkenden, fühlenden, wertenden Bewusstseins. Es beinhaltet demnach weit mehr als die deutschen Begriffe Verstand, Denken oder Intellekt, da es auch die psychischen Funktionen des Fühlens und Empfindens mit einbezieht. Beim Hinausgehen über den Verstand geht es nicht darum, die Fähigkeit zum Denken und die Tätigkeit des Verstandes schlechthin aufzugeben, sondern die zur Gewohnheit gewordene Identifikation mit den Gedanken, Gefühlen und Empfindungen aufzulösen. Im Verlauf dieses Buches habe ich, je nach Zusammenhang, *mind* mit Denken, Verstand, Psyche, Geist, Intellekt, Gemüt, Einstellung, Denkweise, Denkungsart übersetzt – *Anm. d. Übers.*

seinem Kopf rattern noch nicht pausenlos die Gedanken. Es dauert drei bis vier Jahre, bis dieser Mechanismus aktiv wird. Und man kann oft beobachten, dass Mädchen früher zu reden beginnen als Jungen – sie sind die größeren Plappermäuler; sie haben den besseren Biocomputer.

Er muss zuerst mit Informationen gefüttert werden. Darum wirst du bei dem Versuch, dich zurückzuerinnern, in deiner Erinnerung irgendwo in der Gegend von vier Jahren stecken bleiben, wenn du ein Mann bist, oder in der Gegend von drei Jahren, wenn du eine Frau bist. Weiter reicht die Erinnerung nicht zurück. Du warst zwar schon da und viele Dinge müssen passiert sein, viele Ereignisse, aber es scheint nichts davon im Gedächtnis gespeichert zu sein, darum kannst du dich nicht erinnern. Doch bis zu einem Alter von drei bis vier Jahren kannst du dich ganz klar zurückerinnern.

Der *Mind* sammelt seine Daten von den Eltern, von der Schule, von anderen Kindern, von Nachbarn, Verwandten, Gesellschaft, Kirche – aus allen Quellen ringsherum. Sicher hast du schon kleine Kinder beobachtet, wenn sie zu sprechen anfangen: Sie wiederholen immer wieder ein und dasselbe Wort. Es macht ihnen solchen Spaß! Ein neuer Mechanismus tritt in Funktion.

Wenn sie lernen, Sätze zu formen, bilden sie aus reiner Freude immer neue Sätze. Wenn sie lernen, Fragen zu bilden, stellen sie über alles und jedes Fragen. Sie sind an deiner Antwort gar nicht interessiert, vergiss das nicht! Schau mal einem Kind zu, wenn es Fragen stellt: Es interessiert sich gar nicht für deine Antwort, darum gib ihm bitte keine langen Erklärungen aus dem Lexikon. Das Kind interessiert sich weniger für deine Antwort als für die Freude, die ihm das Fragen bereitet. Es hat eine neue Fähigkeit erworben.

Und so sammelt es immer neue Informationen. Dann fängt es an zu lesen … und immer mehr Wörter kommen hinzu. Diese Gesellschaft belohnt niemanden für Stille; Wörter werden belohnt, und je besser man mit Wörtern umgehen kann, umso besser wird man bezahlt.

Was ist es denn, auf einen Nenner gebracht, was eure

Führer, eure Politiker, eure Professoren, Priester, Theologen und Philosophen auszeichnet? Sie wissen mit Worten umzugehen. Sie wissen, wie man Worte voller Bedeutung und Nachdruck logisch und konsequent verwendet – und damit können sie andere beeindrucken.

Wir machen uns selten klar, wie sehr unsere ganze Gesellschaft von wortgewandten Leuten beherrscht wird. Sie brauchen gar nichts zu wissen, brauchen gar nicht klug zu sein, ja nicht mal intelligent! Aber eines ist sicher: Sie verstehen es, mit Worten zu spielen. Es ist ein Spiel und sie beherrschen es. Und dafür wird man belohnt: mit Ansehen, Geld und Macht – mit all diesen Dingen. Darum versucht jeder mitzuhalten, und so wird der *Mind* vollgestopft mit unzähligen Wörtern, unzähligen Gedanken.

Jeden Computer kann man ein- und ausschalten, aber den *Mind* kannst du nicht ausschalten. Er hat keinen Schalter. Und es findet sich nirgendwo ein Hinweis, dass Gott, als er die Welt und den Menschen erschuf, auch einen Schalter für den Verstand erschaffen hätte, den man ein- und ausschalten kann. Es gibt keinen Schalter, und darum rattert unser Verstand pausenlos, von der Geburt bis zum Tod.

Vielleicht wirst du dich wundern – die Leute, die etwas von Computern verstehen und auch von der Funktionsweise des menschlichen Gehirns, sind auf eine sonderbare Idee gekommen: Wenn man das Gehirn aus dem Schädel eines Menschen entfernen und mit Hilfe von Apparaten weiter am Leben erhalten könnte, würde es einfach weiterschnattern. Es würde ihm gar nichts ausmachen, dass es nicht mehr mit seinem armen Opfer verbunden ist, das darunter zu leiden hatte. Es würde einfach weiterträumen. Selbst wenn es an Apparate angeschlossen wird, träumt das Gehirn immer weiter, es fantasiert, es hat Ängste, Projektionen, Hoffnungen, es strebt danach, dieses oder jenes zu werden. Und es ist sich überhaupt nicht bewusst, dass es nichts mehr ausrichten kann, weil der Mensch, mit dem es einmal verbunden war, gar nicht mehr da ist!

Man könnte ein Gehirn jahrtausendelang durch Apparate am Leben erhalten und es würde immerzu weiterrattern und weiterschnattern, immer die gleichen Dinge, weil man ihm nichts Neues mehr beibringen kann. Und wenn man ihm etwas Neues beibringen könnte, würde es diese neuen Dinge ständig wiederholen.

In Wissenschaftlerköpfen spukt der Gedanke umher, es sei eine große Verschwendung, wenn ein Mensch wie Albert Einstein stirbt und sein Gehirn mit ihm. Könnte man das Gehirn bewahren und in den Körper eines anderen Menschen verpflanzen, dann wäre es dort weiter funktionsfähig. Gleichgültig, ob Albert Einstein noch lebt oder nicht, sein Gehirn würde weiter über die Relativitätstheorie, über die Sterne und alle möglichen Theorien nachdenken. So wird mit dem Gedanken gespielt, genauso wie Leute Blut spenden oder wie sie ihre Augen spenden, bevor sie sterben, könnten sie auch ihr Gehirn spenden und man könnte es aufbewahren. Wenn jemand ein besonders hoch qualifiziertes Gehirn hat, wäre es schade, es einfach sterben zu lassen; man könnte es verpflanzen.

Stell dir vor, man könnte aus einem Idioten einen Albert Einstein machen! Und der Idiot würde es selbst nicht mal merken, weil im Schädelinneren keine Sensibilität ist. Man kann alles Mögliche verändern, ohne dass die Person es merkt. Man braucht sie nur bewusstlos zu machen, und dann kann man in ihrem Gehirn alles Mögliche verändern. Ja, man kann sogar das ganze Gehirn auswechseln, und der Mensch wacht mit einem neuen Gehirn, einem neuen Geschnatter wieder auf und wird nicht mal Verdacht schöpfen, dass irgendetwas nicht stimmt.

Dieses Geschnatter ist das Ergebnis unserer ganzen Erziehung. Unsere Erziehung ist grundlegend falsch, denn sie lehrt uns nur die eine Hälfte des Vorgangs: den Verstand zu gebrauchen. Sie lehrt uns jedoch nicht, das Denken anzuhalten, damit es sich auch mal entspannen kann. Selbst im Schlaf rattert der Verstand weiter. Er kennt keine Ruhe. Siebzig, achtzig Jahre lang arbeitet er pausenlos.

Wenn wir die Menschen lehren könnten, das Denken anzuhalten ... und es *ist* möglich! Genau das versuche ich euch ja klarzumachen. Man nennt das Meditation.

Es ist möglich, einen Schalter anzubringen, um den Verstand abzuschalten, wenn er nicht gebraucht wird. Das bringt zwei Vorteile: Es bringt dir einen Frieden und eine Stille, wie du sie noch nie zuvor gekannt hast, und es bringt dir eine Erkenntnis deiner selbst, die wegen des ständig schnatternden Verstandes bisher nicht möglich war. Er hält dich ständig auf Trab.

Und außerdem bringt es dem Verstand mal eine Ruhepause. Und wenn man dem Verstand Ruhepausen gibt, kann er alles viel effizienter und intelligenter erledigen.

Du wirst also in zweifacher Hinsicht davon profitieren – für den Verstand und für das Sein. Du musst nur lernen, wie du den Verstand anhalten kannst. Wie du zu ihm sagen kannst: »Jetzt ist es genug. Geh schlafen! Ich bleibe wach, mach dir keine Sorgen.«

Du solltest den Verstand nur gebrauchen, wenn er benötigt wird, dann bleibt er frisch und jung, voller Energie und Schwung. Dann wird alles, was du sagst, nicht bloß triviales Zeug sein, sondern voller Leben und Autorität, voller Wahrheit und Aufrichtigkeit, und es wird sehr bedeutungsvoll sein. Selbst wenn du die gleichen Worte verwendest, wird der ausgeruhte Verstand eine solche Kraft haben, dass jedes Wort zu einer Flamme wird, zu einer starken Macht.

Was die Welt »Charisma« nennt, ist nichts Besonderes ... Es rührt von einem Verstand, der sich zu entspannen weiß und Energie gesammelt hat. Dann ist sein Reden Poesie oder ein Evangelium und er hat keine Beweise und keine Logik nötig, weil allein seine Energie ausreicht, um andere zu beeinflussen. Die Menschen haben schon immer gespürt, dass es da etwas gibt, aber sie konnten nie genau sagen, was »Charisma« ist.

Vielleicht bin ich der Erste, der euch zeigt, was Charisma ist, denn ich weiß es aus eigener Erfahrung. Wenn der Verstand Tag und Nacht in Aktion ist, wird er zwangsläufig kraftlos und stumpf, langweilig und uninteressant. Er ist höchstens nützlich und praktisch, etwa um Gemüse einzukaufen. Aber für mehr hat er nicht die Kraft. So beschränken sich Millionen von Menschen, die voller Charisma sein könnten, darauf, farblos und blass, kraftlos und ohne Autorität zu sein.

Wenn es möglich wird, den Verstand zum Schweigen zu bringen und ihn nur zu benutzen, wenn er gebraucht wird – und das *ist* möglich –, dann äußert er sich sehr machtvoll. Er hat so viel Energie gesammelt, dass jedes ausgesprochene Wort direkt ins Herz geht. Die Menschen sind der Meinung, charismatische Persönlichkeiten hätten eine hypnotische Ausstrahlung, aber es hat nichts mit Hypnose zu tun. Sie haben eine solche Frische, eine solche Energie ... bei ihnen ist immer Frühling. So viel zum Verstand.

Was nun das Sein angeht: In der Stille wird dir ein ganzes Universum von Zeitlosigkeit und Todlosigkeit zugänglich – aller Segen und alle Wohltaten, die du dir nur vorstellen kannst!

Darum betone ich es so sehr: Meditation ist die Essenz aller Religion, Meditation ist die wahre Religion. Nichts anderes ist nötig. Alles andere sind Rituale, die nichts mit der Essenz zu tun haben.

Meditation ist die Essenz, die reine Essenz. Man kann davon nichts mehr weglassen.

Und sie bringt dir beide Welten: Sie bringt dir die jenseitige Welt – das Göttliche, das Reich Gottes –, aber ebenso bringt sie dir die diesseitige Welt. Dann bist du nicht mehr arm, sondern du hast einen Reichtum, der sich nicht in Geld ausdrückt.

Es gibt viele Arten von Reichtum. Ein Mensch, der reich an Geld ist, gehört in die unterste Kategorie des Reichtums. Ich will es einmal so sagen: Der Wohlhabende ist der ärmste der Reichen. Aus der Perspektive des Armen ist er der reichste der Armen. Aus der Perspektive des kreativen Künstlers, Tänzers, Musikers, Wissenschaftlers ist er der ärmste der Reichen. Und aus der Perspektive des höchsten Erwachens kann man ihn nicht einmal reich nennen.

Meditation wird dich absolut reich machen, indem sie dir die Welt deines innersten Seins erschließt, aber auch relativ reich, denn sie wird deine geistigen Fähigkeiten für bestimmte Begabungen, die du hast, freisetzen. Meine Erfahrung ist, dass jeder mit einem bestimmten Talent geboren wird, und solange er nicht dieses Talent voll ausschöpft, wird ihm immer etwas fehlen. Er wird immer das Gefühl haben, dass ihm etwas abgeht, das ihm eigentlich zusteht.

Gönne deinem Verstand Ruhepausen – er hat sie so nötig! Und es ist ganz einfach: Werde zum beobachtenden Zeugen deines Denkens.

Das bringt dir beide Vorteile: Mit der Zeit wird der Verstand lernen, still zu werden. Und wenn er erst einmal weiß, wie er durch Stille Kraft gewinnt, dann werden die Worte nicht mehr nur Worte sein; sie erhalten eine Gültigkeit, eine Fülle und eine Qualität wie nie zuvor. Sie werden so direkt wie Pfeile; sie umgehen die logischen Barrieren und treffen mitten ins Herz.

Dann wird der Verstand zu einem guten Diener von immenser Kraft im Dienste der Stille.

Dann wird das Sein zum Herrn und Meister, der den Verstand benutzt, wenn er gebraucht wird, und ihn abschaltet, wenn er nicht gebraucht wird. *(28)*

Der Verstand verlangt ständig nach mehr. Er ist ein Bettler. Ich will euch ein altes Gleichnis erzählen …

Ein Bettler klopfte an das Tor des Palastes. Zufällig kam gerade der König heraus, um seinen Morgenspaziergang im Garten machen, und öffnete selbst das Tor. Der Bettler sagte: »Heute scheint ein guter Tag zu sein!« Der König sagte: »Für mich oder für dich?«

Der Bettler sagte: »Das wird sich bis zum Ende des Tages entscheiden. Ich bin ein Bettler und habe nur eine Bitte: Hier, diese Bettelschale – kannst du sie mir anfüllen – mit was immer du willst?«

Der Bettler wirkte ein wenig sonderbar. Er hatte Augen wie ein Mystiker und redete gar nicht wie ein Bettler, sondern wie ein Kaiser. Seine ganze Aura strahlte große Autorität aus. Der König befahl seinem Premierminister, die Schale des Bettlers mit Goldmünzen zu füllen, damit dieser sich erinnern würde, dass er einen guten Tag gehabt und bei einem König angeklopft hatte. Der Bettler lachte. Der König fragte: »Was ist?«

Der Bettler sagte: »Bis zum Abend wird sich alles entscheiden.« Sein Verhalten war sonderbar, aber auch faszinierend. Er war ein schöner Mensch.

Und dann nahm das Unglück seinen Lauf. Als der Premierminister einen Sack Goldmünzen brachte und die Schale damit füllen wollte, verschwand alles darin, doch die Schale blieb leer. Mehr und mehr Münzen … sämtliche Münzen aus der Schatzkammer wurden gebracht, und sie verschwanden alle. Da lief die ganze Stadt zusammen und die Neuigkeit verbreitete sich wie ein Lauffeuer.

Der König sagte: »Alles, was du findest – Diamanten, Rubine, Smaragde –, bringe es, aber fülle dem Bettler seine Schale!« Doch alles verschwand darin und die Schale blieb genauso leer wie zuvor.

Schließlich hatte der König alles verloren. Es war Abend geworden. Den ganzen Tag über hatte es große Aufregung in der Hauptstadt gegeben. Der König war beharrlich geblieben, aber nun hatte es keinen Sinn mehr. Mehr besaß er nicht.

Er fiel dem Bettler zu Füßen und fragte ihn nach dem Geheimnis der Schale. »Ist das eine Zauberschale? Es ist nun Abend und du hast gesagt: ›Bis zum Abend, bis zum Sonnenuntergang, wird sich alles entscheiden.‹ Nun ist es so weit. Und in gewissem Sinne hat es sich auch entschieden, denn ein Bettler hat mich besiegt. Aber du bist kein gewöhnlicher Bettler. Ich will nur noch eines wissen: Was ist das Geheimnis dieser Bettelschale?«

Der Bettler sagte: »Es ist kein Geheimnis. Jeder weiß das.

Sieh dir die Bettelschale nur etwas genauer an. Sie ist aus dem Schädel eines Menschen gemacht.«

Der König sagte: »Das verstehe ich nicht.«

Der Bettler sagte: »Niemand versteht es. Im Schädel des Menschen ist sein Verstand. Du schüttest ununterbrochen alles hinein und alles verschwindet darin. Er verlangt ständig nach mehr und doch bleibt er immer leer. Er bleibt immer ein Bettler, daran kannst du nichts ändern. Du kannst es nur verstehen und ihn loswerden.«

Das ist auch deine Situation. Solange du auf den Verstand hörst, kannst du keine Befriedigung erlangen. Nur wenn du nicht auf den Verstand hörst, stellt sich im selben Moment Zufriedenheit ein. Du hast die Wahl: Du kannst das Unglück des Verstandes wählen – denn er ist immer unglücklich, er verlangt ständig nach mehr und dieses Verlangen ist unerschöpflich ...

Ich hatte mal einen Freund, der sehr reich war. Er war nicht reich geboren, er war der Sohn eines armen Mannes, und wir hatten uns angefreundet, als er noch arm war. Doch er wurde von einer der reichsten Familien Indiens adoptiert, weil kein Sohn da war. Mit einem Schlag war er der reichste Mann Indiens. Er hätte es eigentlich genießen müssen, denn er selbst hätte niemals zu solchem Reichtum gelangen können, auch wenn er Hunderte von Leben schwer gearbeitet hätte. Plötzlich kam alles zu ihm, ohne dass er sich dafür anstrengen musste. Aber er war nicht glücklich. Er wollte noch mehr.

Das Geld allein war ihm nicht genug, er wollte auch noch ein großer Führer werden. Und weil er Geld hatte, konnte er im Wahlkampf mitmachen und wurde Parlamentsabgeordneter. Aber das war ihm nicht genug. Er wollte noch mehr, er wollte Kabinettsminister werden. Und mit seinem Geld schaffte er es, stellvertretender Minister zu werden – aber das genügte ihm nicht. Er sagte zu mir: »Ich will Kabinettsminister werden.«

Ich sagte: »Meinst du, das wird dir genügen?«

Er sagte: »Ich glaube schon.«

Ich sagte: »Das glaubst du jetzt. Aber wenn du erst einmal Kabinettsminister bist, wirst du anders denken, das sage ich dir!«

Er wurde Kabinettsminister. Und als er mich besuchen kam, sagte er sofort: »Du hattest Recht! An dem Tag, als ich Kabinettsminister wurde, sagte mein Kopf: ›Jetzt bist du schon so weit gekommen, jetzt ist der Posten des Premierministers auch nicht mehr weit! Ein paar Schritte mehr und du kannst Premierminister dieses Landes werden!‹ Aber jetzt habe ich solchen Stress und so viele Sorgen, dass ich nicht mehr schlafen kann. Ich kann mich über nichts mehr freuen. Beim Essen denke ich ununterbrochen an die Politik. Wenn ich mit meiner Frau schlafe, denke ich dauernd daran, wie ich Premierminister werden könnte. Alles ist völlig durcheinander geraten. Bitte hilf mir, ein bisschen Frieden in meinem Verstand zu finden.«

Ich sagte: »Werde erst mal Premierminister! Dann wird dein Verstand dir sagen: ›Los, jetzt werde Staatspräsident!‹ Wenn du weiter auf den Verstand hörst, wirst du niemals Frieden haben. Wenn du Frieden haben willst, musst du aufhören, auf deinen Verstand zu hören. Verzichte auf all die Dinge, die du erworben hast, weil du auf deinen Verstand gehört hast. Als armer Mensch warst du so glücklich, so fröhlich! Du hattest nichts, aber du hattest ein schönes Wesen. Und ich sage nicht, dass du dein Geld wegwerfen sollst. Aber lass dich nicht von deinem Verstand beherrschen. Dann wirst du Frieden haben, ganz gleich, wo du dich befindest.«

Wenn du dich vom Verstand beherrschen lässt, wird er dir sogar im Paradies sagen: »Das soll das Paradies sein? Das kann doch nicht alles sein!« Die Gebäude werden dir alt und morsch und schäbig vorkommen, denn sie sind schon ewig dort. Und die Leute werden so traurig und ernst dreinschauen, denn auch sie sind schon ewig dort. So viel Staub hat sich über sie gelegt, denn sie haben nichts zu tun; sie haben ihre Würde verloren. Sie haben zwar das Paradies erlangt, aber sie haben ihre Menschlichkeit verloren; sie können nicht mehr lachen.

Im Paradies ist Lachen verboten, wusstest du das? In keiner einzigen heiligen Schrift dieser Welt, in keiner einzigen Religion wird der Humor als religiöse Eigenschaft erwähnt. Nur bei mir. Kein anderer ist bereit, dem Humor einen Platz in der Religion einzuräumen.

Was werden denn diese toten, verknöcherten Heiligen im Paradies machen, kannst du dir das vorstellen? Sie dürfen nicht lieben, dürfen nicht Karten spielen, ja nicht mal ein Fußballspiel dürfen sie veranstalten! Sie dürfen nicht fernsehen – das wäre zu unheilig! Sie dürfen nicht mal eine Tasse Tee trinken. Keine Kaffeepausen und nichts zu tun ... Die Tage sind leer, die Nächte sind leer. Wie müssen sie sich nach der Erde zurücksehnen! Hier hat man sie zumindest als Heilige verehrt, aber dort verehrt sie niemand; dort ist jeder ein Heiliger.

Doch aus dem Paradies kommt keiner zurück. Es hat einen Eingang, aber keinen Ausgang. Bevor du also ins Paradies hineinwillst, überleg es dir gut! Das wird der letzte Akt sein, dann bist du erledigt. Du schaufelst dir dein eigenes Grab!

Aber der Verstand würde mit Sicherheit sagen: »Das kann nicht das Paradies sein! Mach dich auf die Suche! Du musst es finden! Das ist doch wohl nur ein Scherz! Da steckt bestimmt der Teufel dahinter! Das ist ja wohl ein Witz, wenn dies das Paradies sein soll!« Nicht einmal im Paradies wird der Verstand dir Frieden geben. Frieden und Verstand, das passt nicht zusammen!

Einer der berühmtesten Rabbiner Amerikas, Joshua Liebman, hat ein Buch namens *Peace of Mind* (Friede des Verstandes) verfasst. Ich schrieb ihm dazu einen Brief – denn das Buch war ein Bestseller – und teilte ihm mit: »Alles, was Sie über den *Mind* zu wissen scheinen, ist Unsinn. Sie scheinen nicht mal zu wissen, dass *peace* und *mind* ein Widerspruch in sich ist, und das ist der Titel Ihres Buches! Sie hätten es *»Peace or Mind«* (Friede oder Verstand) nennen sollen.

Mein Brief muss ihn sehr schockiert haben, denn er hat ihn nie beantwortet. Darauf schrieb ich ihm noch einmal: »Für einen Rabbi geziemt es sich nicht, so feige zu sein. Sie sollten entweder den Titel ändern oder eine Erklärung liefern.« Er hat weder den Titel geändert noch hat er mir eine Erklärung geschickt, dabei habe ich ihm doch bloß eine einfache Frage gestellt. »Frieden des Verstandes« – so etwas kann es nicht geben.

Entweder ist Frieden, doch dann schweigt der Verstand, oder es existiert der Verstand, doch dann gibt es keinen Frieden. Der Titel müsste richtig lauten: *»Peace or Mind«*, aber er kann ihn nicht ändern, weil *peace of mind* – Seelenfriede und wie man ihn erlangt – der Gegenstand des ganzen Buches ist. Es enthält Methoden und Techniken, wie man zum Frieden im Verstand gelangen kann. Ein geänderter Titel würde nicht mehr zum Inhalt des Buches passen.

Ich kann verstehen, dass ich ihn damit in Schwierigkeiten bringe. Wenn er den Titel ändert, passt er nicht mehr zum Buch. Dann müsste er das ganze Buch umschreiben! Aber das kann er nicht, weil er nicht begreift, dass der Verstand der Ursprung aller Spannungen, Ängste und Sorgen ist. Im Verstand kann es keinen Frieden geben, das ist unmöglich.

Dies ist die Essenz aller Experimente, die der Osten seit Jahrtausenden im spirituellen Bereich gemacht hat: Friede *oder* Verstand. Du kannst wählen. Der Friede ist ein ganz gewöhnliches, ganz normales, einfaches Phänomen. Du kennst ihn auch, doch der Verstand steht daneben und gibt seine Kommentare ab: »Da muss es noch mehr geben! Gib nicht auf! Such weiter!«

Du musst dem Verstand sagen: »Sei still!« Es ist *dein* Verstand und du hast das Recht, ihm zu sagen, dass er still sein soll und dass du ihn nicht mehr beachten wirst mit seinem unsinnigen Verlangen nach immer mehr.

Freu dich über das, was du hast. Und je mehr du dich darüber freust, desto mehr wird es zunehmen. Es ist paradox: Der Verstand verlangt nach immer mehr und macht sich doch nur immer mehr Sorgen.

Ohne Verstand lebst du im Frieden, in der Liebe, in der Stille. Und wenn du das lebst, wird es immer mehr werden, immer tiefer. Und mit der Zeit werden deinem Frieden Flügel wachsen und er wird zu einem einzigen Segen, zur Gnade, zu reinster Glückseligkeit. *(29)*

Du redest immer gegen den Verstand. Du sagst, dass wir ihn loslassen sollen, dass wir ihn zum Schweigen bringen sollen, dass er bei der Suche nach der Wahrheit im Weg sei. Wozu ist denn der Verstand überhaupt gut? Ist er wirklich so tückisch und überflüssig?

Der Verstand ist eines der wichtigsten Dinge im Leben. Aber nur als Diener, nicht als Herr. Sobald der Verstand der Herr ist, beginnen die Probleme: Dann verdrängt er dein Herz und verdrängt dein Sein. Dann ergreift er völlig Besitz von dir. Statt deinen Befehlen zu gehorchen, fängt er an, dich herumzukommandieren.

Ich sage nicht, dass du den Verstand aus dem Weg räumen sollst. Er ist das höchstentwickelte Phänomen dieser Schöpfung. Ich sage nur: »Gib Acht, dass nicht der Diener zum Herrn wird!«

Du musst dir eines merken: Dein Sein kommt an erster Stelle, dein Herz an zweiter, dein Verstand an dritter. So sollte die ausgeglichene Persönlichkeit eines authentischen Menschen aussehen.

Verstand bedeutet Logik – ungeheuer nützlich, und auf dem Marktplatz kannst du nicht ohne ihn existieren. Ich habe nie gesagt, du sollst deinen Verstand nicht auf dem Marktplatz benutzen. Du musst ihn benutzen. Aber *du* musst *ihn* benutzen, und nicht *er dich*. Das ist ein großer Unterschied.

Der Verstand ist es, der uns die ganze Technik, die ganze Wissenschaft gebracht hat. Aber weil der Verstand dir so viel gebracht hat, nimmt er jetzt in Anspruch, Herr über dein Dasein zu sein. Darin liegt die Tücke: Er versperrt dir die Tür zu deinem Herzen.

Das Herz hat keinen Gebrauchswert, es erfüllt keinen Zweck. Es ist wie eine Rose. Der Verstand liefert dir Brot, aber er liefert dir keine Freude. Er kann nicht erreichen, dass du Freude am Leben hast. Er ist schrecklich ernst; er kann nicht mal ein Lachen tolerieren. Doch ein Leben ohne Lachen ist menschenunwürdig. Es ist unmenschlich, denn in der ganzen Schöpfung ist nur der Mensch zum Lachen fähig.

Lachen ist ein Hinweis auf Bewusstsein, auf das höchste Entwicklungsstadium. Tiere können nicht lachen, Bäume können nicht lachen und all jene Leute, die im Verstand gefangen sind – die Heiligen, die Wissenschaftler, all die so genannten großen Führer –, auch sie können nicht lachen. Sie sind zu ernst, und Ernst ist eine Krankheit. Ernst ist der Krebs der Seele; er ist zerstörerisch, destruktiv.

Und weil der Verstand die Kontrolle übernommen hat, ist seine ganze Kreativität in den Dienst der Destruktivität getreten. Die Menschen sterben vor Hunger und der Verstand häuft immer mehr Atomwaffen an. Menschen hungern und der Verstand will auf den Mond.

Der Verstand kennt kein Mitgefühl. Für Mitgefühl, Liebe, Freude, Lachen – dafür braucht man ein Herz, das von der Sklaverei des Verstandes befreit ist.

Das Herz hat den höheren Wert. Es bringt auf dem Marktplatz keinen Nutzen, denn der Marktplatz ist kein Tempel, der Marktplatz ist nicht der Sinn deines Lebens. Der Marktplatz ist die niedrigste Stufe aller menschlichen Aktivitäten.

Jesus hat Recht, wenn er sagt: »Der Mensch lebt nicht vom Brot allein.« Aber der Verstand kann nur Brot liefern. Mit ihm kannst du überleben, aber überleben ist nicht leben. Zum Leben braucht es mehr – Tanzen, Singen, Jubeln.

Darum ist es mir wichtig, dass alles an seinem richtigen Platz steht. Wenn es einen Konflikt zwischen Herz und Verstand gibt, solltest du zuerst auf das Herz hören. Wenn es einen Konflikt zwischen Liebe und Logik gibt, sollte nicht die Logik entscheiden, sondern die Liebe. Die Logik kann dir keine Lebendigkeit geben; sie ist trocken. Sie ist für Berechnungen geeignet, für Mathematik, für Wissenschaft und Technik. Doch für menschliche Beziehungen ist sie nicht geeignet, für das Wachstum deines inneren Potenzials ist sie nicht geeignet.

Über dem Herzen steht das Sein. So wie zum Verstand die Logik gehört und zum Herzen die Liebe, so gehört zum Sein die Meditation. Sein bedeutet Selbsterkenntnis. Und wer sich selbst erkennt, erkennt den Sinn der ganzen Existenz.

Dein Sein zu erkennen bedeutet, Licht ins Dunkel deiner inneren Welt zu bringen. Und solange du nicht von innen her leuchtest, ist alles äußere Licht zwecklos. Wenn im Inneren nur Dunkelheit ist, ein dunkler Abgrund der Unbewusstheit, dann entspringen alle deine Handlungen dieser Dunkelheit, dieser Blindheit.

Wenn ich also gegen den Verstand rede, darfst du mich nicht missverstehen. Ich bin nicht gegen den Verstand und ich möchte nicht, dass du ihn aus dem Weg räumst.

Ich möchte, dass du zu einem Orchester wirst: Dieselben Instrumente machen einen Höllenlärm statt Musik, wenn man nicht weiß, wie man eine Symphonie hervorbringen kann, wie man eine Synthese hervorbringen kann und wie man alles an den richtigen Platz stellt.

Das Sein sollte das höchste Kriterium sein. Nichts geht über das Sein. Es ist dein Anteil am Göttlichen. Und es gibt dir etwas, das weder der Verstand noch das Herz dir geben können: Es gibt dir Stille, es gibt dir Frieden, es gibt dir Gelassenheit. Es gibt dir Seligkeit und letztlich die Erfahrung der Unsterblichkeit. Durch die Erkenntnis des Seins wird der Tod zu einer Fiktion und das Leben zu einem Flug in die Zeitlosigkeit. Einen Menschen, der sein innerstes Sein nicht kennt, kann man nicht wirklich lebendig nennen. Er gleicht eher einer nützlichen Maschine, einem Roboter …

Mit Hilfe von Meditation suche nach deinem Sein, nach

deiner Istheit, deiner Existenz. Mit Hilfe von Liebe, mit Hilfe des Herzens teile deine Seligkeit mit anderen.

Das ist der eigentliche Sinn der Liebe: deine Seligkeit zu teilen, deine Freude zu teilen, deinen Tanz zu teilen, deine Ekstase zu teilen.

Der Verstand hat seine Funktion auf dem Marktplatz, aber wenn du heimkommst, sollte er zu rattern aufhören. Genauso wie du deine Jacke ablegst, deinen Hut, deine Schuhe, solltest du auch deinen Verstand ablegen und zu ihm sagen: »Jetzt sei still! Das hier ist nicht deine Welt.« Das bedeutet aber nicht, gegen den Verstand zu sein. Es bedeutet vielmehr, dem Verstand eine Ruhepause zu gönnen.

Daheim mit deiner Frau, mit deinem Ehemann, mit deinen Kindern, mit deinen Eltern, mit deinen Freunden wird der Verstand nicht gebraucht. Dort brauchst du ein überfließendes Herz. Und wenn ein Haus nicht in Liebe überfließt, wird es nie zu einem Heim; dann bleibt es nur ein Haus. Und wenn du in deinem Heim ein paar Augenblicke für Meditation finden kannst, für die Erfahrung deines Seins, dann erlebt dein Heim seine Krönung – es wird zu einem Tempel.

Das gleiche Haus ... für den Verstand ist es nur ein Haus. Für das Herz wird es zu einem Heim. Für das Sein wird es zu einem Tempel. Das Haus bleibt das gleiche, aber du veränderst dich, deine Vision verändert sich, deine Dimension verändert sich, dein Verständnis und deine Art und Weise, die Dinge zu betrachten, verändern sich. Ein Haus, das nicht alle drei in sich vereinigt, ist armselig.

Und ein Mensch, der nicht alle drei in sich vereinigt, in tiefer Harmonie – der Verstand als Diener des Herzens, das Herz als Diener des Seins und das Sein als Teil der Intelligenz, die die ganze Existenz durchdringt ... Man hat es Gott genannt. Ich nenne es lieber *Göttlichkeit*. Es gibt nichts Höheres als das. *(30)*

Ist dieser Mind, mein Denken, etwas mir Eigenes oder wurde es mir von anderen eingepflanzt?

Der *Mind* ist etwas, das in dir ist, aber in Wirklichkeit von der Gesellschaft in dich hineinprojiziert wurde. Der *Mind* ist nicht etwas dir Eigenes.

Kein Kind wird mit dem *Mind* geboren; es wird mit einem Gehirn geboren. Das Gehirn ist der Mechanismus, der *Mind* ist die Ideologie, die Denkungsart. Das Gehirn wird von der Gesellschaft gefüttert und jede Gesellschaft erzeugt ihren eigenen *Mind*, ihre eigenen Konditionierungen, ihr eigenes Programm. Darum gibt es so viele verschiedene Denkweisen auf dieser Welt. Die Denkweise eines Hindus ist zweifellos eine andere als die eines Christen; die Denkweise eines Kommunisten ist zweifellos eine andere als die eines Buddhisten.

Es wird jedoch im Individuum die irrige Vorstellung erzeugt, dass sein Denken etwas ihm Eigenes wäre, und so beginnt der Einzelne, nach den Regeln der Gesellschaft zu funktionieren und die Gesellschaft zu imitieren, während er gleichzeitig das Gefühl hat, aus eigenem Antrieb zu handeln. Das ist eine äußerst raffinierte Methode.

George Gurdjieff erzählte oft eine Geschichte …

Ein Magier, der tief in den Bergen lebte, hatte viele Schafe. Um sich Bedienstete zu ersparen und nicht jeden Tag nach den Schafen sehen und sie suchen zu müssen, wenn sie im Wald verloren gingen, hatte er sämtliche Schafe hypnotisiert. Er erzählte jedem Schaf eine andere Geschichte. Er gab jedem Schaf ein anderes Programm – einen anderen *Mind*.

Zu dem einen sagte er: »Du bist gar kein Schaf, sondern ein Mensch. Du brauchst also keine Angst zu haben, dass man dich eines Tages töten könnte; man wird dich nicht opfern wie diese Schafe – das sind ja nur Schafe! Du brauchst also keine Angst zu haben, nach Hause zu kommen!« Zu einem anderen sagte er: »Du bist ein Löwe, kein Schaf«, und wieder zu einem anderen: »Du bist ein Tiger.«

Von diesem Tag an hatte der Magier leichtes Spiel. Die Schafe fingen an, sich nach dem jeweiligen Programm zu verhalten, das er ihnen gegeben hatte. Wenn er ein Schaf tötete – denn er tötete jeden Tag eines der Schafe, um sich und seine Familie zu ernähren –, dann schauten die anderen Schafe, die sich für Löwen oder für Menschen oder für Tiger hielten, bloß zu und kicherten: »So ergeht es einem, wenn man ein Schaf ist!« Aber sie hatten keine Angst mehr, nicht so wie früher.

Wenn er früher ein Schaf getötet hatte, dann zitterten sämtliche Schafe vor Angst: »Morgen bin ich dran! Wie lange werde ich noch leben?« Und deswegen flüchteten sie immer wieder in den Wald, um dem Magier zu entkommen. Aber jetzt flüchtete kein Einziges mehr. Sie waren ja Tiger, sie waren Löwen – je nachdem, welches Programm, welchen *Mind* er ihnen gegeben hatte.

Dein Denken ist nicht *dein* Denken. Das ist etwas Grundlegendes, das du dir merken musst. Dein Denken, dein *Mind,* ist ein Implantat der Gesellschaft, in die du zufällig hineingeboren wurdest. Wärest du in einem christlichen Zuhause geboren, aber gleich nach der Geburt in eine mohammedanische Familie gekommen und als Mohammedaner aufgewachsen, dann hättest du nicht das gleiche Denken. Du hättest eine völlig andere Denkungsart, von der du dir gar keine Vorstellung machen kannst.

Bertrand Russell, ein Genie unserer Zeit, bemühte sich sehr, seine christliche Denkungsart loszuwerden – nicht weil sie christlich war, sondern weil andere sie ihm gegeben hatten. Er wollte die Dinge mit eigenen, frischen Augen sehen. Er wollte die Dinge nicht durch anderer Leute Brille sehen. Er wollte in unmittelbaren, direkten Kontakt mit der Wirklichkeit kommen. Er wollte sein eigenes Denken.

Es ging also gar nicht darum, gegen den christlichen *Mind* zu sein. Wenn er Hindu gewesen wäre, hätte er das Gleiche getan, wenn er Mohammedaner gewesen wäre, hätte er das Gleiche getan, wenn er Kommunist gewesen wäre, hätte er das Gleiche getan.

Deine Frage lautet, ob das Denken dein eigenes ist oder ob es dir von anderen eingepflanzt wurde. Die anderen pflanzen dir ein Denken ein, das nicht dir selbst dient, sondern ihren eigenen Zwecken.

Du wirst von den Eltern, den Lehrern, den Priestern, dem ganzen Erziehungssystem auf eine bestimmte Denkweise hin präpariert und dein ganzes Leben lang lebst du dann nach dieser Denkweise. Das ist ein Leben aus zweiter Hand. Und deshalb gibt es auch so viel Leid auf dieser Welt: weil niemand auf authentische Weise lebt. Niemand lebt sein eigenes Selbst; er folgt bloß den Anordnungen, die man ihm eingepflanzt hat.

Bertrand Russell bemühte sich sehr und er schrieb das Buch *Warum ich kein Christ bin.* Doch in einem Brief an einen Freund gestand er: »Obwohl ich dieses Buch geschrieben habe und mich nicht mehr als Christ verstehe – diese Denkweise habe ich fallen gelassen –, aber trotzdem, tief drinnen … Eines Tages habe ich mich gefragt: ›Wer ist der bedeutendste Mensch der Geschichte?‹ Verstandesmäßig weiß ich, dass es Gautama Buddha ist, aber ich brachte es nicht über mich, Gautama Buddha über Jesus Christus zu stellen. An diesem Tag fühlte ich, dass mein ganzes Bemühen umsonst gewesen war. Ich bin immer noch Christ! Verstandesmäßig weiß ich, dass Jesus Christus einem Vergleich mit Gautama Buddha nicht standhält – aber nur verstandesmäßig. Gefühlsmäßig, empfindungsmäßig kann ich Gautama Buddha nicht über Jesus Christus stellen. Jesus Christus bleibt in meinem Unterbewusstsein und beeinflusst nach wie vor meine Einstellungen, meine Vorgehensweise, mein Verhalten. Die Welt glaubt, ich sei kein Christ mehr, aber ich weiß es besser. Es erscheint mir sehr schwierig, diese Denkweise loszuwerden! Sie ist mit solcher Scharfsinnigkeit, mit solcher Geschicklichkeit kultiviert worden!«

Und es ist ein langer Prozess. Aber du verschwendest nie einen Gedanken daran. Ein Mensch lebt etwa fünfundsiebzig Jahre, und fünfundzwanzig davon verbringt er in Schulen, Hochschulen, Universitäten. Ein Drittel des Lebens geht in die Kultivierung einer ganz bestimmten Denkungsart. Bertrand Russell scheiterte, weil er nicht wusste, wie er diese Denkungsart wieder loswerden konnte. Er kämpfte dagegen an, aber er tappte im Dunkeln.

Es gibt absolut sichere Methoden der Meditation, um euch aus dem Denken herauszuholen, und dann ist es ganz einfach, das Denken fallen zu lassen, wenn man es will. Aber zuerst muss man sich als vom Denken getrennt erleben, sonst ist es unmöglich, es fallen zu lassen. Wer soll da wen fallen lassen?

Bertrand Russell kämpfte mit einer Hälfte seines Denkens gegen die andere Hälfte und beide waren christlich – ein Ding der Unmöglichkeit!

Doch die Gesellschaft will einfach Kopien und keine Originale. Die Strategie, um einen bestimmten *Mind* in euch zu erzeugen, besteht darin, bestimmte Dinge ständig zu wiederholen. Und wenn eine Lüge ständig wiederholt wird, wird sie allmählich zur Wahrheit und man vergisst, dass es von Anfang an eine Lüge war.

Adolf Hitler fing an, den Deutschen die Lüge zu erzählen, dass das ganze Unglück im Lande auf das Konto der Juden gehe. Das ist eine so absurde Geschichte! So als würde jemand sagen, das ganze Unglück im Land gehe auf das Konto der Fahrräder und darum müsse man alle Fahrräder vernichten, um das Unglück zu beseitigen!

In Wirklichkeit waren die Juden das Rückgrat Deutschlands; sie hatten den ganzen Reichtum Deutschlands hervorgebracht. Und da die Juden keine eigene Nationalität hatten, war jede Nation, in der sie lebten, ihre eigene. Ihr Denken ließ ihnen gar keine andere Wahl. Sie konnten keinen Verrat begehen und hatten alles getan, was jeder andere Deutsche für das Wohlergehen seines Landes auch tun würde.

Doch Adolf Hitler schreibt in seiner Autobiografie: »Es spielt keine Rolle, was man sagt, denn die Wahrheit gibt es nicht. Die Wahrheit ist eine Lüge, die nur oft genug wiederholt wurde, sodass man ganz vergessen hat, dass es eine Lüge ist.« Der einzige Unterschied zwischen Wahrheit und Lüge, so sagt Hitler, sei der, dass die Lüge noch frisch ist und die Wahrheit schon alt; ansonsten sehe er keinen Unterschied. Und er scheint damit etwas Wahres erkannt zu haben.

Christentum, Hinduismus und Islam – diese drei Religionen hämmern zum Beispiel ihren Nachkommen ein: »Es gibt einen Gott.« Drei andere Religionen – Jainismus, Buddhismus, Taoismus – sagen: »Es gibt keinen Gott.« Die ersten drei Religionen haben ein ganz bestimmtes Denken: Ihr ganzes Leben ist eingebettet in die Vorstellung von Gott, Himmel, Hölle, Gebet. Die anderen drei Religionen kennen kein Gebet, weil da niemand ist, zu dem man beten könnte. Da ist kein Gott, und so stellt sich die Frage des Betens gar nicht.

Oder die Kommunisten ... Sie glauben nicht mal an eine Seele und jedem Kind wird ständig eingebläut, der Mensch sei Materie und wenn er stirbt, dann stirbt er einfach und es bleibt nichts übrig. Es gibt keine Seele und Bewusstsein ist nur ein Nebenprodukt. Die halbe Menschheit hat das ständig als Wahrheit verbreitet.

Man kann Adolf Hitler nicht vorwerfen, er hätte etwas absolut Absurdes gesagt. Es scheint tatsächlich so zu sein: Wenn man den Leuten etwas oft genug einbläut, fangen sie allmählich an, es zu glauben. Und wenn es seit Jahrhunderten wiederholt wird, gehört es schon zum Erbe.

Dein Denken ist nicht dein eigenes.

Und dein Denken ist auch nicht mehr jung; es ist viele Jahrhunderte alt – dreitausend, fünftausend Jahre alt. Darum hat jede Gesellschaft solche Angst, wenn jemand daherkommt, der Zweifel am Denken ausstreut.

Darin besteht mein Verbrechen: dass ich unter euch Zweifel ausstreue über euer Denken. Doch ich möchte nur, dass ihr versteht, dass es nicht *euer* Denken ist und dass ihr euch auf die Suche machen müsst, um euer eigenes Denken zu finden. Unter dem Einfluss der anderen zu leben bedeutet, psychologisch ein Sklave zu sein. Doch das Leben ist nicht zur Sklaverei da. Es ist dazu da, die Freiheit kennen zu lernen.

Es gibt tatsächlich so etwas wie die Wahrheit! Aber mit

deinem Denken kannst du sie niemals erkennen, weil dein Denken so sehr mit Lügen voll gestopft ist, die man jahrhundertelang wiederholt hat. Du kannst die Wahrheit finden, wenn du dein Denken völlig beiseite lässt und das Dasein mit frischen Augen betrachtest, wie ein neugeborenes Kind. Dann wird alles, was du erfährst, die Wahrheit sein. Und wenn du ständig darauf achtest, dass andere sich nicht in dein inneres Wachstum einmischen, dann kommt irgendwann der Augenblick, in dem du völlig in Harmonie sein wirst, völlig eins mit der Existenz.

Allein diese Erfahrung ist religiös zu nennen. Sie ist weder jüdisch noch christlich noch hinduistisch. Wie könnte irgendeine Erfahrung jüdisch oder hinduistisch oder christlich oder mohammedanisch sein? Keiner sieht jemals, wie lächerlich das ist. Wenn du etwas isst, das köstlich schmeckt, sagst du dann, dass es christlich oder hinduistisch oder buddhistisch schmecke? Wenn du etwas kostest und es schmeckt süß, sagst du dann, dass es kommunistisch schmecke? Materialistisch? Oder spirituell? Solche Fragen sind unsinnig. Deine Erfahrung ist, dass es einfach süß schmeckt, einfach köstlich.

Wenn du die Existenz unmittelbar erfährst, ohne das Denken, das andere dir gegeben haben, als Vermittler, dann wirst du einen Geschmack von etwas bekommen, das dich transformiert, das dich zu einem Erleuchteten, zu einem Erwachten macht und dich zum höchsten Gipfel des Bewusstseins führt.

Eine größere Erfüllung gibt es nicht, eine höhere Zufriedenheit gibt es nicht, eine tiefere Entspannung gibt es nicht. Dann bist du nach Hause gekommen. *(31)*

Die Menschen sind seit vielen Jahrhunderten auf Ziele hin konditioniert worden, auf Pläne und Absichten, Zweck und Bedeutung. So haben die Menschen bisher immer mit einer zielorientierten Ideologie gelebt. Ob Hindus oder Christen, Mohammedaner oder Kommunisten, spielt keine Rolle – *alle* Ideologien sind zielorientiert.

Man schaut immer auf das Morgen oder auf das nächste Leben. Immer schaut man irgendwo anders hin – auf das Ziel, den Sinn, die Seligkeit, das Paradies, aber nie auf das Hier und Jetzt.

Wegen dieser Ideologien kannst du dir nicht erlauben, dich im gegenwärtigen Augenblick zu entspannen. Etwas treibt dich immer voran. Du musst immer etwas erreichen, musst irgendwohin gelangen.

Euer ganzes Erziehungssystem ist eine systematische Vergiftung eures Bewusstseins. Es ist eine Strategie, euch nach Zielen verrückt werden zu lassen, eine Strategie, um Ehrgeiz in euch zu erzeugen. Und Ehrgeiz ist eine Neurose.

Doch weil das jetzt schon so lange vor sich geht, ist es zu einem festen Bestandteil des menschlichen Denkens geworden. Darum denkt ihr immer in Begriffen von Plänen und Zielen. Aber das seid gar nicht ihr, es ist die Gesellschaft, die in euch und durch euch denkt – eure Eltern, Priester, Politiker, Pädagogen. Sie denken ständig durch euch und ihr seid mit ihnen identifiziert. Ihr wisst nicht, dass ihr etwas anderes seid.

Das Erste, was du lernen musst, ist, Zeuge zu sein von allem, was in deinem Denken vor sich geht, denn das Denken ist ein gesellschaftliches Phänomen – es ist dir nicht von Gott gegeben. Es ist gesellschaftliche Ausbeutung. Die Gesellschaft ist es, die eine bestimmte Denkweise in dir erzeugt, und durch diese Denkweise wirst du gesteuert, gefesselt, in ein Gefängnis gesteckt und zu einem Sklaven reduziert. Aber du bist nicht das Denken! Du bist der Beobachter, der das Denken ganz leicht beobachten kann. Du kannst wahrnehmen, wie die Gedanken sich in deinem Bewusstsein bewegen. Die Gedanken sind der Inhalt des Bewusstseins, aber nicht das Bewusstsein selbst.

Und darum geht es überhaupt bei der Meditation: eine Distanz zwischen dir und deinem Denken herzustellen.

Sobald diese Distanz einmal da ist, wirst du erstaunt sein,

wenn du erkennst, dass die gesamte Denkstruktur ein Gefängnis ist – aber du bist frei davon, weil du davon getrennt bist. Sobald du anfängst, diese Freiheit vom Denken zu genießen, werden alle Ziele, alle Pläne verschwinden.

Das Denken kann nur in Zielen leben, denn das Denken kann nur für die Zukunft existieren. Der *Mind* kann im Hier und Jetzt nicht existieren. Versuche mal, ganz hier und jetzt zu sein und den *Mind* dabei weiterlaufen zu lassen. Du wirst entdecken, dass es unmöglich ist. Entweder läuft der *Mind* weiter, aber dann bist du nicht hier und jetzt, oder du bist hier und jetzt, aber dann ist der *Mind* nicht mehr da. Der *Mind* kennt keine Gegenwart. Er ist entweder in der Vergangenheit oder in der Zukunft. In der Gegenwart ist er immer nichtexistent. Und Gott ist das, was existiert.

Gott ist kein Ziel, *Nirvana* ist kein Ziel, Erleuchtung ist kein Ziel, keine Errungenschaft – ganz im Gegenteil. Wenn du sämtliche Ziele vergessen hast, wenn du diesen ganzen leistungsorientierten *Mind* aufgegeben hast, dann ist Erleuchtung.

Erleuchtung ist ein Zustand von Nicht-Denken, *No-mind*.

Und Erleuchtung ist gar nichts Besonderes. Sie ist das gewöhnlichste, natürlichste Phänomen. Sie sieht aus wie etwas Besonderes – aber nur weil du ein Ziel daraus machst.

(32)

Warum gibt es den Mind, das Denken? Es scheint ein sehr realer Bestandteil unseres Daseins zu sein. Ich fände es großartig, wenn ich ohne ihn sein könnte, aber warum ist er überhaupt da?

»Warum?« ist die falsche Frage. Die Dinge *sind* einfach. Da gibt es kein Warum. Die Frage »Warum?« führt dich, wenn du sie erst einmal akzeptiert hast, immer weiter und weiter in die Philosophie, und die Philosophie ist eine Wüste. Du findest dort keine Oase; sie ist eine Wüste. Stelle die Frage: »Warum?«, und schon hast du dich in die falsche Richtung begeben. So wirst du nie nach Hause kommen.

Das Dasein *ist* einfach. Da gibt es kein Warum. Das ist damit gemeint, wenn wir sagen, das Leben sei ein Mysterium. Da gibt es kein Warum. Es sollte eigentlich gar nicht da sein, aber es *ist* da. Es scheint keine Notwendigkeit zu geben, dass es da ist, keinen Grund, aber es *ist* da. »Warum?« ist eine intellektuelle Frage.

Jetzt hast du ein großes Rätsel zu lösen, weil nun das Denken eine Frage über sich selbst stellt: »Warum ist das Denken?« Die Frage kommt aus dem Denken und die Antworten werden aus dem Denken kommen und das Denken ist imstande, jede Antwort in eine neue Frage umzudrehen. Dann bewegst du dich in einem Teufelskreis. Die Frage »Warum?« zu stellen bedeutet, dem Denken in die Falle zu gehen. Das musst du erkennen. Die Frage »Warum?« muss man fallen lassen – das bedeutet Vertrauen.

Das Denken *ist* einfach. Wir können versuchen zu sehen, *was* es ist und *wie* es ist, aber wir können nicht wissen, warum. Um zu wissen, warum, müssten wir ganz an den Anfang der Existenz gehen, und es hat nie einen Anfang gegeben. Um zu wissen, warum, müssten wir an die Basis gehen, aber da ist keine Basis. Darin besteht der Unterschied zwischen einer philosophischen Untersuchung und einer religiösen Suche. Die Philosophie fragt nach dem Warum und verliert sich dabei immer mehr im Sumpf der Frage »Warum?«.

Religion kümmert sich nicht um das Warum, genauso wenig wie Wissenschaft sich um das Warum kümmert. Der Ansatz von Wissenschaft und Religion ist pragmatisch; er ist praktisch, ganz und gar praktisch.

Frag also lieber: »Was ist das Denken?«, dann gibt es eine Möglichkeit. Das Denken ist da und du bist da. Du kannst es dir näher betrachten, kannst es beobachten, kannst ihm zuschauen. Und du kannst erkennen, was es ist.

Bewusstsein kann dir das Geheimnis des Denkens offenbaren. Um zu wissen, warum, müsstest du an den Anfang der Dinge zurückgehen. Das ist aber nicht möglich. Wenn du jedoch fragst: »Was ist das Denken?«, wirst du bald in der Lage sein, seine Wirklichkeit zu sehen.

Das Denken, der *Mind*, ist nichts anderes als der Gedankenprozess, der vorüberziehende Strom von Gedanken. Der *Mind* ist keine bestimmte Fähigkeit; er ist wie ein Spiegel. Ein Spiegel kennt zwei Zustände: den Zustand, wenn etwas widergespiegelt wird – Leute gehen vorbei und der Spiegel reflektiert sie, Bilder tauchen auf und verschwinden wieder. Das ist der Zustand des *Mind:* Bewusstsein, das die äußere Realität reflektiert. Und dann gibt es den anderen Zustand des Spiegels: wenn gar nichts reflektiert wird, wenn nichts vorbeikommt. Der Spiegel ist vollkommen ruhig, kein Bild taucht auf – und das ist Meditation.

Mind ist ein Zustand des Bewusstseins, in dem die äußere Welt sich spiegelt, und Meditation ist ein Zustand desselben Bewusstseins, wenn die äußere Welt sich nicht darin spiegelt. *Mind* und Meditation sind zwei Aspekte ein und derselben Realität, die man Bewusstsein nennt.

Mind ist belastet mit dem Äußeren. Meditation ist ein Zustand des unbelasteten Bewusstseins, wenn nichts reflektiert wird – Bewusstsein in seiner Reinheit. Da ist kein Fremdkörper, der sich darin bewegt. *Mind* ist nichts anderes als Bewusstsein, das auf die Realität reagiert, und Meditation ist nichts anderes als Bewusstsein, das einfach da ist, ohne irgendetwas zu spiegeln.

Es ist nicht nötig, mit dem *Mind* zu kämpfen. Durch bloßes Verstehen, durch Bewusstheit und Beobachtung fängt der *Mind* an, sich aufzulösen. *(33)*

5. KAPITEL

Identifikation

Wenn du dich mit etwas identifizierst, was du nicht bist, entsteht das Ego. Ego bedeutet, mit etwas identifiziert zu sein, was man nicht ist.

Mit dem, was man *ist* – was immer das sein mag –, braucht man sich nicht zu identifizieren. Es ist unnötig, dich damit zu identifizieren, weil du es ja schon bist! Immer wenn eine Identifikation stattfindet, bedeutet das also, dass du mit etwas identifiziert bist, was du *nicht* bist.

Du kannst mit dem Körper identifiziert sein, mit dem Verstand. Doch sobald du dich damit identifizierst, bist du nicht mehr bei dir. Das bedeutet Ego. So entsteht das Ego und so kristallisiert es sich.

Jedesmal wenn du »ich« sagst, bist du in einer Identifikation – mit dem Namen, der Form, dem Körper, der Vergangenheit. Mit dem Verstand, mit Gedanken, Erinnerungen. Nur wenn du in einer tiefen Identifikation bist, kannst du »ich« sagen. Wenn du dich nicht mehr identifizierst, sondern bei dir bleibst, kannst du nicht »ich« sagen. Dann fällt das »Ich« von dir ab.

»Ich« bedeutet Identität.

Identität ist die Basis aller Versklavung. Sobald du dich identifizierst, bist du gefangen. Dann wird diese Identität zu deinem Gefängnis.

Wenn du nicht identifiziert bist und völlig bei dir bleibst, existiert Freiheit. Dies bedeutet also Abhängigkeit: Ego ist Abhängigkeit, *Egolosigkeit* ist Freiheit. Und dieses Ego bedeutet nichts anderes, als mit etwas identifiziert zu sein, was du nicht bist.

Zum Beispiel ist jeder Mensch mit seinem Namen identifiziert, obwohl doch jeder ohne einen Namen geboren wird. Der Name erlangt eine solche Wichtigkeit, dass man sogar für ihn zu sterben bereit ist. Was ist der Name? Sobald du mit ihm identifiziert bist, erlangt er Bedeutung. Dabei wird jeder ohne Namen geboren, namenlos. Oder die Form: Jeder ist mit seiner Form, mit seinem Aussehen identifiziert. Du stehst jeden Tag vor dem Spiegel. Was siehst du da? Dich selbst? Nein. Kein Spiegel kann *dich* spiegeln, nur die Form, mit der du dich identifizierst. Aber so dumm ist unser menschlicher Verstand, dass er nie von dieser Illusion ablässt, obwohl die Form sich ständig verändert.

Als du ein Kind warst, wie sah deine Form aus? Als du im Bauch deiner Mutter warst, wie war deine Form? Als du in den Geschlechtszellen deiner Eltern warst, wie war deine Form? Wenn man dir ein Bild zeigen würde, könntest du die Eizelle im Bauch deiner Mutter erkennen? Wärest du imstande, sie wieder zu erkennen und zu sagen: »Das da bin ich«? Nein. Aber irgendwann musst du damit angefangen haben, dich mit diesem Ei zu identifizieren … Dann wurdest du geboren – und wenn man dir deinen ersten Schrei vorführen würde, wenn man dir eine Aufnahme davon vorspielen könnte, wärest du imstande, ihn wieder zu erkennen und zu sagen: »Das ist *mein* Schrei«? Nein. Aber es *war* deiner, und du musst damit identifiziert gewesen sein.

Wenn man einem Sterbenden ein Album mit seinen Fotos zeigen würde … Die Form hat sich ständig verändert – da ist etwas Kontinuierliches, aber gleichzeitig findet in jedem Augenblick Veränderung statt. Der Körper verändert sich vollständig alle sieben Jahre, total. Nichts bleibt gleich, nicht eine einzige Zelle. Und trotzdem denken wir: »Das ist meine Form, das bin ich.« Doch das Bewusstsein ist formlos. Die Form ist nur etwas Äußerliches, das sich immer und immer und immer wieder ändert, genau wie die Kleider.

Diese Identifikation ist Ego. Wenn du mit gar nichts identifiziert bist – weder mit deinem Namen noch mit deiner Form noch mit sonst etwas – wo bleibt dann das Ego? Dann existierst du und gleichzeitig existierst du nicht. Dann existierst du in deiner absoluten Reinheit, aber ohne Ego. Darum hat Buddha das Selbst »Nicht-Selbst«, *Anatta* oder

Anatma, genannt. Er sagte: »Da ist gar kein Ego, darum kannst du dich selbst nicht einmal *Atma* nennen. Du kannst dich nicht ›Ich‹ nennen, weil da gar kein ›Ich‹ ist. Da ist nur reines Sein.« Und dieses reine Sein ist Freiheit. *(34)*

Manchmal, wenn dunkle Seiten in mir hochkommen, macht mir das richtig Angst. Dann fällt es mir sehr schwer zu akzeptieren, dass es nur der Gegenpol zu meinen hellen Seiten ist. Ich fühle mich schmutzig und schuldig und nichtswürdig. Ich möchte mir aber alle Facetten meiner Gedanken anschauen und sie akzeptieren, denn oft höre ich dich sagen, dass das Akzeptieren die Voraussetzung ist, wenn man das Denken transzendieren will. Kannst du bitte etwas über das Akzeptieren sagen?

Das Wichtigste, was es zu verstehen gilt, ist, dass du nicht deine Gedanken bist – weder die hellen noch die dunklen. Wenn du dich mit den schönen Seiten identifizierst, ist es unmöglich, dich von den hässlichen Seiten zu distanzieren. Es sind die zwei Seiten der gleichen Medaille. Du kannst sie ganz haben oder ganz wegwerfen, aber du kannst sie nicht teilen.

Die ganze Angst des Menschen rührt daher, dass er sich nur das aussuchen möchte, was schön und hell erscheint. Er möchte all die silbernen Wolkenränder haben, aber die dunklen Wolken auslassen. Nur weiß er nicht, dass es keine silbernen Ränder ohne dunkle Wolken geben kann. Die dunkle Wolke ist der Hintergrund – absolut notwendig, damit sich der Silberrand abheben kann.

Wählen ist Angst. Wählen heißt dir das Leben schwer machen.

Wahlfrei bleiben heißt: Die Gedanken sind da und sie haben eine dunkle und eine helle Seite – na und? Aber was hat das mit dir zu tun? Warum solltest du dir Gedanken machen?

Sobald du nicht wählst, verschwindet alle Sorge. Ein großes Akzeptieren stellt sich ein, dass das Denken nun einmal so beschaffen ist, dass dies die Natur des Denkens ist – aber das ist nicht dein Problem, weil du das Denken nicht *bist*. Wärest du das Denken, dann gäbe es das Problem überhaupt nicht. Denn wer sollte dann wählen und wer ans Transzendieren denken? Und wer sollte es dann akzeptieren wollen und das Akzeptieren verstehen wollen?

Du bist davon getrennt, absolut getrennt.

Du bist nur ein Zeuge und sonst gar nichts.

Ein Beobachter – der sich leider mit allem identifiziert, was er als angenehm empfindet, und vergisst, dass das Unangenehme ihm auf dem Fuße folgt wie ein Schatten. Über die angenehme Seite machst du dir keine Sorgen – über die jubelst du. Die Sorgen kommen erst, wenn der polare Gegensatz sein Recht fordert – dann zerreißt es dich in Stücke.

Dabei hast du dir das selber eingebrockt. Du bist von der Warte des Beobachters heruntergefallen und hast dich identifiziert. Die biblische Geschichte vom Sündenfall ist nur ein Märchen, aber das hier ist der wirkliche Sündenfall: der Absturz aus dem Zeugesein in das Identifiziertsein mit etwas, der Verlust deiner Position als Beobachter.

Versuche es gelegentlich: Lass die Gedanken einfach sein, wie sie sind, und erinnere dich: Du bist das nicht. Du wirst eine große Überraschung erleben. Je weniger identifiziert du bist, desto weniger mächtig werden die Gedanken, denn sie beziehen ihre Macht aus deiner Identifikation. Sie saugen dir das Blut aus. Aber wenn du einfach ungerührt und unbeteiligt daneben stehst, fangen die Gedanken an zu schrumpfen.

An dem Tag, da du absolut unidentifiziert bist mit deinen Gedanken, und sei es auch nur für einen kurzen Augenblick, findet die Offenbarung statt: Der Verstand gibt seinen Geist auf. Er ist nicht mehr da. Er, der so voll war, so kontinuierlich da – tagein, tagaus, im Wachen wie im Schlafen war er da gewesen – und plötzlich ist er nicht mehr da! Du schaust dich überall um und da ist Leere, da ist nichts.

Und mit dem Verstand verschwindet das Selbst. Dann ist nur noch eine bestimmte Qualität von Bewusstheit da, ohne ein Ich darin. Allenfalls könnte man von einem »Bin-Gefühl« sprechen, aber nicht von einem »Ich-Gefühl«. Um noch genauer zu sein, ist es ein »Ist-Gefühl«, denn selbst beim »Bin-Gefühl« ist noch ein Schatten von »Ich« vorhanden. Im gleichen Augenblick, da du diese Istheit erkennst, ist sie bereits universell.

Mit dem Verschwinden des Verstandes verschwindet auch das Selbst. Und damit verschwinden so viele Dinge, die dir wichtig waren und dir so viele Probleme bereitet haben. Du hast ständig versucht, sie zu lösen, doch sie wurden immer komplizierter. Alles war ein Problem und eine Sorge und es schien keinen Ausweg zu geben.

Ich erinnere euch an die Geschichte *Die Gans ist draußen!* Sie hat mit dem Verstand und eurer Istheit zu tun.

Der Zen-Meister gibt dem Schüler auf, über ein *Koan** zu meditieren: Eine kleine Gans wird in eine Flasche gesteckt und darin gefüttert und gemästet. Die Gans wird immer größer und größer und füllt bald die ganze Flasche aus. Jetzt ist sie zu groß, sie passt nicht mehr durch den Flaschenhals, der Flaschenhals ist zu eng. Und das *Koan* lautet: »Wie kannst du die Gans aus der Flasche rausholen, ohne die Flasche kaputtzumachen und ohne die Gans zu töten?«

Nun, da kommt der Verstand nicht mehr mit.

Was soll man machen? Die Gans ist zu groß; du kannst sie nicht rausholen, ohne die Flasche zu zerbrechen. Aber das darf nicht sein. Oder du kannst sie rausholen, indem du sie tötest, aber dann ist es dir egal, ob sie lebend oder tot rauskommt. Auch das darf nicht sein.

Tagein, tagaus meditiert der Schüler, aber so sehr er die eine oder die andere Möglichkeit abwägt, er findet keinen Weg – und tatsächlich gibt es keinen Weg. Er ist müde und völlig erschöpft – da kommt ihm plötzlich die Offenbarung. Plötzlich begreift er, dass es dem Meister gar nicht um die Flasche oder die Gans gehen kann; er muss etwas anderes meinen! Die Flasche ist der Verstand und du bist die Gans …

---

* Rätsel, das auf der Verstandesebene nicht zu lösen ist

und wenn du nur Zeuge bleibst, ist es möglich. Auch wenn du gar nicht im Verstand drinsteckst, kannst du dich dennoch so mit ihm identifizieren, dass du anfängst zu glauben, dass du drin bist!

Er rennt zum Meister, um zu sagen, dass die Gans raus ist. Und der Meister sagt: »Du hast es begriffen. Jetzt lass sie draußen! Sie war nie drin!«

Wenn du immerzu mit der Gans und der Flasche kämpfst, gibt es keine Möglichkeit für dich, die Sache zu lösen. Erst die Erkenntnis, dass etwas anderes damit gemeint sein muss, sonst würde der Meister es dir nicht zur Aufgabe machen ... Aber was kann das sein? Denn die ganze Funktion von Meister und Schüler, ihr ganzes Thema, dreht sich doch um Verstand und Bewusstheit!

Bewusstheit ist die Gans, die nicht in der Flasche des Verstandes steckt. Aber du glaubst, dass sie *drin*steckt, und fragst jeden, wie du sie rausholen kannst! Und es gibt auch noch Idioten, die dir mit Techniken helfen, wie du rauskommen kannst. Ich nenne sie Idioten, weil sie die Sache überhaupt nicht verstanden haben: *Die Gans ist draußen.* Sie war niemals drin. Somit stellt sich erst gar nicht die Frage, wie du sie rausholen kannst.

Der Verstand ist nur eine Prozession von Gedanken, die vor dir, auf der Leinwand deines Gehirns, abrollen. Du bist der Beobachter, aber du fängst an, dich mit lauter wunderschönen Dingen zu identifizieren. Das sind Köder und sobald du von diesen schönen Dingen umgarnt bist, haben dich auch schon die schlimmen Dinge in der Gewalt, weil der Verstand nicht ohne Dualität existieren kann.

Bewusstheit kann nicht *mit* Dualität existieren und der Verstand kann nicht *ohne* Dualität existieren.

Bewusstheit ist nicht-dual und Verstand ist dual.

Schau also einfach nur zu. Ich lehre euch keine Lösungen. Ich lehre euch *die* Lösung: Tritt einfach etwas zurück und beobachte. Schaffe einen Abstand zwischen dir und deinen Gedanken – egal, ob sie nun gut, schön, köstlich sind und du sie gern etwas intensiver genießen möchtest oder ob sie hässlich sind. Bleibe so distanziert wie möglich. Schau es dir einfach an, so wie du dir einen Film anschaust.

Aber die Leute identifizieren sich sogar mit Filmen.

Als ich jung war, habe ich mir Filme angesehen – jetzt habe ich schon lange keinen mehr gesehen. Aber ich habe Leute weinen sehen, von Tränen überströmt – und dabei passiert überhaupt nichts! Es ist gut, dass es im Kino so dunkel ist, das schützt sie vor Peinlichkeiten. Ich fragte damals meinen Vater: »Hast du gesehen? Der Mann neben dir hat geweint!«

Er sagte: »Das ganze Kino hat geweint! Kein Wunder bei *dieser* Szene …!«

»Aber«, sagte ich, »da ist doch nur eine Leinwand und sonst nichts. Es wird niemand umgebracht, es findet keine Tragödie statt, es wird nur ein Film projiziert, es sind nur Bilder, die sich auf der Leinwand bewegen. Und die Leute lachen, die Leute weinen und drei Stunden lang sind sie praktisch weg vom Fenster. Sie werden praktisch eins mit dem Film. Sie identifizieren sich mit irgendeiner Person …«

Mein Vater sagte zu mir: »Wenn du Fragen stellst über die Reaktionen der Leute, dann kannst du den Film nicht genießen.«

Ich sagte: »Ich kann durchaus den Film genießen, aber ich will nicht weinen, ich sehe keinen Genuss darin. Ich kann es mir als Film ansehen, aber ich will nicht darin mitspielen! Diese Leute spielen ja alle darin mit!«

Ihr identifiziert euch mit allem Möglichen. Die Leute identifizieren sich mit Personen und machen sich dann selber unglücklich. Sie identifizieren sich mit Dingen und werden dann unglücklich, wenn ihnen ein bestimmtes Ding fehlt.

Identifikation ist die eigentliche Wurzel eures Unglücks. Und jede Identifikation ist eine Identifikation mit Gedanken.

Tritt einfach beiseite, lass die Gedanken vorüberziehen.

Und bald wirst du sehen können, dass es überhaupt kein Problem gibt: *Die Gans ist draußen!* Du brauchst die Flasche nicht zu zerschlagen und du brauchst auch nicht die Gans zu töten. *(35)*

Wie geht man am besten mit Angst um? Mich erwischt sie auf verschiedene Weise: als vages Unwohlsein oder als Klumpen im Magen oder als Schwindel erregende Panik, so als ginge die Welt unter. Wo kommt sie her? Wo geht sie hin?

Es ist die gleiche Frage wie die, die ich eben beantwortet habe. Alle eure Ängste sind Begleiterscheinungen eurer Identifikation.

Du liebst eine Frau und mit der Liebe kommt im gleichen Paket die Angst: Vielleicht verlässt sie dich! Sie hat schon einen anderen verlassen und ist dir gefolgt. Also gibt es einen Präzedenzfall; vielleicht macht sie dasselbe mit dir. Und schon ist die Angst da und du spürst einen Klumpen im Magen. Du hast dich zu sehr an sie gehängt.

Du begreifst eine einfache Sache nicht: Du bist allein auf die Welt gekommen. Du warst auch gestern schon da, ohne diese Frau, und es ging dir bestens, ohne Klumpen im Magen. Und falls die Frau morgen wieder geht … wozu der Klumpen? Du weißt, wie du ohne sie leben kannst, also kannst du auch ohne sie leben.

Die Angst, dass sich morgen alles ändern könnte … Jemand könnte sterben oder du gehst vielleicht bankrott oder verlierst deinen Job. Es gibt tausenderlei Dinge, die sich ändern können. Du bist beladen mit Ängsten und keine einzige hat Hand und Fuß. Denn auch gestern schon warst du voll von diesen Ängsten – unnötigerweise. Alles mag sich seither verändert haben, aber du lebst immer noch. Und der Mensch hat eine ungeheure Fähigkeit, sich auf jede mögliche Situation einzustellen.

Es heißt, nur der Mensch und die Kakerlaken besäßen eine dermaßen große Anpassungsfähigkeit. Darum findet man überall da, wo man den Menschen antrifft, auch die Kakerlaken, und überall da, wo man Kakerlaken antrifft, auch den Menschen. Sie gehören zusammen. Sie sind sich ähnlich. Selbst an so abgelegenen Orten wie dem Nordpol oder dem Südpol ... Als Menschen an diese Orte kamen, entdeckten sie plötzlich, dass sie die Kakerlaken mitgebracht hatten und sie völlig gesund waren und sich quietschfidel fortpflanzten.

Ihr braucht euch nur auf der Welt umzusehen und ihr könnt sehen: Der Mensch lebt unter tausenderlei klimatischen, geografischen, politischen, gesellschaftlichen, religiösen Bedingungen, aber er schafft es zu überleben. Und er überlebt schon seit Urzeiten. Alles verändert sich: Er passt sich immerzu weiter an.

Es gibt keinen Grund zur Angst. Selbst wenn die Welt untergeht – na und? Du gehst mit ihr unter. Meinst du, du wirst auf einer Insel stehen und die ganze Welt wird untergehen und dich allein zurücklassen? Nur keine Angst, ein paar Kakerlaken werden schon mit dir sein!

Was ist das Problem, wenn die Welt untergeht? Viele Male bin ich das schon gefragt worden. Aber was ist das Problem? Wenn sie endet, dann endet sie. Da gibt es kein Problem, denn dann sind wir nicht mehr da. Wir werden mit ihr enden und niemand wird übrig sein, um sich Sorgen zu machen. Das wäre wirklich die größte Befreiung von Angst.

Dass die Welt endet, bedeutet, dass jedes Problem endet, jede Störung endet, jeder Klumpen in deinem Bauch endet ... Ich sehe das Problem nicht.

Doch ich weiß, jeder steckt voller Angst.

Aber die Frage ist die gleiche: Die Angst gehört zum Verstand. Der Verstand ist ein Feigling und muss ein Feigling sein, weil er keine Substanz hat. Er ist leer und hohl und er hat vor allem und jedem Angst. Und im Grunde ist seine Angst die, dass du eines Tages bewusst werden könntest. Das wäre wirklich das Ende der Welt!

Nicht vor dem Ende der Welt, aber davor, dass du bewusst wirst, dass du einen Zustand von Meditation erreichst, wo der Verstand verschwinden muss – *das* ist die eigentliche Angst. Wegen dieser Angst hält der Verstand die

Menschen von Meditation ab, macht er sie zu Feinden meinesgleichen, die versuchen, ein bisschen Meditation, ein gewisses Maß an Bewusstheit und Zeugesein unter die Leute zu bringen. Sie feinden mich an. Nicht ohne Grund, ihre Angst ist wohl begründet.

Sie mögen sich dessen nicht bewusst sein, aber ihr Verstand hat wirklich Angst, sich allem zu nähern, was zu mehr Bewusstheit führen könnte. Das wäre der Anfang vom Ende des Verstandes. Das wäre der Tod des Verstandes.

Aber für euch gibt es nichts zu befürchten. Der Tod des Verstandes wird eure Wiedergeburt sein, euer wirklicher Lebensbeginn. Ihr solltet euch freuen, ihr solltet über den Tod des Verstandes jubeln. Denn nichts kann euch eine größere Befreiung sein, nichts kann euch solche Flügel geben, um euch in den Himmel emporzuschwingen, nichts kann euch so den ganzen Himmel zu Eigen machen.

Der Verstand ist ein Gefängnis.

Bewusstheit heißt, aus dem Gefängnis herauszukommen – oder vielmehr zu erkennen, dass du nie im Gefängnis warst. Im Gefängnis zu sein war nur Einbildung. Alle Ängste verschwinden.

Ich lebe auch in der gleichen Welt, aber ich habe noch keinen einzigen Moment Angst verspürt, denn mir kann man nichts wegnehmen. Man kann mich töten – aber ich werde zusehen, wie es passiert. Also ist das, was da getötet wird, nicht ich; es ist nicht meine Bewusstheit.

Die größte Entdeckung im Leben, der wertvollste Schatz überhaupt, ist die Bewusstheit.

Ohne sie musst du zwangsläufig im Dunkeln sein, voller Ängste. Und du wirst immer neue Ängste erfinden, da gibt es kein Ende. Du wirst in Angst leben, du wirst in Angst sterben und du wirst niemals fähig sein, auch nur ein Quäntchen Freiheit zu kosten. Dabei hattest du die ganze Zeit über das Zeug dazu; jederzeit hättest du danach greifen können. Aber du hast nie danach gegriffen.

Die Verantwortung liegt bei dir. *(36)*

Wie kann ich bewusst bleiben, vor allem, wenn Wut da ist? Dieses Gefühl ist so stark, dass es immer über mich hereinbricht wie eine Herde von Tausenden von galoppierenden Wildpferden. Ich bin es wirklich leid! Kannst du mir auch diesmal helfen?

Dein Problem ist ganz einfach – du machst nur viel zu viel daraus. »*Wie eine Herde von Tausenden von galoppierenden Wildpferden*« – eine solche Wut hätte dich längst verbrannt! Und woher nimmst du bloß all die Wildpferde?

Ich habe gehört …

Mulla Nasruddin hatte einmal ein Bewerbungsgespräch, denn er wollte auf einem Schiff arbeiten. Dazu musste er drei Beamten Rede und Antwort stehen. Der Erste sagte: »Ein furchtbarer Orkan, riesige Flutwellen, das Schiff droht zu sinken … was machen Sie da?«

Mulla sagte: »Kein Problem! Ich tue das technisch Richtige: Ich lasse die Maschinen anhalten und werfe einen schweren Anker.«

Der Zweite sagte: »Aber da kommt noch eine Flutwelle und das Schiff droht zu kentern. Was machen Sie jetzt?«

Mulla sagte: »Das Gleiche – ich werfe wieder einen schweren Anker. Es gibt sie auf jedem Schiff.«

Der Dritte sagte: »Aber es kommt noch eine Flutwelle …«

Da sagte Mulla: »Sie verschwenden unnötig meine Zeit. Ich werde natürlich das Gleiche tun: Ich werfe einen schweren Anker, um das Schiff gegen die Flutwelle zu stabilisieren.«

Der erste Beamte fragte: »Woher nehmen Sie denn all diese schweren Anker?«

Mulla sagte: »Komische Frage! Woher nehmen Sie denn all diese Flutwellen? – Aus der gleichen Quelle! Wenn Sie sich das ausdenken können, warum soll ich mir das nicht auch ausdenken können? Bringen Sie so viele Flutwellen, wie Sie wollen, ich werfe immer schwerere Anker. Auf jeden Fall muss das Schiff gerettet werden! Es ist keine Frage, *woher* … Sie wissen doch, woher Sie all die Flutwellen nehmen!«

Wut ist eine Kleinigkeit. Wenn du einfach abwarten und beobachten kannst, wirst du keine *»Herde von galoppierenden Wildpferden«* entdecken. Wenn's hochgeht, entdeckst du vielleicht einen kleinen Esel!

Beobachte einfach, dann wird die Wut langsam wieder vergehen. Sie kommt von einer Seite rein und geht auf der anderen wieder raus. Du musst nur ein bisschen Geduld haben und darfst nicht auf ihr reiten.

Wut, Eifersucht, Neid, Habgier, Konkurrenzdenken ... alle unsere Probleme sind ziemlich klein, aber unser Ego vergrößert sie und macht sie so groß wie nur möglich. Das Ego kann nicht anders; natürlich muss seine Wut groß sein. Je größer die Wut, je größer das Unglück, je größer die Gier, je größer der Ehrgeiz, desto größer das Ego.

Aber du bist nicht das Ego, du bist nur der Beobachter.

Stell dich einfach an den Rand und lass die ganze Pferdehorde vorbeigaloppieren. Und dann wollen wir mal sehen, wie lange es dauert, bis sie vorüber sind. Kein Grund zur Beunruhigung! So wild, wie die ganze Herde gekommen ist, wird sie auch wieder verschwinden. Aber wir lassen uns nicht mal einen kleinen Esel entgehen; sofort stürzen wir uns darauf! Du brauchst keine Tausende von Wildpferden. Bei jeder Kleinigkeit bist du sofort wutentbrannt. Später wirst du dann darüber lachen, wie dumm du warst.

Wenn du beobachten kannst, ohne dich hineinzuverwickeln, so wie wenn du etwas auf der Kinoleinwand siehst oder auf dem Fernsehschirm ... Etwas läuft da ab und du beobachtest es. Du sollst nichts unternehmen, um es zu verhindern oder zu unterdrücken, sollst es nicht vernichten, indem du ein Schwert ziehst und es umbringst, denn woher willst du das Schwert nehmen? – Aus der gleichen Quelle, aus der die Wut kommt. Es ist alles Einbildung.

Beobachte einfach und unternimm gar nichts – weder dafür noch dagegen. Und du wirst dich wundern: Was riesig aussah, wird ganz klein. Aber aus Gewohnheit übertreiben wir gern.

Ein kleiner Junge kommt nach Hause gerannt und erzählt aufgeregt seiner Mutter: »Mami, ein großer Löwe hat ganz laut gebrüllt und ist hinter mir hergelaufen, viele Kilometer! Aber ich bin ihm weggelaufen. Oft war er ganz nah und wollte mich angreifen, aber ich bin schneller gelaufen!«

Die Mutter schaut den Jungen an und sagt: »Tommy, ich hab dir doch schon Millionen Mal gesagt: Du sollst nicht so übertreiben! Wie kommst du denn hier in der Stadt zu einem Löwen? Und viele Kilometer bist du gelaufen? Wo ist denn jetzt der Löwe?«

Der Junge geht vor die Tür, um nachzuschauen. Und dann sagt er: »Da draußen steht er! Aber eigentlich ist es nur ein kleiner Hund, ein ganz kleiner! Aber wie er so hinter mir hergelaufen ist ... Du sagst mir, ich soll nicht übertreiben, aber du übertreibst selber! Millionen Mal ...!«

Unser Verstand liebt es zu übertreiben. Deine Probleme sind klein und wenn du aufhörst zu übertreiben und einfach hinschaust, wirst du sehen, dass nur ein armseliger kleiner Hund dasteht. Und du brauchst nicht kilometerweit zu laufen; du bist ja nicht in Lebensgefahr.

Wenn die Wut kommt, wird sie dich nicht umbringen. Sie war schon oft da und du hast es jedes Mal überlebt. Es ist die gleiche Wut, die du schon kennst. Jetzt tu mal was Neues, was du noch nie getan hast. Sonst lässt du dich immer hineinverwickeln und kämpfst mit ihr. Diesmal beobachte sie einfach, als ob sie gar nicht zu dir gehören würde, sondern die Wut von jemand anderem wäre. Dann kannst du eine große Überraschung erleben: Innerhalb von Sekunden wird sie verschwunden sein. Und wenn die Wut verschwindet, ohne dass du gegen sie kämpfst, wirst du in einem ganz schönen, stillen, liebevollen Zustand zurückbleiben.

Die gleiche Energie, die sich in einen Kampf mit der Wut hätte verwickeln können, bleibt in dir zurück und reine Energie ist Entzücken. Ich zitiere William Blake: »Energie ist Entzücken« – reine Energie, namenlos, eigenschaftslos ...

Aber diese reine Energie lässt du sonst nie zu. Entweder kommt sie als Wut oder Hass oder Liebe oder Gier oder Begehren, aber immer ist die Energie an irgendetwas gebunden; du lässt sie nie in ihrer Reinheit zu.

Jedes Mal wenn etwas in dir hochkommt, ist das eine große Gelegenheit, die Erfahrung von reiner Energie zu machen. Beobachte es einfach und der Esel wird wieder verschwinden. Kann sein, dass er ein bisschen Staub aufwirbelt, aber auch dieser Staub setzt sich wieder von allein; du musst ihn nicht beruhigen. Du brauchst nur abzuwarten. Rühr dich nicht weg, warte und beobachte und bald wirst du dich in einer Wolke von reiner Energie wieder finden, die du nicht mit Kämpfen oder Unterdrücken oder Wütendwerden aufgebraucht hast.

Energie ist zweifellos Entzücken. Und wenn du erst einmal das Geheimnis dieses Entzückens kennst, genießt du jede Emotion. Jede Emotion, die in dir hochkommt, ist eine großartige Gelegenheit! Beobachte sie einfach und gib deinem Sein eine Dusche aus reinem Entzücken! Allmählich werden all diese Emotionen verschwinden. Sie kommen einfach nicht mehr, nicht ohne Einladung.

Beobachten, Aufmerksamkeit, Wachsamkeit, Bewusstheit oder reines Gewahrsein – das sind alles Bezeichnungen für ein und dasselbe Phänomen: Zeugesein. Das ist das Schlüsselwort.

Eine Lehrerin fragt ihre Klasse: »Wer kann mir sagen, was das erste Wunder war, das der Polenpapst vollbrachte?«

Ein kleiner Junge sagt: »Er machte einen Lahmen blind!«

Die kommunistische Partei Russlands warb um neue Mitglieder. Es gab folgende Regelung: »Jeder Kommunist, der ein neues Mitglied wirbt, braucht keinen Mitgliedsbeitrag mehr zu bezahlen. Jeder, der zwei neue Mitglieder wirbt, kann die Partei verlassen. Und jeder, der drei Mitglieder wirbt, erhält eine Bestätigung, dass er der kommunistischen Partei nie angehört hat.«

Diese Welt ist so komisch! Wenn du bewusst bist, wirst du überall deine Wunder erleben. Aber du erlebst keine Wunder, weil du selten bewusst bist, sehr selten. Die meiste Zeit hast du zwar die Augen offen, die meiste Zeit schnarchst du nicht, aber das bedeutet noch nicht, dass du wach bist. Es bedeutet nur, dass du so tust, als wärest du wach. Aber in deinem Inneren laufen so viele Gedanken ab und da ist ein solches Chaos, so viele wilde Pferde – wie kannst du da irgendetwas mitkriegen? Selbst wenn deine Augen offen sind, siehst du nichts. Selbst wenn deine Ohren offen sind, hörst du nichts.

Es ist ein seltsames Phänomen, dass Gott die Augen so anders gemacht hat als die Ohren. Du kannst deine Ohren nicht schließen, aber du kannst die Augen schließen. Dazu hast du die Augenlider: um die Augen öffnen und schließen zu können, aber was ist mit den Ohren? Gott hat es sich erspart, dir kleine Ohrenlider zu geben, weil er wusste, dass du ohnehin so sehr mit Denken beschäftigt sein wirst, dass du das nicht brauchst. Deine Ohren sind immer taub; du hörst nichts oder du hörst nur das, was du hören willst.

Eine Regel für Bettnachbarn: »Derjenige, der schnarcht, schläft als erster ein.« Natürlich!

Die Menschen schlafen vierundzwanzig Stunden am Tag, was ihre Spiritualität angeht. Und in eurem Schlaf seht ihr Wut, seht ihr Gier, und sie erscheinen euch so stark vergrößert, so riesengroß, dass ihr ganz leicht auf sie hereinfallt.

Wer die einfache Kunst des Beobachtens beherrscht, besitzt einen goldenen Schlüssel. Dann spielt es keine Rolle, ob Wut da ist oder Gier, Begierde, Lust, Verliebtheit – jede Art von Krankheit, es ist völlig egal – die Medizin ist immer die gleiche: Beobachte es und du wirst frei davon. Und wenn du es beobachtest, wird dein Verstand mit der Zeit immer weniger Inhalte produzieren, bis er eines Tages ganz verschwindet. Ohne Wut, ohne Angst, ohne Liebe, ohne Hass kann er nicht weiter bestehen – das alles sind absolute Voraussetzungen für die Existenz des Verstandes.

Durch Beobachten wirst du nicht nur die Wut los, sondern gleichzeitig auch einen Teil deines Verstandes, nach und nach. Und eines Tages wirst du plötzlich wach und der Verstand ist weg. Du bist nur noch Zeuge, wie ein Beobachter auf einem Berg. Dieser Augenblick ist wunderbar, der herrlichste Sonnenaufgang. Damit beginnt dein wahres Leben. *(37)*

Kannst du mir eine Meditation geben, wie ich mit meiner Wut umgehen kann? (»Kissenmeditation«)

Wenn du wütend bist, brauchst du deine Wut nicht an jemand anderem auszulassen; sei einfach wütend. Mache eine Meditation daraus. Schließe die Tür hinter dir, setze dich ganz still hin und lass die Wut hochkommen, so intensiv wie nur möglich. Und wenn dir nach Zuschlagen zumute ist, dann fang an, auf ein Kissen einzuschlagen …

Tu alles, was du tun möchtest; das Kissen wird nichts dagegen haben. Und wenn du es umbringen willst, dann nimm ein Messer und bringe es um. Das hilft, es hilft enorm! Du kannst dir gar nicht vorstellen, wie hilfreich ein Kissen sein kann! Verprügle es, beiße hinein, wirf es durch die Gegend. Und wenn du auf einen bestimmten Menschen wütend bist, dann schreibe seinen Namen auf das Kissen oder klebe sein Foto darauf.

Das wird dir zwar lächerlich vorkommen, völlig idiotisch – aber Wut *ist* lächerlich; daran kann man nichts ändern. Lass es also, wie es ist, und genieße das Ganze als ein Energiephänomen. Es *ist* ein Energiephänomen. Wenn du dabei niemanden verletzt, ist es nichts Unrechtes. Und wenn du diese Methode ausprobierst, wirst du merken, wie der Wunsch, jemandem wehzutun, allmählich verschwindet.

Mache es jeden Tag, zwanzig Minuten am Morgen. Und dann beobachte, wie du dich den Tag über fühlst. Du wirst ruhiger sein, weil du die Energie, die zu Wut geworden wäre, rausgelassen hast. Die Energie, die dich sonst vergiftet hätte, wird aus deinem System entfernt. Mache diese Übung mindestens zwei Wochen lang und schon nach einer Woche wirst du überrascht feststellen, dass – wie immer die Situation auch sein mag – gar keine Wut mehr aufkommt. Es ist den Versuch wert. *(38)*

Ein Freund aus dem Westen praktiziert diese Meditation. Sein Problem ist die Wut. Er trägt so viel Wut in sich, dass sie bei jedem kleinsten Anlass überläuft. Ich habe ihm geraten, seine Wut an einem Kissen auszulassen, und er war darüber sehr verblüfft: »Aber das ist Wahnsinn!«, entfuhr es ihm, »an einem Kissen?« Ich sagte ihm: »Fang einfach mal an und schau, was passiert. Es ist gar nicht so schlecht. Wenn du deine Wut an einer Person auslässt und nicht siehst, wie töricht das ist … Ich versichere dir, es ist weniger töricht, sie an einem Kissen auszulassen!«

Er probierte es gleich am ersten Tag und dann kam er und gab mir einen ausführlichen Bericht. Am Anfang fühlte er sich dabei etwas seltsam. Nach fünf oder sieben Minuten, als die Energie sich aufgebaut hatte, fing er an, kräftig auf das Kissen einzuschlagen, als wäre es lebendig. Das Kissen wurde nicht nur lebendig, sondern nahm sogar die Form der Person an, die er am meisten hasste. Er erinnerte sich an einen bestimmten Feind und an alles, was vor zehn Jahren passiert war. Er hätte diese Person damals am liebsten zusammengeschlagen, konnte das aber natürlich nicht tun. Nun, sagte er, war es ihm zum Lachen. Obwohl er sich unwohl dabei fühlte, konnte er es auch genießen. Und jetzt haut er seit drei Tagen täglich auf sein Kissen. Heute gab er mir einen abschließenden Bericht und der ist wirklich erstaunlich.

Hier ist sein detaillierter Bericht: Am allerersten Tag begannen die Gesichter sämtlicher Leute, die er schon mal schlagen wollte, aber nicht konnte, aufzutauchen. Doch am nächsten Tag waren die Gesichter alle wieder verschwunden. Er sah jetzt niemanden vor sich; da war nur noch pure Wut. Er konnte sehen, wie die Wut aus seinem Inneren hervorbrach, und da war niemand, gegen den sie gerichtet war – reine Wut.

Da wurde ihm klar, dass er das alles schon in sich trug und dass er nur Anlässe suchte, um das Gift, das in ihm war, loszuwerden. Er begann etwas zu begreifen. Er sah die Wut in einem neuen Zusammenhang. Nun verlagerte sich die Verantwortung für seine Wut weg von der anderen Person. Jetzt wusste er, dass in ihm ein Feuer brannte, das herausmusste.

Nun verschob sich die Verantwortung zu ihm selbst. Das Ganze war nicht mehr objektiv, sondern wurde subjektiv. Es war nicht mehr so, dass ein anderer ihn beleidigte und dadurch Wut in ihm erzeugte. Er begriff jetzt, dass er selbst wütend werden wollte und nur nach einem Vorwand suchte. Hätte niemand ihn beleidigt, dann hätte er irgendeinen anderen Vorwand gefunden. Ja, er wäre sogar so weit gegangen, jemanden zu provozieren, ihn zu beleidigen! Und das alles geschah einfach nur, weil etwas in ihm nach einem Ventil drängte. Er musste es loswerden.

Am nächsten Tag wurde ihm im Verlauf seiner Sitzungen, die er drei- bis viermal täglich durchführte, absolut klar, dass die Wut nicht durch jemand anderen erzeugt wurde, sondern dass er sie schon in sich trug.

Heute war der dritte Tag und er erzählte mir: »Ich bin über mich selbst schockiert!« Als er erkannte, dass die Wut nicht von jemand anderem abhing, sondern dass sie schon in ihm vorhanden war, da verabschiedete sich etwas in seinem Inneren – alles wurde friedlich. »Jetzt fühle ich mich absolut schwach und unfähig, wütend zu sein. Würde mich jetzt jemand beleidigen, wäre ich nicht in der Lage, wütend zu werden. Zumindest fühle ich mich im Augenblick nicht dazu in der Lage. Eine Last ist von mir abgefallen, ich fühle mich innerlich leer.«

Verstehen bedeutet: Alles, was in dir abläuft, geschieht nun im vollen Bewusstsein, mit voller Bewusstheit – aber auch *alles*. Dann hört vieles auf, von allein zu geschehen. Was dann aufhört und nicht mehr geschieht, ist die Sünde. Und was weiterhin geschieht, auch in vollem Bewusstsein, das ist Tugend.

Verstehen ist der Prüfstein. Alles, was mit Verstehen weitergehen kann, ist Tugend. Und was mit Verstehen nicht weitergehen kann, ist Sünde. Was nur in Unbewusstheit aktiviert werden kann, ist Sünde, und was in Unbewusstheit nicht aktiviert werden kann, ist Tugend.

Verstehen bedeutet also: Alles, was sich in meinem Inneren abspielt, geschieht mit meinem vollen Wissen; nichts entgeht meinem Bewusstsein. Und alles, was mir unwillentlich passiert, geschieht außerhalb meines Bewusstseins.

Du bekommst nicht mit, wann du voller Wut und wann du voller Liebe bist, wann du glücklich und wann du traurig bist – alles läuft unbewusst ab. Plötzlich fühlst du dich glücklich, plötzlich traurig. Du fühlst eine schreckliche Melancholie und suchst nach dem Grund außerhalb von dir. Du erkennst nicht, dass sie von innen kommt. Und dann fängst du an, deinem Sohn oder deiner Tochter, deiner Frau oder deinem Mann oder deinem Geschäft die Schuld zu geben. Du versuchst etwas zu finden und schließlich machst du jemand anderen zum Sündenbock.

Das sind lediglich Ausreden, ein Vorwand. Du meinst, du würdest das alles nicht tun, wenn du ganz allein wärst. Doch, das würdest du! Wärest du allein in einem Zimmer eingeschlossen, dann würdest du all das tun, was du jetzt mit anderen machst. Du meinst, dass du nur redest, wenn du einen Freund triffst. Doch wenn man dich allein lässt, wirst du anfangen, mit einem nicht vorhandenen Freund zu reden.

Du meinst, dass du wütend wirst, weil jemand anderer dich ärgert. Zieh dich mal allein in ein Zimmer zurück und nach fünfzehn Tagen wirst du sehen, dass du Hunderte Male wütend geworden bist. Du wirst deine Wut an deinem

Hemd oder am Wasserhahn im Badezimmer abreagieren. Du wirst tausend Möglichkeiten finden.

Wenn aber alles, was in dir geschieht, mit deinem vollen Bewusstsein geschieht, wird es zu etwas ganz anderem.

Kein Ereignis deines inneren Seins sollte unbewusst passieren – das bedeutet Verstehen. Es ist interessant zu beobachten, dass mit der Geburt des Verstehens alles, was falsch in uns war, von allein aufhört. Ohne Verstehen wirst du selbst mit den besten Absichten nicht imstande sein, das Richtige zu tun. *(39)*

Du hast den Vorgang beschrieben, wie man die Wut auflösen kann. Gibt es ähnliche Methoden, um Sex, Habgier, Selbsttäuschung und Ego aufzulösen? Bitte sprich auch darüber.

Sex, Wut, Habgier, Selbsttäuschung, Ego! Es sieht so aus, als würde der Mensch an zahllosen Störungen leiden! Das stimmt aber nicht. Es sind gar nicht so viele Krankheiten. Das Übel ist immer das gleiche. Es ist immer die gleiche Energie, die sich in all diesen Erscheinungsformen manifestiert.

Wenn man Sex unterdrückt, verwandelt er sich in Wut. Wir alle haben unsere Sexualität unterdrückt, darum ist Wut in uns allen, mehr oder weniger. Wenn du der Wut aus dem Weg gehen willst, musst du ihr eine andere Form geben, sonst lässt sie dich nicht in Ruhe. Wenn es dir gelingt, deine Wut in Habgier umzuwandeln, wirst du weniger jähzornig sein, weil deine Wut sich jetzt als Habgier ausdrückt. Dann wirst du zwar niemanden direkt strangulieren, aber indirekt, über das Geld, wirst du ihm die Luft abdrücken.

Wir dürfen eines nicht vergessen: Es gibt im Menschen nur eine einzige Energie. Wir können sie auf viele verschiedene Arten einsetzen. Wenn wir psychisch krank werden, fließt die Energie in tausend Richtungen, und wenn man versucht, jede dieser Richtungen zu bekämpfen, wird man wahnsinnig. Dann bekämpft man die Zweige, aber die Wurzeln bleiben davon unberührt. Als erstes muss man also verstehen, dass es nur eine Grundenergie gibt. Wenn irgendeine Transformation erreicht werden soll, muss man direkt an dieser Energie ansetzen, statt nur ihre Manifestationen zu bekämpfen.

Die einfachste Methode ist, mit der vorherrschenden Krankheit zu beginnen. Wenn du das Gefühl hast, dass Wut dein größtes Problem ist, dann ist dies dein Hauptmerkmal. Wenn jemand zu Gurdjieff kam, hat dieser als Erstes versucht, die Hauptkrankheit, das Hauptmerkmal dieses Menschen herauszufinden.

Jeder hat ein solches Hauptmerkmal. Bei manchen ist es Habgier, bei anderen Wut, bei manchen Geilheit, bei anderen Angst oder für wieder andere der Stolz. Versuche also, deinen vorherrschenden Charakterzug in den Griff zu bekommen, denn das ist die stärkste Strömung, die von der Grundenergie ausgeht. Ist es Wut, dann fang bei deiner Wut an, ist es Geilheit, dann pack deine Geilheit an.

Praktiziere die Methode der Beobachtung an diesem Hauptmerkmal und auch die Methode der Katharsis, der Entladung, wie ich das im Zusammenhang mit der Wut beschrieben habe. Ich hatte euch davon erzählt, wie ein Freund mit seiner Wut zur Katharsis kommt, indem er auf ein Kissen einschlägt, und als wie wirksam sich das herausgestellt hat.

Mit dem speziellen Merkmal, das du an dir entdeckst, musst du zwei Dinge tun: Erstens musst du dir dessen vollkommen bewusst werden. Die Schwierigkeit besteht immer darin, dass wir alles tun, um unsere eigenen Fehler zu verbergen. Ein jähzorniger Mensch ist ständig damit beschäftigt, seinen Jähzorn zu verbergen, damit er nirgendwo durchsickert. Er erfindet tausend Lügen, um seine Wut zuzudecken, damit andere ja nichts davon erfahren – und am wenigsten er selbst. Doch solange man etwas nicht kennt, kann man es nicht verändern. Du musst alle Schutzmechanismen, alle Filter beiseite räumen, um diesen Charakterzug völlig entblößt kennen zu lernen.

Und zweitens: Du musst absolut aufmerksam sein, wenn du dieses Merkmal beobachtest. Wenn zum Beispiel Wut hochkommt, denken wir sofort an die Person, die uns wütend gemacht hat, und lassen denjenigen, der wütend geworden ist, völlig außer Acht. Wenn du die Ursache für meine Wut bist, fange ich sofort an, über dich nachzudenken, und vergesse mich selbst völlig dabei, während doch der aktive Teil ich selbst bin – derjenige, der wütend wurde. Der Mensch, der die Wut ausgelöst hat, war nur der Anlass, ein Vorwand. Er ist nicht mehr wichtig. Er hat nur ein Streichholz geworfen und damit das Pulverfass in mir zum Explodieren gebracht. Dieser Funke wäre nutzlos gewesen, wenn in mir keine Munition gewesen wäre. Aber ich sehe dann nicht den Haufen Munition in mir, sondern nur noch den Funken des Gegners. Und dann habe ich das Gefühl, er war es, der das ganze Feuer in mir entfacht hat. In Wahrheit hat er nur ein einziges Streichholz geworfen und schon ist der Sprengsatz in mir losgegangen. Und es mag durchaus sein, dass der andere das Streichholz nicht mal bewusst hingeworfen hat. Möglicherweise ist ihm der Großbrand in meinem Inneren völlig entgangen!

Du gibst dem anderen die ganze Schuld an diesem Fiasko. Darum kann der Arme oft gar nicht verstehen, warum dich eine solche Kleinigkeit so sehr aufgeregt hat! Das ist immer das Problem. Der Anlass ist meist winzig, aber die entflammte Wut ist gewaltig. Darum ist derjenige, der den Wutanfall ausgelöst hat, immer ratlos und versteht nicht, wie eine ganz normale Äußerung solchen Zorn auslösen konnte. Du musst dich das selbst auch schon manchmal gefragt haben, wenn du jemand anderen verärgert hast. Aber der Irrtum ist natürlich. Zu meinen, du seist schuld an dem ganzen Feuer, das in mir lodert! Du wirfst nur den Funken und dann explodiert das Pulver in mir. Und wie stark es sich ausbreitet, ist schwer zu sagen.

Jedes Mal wenn die Wut uns packt, geht unsere Aufmerksamkeit zu der Person, die sie ausgelöst hat. Dann ist es schwierig, aus der Wut auszusteigen. Wenn also jemand

Wut in dir auslöst, solltest du ihn sofort vergessen und deine Konzentration auf denjenigen richten, in dem die Wut passiert – auf dich! Merke dir: Egal, wie sehr du dich auf den Gegner konzentrierst, es bringt keine Veränderung bei ihm. Wenn irgendeine Veränderung passieren kann, dann nur bei dem, der wütend geworden ist.

Immer wenn dich die Wut oder die Habgier oder die Geilheit oder Ähnliches packt, dann vergiss sofort das Objekt. Wenn ein Mann oder eine Frau bewirkt, dass du auf sexuelle Gedanken kommst, dann denke daran: Er oder sie hat nur das Streichholz geworfen – wahrscheinlich unbewusst. Im Fall von Wut geht meist vom anderen etwas aus, aber im Fall eines sexuellen Reizes muss noch nicht mal etwas von der anderen Seite ausgegangen sein. Eine Frau geht über die Straße. Während du ihr nachschaust, wird deine sexuelle Energie angeregt, und schon ist deine ganze Aufmerksamkeit bei ihr. Du schaust nicht mehr nach innen, um zu sehen, was für eine Energie dich sexuell entflammt hat.

So verpassen wir es ständig, uns selbst wahrzunehmen, doch ohne Selbstwahrnehmung gibt es keine Transformation im Leben. Wenn dich also Geilheit übermannt, vergiss das Objekt und vergiss, was deine Aufmerksamkeit auf Sex gebracht hat – oder auf Wut, Gier usw.

Und fang an, nach innen zu schauen. Was geschieht im Inneren? Unterdrücke es nicht. Erlaube allem, was geschehen will, volle Freiheit. Schließ dich in dein Zimmer ein und stürze dich total ins innere Geschehen. Besser, man sieht so klar wie möglich, was geschieht.

Wenn die Wut in dir tobt, dann brülle, schreie, springe herum, rede, brabble, tu alles, was dir einfällt. Mach die Tür hinter dir zu und schau dir selber bei deinem eigenen Wahnsinn zu, und zwar total. Andere haben ihn schon öfter an dir wahrgenommen, nur du hast ihn noch nie zu Gesicht bekommen. Andere haben sich auf deine Kosten schon darüber amüsiert. Du dagegen wirst dir seiner immer erst bewusst, wenn alles vorbei ist, wenn das Feuer niedergebrannt und nur noch die Asche übrig ist.

Bedenke, dass die Asche nichts über das Feuer aussagt. Wie hoch der Aschehaufen auch sein mag, er gibt keinen Aufschluss über den Funken. Wenn man das Feuer noch nie gesehen hat, kann man aus der Asche keine Rückschlüsse darauf ziehen. Keine Logik kann uns von der Asche zum Feuer führen. Aus der Asche lassen sich keine Schlüsse ziehen über Wesen und Form des Feuers. Immer wenn du dir deine Wut betrachtest, ist es, als würdest du nur die Asche sehen – wenn alles schon vorbei ist. Dann sitzt du da und stöhnst über den Aschehaufen – und das ist völlig zwecklos. Du musst das Feuer beobachten, während es mit voller Kraft brennt!

Die Wut lässt sich besser beobachten, wenn sie sich frei ausdrücken kann. Vergiss nicht, wenn du sie an anderen auslässt, zeigt sie sich nie in voller Stärke. Wenn du auf deinen Ehemann, deine Ehefrau, deinen Sohn, deine Tochter wütend wirst, ist die Wut nie vollständig. Das Unbehagen hat seine Grenzen. Keine Ehefrau, kein Ehemann ist je so beschaffen, dass man seine ganze Wut zum Ausdruck bringt. Man zeigt nur einen Teil der Wut und behält den Rest für sich. Niemand gibt seiner Wut jemals vollständig Ausdruck. Wenn ein Vater mit seinem kleinen Kind ärgerlich wird, hält er sich zurück, weil das Kind so hilflos ist, dass er ihm den Hals brechen könnte. Da sind hunderterlei Begrenzungen, die uns zurückhalten. Wut kann immer nur bis zu einem gewissen Grad ausgedrückt werden, sodass wir nie Genuss daraus ziehen können. Und nie erleben wir den ganzen Schmerz. Darum müssen wir es von Zeit zu Zeit wiederholen.

Wenn du die Wut mal zur Gänze beobachten willst, musst du das tun, wenn du allein bist, in der Privatsphäre deines Zimmers. Nur dann kannst du sie mal in ihrer Totalität kennen lernen, denn nur dann gibt es keine Grenzen. Darum empfehle ich manchen Leuten die Kissenmeditation, damit sie ihre Wut mal total beobachten können.

Heute hat mir die Partnerin des Mannes, der neuerdings die Kissenmeditation praktiziert, erzählt, dass er ein Messer rausholte und das Kissen zerfetzte! Das hatte ich ihm nicht gesagt. Es klingt lächerlich – so ein Wahnsinn! Aber wir finden es gar nicht zum Lachen, wenn ein lebendiger Mensch aus Wut erstochen wird – obwohl die Genugtuung dabei die gleiche ist, wie wenn man ein Kissen aufschlitzt. Ob es nur ein Kissen oder ein Mensch ist, darauf kommt es in diesem Fall nicht an. Die Lust, ein Kissen zu erdolchen, ist viel größer, weil man sich nicht zurückhalten muss.

Schließ dich in dein Zimmer ein, und wenn dein Hauptcharakterzug dich packt, dann lass zu, dass er sich in seiner Totalität zeigen kann. Betrachte es als eine Meditation. Gib ihm vollständig Ausdruck. Lass zu, dass er aus jeder Pore deines Körpers hervorbricht. Und dann reflektiere darüber – du wirst lachen! Du wirst dich wundern, wozu du imstande bist! Auch dein Verstand wird sich wundern, wie du das alles tun konntest, und noch dazu allein in deinem Zimmer! Wenn jemand anwesend wäre, könnte man es noch verstehen.

Beim ersten oder zweiten Mal wirst du dich unbehaglich fühlen. Aber schon beim dritten Mal wirst du in Form kommen. Und wenn du es von ganzem Herzen genießen kannst, wirst du eine seltsame Erfahrung machen. Du wirst sehen, dass du das äußerlich zwar alles machst, aber im Inneren steht ein Bewusstsein ganz still und beobachtet alles. Das ist unmöglich, wenn ein anderer im Spiel ist, aber mit dir allein wird es einfach. Um dich herum lodern die Flammen der Wut, aber du stehst im Zentrum, allein und distanziert. Und wenn jemand seine Wut einmal als von ihm selbst getrennt beobachtet hat, wenn er seine Geilheit oder seine Habgier oder seine Angst einmal auf diese Weise wahrgenommen hat, beginnt sich in seinem Leben ein Strahl der Erkenntnis auszubreiten.

Er hat eine Erfahrung gemacht.

Er hat eine Kraft in sich erkannt und von nun an kann er von dieser speziellen Energie nicht mehr getäuscht werden. Wir werden Herr über die Kräfte, die wir erkennen. Eine Energie, die wir ganz klar wahrnehmen, kann uns nicht mehr versklaven. Nur die Kräfte, die wir nicht erkennen, halten uns in Knechtschaft.

Du kannst das Kissen also stellvertretend für deine Geliebte nehmen oder auch für den Kohinoor-Diamanten. Du kannst es als deinen Feind nehmen, vor dem du zitterst. Und es macht überhaupt keinen Unterschied, wer oder was du bist. Es wird dir nicht allzu schwer fallen, dein Hauptmerkmal zu erkennen, denn es verfolgt dich vierundzwanzig Stunden am Tag. Du weißt genau, welches dein Hauptmerkmal ist.

Jeder hat nur ein Hauptmerkmal. Daran hängt sich alles andere an. Wenn Geilheit dein Hauptmerkmal ist, dann sind Wut und Habgier dem untergeordnet. Wenn ein geiler Mensch gierig ist, dann nur, um seine Sexualität zu befriedigen. Wenn er wütend wird, dann wegen seiner Geilheit. Wenn er ängstlich ist, dann wird es Angst vor Hindernissen für sein sexuelles Ausleben sein. Die primäre Schwäche wird sich um Sex drehen. Alle anderen Schwächen sind sekundär.

Wenn Wut dein primäres Merkmal ist, wirst du nur lieben, wenn du deine Wut an deinem Geliebten auslassen kannst. Sex wird sekundär sein. So ein Mensch kann nur denjenigen lieben, auf den er wütend ist. Seine Hauptschwäche ist die Wut. Und wenn er Reichtum anhäuft, wird es nur deswegen sein, damit er die Macht des Geldes benutzen kann, um seiner Wut Luft zu verschaffen. Er mag sich dessen bewusst sein oder nicht, aber es ist eine Tatsache, dass mit zunehmendem Reichtum seine Fähigkeit, Wut auszuleben, im gleichen Verhältnis zunimmt. Er wird alle, die er durch die Macht seines Reichtums unter Kontrolle hat, völlig erledigen. Wenn ein solcher Mensch eine Machtposition anstrebt, dann in erster Linie, um seine Wut zu befriedigen. Aber oft ist es unmöglich, der Wut auf die Spur zu kommen, weil sie so gut getarnt ist.

In unserem Gehirn gibt es viele Ecken, die wir lieber verstecken und unterdrücken, aber gelegentlich kommen sie an die Oberfläche. Sie kommen hoch und werden sichtbar. Manchmal gelingt es uns aber auch, sie ein Leben lang zu verbergen. Darum kann es vorkommen, dass jemand meint, Eigenschaften zu haben, die er gar nicht besitzt. Und von jenen Eigenschaften, die er tatsächlich in sich hat, weiß er gar nichts. Versuche also herauszufinden, was sich überwiegend in dir abspielt. Führe Tagebuch und schreibe sorgfältig auf, was dir jeden Tag am stärksten an dir auffällt.

Versuche, drei Dinge festzustellen: Welche Neigung ist die stärkste? Habgier, Geilheit, Angst oder Wut? Und dann versuche herauszufinden, welche Neigung du am häufigsten wiederholst. Versuche zu erkennen, ob dich die Wiederholung dieser Neigung am meisten interessiert und dir Lust verschafft. Beachte, dass zweierlei Lustgewinn dabei möglich ist: freudvoller Genuss oder Gewissensbisse, aber in beiden Fällen verschafft es dir eine Genugtuung.

Und das Dritte, was du beobachten solltest: Wenn man dir diese spezielle Neigung nähme, würde sich deine Persönlichkeit dadurch verändern oder würde sie gleichbleiben? Denn wenn das Hauptmerkmal deines Charakters wegfiele, würde sich deine Persönlichkeit völlig verändern. Du hast keine Vorstellung, wie du ohne diese Haupteigenschaft wärest!

Führe zwei Wochen lang Tagebuch darüber. Führe Bericht über alle vierundzwanzig Stunden des Tages und ziehe daraus deine Schlüsse. Dann wirst du imstande sein, das primäre Merkmal in dir zu entdecken. Und nun achte darauf, wie dieses Hauptmerkmal sich zeigt. Und jedes Mal, wenn diese Neigung auftaucht, ziehe dich zurück und beobachte ihre Manifestationen in dir. Sei der Beobachter.

Und wenn eine Katharsis passiert, wirst du allmählich damit sehr vertraut werden. Dann fängst du an, mehr Herr über dich selbst zu werden.

Noch eins: Wenn du deine Wut nur kennen lernen willst, um sie loszuwerden, wird es schwierig. Die Haltung des Loswerdenwollens erzeugt nämlich eine Spaltung. Dann gehst du von der Annahme aus, dass Wut etwas Schlechtes sei und die Abwesenheit von Wut etwas Gutes, dass Geilheit etwas Schlechtes sei und die Abwesenheit von Geilheit etwas Gutes, dass Habgier etwas Schlechtes sei und die Abwesenheit von Habgier etwas Gutes. Wenn du solche Unterschiede machst, wird es ziemlich schwierig sein, deine Merkmale tatsächlich kennen zu lernen. Dann wirst du sie nur verdrängen, selbst wenn du sie transzendierst.

Es ist überhaupt nicht nötig, Wut für etwas Schlechtes zu halten. Zunächst wissen wir noch nicht einmal, was Wut eigentlich ist. Wie können wir entscheiden, dass sie schlecht sei? Das ist eine geborgte Entscheidung. Du hast gehört, dass andere gesagt haben, Wut sei etwas Schlechtes, darum sagst auch du, Wut sei schlecht, aber trotzdem wirst du weiter wütend.

Lass deine Urteile fallen und versuche herauszufinden, was Wut ist. Sei nicht voreilig mit deinen Urteilen. Wer kann schon wissen, ob es gut oder schlecht ist? Sei absolut unvoreingenommen. Nur dann wird die Wut dir all ihre verborgenen Seiten zeigen. Wenn du von der Annahme ausgehst, dass Wut schlecht sei, werden dir die tieferen Schichten verborgen und unbekannt bleiben.

Damit sich eine Neigung zur Gänze offenbart, ist eine absolut unvoreingenommene Denkhaltung erforderlich. Jede Unterdrückung geht auf das Konto der Tatsache, dass eine Neigung als schlecht gebrandmarkt wurde. Wenn du sie weiterhin als etwas Schlechtes ansiehst, wirst du sie auch weiter unterdrücken. Auf dieser Tatsache beruht eine äußerst bedauernswerte Sache: Je mehr ein Mensch versucht, seine Wut loszuwerden, umso wütender wird er. Um etwas zu vermeiden, muss man es unterdrücken.

Wenn man von etwas befreit werden will, ist es notwendig, dass man es erkennt.

Für einen unterdrückten Verstand ist es unmöglich, etwas zu erkennen. Man muss ohne jedes Vorurteil an die Sache herangehen. So wie ein Blitz über den Himmel zuckt und wir nicht überlegen, ob das gut oder schlecht ist, so wie die Wolken vorüberziehen und weder gut noch schlecht sind, genauso ziehen Blitze der Wut, Sturzbäche der Gier, Energien der Leidenschaft in uns vorüber. Es ist wahr. Es sind verschiedene Energien; beobachte sie mit einem unbeteiligten Verstand, ohne Feindseligkeit und ohne irgendwelche vorgefassten Meinungen. Eine vorgefasste Meinung hindert dich, zu einer wirklichen Schlussfolgerung zu gelangen. Lass die Schlussfolgerung für das Ende.

Betrete deine Innenwelt ganz ohne Vorurteile und ohne Annahmen und sieh selbst, was Wut ist. Lass deine Wut dir offenbaren, was Wut ist. Stülpe ihr keine Vermutungen über. Und an dem Tag, an dem du die Wut in ihrer völligen Nacktheit, in ihrer völligen Hässlichkeit, mit all ihrem lodernden Feuer und ihrem mörderischen Gift entdeckst, wirst du plötzlich entdecken, dass du aus ihr herausgetreten bist. Die Wut ist verschwunden!

Nach dieser Methode kann man bei jeder Neigung vorgehen, egal, um welchen Charakterzug es sich handelt. Der Vorgang ist der Gleiche, denn es ist ein und dieselbe Krankheit – nur mit verschiedenen Namen. *(40)*

Ich bin total unglücklich. Wie kann ich aus meinem Unglück herauskommen?

Ich habe noch nie einen Menschen getroffen, der total unglücklich war. Irgendwie erträgst du es ja, existierst du ja, lebst du ja damit. Wenn es so schlimm wäre, sollte man aufhören zu atmen. Wozu sollte man noch weiterleben?

Es kann nicht so schlimm sein. Vielleicht übertreibst du gern. Es gibt Leute, die immer in Superlativen reden und immer alles größer machen, als es ist. Kleine Unglücke gibt es natürlich jede Menge, aber welches große Unglück kannst du schon haben? Wo solltest du es haben? Ich kann mir kein Unglück vorstellen, das so schlimm wäre, dass man es »total« nennen könnte; sonst würde man sterben, auf der Stelle.

Merk dir eins: Hör auf zu übertreiben. Das ist auch so eine Masche des Egos. Das Ego ist schon merkwürdig: Es muss immer alles übertreiben. Selbst im Unglück muss es dick auftragen und viel Aufhebens davon machen. Es mag gar nicht viel dahinter sein. Wenn man der Sache auf den Grund geht, findet man höchstens eine Mücke, und du redest von Elefanten.

Und ich kenne dich. Ich habe dich noch nie total unglücklich gesehen. Du siehst völlig normal aus. Es sei denn, alle normalen Leute sind total unglücklich ... Doch das Ego hat die Gewohnheit, alles größer zu machen.

Das Unglück ist gar nicht so groß, wie du es glauben machst. Zuerst musst du es also auf die richtigen Proportionen reduzieren. Bleibe bei den Tatsachen. Wenn du dein Leben wirklich transformieren willst, bleibe bei den Tatsachen. Aus einer Fiktion kannst du nicht herauskommen. Aus Tatsachen kannst du herauskommen; mit Tatsachen kann man etwas machen, aber mit Fiktionen kann man nichts machen.

Aber so macht es unser Verstand, so macht es das Ego – es übertreibt alles, lässt alles riesengroß aussehen. Und dann leidest du natürlich in großem Maßstab. Die Ursache ist gar nicht so groß, aber die Wirkung kann riesig sein – das hängt ganz von dir ab.

Schau noch mal genauer hin, denk noch mal drüber nach, betrachte noch mal die ganze Situation. Was nennst du denn »total unglücklich«? Du wirst auf ganz gewöhnliche Fakten des Lebens stoßen. Aber wir wollen nicht gewöhnlich sein. Das Ego sehnt sich danach, außergewöhnlich zu sein. Selbst im Unglück wären wir gerne außergewöhnlich.

Jemand fragte einmal George Bernhard Shaw: »Wo möchten Sie nach Ihrem Tod hinkommen: in den Himmel oder in die Hölle?«

Er sagte: »Das ist mir egal, aber ich will der Erste sein. Und wenn es die Hölle ist, will ich der Erste sein. Ich will nicht die zweite Geige spielen. Darum meine ich, die Hölle wäre vielleicht besser, denn im Himmel gibt es ja schon Buddha und Jesus und Zarathustra ... Dort ist die Konkurrenz zu groß! Und dann müsste ich Schlange stehen und das hasse ich! Ich bin bereit, in die Hölle zu gehen, ich bin bereit, in der Hölle zu leiden, aber ich will Erster sein.«

Das Ego will immer an erster Stelle stehen. Es sagt: »Mein Unglück ist das allergrößte! Was immer ich auch bin, ich bin es mehr als alle anderen. Ich bin etwas Besonderes. Ich bin außergewöhnlich!«

Ein Hypochonder lag im Sterben. Bevor er die Augen zumachte, fragte ihn seine Frau: »Hast du noch einen letzten Wunsch?«

Er sagte: »Ja, auf meinem Grabstein soll in großen Lettern stehen: GLAUBT IHR MIR JETZT?«

Das Erste, was du also tun musst, ist, die Dinge auf die Ebene der Realität zurückzubringen. Das ist schwer, besonders für eine Frau. Frauen leben in der Fantasie. Wenn sie sich verlieben, meinen sie, sie hätten sich in einen griechischen Gott verliebt, aber wenn die Flitterwochen vorbei sind, dann wissen sie, dass er nur ein gottverdammter Grieche ist! In sieben Tagen wird aus einem griechischen Gott nichts als ein gottverdammter Grieche.

Und es wird wieder passieren. Du wirst dich wieder verlieben und wieder wirst du eine große Fantasie erzeugen, du wirst Projektionen erzeugen. Und alle deine Projektionen werden früher oder später in Trümmer gehen, denn die Wirklichkeit hat keine Verpflichtung, dir deine Projektionen zu erfüllen.

Bringe also zuerst einmal deine Idee von Unglück auf den Boden der Tatsachen, in die Realität. Dann ist es nicht mehr schwierig, da herauszukommen. Und das Zweite ist, sich dessen bewusst zu sein. Sei dir einfach dessen bewusst, dann bist du schon nicht mehr identifiziert – denn du kannst dir einer Sache nur bewusst sein, wenn du davon getrennt bist.

Darin liegt das Wunder der Bewusstheit. Wenn du etwas beobachtest, dann ist eines gewiss, absolut gewiss: Du bist es nicht. Der Beobachter ist nie das, was beobachtet wird.

Das Beobachtete tritt als Objekt vor dir in Erscheinung, doch du bist derjenige, der es beobachtet; du bist das Subjekt.

Wenn also Unglück da ist, Schmerz da ist oder auch Freude – welche Erfahrung auch immer: Du bist es nicht. Du bist außerhalb davon.

Zwei Schmierenschauspieler beklagen sich darüber, wie hart es im Filmgeschäft zugehe.

»Ich habe seit mehr als zehn Jahren keine Rolle mehr gehabt«, seufzt der eine Mime.

»Das ist noch gar nichts«, sagt der andere. »Ich habe nichts mehr gedreht, seit der Tonfilm eingeführt wurde!«

»Das ist wirklich hart.«

»Du sagst es! Ich wünschte, ich hätte eine Idee, wie ich aus diesem Geschäft aussteigen kann.«

Er ist schon seit vierzig Jahren nicht mehr im Geschäft und überlegt sich immer noch, wie er aussteigen kann!

Beobachte einfach. Zwei Schritte: Zuerst bringe dein Unglück auf den Boden der Realität und dann beobachte es – denn nur die Realität lässt sich beobachten. Fiktionen kann man nicht beobachten; man ist mit ihnen identifiziert. Sobald man in der Realität steht, wird es objektiv. Beobachte sie, dann wird dir plötzlich eine große Erkenntnis kommen: Du bist der Beobachter. Du stehst außerhalb!

Du fragst mich, wie du aus deinem Unglück herauskommen kannst. Du *bist* schon draußen! Hier und jetzt bist du draußen! Es ist nur eine Illusion, dass du drin seist. Aber wenn du das glauben willst, kannst du natürlich weiter glauben, dass du drin bist. Du kannst aber auch jeden Moment rausspringen. Versuch's nur! Versuche rauszuspringen! Schnipse mit den Fingern, gib dir 'nen Klaps und wach auf!

(41)

Warum fühlt sich Unglück so sicher an und Glücklichsein so bedrohlich?

Glücklich zu sein hat etwas Bedrohliches und Unglück ist sicher, zumindest für das Ego. Das Ego kann nur existieren, wenn es leidet und unglücklich ist. Das Ego ist eine Insel inmitten einer Hölle. Glücklich zu sein ist bedrohlich für das Ego, bedrohlich für seine Existenz. Glücklichsein ist wie der Sonnenaufgang, in dem das Ego verschwindet – es verdunstet wie der Tautropfen auf dem Grashalm. Glücklich zu sein ist der Tod des Egos.

Wenn du vom Leben getrennt bleiben willst, eine separate Einheit – wie es fast jeder zu sein versucht –, dann wird es dir Angst machen, glücklich zu sein, fröhlich zu sein. Dann wirst du Schuldgefühle haben, sobald du Seligkeit spürst. Du wirst dir wie ein Selbstmörder vorkommen, denn du begehst tatsächlich Selbstmord – auf der psychischen Ebene, der Ebene des Egos.

Es passiert fast immer, wenn man ein paar kurze Augenblicke der Freude erlebt, dass man sich gleich danach schuldig fühlt. Diese Schuldgefühle kommen vom Ego. Das Ego quält dich dann: »Was tust du da? Willst du mich umbringen? Ich bin doch dein einziger Schatz! Wenn du mich tötest, gehst du zugrunde! Wenn du mich tötest, richtest du dich selbst zugrunde.«

Wir sind so sehr mit dem Ego identifiziert, dass das Ego, wenn es solche Dinge sagt, sehr überzeugend auf uns wirkt. In Wirklichkeit ist es jedoch genau umgekehrt: Wir sind *nicht* unser Ego.

In Wirklichkeit ist es so, dass unser Ego verhindert, dass wir wachsen. Das Ego ist wie ein Fels, der den Weg zu unserem Wachstum blockiert. Erst wenn du diesen Fels aus dem Weg räumst, kannst du anfangen zu wachsen. Dann kannst du zu einem großen Baum werden, der zur höchsten Erfüllung gelangt, zur Blüte.

Doch am Anfang fühlt es sich an, als würde man mit dem Fels gleichzeitig jede Sicherheit wegwerfen. Der Fels hat vieles abgehalten. Er hat den Regen von dir abgehalten und du dachtest, du wärest dadurch sicherer. Aber der Regen bringt Nahrung. Wenn er dich erreicht hätte, dann hättest du begonnen zu wachsen. Der Fels hat die Sonne abgehalten und du dachtest, er sei ein Schutz gegen die Sonnenhitze. Aber auch die Hitze ist nötig; die Hitze ist Leben.

Die Gesellschaft hat dir eingeredet, genau das, was dir schadet, sei nicht schädlich für dich – und nicht nur das: es sei sogar Obdach, Schutz, Sicherheit. Dieser Gedanke hat sich tief in dir festgesetzt. Darum hast du das Gefühl, dass das Unglück sicher sei. Jeder fühlt so. Darum entscheiden sich alle lieber dafür, unglücklich zu sein. Es ist eure Entscheidung.

Alle entscheiden sich für die Hölle.

Es ist eure eigene Verantwortung.

Wenn die ganze Welt in der Hölle lebt, ist niemand sonst dafür verantwortlich. Es ist *unsere* Entscheidung – eine freiwillige Entscheidung, in der Hölle zu leben, weil in der Hölle das Ego weiter bestehen kann.

Das Ego kann weiter bestehen, wenn es dunkel und düster ist, ohne Sonne am Horizont. Sobald die Sonne am Horizont auftaucht, die Sonne der Bewusstheit, beginnt das Ego dahinzuschwinden wie die Dunkelheit. Aber wenn du natürlich mit der Dunkelheit identifiziert bist, erscheint dir die aufgehende Sonne als bedrohlich. Wenn du jedoch die Identifikation mit dem Ego aufgibst, wirst du die Sonne willkommen heißen. Dann ist sie nicht mehr bedrohlich für dich. Sie ist ein Abenteuer, Aufregung, sie ist ein neues Leben, eine neue Geburt, sie ist eine Auferstehung.

Das Ego ist ein Grab.

Um aus dem Ego herauszukommen, musst du aus deinem Grab herauskommen. Denke nicht, dieses Grab sei sicher. Es erscheint dir nur sicher, weil du dich noch nie herausgewagt hast. Du hast noch nie das Abenteuer gesucht. Du kennst noch nicht den Geschmack der Gefahr und des ungesicherten Lebens. Wenn du erst einmal von der Gefahr und der Unsicherheit geschmeckt hast, wirst du nie wieder ins Grab zurückkehren. Es ist besser, nur einen einzigen Augenblick total zu leben, als tausend Jahre in einem Grab zu liegen.

Das ist kein Leben. Es bedeutet, das Leben zu vermeiden. Komm aus deinem Unglück heraus, komm aus deinem Ego, aus deinem Grab heraus und akzeptiere dieses bedrohliche Glücklichsein. Akzeptiere die Gefahr, die darin liegt, die Gipfel zu stürmen, denn wer nach den Gipfeln strebt, riskiert viel – er kann abstürzen.

Riskiere alles, denn das Leben ist nur für diejenigen Spieler, die alles riskieren. Aber wenn du alles riskierst, wirst du zum Geliebten des Daseins, zum Geliebten Gottes. Wenn du alles riskierst, wirst du würdig; wenn du alles riskierst, wirst du zu einer Seele. Ohne Risiko gibt es keine Seele in dir; du bist nur hohl, nichts ist in deinem Inneren. Ohne Risiko gibt es keine Bedeutung, keine Poesie, kein Lied, keinen Tanz, keine Ekstase in deinem Leben. Dann gibt es keinen Jubel.

Feiere und tanze, lass dein Herz von Freude erfüllt sein, lass es überfließen. Und wenn das Ego stirbt, lass es sterben! Hilf ihm zu sterben, denn das bist nicht du. *Du* bist etwas, das über Körper, Verstand, Ego und all das hinausgeht. Du bist ein Teil Gottes, ein Teil der Ewigkeit.

Mach dir keine Sorgen, denn du kannst nicht sterben. Selbst wenn du sterben wolltest, könntest du es nicht – du bist ewig. Es gibt nichts zu fürchten, nichts, wovor du Angst haben müsstest.

Der Tod ist nicht möglich; nur das Ego kann sterben.

Solange du aber mit dem Ego identifiziert bist, bleibt die Angst bestehen. Sobald du das Ego verlierst, verschwindet der Tod und verschwindet die Angst, verschwindet die Sorge, verschwindet alle Seelenqual. Und die ganze Energie, die an Angst, Sorge und Seelenqual gebunden war, wird frei. Diese Energie wird zu deinem Tanz, zu deinem Freudenfest.

(42)

6. KAPITEL

Macht

Mein ganzes Leben lang war ich von Macht fasziniert und von der Bestätigung, die ich mir daraus holen kann. Jetzt erscheint mir das alles ziemlich begrenzt und banal. Jedoch habe ich das Gefühl, dass es noch eine andere, authentischere Art von Macht gibt, die nicht abhängig ist von anderen Menschen und ihren Reaktionen, eine Macht, die mehr aus mir selbst kommt. Kannst du bitte etwas über die Anziehung sagen, die von dieser Macht ausgeht?

Deine Frage muss tief untersucht werden, denn ich könnte sie mit Ja ebenso wie mit Nein beantworten. Ja will ich dazu aber nicht sagen; die größere Wahrscheinlichkeit geht zum Nein. Und ich will dir die Gründe dafür erläutern.

So spielt der *Mind*, der Verstand, ständig mit euch allen seine Spielchen.

Du sagst: »*Mein ganzes Leben lang war ich von Macht fasziniert und von der Bestätigung, die ich mir daraus holen kann.*« Das ist eine wahrheitsgetreue, aufrichtige Erkenntnis. Viele machtorientierte Menschen sind sich dessen noch nicht einmal bewusst. Ihr Wille zur Macht bleibt praktisch unerkannt. Andere können ihn wahrnehmen, aber sie selbst können es nicht sehen.

Dieser Wille zur Macht ist die größte Krankheit, an der die Menschheit leidet. Und alle unsere Erziehungssysteme, alle unsere Religionen, Kulturen und Gesellschaftsformen haben diese Krankheit in jeder Hinsicht unterstützt.

Jeder will, dass sein Kind der bedeutendste Mensch auf der Welt wird. Achtet mal darauf, wie Mütter über ihre Kinder reden – so als hätten sie Alexander den Großen zur Welt gebracht oder Iwan den Schrecklichen, Josef Stalin, Ronald Reagan …

Fünf Milliarden Menschen rennen hinter der Macht her.

Dazu muss man eines verstehen: Dieser ungeheure Drang zur Macht entsteht aus eurer inneren Leere.

Ein erfüllter Mensch, der zufrieden, entspannt und mit sich selbst im Einklang ist, wird nicht machtorientiert sein. Sein ganzes Dasein ist pure Dankbarkeit dem Leben gegenüber. Mehr kann er sich nicht wünschen. Was auch immer dir gegeben wurde, du hattest nicht darum gebeten. Die Existenz hat es dir aus ihrer Überfülle zum Geschenk gemacht.

Diese zwei getrennten Wege gibt es: Der eine ist der Wille zur Macht, der andere der Wille zur Hingabe, zur Auflösung.

Du sagst: »*Jetzt erscheint mir das alles ziemlich begrenzt und banal ...*« Nicht nur begrenzt und banal, sondern krank und hässlich. Die bloße Vorstellung, Macht über andere zu haben, bedeutet, ihnen ihre Würde, ihre Individualität zu nehmen und sie gewaltsam zu Sklaven zu machen. Nur eine äußerst hässliche Geistesverfassung ist dazu imstande.

Deine Frage lautet weiter: »*Jedoch habe ich das Gefühl, dass es noch eine andere, authentischere Art von Macht gibt, die nicht abhängig ist von anderen Menschen und ihren Reaktionen, eine Macht, die mehr aus mir selbst kommt.*« Es ist etwas Wahres an dem, was du sagst, aber es ist nicht deine eigene Erfahrung. Zweifellos gibt es eine Macht, die nichts mit Herrschaft über andere zu tun hat – die Macht einer Blume, die ihre Blütenblätter öffnet ... Hast du diese Macht schon mal wahrgenommen, diese Pracht? Hast du die Macht einer Sternennacht wahrgenommen? Sie herrscht über niemanden. Hast du die Macht wahrgenommen, die im kleinsten Blatt ist, das in der Sonne tanzt und im Regen? Diese Schönheit, diese Herrlichkeit, diese Freude? Es hat nichts mit jemand anderem zu tun. Es braucht nicht mal von jemandem gesehen zu werden.

Das ist wahre Unabhängigkeit. Und es führt dich zur Quelle deines Seins, wo das Leben in jedem Augenblick entspringt.

Aber diese Macht sollte man eigentlich nicht Macht nennen, denn das verwirrt nur.

Das Wort »Macht« bedeutet an sich Macht über andere.

Aber selbst Menschen von großer Einsicht haben das nicht richtig gesehen. In Indien gibt es die Religion des Jainismus … Das Wort *Jaina*, von dem sie herrührt, bedeutet »Eroberer«. Die ursprüngliche Bedeutung muss mit Sicherheit jene gewesen sein, auf die deine Frage hinweist: jene Macht, die in dir entspringt, genau wie eine Blüte sich öffnet und ihren Duft freigibt. Ich habe mich mit der Tradition des Jainismus sehr gründlich befasst, und überall dort, wo von einem »Eroberer« die Rede ist, findet sich gleichzeitig die Erwähnung, dass dieser Mensch sich selbst erobert. Eroberung setzt immer ein Objekt voraus.

Die Jainas haben den Namen von Mahavira* geändert; ursprünglich hieß er nämlich Vardhamana. Mahavira bedeutet »der große Eroberer«, der große Sieger. Wenn man diesen Gedanken, dass Mahavira sich selbst »erobert« hat, auf einfache psychologische Begriffe zurückführt, bedeutet es nichts anderes, als dass er imstande war, nackt im Regen und in der Kälte zu stehen und im Namen des Fastens monatelang zu hungern. Im Verlauf von zwölf Jahren strengster Disziplinierung und asketischer Läuterung hat er insgesamt nur ein Jahr lang Nahrung zu sich genommen. Elf Jahre hungerte er. Nicht kontinuierlich; einen Monat blieb er hungrig und dann aß er an einem Tag. Dann blieb er wieder zwei Monate hungrig und dann aß er wieder ein paar Tage lang … Aber wenn man alle Tage zusammenzählt, an denen er im Laufe von zwölf Jahren Nahrung zu sich nahm, kommt man insgesamt nur auf ein Jahr. Elf Jahre lang quälte er seinen Körper!

Es bedarf tiefer Einsicht, um zu verstehen, dass es keinen Unterschied macht, ob man sich selbst quält oder andere. Andere können sich wehren, zumindest haben sie die Möglichkeit dazu. Aber wenn du anfängst, dich selbst zu quälen, ist keiner da, der dich in Schutz nimmt. Mit deinem eigenen Körper kannst du machen, was du willst. Aber das ist reiner Masochismus und hat nach meinem Verständnis nicht das

---

* der letzte der vierundzwanzig erleuchteten Meister der Jainas

Geringste damit zu tun, zur Quelle des inneren Seins zu finden.

Darum möchte ich es am liebsten gar nicht Macht nennen, weil dieses Wort so verdorben ist. Viel lieber möchte ich es Friede, Liebe, Mitgefühl nennen ... Du kannst dir das Wort selbst aussuchen. Aber Macht ... sie war schon immer in den Händen von gewalttätigen Menschen. Ob diese nun Gewalt gegen andere oder gegen sich selbst ausüben, spielt dabei keine Rolle.

Ich halte Leute, die Gewalt gegen andere ausüben, für natürlicher als jene, die Gewalt gegen sich selbst ausüben; das ist absolut psychotisch. Aber jene, die sich selbst quälen, hat man zu »Heiligen« erklärt. Dabei ist alles, was sie zur Welt beigetragen haben, nur eine Disziplin der Selbstfolter.

Da hat es Heilige gegeben, die auf einem Bett aus Dornen geschlafen haben, und es gibt sie immer noch; man findet sie in Benares. Sie ziehen zwar eine gute Show ab, doch es ist hässlich und verdammenswert. Man sollte diesen Leuten dafür keine Ehre erweisen. Es ist kriminell, was sie ihrem Körper antun – und er kann nicht mal Beschwerde bei Gericht einlegen!

Der zweite Teil deiner Frage will genau verstanden sein, sonst wird dein ursprünglicher Wunsch, deine Faszination durch die Macht, nur wieder in neuer Verkleidung auftauchen. Dann wirst du nämlich anfangen, Anstrengungen zu unternehmen, Macht über dich selbst auszuüben. Und das scheint mir tatsächlich der Fall zu sein.

Du sagst: »*... eine Macht, die nicht abhängig ist von anderen Menschen und ihren Reaktionen, eine Macht, die mehr aus mir selbst kommt.*« Schon der Hinweis auf andere Menschen und ihre Reaktionen lässt darauf schließen, dass du nicht viel anders darüber denkst. Zuerst warst du an der Bestätigung durch andere interessiert – mächtig zu sein, ein Welteroberer, ein Nobelpreisträger oder irgend so ein Unsinn. Aber nicht jeder kann Alexander der Große sein, nicht jeder kann ein Nobelpreisträger sein oder alle anderen in irgendeiner Hinsicht übertreffen.

An diesem Punkt wendet sich das Blatt: Sobald du dich in einer Situation befindest, in der das nicht möglich ist – vielleicht weil die Konkurrenz zu groß ist und man dich an die Wand drücken würde, denn an diesem Wettrennen beteiligen sich noch viel größere und gefährlichere Leute –, ziehst du dich lieber nach innen zurück und versuchst, eine Macht zu finden, die sich nicht auf andere bezieht, die nicht abhängig ist von anderen. Selbst dieser kleine Hinweis reicht mir, um den Schluss zu ziehen, dass du schon wieder auf einen ähnlichen Trip gehst. Zuerst wolltest du andere beherrschen und jetzt versuchst du, dich selbst zu beherrschen. Das nennt man dann »Disziplin«.

Dazu fällt mir diese berühmte Fabel von Äsop ein …

Die Mangozeit ist gekommen und eine Füchsin versucht, die reifen Mangos zu erwischen, aber sie hängen zu hoch. So hoch sie auch zu springen versucht, sie kann die Mangos nicht erreichen. Sie probiert es einige Male, aber als sie schließlich erkennt, dass sie keine Chance hat, blickt sie um sich, ob jemand sie dabei gesehen hat. Ein kleines Kaninchen hat die ganze Szene beobachtet. Da spaziert die Füchsin davon, ohne ihre Niederlage zu erkennen zu geben, doch das Kaninchen fragt: »Was ist denn, Tantchen?« Da sagt die Füchsin zu dem Kaninchen: »Mein Sohn, diese Mangos sind noch nicht reif.«

Wenn du etwas an deinem Machtbegehren verändern willst, solltest du es nicht machen wie der Fuchs in Äsops Fabel. Zuerst musst du verstehen, woher das Verlangen nach Macht überhaupt kommt. Es kommt aus deiner Leere, aus einem Gefühl von Minderwertigkeit.

Der einzig richtige Weg, um von diesem hässlichen Wunsch nach Herrschaft befreit zu werden, besteht darin, dich auf deine Leere einzulassen und sie dir genau anzuschauen. Durch deine Machttrips bist du immer davor ausgewichen. Jetzt stecke deine Energie nicht in eine selbstquälerische, masochistische Disziplin, sondern total in die

Erforschung deiner inneren Leere, deines Nichts – worin besteht es?

In diesem Nichts werden Rosen erblühen. Dort findest du die Quelle des ewigen Lebens. Dann wird dich dein Minderwertigkeitskomplex nicht mehr im Griff haben und du musst dich nicht mehr von anderen abhängig machen. Du hast dich selbst gefunden.

Wer der Faszination der Macht erliegt, entfernt sich immer weiter von sich selbst. Und je weiter man im Denken von sich selbst weggeht, umso leerer wird man. Man hat aber diese Begriffe »Leere« und »Nichts« so schlecht gemacht und du hast den Gedanken akzeptiert, statt die Schönheit des Nichts selbst zu erforschen … Es ist absolute Stille. Es ist Musik ohne Töne. Es ist unvergleichliche Freude. Es ist reine Glückseligkeit.

Wegen dieser Erfahrung hat Gautama Buddha seine absolute Begegnung mit sich selbst »*Nirvana*« genannt. *Nirvana* bedeutet »Nichts«, »Nicht-Dingheit« *(no-thingness)*. Und wenn du dich erst einmal in deine Nicht-Dingheit hinein entspannt hast, lösen sich alle Spannungen, Konflikte und Sorgen auf. Dann hast du die Quelle des ewigen Lebens gefunden, die keinen Tod kennt.

Trotzdem möchte ich darauf hinweisen: Nenne es nicht Macht. Nenne es Liebe, nenne es Stille, nenne es Glückseligkeit, denn das Wort »Macht« ist so sehr von der Vergangenheit beschmutzt, dass es einer großen Reinigung bedarf. Und es gibt dir falsche Assoziationen.

Diese Welt wird beherrscht von Menschen, die sich im Grunde unterlegen fühlen, aber danach trachten, ihre Unterlegenheit durch eine Art von Macht, irgendeine Art von Macht zu überspielen. Dafür haben sie viele Methoden entwickelt. Es kann natürlich nicht jeder Staatspräsident werden – darum hat man das Land in Provinzen, Bundesstaaten, Bundesländer unterteilt. Jetzt haben noch viele andere die Gelegenheit, Gouverneure, Ministerpräsidenten, Landeshauptleute zu werden. Dann teilt man die Arbeit des Ministerpräsidenten weiter auf und so gibt es dann Bundesminister, Landesminister, Ressortminister und wie sie alle heißen. Die ganze Hierarchie besteht aus Leuten, die an einem Minderwertigkeitskomplex leiden. Vom untersten Türsteher bis hinauf zum Präsidenten leiden alle an derselben Krankheit.

Die gewöhnlichen Leute haben natürlich keine Macht. Sie schauen nur aus der Entfernung auf die Mächtigen und denken: »Wenn ich die gleichen Ehren, die gleiche Anerkennung bekäme, dann wäre ich auch jemand! Dann würde ich meine Fußspuren im Sand der Zeit hinterlassen.« Sie unterliegen der Faszination der Macht. Aber schaut euch jemanden wie Gautama Buddha an, der in eine Machtposition hineingeboren wurde und darauf verzichtete, weil er erkannte, dass es ein absolut sinnloses Unterfangen war. Innerlich bleibt man derselbe. Selbst wenn man Milliarden von Dollars besitzt, bringt es im Inneren gar keine Veränderung.

Nur eine innere Veränderung, eine innere Transformation kann dir Frieden geben. Und aus diesem Frieden wird deine Liebe erblühen; aus diesem Frieden wird dein Tanz, werden deine Lieder, wird deine Kreativität erblühen. Doch vermeide lieber das Wort »Macht«.

Bisher denkst du nur darüber nach, doch Nachdenken wird dir nicht helfen. Nachdenken ist zweckmäßig, wenn du in der Welt konkurrieren willst – um Macht, Geld, Prestige, Ansehen. Wenn es aber um deine Heimkehr zum Sein geht, ist Denken absolut nutzlos. Deshalb geht es hier bei mir um das Bemühen, vom *Mind* zur Meditation zu gelangen, vom Denken zur Stille.

Sobald du einmal einen Geschmack von deinem innersten Sein bekommen hast, werden sich deine ganze Habgier und dein Wunsch nach Geld und Macht in Luft auflösen. Es ist unvergleichlich: Du hast das Göttliche in dir gefunden – was willst du noch mehr? *(43)*

Willenskraft, so bringt man uns allen bei, sei von großem Wert. Jedem Kind bringt man bei, einen starken Willen zu haben. Doch Willenskraft verträgt sich nicht mit Spontaneität – dann kann man nicht mehr locker und entspannt sein. Oder glaubst du etwa, die Blumen müssten viel tun, um zu blühen? Oder die Bäume müssten die Dinge tatkräftig in die Hand nehmen, um zu wachsen? Dazu ist gar kein Tun nötig.

Laotse pflegte zu sagen: »Seht die Bäume, seht die Flüsse, seht die Sterne, dann werdet ihr verstehen, was ›Tun, ohne zu tun‹ bedeutet.«

Natürlich fließt der Fluss zum Meer, aber man kann nicht von einem Tun sprechen, denn da ist kein Wille, der den Fluss zwingt, in Richtung Meer zu fließen. Er nimmt es ganz leicht – ohne Hast, ohne Eile, ja sogar ohne den Wunsch, irgendwohin zu kommen, und ohne Wetteifern mit anderen Flüssen, die vielleicht früher ans Ziel kommen. Er fließt einfach so dahin. Und er singt und tanzt seinen Tanz, durch die Berge, durch die Täler, durch die Ebenen, und macht sich keine Gedanken, ob er ans Ziel kommt oder nicht. Jeder Augenblick ist so wunderbar und so kostbar. Wer kümmert sich um morgen?

Man hat den Willen dazu verwendet, eine falsche Persönlichkeit in dir zu erzeugen.

»Wille« ist nur ein weiterer schöner Name für diese hässliche Sache namens »Ego«.

Alfred Adler, einer der größten Psychologen dieses Jahrhunderts, hat seine ganze psychologische Analyse auf dieser einfachen Tatsache aufgebaut: Alle Probleme des Menschen lassen sich auf seinen Willen zur Macht zurückführen. Er will etwas werden, etwas Besonderes – jemand, der höher steht als andere, heiliger ist als andere. Und dabei ist es egal, ob man sich auf dem Marktplatz befindet oder im Kloster. Der Kampf dreht sich darum, an die Spitze zu kommen.

Aber je mehr du kämpfst und je mehr du damit Erfolg hast, desto weiter entfernst du dich von deinem ureigensten

Wesen, weil du dich immer mehr verkrampfst und dir immer mehr Sorgen machst. Dein Leben wird zum Dauerstress. Du hast Angst, zu versagen. Und selbst wenn du erfolgreich bist, hast du Angst, ein anderer könnte dich aus deiner Position verdrängen. Wer dafür lebt, etwas zu erreichen, hat keinen Frieden.

Einerseits hast du also diese Fiktion vom tatkräftigen Handeln übernommen. Vermutlich denkst du, dass auch Meditation tatkräftiges Handeln erfordert. Sie erfordert aber nur eines: Entspannung. Sie erfordert, dass du diesen leistungsorientierten Verstand ruhig stellst und die Zukunft vergisst. Sie erfordert, dass du zulässt, diesen Augenblick für sich zu leben und zu genießen, dann wird der nächste Augenblick ganz von selbst daraus entstehen.

Wenn du diesen Augenblick genießen kannst, wirst du den darauf folgenden Augenblick noch mehr genießen können – du wirst zu einem Experten im Genießen und Tanzen und Singen und Feiern.

So gewinnst du immer mehr an Selbstvertrauen, denn du brauchst niemand anderer zu sein. So wie du bist, kannst du die größte Ekstase erleben – du brauchst dazu weder reich noch mächtig noch weltberühmt oder eine gefeierte Persönlichkeit zu sein.

Du kannst einfach ein Niemand sein.

Trotzdem hast du Zugang zu allen Schätzen dieser Existenz, denn sie liegen nicht außerhalb von dir. Du hast ja keine Ahnung von deinem eigenen inneren Reichtum! *(44)*

Bitte sprich über Machtmissbrauch.

Es gibt die berühmte Äußerung eines englischen Philosophen: »Macht korrumpiert und absolute Macht korrumpiert absolut.« Ich bin nicht dieser Meinung. Meine Analyse sieht ganz anders aus.

Jeder Mensch ist voller Gewalttätigkeit und Habgier, Wut und Leidenschaft – aber er hat keine Macht und darum benimmt er sich wie ein Heiliger. Um Gewalt auszuüben, muss man Macht haben. Um seine Habgier auszuleben, muss man Macht haben. Um seine Leidenschaften zu befriedigen, muss man Macht haben.

Doch sobald Macht in eure Hände gelangt, fangen alle eure schlafenden Hunde zu bellen an. Es ist nicht so, dass Macht euch korrumpiert, sondern ihr *seid* schon korrupt. Macht bringt nur eure Korruptheit ans Licht. Ihr hättet schon längst jemanden umgebracht, wenn ihr die Macht dazu gehabt hättet, und wenn ihr Macht bekommt, werdet ihr töten.

Es ist nicht die Macht, die euch korrumpiert, sondern ihr tragt die Korruptheit schon in euch. Macht gibt euch allenfalls die Gelegenheit, das zu tun, was ihr schon immer tun wolltet.

Macht in den Händen eines Gautama Buddha korrumpiert nicht – im Gegenteil: sie hilft, das Bewusstsein der Menschheit zu heben. Macht in den Händen eines Dschingis Khan tötet Menschen, vergewaltigt Frauen, verbrennt Menschen bei lebendigem Leibe. Sie zündet ganze Dörfer an und lässt die Menschen darin nicht entkommen. Aber es liegt nicht an der Macht selbst. Dschingis Khan muss all diese Dinge schon vorher in sich gehabt haben.

Es ist wie mit dem Regen: Verschiedene Pflanzen fangen an zu wachsen, doch jede Pflanze bringt andere Blüten hervor. Das, was im Samen verborgen ist, das, was als Potenzial angelegt ist – die Macht gibt dafür Gelegenheit. Die meisten Menschen leben so unbewusst, dass in dem Moment, da sie zu Macht gelangen, all ihre unbewussten Instinkte Gelegenheit bekommen, hervorzubrechen. Dann ist es ihnen egal, ob sie Menschen töten, ob sie Menschen vergiften …

Du fragst mich nach Machtmissbrauch.

Macht wird missbraucht, weil die Menschen diese hässlichen Begierden in sich tragen, die ein Erbe der Tiere sind.

In einer besseren Welt … Fast ein Drittel des Lebens verschwenden wir mit der Erziehung unserer Kinder. Ein Teil dieser Zeit sollte für Methoden zur Reinigung des Unterbewusstseins verwendet werden. Dann werden die jungen Leute, wenn sie schließlich von der Universität abgehen und irgendwo Macht in die Hände bekommen – als Polizeipräsident, als Gouverneur, als Premierminister –, diese Macht nicht missbrauchen, weil ihr Unterbewusstsein von allen vergiftenden, destruktiven Kräften gereinigt ist. Wer sollte dann die Macht missbrauchen? Macht ist neutral.

Macht an und für sich ist neutral. In den Händen eines guten Menschen ist sie ein Segen. In den Händen eines unbewussten Menschen ist sie ein Fluch. Doch seit Jahrtausenden verurteilen wir die Macht und übersehen dabei, dass es nicht die Macht ist, die zu verurteilen ist. Man muss nur die Menschen von all den hässlichen Instinkten befreien, die in ihrem Inneren verborgen sind, denn jeder wird in seinem Leben in irgendeiner Form Macht ausüben.

Es muss gar nicht viel Macht sein. Vielleicht sitzt man nur an einem Bahnhofsschalter und verkauft Fahrkarten, aber selbst das verleiht Macht. Du trittst ans Schalterfenster, doch der Mann hinter der Scheibe würdigt dich keines Blickes, sondern kramt in irgendwelchen Papieren, und jeder kann sehen, dass ihn die Papiere überhaupt nicht interessieren. Er will dich nur an deinen Platz verweisen. Sogar der Portier im Finanzamt benimmt sich, als wäre er der Präsident höchstpersönlich. Es ist also keine Frage, wo man sich befindet. Egal, auf welchem Platz man steht, in irgendeiner Form wird man immer Macht ausüben.

Aurangzeb, einer der Mogulherrscher Indiens, war so ungeduldig, dass er es nicht erwarten konnte, bis sein Vater starb oder abdankte, damit er endlich sein Nachfolger werden konnte. Er ließ ihn einfach ins Gefängnis werfen, seinen eigenen Vater, und machte sich selbst zum Herrscher des Landes. Der Vater war sein Leben lang sehr aktiv gewesen. Jetzt schickte er seinem Sohn aus dem Kerker eine Nachricht: »Sende mir wenigstens dreißig Knaben, damit ich sie im heiligen Koran unterweisen kann!«

Und der Kommentar, den Aurangzeb seinen Höflingen gegenüber abgab, ist sehr aufschlussreich: »Der Alte will nicht auf Macht verzichten, jetzt, wo er nicht mehr herrschen kann! Aber dreißig Schüler ... wenn er sie im heiligen Koran unterrichtet, hat er wieder Macht, wenigstens über diese Kinder!«

Die Psychologen behaupten, dass Leute, die Angst davor haben, im Leben zu konkurrieren und mächtig zu werden, den einfacheren Weg wählen: Sie werden Lehrer in der Schule. Mit kleinen Kindern kann man alles machen, man kann sie quälen, kann sie schlagen – obwohl das natürlich verboten ist, aber es geschieht immer noch. Erst kürzlich las ich einen Bericht darüber. Man hat Fälle entdeckt ... aber so etwas vertuscht die (indische) Regierung lieber. Zum ersten Mal wurde es von offizieller Seite zugegeben, weil es so schlimm geworden ist: Lehrer haben die Kinder so stark verprügelt, dass sie fürs ganze Leben taub geworden sind.

Ein Junge wurde von seinem Vater angekettet. Fast zehn Jahre lang war er angekettet, an einem Pfosten im Haus festgebunden. Er wurde wie ein Tier gehalten. Er konnte nicht mal aufstehen, konnte sich nur auf allen vieren bewegen, und weil er im Dunkeln leben musste, hatten seine Augen die Sehkraft verloren.

Auch Eltern üben Macht aus.

Lehrer üben Macht aus, Ehemänner üben Macht aus, Ehefrauen üben Macht aus. Es spielt keine Rolle, wo man steht.

Wenn die Menschheit dahin gelangen könnte, dass sie die tieferen psychologischen Wurzeln der Macht versteht und eine Transformation im Unterbewusstsein des Menschen geschieht, würden die Samen beseitigt – und dann könnte die Macht weiter regieren, aber ohne diese Auswüchse, diese Korruption. Falls das nicht eintritt, wird Macht weiterhin missbraucht werden. Man kann nicht verhindern, dass Menschen Macht haben. Schließlich muss es ja Mütter geben, muss es Väter geben, muss es Lehrer geben.

Der einzige Weg besteht darin, mit Hilfe von Meditation das Unterbewusstsein der Menschen von all diesem Gift zu befreien und ihr Inneres mit Licht zu erfüllen.

Allein Meditation kann dein Herz reinigen und dann bist du nicht mehr korrumpierbar. Nur dann kann Macht nicht mehr missbraucht werden, nur dann kann Macht zu einem Segen werden, denn dann wird sie kreativ. Dann wirst du etwas tun wollen, um das Leben liebevoller und lebenswerter zu machen, um das Dasein ein bisschen schöner zu machen.

Aber dieser bedeutsame Tag ist noch nicht gekommen und jeder, der Anstrengungen unternimmt, diesen bedeutsamen Tag vorzubereiten, macht sich alle machthungrigen Leute zu Feinden.

Man hat mich immer wieder gefragt: »Warum ist die ganze Welt gegen dich?« Das sind die Machthungrigen. Und ich bemühe mich, aus dem Menschen einen stillen See der Gelassenheit zu machen – voller Frieden, Stille, Liebe, Ekstase.

(45)

Warum wollen die Frauen für Männer attraktiv sein, wenn sie doch gleichzeitig ihre sexuelle Begierde ablehnen?

Darin liegt eine politische Strategie. Die Frauen wollen attraktiv sein, weil es ihnen Macht gibt. Je attraktiver sie sind, desto mehr Macht haben sie über die Männer. Und wer will keine Macht? Ihr ganzes Leben lang strampeln sich die Leute ab, um Macht zu bekommen.

Warum will man Geld haben? Weil es Macht bringt. Warum will man Premierminister werden oder Staatspräsident? Weil es Macht bringt. Warum wünscht man sich Berühmtheit und Ansehen? Weil es Macht bringt. Warum will man ein Heiliger werden? Weil es Macht bringt.

Jeder strebt auf andere Weise nach Macht. Und den Frauen hat man nicht viele Chancen gelassen, Macht zu haben. Sie haben nur ein Betätigungsfeld: ihren Körper. Darum sind sie ständig daran interessiert, attraktiv zu sein.

Aber ist euch aufgefallen, dass die heutigen Frauen nicht mehr so sehr darauf angewiesen sind, attraktiv zu sein?

Warum? Weil sie Zugang zu anderen Machtspielen bekommen. Die moderne Frau kommt allmählich aus ihrer alten Abhängigkeit heraus. Sie tritt in Konkurrenz mit dem Mann: Sie konkurriert mit ihm an der Universität um akademische Titel, sie konkurriert mit ihm auf dem Marktplatz, konkurriert mit ihm in der Politik. Sie braucht sich nicht mehr allzu sehr darum zu kümmern, ob sie attraktiv aussieht.

Der Mann hat sich nie so sehr darum gekümmert, attraktiv auszusehen. Wozu? Er hat das ganz den Frauen überlassen. Aber für die Frauen war es die einzige Möglichkeit, um Macht zu bekommen. Für die Männer gab es so viele andere Möglichkeiten. Und es wirkte immer ein bisschen unmännlich und effeminiert, wenn ein Mann zu viel Wert auf seine Attraktivität legte. Das war etwas für die Frauen.

Aber das ist nicht immer so gewesen. Es gab Zeiten in der Vergangenheit, als die Frauen sich genauso frei bewegen konnten wie die Männer. Damals waren die Männer genauso interessiert wie die Frauen, attraktiv auszusehen. Seht euch nur Krishna auf den Bildern an – mit seinen wunderschönen Seidengewändern, seiner Flöte und allem möglichen Schmuck, mit Ohrringen und dieser wunderbaren Krone aus Pfauenfedern. Seht ihn euch an, wie schön er aussieht!

Das waren Zeiten, als Männer und Frauen absolut frei waren und alles tun konnten, was sie wollten. Doch dann kam das lange, dunkle Zeitalter der Unterdrückung der Frauen. Und schuld daran waren die Priester und all die so genannten Heiligen. Diese Heiligen haben schon immer eine solche Angst vor den Frauen gehabt, weil die Frau so große Macht über sie zu haben scheint … Die Macht der Frau ist so groß, weil sie die Heiligkeit eines Heiligen innerhalb von Minuten zunichte machen kann.

Es wird gesagt, eine Mutter bemühe sich fünfundzwanzig Jahre lang darum, aus ihrem Sohn einen klugen Mann zu machen, doch dann kommt eine Frau und macht ihn innerhalb von zwei Minuten zum Narren. Das können die

Mütter den Schwiegertöchtern nie verzeihen. Niemals! Fünfundzwanzig Jahre hat die arme alte Frau gebraucht, um diesem Mann ein bisschen Intelligenz beizubringen, und in zwei Minuten ist alles den Bach runter! Wie könnte sie dieser Frau je verzeihen?

Es liegt an all diesen Heiligen, dass die Frauen so sehr verdammt wurden – an ihrer Angst vor den Frauen. Die Frauen mussten unterdrückt werden. Und weil man die Frauen so sehr unterdrückt hat, wurden ihnen alle Möglichkeiten genommen, im Leben zu konkurrieren und im Lebensstrom mitzuschwimmen. Dann blieb ihnen nur eines: ihr Körper.

Du fragst mich: »*Warum wollen die Frauen für Männer attraktiv sein?*« Darum – denn es ist ihre einzige Macht. Und wer will keine Macht haben? Nur wenn man versteht, dass Macht bloß Leid bringt, dass Macht destruktiv und gewalttätig ist, nur durch dieses Verstehen kann der Drang nach Macht aufhören. Denn wer möchte sonst nicht gerne Macht haben?

Und du fragst: »*... wenn sie doch attraktiv für die Männer sein wollen, warum lehnen sie gleichzeitig ihre sexuelle Begierde ab?*«

Aus dem gleichen Grund. Die Frau kann ihre Macht nur behalten, wenn sie dir ständig wie eine Karotte vor der Nase baumelt – stets erreichbar und doch ewig unerreichbar, ganz nah und doch unnahbar fern. Nur dann hat sie Macht. Wenn sie dir gleich in den Schoß fällt, ist ihre Macht vorbei. Und wenn du sie erst einmal sexuell benutzt hast, wenn du sie ausgebeutet hast, dann ist sie passé, dann hat sie keine Macht mehr über dich. Deshalb lockt sie dich an und hält dich gleichzeitig auf Abstand. Sie lockt dich, provoziert dich, verführt dich – und wenn du dann näher kommst, sagt sie einfach nein.

Dahinter steht eine einfache Logik. Sagt sie ja, dann reduzierst du sie zu einem Ding. Du benutzt sie und niemand möchte gerne benutzt werden. Das ist die Kehrseite derselben Machtpolitik.

Macht zu haben bedeutet, die Möglichkeit zu haben, den anderen zu benutzen. Doch sobald jemand dich benutzt, ist es aus mit deiner Macht; dann hat er dich zur Machtlosigkeit reduziert.

Deshalb will keine Frau benutzt werden. Aber genau das hat man seit ewigen Zeiten mit ihr gemacht. Die Liebe ist zu einer hässlichen Sache geworden. Sie sollte die wunderbarste Erfahrung sein, aber sie ist es nicht – weil der Mann die Frau benutzt hat, und die Frau lehnt es ab, sie wehrt sich dagegen. Natürlich, denn sie will nicht zur Ware reduziert werden.

Darum kann man sehen, wie die Ehemänner mit dem Schwanz wedeln, wenn ihre Frauen in der Nähe sind, und die Frauen legen eine Haltung an den Tag, als wären sie über all diesen Unsinn erhaben – die reinsten Heiligen. Die Ehefrauen tun so, als wären sie überhaupt nicht an Sex interessiert, igitt! Aber sie sind daran genauso interessiert wie ihr, das Problem ist nur: Wenn sie ihr Interesse offen zeigen, nehmt ihr ihnen sofort ihre ganze Macht und fangt an, sie zu benutzen.

Darum scheinen sie sich für alles andere zu interessieren und wollen besonders attraktiv sein, damit sie euch zurückweisen können. Darin liegt die Freude an ihrer Macht. Euch anzuziehen – und ihr seid geradezu magisch angezogen – und dann nein zu sagen und euch allen Wind aus den Segeln zu nehmen! Und ihr wedelt mit dem Schwanz wie ein Hund – das genießt die Frau.

Das ist eine hässliche Situation; es sollte nicht so sein. Es ist eine hässliche Situation, weil die Liebe dadurch zur Machtpolitik herabgewürdigt wird. Das muss sich ändern. Wir müssen eine neue Menschheit, eine neue Welt hervorbringen, in der die Liebe kein Machtspiel ist. Wenigstens die Liebe sollte von allen Machtspielen ausgenommen sein. Das Geld kann bleiben, die Politik kann bleiben, alles kann bleiben, aber die Liebe sollte davon ausgenommen sein.

Die Liebe ist etwas unendlich Wertvolles. Macht sie nicht

zu einem Objekt auf dem Marktplatz. Aber genau das ist passiert.

Ein neuer Rekrut war soeben beim Wüstenposten der Fremdenlegion eingetroffen. Er fragte seinen Korporal, was denn die Männer so in ihrer Freizeit täten.

Der Korporal grinste sich eins und sagte: »Wirst du schon sehen.«

Der junge Mann wunderte sich: »Ihr habt ja schließlich mehr als hundert Männer auf diesem Posten und ich sehe keine einzige Frau.«

»Wirst du schon sehen«, wiederholte der Korporal.

Am Nachmittag wurden dreihundert Kamele in eine Einzäunung getrieben. Auf ein Signal stürzten alle Männer wie die Wilden los, sprangen über den Zaun und fingen an, sich mit den Kamelen zu paaren.

Der Rekrut sah den Korporal vorbeirennen und packte ihn am Arm: »Jetzt versteh ich, was du gemeint hast!«, sagte er. »Aber eins versteh ich nicht: Das sind doch bestimmt dreihundert Kamele, und wir sind nur hundert! Warum haben die's denn alle so eilig? Können sie sich nicht Zeit lassen?«

»Wie?«, rief der Korporal erstaunt, »und bei einer Hässlichen hängen bleiben?«

Keiner will bei einer Hässlichen hängen bleiben – auch wenn es nur ein Kamel ist. Wer will schon bei einer hässlichen Frau hängen bleiben? Darum versuchen die Frauen auf jede erdenkliche Weise, schön zu sein – oder zumindest schön auszusehen. Und wenn man erst einmal an ihrem Köder hängt, zieht sie sich von dir zurück, denn so ist das Spiel. Wenn du dich von ihr zurückziehst, kommt sie wieder näher und fängt an, dich zu verfolgen. Aber sobald du hinter ihr her bist, weicht sie zurück. Das ist das Spiel. Doch mit Liebe hat das nichts zu tun. Es ist unmenschlich. Aber so läuft das ab, und zwar seit ewigen Zeiten.

Hütet euch davor! Jeder Mensch besitzt Würde und niemand sollte zu einer Ware, zu einem Objekt reduziert werden. Respektiert die Männer, respektiert die Frauen, denn jeder ist göttlich.

Und vergesst die alte Vorstellung, dass der Mann in der Liebe der aktive Teil sein sollte. Das ist so dumm! Es lässt den Eindruck entstehen, als wäre der Mann der Macher und die Frau diejenige, die alles mit sich machen lässt. Selbst in unserer Sprache klingt es so, als wäre der Mann derjenige, der Liebe »macht«, als wäre er immer der Aktive und die Frau einfach nur die Passive, Empfängliche. Aber das stimmt ja nicht. Beide tun etwas miteinander, wenn sie sich lieben. Beide nehmen aktiv daran teil – die Frau auf *ihre* Weise. Ihre Empfänglichkeit ist ihre Art, daran teilzunehmen, aber sie ist ebenso daran beteiligt wie der Mann.

Glaub ja nicht, dass nur du etwas mit der Frau machst: Sie macht auch etwas mit dir. Ihr tut beide etwas ungeheuer Wertvolles füreinander. Ihr gebt euch beide dem anderen hin und teilt eure Energie mit dem anderen. Beide gebt ihr euch hin im Tempel der Liebe, im Tempel des Gottes der Liebe. Der Gott der Liebe hat von euch beiden Besitz ergriffen. Es ist ein heiliger Augenblick; ihr wandelt auf heiligem Boden. Dann hat das Verhalten der Liebenden eine völlig andere Qualität.

Es ist gut, wenn man schön ist, aber es ist hässlich, wenn man schöner erscheinen will, als man ist. Es ist gut, attraktiv zu sein, aber es ist hässlich, sich attraktiver machen zu wollen. Es ist eine kalkulierte Manipulation. Dabei sind die Menschen doch auf natürliche Weise schön! Man braucht keine Schminke. Make-up ist hässlich. Es macht euch nur hässlicher. Die Schönheit liegt in der Einfachheit, in der Unschuld, im Natürlichsein, im Spontansein. Und wenn ihr schön seid, dann benutzt eure Schönheit nicht als Machtmittel. Das macht sie profan, das ist ein Sakrileg.

Schönheit ist eine Gabe Gottes. Teilt sie mit anderen, aber benutzt sie nicht, um andere zu beherrschen und von ihnen Besitz zu ergreifen. Dann wird eure Liebe zur Andacht und eure Schönheit wird zu einer Darbringung für Gott. *(46)*

Warum habe ich immer das Gefühl, dass ein tiefer Zusammenhang zwischen Sex und Geld besteht?

Sie hängen zusammen. Geld ist Macht, darum kann man es auf mannigfache Weise verwenden. Mit Geld kann man sich Sex kaufen, und das war schon immer so. Die Könige haben sich Tausende von Ehefrauen gehalten. Noch in diesem Jahrhundert, im zwanzigsten Jahrhundert, noch vor vierzig, fünfzig Jahren, hatte der Nisam von Hyderabad fünfhundert Frauen!

Alle Herrscher dieser Welt haben es so gemacht. Frauen wurden wie Vieh gehandelt. In den Palästen großer Herrscher waren die Frauen nummeriert, denn es war schwierig für den König, sich all die Namen zu merken. Also sagte er zu seinen Dienern: »Bringt mir die Nummer vierhundertundeins« – denn wie soll man sich fünfhundert Namen merken? Nummern ...! Genau wie Soldaten, die haben auch eine Nummer – keinen Namen, nur eine Nummer.

Und das macht einen großen Unterschied. Nummern sind reine Arithmetik. Nummern atmen nicht, sie haben kein Herz. Nummern haben keine Seele. Wenn ein Soldat im Krieg fällt, liest man auf dem schwarzen Brett: »Nummer 15 gefallen.« Und das ist etwas völlig anderes – »Nummer 15 gefallen« –, als wenn man den genauen Namen angibt. Dann war er ein Ehemann und die Frau ist jetzt Witwe; oder er war ein Vater und die Kinder sind jetzt Waisen; oder er war die einzige Stütze der alten Eltern und sie stehen jetzt ganz allein da. Eine Familie ist zerbrochen, das Licht einer Familie ist erloschen. Aber wenn Nummer 15 stirbt ... Nummer 15 hat keine alten Eltern. Nummer 15 ist nur Nummer 15! Und Nummer 15 ist ersetzbar. Ein anderer wird kommen und die neue Nummer 15 sein.

Ein menschliches Individuum ist jedoch niemals ersetzbar. Das ist nur ein Trick, ein psychologischer Trick – Soldaten zu Nummern zu machen! Es erfüllt seinen Zweck ... Niemand achtet darauf, wenn Nummern verschwinden. Es kommen neue Nummern und ersetzen die alten.

Die Ehefrauen wurden also durchnummeriert und es hing davon ab, wie viel Geld man hatte. Tatsächlich war das früher die einzige Möglichkeit, um festzustellen, wie reich ein Mann war. Ein Maßstab dafür war, wie viele Ehefrauen er hatte.

Geld ist Macht und mit Macht kann man sich alles erkaufen. Du siehst es also nicht falsch, dass es einen Zusammenhang zwischen Sex und Geld gibt.

Noch etwas muss man verstehen: Jemand, der seine Sexualität unterdrückt, interessiert sich mehr fürs Geld. Geld wird für ihn zu einem Ersatz für Sex, Geld wird zu seiner Liebe. Seht den Habgierigen, den Geldbesessenen, wie er die Hundertdollarscheine anfasst! Er fasst sie an, als würde er eine Frau liebkosen. Und wie er das Gold anschaut! Seht seinen romantisch verklärten Blick! Geld ist zu seiner Liebe, zu seiner Göttin geworden. In Indien beten die Leute sogar das Geld an. Es gibt einen bestimmten Tag im Jahr, an dem man das Geld, wirkliches Geld, anbetet! Münzen und Scheine, Rupien, werden angebetet! Intelligente Leute machen so etwas Dummes!

Sex kann auf vielfache Weise umgelenkt werden. Wenn Sexualität unterdrückt wird, kann sie zu Wut werden. Darum wird den Soldaten der Sex entzogen, so dass sich ihre Sexualenergie in Wut, Aggressivität und Destruktivität verwandelt und ihre Gewalttätigkeit steigt. Sex kann aber auch in Ehrgeiz umgelenkt werden. Wichtig ist, dass man Sex unterdrückt. Sobald Sex unterdrückt wird, steht Energie zur Verfügung, die in jede beliebige Richtung kanalisiert werden kann. Man kann sie in Streben nach politischer Macht umlenken, in Streben nach Geld, in Streben nach Berühmtheit, einem Namen, nach Ansehen, Askese usw.

Der Mensch hat nur eine Energie, und das ist die sexuelle Energie. Es gibt nicht verschiedene Energien in euch. Und diese eine Energie ist zu allen möglichen Antrieben umgelenkt worden. Sie enthält ein ungeheures Energiepotenzial.

Die Menschen sind hinter dem Geld her in der Hoffnung, dass sie, wenn sie mehr Geld haben, auch mehr Sex haben können. Sie können schönere Frauen oder Männer haben, sie können mehr Abwechslung haben. Geld gibt ihnen Wahlfreiheit.

Ein Mensch, der seine Sexualität transformiert und sich von ihr befreit, wird auch frei vom Geld, frei vom Ehrgeiz, frei von dem Wunsch, berühmt zu werden. Alle diese Dinge verschwinden plötzlich aus seinem Leben. Sobald die sexuelle Energie anfängt, nach oben zu steigen, sobald die sexuelle Energie sich in Liebe, Andacht, Meditation verwandelt, verschwinden alle ihre niedrigeren Erscheinungsformen.

Doch Sex und Geld sind tief miteinander verbunden. Dein Gedanke enthält etwas Wahres.

Man kann genauso besessen nach Geld sein, wie man nach Sex besessen sein kann. Die Besessenheit kann sich aufs Geld verlagern. Aber Geld bedeutet Kaufkraft und man kann sich alles damit kaufen. Natürlich kann man sich keine Liebe kaufen, aber man kann sich Sex kaufen. Sex ist eine Ware, Liebe nicht.

Alles, was man sich kaufen kann, ist gewöhnlich, profan. Und alles, was man sich nicht kaufen kann, ist heilig. Merkt euch das: Das Heilige ist jenseits vom Geld und das Profane ist immer der Macht des Geldes unterworfen. Sex ist die profanste Sache auf der Welt.

Ein Mann betritt einen modernen Bordell-Nachtclub in Chicago, der von einem Mafiasyndikat betrieben wird. Die Geschäftsleitung ist gerade dabei, das Clubimage aufzumöbeln. Der Club erstreckt sich über mehrere Stockwerke eines Wolkenkratzerhotels und der Mann wird von einer hübschen jungen Empfangsdame in einer sexy Uniform begrüßt. Sie bittet ihn, an einem Teakholzpult Platz zu nehmen, und fragt ihn, wie viel Geld er ausgeben möchte.

Dann erklärt sie ihm, dass die Preise zwischen fünf und tausend Dollar liegen, je nach Qualität und Zahl der gewünschten Mädchen. Zur Illustration zeigt sie einen Videofilm auf der hausinternen Fernsehanlage. Die höheren Preise sind für die Salons in den unteren Etagen, mit hoher

Zimmerdecke, eleganten Spiegeln über dem Bett und drei bis vier Gespielinnen etc. Die niedrigeren Preise zahlt man für die kleineren Freuden, bis hinunter zu fünf Dollars für eine »kohlrabenschwarze Niggermama mit breiten Nüstern«, erklärt die hübsche junge Empfangsdame.

Der Kunde überlegt. »Haben Sie nicht was noch Billigeres, für weniger als fünf Dollar?«, fragt er schließlich.

»Aber selbstverständlich«, sagt die Empfangsdame. »Siebter Stock, Dachgarten. Ein Dollar pro Schuss. Selbstbedienung.«

Es besteht zweifellos ein Zusammenhang zwischen Geld und Sex, denn Sex kann man kaufen. Und alles, was man kaufen kann, gehört zur Welt des Geldes.

Aber bedenke eines: Dein Leben ist leer, wenn du nur Dinge kennst, die man kaufen kann. Dein Leben wird leer bleiben, wenn du nur Dinge kennst, die man verkaufen kann. Dein Leben wird völlig sinnlos sein, wenn du nur Waren kennen gelernt hast. Du musst auch Dinge kennen lernen, die man weder kaufen noch verkaufen kann. Dann werden dir zum ersten Mal Flügel wachsen; dann wirst du zum ersten Mal etwas Höheres kennen lernen. Solange du nicht etwas kennen gelernt hast, was man weder kaufen noch verkaufen kann, solange du nicht etwas kennen gelernt hast, was jenseits von Geld ist, hast du das wirkliche Leben nicht kennen gelernt.

Sex ist nicht jenseits von Geld, aber Liebe. Transformiere deinen Sex in Liebe und transformiere deine Liebe in Andacht. Werde zu einem Buddha, einem Christus, einem Zarathustra, einem Laotse. Erst dann hast du wirklich gelebt. Erst dann hast du die Geheimnisse des Lebens kennen gelernt!

Geld und Sex sind die unterste Stufe. Und die Menschen leben nur in dieser Welt von Geld und Sex – und sie meinen zu leben. Sie leben nicht, sie vegetieren nur dahin, sie sterben langsam dahin. Das ist nicht das Leben! Das Leben birgt noch viel mehr Königreiche, die es zu entdecken gilt, einen unendlichen Schatz, der nicht von dieser Welt ist. Das kann weder Sex noch Geld dir geben. Aber du kannst es erlangen. Du kannst deine sexuelle Energie dazu benutzen, es zu erlangen, und du kannst deine finanzielle Macht dazu benutzen, es zu erlangen. Natürlich lässt es sich nicht durch Geld oder Sex erlangen, aber du kannst deine sexuelle Energie und deine finanzielle Macht so geschickt einsetzen, dass du in dir Raum für die Erfahrung des Jenseitigen schaffen kannst.

Ich bin nicht gegen Sex und ich bin nicht gegen Geld, das darf man nicht vergessen. Vergesst das nie! Aber ich bin mit Sicherheit dafür, euch darin zu unterstützen, darüber hinauszugehen. Ich bin mit Sicherheit dafür, dass man darüber hinausgeht.

Man sollte alles als Sprungbrett benutzen, man sollte nichts verleugnen. Wenn du Geld hast, kannst du leichter meditieren als ein Armer. Du hast mehr Zeit für dich. Du kannst einen kleinen Tempel in deinem Haus haben, kannst einen Garten mit Rosensträuchern haben, in dem es sich leichter meditieren lässt. Du kannst dir einen Urlaub in den Bergen leisten, kannst in die Abgeschiedenheit gehen und ohne Sorgen leben. Wenn du Geld hast, solltest du es für etwas nutzen, das sich zwar mit Geld nicht kaufen lässt, wofür das Geld aber die Voraussetzungen schaffen kann.

Sexuelle Energie ist verschwendet, wenn sie nur auf Sex beschränkt bleibt, aber sie wird zu einem großen Segen, wenn sie ihre Qualität verändert: Sex nicht um seiner selbst willen, sondern Sex als Liebeskommunion. Benutze Sex für die Begegnung zweier Seelen und nicht nur zweier Körper. Benutze Sex als meditativen Tanz der Energien von zwei Menschen. Und dieser Tanz ist viel reicher, wenn Mann und Frau ihn gemeinsam tanzen. Und Sex ist der höchste Gipfel des Tanzes: Zwei Energien treffen zusammen und verschmelzen in einem freudigen Tanz.

Aber du kannst Sex auch als Trittstufe, als Sprungbrett benutzen. Wenn du den Höhepunkt deines sexuellen Orgasmus erreichst, sei aufmerksam für alles, was dabei geschieht, und du wirst dich wundern: Die Zeit verschwindet, das Denken verschwindet, das Ego verschwindet. Einen Augenblick lang herrscht völlige Stille. Diese Stille ist es, worum es geht!

Diese Stille lässt sich aber auch auf anderem Wege erreichen, mit weniger Energieverlust. Diese Stille, diese Gedankenfreiheit, diese Zeitlosigkeit lässt sich durch Meditation erreichen. Wer sich im Sex mit vollkommener Bewusstheit hingibt, wird früher oder später meditativ. Das bewusste Erleben der sexuellen Erfahrung macht dich darauf aufmerksam, dass das Gleiche auch ohne Sexualität passieren kann. Das Gleiche kann auch passieren, wenn du einfach still für dich dasitzt und nichts tust. Du kannst das Denken fallen lassen, die Zeit fallen lassen, und in dem Moment, in dem du Denken und Zeit und Ego hinter dir lässt, bist du orgasmisch.

Der sexuelle Orgasmus ist ein flüchtiger Augenblick und alles Flüchtige bringt in seinem Gefolge nur Frustration, Leid und Unglück, Traurigkeit und Reue. Die Qualität des orgasmischen Seins kann zu einer kontinuierlichen Erfahrung, zu einem Kontinuum in dir werden – sie kann zu deinem Aroma werden. Aber das ist nur durch Meditation möglich, nicht durch Sex allein.

Benutze den Sex, benutze das Geld, benutze den Körper, benutze die Welt – aber bei all dem müssen wir das Göttliche erlangen. Lass das Göttliche immer das Ziel sein. *(47)*

Wie kann ich meine Macht gebrauchen, ohne meine Liebe zu verlieren? Wie kann ich meine Macht gebrauchen und trotzdem mein Herz offen halten? Liebe und Macht scheinen mir ein Widerspruch zu sein.

Das ist ein Missverständnis von dir. Liebe und Macht sind kein Widerspruch. Liebe ist die größte Macht der Welt.

Aber ich betone noch mal, und das musst du verstehen: Mit Macht meine ich nicht Macht über andere. Macht über andere ist keine Liebe. Macht über andere ist purer Hass, ist ein destruktives Gift.

Aber für mich und für jeden Wissenden ist die Liebe selbst eine Macht – die größte Macht, die es gibt, denn es gibt nichts Kreativeres als die Liebe. Es gibt nichts Erfüllenderes als die Liebe, es gibt nichts Nährenderes als die Liebe. Wenn du liebst, verschwinden alle Ängste, und wenn du selbst zur Liebe wirst, wird auch der Tod belanglos.

Jesus ist nicht allzu weit von der Wahrheit entfernt, wenn er sagt: »Gott ist Liebe.« Zweifellos ist Gott Macht, die größte Macht. Doch ich möchte Jesus korrigieren. Ich sage nicht, dass Gott Liebe ist. Ich sage: »Liebe ist Gott.«

Für mich ist Gott nur ein Symbol und Liebe ist die Wirklichkeit.

Gott ist nur ein Mythos und Liebe ist die Erfahrung von Millionen von Menschen.

Gott ist nur ein Wort, aber Liebe kann zu einem Tanz in deinem Herzen werden.

Dein Missverständnis besteht darin, dass du denkst, Macht bedeute Macht über andere. Und es ist nicht nur *dein* Missverständnis, es ist das Missverständnis von Millionen von Menschen. Und wegen dieses Missverständnisses machen sie die ganze Schönheit der Liebe zunichte. Statt ein Paradies daraus zu machen, schaffen sie sich gegenseitig die Hölle, weil jeder den anderen zu dominieren versucht – im Namen der Liebe, aber insgeheim ist es der Wunsch zu dominieren.

Liebe an sich ist bedingungslos. Sie kennt nur Geben und Teilen; sie hat nicht den Wunsch, etwas dafür zurückzubekommen. Sie fragt nicht nach einer Antwort. Ihre Freude und ihr Lohn liegen im Geben. Ihre Macht liegt im Geben, im Teilen. Sie ist so machtvoll, dass sie immerzu mit Millionen von Menschen teilen kann, und dennoch fließt das Herz über vor Liebe. Sie ist unerschöpflich; darin liegt ihre Macht.

Du fragst: »*Wie kann ich meine Macht gebrauchen, ohne meine Liebe zu verlieren?*« Wenn dir daran gelegen ist zu dominieren, wirst du mit Sicherheit deine Liebe verlieren. Wenn dir aber daran gelegen ist zu lieben, kannst du so machtvoll lieben, wie du nur willst.

Da ist kein Widerspruch zwischen Macht und Liebe. Wenn ein Widerspruch existiert zwischen Macht und Liebe, dann wird die Liebe machtlos, dann wird sie impotent, unkreativ und schwach. Und die Macht wird gefährlich und destruktiv; sie wird andere zu quälen beginnen.

Liebe und Macht voneinander getrennt – darin besteht das Unglück dieser Welt.

Liebe und Macht zusammen als eine Energie können eine großartige Transformation bewirken. Das Leben kann zur Glückseligkeit werden.

Und es geht nur darum, ein Missverständnis aufzugeben.

Es ist so, als hättest du gedacht, zwei plus zwei sei fünf, und dann kommt jemand und weist dich darauf hin, dass du falsch gerechnet hast. Zwei plus zwei ist nicht fünf, zwei plus zwei ist vier! Denkst du, dass nun viel Disziplin nötig sein wird, um dieses Missverständnis zu beseitigen? Musst du jetzt stundenlang auf dem Kopf stehen, um diesen Gedanken loszuwerden, dass zwei und zwei fünf ist und nicht vier? Oder musst du fasten, bis du fast verhungerst, um diese falsche Vorstellung zu ändern? Oder musst du der Welt und all ihren Freuden entsagen, weil deine Rechnung falsch war und du zuerst deine Seele läutern musst, bevor du richtig rechnen kannst?

Es ist eine einfache Rechnung und ein einsichtiger Mensch kann das innerhalb von Sekunden ändern. Es ist nur eine Frage des Erkennens, wo man in die Irre gegangen ist. Und dann holt man sich zurück.

»Letzte Nacht hatte ich einen seltsamen Traum«, erzählt ein Mann seinem Psychiater. »Ich sah meine Mutter, doch als sie sich umdrehte und mich anschaute, fiel mir auf, dass sie Ihr Gesicht hatte. Sie können sich vorstellen, wie sehr mich das beunruhigt hat. Ich wachte sofort auf und konnte nicht wieder einschlafen. Ich lag einfach im Bett und wartete, bis der Morgen kam. Dann stand ich auf, trank eine Cola zum Frühstück und kam gleich hierher zu unserer Sitzung. Ich dachte, vielleicht können Sie mir helfen, diesen merkwürdigen Traum zu verstehen.«

Der Psychiater schwieg einen Moment und dann sagte er: »Eine Cola? Das nennen Sie Frühstück?«

Der arme Kerl war gekommen, um seinen Traum zu verstehen – warum das Gesicht der Mutter sich in das Gesicht des Psychiaters verwandelt hatte. Aber für den Psychiater ist das nicht das Problem. Für ihn ist das Problem: »Eine Cola? Das nennen Sie Frühstück?«

Doch wenn man die Leute beim Reden beobachtet, kann man sich nur wundern. Überall gibt es Missverständnisse. Du sagst etwas, aber etwas ganz anderes wird verstanden. Man sagt etwas zu dir, aber du verstehst etwas ganz anderes.

Die Welt wäre ein viel stillerer und friedlicherer Ort, wenn die Menschen nur noch fünf Prozent von dem reden würden, was sie jetzt reden – doch in diesen fünf Prozent wäre absolut alles Wesentliche enthalten. Und das ist noch nicht mal die Untergrenze, das ist die Obergrenze! Versuch es mal: Sprich nur noch das Wesentliche, im Telegrammstil, als hättest du nur zehn Wörter zur Verfügung. Ist dir das schon mal aufgefallen? Ein Telegramm bedeutet mehr als ein langer Brief; es ist konzentrierter. Sei telegrafisch und du wirst dich wundern, wie wenig du während eines ganzen langen Tages reden musst.

Ein Mathematiker im Ruhestand lebte einmal in einer Stadt in meiner Nähe. Er war sein Leben lang Lehrer gewesen und die Pensionierung machte ihm zu schaffen. Seine Frau redete schon seit Jahren nicht mehr mit ihm: »Er ist solch ein Langweiler!«, sagte sie. »Es ist besser, überhaupt nicht mit ihm zu reden. Er redet immer nur von Mathematik!«

Kein Nachbar wollte ihn bei sich haben. Einer meiner Nachbarn machte sich Sorgen um mich, weil dieser alte Mathematiker oft stundenlang bei mir war und mir doch sicher auf die Nerven fallen musste! Er kam, um mir einen Rat zu geben.

Er sagte: »Ich möchte dir einen Rat geben, wie du diesen alten Mann loswerden kannst. Jedes Mal, wenn du ihn kommen siehst, nimm einfach deinen Schirm und stell dich an die Tür, so als wolltest du gerade fortgehen. Dann wird er fragen: ›Wohin gehst du?‹, und du kannst sagen, dass du irgendwohin gehst.«

Ich sagte: »Da kennst du diesen Mann schlecht! Wenn ich ihm sage, dass ich irgendwohin gehe, sagt er: ›Ich komme mit!‹, und das wäre noch schlimmer. Es ist besser hier. Und es ist auch gar keine Tortur für mich. Ich genieße es. Ich habe nichts zu sagen und so sitze ich einfach still da. Er macht alles allein. Er redet und redet und redet und schließlich dankt er mir und sagt: ›Du bist so ein guter Gesprächspartner!‹ Und ich sage: ›Kein Vergleich zu dir! Aber langsam lerne ich von dir.‹«

Die Leute erwarten gar nicht, dass man redet; sie erwarten, dass man zuhört. Und wenn man die Kunst lernt, den Leuten einfach zuzuhören, lassen sich so viele Missverständnisse auf der Welt vermeiden.

Ein älteres amerikanisches Ehepaar hörte sich im Radio eine dieser religiösen Bekehrungspredigten an. Der Prediger beendete seine zündende Rede mit den Worten: »Gott will euch alle heilen! Steht nun auf, legt eine Hand auf das Radiogerät und die andere Hand auf einen kranken Körperteil.«

Die alte Frau erhob sich ächzend, legte eine Hand auf den Radioapparat und die andere auf ihr arthritisches Bein. Der alte Mann legte eine Hand auf das Radio und die andere Hand auf sein Geschlecht.

Da schnauzte ihn die Alte an: »Fred! Der Prediger hat gesagt, Gott wird die Kranken heilen, und nicht: Gott wird die Toten wieder zum Leben erwecken!«

Missverständnisse sind unvermeidlich.

Ich weiß nicht, woher du diese Vorstellung hast, dass Liebe und Macht ein Widerspruch seien. Ändere sie, denn wenn du sie änderst, wird es dich ändern und dein ganzes Leben.

Liebe ist Macht – die reinste Macht und die größte Macht. Liebe ist Gott. Nichts könnte höher sein als das. Aber diese Macht hat nichts mit dem Wunsch zu tun, andere zu versklaven. Diese Macht ist keine destruktive Kraft.

Diese Macht ist der wahre Ursprung der Schöpfung.

Diese Macht ist Kreativität.

Und diese Macht wird dich total transformieren zu einem völlig neuen Wesen. Ihr geht es nicht um andere, ihr geht es nur darum, dass dein Same zur höchsten Blüte gelangt. *(48)*

7. KAPITEL

Politik

Man hat uns auf Ehrgeiz programmiert. Und darin besteht die ganze Politik. Es betrifft nicht nur die übliche Welt der Politik, es hat unser alltägliches Leben vergiftet. Schon als kleines Kind lernt man, für Mutter und Vater zu lächeln, ein oberflächliches, falsches Lächeln. Doch das Kind begreift schnell, dass es für sein Lächeln belohnt wird. Damit hat es die erste Regel des Politikers gelernt. Schon im Kinderwagen bringen wir den Kindern bei, was Politik ist. *(49)*

Unter Politik ist also nicht nur das zu verstehen, was wir gemeinhin so nennen. Immer wenn jemand ein Machtspiel zu spielen versucht, ist es Politik. Dabei spielt es überhaupt keine Rolle, ob es etwas mit dem Staat, mit der Regierung oder ähnlichen Dingen zu tun hat.

Für mich hat das Wort »Politik« eine sehr viel weitreichendere Bedeutung, als man im allgemeinen darunter versteht. *(50)*

Der Mann hat im Laufe der Geschichte immer eine politische Strategie gegenüber der Frau angewandt: Er hat behauptet, sie stehe unter ihm. Und er konnte sogar die Frau selbst davon überzeugen, und zwar deshalb, weil die Frau dem Mann hilflos ausgeliefert war und sich dieser hässlichen Idee beugen musste, die total absurd ist. Die Frau steht weder unter noch über dem Mann! Mann und Frau sind zwei verschiedene Kategorien von Menschen; sie sind nicht miteinander vergleichbar. Dieser ganze Vergleich ist idiotisch, und sobald man anfängt, sie zu vergleichen, hat man Probleme.

Warum hat überall auf der Welt der Mann die Frau zum schwächeren Geschlecht erklärt? Weil es die einzige Möglichkeit war, sie in Abhängigkeit zu halten und eine Sklavin aus ihr zu machen. Es war einfacher.

Wäre die Frau dem Mann gleichgestellt, dann gäbe es Probleme. So muss der Mann sie mit der Idee indoktrinieren, dass sie ihm *unterlegen* sei. Und als Gründe werden genannt: Die Frau habe weniger Muskelkraft, sie sei von kleinerem Wuchs, sie habe keine Philosophie und keine Theologie hervorgebracht, sie habe keine Religion gegründet und es habe keine bedeutenden weiblichen Künstler, Musiker, Maler gegeben. Das beweise doch, dass sie nicht genügend Intelligenz besitze, dass sie nicht intellektuell genug sei, sich für die »höheren Dinge« des Lebens zu interessieren. Ihr Interesse sei beschränkt – sie ist ja nur eine Hausfrau!

Wenn man den Vergleich auf diese Weise anstellt, ist die Frau leicht davon zu überzeugen, dass sie die Schwächere ist. Aber das ist eine sehr raffinierte Masche. Ein Vergleich könnte auch ganz anders aussehen: Die Frau kann Kinder gebären und der Mann kann das nicht. Darin ist er ihr zweifellos unterlegen; er kann nicht Mutter werden. Die Natur, wohl wissend um seine Unterlegenheit, hat ihm nicht so viel Verantwortung übertragen. Die Verantwortung liegt beim Stärkeren. Die Natur hat den Mann nun einmal nicht mit einer Gebärmutter ausgestattet! Und seine Aufgabe in Bezug auf die Geburt eines Kindes ist eigentlich nicht viel mehr als die einer Einwegspritze!

Die Mutter jedoch muss das Kind neun Monate lang austragen; sie muss diese ganze Mühe auf sich nehmen. Es ist keine leichte Aufgabe! Und dann erst die Geburt des Kindes! Es ist beinahe wie ein Tod. Und dann ist sie jahrelang gebunden und muss das Kind aufziehen. Früher hat die Frau ein Kind nach dem anderen zur Welt gebracht. Wie viel Zeit hat man ihr denn übrig gelassen, dass sie eine große Musikerin oder Dichterin oder Malerin werden konnte? Hat die Frau jemals Zeit für sich bekommen? Entweder war sie in einem fort schwanger oder sie musste sich um die Kinder kümmern, die sie geboren hatte. Und sie musste sich um das Haus kümmern – damit der Mann über die »höheren Dinge« nachdenken konnte.

Tauscht mal nur für einen Tag, für vierundzwanzig Stunden, die Rollen: Lass du mal deine Frau nachdenken, Gedichte schreiben und Musik komponieren, während du dich vierundzwanzig Stunden lang um Kinder, Küche und Haus kümmerst. Dann wirst du wissen, wer der Stärkere ist. Vierundzwanzig Stunden, das reicht, um dir zu zeigen, was es heißt, sich um so viele Kinder zu kümmern – das reinste Irrenhaus!

Und wenn du mal einen Tag lang für die Familie und die Gäste das Essen gekocht hast, wirst du wissen, dass du vierundzwanzig Stunden in der Hölle warst. Und dann wirst du diese Idee fallen lassen, dass du etwas Besseres bist, denn in diesen vierundzwanzig Stunden wirst du nicht einen einzigen Augenblick über Theologie, Philosophie oder Religion nachgedacht haben.

Man muss es einmal anders betrachten: Die Frau hat deshalb weniger Muskelkraft, weil sie seit Jahrtausenden nicht mehr jene Arbeiten verrichtet, die starke Muskeln erzeugen. Ich war bei primitiven Stämmen in Indien, und dort haben die Frauen die Muskeln und nicht die Männer. Es ist also nicht naturgegeben, sondern kulturell erworben. Die Frauen machen schon so lange nicht mehr die schwere Muskelarbeit, dass ihr Körper allmählich die Fähigkeit verloren hat, solche Muskeln zu entwickeln.

Man muss es noch von einem anderen Blickwinkel betrachten: Die Frau hat viel mehr Widerstandskraft als der Mann; das ist heute eine medizinisch erwiesene Tatsache. Frauen werden viel weniger krank als Männer. Und sie leben länger, fünf Jahre länger als Männer. Was ist es für eine Dummheit, dass unsere Gesellschaft beschlossen hat, ein Ehemann müsse vier bis fünf Jahre älter sein als die Frau! Nur damit er sich beweisen kann, dass er mehr Erfahrung hat als sie, dass er der Ältere ist – damit er sich seine Überlegenheit bewahren kann! Aber vom medizinischen Standpunkt ist es nicht richtig, weil die Frau den Mann um fünf Jahre überleben wird. Medizinisch betrachtet, sollte der Ehemann fünf Jahre jünger sein als die Frau, damit sie gleichzeitig sterben, etwa zur selben Zeit.

Einerseits soll also der Ehemann vier bis fünf Jahre älter sein, andererseits darf aber die Frau in den meisten Kulturen und Gesellschaftsformen sich nicht wieder verheiraten. Es ist eine neuere Entwicklung, dass sie wieder heiraten darf, aber auch das ist nur in den höher entwickelten Ländern möglich. Ansonsten darf sie nicht noch einmal heiraten, und sie muss noch mindestens zehn Jahre als Witwe leben. Das ist medizinisch unvernünftig; rein arithmetisch geht die Rechnung nicht auf. Warum zwingt man die arme Frau zu zehn Jahren Witwenschaft? Am besten wäre es, wenn die Frau fünf Jahre älter wäre, der Mann fünf Jahre jünger. Damit wäre das ganze Problem gelöst. Dann würden sie gleichzeitig sterben, etwa zur selben Zeit. Dann gäbe es keine Witwer und Witwen und all die Probleme, die daraus entstehen.

Wenn man bedenkt, dass die Frau fünf Jahre länger lebt als der Mann – wer ist dann der Stärkere? Und dass sie weniger krank wird und mehr Widerstandskraft hat – wer ist dann der Stärkere? Frauen begehen um fünfzig Prozent weniger Selbstmorde als Männer. Und das gleiche Verhältnis gilt auch für Geisteskrankheiten: Fünfzig Prozent weniger Frauen als Männer werden verrückt. Nun, diese Fakten sind nie berücksichtigt worden. Warum ist das so?

Warum ist die Selbstmordrate beim Mann doppelt so hoch wie bei der Frau? Er scheint mit dem Leben nicht so viel Geduld zu haben. Er ist zu ungeduldig, zu drängend; er will zu viel, er erwartet zu viel. Und wenn die Dinge nicht so laufen, wie er will, macht er der Sache schnell ein Ende. Er ist schnell frustriert. Das zeigt seine Schwäche. Er hat nicht genug Mumm, sich den Problemen des Lebens zu stellen. Selbstmord ist eine feige Entscheidung. Es bedeutet, vor den Problemen davonzulaufen und nicht, sie zu lösen.

Die Frau hat viel mehr Probleme – ihre eigenen und noch dazu die Probleme, die sie durch ihren Mann hat. Sie hat doppelt so viele Probleme, und trotzdem schafft sie es, sich ihnen mutig zu stellen. Und dennoch behaupten die Männer weiterhin, dass die Frau das schwächere Geschlecht sei. Warum werden dann doppelt so viele Männer wie Frauen verrückt? Das zeigt doch, dass der männliche Geist aus nicht sehr strapazierfähigem Material ist – wenn der Faden so schnell reißt!

Wie kommt es, dass sich trotz allem hartnäckig die Behauptung hält, die Frau sei das schwächere Geschlecht? Es ist Politik. Es ist ein Machtspiel. *(51)*

Ich habe dich oft sagen hören, dass die Politiker und die Priester uns ausbeuten und betrügen – so als wären sie eine andere Spezies, die aus dem Weltall zu uns gekommen ist und uns aufgezwungen wurde. Aber so wie ich es verstehe, kommen doch die Politiker und die Priester aus unseren eigenen Reihen und darum sind wir selbst für ihr Treiben verantwortlich. Uns über sie zu beklagen erscheint mir so, als würden wir uns über uns selbst beklagen. Verbirgt sich nicht in jedem von uns ein Politiker und ein Priester?

Die Politiker und die Priester kommen natürlich nicht aus dem Weltraum; sie werden unter uns groß. Wir haben die gleichen Machtgelüste, den gleichen Ehrgeiz, besser zu sein als die anderen. Diese Leute sind nur am erfolgreichsten, was diese Ambitionen und Wünsche angeht.

Natürlich sind wir verantwortlich. Aber es ist ein Teufelskreis; wir sind nicht die einzigen, die verantwortlich sind. Die erfolgreichen Politiker und Priester sorgen dafür, dass die neue Generation auf den gleichen Ehrgeiz hin getrimmt wird. In der Gesellschaft bestimmen sie und sie kultivieren deren Geist und deren Programme. Auch sie sind verantwortlich – und sie tragen dafür mehr Verantwortung als die gewöhnlichen Leute, denn die gewöhnlichen Leute sind nur die Opfer aller möglichen Programme, die man ihnen aufzwingt.

Ein Kind kommt ohne jeden Ehrgeiz auf die Welt, ohne Machtgelüste, ohne Vorstellung davon, dass es etwas Besseres, Höheres, Heiligeres sei. Das Kind kann nicht dafür verantwortlich gemacht werden. Aber all jene, die seine Erziehung prägen – die Eltern, die Gemeinschaft, das Erziehungssystem, die Politiker, die Priester – diese ganze Clique verdirbt jedes Kind. Und natürlich tut es dann später dasselbe ... Es ist ein Teufelskreis. An welcher Stelle kann man ihn durchbrechen?

Ich verurteile deshalb so beharrlich die Priester und die Politiker, weil das die Stelle ist, an der man ihn durchbrechen kann. Es würde nichts helfen, die kleinen Kinder, die auf die Welt kommen, zu verurteilen. Die breite Masse zu verurteilen würde ebenfalls nichts helfen, denn sie ist schon konditioniert; man beutet sie aus. Sie leidet, sie ist unglücklich. Aber nichts kann die Menschen aufwecken – sie schlafen fest. Der einzige Punkt, auf den sich unsere ganze Verurteilung konzentrieren sollte, sind diejenigen, die an der Macht sind, denn sie haben die Macht, die zukünftigen Generationen zu infizieren. Wenn man ihnen Einhalt gebieten könnte, kann der neue Mensch entstehen.

Ich weiß, dass jeder verantwortlich ist. Bei allem, was geschieht, hat *jeder* auf irgendeine Weise mitgewirkt. Aber mir kommt es darauf an, wen man angreift, damit der Teufelskreis für die junge Generation von Kindern durchbrochen wird. Die Menschheit bewegt sich seit Jahrhunderten in diesem Kreis. Deshalb verurteile ich nicht die breite Masse und auch euch verurteile ich nicht.

Ich verurteile jene, die jetzt an der Macht sind. Wenn sie sich nur ein bisschen entspannen, was ihre Machtinteressen angeht, und wenn sie einen Blick auf die leidende Masse der Menschheit werfen, dann wird eine Transformation möglich. Dann kann der Kreis durchbrochen werden. Ich wähle ganz bewusst die Politiker und die Priester.

Ich weiß, dass jeder verantwortlich ist, aber nicht jeder ist mächtig genug, den Kreis zu durchbrechen. Darum hacke ich ständig auf den Priestern und Politikern herum. Sie haben Angst vor mir bekommen – vielleicht haben sie noch nie so viel Angst vor einem einzelnen Menschen gehabt! Überall auf der Welt versuchen sie zu verhindern, dass ich in ihr Land komme. Hinter den Politikern, die die Regeln und Gesetze machen, die meine Einreise in ihr Land verhindern, stehen immer die Priester.

Unsere Kommune in Amerika wurde von den Politikern zerstört, aber hinter den Politikern standen die christlichen Fundamentalisten, der orthodoxeste Flügel der christlichen Priester. Ronald Reagan ist selbst ein christlicher Fundamentalist. Und ein christlicher Fundamentalist zu sein bedeutet, absolut orthodox zu sein. Er glaubt, dass jedes einzelne Wort in der Bibel heilig sei und direkt aus Gottes Mund stamme.

Sowohl die Priester als auch die Politiker sind sehr angreifbar, denn sie stehen auf schwankendem Boden. Ein guter Hieb mit dem Zen-Stock und sie sind erledigt. Und erst wenn sie erledigt sind, wird diese Gesellschaft einen Geschmack von Freiheit bekommen.

Unsere Kinder könnten auf humanere Weise aufwachsen, ohne Programmierung, intelligenter, dann würden sie diese Erde als ein Ganzes sehen – nicht von der Warte der Christen, Hindus, Mohammedaner, Inder, Chinesen, Amerikaner ... Alle Nationen und alle Religionen sind Schöpfungen der Priester und Politiker. Wenn sie erst einmal erledigt sind, wird es auch mit all diesen Religionen und Nationen ein Ende haben.

Eine Welt, die frei ist von Religionen, frei von Nationen, wird eine humane Welt sein – ohne Kriege und ohne dass man sich unnötig über Dinge in die Haare gerät, die noch keiner zu Gesicht bekommen hat ...

Wie dumm ist es doch, dass sich die Menschen seit Jahrtausenden im Namen Gottes gegenseitig umbringen! Keiner hat ihn je gesehen, keiner hat irgendwelche Beweise, keiner hat einen Zeugen. Und sie schämen sich nicht einmal dafür!

Denn es hat ihnen noch niemand direkt in die Augen geschaut und die Frage gestellt … Aber sie führen Kreuzzüge, *Jihads*, Religionskriege und töten all jene, die nicht an ihr Dogma glauben – denn ihr Dogma ist göttlich und jedes andere Dogma Teufelswerk!

Sie behaupten, der Menschheit zu dienen, indem sie Menschen töten. Sie behaupten, es in der Absicht zu tun, jene Menschen aus den Klauen des Teufels zu befreien. Aber ist es nicht eigenartig, dass jede Religion überzeugt ist, die anderen Religionen seien Teufelswerk? Und darum geht der Kampf immerzu weiter.

Die Politiker kämpfen einen Krieg nach dem anderen – wozu? Ich kann nicht sehen, wozu. Diese Erde hat keine Grenzlinien. Wozu also macht man Landkarten und zieht all diese Grenzlinien?

Einer meiner Lehrer war ein hochintelligenter Mann. Eines Tages brachte er ein paar Stücke Karton mit. Er hatte die ganze Weltkarte in kleine Stücke geschnitten und legte sie auf sein Pult. Dann fragte er: »Kann einer von euch nach vorne kommen und diese Teile in die richtige Ordnung bringen?« Viele versuchten es und mussten aufgeben.

Aber ein Junge, der zugesehen hatte, wie alle gescheitert waren und keiner es schaffte, die Stücke wieder zu einer Weltkarte zusammenzusetzen, besah sich ein Stück von der Rückseite. Dann drehte er alle Stücke um und entdeckte das Bild eines Menschen. Er arrangierte das Bild des Menschen auf die richtige Art, was ganz leicht ging – das war der Schlüssel! Auf der einen Seite war das Bild des Menschen angeordnet und auf der anderen Seite die Weltkarte.

Vielleicht ist es genauso mit der richtigen Welt … Wenn wir den Menschen auf die richtige Art arrangieren können, wird auch die Welt richtig angeordnet sein. Wenn wir den Menschen still, friedlich und liebevoll machen können, werden die Nationen verschwinden, werden die Kriege verschwinden, wird diese ganze schmutzige Politik verschwinden.

Und vergesst nicht: Alle Politik ist schmutzig, ohne Ausnahme.

Aber wir müssen auf denjenigen herumhämmern, die die Macht haben. Wenn wir auf dem armen Mann von der Straße herumhämmern, wird es nicht helfen, denn er ist machtlos; er ist selbst nur ein Opfer. Selbst wenn wir ihn verändern könnten, würde es keinen großen Unterschied machen. Wenn wir aber die Verschwörung zwischen Religion und Politik, zwischen Priestern und Politikern, abschaffen könnten, würde es eine große Veränderung geben, eine Revolution – die einzige Revolution, die nötig ist und die sich noch nicht ereignet hat. *(52)*

Was hast du über Politik zu sagen?

Muss ich es wirklich sagen? Ich verfluche sie. Sie ist ein Fluch und sie hat uns viele Jahrhunderte des Leidens beschert. Politik ist absolut überflüssig.

Doch die Politiker werden es nicht zulassen, dass die Politik überflüssig wird, denn dann verlieren sie ihre Präsidentschaft, ihr Weißes Haus, ihren Kreml, ihr Kanzleramt.

Die Politik ist völlig unnötig, sie ist wirklich überholt. Sie war nur deswegen notwendig, weil die Nationen ständig im Kampf miteinander lagen. In dreitausend Jahren gab es fünftausend Kriege.

Wenn wir einfach die Grenzen aufheben würden, die es ohnehin nur auf der Landkarte gibt und nicht auf der Erde – wer würde sich dann noch um Politik kümmern?

Dann gäbe es eine Weltregierung, aber sie wäre rein funktional. Es wäre kein Prestige daran geknüpft, weil es keine Konkurrenz untereinander gäbe. Wenn jemand Präsident der Weltregierung wird, na und? Er stünde nicht höher als irgendjemand anderer.

Eine funktionale Regierung wäre vergleichbar mit dem Betrieb der Eisenbahnen. Wen kümmert es, wer der Eisenbahnpräsident ist? Oder vergleichbar mit der Postverwaltung – und sie wird bestens verwaltet. Wen kümmert es, wer der Chef der Postverwaltung ist?

Die Nationen müssen verschwinden. Und mit dem Verschwinden der Nationen würde auch die ganze Politik verschwinden. Sie würde Selbstmord begehen. Und was übrig bliebe, wäre eine funktionale Organisation, die sich um alles kümmert. Sie könnte nach dem Rotationsprinzip funktionieren, wie der Club der Rotarier: Dann ist mal ein Schwarzer der Chef, mal ist eine Frau der Chef, mal ist ein Chinese der Chef, mal ist ein Russe der Chef, mal ist ein Amerikaner der Chef – aber das Karussell dreht sich immer weiter.

Jeder sollte nicht mehr als etwa sechs Monate zur Verfügung haben; mehr ist gefährlich. Dann ist man sechs Monate lang Präsident und anschließend verschwindet man wieder in der Versenkung. Und keiner sollte wieder gewählt werden. Es beweist einfach nur einen Mangel an Intelligenz, wenn dieselbe Person immer wieder zum Präsidenten gewählt wird! Seht ihr das nicht als einen Mangel an Intelligenz? Gibt es nicht noch mehr intelligente Leute? Habt ihr denn nur diesen einen Dodo, um weiterzumachen?

In einer geeinten Welt besteht auch kein Bedarf an politischen Parteien. Alle Individuen sollten individuell entscheiden. Es besteht kein Bedarf an irgendeiner politischen Partei. Parteien machen die Demokratie zunichte. Die Leute behaupten zwar, eine Demokratie könne nicht ohne politische Parteien existieren, aber ich sage euch: Solange es politische Parteien gibt, kann es keine wahre Demokratie geben, weil die politischen Parteien immer ihre speziellen Machtinteressen vertreten.

Jedem Individuum sollte es freistehen, sich um jeden beliebigen Posten zu bewerben oder für jeden anderen zu stimmen, der dafür geeignet erscheint. Und diejenigen, die sich dann hervortun, werden möglicherweise viel klüger sein als eure Präsidenten und Premierminister. Und wenn sie nur etwa sechs Monate im Amt bleiben, können sie es sich nicht leisten, ihre Zeit damit zu vertun, diese oder jene Universität einzuweihen, eine Brücke einzuweihen, eine Straße einzuweihen, alle möglichen unsinnigen Dinge einzuweihen und damit ihre Zeit zu vergeuden. Und im Parlament wird über so bedeutungsloses Zeug gestritten, als ob man die ganze Ewigkeit zur Verfügung hätte! Ein kleines Gesetz braucht oft Jahre, bis es verabschiedet wird.

Wenn man nur sechs Monate zur Verfügung hat, kann man sich solche Dummheiten nicht leisten. Man wird wissenschaftliche Beratung einholen, von Experten auf den verschiedensten Gebieten. Für die Finanzen wird man sich die besten Wirtschaftsköpfe der Welt als Berater holen, denn man hat nicht viel Zeit. Man kann nicht mehr mit drittklassigen Politikern zusammenarbeiten, die nur die Kunst des Lügens beherrschen und sonst gar nichts. Wenn eine Entscheidung im Erziehungswesen zu treffen ist, wird man den Rat der besten Erziehungsfachleute auf der Welt einholen. Aber so wie das alles bisher gelaufen ist, geschehen die seltsamsten Dinge …

Ich bringe das Ganze für euch auf eine einzige Formel: *eine* Welt! *(53)*

Wie sieht die beste Regierung aus?

Die beste Regierung ist gar keine Regierung. Allein der Gedanke, dass irgendjemand über andere regieren soll, ist unmenschlich.

Regierung ist ein Spiel – das hässlichste und schmutzigste Spiel der Welt.

Doch es gibt Leute auf der untersten Bewusstseinsstufe, die ihren Spaß daran haben – das sind die Politiker. Die einzige Freude eines Politikers besteht darin, zu regieren, an der Macht zu sein und andere zu versklaven.

Der größte Wunsch all jener, die den höchsten Gipfel des Bewusstseins erreicht haben, war schon immer der Traum, dass eines Tages alle Regierungen überflüssig werden. Dieser Tag wird der bedeutendste Tag in der ganzen Menschheitsgeschichte, in Vergangenheit, Gegenwart und Zukunft sein, denn wenn wir alle Regierungen loswerden können, bedeutet es, das hässlichste aller Spiele loszuwerden, das Spiel, das die Politiker seit Jahrhunderten spielen.

Sie haben die Menschen zu Schachfiguren degradiert und sie haben eine solche Angst erzeugt – Angst, dass es ohne Regierung nur Anarchie, Gesetzlosigkeit und Chaos geben würde und dass alles kaputtginge. Und sonderbarerweise haben wir ihnen all diesen Unsinn geglaubt!

Seht euch doch die letzten fünftausend Jahre an! Ist es denkbar, dass es ohne Regierungen auf dieser Welt noch schlimmer aussehen könnte? Wie denn? In dreitausend Jahren wurden fünftausend Kriege geführt. Denkt ihr, ohne Regierungen hätte es noch mehr Kriege gegeben? Noch mehr Chaos, noch mehr Verbrechen?

Was haben die Regierungen denn schon getan? Für die Menschen haben sie nichts getan, außer sie auszubeuten, ihre Angst auszubeuten und sie gegeneinander aufzuwiegeln. Eine ununterbrochene Kette von Kriegen irgendwo auf diesem Erdball ist eine absolute Voraussetzung für die Existenz der Politiker.

In seiner Autobiografie gelangt Adolf Hitler zu vielen Einsichten – und es lohnt sich, diesen Mann zu verstehen, denn er ist ein Politiker in Reinkultur, ich meine, der schmutzigste. Er sagt, der Krieg sei eine absolute Notwendigkeit, wenn man an der Macht bleiben will. Wenn man keinen Krieg herbeiführen kann, würden die Leute anfangen zu denken, man sei ein Niemand. Nur in Kriegszeiten werden Helden geboren.

Er hat Recht. Denkt doch nur an alle eure Helden – wo wären sie ohne Kriege? Wer wäre Alexander der Große? Wer wäre Napoleon Bonaparte? Wer wäre Winston Churchill? Wer wäre Benito Mussolini? Josef Stalin? Und Adolf Hitler selbst?

Diese Leute wurden zu bedeutenden Helden. Je größer der Krieg, desto größer die Helden, die er hervorbringt.

Hitler sagt, wenn man keinen Krieg herbeiführen könne, solle man wenigstens den Gedanken verbreiten, dass ein

Krieg bevorsteht. Man solle die Menschen nie in Frieden leben lassen, denn im Frieden ist man ein Niemand. Dann wird man nicht gebraucht, dann hat man keine Aufgabe. Man wird nur gebraucht, wenn es Gefahr gibt. Darum muss man eine Gefahr schaffen. Und wenn es keine reale Gefahr gibt, dann sollte man wenigstens ein Klima von irrealer Gefahr schaffen.

Die Amerikaner haben Angst vor den Russen, die Russen haben Angst vor den Amerikanern – und das Ganze ist nur ein Spiel der Politiker. Die eigentlichen Menschen sind genau die Gleichen überall auf der Welt: Sie wollen nicht im Krieg getötet werden und sie wollen auch andere nicht im Krieg töten. Aber ohne Kriege können die Politiker nicht existieren.

Deshalb nenne ich es das schmutzigste Spiel: Weil es vom Blut der Menschen abhängt, dem Blutvergießen von Millionen unschuldiger Menschen.

Wenn ich sage: Keine Regierung ist die beste Regierung, dann weiß ich ganz genau, dass es vielleicht niemals möglich sein wird.

Aber es ist besser, Träume zu haben, die unmöglich sind, doch zu einem höheren Bewusstsein gehören – zu Schönheit und Liebe. Vielleicht wird es, wenn dieser Gedanke weiterlebt, eines Tages möglich werden, seiner Realisierung näher zu kommen. Vielleicht werden wir ihn nicht ganz verwirklichen können, darum sage ich: Die nächstbeste Alternative zu *keiner* Regierung ist *eine* Regierung – und das erscheint nicht unmöglich. Und wenn *eine* Regierung möglich wird, rückt auch *keine* Regierung in den Bereich der Möglichkeit.

Versucht, diesen Gedanken zu verstehen: Wenn ich sage, *eine* Regierung, dann verliert die Politik ihren ganzen Reiz. Solange es so viele Präsidenten auf dieser Welt gibt, so viele Premierminister, Könige und Königinnen, und solange jeder versucht, der Größte zu sein, hat das Spiel seinen Reiz. Wenn es nur noch eine einzige Regierung gibt, dann wird diese rein funktional sein. Der Gegner fällt weg.

Die ganze Freude an der Politik besteht ja im »Feind«.

Wenn es aber keinen Feind mehr gibt, dann arbeitet man einfach wie das Rote Kreuz oder die Postverwaltung oder die Eisenbahndirektion oder die Fluggesellschaften. Weißt du, wer der oberste Chef der amerikanischen Eisenbahnen ist? Das ist unnötig – er ist nur ein funktionales Oberhaupt.

Und wenn es nur noch *eine* Regierung gibt, kann man sie wie einen Rotarierclub betreiben. Dann ist es unnötig, dass jemand vier oder fünf Jahre im Präsidentenamt bleibt. Einige Wochen würden genügen. Man kann es ein paar Wochen lang genießen und dann macht man Platz für den Nächsten. Das ist kein Problem. Auf diese Weise können alle Teile der Welt vertreten sein und irgendwann ist jeder mal durch den Präsidenten vertreten! Doch bis sich das in der Welt herumgesprochen hat, ist er schon wieder abgetreten. Wenn es nach dem Rotationsprinzip funktioniert, verlieren die Leute die Machtgelüste, diesen Willen zur Macht.

Eine Regierung würde bedeuten, dass die Nationen verschwinden.

Tatsächlich gibt es keinen triftigen Grund für Staaten und Nationen; sie sind eine Misere.

In Äthiopien verhungern die Menschen und in Europa wirft man die Lebensmittel ins Meer, weil so viel davon da ist, dass die Preise auf dem Markt verfallen, und man muss die Preise stützen. Die einzige Möglichkeit ist, es loszuwerden. Und so viel wird weggeworfen, dass die Entsorgung ins Meer allein schon hunderttausend Dollar kostet – allein für den Aufwand, es ins Meer zu werfen.

Diese Welt ist irrsinnig! Äthiopien ist nicht so weit weg von Europa. Für hunderttausend Dollar hätte man das ganze Zeug nach Äthiopien schicken können. Seit vier Jahren hat es dort nicht mehr geregnet; sogar die Luft ist völlig ausgedörrt. Die Menschen haben kein Trinkwasser, sie verdursten. Und anderswo wirft man die Nahrungsmittel ins Meer!

Das ist die Konsequenz davon, dass es Staaten gibt.

In Indien sterben die Menschen vor Hunger ... Russland ist ein Freund Indiens und sie haben für die nächsten fünfzig, sechzig Jahre einen Vertrag geschlossen, dass sie sich nicht bekämpfen werden. Und damit wird jeder, der ein Feind Indiens ist, automatisch zu einem Feind Russlands und jeder Feind Russlands wird zu einem Feind Indiens. So geht das schon seit dreißig Jahren.

Aber all diese Verträge, all diese Kontrakte sind *eine* Sache – die Realität sieht völlig anders aus. Gewiss, in einem Krieg wird Russland Indien beistehen, aber wenn in Indien Hungersnot herrscht, wird ihm diese Freundschaft gar nichts bringen. Was für eine Freundschaft ist das? In Russland hat man vor Jahren statt Kohle Weizen in den Dampflokomotiven verfeuert, weil es eine Weizenrekordernte gab und Kohle teurer war als Weizen. Indien hätte so viel Kohle liefern können, wie Russland brauchte, und Indien brauchte Weizen. Doch das geht niemand anderen etwas an, das sind eure inneren Angelegenheiten! Um euer Land müsst ihr euch gefälligst selber kümmern!

Nationen errichten Mauern zwischen den Menschen.

Ansonsten wäre die Erde immer noch in der Lage, allen Menschen ein schönes, gesundes Leben zu ermöglichen. Und die Wissenschaft hat alle Mittel dafür bereitgestellt, dass niemand an Hunger oder Krankheit sterben müsste.

Mein Vorschlag ist: Man sollte aus jeder Stadt ein eigenes Land, ein kleines Land machen. Wenn aus jeder Stadt ein eigenes Land wird, würde das den Politikern ihr ganzes Spiel vermasseln. Dann gäbe es Millionen von Präsidenten und Premierministern; sie würden ihre ganze Bedeutung verlieren.

Damit hängt auch das ständige Bemühen zusammen, die Länder möglichst groß zu halten. Je größer ein Land, desto größer ist der Politiker. Je kleiner das Land, desto unbedeutender ist der Politiker. Ich würde mir wünschen, dass die Länder so klein werden, dass die Politiker überhaupt keine Bedeutung mehr haben. Auf diese Weise hätten wir wieder die unmittelbare Demokratie, wie in Griechenland zu den Zeiten des Sokrates.

Griechenland bestand aus vielen kleinen demokratischen Stadtstaaten. Jede Stadt war ein Staat, der für sich unabhängig war; deshalb war die direkte Demokratie möglich. Die indirekte Demokratie ist praktisch gar keine Demokratie. Man wählt jemanden für vier oder fünf Jahre zum Präsidenten. Was für eine Garantie hat man aber in diesen vier oder fünf Jahren, dass dieser Mensch nicht durchknallt? Aller Wahrscheinlichkeit nach ist er schon durchgeknallt, denn warum sollte er sich sonst die Mühe machen, Staatspräsident werden zu wollen? Hat er nichts Besseres zu tun?

Der bloße Wunsch, ins Weiße Haus zu kommen, ist so idiotisch! Streicht doch einfach euer Haus weiß an, dann wohnt ihr im Weißen Haus!

Ich habe das gemacht ... In meiner Universität war das Eingangstor zufällig ein Pentagon – fünf Straßen trafen am Tor zusammen. Und mein geliebter Professor S. S. Roy lebte gleich neben diesem Tor.

Ich sagte zu ihm: »Du lässt dir eine große Chance entgehen.«

Er sagte: »Wie meinst du das?«

Ich sagte: »Kein Problem! Ich mach das schon!«

Er sagte: »Was?«

Ich sagte: »Lass mich nur machen!« Ich trommelte vier oder fünf Studenten zusammen und wir malten sein Haus weiß an.

Er sagte: »Was machst du denn da?«

Ich sagte: »Jetzt hast du das Weiße Haus neben dem Pentagon.«

Er sagte: »Was werden denn die Leute denken?«

Ich sagte: »Gar nichts! Und du hast noch nicht die Tafel gesehen!«

Er rannte vors Haus und las die Tafel: »Weißes Haus, Pentagon, Washington«, und er sagte: »Wo ist denn ›Washington‹?«

Ich sagte: »So heißt jetzt dein Garten! Und ab heute nenne ich dich ›Mister President‹.« Und in der Vorlesung fingen wir an, ihn »Mister President« statt »Herr Professor« zu nennen. Er sagte dann: »Bitte macht das nicht mit mir. Es erinnert mich immer an mein Haus, das ihr mir versaut habt.

Meine Frau ist böse, weil die anderen Frauen sie auslachen. Und jetzt bleiben sogar die Autobusse und die Lastautos auf der Straße stehen, wenn sie die Tafel sehen: ›Weißes Haus, Pentagon, Washington‹. Und es ist ja wirklich ein Pentagon.«

Ich sagte: »Siehst du, das ist viel leichter, als Präsident zu werden. Auf diese Weise geht es ganz leicht! Du malst dir einfach dein Haus an!«

In Athen gab es eine direkte Demokratie. Direkte Demokratie bedeutet, dass keine Vertreter gewählt werden – denn wie könnte ein Einzelner Millionen von Menschen vertreten? Das ist unmöglich. Wer könnte mich vertreten? Außer mir kann niemand mich vertreten! Und wenn jemand Millionen von Menschen vertritt, ist doch klar, dass er niemand anderen vertritt als sich selbst. Man hält euch nur zum Narren. Indirekte Demokratie ist einfach eine Täuschung.

Athen hatte eine direkte Demokratie – ohne Vertreter. Alle Athener versammelten sich, sooft irgendein Problem zur Diskussion anstand. Dann versammelten sich alle Bürger und stimmten direkt über jeden einzelnen Punkt ab. Sie hoben die Hand, um dafür oder dagegen zu stimmen; so machte man das. Es war direkt und es war wirklich demokratisch. Und jeder wusste, dass keiner ihn betrügen konnte – irgend so ein Nixon und Watergate – kein Problem!

Wenn es in Athen irgendein Problem gab, wurde das ganze Problem allen mitgeteilt, und dann stimmten sie ab und trafen eine Entscheidung und man konnte sehen, dass die Stadt dafür oder dagegen gestimmt hatte. Sobald die Entscheidung gefallen war, wurde sie von der ganzen Stadt befolgt, weil die Mehrheit es so entschieden hatte; dann musste die Minderheit es ebenfalls unterstützen.

In Athen gab es keine politischen Parteien – sie waren unnötig. Politische Parteien werden nur in einer indirekten Demokratie benötigt. In einer direkten Demokratie hat jeder seine eigenen Ideen, jeder ist unabhängig und vertritt seine Idee und stimmt für sich selbst. Er kann seine Idee vorschlagen und den anderen erklären. Vielleicht kann er sie überzeugen und vielleicht sind sie bereit, ihn zu unterstützen – aber jeder ist frei.

Nur in einer kleinen Kommune ist die direkte Demokratie möglich. Doch die direkte Demokratie ist die einzig wahre Demokratie.

Die indirekte Demokratie ist nur ein Trick. Ihr denkt, dass ihr euren Vertreter wählt, aber kennt ihr seine Einstellung? Habt ihr euch überlegt, ob seine und eure Einstellung sich decken? Und mit wie vielen Leuten kann sich seine Einstellung decken?

Zum Beispiel Ronald Reagan – wen vertritt er, außer sich selbst? Ich glaube nicht mal, dass er seine Frau vertreten kann. Wie ihr wisst, vertritt kein einziger Ehemann seine Ehefrau! Und dieser Mann hat einen derart aufgeblasenen Kopf, nur weil er ganz Amerika vertritt. Das ist mit Sicherheit nicht möglich. Aber er hat die Macht und er kann beweisen, dass er das ganze Land vertritt: Er kann in den Krieg ziehen und das ganze Land mit hineinziehen. Er bereitet einen Krieg vor und er kann das ganze Land in den Krieg hineinziehen.

Natürlich, wenn er der größte Held aller Zeiten werden will, sollte er sich diese Chance nicht entgehen lassen! Denn nach dem dritten Weltkrieg wird es keinen vierten mehr geben. Dies ist die letzte Chance, sich als Held hervorzutun! Es wird zwar niemand mehr übrig sein, um die Geschichte darüber zu schreiben, aber zumindest die Existenz wird sich daran erinnern, die verwüstete Erde wird sich daran erinnern, die Leichen der unzähligen Menschen, Tiere und Vögel – sie alle werden sich erinnern. Diese Gelegenheit sollte er sich nicht entgehen lassen! Und was hat er denn zu verlieren? Er ist ja schon alt; er wird ohnehin bald sterben. Und wenn man stirbt, ist es einem egal, ob die Welt noch weiter existiert oder nicht. Es ist *die* Chance! Er hat lange genug gelebt, er wird bald sterben. Weshalb sollte er nicht die ganze Welt mitnehmen?

Niemand vertritt dich; niemand kann dich vertreten.

Wenn die Menschen nur ein bisschen verständnisvoll

sind und sich gegenseitig nicht behindern, dann bleiben dem Kommunalrat solche Dinge wie Post, Krankenhaus, Straßen, Elektrizität ... all das wird es geben müssen und dafür muss man Anordnungen treffen. Wenn so viele Menschen zusammenleben, muss natürlich jemand für all diese Dinge zuständig sein.

Ich glaube nicht, dass es ein Chaos gäbe, wenn die Regierungen verschwinden würden. Nein, wenn die Regierungen nicht mehr da wären, würden Intelligenz und Verständnis sich ausbreiten. Weil es die Regierungen gab, haben sich die Menschen so unintelligent verhalten. Sie haben immer auf die Regierung geschaut und hatten immer das Gefühl, die Regierung würde schon alles für sie erledigen. Die ganze Verantwortung wurde auf die Regierung geschoben.

Wenn es keine Regierung mehr gäbe und ihr zum ersten Mal fühlen könntet, dass ihr selbst für alles, was ihr tut, verantwortlich seid, und wenn es niemanden mehr gäbe, auf den ihr eure Verantwortung abwälzen könntet, dann würde eure Intelligenz gefordert.

Ich weiß, es ist ein unerfüllbarer Traum, eine Welt ohne Regierungen zu haben, aber wenn man Augenblicke der Stille, des Friedens und der Klarheit kennt, erscheint es gar nicht so unmöglich. Wenn ihr mich fragt: Mir erscheint das alles ganz einfach und praktisch.

Regierungen waren immer nur eine Plage, sonst nichts.

Nehmt irgendein Detailproblem ... Zum Beispiel wird immer behauptet, wenn es keine Gerichte, keine Polizei und keine Gefängnisse gäbe, würden die Verbrechen überall überhand nehmen. Das stimmt nicht. Ich habe Gemeinschaften gesehen, bei primitiven Völkern ... Dort gibt es kein Gericht, keine Polizei, kein Gefängnis – und auch keine Verbrechen. Mag sein, dass hier und da mal was passiert, aber diese Menschen sind so unschuldig, dass sie bereit sind, Hunderte von Kilometern bis in die nächste Stadt zu gehen, um es bei Gericht zu melden. Und wisst ihr, wer hingeht, um es zu melden? Derjenige, der das Verbrechen begangen hat!

Ein Mann hat einen anderen im Zorn getötet. Er geht selbst zum Gericht, um mitzuteilen, was geschehen ist, und er wird sagen: »Ich bin bereit, dafür bestraft zu werden, denn in meiner Gemeinschaft gibt es weder ein Gericht noch eine Bestrafung. Man hat mir aufgetragen, hierher zu kommen.«

Es sieht wie ein Wunder aus, dass ein Mörder Hunderte von Kilometern zurücklegt, um sich selbst zu stellen und seinen Mord anzuzeigen. Aber so sollten die Menschen sein. Wenn man etwas Unrechtes getan hat und fühlt, dass es unrecht war, dann sollte man bereit sein, die Konsequenzen dafür auf sich zu nehmen. Der Versuch, es geheim zu halten, ist Heuchelei. Damit verliert man seine ganze Glaubwürdigkeit. Wenn nun ein solcher Mörder vor Gericht erscheint, ist er viel weiser als alle eure Heiligen – allein durch diesen Akt, vor das Gericht hinzutreten und zu erklären, dass er einen Mord begangen hat. Tatsächlich schafft das Probleme …

Ich hatte einen Freund, der Richter in Raipur war. Raipur ist die nächstgrößte Stadt in der Nähe von Bastar, einem ausgedehnten Gebiet, das von primitiven Stämmen bewohnt wird. Dieser Richter erzählte mir, wie schwierig es sei, wenn nun so jemand kommt, mit einer solchen Stärke, einer solchen Klarheit, einem solchen Stolz und ohne irgendetwas zu verbergen. Dieser Mensch hat etwas Unrechtes getan und ist nun bereit, die Konsequenzen auf sich zu nehmen.

Mein Freund sagte mir, es fühle sich nicht richtig an, einen solchen Menschen zu bestrafen. Man sollte ihn vielmehr belohnen. Er wurde nicht von der Polizei gestellt und es hätte überhaupt niemand von dem Mord erfahren, denn auf Hunderte von Kilometern gibt es keine Eisenbahn, keine Straßen, keine Schulen, keine Spitäler. Niemand hätte es je erfahren, wenn dieser Mensch nicht selbst die Tat gebeichtet hätte.

Und das ist nicht so eine scheinheilige Beichte, wie die Katholiken sie jeden Sonntag vor dem Priester ablegen. Das ist ja gar keine richtige Beichte; damit beruhigt man nur sein schlechtes Gewissen.

So ein Mann kommt also zum Gericht und sagt: »Ich habe einen Mord begangen.« Und der Richter erzählte mir: »Es ist oft genug vorgekommen, dass wir ihm sagen mussten: ›Du musst uns einen Beweis erbringen, sonst können wir dich nicht bestrafen.‹«

Einmal sagte ein Mann: »Aber ich habe keinen Beweis. Wenn ihr einen Beweis braucht, dann muss ich zurückgehen und einen Zeugen finden – falls uns überhaupt jemand gesehen hat, denn wir waren allein, als wir miteinander kämpften!« ... sie leben im Dschungel. »Ich müsste zurückgehen und schauen, ob ich einen Beweis erbringen kann. Wenn ich es aber doch selbst zugebe, dass ich diesen Mord begangen habe ... wozu ist da noch ein Beweis nötig?«

Doch der Richter hat ein Problem, denn ohne Augenzeugen und ohne Beweise, ohne Argumente von der einen und der anderen Seite, all diese juristischen Vorgänge – dieses ganze Theater, das sich über Jahre hinziehen kann, bis der Täter überführt ist ... Und dann muss man ihn möglicherweise freilassen! Aber was macht man mit einem Menschen, der keine Beweise hat und keinen Anwalt, der ihm beisteht?

Der Richter fragte ihn: »Möchtest du, dass die Regierung einen Anwalt bereitstellt, der für dich kämpft?«

Aber der Mann sagte: »Wozu denn? Ich bin doch schuldig. Was könnte er denn noch mehr beweisen? Wird er meine Schuld beweisen? Ich *bin* schuldig, ich habe einen Menschen ermordet. Ich selbst bin der Augenzeuge.«

Die Regierungen sagen, ohne Regierung gäbe es nur Chaos. Aber Chaos gibt es nur, weil es Regierungen gibt.

Die Zahl ihrer Gerichte nimmt ständig zu, die Zahl ihrer Gefängnisse nimmt ständig zu, ihre Armeen nehmen ständig zu, die Kriminellen nehmen ständig zu, die Verbrechen nehmen ständig zu – und keiner vergleicht die Kriminalitätsrate mit der Zunahme der Richter, Gerichte und Gefängnisse. Es geht Hand in Hand.

Mein Gefühl ist, wenn man alle Gerichte und alle Anwälte abschaffen würde, selbst wenn es weiterhin ein paar Diebstähle, ein paar Morde gäbe, wäre das viel weniger kostenaufwendig als dieses ganze Geschäft mit den Gerichten, Anwälten, Geschworenen ... Es wäre weniger aufwendig, allein was das Finanzielle angeht.

Und ich kann nicht sehen, dass überhaupt noch gestohlen würde, wenn die Menschen ein bisschen mehr Verständnis füreinander hätten. Es wird gestohlen, weil die Leute sich gegenseitig nicht unterstützen, weil sie nichts miteinander teilen. Die Leute leben so, als wäre die ganze Welt gegen sie und als wären sie selbst gegen die ganze Welt.

Wenn diese Einstellung sich auflöst und man anfängt, mit den Menschen rundherum mehr in Harmonie zu leben, wird das Verbrechen verschwinden.

Und das größte Verbrechen überhaupt wird verschwinden, der Krieg. Alle anderen Verbrechen sind winzig dagegen, überhaupt nicht erwähnenswert. Erst wenn die Kriege verschwinden, werden wir eine gewisse Stufe von Reife und Verantwortung erreicht haben. *(54)*

8. KAPITEL

Gewalt

Alle Diktatoren dieser Welt erzeugen wir selbst, weil wir wollen, dass jemand anderer uns sagt, was wir tun sollen. Dafür gibt es einen sehr subtilen Grund: Wenn jemand anderer dir sagt, was du tun sollst, trägst du nicht die Verantwortung, ob es richtig oder falsch ist. Dann bist du frei von Verantwortung, du brauchst nicht darüber nachzudenken, musst dir nicht den Kopf darüber zerbrechen. Die ganze Verantwortung liegt bei demjenigen, der dir befiehlt, was zu tun ist.

Leute wie Adolf Hitler oder Josef Stalin oder Ronald Reagan sind nicht wegen irgendwelcher besonderen Qualitäten in solchen Machtpositionen. Sie sind dort, weil Millionen von Menschen wollen, dass man ihnen sagt, was sie tun sollen – sie fühlen sich verloren, wenn es ihnen keiner diktiert.

Wir selbst erzeugen die Diktatoren.

Adolf Hitler war ziemlich verrückt, aber eine ganze Nation – eines der intelligentesten Völker der Welt, mit einer großen Tradition von Philosophen, Denkern und Theologen ersten Ranges ... Auch in diesem Jahrhundert brachte Deutschland Größen wie Martin Heidegger hervor, den vielleicht bedeutendsten Philosophen dieses Jahrhunderts – aber sogar er war ein Anhänger von Adolf Hitler.

Es erscheint geradezu unverständlich, dass ein Mann vom Kaliber Martin Heideggers ... Und ich habe alle Philosophen der Welt unter die Lupe genommen. Martin Heidegger beweist ein solches Genie, eine solche Originalität in der Art und Weise, wie er aus völlig neuen Richtungen an die Dinge herangeht. Aber er war ein Sympathisant von Adolf Hitler und unterstützte ihn. Ich habe mich gefragt, was der Grund dafür gewesen sein könnte. Und das ganze Volk unterstützte diesen Irren!

Der Grund ist, dass niemand Verantwortung tragen will. In dem Moment, in dem man seine Verantwortung abgibt, weil man sie als Last empfindet, und sie jemand anderem überträgt, verliert man seine Individualität, verliert man seine Freiheit.

Deine Verantwortung ist nicht getrennt von deiner Freiheit, von deiner Individualität. In dem Moment, da du deine Verantwortung jemand anderem überträgst, reduzierst du dich selbst zu einem Nichts. Natürlich wird dir dann keiner die Schuld geben, wenn etwas schief geht, doch du hast deine Seele verloren.

Die Menschen verurteilen die Diktatoren, aber niemand überlegt sich, welche Psychologie eigentlich dahinter steht: Wie entstehen Diktatoren? Wer erzeugt sie? Wir sind es, die sie zu dem machen, was sie sind. Und wir tun es in der Hoffnung, dass sie die Verantwortung übernehmen. Aber wir sind uns dabei nicht bewusst, dass wir mit unserer Verantwortung auch unsere Freiheit abgeben, unsere Individualität, unsere Demokratie, unsere Freiheit des Denkens und der Meinungsäußerung – alles!

In dem Moment, in dem wir unsere Verantwortung einem anderen in die Hand geben, verlieren wir unsere Seele. Und es gibt immer Leute, die gerne herrschen und anderen ihren Willen aufzwingen. Sie sind geistesgestört.

Wir haben also eine merkwürdige Situation: Die Menschen wollen von der Verantwortung entlastet werden und natürlich gibt es immer ein paar Leute, die bereit sind, die ganze Verantwortung auf sich zu nehmen, weil sie euch damit auch eure ganze Freiheit nehmen können. Sie nehmen euch eure ganzen Rechte, eure ganze Individualität. Ihr ganzes Streben richtet sich auf Macht. Sie sind auf eine andere Art geistesgestört als ihr, aber das scheint sich sehr gut zu ergänzen. Es gibt offenbar eine gewisse Synchronizität zwischen denen, die ihre Verantwortung loswerden wollen, ohne sich darüber im Klaren zu sein, dass sie damit auch ihre Seele loswerden, und jenen Irren, die nur auf eines abfahren: auf Macht. *(55)*

Deutschland wird immer noch vom Schatten Adolf Hitlers verfolgt. Adolf Hitler hat die deutsche Psyche so tief verseucht, dass sogar die jüngere Generation, die Adolf Hitler und das, was er Deutschland angetan hat, nicht mehr selbst erlebt hat, in mannigfacher Hinsicht an den Auswirkungen zu tragen hat.

Adolf Hitler besitzt die in der ganzen Menschheitsgeschichte wohl einzigartige Auszeichnung, zehn Millionen Menschen umgebracht zu haben. Es hat Alexander den Großen, Iwan den Schrecklichen, Napoleon Bonaparte, Dschingis Khan, Tamerlan und Attila gegeben, aber sie alle erwiesen sich als Zwerge im Vergleich zu Adolf Hitler, diesem Verrückten.

Adolf Hitler liegt in der Luft. Das deutsche Denken ist immer noch gezeichnet von diesem Mann. Wenn Menschen aus Deutschland zu mir kommen, finden sie hier ein völlig anderes Klima. Sie fühlen sich respektiert und geliebt. Sie fühlen ihre Würde und fangen an, sich tief im Innersten zu entspannen. *(56)*

Ich habe dich sagen hören, dass Nietzsches Begriff des Willens eigentlich das genaue Gegenteil von dem sei, was die Nazis daraus gemacht haben und was im Westen immer noch die vorherrschende Interpretation ist. Kannst du etwas über den Unterschied sagen?

Es ist das Schicksal des Genies, missverstanden zu werden. Wenn ein Genie nicht missverstanden wird, ist es kein Genie. Wenn die breite Masse ihn verstehen kann, bedeutet das nur, dass die Person auf der gleichen Ebene spricht, auf der sich die Durchschnittsintelligenz befindet.

Friedrich Nietzsche ist völlig missverstanden worden. Und aus diesem Missverständnis resultierte eine schreckliche Katastrophe. Aber vielleicht war das unvermeidlich. Um jemanden wie Nietzsche zu verstehen, muss man mindestens auf der gleichen Bewusstseinsstufe stehen, wenn nicht höher.

Adolf Hitler war dermaßen beschränkt, dass man sich unmöglich vorstellen kann, dass er Nietzsche verstehen konnte, und doch wurde er zum Propheten von Nietzsches Philosophie. Er deutete ihn nach seinem eigenen zurückgebliebenen Verstand – und deutete ihn nicht nur, sondern handelte auch nach diesen Deutungen. Und das Ergebnis war der Zweite Weltkrieg.

Wenn Nietzsche vom »Willen zur Macht« spricht, ist das etwas völlig anderes als der Wille zum Herrschen. Doch das ist die Bedeutung, die ihm die Nazis gegeben haben.

Der »Wille zur Macht« ist das genaue Gegenteil vom Willen zum Herrschen.

Der Wille zum Herrschen kommt aus einem Minderwertigkeitskomplex. Man will über andere herrschen, nur um sich selbst zu beweisen, dass man nicht unterlegen, sondern überlegen ist. Aber man muss es beweisen. Ohne Beweis fühlt man nur seine Unterlegenheit und die muss man durch möglichst viele Gegenbeweise überdecken.

Ein wirklich überlegener Mensch braucht keinen Beweis; er ist einfach überlegen.

Muss eine Rose für ihre Schönheit argumentieren? Muss der Vollmond sich anstrengen, seinen Glanz unter Beweis zu stellen? Ein überlegener Mensch weiß es einfach, er braucht es nicht zu beweisen. Darum hat er auch keinen Willen zum Herrschen. Er hat zweifellos einen »Willen zur Macht«, aber da muss man eine sehr feine Unterscheidung treffen: Wille zur Macht bedeutet, er will sich zu seinem höchsten Potenzial hin entwickeln.

Es hat nichts mit jemand anderem zu tun; es geht dabei nur um den Einzelnen. Er will zum Blühen kommen, will die ganze Blüte, die sich als Potenzial in ihm verbirgt, ans Licht bringen; er will so hoch wie möglich in den Himmel wachsen. Er vergleicht sich nicht mit anderen und versucht nicht, über sie hinauszuwachsen. Er will einfach sein höchstes Potenzial verwirklichen.

Der »Wille zur Macht« ist etwas absolut Individuelles. Man möchte hoch am Himmel tanzen, möchte im Dialog sein mit den Sternen, aber man hat kein Interesse, andere zu übertrumpfen. Man konkurriert nicht, man vergleicht nicht.

Adolf Hitler und seine Nazi-Anhänger haben der Welt allein schon dadurch einen unermesslichen Schaden zugefügt, dass sie verhindert haben, dass Friedrich Nietzsche in seiner wahren Bedeutung verstanden wurde. Und sie haben nicht nur diesen, sondern auch alle anderen Begriffe völlig missverstanden.

Ein so trauriges Schicksal ist außer Nietzsche noch nie irgendeinem großen Mystiker oder Dichter zugefallen. Nicht einmal die Kreuzigung Jesu oder die Vergiftung des Sokrates war ein so schlimmes Schicksal wie das, was Friedrich Nietzsche erleiden musste. In einem solchen Maßstab missverstanden zu werden, dass Adolf Hitler aus Friedrich Nietzsches Philosophie die Ermordung von zehn Millionen Menschen abzuleiten vermochte! Es wird etwas Zeit brauchen … Erst wenn Adolf Hitler und die Nazis und der Zweite Weltkrieg vergessen sind, wird Nietzsche zurückkommen in seinem wahren Licht. Und das beginnt bereits zu geschehen.

Vor kurzem haben meine japanischen *Sannyasins* mich informiert, dass meine Bücher in ihrer Sprache sich als Bestseller verkaufen – gleich neben denen von Friedrich Nietzsche; auch seine Bücher verkaufen sich gut. Und ein paar Tage vorher hat man mir das Gleiche aus Korea berichtet. Vielleicht sehen die Menschen eine gewisse Verwandtschaft darin. Aber es ist Zeit, Friedrich Nietzsche neu zu interpretieren, damit dieser ganze Schwachsinn, den die Nazis über seine wunderbare Philosophie gestülpt haben, ausgeräumt werden kann. Nietzsche muss einer Reinigung unterzogen werden, er braucht eine Taufe.

Karlchen erzählt seinem Großvater von dem großen Wissenschaftler Albert Einstein und dessen Relativitätstheorie.

»Und was besagt diese Theorie?«, fragt ihn der Großvater.

»Unsere Lehrerin sagt, dass nur ganz wenige Leute auf der Welt das verstehen können«, sagt der Junge. »Aber dann hat sie es uns erklärt: Relativität ist, wenn ein Mann eine

Stunde neben einem hübschen Mädchen sitzt und es fühlt sich an wie eine Minute, und wenn er eine Minute auf einem heißen Ofen sitzt und es fühlt sich an wie eine Stunde. Das ist Relativitätstheorie.«

Opa schweigt und schüttelt dann bedächtig den Kopf. »Karlchen«, sagt er leise, »und davon kann dieser Einstein leben?«

Jeder begreift das, was seinem Bewusstseinsniveau entspricht.

Es war reiner Zufall, dass Nietzsche den Nazis in die Hände fiel. Sie brauchten eine Kriegsphilosophie und Nietzsche preist die Schönheit des Kriegers. Sie brauchten eine Idee, für die sie kämpfen konnten, und Nietzsche lieferte ihnen einen guten Vorwand – den Übermenschen.

Klar, dass sie sich sofort auf seine Idee vom Übermenschen stürzten! Die deutsche Rasse, die nordischen Arier, das sollte Nietzsches neue Menschenrasse sein, der Übermensch! Sie strebten nach der Weltherrschaft und Nietzsche kam ihnen sehr gelegen, wenn er sagte, die tiefste Sehnsucht des Menschen sei der »Wille zur Macht«. Und so machten sie daraus den Willen zur Herrschaft.

Damit hatten sie ihre ganze Philosophie: die deutschen Arier als die überlegene nordische Rasse, die den Übermenschen hervorbringen würde. Den Willen zur Macht, mit dem sie die ganze Welt beherrschen würden. Das war ihre Bestimmung: über die Untermenschen zu herrschen. Das war offensichtlich, eine einfache Rechnung: Der Übermensch herrsche über den Untermenschen!

Diese wunderbaren Ideen … Das hätte sich Nietzsche nie träumen lassen, dass daraus etwas so Gefährliches werden könnte, ein solcher Alptraum für die gesamte Menschheit!

Aber es lässt sich nicht verhindern, dass man missverstanden wird. Man kann nichts dagegen machen.

Ein Betrunkener, der nach Whisky, Zigarren und billigem Parfüm stank, torkelte über die Stufen in den Bus, stolperte den Gang hinunter und ließ sich in einen Sitz direkt neben einen katholischen Priester fallen.

Der Betrunkene warf seinem brüskierten Nachbarn einen versonnenen Blick zu und sagte dann: »Sagen Sie mal, Herr Pfarrer, ich hab mal 'ne Frage. Wodurch kriegt man eigentlich Arthritis?«

Die Antwort des Priesters war kühl und schroff: »Durch unmoralischen Lebenswandel, zu viel Schnaps, Rauchen und Umgang mit schamlosen Weibern.«

»Ei verflucht!«, sagte der Betrunkene.

Eine Weile fuhren sie schweigend weiter. Dann bekam der Priester Schuldgefühle, weil er so heftig auf diesen Mann reagiert hatte, der doch offenbar seiner christlichen Nächstenliebe so sehr bedurfte. Er wandte sich dem Betrunkenen zu und sagte: »Tut mir Leid, mein Sohn. Ich wollte nicht so hart mit dir sein. Wie lange leidest du denn schon an dieser schrecklichen Krankheit?«

»Leiden? Ich?«, sagte der Betrunkene. »Ich hab keine Arthritis. Aber in der Zeitung steht, dass der Papst Arthritis hat.«

Was kann man machen? Sobald man etwas sagt, hängt es völlig vom anderen ab, was er daraus macht.

Nietzsche ist von so immenser Bedeutung, dass man ihn von all diesem Müll befreien muss, den die Nazis seinen Ideen übergestülpt haben. Und das Merkwürdige ist: Nicht nur die Nazis, sondern alle Philosophen der Welt haben ihn völlig missverstanden. Er war offenbar ein solches Genie, dass selbst die so genannten großen Denker ihn nicht verstehen konnten.

Er hat so viele neue Einsichten in die Welt des Denkens gebracht, und schon eine einzige seiner Erkenntnisse hätte ihn zu einem der großen Philosophen dieser Welt gemacht. Doch er hatte Dutzende von Einsichten, die absolut originell sind und auf die noch nie jemand gekommen ist.

Richtig verstanden, könnte Nietzsche zweifellos das richtige Klima und den Nährboden für die Geburt eines neuen

Menschen vorbereiten. Er könnte zur Transformation der Menschheit beitragen.

Ich hege immensen Respekt für diesen Mann, aber ich fühle auch große Trauer, weil er so missverstanden wurde – und nicht nur missverstanden: Er wurde gezwungen, ins Irrenhaus zu gehen. Die Ärzte erklärten ihn für verrückt. Seine Einsichten hatten sich so weit vom normalen Denken entfernt, dass der normale Verstand froh war, ihn für verrückt erklären zu können. »Entweder ist er verrückt oder wir sind zu normal!« Also musste er verrückt sein, er musste ins Irrenhaus!

Mein Gefühl ist: Er war nicht verrückt, er war seiner Zeit einfach viel zu weit voraus. Und er war zu aufrichtig und zu wahrheitsliebend. Er sagte genau, was seine Erfahrung war, ohne sich um Politiker, Priester und andere Zwerge zu kümmern. Aber von diesen Zwergen gibt es so viele und er war ganz allein. Sie wollten nicht hören, dass er nicht verrückt war. Aber der Beweis, dass er nicht verrückt war, liegt in seinem letzten Buch, das er im Irrenhaus schrieb.

Ich bin aber der Erste, der behauptet, dass er gar nicht verrückt war. Diese ganze Welt scheint so berechnend, so politisch denkend zu sein, dass die Leute nur das sagen, was ihnen einen guten Ruf einbringt und den Applaus der Masse sichert. Selbst die großen Denker sind da nicht besonders groß.

Dieses Buch, das er im Irrenhaus schrieb, ist sein größtes Werk, und es ist der absolute Beweis, dass er nicht verrückt war, denn kein Verrückter könnte so etwas schreiben. Sein letztes Buch ist *»Der Wille zur Macht«*. Er hat es nicht mehr im Druck gesehen, denn wer druckt schon das Buch eines Verrückten? Er hatte bei vielen Verlegern angeklopft, wurde aber abgewiesen – und heute sind sich alle einig, dass es sein größtes Werk ist. Nach seinem Tod hat seine Schwester das Haus und andere Dinge verkauft, um dieses Buch veröffentlichen zu können, denn das war sein letzter Wunsch. Aber er sah es nicht mehr im Druck.

War er verrückt? Oder leben wir in einer verrückten Welt?

Wenn ein Verrückter ein Buch wie »*Wille zur Macht*« schreiben kann, ist es besser, verrückt zu sein als so normal wie ein Ronald Reagan, der nichts Besseres weiß, als Atomwaffen aufzutürmen! Tausende sind für ihn rund um die Uhr damit beschäftigt, Atomwaffen zu produzieren!

Nennt ihr so jemanden normal und Friedrich Nietzsche verrückt? *(57)*

In einem Interview mit dem Magazin »Der Spiegel« *hast du mal eine Äußerung über Hitler gemacht und gesagt, du liebst diesen Mann, weil er so verrückt war. Du hast gesagt, er habe so diszipliniert wie ein Mönch im Kloster gelebt. Und dann hast du ihn mit Mahatma Gandhi verglichen und ihn genauso moralisch genannt wie Mahatma Gandhi. Das hat ziemliche Empörung und Verwirrung in Deutschland, Holland und anderen europäischen Ländern hervorgerufen. Meine Frage ist nun: War das eine präzise Widerspiegelung deiner Gefühle für Hitler?*

Es ist sehr leicht, mich falsch zu verstehen. Ich habe tatsächlich Adolf Hitler mit Mahatma Gandhi verglichen. Das ist offenbar schwer zu verstehen, weil sie das genaue Gegenteil voneinander zu sein scheinen. Aber das scheint nur so.

Adolf Hitler ist der bisher größte Gewalttäter auf dieser Welt. Er tötete eine Million Juden in den Gaskammern und Konzentrationslagern. Und fünf Jahre lang hat er ein Land nach dem anderen überfallen und die Menschen hingeschlachtet – Kinder, alte Männer, Frauen, einfache Bürger, die überhaupt nichts mit dem Militär zu tun hatten.

Adolf Hitler mit Mahatma Gandhi zu vergleichen scheint absurd, ist es aber nicht.

Mahatma Gandhi predigte die Gewaltlosigkeit, doch Mahatma Gandhi war alles andere als ein gewaltloser Mensch. Etwas zu predigen ist eine Sache, danach zu leben eine völlig andere. Ich will euch ein paar Beispiele geben, um euch zu zeigen, was ich meine:

Gandhi hatte in Südafrika einen *Ashram** namens Phönix. Dort quälte er ständig seine Frau damit, dass sie die Toiletten anderer Leute putzen sollte, was sie nicht wollte. In Indien ist es allgemein akzeptiert, dass nur eine bestimmte Kaste, die unterste Kaste der Unberührbaren, solche Arbeiten verrichtet. Leute aus höheren Kasten tun niemals diese Art von Arbeit. Kasturba, Gandhis Ehefrau, war eine einfache, traditionelle Frau. Es war schwer für sie. Und weil sie es ablehnte – sie war außerdem schwanger –, hat Gandhi sie mitten in der Nacht aus dem Haus geworfen und ihr gesagt, wenn sie nicht einsehe, dass sie eine Sünde begangen habe, würde er sie nicht wieder ins Haus lassen. Eine schwangere Frau in einer kalten Nacht, in einem Land, dessen Sprache sie nicht beherrschte, um sich verständigen zu können …! Würdet ihr diese Handlung als »gewaltlos« bezeichnen?

Ich kann das nicht als Gewaltlosigkeit ansehen. Es ist pure Gewalt. Zunächst einmal, wenn Gandhi es für richtig hielt, die Toiletten zu putzen, hätte er es selbst tun können. Aber seine Frau dazu zu zwingen, ist ein Übergriff in die Freiheit des Individuums – und auch das ist Gewalt!

Gandhi hatte fünf Söhne. Der älteste, Haridas, lief von zu Hause weg, weil Gandhi ihm nicht erlaubte, die Schule zu besuchen. Gandhi war gegen die moderne Schulbildung. Er war der Ansicht, die moderne Schulbildung, insbesondere in den Naturwissenschaften, verderbe die Religiosität des Menschen, verderbe seine Unschuld, seinen Glauben. Und deshalb war er nicht bereit, seine Kinder zur Schule zu schicken.

Haridas war sehr begierig, mehr zu lernen. Natürlich wollte er eine Ausbildung und ich kann nicht sehen, was daran falsch gewesen sein soll. Gandhi hatte ja selbst all sein Wissen aus der Schule; er war in England erzogen worden. Wenn die englische Erziehung ihn nicht verderben konnte, wenn sie seine Religiosität nicht verderben konnte, warum hatte er dann solche Angst, sie könnte seinen Sohn verderben?

---

* Ort der spirituellen Einkehr

Aber er war so sehr dagegen, dass sich die Situation zuspitzte. Er sagte zu Haridas: »Entweder du hörst auf, mich nach einer Ausbildung zu fragen, oder du verschwindest. Dann ist hier nicht mehr dein Zuhause!« Haridas muss ein sehr mutiger Junge gewesen sein: Er ging von zu Hause weg.

Haltet ihr das für Gewaltlosigkeit?

Gewalt bedeutet nicht bloß, Menschen zu töten. Gewalt ist eine Einstellung, eine Geisteshaltung.

Gandhi wollte dem Sohn seine eigene Ideologie aufzwingen. Das ist alles andere als gewaltlos. Aber zu seinem kleinen Sohn zu sagen, er müsse sich entweder nach seiner Ideologie richten oder das Haus verlassen und dürfe nie wiederkommen ... Das ist grausam und unbarmherzig und hässlich.

Haridas verließ das Haus und blieb bei einem entfernten Verwandten, der dafür Verständnis hatte, dass sein Wunsch berechtigt war. Er gab ihm eine Ausbildung. Und weil Haridas eine Ausbildung erhielt, hat Gandhi ihn nie wieder in seinem Hause aufgenommen. Und nicht nur das: Er hat ihn sogar enterbt und ihm sagen lassen, er sei nicht mehr sein Sohn. Was für eine extrem gewalttätige, rachsüchtige Einstellung!

Dabei hat Haridas bewiesen, dass Gandhi Unrecht hatte! Er wurde zu einem gebildeten Menschen, ohne dass er für Religion verdorben wurde, und auch seine Unschuld und sein Glaube wurden dadurch nicht verdorben. Wäre Gandhi wirklich ein gewaltloser Mensch gewesen, hätte er sich bei Haridas entschuldigen und ihn wieder in seinem Hause begrüßen müssen. Sein Sohn hatte ihm existenziell bewiesen, dass er Unrecht gehabt hatte. Aber im Gegenteil, Gandhi war so nachtragend und rachsüchtig, dass er ihn enterbte!

Gandhi sagte immer, dass Hinduismus, Mohammedanismus und Christentum alle das Gleiche seien. Alle Weltreligionen hätten im Kern die gleiche Lehre, den gleichen Gott. Auch wenn sie verschiedene Sprachen sprechen, sind sie ihrem Wesen nach nicht verschieden. Jeder, der Mahatma

Gandhi liest, muss ihn für einen großen Befürworter einer religiösen Synthese halten, aber das stimmt nicht. Es war keine philosophische Einsicht, sondern nur eine politische Strategie.

In Indien ist die Mehrheitsreligion der Hinduismus, die zweitgrößte Religion der Islam, die dritte das Christentum. Gandhi wollte, dass alle drei Religionen sich seinem Kampf gegen die britische Herrschaft anschließen sollten. Das war nur möglich, wenn die drei Religionen sich nicht gegenseitig bekriegten. Es war eine politische Strategie.

Und dafür erbrachte Haridas den perfekten Beweis. Nachdem er von Gandhi verstoßen und enterbt worden war, trat Haridas zum Islam über. Das Wort *»Haridas«* bedeutet »Diener Gottes«. Er sagte dem mohammedanischen Priester, als er konvertierte: »Ich möchte meinen Namen behalten – natürlich in der arabischen Übersetzung, aber mit der gleichen Bedeutung.« So erhielt er den Namen Abdullah Gandhi. *»Abdu-ullah«* bedeutet dasselbe wie *Haridas* – »Diener Gottes«. Gandhi tobte.

Nun, wenn er ihn doch enterbt und als Sohn verstoßen hatte, warum wurde er dann so wütend? Schließlich steht es doch jedem frei, seinen eigenen Weg zu gehen.

Das ist absolut gewalttätig.

Er sagte zu seiner Frau: »Ich will ihn nie wieder zu Gesicht bekommen! Vergiss das niemals ...« Und in Indien ist es Brauch, dass beim Tod des Vaters der älteste Sohn das Feuer an seinem Scheiterhaufen anzündet. Gandhi machte es allen klar – seinen Söhnen, seiner Frau, seinen Freunden und Anhängern –, dass Haridas unter keinen Umständen das Feuer bei seiner Totenfeier anzünden dürfe. So schaffte er es sogar über seinen Tod hinaus, ihn zu beherrschen! Sein Denken muss wirklich voller Hass gewesen sein.

Nur ein einziges Mal geschah es, in der Zeit, als ich in Jabalpur lebte ... In der Nähe ist der Eisenbahnknoten Katni, etwa hundert Meilen entfernt. Und wie es der Zufall wollte, kam Gandhi einmal mit dem Zug durch, als Haridas gerade in einem Zug aus einer anderen Richtung saß. Beide

Züge mussten in Katni auf einen Zug aus einer dritten Richtung warten. Als Haridas seinen Vater und seine Mutter in dem Zug erblickte, kam er schnell herbei, um den alten Mann zu begrüßen – denn er war nie nachtragend – und um seine Mutter zu sehen.

Doch als Haridas sich näherte, schloss Gandhi die Tür, schloss das Fenster und sagte zu Kasturba, der Mutter von Haridas, die sehr weinte, weil sie Haridas sehen, einfach nur sehen wollte: »Wenn du ihn sehen willst, kannst du gleich mit ihm gehen! Dann verstoße ich dich genauso, wie ich ihn verstoßen habe!«

Haridas stand draußen vor dem Abteil – vor geschlossenen Fenstern, geschlossener Tür – und Kasturba weinte, aber Gandhi erlaubte ihr nicht einmal, das Gesicht ihres Sohnes zu sehen.

Haltet ihr das für Gewaltlosigkeit, Mitgefühl, Liebe?

Einmal antwortete Gandhi einem amerikanischen Journalisten, Louis Fisher, der ihm die Frage stellte: »Sie lehnen die Gewalt ab. Wenn es nun dazu kommen sollte, dass Indien die Unabhängigkeit erlangt, was soll dann mit der größten Armee der Welt geschehen?« – und die gab es in Indien. »Was soll dann mit der Luftwaffe, mit der Marine und mit all den Kriegswaffen geschehen?« Eine relevante Frage.

Gandhi sagte: »Ich werde alle Armeeeinheiten auflösen und sie zur Arbeit auf die Felder schicken und ich werde alle Waffen im Meer versenken. Mein Land wird absolut gewaltlos sein.« Indien wurde unabhängig. Die Armee wurde nicht aufgelöst; die Frage wurde nicht einmal diskutiert. Im Gegenteil, Indien und Pakistan fingen einen Krieg an. Die drei Kriegsflugzeuge, die als erste die pakistanische Grenze überflogen, um Bomben auf dessen Bewohner zu werfen, wurden von Gandhi persönlich gesegnet. Was für eine seltsame Art von Gewaltlosigkeit!

Als Indien noch unter britischer Herrschaft war, erwies sich die Gewaltlosigkeit als gute Taktik, weil Indien es unmöglich geschafft hätte, eine bewaffnete Revolution gegen die Engländer zu gewinnen. Gandhi tat das einzig Mögliche. Er sagte: »Füllt die Gefängnisse! Geht hin zu den Gefängnisbehörden und erklärt: ›Wir sind für die Unabhängigkeit. Wenn ihr uns einsperren wollt, sperrt uns ein!‹« Indien ist ein riesiges Land, seine Bevölkerung beträgt heute neunhundert Millionen. Wo hätte man so viele Gefängnisse hernehmen sollen?

Und Gandhi betonte immer wieder, dass die Freiheitskämpfer nichts tun sollten, was eine Provokation darstellte und der britischen Regierung einen Vorwand für ein gewaltsames Einschreiten geliefert hätte. »Werft keine Steine auf Polizeistationen, steckt keine Züge in Brand, sprengt keine Brücken, denn wenn ihr etwas Derartiges tut, wäre das ein guter Vorwand für die britische Regierung, um Tausende von Menschen zu töten. Und dann könnten wir nicht mehr vor der Welt dastehen und sagen, dass wir gewaltlos sind und dass man gewaltlose Menschen getötet hat, die niemandem etwas zuleide getan haben. Dann könnten wir nicht mehr mit den Sympathien der ganzen Welt rechnen.«

Das war eine einfache Strategie und damit hatte Gandhi Erfolg. Mit dieser Strategie stürzte er die britische Regierung in heillose Verwirrung. Was sollte man bloß mit diesem Mann anfangen? Er benutzte keine Gewalt und ließ auch nicht zu, dass seine Anhänger Gewalt benutzten. Und wenn die Leute keinerlei Anlass gaben, wie konnte man dann auf sie schießen? Mit welcher Begründung?

Schließlich beschlossen die Briten, Indien zu verlassen – aber nicht aufgrund von Gandhis Freiheitsbewegung, denn die fand schon 1942 statt. Die britische Herrschaft über Indien endete jedoch erst 1947. Eine Revolution müsste unmittelbare Folgen zeigen. Ursache und Wirkung müssten miteinander verbunden sein und nicht fünf Jahre auseinander liegen. Aber die Revolution, die 1942 in Indien stattfand, wurde in neun Tagen niedergeschlagen. Nie in der Geschichte hat es eine so kraftlose Revolution gegeben, niemals. Innerhalb von neun Tagen löste sich die ganze Revolution in Luft auf.

Von einer solchen Revolution hatte die britische Regierung nichts zu befürchten und brauchte deswegen Indien nicht freizugeben. Indien machte damals beinahe die Hälfte des britischen Empire aus. Der Grund, warum die Briten schließlich abzogen, war ein völlig anderer. Der Grund war: Sie hatten Indien genug ausgebeutet. Es war nicht möglich, Indien noch mehr auszubeuten. Im Gegenteil, es war für Großbritannien allmählich zu einer wirtschaftlichen Belastung geworden. Und natürlich waren die Briten als Kolonialherren für das Volk verantwortlich und ihre Verantwortung nahm täglich in dem Maße zu, wie die indische Bevölkerung zunahm.

Es ist eine einfache Rechnung: Wenn ein Kolonialreich zu einer wirtschaftlichen Belastung wird, gibt man ihm am besten die Freiheit. Lasst sie selbst die Verantwortung übernehmen! Und außerdem war es gut, Indien zu einem Zeitpunkt die Freiheit zu geben, als niemand revoltierte, denn so konnte man sich die Freundschaft des Landes sichern. Die Engländer wurden ja nicht hinausgeworfen, sondern hatten das Land aus freien Stücken in die Freiheit entlassen. Das Land stand somit in ihrer Schuld.

Was nun Gandhis Gewaltlosigkeit angeht: In dem Moment, als die Briten aus Indien abzogen, hörte es sich auf mit der Gewaltlosigkeit. Eigenartig, da Gandhi doch vierzig Jahre lang allen die Gewaltlosigkeit aufgezwungen hatte! Aber er hatte keine Methode, keine Technik der Meditation, mit der die Energien der Leute hätten verwandelt und ihr Wesen zur Gewaltlosigkeit transformiert werden können. Er hatte nur diese Ideologie: Verzichtet auf Gewalt!

Aber die Gewalt ist *in* euch. Sie ist das menschliche Erbe von Jahrmillionen, und daran etwas zu ändern bedarf enormer Anstrengungen. Gandhi hatte nie verraten, wie das zu bewerkstelligen sei. »Verzichtet auf Gewalt!« – das hieß praktisch nur, dass man es unterdrücken, ständig niederhalten musste. Aber immerhin gelang es ihm, die Inder vierzig Jahre lang dazu zu bringen, ihre Gewalt zu unterdrücken. Und seine Logik war einleuchtend: »Wenn ihr Gewalt anwendet, wird Großbritannien Indien nie freigeben. Wenn ihr aber auf Gewalt verzichtet, werden die Briten sich früher oder später schämen, dass sie ein so unschuldiges, gewaltloses Land in Knechtschaft halten.«

So hatte das Volk vierzig Jahre lang auf Gewalt verzichtet. Doch sobald die Briten aus Indien abzogen, kam es zu einer ungeheuren Explosion von Gewalt im Lande. Und – welch ein Zufall! – eine Million Menschen kamen bei diesem Ausbruch von Gewalt ums Leben. Eine Million Menschen wurden in den Tumulten zwischen Hindus und Mohammedanern getötet – genauso viele, wie Adolf Hitler in Deutschland tötete! So erreichten beide das gleiche Ergebnis, wenn auch aus verschiedenen Richtungen.

Wer ist verantwortlich für die Million Menschen, die in Indien nach der Unabhängigkeit getötet wurden? Gandhi muss es sich gefallen lassen, dass man ihn für vierzig Jahre Unterdrückung verantwortlich macht – und als dieser Druck dann wegfiel, weil die Briten ihre Armee aus dem Land abzogen, da brach es los wie ein Vulkan.

So gesehen war Adolf Hitlers Gewalt gegen die Juden weitaus friedlicher. Er tötete die Menschen in modernen Gaskammern, wo es rasch geht. Tausende wurden in die Gaskammern getrieben, und dann wurde ein Schalter betätigt und von einer Sekunde auf die nächste wusstest du nicht, ob du noch lebst oder schon tot bist. In einer Sekunde warst du weg. Und dann bist du in den Verbrennungsofen gekommen und hast dich in Rauch aufgelöst, in heiligen Rauch, könnte man sagen. Ein direkter Weg zu Gott! Der Rauch steigt direkt in den Himmel.

Aber die Gewalt, die in Indien ausbrach, war so grausam und hässlich – es war barbarisch. Kinder wurden verstümmelt und niedergemetzelt, Greise wurden verstümmelt und niedergemetzelt, Eisenbahnzüge wurden verbrannt, Busse gingen in Flammen auf, Häuser wurden angezündet. In ganz Indien herrschte die Freiheit zu töten. Es gab keine Ordnung, keine Regierung; niemand konnte es verhindern.

Doch kein Psychologe hat je ergründet, warum das alles so geschah und wer dafür verantwortlich war. Ich mache Mahatma Gandhi dafür verantwortlich.

Und aus diesem Grund habe ich Mahatma Gandhi mit Adolf Hitler verglichen.

Wenn man sich nur die paar Sätze betrachtet, in denen ich die beiden miteinander verglichen habe, ist man vielleicht verwirrt. Aber wenn man sich mit den Hintergründen im Detail beschäftigt, wird man es nicht mehr verwunderlich finden.

Ich habe Adolf Hitler auch mit den so genannten Heiligen verglichen, die in den Klöstern leben. Das habe ich nicht gesagt, um Adolf Hitler zu preisen. Aber ihr kennt ja den deutschen *Mind:* Sie haben es nicht kapiert! Sie haben noch nie etwas kapiert! Ich habe es gesagt, um die Heiligen in den Klöstern zu verurteilen.

Adolf Hitler lebte tatsächlich wie ein Mönch. Er stand immer ganz früh am Morgen auf, wie es bei den Mönchen die Regel ist. Und er ging immer früh zu Bett, genau zur selben Zeit wie in den Klöstern. Und er war Vegetarier. In Indien Vegetarier zu sein ist leicht, weil das dort jeder ist, aber in Deutschland Vegetarier zu sein …! Er aß kein Fleisch, keinen Fisch; er lebte streng vegetarisch.

Und sein Leben verbrachte er fast ausschließlich in einer unterirdischen Zelle. Genauso wie die Mönche im Kloster in ihren Zellen leben, so lebte er in einer Zelle unter der Erde. Und er war fast sein ganzes Leben lang Junggeselle – bis auf die letzten drei Stunden, als er heiratete.

Hitler hat nie eine Frau in seinem Zimmer schlafen lassen. Seine Gründe waren zwar andere als die der Mönche, die Angst haben, die Frau könnte sie zu interessieren anfangen. Auch Hitler hatte Angst, aber seine Angst kam aus einer anderen Ecke. Seine Angst war, dass ihn eine Frau im Schlaf töten könnte. Wer weiß, sie könnte ja eine Spionin sein! Er ließ nie jemanden zu sich, weder Mann noch Frau. Er verriegelte die Tür von innen, denn im Schlaf hätte man alles mit ihm machen können. Er misstraute jedem, er hatte keine Freunde. Und er lebte ein sehr diszipliniertes Leben.

Darum habe ich gesagt, dass er wie ein Heiliger im Kloster lebte. Weswegen preist man die Heiligen in den Klöstern? Weil sie ein so diszipliniertes, geregeltes, asketisches Leben führen. Adolf Hitler erfüllte alle diese Voraussetzungen.

Er trank nie Wein. In dieser Hinsicht übertrifft er sogar noch eure Heiligen, besonders die christlichen. Ihnen ist es nicht verboten, Wein zu trinken, im Gegenteil. Vielleicht wundert es euch, aber die besten Weinkeltereien gab es in den christlichen Klöstern. Der beste Wein kam aus den Klöstern. Die Mönche tranken nicht nur, sondern produzierten auch selbst den Alkohol. Das nenne ich Gottesdienst!

Eigentlich habe ich also die Mönche verurteilt, als ich sie mit Adolf Hitler verglich. Und ich habe Mahatma Gandhi verurteilt, als ich ihn mit Adolf Hitler verglich. Es ist kein Lob für Adolf Hitler. Ich nahm ihn nur zum Vergleich. Alle Gründe, warum man Heilige verehrt, trafen perfekt auf ihn zu!

Alle Gründe, warum man Mahatma Gandhi als »große Seele« *(Mahatma)* verehrt, trafen perfekt auf Adolf Hitler zu! Und dennoch erwies sich dieser Mann als das größte Monster in der ganzen Menschheitsgeschichte.

Jetzt könnt ihr sehen, worauf ich hinauswollte: Weder vegetarische Ernährung noch diszipliniertes Leben oder Zölibat, sexuelle Enthaltsamkeit, können einen Menschen transformieren.

All diese Dinge konnten einen Adolf Hitler nicht transformieren.

Wie hätten diese Dinge Mahatma Gandhi transformieren können? Und wie sollten diese Dinge die Tausende von Mönchen und Heiligen in den Klöstern transformieren? All diese Dinge haben überhaupt keine Bedeutung, was die Transformation des Menschen angeht.

Die christlichen Heiligen waren im Verlauf von zweitausend Jahren christlicher Geschichte für ungeheure Gewalttaten verantwortlich. Sie haben Juden umgebracht, sie haben Mohammedaner umgebracht. Sie haben Menschen lebendig verbrannt – insbesondere Millionen von Frauen haben sie lebendig verbrannt. Und worin besteht denn der Unterschied, wenn ein Adolf Hitler eine Million Juden auf eine geradezu friedliche, wissenschaftliche Weise, ohne Folter, vergast?

Gandhi hat es geschafft, die Gewalt so lange zu unterdrücken, bis sie eines Tages explodieren musste, und sie explodierte. In dieser Explosion wurde er selbst ermordet. Eigenartig – ein Mann, der sein ganzes Leben lang Gewaltlosigkeit predigt, wird ermordet!

Es ist kein großer Unterschied ... Hitler beging Selbstmord, Gandhi wurde ermordet. Beide starben auf unnatürliche Weise.

Adolf Hitler und Mahatma Gandhi nahmen ein ähnliches Ende. Beide führten ihr Land in eine Katastrophe.

Ich sagte, ich hätte eine gewisse Liebe für Adolf Hitler, und zwar aus einem Grund: Er war zumindest geradeheraus. Gandhi war das nicht. Adolf Hitler war nicht gerissen. Das, was er tun wollte, das tat er auch. Er war ein bisschen irre, aber immerhin: Ein Irrer schaffte es, der größte Welteroberer zu werden! Er hatte eine gewisse Integrität, einen gewissen Weitblick. Deutschland ist ein kleines Land, aber er schaffte es, die ganze Welt unter Druck zu setzen. Und er war kein Heuchler. Deshalb habe ich gesagt, dass ich diesen Mann liebe.

Mahatma Gandhi kann ich nicht lieben. Er war ein Heuchler, ein gerissener Politiker.

Adolf Hitler war einfach das, was er war, ohne Maske.

Mahatma Gandhi trug eine Maske und ich hasse Leute, die eine Maske tragen, denn sie versuchen, alle zu täuschen, einschließlich sich selbst.

Wenn man eine Maske trägt, beginnt man mit der Zeit selbst daran zu glauben, wenn immer mehr Leute an diese Maske glauben. Und wenn man mit einer Maske vor dem Spiegel steht, kann der Spiegel einem natürlich immer nur die Maske und nicht das wahre Gesicht zeigen. Adolf Hitler trug keine Maske, aber Mahatma Gandhi trug eine sehr dicke Maske.

In allen Geschichtsbüchern wird Adolf Hitler verdammt und Mahatma Gandhi hochgejubelt. Ich möchte aber festhalten, dass Adolf Hitler ein viel aufrichtigerer Mensch war als Mahatma Gandhi.

Man sollte Gandhis ganzes Leben einmal genauer unter die Lupe nehmen – nicht die Historiker, sondern die Psychologen, die Psychoanalytiker, die diesen Mann durchschauen können: seine Gerissenheit, seine Strategien, seine Lügen, seine politischen Spiele.

Im Vergleich zu ihm ist Adolf Hitler geradeheraus.

Ich sage nicht, dass unsere Welt Leute wie Adolf Hitler nötig hat. Ich sage nicht, dass Adolf Hitler als Messias verehrt werden sollte. Ich sage nur: Wir leben in einer sonderbaren Welt, in der man jemanden wie Mahatma Gandhi anbetet, der all diese Dinge im Verborgenen tat, während man Adolf Hitler, der all diese Dinge am hellichten Tage tat, verdammt.

Beide sind zu verdammen!

Und als ich sagte, dass ich für Adolf Hitler eine gewisse Liebe hege, bezog ich mich darauf, dass ich Aufrichtigkeit, Integrität, Mut, Geradlinigkeit liebe. Und diese Qualitäten hatte der Mann! Aber er hat sie missbraucht. Ich verurteile, wie er seine Qualitäten eingesetzt hat, aber die Qualitäten an sich kann ich nicht verurteilen. Diese Qualitäten braucht jeder.

Natürlich hat man das in Deutschland missverstanden, weil Deutschland wegen Adolf Hitler so sehr gelitten hat. Die Wunde ist immer noch da. Allein die Erwähnung des Namens Adolf Hitler genügt, um die deutschen Gemüter in Rage zu versetzen. Und als ich Hitler mit den christlichen Heiligen in den Klöstern verglich, da waren alle natürlich noch mehr beleidigt. Aber was kann ich dafür, dass er wie ein Mönch lebte?

Er hat der Menschheit ungeheuren Schaden zugefügt,

und das war die Kehrseite seiner Persönlichkeit. Aber selbst dafür ist er nicht allein verantwortlich. Und ich habe mir das Leben von Adolf Hitler wirklich genau angesehen.

Er wollte Künstler werden, aber keine Kunstschule in Deutschland wollte ihn nehmen; er scheiterte schon bei der Aufnahmeprüfung. Er war kein großer Künstler, aber er hatte den Wunsch, Künstler zu werden, ein Schaffender. Als die Kunstschulen ihn abwiesen, beschloss er, Architekt zu werden; er wollte eine ganz neue Art von Bauwerken, ganz neuartige Gebäude schaffen. Aber es nahm ihn auch keine Architektenschule.

Er liebte eine Frau, doch sie wies ihn zurück, weil er arbeitslos und ungebildet war. Und ihr kennt ja sein Foto: Man kann nicht gerade behaupten, dass er schön war, vor allem mit diesem Schnurrbärtchen! Er sah schlimmer aus als Charlie Chaplin. Wenn eine Frau ihn also schnell wieder abservieren wollte, kann man es ihr nicht verdenken. Aber eines ist sicher: Die Gesellschaft hat ihn in jeder Hinsicht abblitzen lassen.

Er hat keine Liebe bekommen. Sein Vater war äußerst streng, auf Zucht und Ordnung bedacht. Ständig kritisierte er ihn und ließ kein gutes Haar an ihm. Er hatte die Gewohnheit, die Nachbarn herbeizurufen und Adolf Hitler vor allen bloßzustellen.

Als dieser Mann sah: »Die Welt will überhaupt nichts von mir wissen. Offenbar bin ich gar nichts wert!«, entwickelte er einen tiefen Minderwertigkeitskomplex. Dieser Minderwertigkeitskomplex ist die Ursache für alles, was Adolf Hitler aus seinem Leben gemacht hat.

Er ging zur Armee – das war der einzige Platz, wo er akzeptabel war, denn in der Armee spielt es keine Rolle, ob man ein schönes oder hässliches Gesicht hat. Hässlich ist sogar besser. In der Armee braucht man keine Filmschauspieler, sondern Monster. Und in der Armee zeigte er sich als äußerst erfolgreich; er erhielt mehrere Auszeichnungen. Und er fand eines heraus: Als Killer konnte er seine Überlegenheit in der Welt unter Beweis stellen. Eine andere Möglichkeit hatte er nicht. So ging er in die Politik und wurde Kanzler. Und er wandte Armeetaktiken an.

Als er seine Partei, die Nationalsozialistische Partei, gründete, da hatte diese anfangs nur neunzehn Mitglieder – alles Arbeitslose, denn Deutschland war im Ersten Weltkrieg besiegt worden und viele Heeresangehörige wurden vorzeitig in Rente geschickt. Auch Hitler wurde entlassen und er war noch jung. Diese neunzehn waren allesamt Armeeangehörige, die arbeitslos geworden waren. Sie gründeten diese Partei. Und es ist ein geschichtliches Wunder, wie diese neunzehn Männer innerhalb von zehn Jahren an die Macht kommen konnten.

Sie hatten eine eigenartige Methode. Noch keine politische Partei war je so vorgegangen. Sie hatten diese Strategie: Zuerst waren sie nur neunzehn, und sie gingen zu allen Versammlungen der anderen Parteien und störten sie. Dafür genügten neunzehn Leute. Sie saßen verteilt in der Menge und irgendwann fingen sie einfach eine Schlägerei mit Leuten aus dem Publikum an. Und wenn neunzehn Leute eine Schlägerei anfangen, stehen natürlich andere ebenfalls auf und werden hineinverwickelt, um jemandem zu helfen oder selbst zurückzuschlagen – und das ist das Ende der Versammlung. Und bis alle wieder zu Hause sind, haben sie alle möglichen Verletzungen: ein gebrochenes Bein, eine blutende Kopfwunde und andere Verletzungen.

In jenen Tagen waren die Kommunisten die größte Partei. Allmählich sprach es sich herum, dass es gefährlich war, zu irgendeiner Parteiversammlung zu gehen. Wenn die kommunistischen Parteiführer eine Versammlung organisierten und Werbung dafür machten, indem sie Plakate in der ganzen Stadt aufhingen, ging keiner hin, um ihren Anführern zuzuhören.

Dann fing Adolf Hitler an, seine ersten Versammlungen abzuhalten. Und auf seinen Plakaten stand zu lesen: »Keine Angst! Bei unseren Treffen gibt es keine Störung! Wir garantieren, dass Störenfriede entfernt werden!« Natürlich standen die neunzehn an den Eingängen. Bald sprach es sich in

Deutschland herum, dass nur Adolf Hitlers Versammlungen sicher waren.

Der Mensch ist ein politisches Tier. Als die Leute nicht mehr zu den anderen Parteien hingehen konnten, wollten sie aber trotzdem wissen, was los war. So bekam Adolf Hitler immer mehr Zulauf. Es war ein Wunder, wie er das fertig brachte.

Tausende und Abertausende kamen und sie verbreiteten die Nachricht, dass man gefahrlos zu Adolf Hitlers Versammlungen gehen konnte. Es gab keine Verletzten, kein Chaos, keine Schlägerei. Das musste die richtige Partei sein! Und viele traten bei, denn das war der einzige Führer, dem man zuhören konnte. Innerhalb von zehn Jahren war Hitler an der Spitze der Regierung. Aber dann fing er an, alle seine Qualitäten zu missbrauchen.

Er hatte eine außergewöhnliche Fähigkeit, die Gefühle der Leute, ihre Emotionen, zu wecken, und er setzte das ganz gezielt ein, um die Menschen zu beeinflussen.

Er pflegte Massenversammlungen abzuhalten. Wenn zum Beispiel ein Treffen in München stattfand, kamen alle Anhänger aus anderen Städten dorthin und dann hatte die Münchner Bevölkerung den Eindruck, Hitler habe in München so viele Anhänger. Die Versammlungen fanden abends im Dunkeln statt und jeder hielt eine brennende Fackel in der Hand. Tausende Menschen mit brennenden Fackeln in der dunklen Nacht – das machte einen gewaltigen Eindruck auf die Psyche der Leute. Und wenn es in Berlin stattfand, fuhren die Leute aus München und den anderen Städten nach Berlin. So konnte er nach und nach das ganze Land davon überzeugen: »Ganz Deutschland ist in meiner Hand!« Das stimmte zwar nicht, aber so wie er es anpackte, hatte er damit totalen Erfolg.

Dieser Mann wäre nie so weit gekommen, wenn ihn irgendeine Kunstschule, eine Architekturschule oder eine Frau akzeptiert hätte. Dann wäre dieser Mann nie zum Führer der Nation geworden und es hätte keinen Zweiten Weltkrieg gegeben.

Was ich damit sagen will: Man sollte nie einen Menschen zurückweisen. Und wenn man es aus bestimmten Gründen doch tun muss, sollte man es so höflich und so freundlich wie möglich tun. Statt dem anderen das Gefühl zu geben, dass er deiner nicht würdig ist, gib ihm lieber das Gefühl, dass du seiner nicht würdig bist. So lassen sich Leute wie Adolf Hitler möglicherweise verhindern; andernfalls ist es unvermeidlich, dass sie entstehen.

Eltern sollten lernen, ihr Kind nicht zu verletzen, zu demütigen und zu verurteilen. Wenn ihr euren Kindern helfen wollt, dann gebt ihnen mehr Liebe. Gebt ihnen Anerkennung für das, was gut an ihnen ist, statt immer nur das Schlechte zu kritisieren. Redet von ihren guten Eigenschaften. Lasst die ganze Nachbarschaft wissen, was für ein netter und hübscher Junge euer Sohn ist! Vielleicht lässt sich dadurch seine Energie von der negativen zur positiven Seite hin verschieben, von der dunklen zur hellen Seite, weil ihr ihm zeigt, dass er sich auf diese Weise Respekt und Anerkennung verdienen kann. Damit werdet ihr verhindern, dass er etwas tut, was ihn in den Augen anderer herabsetzt.

Aber die Eltern machen alle das Gleiche wie die Eltern von Adolf Hitler. Die Lehrer machen alle das Gleiche, die Priester machen alle das Gleiche: Sie stempeln die Menschen zu Sündern und verurteilen sie für alles Mögliche. Mit dem Ergebnis, dass jeder einen Minderwertigkeitskomplex mit sich herumträgt.

Und das ist das Gefährlichste, was man in sich haben kann. Es schmerzt und man will es loswerden. Und die einzige Möglichkeit, es loszuwerden, besteht darin, der ganzen Welt zu beweisen, dass man nicht minderwertig ist.

Erst wenn die ganze Welt akzeptiert hat, dass du nicht minderwertig bist, kannst du selbst schließlich das Gefühl haben, dass dein Minderwertigkeitskomplex zu Unrecht bestand.

Der Minderwertigkeitskomplex treibt die Menschen in die Politik, lässt sie Präsidenten und Premierminister werden. Ihr Minderwertigkeitskomplex veranlasst Leute zu allen möglichen ehrgeizigen Zielen und Verbrechen.

Solange die Menschheit von diesem Komplex nicht vollkommen befreit ist, können wir keine friedliche Welt haben. Das brauchen wir aber sehr dringend, denn falls wir es nicht schaffen, Menschen hervorzubringen, die mit sich selbst zufrieden sind, die glücklich sind mit sich selbst, entspannt mit sich selbst, ohne Groll, ohne Klagen über die Welt, dann wartet der Dritte Weltkrieg schon am Horizont. Irgendein schwachsinniger Politiker, der sich selbst beweisen will, dass er der Größte ist, wird den Dritten Weltkrieg beginnen.

Die Bedrohung wächst ständig. Gäbe es Atomwaffen nur in den Händen von Amerika und Russland, dann wäre die Gefahr nicht so groß, weil die beiden Mächte ein Gleichgewicht halten und beide wissen, dass keiner gewinnen kann und dass es für beide das Ende bedeuten wird. Alles Leben würde zerstört werden.

Aber jetzt bemühen sich auch andere Länder, Atomwaffen zu produzieren – kleinere Länder, die bisher keine Rolle gespielt haben in der Welt der Mächtigen, die aber reich sind, zum Beispiel die Ölländer im Mittleren Osten. Sie sind reich genug, um Atomwaffen herzustellen. Wer sollte sie daran hindern? Sie können einen Atomkrieg beginnen. Und wenn er erst einmal begonnen hat, wird er alle anderen Atommächte mit hineinziehen, denn Atomwaffen kann man nur mit Atomwaffen begegnen.

Jetzt bemühen sich sogar arme Länder wie Indien, Atomwaffen zu produzieren. Das halbe Land hat nichts zu essen und ist am Verhungern, aber Indien exportiert Weizen ins Ausland, weil es Geld braucht für Atomreaktoren!

Es wird immer dringlicher, dass wir Menschen hervorbringen, die frei von Minderwertigkeitskomplexen sind – Menschen, die eine gewisse Gelassenheit und Stille, eine tiefe Zufriedenheit in sich haben, Menschen, die nicht mehr ehrgeizig sind.

Wir brauchen eine Menschheit, die den Ehrgeiz hinter

sich gelassen hat – nur dann lässt sich die Todeswolke am Horizont abwenden. *(58)*

Kannst du etwas über Gewalt sagen?

Der Mensch ist in einem Dilemma, denn Menschsein bedeutet Dualität. Der Mensch ist kein ungeteiltes Wesen, sondern er ist Vergangenheit *und* Zukunft. Die Vergangenheit ist das Tier und die Zukunft das Göttliche in ihm. Und zwischen diesen beiden ist die Gegenwart, dieser gegenwärtige Augenblick. Zwischen diesen beiden Polen spielt sich das menschliche Dasein ab – gespalten, zerrissen, in völlig entgegengesetzte Richtungen gezogen.

Wenn er zurückblickt, ist der Mensch ein Tier. Darum kann die Wissenschaft nicht glauben, dass der Mensch mehr sei als nur eines von diesen Tieren – denn die Wissenschaft forscht nur in die Vergangenheit. Charles Darwin und andere haben Recht, wenn sie sagen, dass der Mensch von den Tieren abstamme. Was die Vergangenheit angeht, stimmt das, doch was den Menschen in seiner Ganzheit angeht, stimmt es nicht.

Religion betrachtet das Mögliche – das, was geschehen könnte, aber noch nicht geschehen ist. Wissenschaft zerlegt den Samen und kann darin keine Blüte finden. Religion ist visionär, sie träumt – und so vermag sie das zu sehen, was noch nicht geschehen ist: die Blüte. Natürlich kann man sie nicht finden; man kann die Blüte nicht finden, indem man den Samen zerlegt. Dazu bedarf es einer großen Fähigkeit zur Intuition, nicht zur Analyse – einer intuitiven Schau, einer Vision, einer poetischen Ader. Es bedarf eines wahren Träumers, um das zu sehen, was noch nicht geschehen ist.

Religion betrachtet das Mögliche und entdeckt im Menschen nicht bloß das Tier, sondern die Göttlichkeit: Der Mensch ist Gott. Beides ist da. Der Konflikt ist sinnlos, der Konflikt zwischen Wissenschaft und Religion ist müßig. Ihre ganze Orientierung, ihre Arbeitsweise, ihre Betätigungsfelder sind völlig verschieden.

Die Wissenschaft führt immer alles auf den Ursprung zurück und die Religion schwingt sich immer zur Bestimmung empor. Der Mensch ist beides, darum ist der Mensch in einem Dilemma, in ständiger Angst: Sein oder Nichtsein? Soll ich das eine sein oder das andere?

Der Mensch kann nur auf zwei Wegen Frieden finden: Entweder wird er wieder zum Tier – dann wird er eins, dann hebt sich die Spaltung auf und es gibt wieder Frieden, Ruhe und Harmonie. Und darum versuchen Millionen von Menschen auf verschiedenste Weise, wieder zum Tier zu werden.

Der Krieg gibt dem Menschen Gelegenheit, wieder zum Tier zu werden – daher die große Faszination des Krieges. In dreitausend Jahren Geschichte haben die Menschen fünftausend Kriege geführt. Ununterbrochen geht immer irgendwo der Krieg weiter und es vergeht kein Tag, an dem die Menschen sich nicht gegenseitig umbringen. Woher kommt diese ungeheure Lust an der Zerstörung und am Töten? Die Ursache liegt tief in der Psyche des Menschen begraben.

In dem Moment, in dem du tötest, bist du plötzlich eins. Du wirst wieder zum Tier und damit verschwindet die Dualität.

Daher die ungeheure magnetische Anziehungskraft, die im Mord und im Selbstmord liegt.

Der Mensch kann noch nicht zur Gewaltlosigkeit überredet werden.

Die Gewalt bricht einfach hervor. Namen und Parolen ändern sich, aber die Gewalt bleibt die Gleiche – im Namen von Religion, im Namen einer politischen Ideologie oder irgendeiner anderen absurden Sache … Ein Fußballspiel genügt und schon werden die Menschen gewalttätig, ein Hockeyspiel genügt.

Die Menschen haben großes Interesse an Gewalt. Und wenn sie es nicht selbst tun können – denn es ist riskant und man muss an die Folgen denken –, dann finden sie verwinkelte Wege der Gewalttätigkeit. Im Kino, im Fernsehen ist die Gewalt eine Notwendigkeit; einen Film ohne Gewaltszenen schaut sich keiner an. Wenn du Gewalt und Blutvergießen siehst, wirst du plötzlich an deine animalische Vergangenheit erinnert. Du vergisst die Gegenwart, vergisst völlig die Zukunft und gehst wieder zurück in deine Vergangenheit. Du identifizierst dich. Was auf der Leinwand, auf dem Bildschirm passiert, wird irgendwie zu deinem eigenen Leben. Du bist kein Zuschauer mehr; in solchen Augenblicken wirst du zum Teilnehmer. Du fällst in die gleiche Schwingung.

Gewalt übt eine große Faszination aus.

Sex übt eine große Faszination aus, weil ihr nur im Augenblick der sexuellen Vereinigung wieder eins werden könnt. Sonst bleibt ihr zwei, getrennt; die Unruhe und Spannung bleiben bestehen.

Gewalt, Sex, Drogen – das alles hilft euch, für kurze Zeit, zumindest vorübergehend, zurückzufallen und wieder zum Tier zu werden. Aber es kann nicht zum Dauerzustand werden.

Man muss ein grundlegendes Gesetz verstehen: Nichts lässt sich zurückdrehen. Man kann höchstens so tun, als ob, man kann höchstens etwas vortäuschen, aber nichts lässt sich zurückdrehen, weil die Zeit nicht rückwärts geht. Die Zeit geht immer nur vorwärts. Aus einem jungen Mann kann man kein Kind mehr machen, aus einem alten Mann keinen jungen; das ist unmöglich. Und einen Baum kann man nicht wieder zum ursprünglichen Samen machen; das geht nicht.

Die Evolution schreitet immer weiter voran und es gibt keine Möglichkeit, sie zu verhindern oder zurückzuschrauben.

Deshalb sind alle Bemühungen des Menschen, wieder zum Tier zu werden und darin Frieden zu finden, zum Scheitern verurteilt.

Du kannst dich berauschen, mit Alkohol und anderen

Drogen, Marihuana, LSD; du kannst dich völlig darin ersäufen. Für den Moment verschwinden alle Sorgen, für den Moment stehst du außerhalb dieser problematischen Existenz, für den Moment bewegst du dich in einer völlig anderen Dimension – aber nur für den Moment.

Morgen früh bist du wieder zurück, und wenn du zurückkommst, sieht die Welt noch hässlicher aus als vorher und das Leben ist ein noch größeres Problem als vorher. Denn während du berauscht warst, in der Bewusstlosigkeit des Drogenrausches, haben die Probleme zugenommen. Die Probleme sind währenddessen nur noch komplizierter geworden. Während du dachtest, dass du alle Probleme hinter dir lässt, haben sich die Probleme noch tiefer in deinem Sein, in deinem Unterbewusstsein verwurzelt.

Morgen bist du wieder zurück, in der gleichen Welt – aber jetzt wird sie dir noch hässlicher vorkommen im Vergleich zu dem Frieden, den du erlangt hattest durch die Regression, den Rausch, das Vergessen. Nach diesem Frieden wird die Welt noch gefährlicher aussehen, noch komplexer, noch beängstigender. Und dann bleibt dir nur, die Dosierung der Droge zu erhöhen. Aber auch das wird nicht lange helfen. Das ist nicht der Weg, um aus dem Dilemma herauszukommen. Das Dilemma bleibt; es besteht weiter.

Der einzige Weg besteht darin, sich zum Göttlichen weiterzuentwickeln, der einzige Weg geht nach vorne. Der einzige Weg besteht darin, das zu werden, was dein Potenzial ist. Der einzige Weg besteht darin, das Potenzial zur Wirklichkeit werden zu lassen.

Der Mensch ist ein potenzieller Gott, und solange er nicht zu einem verwirklichten Gott wird, hat er keine Chance auf Zufriedenheit.

Aber die Menschen haben auch das versucht: Wie kann man göttlich werden?

Und was macht man mit dem Tier, während man versucht, göttlich zu werden?

Die einfachste Lösung, die im Verlauf der Zeiten immer wieder aufgetaucht ist, besteht darin, das Tier zu unterdrücken. Aber es ist die gleiche Lösung, wie wenn man das Göttliche unterdrückt. Durch Gewalt, durch Sex, durch Drogen vergisst man das Göttliche. Das ist die eine Lösung – aber es gelingt nie, es kann nicht gelingen. Nach der Natur der Dinge muss es misslingen. Dann kommt der Verstand auf die zweite Lösung: Unterdrücke das Tier, vergiss das Tier; halte es in Schach und schau nicht hin. Wirf es tief in den Keller deines Unterbewusstseins, damit es dir im täglichen Leben nicht begegnet, damit du es ja nie zu Gesicht bekommst.

Der Mensch denkt wie der Vogel Strauß. Der Vogel Strauß denkt, wenn er den Feind nicht sieht, dann existiert der Feind nicht. Wenn der Strauß einem Feind begegnet, macht er einfach die Augen zu. Wenn er die Augen zumacht, dünkt ihm, es gäbe keinen Feind, weil er ihn nicht sehen kann.

Das haben im Verlauf der Zeiten neunundneunzig Prozent aller religiösen Leute gemacht. Zu dem einen Prozent zähle ich die Buddhas, Krishnas, Kabirs. Neunundneunzig Prozent aller Frommen haben nichts anderes als Vogel-Strauß-Politik betrieben – eine völlig aussichtslose Sache!

Unterdrücke das Tier! Aber das Tier lässt sich nicht unterdrücken, weil es viel Energie hat. Es ist die ganze Vergangenheit, viele Millionen Jahre alt. Es ist tief in dir verwurzelt. Du kannst es nicht so einfach loswerden, indem du die Augen zumachst. Wenn du das machst, bist du dumm.

Das Tier ist deine Grundlage, dein wahres Fundament. Als Tier wirst du geboren; du unterscheidest dich durch nichts von den anderen Tieren. Du *kannst* dich unterscheiden, aber noch tust du es nicht. Deine Geburt allein macht dich noch nicht anders. Natürlich unterscheidet sich dein Körper von dem der Tiere, aber nicht sehr. Deine Intelligenz unterscheidet sich, aber nicht sehr. Es ist nur ein quantitativer und kein qualitativer Unterschied.

Die heutige Pflanzenforschung zeigt, dass auch die Pflanzen Intelligenz, Sensibilität, Aufmerksamkeit und Bewusstsein besitzen, von den Tieren ganz zu schweigen. Einige Wissenschaftler sagen sogar, dass Metalle ihre eigene Intelligenz besitzen. Der Unterschied zwischen Mensch und Elefant, zwischen Mensch und Delphin, zwischen Mensch und Affe ist kein qualitativer, sondern nur ein quantitativer, ein gradueller Unterschied.

Wir besitzen ein bisschen mehr Intelligenz, das ist alles. Das macht keinen großen Unterschied, zumindest keinen wesentlichen Unterschied.

Ein qualitativer Unterschied passiert erst, wenn ein Mensch vollkommen erwacht, wenn ein Mensch zum Buddha wird – dann passiert ein wesentlicher Unterschied. Dann ist er kein Tier mehr, dann ist er nur noch göttlich. Aber wie gelangt man dorthin?

Diese neunundneunzig Prozent der religiösen Leute haben etwas völlig Verkehrtes gemacht, aber nach der gleichen Logik. Es ist die gleiche Logik, der die Gewalttäter, die Wollüstigen, die Alkoholiker folgen, genau die gleiche: Vergiss das Tier. Und um das Tier zu vergessen, hat man zahllose Techniken entwickelt. *Mantras* wurden rezitiert, um das Tier zu vergessen und ganz im Singen aufzugehen. Ständiges Wiederholen von: »*Rama, Rama, Rama, Rama* …« – man muss es so oft und so schnell wiederholen, dass alles Denken mit der Schwingung des Wortes »*Rama*« erfüllt ist. Das ist eine Methode, um das Tier zu vermeiden – aber das Tier bleibt.

Du kannst jahrhundertelang »*Rama*« singen, aber das Tier wird durch einen so einfachen Trick nicht verändert. Man kann das Tier nicht täuschen. Diese Art von Religiosität bleibt nur an der Oberfläche. Wenn man an einem Frommen kratzt, findet man das Tier darunter; man braucht nur ein bisschen zu kratzen. Sie geht nicht mal unter die Haut, diese so genannte Religiosität. Sie ist nur eine Fassade, nur eine Formalität, ein gesellschaftliches Ritual.

Man geht in die Kirche, man liest die Bibel, man liest die *Gita*, man sagt sein Mantra oder seine Gebete auf – aber das sind alles nur Formalitäten. Das Herz ist nicht dabei. Und das Tier im Inneren lacht darüber und macht sich über euch lustig. Es weiß nur zu gut, wer ihr seid und wo ihr steht. Es weiß, wie es euch manipulieren kann. Ihr könnt stundenlang Mantras singen, doch dann geht eine schöne Frau vorbei und mit einem Schlag ist das ganze Singen im Eimer und ihr habt Gott vergessen. Oder der Duft, der von der Bäckerei herüberweht ... und alles ist vergessen. *»Hare Krishna Rama ...«*, alles ist vergessen.

Jede Kleinigkeit genügt schon! Jemand beleidigt dich und schon kommt die Wut hoch und das Tier ist bereit, sich zu rächen, und du gerätst in Rage. Tatsächlich werden die Frommen viel wütender als alle anderen, denn die anderen unterdrücken nichts. Und die Frommen sind sexuell viel perverser als alle anderen, denn die anderen unterdrücken nichts. Man sollte sich die Träume eines Frommen näher anschauen, denn bei Tag unterdrückt er ständig, aber was ist in der Nacht, wenn er schläft?

Mahatma Gandhi schrieb, dass er sogar mit siebzig noch sexuelle Träume hatte. Mit siebzig noch sexuelle Träume? Er sagte: »Am Tag habe ich Disziplin erlangt – den ganzen Tag über kommt mir nicht ein einziger Gedanke an Sex. Aber in der Nacht bin ich dazu nicht fähig. Da werde ich unbewusst und meine ganze Disziplin und Kontrolle verschwindet.«

Sigmund Freuds Erkenntnis, dass man, wenn man etwas von einem Menschen erfahren will, seine Träume und nicht sein Leben im Wachzustand kennen lernen sollte, ist sehr wertvoll. Sein Leben im Wachzustand ist verlogen. Sein wahres Leben zeigt sich in seinen Träumen, denn die Träume sind natürlicher – ohne Verdrängung, ohne Disziplin, ohne Kontrolle. Darum kümmert sich die Psychoanalyse nicht um den Wachzustand. Und der Grund: Euer Leben im Wachzustand ist so unwirklich, dass die Psychoanalyse überhaupt nicht daran glaubt. Es ist wertlos. Die Psychoanalyse durchleuchtet eure Träume, weil die Träume viel wahrhaftiger sind als euer so genannter Wachzustand.

Es ist eine Ironie, aber die Psychoanalyse hält das wache Leben, das wir für unser wirkliches Leben halten, nicht für wirklich; sie hält es für unwirklicher als die Träume. Die Träume sind viel wirklicher, weil wir nicht da sind, sie zu verfälschen; wir schlafen fest. Unser bewusster Verstand schläft und das Unbewusste kann sich frei äußern. Das Unbewusste ist viel wirklicher, weil der bewusste Verstand nur ein Zehntel ausmacht. Neun Zehntel sind unbewusst – neunmal mächtiger, neunmal größer als der bewusste Verstand.

Und was machst du, wenn du mit deiner Sexualität, deiner Wut, deiner Habgier kämpfst? Du verdrängst sie ins Unterbewusstsein, in den dunklen Keller, und denkst, weil du sie nicht mehr sehen kannst, bist du sie losgeworden. Aber so wirst du sie nicht los …

Neunundneunzig Prozent aller religiösen Leute verdrängen nur, und wenn man etwas verdrängt, sinkt es nur tiefer und wird zu einem Bestandteil des Seins. Dann fängt es an, sich auf so subtile Weise bemerkbar zu machen, dass man sich dessen nicht einmal bewusst wird. Dann schlägt es gewundene Pfade ein. Auf direktem Wege kann es nicht kommen, denn wenn es sich direkt zeigt, wird es unterdrückt. Darum kommt es auf subtilen Wegen, auf gewundenen Wegen, auf betrügerischen Wegen und in solchen Verkleidungen, dass man kaum erkennen kann, dass es sich um verdrängte Sexualität handelt. Sie wird sich sogar das Mäntelchen von Gebet, Liebe, religiösen Ritualen umhängen.

Doch wenn du tief hinabsteigst und zulässt, dass du unverhüllt von jemandem gesehen wirst, der sieht und die inneren Funktionsweisen des Denkens kennt, dann wirst du überrascht feststellen, dass es die gleiche Energie ist, die sich durch andere Kanäle offenbart. Sie muss andere Kanäle nehmen, weil Energie niemals unterdrückt werden kann.

Das muss man ein für alle Mal verstehen: Keine Energie lässt sich jemals unterdrücken.

Man kann Energie transformieren, aber niemals unterdrücken.

Wahre Religion besteht in Techniken und Methoden zur Transformation; sie ist Alchimie.

Wahre Religion besteht nicht in der Unterdrückung, sondern in der Läuterung des Tieres, in der Höherentwicklung des Tieres zum Göttlichen, in der Verwendung des Tieres, im Reiten des Tieres bis hin zur Göttlichkeit. Das Tier kann zu einem ungeheuer machtvollen Werkzeug werden, denn es ist Kraft.

Die Sexualität kann als eine kraftvolle Energie genutzt werden. Man kann auf ihr reiten bis direkt vor Gottes Tür. Wenn man sie aber unterdrückt, wird man sich immer tiefer darin verstricken.

Wer die Sexualität unterdrückt, wird voller Wut sein; die ganze Energie, die in Sexualität floss, wird nun zur Wut. Doch es ist besser, sexuell zu sein als voller Wut. Im Sex ist zumindest noch etwas Liebe enthalten; in der Wut ist nur noch reine Gewalt und nichts anderes.

Wenn Sex unterdrückt wird, wird der Mensch gewalttätig. Entweder wird er ein Sadist, der andere quält, oder er wird ein Masochist, der sich selbst quält. Doch quälen wird er.

Wisst ihr, warum man seit jeher den Soldaten sexuelle Beziehungen verweigert hat? Weil Soldaten, die Sex haben dürfen, nicht genug Wut und nicht genug Gewalt in sich anstauen. Sexualität wird zu einem Ventil für sie; sie werden weich, und ein weicher Mensch kann nicht kämpfen. Wenn man die Soldaten sexuell auf Entzug setzt, werden sie besser kämpfen. Ihre Gewalttätigkeit wird zu einem Ersatz für ihre Sexualität.

Und wieder hat Sigmund Freud Recht, wenn er sagt: Alle unsere Waffen sind nichts anderes als phallische Symbole. Schwert, Messer, Bajonett – sie sind nichts anderes als Symbole für den Phallus. Dem Soldaten wurde es verwehrt, in einen anderen Körper, in den Körper einer Frau, einzudringen. Jetzt ist er wie wild darauf, jetzt ist er zu allem fähig. Jetzt ist seine Begierde pervertiert worden. Unterdrückter Sex macht ihn scharf darauf, andere Körper zu durchbohren – mit dem Bajonett, mit dem Schwert.

Darum hat man seit eh und je die Soldaten gezwungen, ihre sexuellen Wünsche zu unterdrücken.

In diesem Jahrhundert konnten wir etwas Neues beobachten. Die amerikanischen Soldaten sind die am besten ausgerüsteten Soldaten auf der Welt – wissenschaftlich und technisch am besten ausgerüstet –, doch sie zeigten sich schwächer als alle anderen Soldaten. In Vietnam, das ein armes Land ist, mühten sie sich jahrelang ab und mussten schließlich ihre Niederlage hinnehmen. Wie kam das? Erstmalig in der Geschichte waren die amerikanischen Soldaten sexuell befriedigt – das war das Problem. Sie waren die ersten Soldaten in der Geschichte, die sexuell befriedigt waren, die nicht sexuell ausgehungert waren. Darum konnten sie nicht gewinnen. Ein armes Land wie Vietnam, ein kleines Land wie Vietnam – es ist ein Wunder. Wenn man die psychologische Seite nicht durchschaut, erscheint es wie ein Wunder. Trotz aller Technologie, trotz aller modernen Wissenschaft, trotz all ihrer Macht konnten die amerikanischen Soldaten nichts ausrichten.

Aber das ist nichts Neues; das ist eine uralte Wahrheit und sie wird durch die ganze Geschichte Indiens belegt. Indien ist ein großes Land, eines der größten, das zweitgrößte Land der Welt, gleich hinter China, und es wurde viele Male von kleineren Ländern erobert: Türken, Mongolen, Griechen – jeder konnte kommen und dieses große Land gleich besiegen und erobern. Wie konnte das geschehen? Und die Völker, die es eroberten, waren arm und hungrig.

Meine eigene Analyse der indischen Geschichte erklärt das damit, dass Indien in der Vergangenheit noch nicht sexuell unterdrückt war. Es war die Zeit, als man die Tempel von Khajuraho, Konarak und Puri erbaute. Indien war nicht sexuell unterdrückt. Obwohl es ein paar so genannte *Mahatmas* gab, war der überwiegende Teil des Landes sexuell befriedigt und die Menschen hatten eine weiche, liebevolle, anmutige Qualität. Es fiel Indien schwer, zu kämpfen. Wozu denn überhaupt? Denkt mal, wie es für euch selbst ist: Wenn ihr kämpfen wollt, müsst ihr ein paar Tage lang auf Sex verzichten. Fragt mal Muhammad Ali und andere Boxer. Vor jedem Kampf müssen sie enthaltsam sein, das ist ein Muss. Fragt mal die Olympiakämpfer. Vor der Teilnahme an den olympischen Wettkämpfen müssen sie sexuell darben. Das gibt ihnen große Durchschlagskraft, aggressive Energie, und macht sie fähig für den Kampf. Sie laufen schneller, attackieren schneller, weil die Energie im Inneren bereit ist zu explodieren.

Und aus diesem Grund hat man die Soldaten sexuell unterdrückt.

Wenn alle Armeen der Welt ihre Sexualität ausleben könnten, würde es Frieden geben. Wenn die Menschen sexuell befriedigt wären, würde es keine Zusammenstöße zwischen Hindus und Moslems, keine christlichen oder mohammedanischen Kreuzzüge mehr geben. Dieser ganze Schwachsinn würde verschwinden.

Wenn die Liebe sich ausbreitet, wird der Krieg verschwinden – beide zusammen können nicht existieren.

Unterdrückung ist nicht der Weg; Transformation ist der Weg. *(59)*

Alles, womit wir Menschen uns identifizieren, scheint sich immer irgendwie in Rivalität niederzuschlagen. Diese rivalisierende Energie scheint uns geradezu am Leben zu erhalten. Und an der Wurzel der Rivalität steht offenbar immer ein System von Glaubenssätzen – oder den entsprechenden Zweifeln –, die man durch den Sieg über den Rivalen zu unterdrücken hofft. Die ganze Spezies Mensch, von der größten Nation bis hin zum unbedeutendsten Individuum, scheint an einer endemischen Krankheit zu leiden, die sich für uns alle als todbringend herausstellen könnte. Ist die Psychologie des Glaubenssystems die Hauptkrankheit, an der die Menschheit leidet?

So ist es. Alle Trennwände innerhalb der Menschheit beruhen auf verschiedenen Glaubenssystemen und jeder Glaube ist falsch.

Der Mensch ist für falsche Glaubensinhalte geopfert worden. Es sind Glaubensinhalte politischer, gesellschaftlicher, religiöser Art, aber grundsätzlich ist ihnen allen eines gemeinsam: Sie unterdrücken die Suche nach der Wahrheit. Sie zwingen die Menschen, jeden Zweifel an den von der Gesellschaft propagierten Vorstellungen ins Unterbewusstsein zu verbannen. Die Gesellschaft lässt nicht zu, dass man sie infrage stellt.

Doch jedes Glaubenssystem, das Angst hat vor Hinterfragung, Untersuchung, Zweifel, beweist damit nur, dass es keine reale Basis besitzt. Und sie haben alle Angst, große Angst. Niemand darf an den Grundfesten der Gesellschaft rütteln. Man kann Detailfragen stellen, aber man darf auf keinen Fall die grundlegenden Glaubenssätze infrage stellen – weil es für sie keine Beweise gibt. Es sind Fiktionen.

Es ist eine eigenartige Erfahrung, wenn man erkennt, dass die Menschen sich wegen Fiktionen bekämpft haben. Wegen verschiedener Fiktionen – hinduistischer, christlicher, mohammedanischer Fiktionen –, die aber alle in ein und dieselbe Kategorie gehören. Sie alle machen das Gleiche mit dem Individuum, egal, wo es steht: Sie zerstören seine Integrität, machen seine Intelligenz zunichte.

Ihr ganzes Bemühen geht dahin, euch so unintelligent wie möglich zu halten, damit diejenigen, die an der Macht sind, niemals infrage gestellt werden. Ihre Absichten werden nie hinterfragt, ihre Befehle werden nie hinterfragt; sonst wäre es unmöglich, dass Millionen von Menschen bereit sind, für solch idiotische Dinge zu sterben.

Die Katholiken kämpfen gegen die Protestanten – und was ist der Unterschied zwischen ihnen? Der Unterschied ist so geringfügig, so unbedeutend, und Menschenleben sind so kostbar. Doch dieser geringfügige Unterschied scheint wichtiger zu sein. Dafür müssen Tausende sterben.

Jede Religion bekämpft die anderen, obwohl alle genau wissen, auf welch unsicherem Boden sie stehen. Aber alle tun so, als hätten sie ganz tiefe, uralte Fundamente und als könnte die Zeit nichts an ihnen verändern, als wären sie unwandelbar. Obwohl viele Religionen von der Erde verschwunden und viele neue an ihre Stelle getreten sind, hält das alte Denken daran fest, dass die Religionen der Ewigkeit angehören.

Politische Ideologien ändern sich wie Modeerscheinungen. Religiöse Ideologien brauchen etwas länger, aber auch sie verändern sich. Sie *müssen* sich verändern, weil die Erforschung neuer wissenschaftlicher Bereiche immer neue Tatsachen zutage fördert. Und diese neuen Tatsachen lassen sich nicht verleugnen.

Zuerst versuchten die Religionen, sie zu verleugnen, aber das hat nicht funktioniert. Jetzt versuchen sie, die neuen Tatsachen in sich aufzunehmen. Sie sind sogar bereit, aus der Bibel alles herauszunehmen, was unwissenschaftlich ist, und es durch wissenschaftliche Tatsachen zu ersetzen. Aber trotzdem halten sie an der Bibel fest und versuchen, sie mit neuen Tatsachen aufzuputzen, damit sie weiterhin attraktiv bleibt, aber diese Attraktivität ist im Grunde eine Gefahr – für die Menschen und ihr Leben.

Wir brauchen einen Menschen, der ohne jedes religiöse Glaubenssystem, ohne jede politische Ideologie aufwächst.

Seine Erziehung wird nur der Schärfung seiner Intelligenz dienen, damit er eines Tages seine eigene Wahrheit finden kann.

Und denke daran: Eine Wahrheit, die nicht deine eigene ist, ist keine Wahrheit.

Um Wahrheit zu sein, muss sie deine eigene sein, deine eigene Erfahrung; du kannst sie dir von niemandem ausleihen. Doch all diese Glaubenssysteme sind geliehen, seit vielen Jahrhunderten. Sie enthalten viele hässliche Dinge, die vielleicht einmal akzeptabel waren, weil das menschliche Denken noch nicht so aufgeweckt war, aber jetzt kann man sie nicht mehr akzeptieren.

Vor kurzem brachte mir meine Sekretärin die Information, dass die katholische Kirche in Europa sehr entschlossen alle Sekten bekämpft, die eine Konkurrenz für sie darstellen: die Zeugen Jehovas, die Moonies, die Hare-Krishnas und andere kleine Sekten. Und der Grund dafür liegt darin, dass sie der Kirche achtzehn Prozent ihres Geschäftes wegnehmen.

Damit kommt man der Sache auf den Grund. Da geht es

nicht um Gott oder um Philosophie. Das ist die Realität: Sie nehmen ihnen achtzehn Prozent ihres Geschäftes weg!

Und die Kirche verurteilt diese Sekten und behauptet, sie würden junge Frauen einsetzen, um neue Mitglieder anzulocken. Das ist eine Verunglimpfung. Und ich weiß genau … In Indien bin ich selbst von schönen katholischen Frauen mit Prospektmaterial angesprochen worden, die mich in ihre Kirche locken wollten.

Aber ich habe ihnen gesagt: »Diesen Schrott könnt ihr behalten. Ich kann in eure Kirche kommen, aber dann solltet ihr die Polizei verständigen, denn ich werde nicht nur zuhören! Es wird eine Diskussion mit eurem Priester geben – denn wenn diese Prospekte eure Propagandaliteratur sind, dann weiß man ja schon, wie die Predigten aussehen werden.« Da wurden sie böse und ich sagte: »Das sieht aber nicht gut aus an einer schönen Frau, und wegen eurer Schönheit hat man euch ja hergeschickt. Da seid ihr leider an den Falschen geraten! Aber viele wird es trotzdem verlocken, zu euch in die Kirche zu kommen.«

Das sind die Methoden, die die Katholiken selbst anwenden. Und jetzt verurteilen sie ihre eigenen Sekten, denn es sind christliche Sekten – die Moonies sind eine christliche Sekte, die Zeugen Jehovas sind eine christliche Sekte. Und nun ist die katholische Kirche mit der Behauptung hervorgetreten, diese Sekten würden die Prostitution propagieren und mithilfe der Prostitution würden die Sekten ihr Geschäft stören. Aber genau das haben sie selbst ja bisher gemacht. Durch ihre Verunglimpfung haben sie sich selbst bloßgestellt.

Das Hässlichste an der alten Gesellschaft ist, dass sie auf falschem Glauben, Angst und Habgier aufgebaut ist.

Aber die Menschen brauchen vor nichts Angst zu haben. Die Menschen können sich an den kleinen Dingen erfreuen.

Man muss nur die Kunst der Lebensfreude beherrschen. Dann kann man in einem ganz gewöhnlichen, kleinen Haus leben, als wäre man ein Kaiser in seinem Palast. Dann kann man ganz gewöhnliche Speisen mit so viel Genuss essen, dass kein König mithalten kann – denn er hat längst den Appetit verloren.

Es ist eine sonderbare Welt: Der Arme hat den Appetit und der Reiche das Essen. Als er noch arm war, hatte auch er Appetit, aber dann häufte er immer mehr an, um seinen Appetit auf die verschiedensten Dinge zu befriedigen … Und bis er endlich an den Punkt kommt, wo er sagen kann: »Jetzt werde ich es genießen«, da entdeckt er, dass er gar keinen Appetit mehr hat. Er hat sein ganzes Leben vertan, um Dinge anzuhäufen, die er gar nicht nutzen kann. Und so gibt es Menschen, die hungern, und Menschen, die sich überessen und an Überernährung sterben.

Diese alte Gesellschaft ist einfach dumm. Wir brauchen eine radikale Veränderung und wir brauchen sie schnell – bevor die alte Gesellschaft in einem Atomkrieg explodiert.

(60)

9. KAPITEL

Krise

Warum ist unsere heutige Welt so krank? Warum nehmen Leid und Spannungen ständig zu?

Das ist das Ergebnis all der idiotischen Ideen, die in der Vergangenheit die Menschheit beherrscht haben. Es musste so kommen und sämtliche Religionen sind dafür verantwortlich. Was sie getan haben, ob wissentlich oder unwissentlich, ist die Ursache für all das Leid, Elend und Unglück auf der ganzen Welt. Lasst uns einmal die Hauptursachen der Reihe nach betrachten:

Erstens haben alle Religionen die Vorstellung propagiert, dass Gott die Welt erschaffen habe und dass dieser Gott allwissend, allmächtig und allgegenwärtig sei.

Allein diese Vorstellung hat die Menschen daran gehindert, etwas zu unternehmen, damit das Leben besser und schöner wird. Wenn schon einer, der allwissend, allmächtig und allgegenwärtig ist, sich um diese Welt kümmert, was bleibt da noch für uns zu tun? Wie weit kann unser Blick reichen? Was können wir noch beitragen? Wenn Gott der Schöpfer dieser Welt ist, können wir sie nicht besser machen. Alles, was wir unternehmen könnten, kann es höchstens schlimmer machen. Wir können es nicht besser machen, wir können nicht klüger sein als Gott.

Diese Vorstellung ist eine der Hauptursachen für die Krise, in der sich die Menschheit zurzeit befindet und die zu ihrem Untergang führen könnte. Überlegt doch mal: So wie ich es sehe, gibt es keinen Gott, der diese Welt erschaffen hat und sich um sie kümmert. Diese Verantwortung können wir nicht jemandem in die Schuhe schieben, der gar nicht existiert. Wir, die wir jetzt hier sind, tragen in jeder Hinsicht die Verantwortung, unsere Chance zu nutzen – oder zu sabotieren.

Wenn wir diesen Gott beseitigen und an seine Stelle den Menschen setzen, wird die Welt völlig anders aussehen. Dieses Leiden ist absolut nicht erstrebenswert. Dieses Elend beruht auf unserer eigenen Dummheit. Die Menschen könnten ein unendlich reiches, glückliches, freudiges Leben führen. Doch der erste Schritt ist, die Verantwortung für sich selbst zu übernehmen.

Alle Religionen haben uns beigebracht, uns vor der Verantwortung zu drücken. Überlasst nur alles Gott! Aber da ist kein Gott. Wir unternehmen nichts, weil wir denken, Gott wird schon alles machen – aber da ist kein Gott, der irgendetwas machen wird. Was kann man da anderes erwarten? Alles, was geschieht, was geschehen ist und geschehen wird – alles ist eine natürliche Folge dieser Vorstellung von einem Schöpfergott.

Wenn man dem Menschen sagt: »Dies ist *deine* Existenz. Du bist verantwortlich für alles, was du bist, für alles, was du tust, für alles, was um dich herum geschieht. Werde reif! Hör auf, so kindisch zu sein ...!« Aber neben diesem Gott kannst du nicht reif werden. Seine Gotthaftigkeit hängt von deiner Unreife, deiner Kindhaftigkeit ab. Je dümmer und leichtgläubiger du bist, umso größer ist dieser Gott. Je intelligenter du bist, umso kleiner ist dieser Gott. Und wenn du wirklich intelligent bist, wird Gott hinfällig. Dann ist da die Existenz und da bist du – und nun sei schöpferisch! Aber diese Vorstellung vom Schöpfergott lässt nicht zu, dass *du* zum Schöpfer wirst.

Darin besteht meine ganze Lebensvision: Du selbst musst zum Schöpfer werden! Du musst deine schöpferischen Energien freisetzen. Aber das geht nur, wenn mit diesem Gott aufgeräumt wird, der nichts anderes ist als ein Godot, wenn er völlig aus deiner Lebensvision verschwindet. Sicher, am Anfang wirst du dich sehr leer fühlen, weil dieser Platz in dir von Gott eingenommen wurde ... seit Jahrmillionen lebte er dort. Das Allerheiligste in deinem Herzen war von der Vorstellung Gottes erfüllt. Wenn du ihn jetzt plötzlich hinauswirfst, wirst du dich zuerst leer fühlen, ängstlich und verloren.

Aber es ist gut, sich leer zu fühlen. Es ist gut, sich ängstlich zu fühlen. Es ist gut, sich verloren zu fühlen. Denn das ist die Realität, und was du bisher gefühlt hast, war nur eine Fiktion. Fiktionen bringen nicht viel; sie bringen dir höchstens einen gewissen Trost, aber Trost ist nichts Gutes.

Woran es Not tut, ist nicht Trost, sondern Transformation.

Woran es Not tut, ist die Heilung aller Krankheiten, die du in dir trägst, und nicht Trost.

Das Erste also: Räume mit Gott auf. Warte nicht mehr auf Godot. Da ist niemand. Und es hat auch nie jemanden gegeben.

Was Friedrich Nietzsche sagte ... ich bin nicht seiner Meinung, aber aus einem völlig anderen Grund als die anderen, als *alle* anderen, die nicht seiner Meinung sind. Nietzsche sagte: »Gott ist tot.« Natürlich protestierten die Christen, die Mohammedaner, die Hindus, die Buddhisten – sie alle sind gegen Friedrich Nietzsche.

Auch ich bin gegen das, was er sagt, aber aus einem anderen Grund: Gott ist nicht tot, denn Gott hat nie gelebt. Zu sagen: »Gott ist tot«, bedeutet doch, davon auszugehen, dass es ihn einmal gegeben habe und dass er jetzt nicht mehr da sei. Nein, er war nie da, von Anfang an. Die Menschen haben mit einer Fiktion gelebt.

Und diese jetzige Situation, dieses Leid, die steigenden Spannungen ... Die Spannungen sind so groß geworden, dass heute in manchen hochentwickelten Ländern die zweithäufigste Todesursache nicht Krankheit, sondern Selbstmord ist. Die Menschen stehen unter einer solchen Hochspannung, tagtäglich, dass sie keinen anderen Ausweg mehr sehen. Die Verzweiflung wächst und man sieht keinen Grund, wofür man weiter leiden sollte. Wozu sollen wir leiden? Was haben wir verbrochen?

Das Leben scheint keinen Wert zu haben. So kommt ein intelligenter Mensch an den Punkt, wo er sehen kann, dass alles sinnlos und vergebens ist. Warum sich noch weiter dahinschleppen? Warum nicht das Ganze einfach beenden? Warum nicht einfach aussteigen? Es hat dir nichts als

Schmerzen gebracht und wird dir auch weiter nichts als Schmerzen bringen. Gewiss, da gibt es noch dieses Opium der Hoffnung, dass sich vielleicht morgen alles ändern wird! Wenn schon nicht heute, dann wirst du vielleicht morgen einen Augenblick des Glücks erhaschen! Aber selbst dafür scheint sich das alles nicht zu lohnen. Diese lange Leidenskarawane ... und dann höchstens gelegentlich mal ein Moment, in dem du lächeln, in dem du lachen kannst. Und kaum hast du gelächelt, ist es schon wieder vorbei. Vielleicht war sogar dieser Moment nur eine Einbildung.

Bloß um weitermachen zu können, fängst du an, von Dingen zu träumen, die gar nicht vorhanden sind. Du wünschst dir so sehr, dass sie da wären! Und das Träumen erfüllt tatsächlich diese Funktion.

Vielleicht weißt du ... Die moderne Psychologie hat eine seltsame Entdeckung gemacht. Jahrhundertelang hatte man geglaubt, Träume seien nutzlos und störten nur unsere Nachtruhe. Der traumlose Schlaf galt als erstrebenswertes Ziel. Yoga lehrt seit zehntausend Jahren, dass der traumlose Tiefschlaf die beglückendste Erfahrung ist. Aber vor nicht allzu langer Zeit hat man etwas ganz anderes herausgefunden: Wir können ohne den traumlosen Schlaf auskommen, ohne Schaden zu nehmen, aber wir können nicht ohne Träume auskommen.

Von acht Stunden Schlaf sind fast zwei Stunden traumlos – mit Unterbrechungen, aber insgesamt zwei Stunden – und sechs Stunden träumen wir. Das hat man durch Experimente herausgefunden. Es gibt Instrumente, die anzeigen, ob jemand träumt oder nicht. Aber selbst ohne Instrumente sieht man es, wenn man die Augenlider beobachtet. Wenn sich die Augen hinter den Lidern bewegen, dann träumt der Mensch – er sieht Dinge, die sich bewegen. Sind die Augen statisch und unbeweglich, verraten die Lider keine Augenbewegungen, dann heißt das, die Träume haben aufgehört. Dazu sind keine hochentwickelten Instrumente nötig. Aber es gibt jetzt Instrumente, die Kurven erzeugen, aus denen man ablesen kann, wann jemand träumt und wann nicht.

Man hat Schlafende beim Träumen gestört, hat sie nicht träumen lassen, sondern sofort aufgeweckt. Nur der traumlose Schlaf, diese zwei Stunden, waren erlaubt. Am Morgen waren diese Leute total erschöpft, lustlos, ohne Antrieb. Das war seltsam, denn die alten Yogalehren Indiens, Tibets, Chinas, die verschiedensten Schulen und Lehrer, hatten immer unabhängig voneinander behauptet: »Wenn man zwei Stunden traumlosen Schlaf bekommt, hat man ausreichend nährende, verjüngende Energie.« Das hat sich als unwahr herausgestellt. Wenn man die Leute dagegen dieser zwei Stunden traumlosen Schlafs beraubt, sie aber sechs Stunden lang träumen lässt, steigen sie morgens frisch, regeneriert und verjüngt aus dem Bett, voller Energie, Lebenskraft und Elan.

Das war eine schockierende Entdeckung. Das Träumen sollte absolut notwendig sein? Aus welchem Grund? Man konnte keinen Grund dafür finden. Man wird so auch nie einen Grund finden können, denn er lässt sich nur durch tiefe Meditation finden, auf keine andere Weise. Durch psychologische Experimente lässt sich der Grund nicht herausfinden.

Im Zustand der Meditation geschieht etwas, was weder Traum noch Schlaf ist. Beides fehlt. Weder träumt man noch schläft man; man ist vollkommen wach. Der Körper ist wie im Tiefschlaf, in einem tiefen Ruhezustand, aber das Bewusstsein ist wolkenlos klar. Kein bisschen Schlaf. Innen ist man ganz wach und klar, wie eine Flamme, und beobachtet – dass es gar nichts zu beobachten gibt! Der Körper schläft und es gibt nichts zu beobachten. Aber der Beobachter ist wach.

Dann beobachtest du den Beobachter, du bist dir des Gewahrseins gewahr, du bist dir des Bewusstseins bewusst. Aber da ist kein Schlaf, kein Traum. Und am Morgen bist du so frisch und ausgeruht, wie man nur sein kann.

Die Psychologen haben davon keine Ahnung. Sie haben es noch nicht entdeckt und können es auch nicht entdecken, solange sie nicht in Richtung Meditation gehen. Und es gibt noch keine Anzeichen, dass sie das tun. Die gesamte Psychologie ist in einer ziemlichen Abwehrhaltung gegen Meditation und ich kann auch verstehen, warum. Sie wehren die Meditation ab, weil Meditation alle eure Probleme lösen könnte, weil sie alle eure psychischen Ängste und Nöte auflösen könnte – aber davon hängt ja der ganze Berufsstand der Psychologen ab!

Genauso wie die Priester Angst davor haben, Zweifel an Gott aufkommen zu lassen, und wie die Politiker Angst haben, dass Zweifel an den Priestern aufkommen könnten. Wenn Gott angezweifelt wird, ist es das Ende des Priesters, das Ende der ganzen Priesterschaft. Und auf der ganzen Welt gibt es Millionen Priester: hinduistische, katholische, jüdische, evangelische, Rabbiner, Pastoren, Missionare, Pandits, Imams, Shankaracharyas ... Millionen Priester auf der ganzen Welt. Und sie alle sind von einem einzigen Konzept abhängig: Gott. Wenn diese Vorstellung wegfällt, bricht ihr ganzes Gebäude zusammen. Jetzt genießen sie noch Ansehen und Macht. Aber was wäre der Papst ohne Gott? Wo stünde er dann? Dann müsste dieser Polenpapst zurück nach Polen. Man würde über ihn lachen.

Gott existiert nicht. Mit ihm verschwinden auch der Heilige Geist und der Sohn. Gott ist der zentrale Kern dieser ganzen Fiktion. Wenn man mit dieser zentralen Vorstellung aufräumt, bringt man diesen ganzen Palast, der doch nur ein Kartenhaus ist, zum Einstürzen. Dazu braucht es überhaupt nicht viel.

Die Psychologie hat Angst vor Meditation. Und die Psychologen sind ein bedeutender Berufsstand.

Die Juden machen nie etwas Halbes. Sie waren der Anlass für diese dumme christliche Religion, und seit zweitausend Jahren beklagen sie sich: »Wir haben eine Chance verpasst! Wir haben uns das große Geschäft entgehen lassen, das die Christen gemacht haben. Wie konnten wir uns Jesus nur durch die Lappen gehen lassen? Da haben wir uns ein gutes Geschäft vermasselt! Wir konnten ja nicht ahnen, was für ein Renner dieser Typ sein würde!« Er erwies sich als absoluter Weltbestseller. Das werden ihm die Juden nie verzeihen. Wenn sie ihn wieder mal in die Finger kriegen, werden sie ihn wieder kreuzigen, aber diesmal aus einem anderen Grund: »Warum hast du uns nicht gesagt, dass es ein so gutes Geschäft wird? Dann hätten wir dich nicht gekreuzigt!«

Aber beinahe hätten sie sich das zweite auch noch entgehen lassen: Sigmund Freud. Nur, diesmal haben sie besser aufgepasst und es ist ihnen nicht so viel entgangen. Neunzig Prozent der Branche ist immer noch in jüdischen Händen. Sämtliche großen Psychologen, Psychoanalytiker und Therapeuten … zu neunzig Prozent sind es Juden. Es ist ihr Monopol. Und Freud hat im Alleingang diesen ganzen Beruf, diese ganze Wissenschaft begründet.

Er hatte große Angst vor Meditation, enorme Angst.

Carl Gustav Jung, sein engster Schüler und, wie es anfangs schien, auch sein möglicher Nachfolger, hatte ebenfalls eine Riesenangst vor Meditation. Als er Indien besuchte, sagte man ihm überall, wo er hinkam – er besuchte Khajuraho, den Taj Mahal, Fatehpur Sikri, all die alten Plätze –, überall sagte man ihm: »Du solltest nach Arunachal fahren, nach Südindien. Ganz im Süden, im tiefsten Süden lebt ein Mann, Sri Ramana, der dir tiefe Einsichten in das Wesen des Menschen vermitteln kann. Daran hast du ja dein ganzes Leben lang gearbeitet!« Doch er hatte Angst, hinzufahren.

Ramana (Maharshi) war zweifellos jemand, der ihm etwas über Meditation hätte mitgeben, ihm etwas davon hätte übertragen können. Aber er wollte nicht hinfahren. Er lehnte es glattweg ab, mit den Worten: »Dieses ganze Meditieren ist unwissenschaftlich!« Nun, diese Behauptung war unwissenschaftlich, denn es hatte noch nie jemand versucht, Meditation wissenschaftlich zu erforschen. Auf welcher Grundlage konnte er behaupten, dass diese ganze Sache mit der Meditation unwissenschaftlich sei?

Ich *kenne* diesen Zustand, in dem es keinen Schlaf gibt, keinen Traum, und ich dennoch da bin. Mag sein, dass Träume notwendig sind, aber nicht für mich. Neunundneunzig Komma neun Prozent aller Menschen oder mehr brauchen Träume – sechs Stunden Traumschlaf jede Nacht. Aber denkt ihr, damit wäre es getan? Träumt ihr nicht auch tagsüber?

Du kannst die Augen schließen, wann immer du willst, und wirst entdecken, dass gerade ein Traum abläuft. Es spult sich immer ein Traum ab. Während du mir zuhörst, ist ein Traum da. Während du auf der Straße gehst, läuft in dir ein Traum ab. Natürlich wird beim Gehen deine Aufmerksamkeit geteilt sein. Du musst auf die Außenwelt achten, sonst denken die Leute, du wärst »ausgespaced«. Du bist aber gar nicht »ausgespaced«, sondern »eingespaced«! Deine Aufmerksamkeit geht gar nicht nach draußen. In deine Träume eingesponnen, vergisst du die objektive Welt. Sechs Stunden in der Nacht – und wie viele Stunden bei Tag? Noch niemand hat nachgeprüft, wie viele Stunden es bei Tag sind. Ich meine, dass du bei Tag nicht mal zwei Stunden hast – wie die zwei Stunden bei Nacht –, in denen du nicht träumst.

Ich meine, dass du nicht mal zwei Stunden am Tag ohne Träume bist, denn wenn du zwei Stunden traumlos und hellwach da sein könntest, würden diese beiden Stunden zu deiner Meditation. Und sie würden dir Geheimnisse von unermesslichem Wert enthüllen.

Aber der normale Mensch, der Durchschnittsmensch, braucht das Träumen. Warum? Weil das Leben in dieser Realität so unbefriedigend ist, so hässlich, so himmelschreiend hässlich. Die Träume sind ein Ersatz. Sie sind schön. Sie bringen einen Hauch von Hoffnung und Fantasie in dein Leben. Sie helfen dir, nicht den Verstand zu verlieren. Die Realität würde dich um den Verstand bringen.

Für mich sind dieser Gott, dieser Heilige Geist und sein Sohn, und dieser Heilige Vater, dieser unfehlbare Papst … natürlich muss er unfehlbar sein, er vertritt ja den Messias, den eingeborenen Sohn Gottes! Wie könnte er da fehlbar sein! Also, dieser unfehlbare Papst … und in jeder Religion gibt es Ähnliches. Aber ihr braucht diese Leute. Das sind alles Fiktionen, die ihr in eurem Unglück geschaffen habt. Und diese gerissenen Leute benutzen euer Unglück, um euch auszubeuten und ihren Machttrip zu genießen.

Auch die Politiker brauchen diese Leute. Selbst ein so irrsinniger Politiker wie Adolf Hitler brauchte den Segen Gottes. Wenn es keinen Gott gibt, wer segnet dann Adolf Hitler? Und der höchste christliche Priester Deutschlands segnete ihn. Aber ist es nicht ein Wunder? Adolf Hitler wird vom Priester Gottes gesegnet: »Du wirst siegen!« Churchill in England wird von einem Priester desselben Gottes gesegnet: »Du wirst den Sieg erringen!« Und Benito Mussolini wird sogar vom Papst selbst gesegnet: »Du wirst den Sieg erringen!« Und niemand sieht diesen Widerspruch: ein einziger Gott, ein unfehlbarer Papst – und dieser deutsche Priester untersteht ebenfalls dem Papst!

Aber der Papst muss Benito Mussolini segnen, sonst wirft Mussolini ihn raus und setzt einen anderen an seine Stelle, der bereit ist, ihn zu segnen. Und während Benito Mussolini an der Macht ist, ist er beileibe kein Faschist. Selbst der Papst nennt ihn »den weisesten, demokratischsten, humansten Menschen« – Benito Mussolini! Doch nach der Niederlage wird derselbe Papst Benito Mussolini zu einem Faschisten erklären! So unfehlbar sind diese Leute! Dann kommt wieder ein anderer Politiker, der gesegnet werden muss, und der ist gegen Benito Mussolini, aber auch er wird gesegnet.

Könnt ihr nicht diese plumpe Verschwörung zwischen Priestern und Politikern sehen? Aber so wird die Masse getäuscht. Der Priester erteilt die Sanktionierung von Gottes Gnaden, er bestätigt: Das ist der richtige Mann für das Amt des Präsidenten! Das ist der richtige Mann für den Vizepräsidenten, den Ministerpräsidenten! Zweifellos haben die Politiker das nötig, weil die Masse auf den Priester hört. Der Priester ist ja unparteiisch; er hat nichts mit Politik zu tun, er steht über der Politik ...! Aber das ist alles gar nicht wahr. Der Priester ist in der Hand des Politikers.

Die Politiker und die Priester waren immer schon miteinander verschworen; sie arbeiten Hand in Hand. Der Politiker hat die politische Macht, der Priester hat die religiöse

Macht. Der Politiker deckt den Priester und der Priester segnet den Politiker – und gemeinsam beuten sie die Masse aus, saugen sie aus. Beide sind Blutsauger.

Wenn man mit Gott aufräumt, räumt man auch mit den Politikern auf und mit der Politik, dann räumt man mit den Priestern auf und mit dieser ganzen Verschwörung zwischen Priestern und Politikern. Wenn diese beiden erst einmal verschwunden sind, werden fünfzig Prozent eures Unglücks verschwinden.

Die Vorstellung von Gott gibt euch Träume von einem besseren Leben – nach dem Tod, im Paradies vielleicht oder in einer Reinkarnation. Dann habt ihr nicht mehr so viel Grund, euch über das Leben Sorgen zu machen. Es ist so unbedeutend; was spielt es schon für eine Rolle? Was sind siebzig Jahre angesichts von Millionen und Abermillionen von Lichtjahren? Das zählt überhaupt nicht.

Die Religionen haben den Leuten eingeredet: »Siebzig Jahre sind gar nichts. Euer Unglück geht vorbei, und wenn ihr es vorbeigehen lasst, ohne dagegen zu kämpfen, wird das nächste Leben – oder das Leben nach dem Tode – euch reich dafür belohnen!« Diese Leute haben verhindert, dass die Menschen irgendeine Situation auf dieser Erde verändert haben.

Vor allem aber haben sie die Transformation des Menschen verhindert, denn alles Leid, das ihr um euch herum seht, hat seinen Ursprung im Menschen. Wenn der Mensch gleich bleibt, werden die Spannungen weiter zunehmen und auch die Verzweiflung wird weiter zunehmen.

Es besteht jede Möglichkeit, dass die Menschheit demnächst Selbstmord begeht, durch einen globalen Krieg.

Es fällt einem nicht schwer, sich diese Möglichkeit vorzustellen, weil die Leute, die an der Macht sind und in deren Händen die Atomwaffen liegen, so drittklassig sind! Es scheint, wenn man ein erfolgreicher Politiker sein will, muss man absolut unintelligent, fanatisch und verlogen sein und immer neue Versprechungen geben, obwohl man genau weiß, dass man keine Einzige halten wird. Ein Betrüger, der schöne Worte gebraucht, hinter denen sich hässliche Realitäten verbergen.

Jedes große, mächtige Land ist heute mit Atomwaffen bestückt – in einem Ausmaß, dass wir siebenhundert Planeten wie diesen zerstören könnten. So groß ist das atomare Potenzial, dass wir jeden Menschen siebenhundertmal töten könnten, was völlig überflüssig ist – einmal genügt doch! Aber die Politiker wollen kein Risiko eingehen. Ihre Gesichter sind nur Masken. Sie sagen das eine und tun etwas völlig anderes. Und solche Leute haben die Macht in Händen. Irgendein Debiler kann auf einen Knopf drücken und die ganze Menschheit vernichten, das ganze Leben auf dieser Erde vernichten.

Aber vielleicht hat die Menschheit insgeheim den Wunsch, sich selbst zu vernichten. Vielleicht haben die Menschen einzeln nur nicht den Mut, sich umzubringen, aber in der Masse sind sie dazu bereit.

Vergiss eines nicht: Die großen Verbrechen werden nie von Einzelnen begangen. Die großen Verbrechen werden immer von der Masse begangen, weil der Einzelne in der Masse nicht das Gefühl hat, für das verantwortlich zu sein, was geschieht, sondern denkt: »Ich tue ja nur das, was alle tun.« Wenn man als Einzelner ein Verbrechen begeht, muss man es sich dreimal überlegen, bevor man es tut. Was tue ich da? Ist das richtig? Lässt mein Bewusstsein das zu? Nicht so, wenn man in der Masse ist. In der Masse verliert man sich und niemand findet je heraus, dass man auch dabei war.

Selbst ein Land wie Deutschland, eines der intelligentesten, kultiviertesten, am weitesten entwickelten Länder, das so großartige Dichter, Maler, Wissenschaftler, Philosophen hervorgebracht hat ... In jeder Dimension hat Deutschland bedeutende Beiträge geleistet. Man muss sich wirklich wundern, dass dieses Land, in dem es Leute wie Hegel, Feuerbach, Kant, Marx, Freud, Einstein gab, dass dieses Land unter den Einfluss Adolf Hitlers gelangte, der nichts als ein Geistesgestörter war.

Wie war das möglich? Dass sogar jemand wie Martin Heidegger, einer der führenden zeitgenössischen Philosophen, Adolf Hitler unterstützte? Es ist schockierend, sich das vorzustellen ... Ich habe diesen Mann immer geschätzt, denn seine Intelligenz ist unvergleichlich. Er stellt andere Philosophen meilenweit in den Schatten: Sartre, Marcel, Jaspers – sie sind Meilen hinter ihm. Keiner reicht auch nur im Entferntesten an ihn heran, und ihn zu verstehen ist alles andere als einfach. Aber er unterstützte Adolf Hitler. Und erst als Deutschland den Krieg verlor und Adolf Hitler Selbstmord beging, erst da erwachte Heidegger wie aus einem Traum. Erst da erkannte er, was er getan hatte: »Dieser Mann war einfach nur geisteskrank und ich habe ihn unterstützt!«

Was ich damit sagen will: Selbst wenn deine Augen weit offen sind, kannst du träumen. Heidegger hat geträumt und er projizierte seinen Traum auf Adolf Hitler, denn er sah: Dieser Mann hatte Macht. Er hatte die Macht, die Massen mitzureißen, was Martin Heidegger nicht konnte. Er konnte keinen einzigen Vortrag halten, weil alle den Saal verließen. So wie er redete und das, worüber er redete, diese komplizierten Sachverhalte, die er erörterte ... Wer wollte das schon hören?

Er hatte keine solche Macht über die Masse. Und als er Adolf Hitler erlebte ... Die Massen waren hingerissen, wie hypnotisiert von diesem Mann. So projizierte Heidegger seinen Traum, wie die Welt aussehen könnte, auf diesen Mann, der ihn realisieren könnte. Aber er war naiv. Er verstand nicht, dass dieser Mann seine eigenen irrwitzigen Ideen hatte, was er mit der Welt anstellen würde. Hitler war überhaupt nicht bereit, auf irgendeinen Philosophen zu hören. Und Martin Heidegger überstieg absolut sein Begriffsvermögen. Hitler hätte nicht mal eine sinnvolle Unterhaltung mit ihm führen können.

Die Religionen haben den Menschen Fiktionen zum Leben gegeben. Jetzt sind alle diese Fiktionen geplatzt und die Menschen haben nichts mehr, wofür sie leben könnten – daher ihre Verzweiflung.

Verzweiflung ist kein gewöhnlicher psychischer Zustand wie etwa die Sorge. Sorge richtet sich immer auf ein bestimmtes Problem. Wenn man kein Geld hat, macht man sich Sorgen. Wenn man nichts Warmes anzuziehen hat und der Winter kommt, macht man sich Sorgen. Wenn man krank ist und keine Medikamente hat, macht man sich Sorgen. Sorge bezieht sich immer auf ein bestimmtes Problem.

Die Verzweiflung, von der ich rede, bezieht sich nicht auf ein bestimmtes Problem. Das Leben selbst erscheint so fruchtlos, so sinnlos. Einfach weiterzuatmen erscheint wie ein unnötiges Dahinschleppen, denn was wird morgen schon passieren? Gestern hat man auch schon gedacht, morgen würde etwas passieren … Jetzt ist dieses gestrige Morgen da und ist zum Heute geworden, und gar nichts ist passiert. Und so geht das schon seit Jahren. Und trotzdem projiziert man immer weiter auf das Morgen.

Bis irgendwann einmal der Moment kommt, in dem einem dämmert, dass gar nichts passieren wird. Dann ist man an diesem Punkt der Verzweiflung angelangt.

In dieser Verzweiflung scheint es nur noch einen Gedanken zu geben: Wie kann ich aus diesem Kreislauf des Lebens irgendwie aussteigen? Durch Selbstmord – daher die steigende Selbstmordrate. Und die unbewusste Sehnsucht der Menschheit nach einem Dritten Weltkrieg: »Dann bin ich nicht verantwortlich für meinen Selbstmord. Dann sterben wir alle in diesem Krieg, und ich auch.«

Doch diese ganze Situation lässt sich ändern. Wir müssen nur die Prämissen des alten Menschen verändern: Räumt auf mit Gott, räumt auf mit Himmel und Hölle, räumt auf mit dem Gedanken an eine Belohnung in der Zukunft. Räumt auf mit dem Gedanken, dass irgendein Messias kommen wird, der euch von allem Leid erlöst!

Räume auf mit dem Gedanken, dass irgendjemand anderer für dein Elend und dein Leid verantwortlich sei. Räume auf mit dem Gedanken, dass irgendjemand deinem Leben einen Sinn geben könnte.

Akzeptiere dein Alleinsein. Du bist allein geboren und

wirst allein sterben. Du musst diese Tatsache akzeptieren, dass du allein lebst – vielleicht mitten in der Menge, aber dennoch allein. Vielleicht mit deiner Frau, deiner Freundin, deinem Freund, aber sie sind genauso allein in ihrem Alleinsein wie du, und dieses Alleinsein berührt nicht das Alleinsein der anderen, niemals.

Auch wenn du mit jemandem zwanzig, dreißig oder fünfzig Jahre zusammenlebst, das macht keinen Unterschied. Ihr bleibt euch fremd. Ihr werdet immer und ewig Fremde sein. Akzeptiere die Tatsache, dass wir alle Fremde sind: Wir wissen nicht, wer du bist; du weißt nicht, wer ich bin. Ich weiß ja selbst nicht, wer ich bin – wie kannst du es dann wissen? Aber die Leute setzen einfach voraus, dass die Ehefrau ihren Mann kennt, und der Ehemann setzt voraus, dass die Frau ihn kennt. Jeder verhält sich so, als könne der andere Gedanken lesen, und jeder erwartet, dass der andere über seine Bedürfnisse und Probleme Bescheid weiß, noch bevor er selbst sie geäußert hat. Er sollte es wissen, sie sollte es wissen – und etwas dagegen unternehmen. Doch das ist alles Unsinn.

Niemand kennt dich, nicht einmal du selbst. Erwarte also nicht, dass irgendjemand anderer über dich Bescheid weiß. Es ist dem Wesen der Dinge nach unmöglich. Wir sind Fremde. Wir mögen uns zufällig getroffen haben und nun sind wir zusammen, aber unser Alleinsein ist eine Gegebenheit. Vergiss das nicht, denn daran musst du arbeiten.

Nur aus dem Alleinsein heraus ist deine Rettung, ist deine Erlösung möglich.

Aber du machst genau das Gegenteil: Wie kannst du am besten dein Alleinsein vergessen? Da ist der Freund, die Freundin. Ihr geht ins Kino, zum Fußballspiel, ihr verliert euch in der Masse, ihr tanzt in der Disco. Ihr vergesst euch selbst, trinkt Alkohol, nehmt Drogen … Irgendetwas müsst ihr unternehmen, damit euch dieses Alleinsein nicht bewusst wird. Aber in diesem Alleinsein verbirgt sich das ganze Geheimnis.

Du musst dein Alleinsein akzeptieren, denn du kannst

ihm nicht entrinnen. Und es gibt keine Möglichkeit, es seinem Wesen nach zu verändern. Es ist deine authentische Wirklichkeit. Das bist du. Du flüchtest vor dir selbst, und dann gibt es Probleme, dann gibt es Leid. Und während du ein Problem löst, erzeugst du gleich zehn neue, und so geht es immer weiter. Bald bist du von Problemen umzingelt; du ertrinkst in deinen eigenen Problemen. Dann schreist du auf: »Warum nehmen die Spannungen zu? Warum gibt es so viel Leid? Warum gibt es so viel Unglück?« Als ob irgendjemand dir eine fertige Antwort darauf geben könnte! Doch ja, einer hat die Antwort: Du!

Weil ich die Antwort in mir gefunden habe, darum kann ich es euch mit meiner ganzen Autorität sagen. Diese Autorität beruht nicht auf irgendeinem Gott, irgendeinem Erlöser, irgendeiner Bibel, einem Koran oder den Veden – nein. Diese Autorität beruht auf meiner eigenen Erfahrung. Ich habe mein ganzes Leben lang unter Millionen von Menschen gelebt, doch ich habe nicht einen einzigen Augenblick vergessen, dass ich allein bin und dass mein Alleinsein von keinem Menschen angetastet werden kann. Es ist niemandem zugänglich. Nur mir selbst ist es zugänglich, denn das *bin* ich.

Erst wenn du aufhörst, vor dir selbst davonzulaufen und dich zu verlieren in allen möglichen Drogen, in Beziehungen, Religionen, im Dienst an der Menschheit ... Manche tun es auf diese Weise, aber selbst das ist nur eine Flucht vor sich selbst. Aber es befriedigt das Ego, wenn man ein Diener der Menschheit ist.

Ich habe viele solcher Diener, großartige Diener der Menschheit, gekannt, und wenn ich mit ihnen darüber redete und sie auf diesen Punkt hinwies, sie genau darauf stieß, brachen sie jedes Mal buchstäblich in Tränen aus und sagten: »Vielleicht hast du Recht – es ist eine Flucht. Wir dachten, wir könnten diesen armen Leuten helfen, aber es scheint, dass wir nicht mal imstande sind, unsere eigenen Probleme zu lösen.« Es erschien ihnen als angenehme Flucht. Auf diese Weise kann man seine eigenen Probleme zurückstellen. Und wie kann man so selbstsüchtig sein, sich nur um die eigenen Probleme zu kümmern, wenn doch die ganze Menschheit leidet? Wenn alle leiden, muss man helfen!

So könnt ihr unter einem schönen Deckmäntelchen eure eigenen Probleme beiseite schieben – weil es selbstsüchtig erscheint, auch nur daran zu denken.

Aber wenn du selbst voller Probleme steckst, wem willst du dann helfen? Und wie? Dann wirst du alle deine Probleme nur auf denjenigen abwälzen, dem du dienen willst. Der Ehemann wird es auf die Frau abwälzen, die Frau wird es auf den Mann abwälzen, die Eltern werden es auf die Kinder abwälzen – und so projiziert jeder seine Probleme auf die anderen, ohne jemals zu erkennen, dass der andere genau das Gleiche macht.

Hör auf, deine Probleme auf andere abzuwälzen. Du musst deine eigenen Probleme lösen. Jeder Einzelne muss seine eigenen Probleme lösen. Und es sind gar nicht so viele. Eigentlich ist es nur ein einziges, noch nicht gelöstes Problem, das einen ganzen Schwanz von ungelösten Problemen nach sich zieht.

Das Problem ist: Wie kannst du furchtlos tiefer in dein Alleinsein hineingehen?

Und sobald du dich furchtlos in dein Alleinsein hineinbegibst, wirst du sehen: Es ist eine so wunderbare und ekstatische Erfahrung, dass es sich mit nichts vergleichen lässt.

Es ist überhaupt kein Problem. Es ist die Lösung für *alle* deine Probleme. Aber du hast ein Problem daraus gemacht, weil du auf andere gehört hast und ihnen gefolgt bist. Blinde folgen Blinden – blinden Führern und Priestern. Sie gehen alle im Kreis und jeder denkt, dass sein Vordermann sehen kann, aber genau das denkt auch der Vordermann. Er hält sich am Rockzipfel oder an der Weste des anderen fest, in dem Glauben, dieser wüsste, wohin er geht. Und so bewegen sich alle im Kreis. Niemand gelangt irgendwohin. Die Anhänger folgen dem Führer und der Führer folgt den Anhängern.

Du musst damit aufhören und aus diesem törichten Spiel von Anhängern und Führern aussteigen. Du musst einfach du selbst sein und dich daran erinnern, dass du allein geboren wurdest und dass das Alleinsein deine Realität ist. Denn du wirst auch allein sterben; darum ist das Alleinsein deine Realität. Und zwischen Geburt und Tod, zwischen diesen beiden Punkten, bist du absolut allein. Wie könnte das Leben irgendwie anders sein? In jedem Augenblick bist du allein. Darum akzeptiere es voller Freude und begib dich so viel wie möglich und so oft wie möglich in dieses Alleinsein.

Dies ist der Tempel meiner Religion. Er ist nicht aus Stein, nicht aus Marmor – er ist aus deinem Bewusstsein gemacht. Begib dich hinein, und je tiefer du dich hineinbegibst, umso weiter entfernen sich die Probleme von dir. Und sobald du das Zentrum deines Seins berührst, bist du zu Hause angekommen. Von diesem Punkt aus kannst du wieder zurückkommen und alles tun, was du willst. Es wird eine Hilfe sein, es wird ein Dienen sein, ein Teilhaben-Lassen. Dann wirst du nicht mehr auf andere projizieren.

Einerseits hat der Priester dir die Sehnsucht nach dem Jenseits, den Ehrgeiz nach der jenseitigen Welt, nach dem Morgen gegeben. Andererseits gibt der Politiker dir die diesseitige Welt: Auch du kannst Präsident werden! Jeder in Amerika kann Präsident werden! Alle Bürger sind gleich! Was für ein Unsinn. Keine zwei Bürger sind gleich. Nur der Allergerissenste wird Präsident werden, nicht jeder – zumindest nicht jene, die für andere eine Hilfe sein könnten.

Nur die Ehrgeizigsten können die höchsten politischen Posten in einem Land erreichen. Es ist ein Wettrennen und man muss total ehrgeizig sein und dafür alles auf eine Karte setzen. Man darf sich keine Gedanken darüber machen, was man tut – ob es richtig oder falsch ist. Man darf das Ziel nie aus den Augen verlieren und muss alles unternehmen, um dieses Ziel zu erreichen – egal, ob es richtig oder falsch ist. Wenn man scheitert, war alles falsch; wenn man Erfolg hat, war alles richtig. Erfolg ist immer richtig und

Scheitern ist immer falsch. Darauf haben uns die Politiker trainiert.

Lass alles fallen, was die Priester und die Politiker dir eingeimpft haben, und in dem Maße, in dem du diese Bürde los wirst, wirst du anfangen, Einblick in dein reines Sein zu bekommen.

Das nenne ich Meditation. Hast du erst einmal davon gekostet, wird es dich für immer transformieren. *(61)*

Ich habe alle Hoffnung, dass die Möglichkeit eines herannahenden Dritten Weltkrieges … Falls es dazu kommt, wird es der letzte Weltkrieg sein und keiner wird übrig bleiben, um die Geschichte zu schreiben.

Als Albert Einstein einmal gefragt wurde: »Können Sie etwas über den Dritten Weltkrieg sagen?«, da gab er eine erstaunliche Antwort. Er sagte: »Nein, über den Dritten Weltkrieg kann ich gar nichts sagen, aber über den Vierten.«

Der Fragesteller wunderte sich: »Über den Vierten Weltkrieg können Sie etwas sagen, aber nicht über den Dritten? Das ist seltsam.«

Albert Einstein lachte und sagte: »Das ist gar nicht seltsam. Über den Vierten kann ich sagen, dass er nie passieren wird. Aber über den Dritten kann ich das nicht sagen. Es wird eine so große Katastrophe sein, wie die Menschheit sie noch nie erlebt hat. Innerhalb von zehn bis fünfzehn Minuten wird die ganze Welt, das gesamte Leben, jedes Lebewesen auf dieser Erde, tot sein.«

Diese Totalität des Krieges ist ein neues Phänomen, mit dem wir uns konfrontiert sehen. Alle Kriege der Vergangenheit waren überschaubar und örtlich begrenzt. Selbst unser Zweiter Weltkrieg war nichts im Vergleich zu dem möglichen Dritten Weltkrieg. Ich nenne ihn den *totalen* Krieg, denn er würde die totale Zerstörung des Planeten Erde bedeuten.

Das hat eine Situation gebracht, wie sie noch nie da war.

Die Zeit ist kurz, vielleicht nicht mehr als zehn oder elf

Jahre.* Bis zum Jahr 2000 werden wir aller Voraussicht nach entweder Selbstmord begehen – oder wir werden die ganze Struktur des menschlichen Verstandes transformieren, einen Bewusstseinssprung machen und Millionen von Meditierenden und Tausende von Buddhas hervorbringen.

Die Alternative heißt: Krieg oder Meditation, Krieg oder eine spirituelle Revolution.

Und diesen Krieg sollte man als Kulminationspunkt unserer gesamten menschlichen Geschichte begreifen. Er kommt nicht aus heiterem Himmel. Er kommt aus unserer ganzen Vergangenheit, in der wir immer mehr Aggression, immer mehr Wut und Gewalt, immer mehr Waffen angehäuft haben. Der Erste Weltkrieg war noch klein im Vergleich zum Zweiten. Und der Dritte wird ein totaler Krieg sein.

Und weil es ein totaler Krieg wäre, muss jeder Einzelne sich seine Verantwortung klarmachen. In kleineren Kriegen brauchte man sich keine Sorgen zu machen – das passierte vielleicht irgendwo in Vietnam ... wen kümmert Vietnam? Viele Leute hatten noch nicht mal den Namen Vietnam gehört. Oder in Afghanistan – wen kümmert das? Es war immer nur ein kleiner Teil der Menschheit betroffen. Aber diesmal geht es um die Existenz des Lebens und aller Lebewesen mit uns: der Bäume, der Rosen, der Lotosblumen ...

Aber wir nähern uns auch immer mehr dem Punkt, an dem ein neuer Mensch geboren werden kann. Wir können uns diesen Krieg nicht leisten. Wir können uns einen globalen Selbstmord nicht leisten. Wir müssen verstehen lernen, wie man das Denken der Vergangenheit überwinden kann – dieses überholte Denken, das nur auf Krieg und Zerstörung und Gewalt programmiert war.

Darin besteht meine ganze Arbeit: In eurem Denken die Vergangenheit zu löschen und euch eine Orientierung hin zur Gegenwart zu geben, damit ihr die Wirklichkeit mit reinen Augen wahrnehmen könnt. Und wenn eure Gegenwart rein ist, geht ihr einer goldenen Zukunft entgegen. Aus die-

---

2 Osho äußerte dies im Jahre 1989 – *Anm. d. Übers.*

ser gereinigten Gegenwart wird eine neue Zukunft auftauchen, die keine Fortsetzung der Vergangenheit sein wird. Es wird einen Quantensprung geben. *(62)*

Der Atomkrieg droht am Horizont, die tödliche Krankheit Aids verbreitet sich schnell und laut Wissenschaft steht der Erde demnächst ein Polsprung bevor. Warum aber sind sich die Priester, die Politiker, die Regierungen dieser Tatsachen so wenig bewusst? Und warum sind sie nicht daran interessiert, die Öffentlichkeit darüber aufzuklären?

Das ist eine der wichtigsten Fragen, die man stellen kann, aber dazu wirst du einige tiefere Zusammenhänge verstehen müssen, die dir vielleicht noch nicht bewusst sind.

Die Politiker und die Priester haben ein eingefleischtes Interesse daran, die Menschen auf der ganzen Welt über die Zukunft im Ungewissen zu lassen. Und das hat einen ganz einfachen Grund: Wenn sich die Menschen ihrer Zukunft und der Dunkelheit, die uns bevorsteht, und des großen Sterbens, das immer näher rückt, bewusst würden, gäbe es einen ungeheuren Aufruhr im Bewusstsein der Menschen auf der ganzen Welt. Die Politiker und die Priester, die seit Jahrtausenden die Menschheit beherrschen, wissen ganz genau, dass sie keines der Probleme lösen können, denen sich die Menschheit in der Zukunft gegenübersieht. Sie sind absolut ohnmächtig. Die Probleme sind zu groß und sie sind zu klein. Der einzige Weg, wie sie ihr Gesicht wahren können, besteht darin, den Menschen vorzuenthalten, was uns bevorsteht.

Ich muss es ganz klar aussprechen: Die Politik zieht nur die mittelmäßigsten Geister an. Sie zieht keinen Albert Einstein, keinen Bertrand Russell, keinen Jean Paul Sartre, keinen Rabindranath Tagore an … Nein, sie zieht nur eine ganz bestimmte Sorte Menschen an. Die Psychologen wissen um die Tatsache, dass vor allem Leute, die unter einem Minderwertigkeitskomplex leiden, sich von der Politik angezogen fühlen, denn die Politik kann ihnen Macht verleihen. Und durch Macht können sie sich selbst und andere davon überzeugen, dass sie nicht minderwertig, nicht mittelmäßig sind.

An die Macht zu kommen ändert aber allein noch nichts an ihrer Intelligenz. Darum wird die ganze Welt von so mittelmäßigen Leuten regiert, während die Zahl der intelligenten Menschen groß ist – Wissenschaftler, Künstler, Musiker, Dichter, Tänzer, Maler, alle möglichen sensiblen und kreativen Menschen, die Elite der Menschheit –, aber sie sind nicht an der Macht. Sie könnten den Lauf der Menschheitsgeschichte verändern, sie könnten das Dunkel der Zukunft in einen wunderbaren Morgen, in einen herrlichen Sonnenaufgang verwandeln. Doch unglücklicherweise liegt die Macht in den Händen der falschen Leute und die Intelligenten haben keine Macht.

Um das zu illustrieren, will ich euch eine kleine Geschichte erzählen ...

Einem großen Mystiker kam zu Ohren, dass einer seiner Freunde, ein Freund aus der Kindheit, mit dem er gespielt und mit dem er zusammen studiert hatte, Premierminister des Landes geworden war. Um ihm zu gratulieren, kam der Mystiker herunter von seinen Bergen. Es war eine lange, anstrengende Reise. Als er endlich den Palast des Premierministers erreichte, machte dieser sich gerade zum Ausgehen fertig.

Er erkannte den Mystiker, doch er sagte: »Tut mir Leid, aber ich habe ein paar Verabredungen. Ich muss zu drei Orten, aber ich würde mich sehr freuen, wenn du mich begleiten würdest. Wir könnten uns unterwegs unterhalten und uns an die goldenen alten Zeiten erinnern.«

Der Mystiker sagte: »Ich würde sehr gerne mitkommen, aber wie du siehst, besitze ich nur diese staubigen Lumpen. Es würde nicht gut aussehen, wenn ich neben dir in einem goldenen Wagen sitze.«

Der Premierminister sagte: »Kein Problem! Der König hat mir einen kostbaren Mantel geschenkt, den ich noch nie getragen habe. Ich habe ihn für besondere Anlässe aufgehoben. Ich werde ihn dir geben. Zieh ihn einfach über; er wird deine Kleider bedecken, den Staub und alles andere.«

Man gab ihm den Mantel. Sie kamen zu dem ersten Haus und traten ein. Der Premierminister stellte seinen Freund vor: »Er ist ein großer Mystiker und lebt in den Bergen. Alles, was ihr an ihm seht, gehört ihm – außer dem Mantel, der gehört mir.«

Der Mystiker traute seinen Ohren nicht. Was sollte dieser Unsinn? Auch die Gastgeber waren schockiert über diese Beleidigung.

Als sie wieder draußen waren, sagte der Mystiker: »Es ist besser, wenn ich nicht weiter mitkomme. Du hast mich verletzt. War das denn nötig, zu erwähnen, dass der Mantel dir gehört? Niemand hatte danach gefragt.«

Er sagte: »Das tut mir Leid! Bitte verzeih mir. Wenn du nicht mitkommst zur nächsten Einladung, müsste ich denken, dass du mir nicht verzeihst.«

Der Mystiker hatte ein schlichtes Herz. Er sagte: »Also gut, ich komme.«

Als sie das zweite Haus betraten, stellte ihn der Premierminister vor: »Er ist ein großer Mystiker, der in den Bergen lebt. Das gehört alles ihm, auch der Mantel!«

Der Mystiker konnte es nicht fassen, wie wenig Intelligenz dieser Mann besaß. Als sie wieder draußen waren, verweigerte er sich: »Ich kann nicht zu deiner dritten Verabredung mitkommen. Das geht zu weit.«

Doch der Politiker sagte: »Aber diesmal habe ich doch gesagt, dass der Mantel dir gehört!«

Der Mystiker sagte: »Es ist unfassbar! Wie kann man nur so unintelligent sein! Dein Hinweis und deine Betonung, dass der Mantel mir gehört, wecken doch den Verdacht, dass etwas nicht stimmt. Wozu musst du den Mantel denn überhaupt erwähnen? Ich verstehe nicht, warum du einen Mantel vorstellen musst!«

Und der Politiker sagte: »Verzeih mir! Aber wenn du jetzt nicht zu dieser dritten Einladung mitkommst, werde ich es mir nie verzeihen, dass ich dich verletzt habe. Ich bitte dich! Nur noch diese eine Verabredung! Und ich werde auch nicht erwähnen, wem der Mantel gehört. Du brauchst keine Angst zu haben.«

Und der Mystiker in seiner Schlichtheit und Unschuld willigte ein, mit ihm zu kommen. Im dritten Hause stellte er den Mystiker wieder vor: »Er ist ein großer Mystiker aus den Bergen. Seine Kleider gehören ihm, aber über den Mantel sagt man besser nichts!«

Politiker sind nicht gerade die Leuchten der Menschheit. Sonst hätte es in dreitausend Jahren nicht fünftausend Kriege gegeben. Politiker können zerstören, aber sie können nichts erschaffen. All die Atomwaffen und Nuklearsprengköpfe sind auf dem Mist der Politiker gewachsen. Was für ein Gesicht sollen sie denn aufsetzen, wenn sie den Leuten klarmachen, wie finster und beängstigend unsere Zukunft aussieht? Ja, vielleicht gibt es überhaupt keine Zukunft mehr, vielleicht sitzen wir schon auf einem Vulkan, der jeden Moment ausbrechen kann? Wir haben schon so viele Atomwaffen, dass wir siebenhundert Planeten von der Größe unserer Erde vernichten könnten. Mit anderen Worten, wir könnten jeden Menschen siebenhundertmal töten.

Was für eine unvorstellbare Dummheit! Man stirbt doch nur einmal. Es ist völlig unnötig, so einen armen Menschen gleich siebenhundertmal zu töten! Wozu werden denn alle diese atomaren Vorkehrungen getroffen?

Dahinter steht ein gewisser Irrsinn. Dieser Irrsinn besteht darin, dass der Politiker nur leben kann, wenn es Krieg gibt. Ohne Krieg gibt es keine Helden. Denkt nur an all eure Helden: Alexander der Große, Napoleon Bonaparte, Attila, Dschingis Khan, Josef Stalin, Benito Mussolini, Adolf Hitler, Winston Churchill – sie alle hat der Krieg hervorgebracht. Was war denn so Besonderes an ihnen, außer dass sie zur Zeit großer Kriege lebten? Der Krieg brachte sie auf den Gipfel des Ruhmes.

Unsere ganze Geschichte wimmelt nur so von solchen

Idioten. Mit ein bisschen Klarsicht würden wir sofort mit dieser Art von Geschichtsunterricht an unseren Schulen und Universitäten Schluss machen. Kann man nicht die Geschichte der schönen, schöpferischen Menschen studieren? Wir haben großartige Musiker hervorgebracht, wir haben großartige Wissenschaftler hervorgebracht, wir haben großartige Dichter hervorgebracht, wir haben großartige Maler hervorgebracht. Solche Menschen sollten in die Geschichte eingehen.

Der Geschichtsunterricht sollte uns daran erinnern, dass solche Menschen unsere wahren Vorväter sind – und nicht Dschingis Khan, Attila, Alexander der Große. Sie waren ein Missgeschick und sollten nicht mal in den Fußnoten der Geschichtsbücher erwähnt werden! Man sollte sie einfach ignorieren. Es waren Verrückte und es ist überflüssig, von ihnen zu lernen und damit der jungen Generation ähnliche Gelüste einzugeben.

Die Priester stecken in einer tief gehenden Verschwörung mit den Politikern. Es ist eine jahrtausendealte Verschwörung: Der Priester deckt den Politiker, der Politiker deckt den Priester. Das muss man sich wirklich mal klarmachen.

Im Osten haben die Priester den Leuten zum Beispiel ständig eingeredet: »Ihr seid nur arm, weil ihr in früheren Leben schlechte Taten begangen habt!« Und sie konnten die Leute davon überzeugen. Wenn man über Jahrtausende immer wieder dasselbe wiederholt, hinterlässt es im Denken der Leute tiefe Spuren. Und es beeindruckt nicht nur die Leute, sondern es beeindruckt auch die Priester selbst. Das ist ein höchst seltsames psychologisches Phänomen.

Das erinnert mich an eine Anekdote …

Ein Journalist starb und fand sich direkt vor der Himmelstür wieder. Er klopfte an, es öffnete sich ein kleines Fenster und Petrus schaute heraus: »Tut mir Leid, aber unsere Quote für Journalisten ist schon voll. Wir brauchen hier nur ein Dutzend, und selbst die sind überflüssig, weil hier ohnehin nie etwas passiert. Keine Sensationen!«

Wisst ihr, wie man eine Sensation definiert? Wenn ein Mann von einem Hund gebissen wird, ist das keine Sensation, aber wenn ein Hund von einem Mann gebissen wird – das ist eine Sensation!

Im Himmel gibt es keine Sensationen, das ist klar. »Die zwölf Reporter, die schon hier sind, langweilen sich zu Tode. Geh doch bitte an die andere Tür dort vorne.«

Aber Journalisten sind hartnäckig. So leicht kann man die nicht loswerden. Der Journalist sagte: »Hör mal! Ich werde an die andere Tür gehen, aber erst in vierundzwanzig Stunden! Jetzt noch nicht.«

Petrus sagte: »Und womit willst du dir vierundzwanzig Stunden lang die Zeit vertreiben, während du hier stehst und wartest?«

Der andere sagte: »Ich werde nicht hier stehen und warten, sondern du wirst mich reinlassen. Und dann werde ich einen der zwölf Journalisten überreden, für mich in die Hölle zu gehen. Dann kannst du mir seinen Platz geben und die Quote stimmt wieder.«

Das hielt sogar Petrus für ein vernünftiges Angebot. Er sagte: »Also gut, komm rein und versuch's.«

Er schaffte es tatsächlich, in diesen vierundzwanzig Stunden allen Journalisten, und nicht nur diesen, zu erzählen: »In der Hölle erscheint demnächst eine neue Zeitung und es wird die größte und bedeutendste Zeitung überhaupt! Sie suchen noch Redakteure, Reporter, die verschiedensten Journalisten – und sie zahlen gut!«

Nach vierundzwanzig Stunden meldete er sich wieder am Tor. Petrus sagte: »Jetzt kannst du hier nicht mehr raus!«

Er sagte: »Was soll das heißen?«

Petrus sagte: »Alle zwölf sind abgehauen! Du hast sie überzeugt. Und die haben ein solches Theater veranstaltet, dass wir sie schließlich gehen lassen mussten. Jetzt kannst du hier nicht mehr weg, denn wir brauchen wenigstens einen Journalisten.«

Doch der Journalist sagte: »Ich kann aber nicht hier bleiben.«

Petrus sagte: »Du hast diese Lüge in die Welt gesetzt. Es gibt doch gar keine Zeitung! Und es gibt auch keine gute Bezahlung.«

Er sagte: »Das stimmt, ich habe die Lüge in die Welt gesetzt. Aber wenn zwölf Leute es geglaubt haben, muss doch etwas dran sein! Ich will nicht hier bleiben! Mach die Tür auf, sonst gehe ich mich über dich beschweren. Ich gehöre gar nicht hierher. Das ist nicht der richtige Ort für mich.«

Und weil er einsah, dass das stimmte, ließ Petrus ihn gehen, ohne die Genehmigung von höherer Stelle einzuholen.

Was war mit dem Journalisten passiert? Er hatte eine Lüge erfunden und konnte tatsächlich zwölf Leute davon überzeugen. Und immer, wenn man jemand anderen überzeugt, überzeugt man gleichzeitig sich selbst.

Im Osten haben die Priester jahrhundertelang die Menschen davon überzeugt, dass es an ihren früheren schlechten Taten liegt, dass sie jetzt arm sind. Alles, was ihr jetzt tun müsst, ist, euch zufrieden zu geben mit eurer Armut, euren Krankheiten, eurem Tod! Dies ist eine Probe eures Vertrauens, und wenn ihr diese Feuerprobe besteht, werdet ihr im nächsten Leben, nach dem Tod, unermesslichen Lohn dafür erhalten!

Das ist der Grund, warum es im Osten keinen wissenschaftlichen Fortschritt gegeben hat, warum keine Technik entwickelt wurde. Wenn die Menschen zufrieden sind und die Armen nichts anderes wollen, als sich mit ihrer Armut zufrieden zu geben, wozu braucht man dann Technologie, Wissenschaft, Fortschritt, Entwicklung, die Schaffung von mehr Wohlstand und einer besseren Gesellschaft, die Verteilung des Reichtums auf eine humanere Weise? Das ist alles unnötig.

Und der Politiker ist darüber nur glücklich, denn es schließt die Möglichkeit einer Revolution aus. So bewahrt der Priester den Politiker vor einer Revolution. Und der Politiker huldigt seinerseits dem Priester, was für ein großer Heiliger er sei. Er küsst ihm die Füße, speziell zu Zeiten des

Wahlkampfes. Er erweist ihm seinen Respekt. Die Politiker gehen dann zu allen möglichen Heiligen, Shankaracharyas, Imams – und zum Papst.

Demnächst kommt der Papst nach Indien, und dann könnt ihr sehen, wie alle Politiker zu ihm hinrennen, um ihn zu begrüßen – denn in Indien ist das Christentum jetzt die drittgrößte Religion. Jetzt muss man den Papst für sich gewinnen.

Mohammedanische Heilige, ob tot oder lebendig, werden verehrt und Hindu-Heilige, egal, ob Heilige oder Idioten, werden auf die höchste spirituelle Stufe gehoben.

Das ist eine Verschwörung mit dem Ziel, die Menschen auszubeuten. Die Priester können euch nicht sagen, was die Zukunft bringen wird, weil sie selbst noch in der Vergangenheit leben. Sie leben in der Bhagavadgita, die vor fünftausend Jahren geschrieben wurde, sie leben im Koran, sie leben in der heiligen Bibel. Ihre ganze Welt liegt in der Vergangenheit; sie verehren die Toten. Sie haben keine Augen für die Zukunft und sie haben auch keine Intelligenz. Ich glaube nicht, dass irgendein intelligenter Mensch Priester sein kann, weil ein Priester ständig Lügen verbreitet, und dazu ist ein Mensch, der Integrität besitzt, nicht imstande.

Ein Priester lügt in jeder Hinsicht. Er weiß gar nichts von Gott. Er hat ihn weder erlebt noch ist er ihm begegnet, aber er belügt ständig die Leute und tut so, als wäre er ein Vertreter Gottes, ein Vermittler zwischen dir und Gott. Er erlaubt dir nicht, mit der Existenz direkt im Kontakt zu sein. Er will, dass du deine Liebesbriefe zu seinen Händen adressierst. Deine Gebete können Gott nur durch den Priester erreichen. Seltsam – mit welchem Recht?

Unlängst erklärte der Papst, das Oberhaupt der Christenheit, es sei eine der größten Sünden, direkt zu Gott zu beichten. Beichten könne man nur über den Priester. Seht ihr diese raffinierte Strategie? Der katholische Priester ist immer da, um euch die Beichte abzunehmen, und ihr müsst ihm alles über eure Sünden, über euer Privatleben erzählen. Das gibt ihm Macht. Begreift ihr? Er führt eine Akte über euch. Ihr könnt aus der katholischen Herde nicht ausbrechen.

Er hat euch in der Hand. Er kann euer Ansehen kaputtmachen. Er weiß, dass du eine Affäre mit der Frau des Nachbarn gehabt hast ... Du kannst es vor allen verheimlichen, aber nicht vor dem Priester, denn er ist der Einzige, der für dich Gottes Vergebung für deine Sünden erwirken kann. Aber seltsam, warum kannst du nicht direkt zu Gott beichten?

Das ist Politik. Das hat mit Religion nichts zu tun.

Ich habe Priester aus allen Religionen kennen gelernt, aber ich habe nie jemanden getroffen, der auch nur einen Funken Intelligenz besessen hätte. Wenn sie Intelligenz besäßen, dann würden sie Musik komponieren und irgendetwas Schönes hervorbringen. Sie würden etwas erfinden, was die Menschheit voranbringt. Sie würden einen Weg finden, wie man die Armut auf dieser Welt beseitigen kann.

Aber nein, die Priester tun genau das Gegenteil. Die Priester sämtlicher Religionen sind ausnahmslos gegen die Geburtenkontrolle, gegen die Abtreibung.

Einmal unterhielt ich mich mit einem Bischof und sagte zu ihm, wenn es Abtreibungen gäbe, dann sei er dafür verantwortlich. Er sagte: »Wie kannst du das behaupten? Wir sind gegen die Abtreibung!« Ich sagte: »Ja, ich weiß. Aber ihr seid auch gegen die Geburtenkontrolle. Wenn ihr für die Geburtenkontrolle wäret, dann wären keine Abtreibungen nötig!«

Obwohl sie sehen können, dass auf der ganzen Welt die Bevölkerung und die Armut ständig zunehmen, predigen diese Priester ständig, dass alle Kinder von Gott stammen und dass es gegen die Religion sei, wenn man die Geburtenzahlen durch wissenschaftliche Methoden einschränkt.

Solchen Leuten muss ich jede Intelligenz absprechen. Offenbar wollen sie die ganze Welt in ein Äthiopien verwandeln!

Die Religionen sind nur interessiert, die Zahl ihrer Anhänger zu vergrößern, denn ihre Macht liegt in den Zahlen.

Sie machen sich keine Sorgen um das große Sterben, das auf uns zukommt. Und die Politiker sind daran interessiert, immer wirkungsvollere Waffen zu haben, denn nur mit Atomwaffen besteht eine Chance, dass sie als Helden in die Geschichte eingehen werden. Sogar die armen Länder, die nichts zu essen haben, wollen Kernenergie und Atombomben haben. Diese Situation ist der reine Irrsinn!

Deine Frage wirft vieles auf: Atomwaffen, die Bevölkerungsexplosion, Hungersnot und Aids, die gefährlichste Krankheit, die die Menschheit je gesehen hat. Aber was ihr nicht wisst: Auch Aids geht auf das Konto der Religionen. Das wird euch schockieren und überraschen. Aids ist die gefährlichste Krankheit aller Zeiten, weil es dafür keine Heilung gibt. Und die Wissenschaft kommt allmählich übereinstimmend zu der Erkenntnis, dass es keine Möglichkeit gibt, dafür Heilung zu finden. Eigentlich ist es gar keine Krankheit, sondern ein langsames Sterben. Jeder, der Aids bekommt, hat vielleicht noch zwei Jahre zu leben; oft sind es nicht mehr als sechs Monate. Aids bedeutet den sicheren Tod.

Aber was das Erstaunlichste und Schockierendste ist: Aids ist durch die Homosexualität entstanden. Und wie ist die Homosexualität entstanden? Man findet in der Wildnis, in freier Wildbahn, kein einziges homosexuelles Tier, aber in den Zoos, wo es nicht genügend Weibchen gibt, fangen die männlichen Tiere an, sich mit anderen Männchen zu paaren. Es ist ein Notventil.

Wer hat aus der Menschheit einen solchen Zoo gemacht? Homosexualität ist nicht natürlich. Und ich weise mit Nachdruck darauf hin, dass die Homosexualität als Erstes in den Klöstern der verschiedenen Religionen auftauchte. Die Religionen waren es, die Männer und Frauen voneinander getrennt haben. Sie haben die Mönche und Nonnen in getrennte Klöster gesteckt. Bis heute existiert in Europa ein tausend Jahre altes Kloster, Athos, das noch nie von einer Frau betreten wurde. Dreitausend Mönche leben in diesem Kloster und jeder, der dort eintritt, tritt für immer dort ein. Er kommt nur als Leiche wieder heraus. Ich habe alle Einzelheiten über dieses Kloster in Erfahrung gebracht und habe herausgefunden, dass nicht einmal ein sechs Monate altes Mädchen dort hineindarf. Ich konnte es nicht glauben: Nicht einmal ein sechs Monate altes Baby darf in dieses Kloster! Was soll denn das heißen? Leben Mönche in diesem Kloster oder Monster?

Diese sexuelle Unterdrückung und die Homosexualität rühren daher, dass die Religionen dem Zölibat eine so große spirituelle Bedeutung gegeben haben. Die sexuelle Enthaltsamkeit hat aber keinen spirituellen Wert. Das Zölibat ist unnatürlich, und alles, was gegen die Natur geht, wird sich früher oder später rächen.

Aids ist die Rache der Natur und die Priester sämtlicher Religionen sind dafür verantwortlich.

Aber noch ist Zeit. Das Zölibat sollte in allen Ländern, überall auf der Welt, zu einem Verbrechen erklärt werden. Man muss dem Menschen erlauben, natürlich zu sein. Man muss dem Menschen erlauben, sich selbst zu akzeptieren, ohne irgendeinen Teil seines Wesens abzulehnen. Dann wird Aids verschwinden; aber zuerst muss die Homosexualität verschwinden.

Doch ich sage es immer wieder: Wir leben in einer irrsinnigen Welt.

In Texas wurde ein Gesetz gegen die Homosexualität verabschiedet; sie wurde zu einem Verbrechen erklärt. Niemand hätte sich träumen lassen, dass es in Texas eine Million Homosexuelle gibt, doch eine Million kamen zu einer Protestkundgebung gegen dieses Gesetz!

Die Homosexualität zu kriminalisieren ist einfach schwachsinnig, weil man damit nur die Homosexuellen in den Untergrund drängt. Kein Gesetz kann die Homosexualität verhindern. Es kann höchstens die Schwulen zwingen, sich nicht mehr offen dazu zu bekennen. Und das wäre gefährlich, weil dann die Krankheit leichter auf andere übertragen wird, die es nicht wissen.

Wenn wir eine gesunde Welt wollen, wenn wir diese Welt noch retten wollen, dann mache ich einen bescheidenen Vorschlag: Es sollte eine Weltakademie der Wissenschaftler, Maler, Dichter, Tänzer, Bildhauer, Architekten, Professoren, Mystiker geben und sie sollten die öffentliche Meinung bilden. Die Intelligenz dieser Welt, aus allen Richtungen und allen Bereichen, sollte sich zusammentun, um einen großen öffentlichen Konsens herzustellen: »Wir wollen die genaue Wahrheit wissen. Wie sieht unsere Zukunft aus? Was gedenken die Politiker zu tun, um sie zu verändern? Was gedenken die Priester zu tun? Und wenn sie sich unfähig fühlen, sollen sie es einfach sagen, denn es gibt Leute, die sich besser auskennen und etwas tun können.«

Erst kürzlich haben zwanzig amerikanische Wissenschaftler, die größten Atomkoryphäen, einen Protest bei der Regierung eingelegt. Sie sagten: »Wenn ihr nicht auf uns hört, werden wir nicht mehr für euch arbeiten. Wir können nicht gegen die ganze Menschheit arbeiten.« Das ist ein guter Anfang.

Das sollte in jedem Land passieren, das sollte in allen Teilen der Welt passieren. Und warum sollte es eine einzelne Aktion bleiben? Es sollte zu einer gemeinsamen Aktion werden. Alle intelligenten Wissenschaftler und Kreativen dieser Welt sollten sich zusammentun, denn es ist eine enorm wichtige Frage. Und wenn nicht jeder intelligente Einzelne aufsteht, um diese Menschheit zu retten, erscheint diese Aufgabe schier unmöglich.

Aber ich bin kein Pessimist. Ich hoffe auch noch gegen alle Hoffnung. Mein Gefühl ist, dass in Zeiten solcher Herausforderungen immer die Chance besteht, dass das Beste hervorkommt und dass die Menschen sich die Hände reichen – über diese dummen Grenzen der Politik hinweg, die auf der Erde gar nicht existieren, und über die Grenzen der Religionen hinweg, die überhaupt nicht religiös sind.

Um religiös zu sein, muss man kein Christ sein, muss man kein Hindu sein, muss man kein Mohammedaner sein. Muss man etwa ein Hindu sein, um Wissenschaftler zu sein? Muss man ein Christ sein?

Religion ist die Wissenschaft von der Innerlichkeit der

Seele. Sie braucht kein Attribut. So wie die Wissenschaft die objektive Existenz erforscht, so erforscht die Religion die Innenwelt des Menschen, seine Subjektivität. Man kann religiös sein, ohne irgendeiner Gruppierung anzugehören. Und jetzt ist es an der Zeit, zu erklären: »Ich gehöre zu keiner Religion und dennoch bin ich religiös. Ich gehöre zu keiner Nation und dennoch bin ich ein Mensch. Diese ganze Erde ist mein.«

Es ist an der Zeit, dass die ganze Menschheit zusammenfindet und sich wehrt gegen jede Verschwörung der Priester und Politiker. Dann garantiere ich euch, dass wir die Menschheit retten können. Und nicht nur retten, wir können sie transformieren – zu einer höheren Stufe, einem höheren Bewusstsein. Wir können einen neuen Menschen zur Welt bringen. Der alte Mensch ist am Ende. *(63)*

Wir leben in einer besonderen Zeit: Entweder stirbt der Mensch oder ein neuer Mensch wird geboren.

Diejenigen, die ihre Türen vor mir verschließen, sind für den alten Menschen – und er ist bereits vom Tod gezeichnet. Er hat lange genug gelebt. Er hat ein posthumes Leben geführt; er ist schon gestorben und bewegt sich nur noch aus alter Gewohnheit weiter.

Ich trete für einen neuen Menschen ein, mit einem völlig anderen Charakter, anderen Eigenschaften. Jene Leute haben Angst, dass die Jugend, die jungen Menschen, die bereit sind für ein Abenteuer, die bereit sind, Neues zu entdecken und in neue Seinsbereiche vorzustoßen, von mir beeindruckt sein könnten oder – in der Sprache dieser Leute – von mir »verdorben« werden könnten. Es ist die gleiche Sprache, wie sie gegen Sokrates in Griechenland verwendet wurde. Er galt als eine Gefahr, weil er die Jugend und ihr Denken »verdarb«.

Man hat mich in diesem Land (Griechenland) verhaftet. Ich hätte nicht gedacht, dass man mir nach zweitausend Jahren dasselbe Verbrechen vorwerfen könnte. Ich durfte mich keinen Augenblick länger in Griechenland aufhalten, »weil meine Gegenwart die jüngere Generation verderbe«. Aber Sokrates hat die jüngere Generation genauso wenig verdorben. Es gibt kein einziges Wort von ihm, das beweisen würde, dass er einen verderblichen Einfluss hatte. Natürlich war er gefährlich für die ältere Generation, weil er Dinge sagte, welche die ältere Generation nicht verstehen konnte und durch die sie sich bedroht fühlte.

Alles, was ich den Leuten sage, ist ganz einfach ... bloß ein Versuch, sie wach zu machen, damit sie mit eigenen Augen sehen können, dass das Alte entweder im Sterben liegt oder schon tot ist und dass es jetzt an der Zeit ist, eine neue Idee vom Menschen zu entwickeln.

Die alte Idee wirkte unterdrückend. Die alte Idee beruhte auf Angst. Die alte Idee war voller Habgier, Ehrgeiz und Begehren.

Darum sind wir in all diesen Jahrhunderten ständig von einem Krieg in den nächsten gegangen. In dreitausend Jahren wurden auf dieser Erde fünftausend Kriege gefochten. Jeder, der von einem anderen Planeten auf uns herunterschaut, muss denken, dass dieser Planet Erde verrückt sei. Fünftausend Kriege in dreitausend Jahren? Und zwischendrin, soweit dann noch Zeit übrig blieb, musste man schon für den nächsten rüsten ... Als ob die ganze Aufgabe des Lebens darin bestünde, für einen Krieg zu rüsten und darin zu kämpfen, zu töten und zu sterben – um dann wieder für den nächsten zu rüsten. Und jetzt sind wir am absoluten Gipfel angelangt, bei der ultimativen Rüstung.

Ich trage in mir die Vision eines neuen Menschen – der nicht gezwungen sein wird, jemand anderer als er selbst zu sein, und dem man keine Ideale geben wird, denen er zu folgen hat, sondern die Freiheit, sein eigenes Potenzial zu verwirklichen.

Man wird ihm keinen Ehrgeiz mitgeben, man wird ihm keine Erziehung geben, die Ehrgeiz in ihm erzeugt, denn das ist das reine Gift. Dafür wird man ihm etwas anderes mitgeben: die Fähigkeit, sich zu freuen, zu singen, zu tanzen und sein Leben in Seligkeit zu leben – nicht in Konkurrenz mit anderen, sondern als Chance für das eigene Wachstum.

Man wird ihm keine Hoffnung auf den Himmel machen, nur damit er dieses Leben opfert, um in einen Himmel zu kommen, den noch niemand zu Gesicht bekommen hat und der nur erfunden wurde, um die Menschen zu täuschen, damit sie ihr Leben im Namen des Volkes, im Namen der Religion opfern.

Und man wird ihm auch keine Angst vor der Hölle machen, weil es nirgendwo eine Hölle gibt.

Befreit von Hölle und Himmel, befreit von Angst und Gier, kann dieses kurze Leben, das du hast, sich in ein Paradies verwandeln. Diese Erde selbst ist das Lotosparadies.

Und du kannst jeden Augenblick deines Lebens so sehr genießen, dass dir durch diese Freude das Göttliche bewusst wird.

Siehst du den Unterschied? Dem alten Menschen hat man eingeredet, er könne durch Selbstquälerei zu Gott gelangen: »Kasteie dich! Kasteie den Körper!« Ich kann keinen Zusammenhang darin sehen. Wieso führt Kasteiung zum Göttlichen? Selbstquälerei führt zu noch mehr Quälerei. Sie führt dich höchstens zum Teufel, aber niemals zum Göttlichen. Nur Freude, Seligkeit, Stille, Frieden, Harmonie führen dich zur Erfahrung des Göttlichen. Und dafür sind keine Opfer nötig.

Die alte Gesellschaft beruhte darauf, dass das Individuum geopfert wurde. Das Individuum war für die Gesellschaft da.

Der neue Mensch wird sämtliche Werte auf den Kopf stellen. Die Gesellschaft ist für das Individuum da, nicht umgekehrt. Das Individuum hat im Leben den höchsten Wert und die Gesellschaft ist nur dazu da, dem Individuum zu dienen, damit es sich verwirklichen kann.

Dann wird man von keinem Individuum mehr verlangen können, dass es sich opfert – für seine Religion, für sein Volk, für den Kommunismus, für den Faschismus ... Das alles kann man opfern, aber das Individuum muss gerettet werden. Das sind alles nur Worte, aber das Individuum ist die Wirklichkeit, die lebendige Wirklichkeit, der einzige Beweis für die Göttlichkeit dieser Existenz.

Und das wird geschehen. Die Evolution lässt sich nicht aufhalten. Es wird vielleicht noch ein bisschen auf sich warten lassen, es wird sich noch ein bisschen hinausschieben, aber aufhalten lässt es sich nicht. Nur die Blinden können die Lettern an der Wand nicht lesen. Die Evolution lässt sich nicht aufhalten.

Somit spielt es keine Rolle, wer zu ihrem Werkzeug wird, doch die Wahrheit sollte sich durchsetzen. Ein neuer Mensch sollte auf den Plan treten – das ist die einzige Hoffnung, nicht nur für diese Erde, sondern für das ganze Universum. *(64)*

10. KAPITEL

Therapie

Warum ist Umarmen ein so unglaublich wirksames therapeutisches Hilfsmittel? Ich dachte immer, Klarheit, Intelligenz und analytisches Verständnis seien der Weg, aber das ist alles Krampf im Vergleich dazu, wenn man jemanden in den Arm nimmt.

Die Menschen brauchen es, gebraucht zu werden. Das ist eines der menschlichen Grundbedürfnisse. Wenn man keine Zuwendung bekommt, stirbt man allmählich ab. Wenn man nicht das Gefühl hat, für irgendjemanden wichtig zu sein, wenigstens für *einen* Menschen, dann verliert das ganze Leben seinen Sinn.

Darum ist Liebe die beste Therapie, die es gibt. Die Welt braucht Therapie, weil der Welt die Liebe fehlt.

In einer wirklich liebevollen Welt wird keine Therapie benötigt. Liebe ist genug, mehr als genug. Jemanden zu umarmen ist eine Geste der Liebe, der Wärme, der Zuwendung. Allein das Gefühl der Wärme, die von einem anderen Menschen zu dir strömt, bringt viele Krankheiten in dir zum Schmelzen. Sie schmilzt das kalte Eis des Egos. Sie macht dich wieder zum Kind.

In der Psychologie weiß man heute, dass ein Kind, das nie umarmt und geküsst wird, unterernährt bleibt. So wie der Körper Nahrung braucht, braucht die Seele Liebe. Selbst wenn man einem Kind alle körperlichen Bedürfnisse erfüllt und für sein körperliches Wohlbefinden sorgt, wird aus ihm kein gesunder Mensch werden, wenn man es nie in den Arm nimmt. Tief im Inneren wird sich dieser Mensch immer irgendwie traurig fühlen, ungeliebt, vernachlässigt, ignoriert. Er ist aufgezogen, aber nicht bemuttert worden.

Wenn ein Kind nie in den Arm genommen wird, kann man beobachten, wie es zu schrumpfen anfängt, ja, es kann sogar vorkommen, dass es stirbt, obwohl ihm sonst nichts fehlt. Selbst wenn für den Körper bestens gesorgt wird – wenn das Kind nicht in Liebe eingebettet ist, wird es sich isoliert fühlen und die Verbindung zum Leben verlieren.

Liebe ist unsere Verbindung, Liebe ist unsere tiefste Wurzel.

Es ist wie mit dem Atmen: Für den Körper ist es absolut lebensnotwendig. Wenn du zu atmen aufhörst, hörst du auf zu sein. Und genauso ist es mit der Liebe: Sie ist wie inneres Atmen. Die Seele lebt durch die Liebe.

Analyse kann das nicht bringen. Intelligenz und Klarheit, Wissen und Gelehrtheit können das nicht bringen. Du kannst alles über Therapie wissen, was es zu wissen gibt, du kannst ein Experte sein, aber wenn du die Kunst des Liebens nicht beherrschst, wirst du das Wunder der Therapie gerade nur an der Oberfläche berühren.

Sobald du aber anfängst, mit dem Patienten mitzufühlen, mit diesem Wesen, das da leidet … In neunzig von hundert Fällen leiden die Menschen vor allem daran, dass sie nicht geliebt worden sind. Wenn du das Bedürfnis des Patienten nach Liebe fühlen kannst und diesem Bedürfnis Rechnung trägst, kann es eine geradezu magische Verwandlung im Befinden des Patienten geben.

Liebe ist mit Sicherheit das wichtigste therapeutische Phänomen.

Sigmund Freud hatte große Angst davor, sehr große Angst. Den Patienten in den Arm zu nehmen … das kam überhaupt nicht in Frage! Er war nicht mal bereit, sich dem Patienten gegenüberzusetzen. Denn während er dem Patienten zuhörte, wie er von seinem Leid, seinen inneren Alpträumen erzählte, könnte ja Mitgefühl in ihm hochkommen, seine Augen könnten feucht werden, Tränen könnten fließen, und dann würde er sich in einem unkontrollierten Augenblick möglicherweise dazu hinreißen lassen, die Hand des Patienten zu ergreifen!

Solche Angst hatte er vor einer liebevollen Beziehung

zwischen dem Therapeuten und dem Patienten, dass er sich ein spezielles Arrangement ausdachte: Der Patient musste sich auf die Couch legen und er als Psychoanalytiker saß dahinter, so dass sie einander nicht anschauen konnten.

Man darf eines nicht vergessen: Liebe entsteht, wenn man sich gegenseitig anschaut. Zwischen Tieren kann keine Liebe entstehen, weil sie sich nicht anschauen, während sie sich lieben. Zwischen Tieren gibt es daher keine Freundschaft, keine Intimität. Sobald sie sich gepaart haben, geht jeder getrennt seiner Wege. Sie sagen noch nicht mal danke schön oder Auf Wiedersehen oder tschüs.

Zwischen Tieren kann sich keine Freundschaft entwickeln, kein Familiengefühl, keine Gemeinschaft, allein schon deshalb, weil sie sich beim Lieben nicht in die Augen schauen, weil sie sich nie ins Gesicht schauen. Ihre Liebe ist etwas Mechanisches. Es fehlt ihr das menschliche Element.

Der Mensch hat das ganze Spektrum von Beziehungen entwickeln können, weil er das einzige Tier ist, das seinen Liebespartner anschaut. Die Augen kommunizieren miteinander, der Gesichtsausdruck wird zu einer subtilen Sprache. Auf diese Weise teilen sich Stimmungsänderungen und Gefühle mit – Freude, Ekstase, orgasmische Glut – und daraus entsteht Intimität.

Intimität ist notwendig; sie ist ein Grundbedürfnis.

Darum ist es gut, sich bei Licht zu lieben und nicht im Dunkeln – zumindest bei gedämpftem Licht, im Kerzenschein. Sich im Dunkeln zu lieben hat noch etwas Tierhaftes an sich. Das Gesicht des anderen nicht sehen zu wollen ist eine Vermeidungsstrategie.

Sigmund Freud hatte große Angst vor der Liebe; er hatte Angst vor seiner eigenen unterdrückten Liebe. Er hatte Angst, verwickelt zu werden und sich einzulassen. Er wollte ein Außenstehender bleiben, wollte sich auf die Person nicht näher einlassen, nicht zu ihrem Innenleben gehören. Er wollte nicht in die tieferen Gewässer der Gefühle kommen, sondern lediglich ein wissenschaftlicher Beobachter bleiben – unbeteiligt, distanziert, kühl und weit genug weg. Er hatte den Anspruch, die Psychoanalyse als eine Wissenschaft zu entwickeln. Sie ist aber keine Wissenschaft und wird es nie sein! Sie ist eine Kunst – der Liebe viel näher als der Logik.

Ein echter Psychoanalytiker wird es nicht vermeiden, sich tiefer auf das Innenleben seines Patienten einzulassen. Er wird das Risiko auf sich nehmen. Es *ist* riskant; es bedeutet, auf stürmischer See zu navigieren. Man kann selbst dabei ertrinken – schließlich ist man ja auch nur ein Mensch! Man kann selbst dabei in Schwierigkeiten geraten, in verfängliche Situationen. Man kann sich selbst alle möglichen Probleme einhandeln – aber dieses Risiko muss man auf sich nehmen.

Deshalb liebe ich Wilhelm Reich. Er hat das ganze Gesicht der Psychoanalyse verändert, indem er sich auf den Patienten einließ. Er gab die Couch auf, gab dieses distanzierte Darüberstehen auf. Im Vergleich zu Sigmund Freud war er ein viel größerer Revolutionär. Sigmund Freud blieb der Tradition verhaftet. In Wirklichkeit hatte er Angst vor seinen eigenen Verdrängungen.

Wenn du keine Angst hast vor den eigenen Verdrängungen, kannst du eine enorme Hilfe sein. Wenn du keine Angst hast vor dem eigenen Unbewussten, wenn du deine eigenen Probleme ein Stück weit gelöst hast, kannst du enorm helfen, indem du dich auf die Welt des Patienten einlässt und zu einem Beteiligten wirst, statt bloß Beobachter zu bleiben.

Weil aber die Psychoanalytiker ihre eigenen Probleme haben, manchmal noch mehr als ihre Patienten, ist Sigmund Freuds Angst verständlich. Was mich betrifft, möchte ich eine kategorische Aussage machen:

Solange ein Mensch nicht erleuchtet ist, solange er nicht vollkommen erwacht ist, kann er kein echter, kein wirklicher Therapeut sein.

Nur ein Buddha kann ein echter Therapeut sein, denn für ihn gibt es keine Probleme mehr zu lösen. Darum kann er mit dem Patienten verschmelzen und mit ihm eins werden. Und tatsächlich ist der Patient für ihn überhaupt kein Patient.

Das ist der Unterschied in der Beziehung zwischen Patient und Therapeut und der Beziehung zwischen Jünger und Meister. Der Jünger ist kein Patient, sondern ein geliebter Freund. Der Meister bleibt nicht Beobachter, sondern wird zum Beteiligten. Sie verlieren ihre Getrenntheit und werden eins – und die Hilfe besteht in diesem Einswerden.

Umarmen ist nur eine Geste des Einswerdens, aber selbst die Geste hilft. Du hast Recht.

Du fragst: »*Warum ist Umarmen ein so unglaublich wirksames therapeutisches Hilfsmittel?*«

Das ist es tatsächlich, dabei ist es nur eine Geste. Und wenn es echt ist, nicht nur eine Geste, sondern wenn auch dein Herz daran beteiligt ist, kann es zu einem magischen Hilfsmittel werden, zu einem Wunder. Es kann die ganze Situation schlagartig verändern.

Ein paar Dinge gibt es hier zu verstehen: Erstens ist die Vorstellung, dass das Kind stirbt, wenn es zum Jüngling wird, und der Jüngling stirbt, wenn er zum Erwachsenen wird, und der junge Mann stirbt, wenn er zum reifen Mann wird, und so weiter … diese ganze Vorstellung ist falsch. Das Kind stirbt nie. Nichts stirbt jemals. Das Kind ist immer noch da, zugedeckt von vielen Schichten späterer Erfahrungen – Schichten der Jugend, der jungen Jahre, der Reifezeit, des hohen Alters. Aber das Kind ist immer noch da.

Du bist wie eine Zwiebel mit vielen Schichten. Wenn du sie zu schälen beginnst, findest du immer tiefere Schichten. Wenn du immer tiefer gehst, findest du immer neue, frischere Schichten. Und genauso ist es mit dem Menschen: Wenn du tief genug in ihn hineinschaust, findest du immer das unschuldige Kind.

Mit diesem unschuldigen Kind in Kontakt zu kommen ist therapeutisch.

Umarmen bringt dich in unmittelbaren Kontakt mit dem Kind. Wenn du jemanden voller Wärme und Liebe in den Arm nimmst und es nicht nur eine kraftlose Geste ist, sondern wenn es bedeutsam, aufrichtig und echt ist und dein Herz mitfließt, dann kommst du sofort mit dem Kind im anderen in Kontakt, dem unschuldigen Kind.

Und wenn dieses unschuldige Kind auch nur für einen kurzen Augenblick an die Oberfläche kommt, bringt das eine enorme Veränderung, weil dieses Kind in seiner Unschuld immer gesund und unverdorben ist, heil und intakt. Du berührst den anderen in seinem innersten Kern, wo er noch völlig unverdorben ist. Du bist auf den unberührten Kern gestoßen, und diesen unberührten Kern wieder zu pulsierendem Leben zu erwecken ist genug. Damit setzt du einen Heilungsprozess in Gang.

Jedes Kind ist so frisch, so lebendig, so begierig zu leben, dass allein seine Lebendigkeit es gesund sein lässt. Wenn du auf irgendeine Weise dieses Kind im Patienten berühren kannst ... und dafür ist Umarmen eines der wichtigsten Mittel.

Analyse ist der Weg des Verstandes, Umarmen ist der Weg des Herzens. Der Verstand ist die Ursache aller Krankheiten und das Herz ist die Quelle aller Heilung. *(65)*

Ein Mann kommt zum Psychiater und sagt: »Herr Doktor, ich drehe durch! Ich habe ständig das Gefühl, ein Zebra zu sein. Jedes Mal, wenn ich in den Spiegel schaue, sehe ich an mir lauter schwarze Streifen!«

Der Psychiater versucht ihn zu beruhigen: »Ruhig Blut!«, sagt er. »Es besteht überhaupt kein Grund zur Beunruhigung. Jetzt gehen Sie nach Hause und nehmen erst mal diese Tabletten. Und dann schlafen Sie die Nacht gut durch, und ich garantiere Ihnen, dass die schwarzen Streifen dann verschwinden!«

Der arme Kerl geht nach Hause, aber zwei Tage später ist er wieder da: »Herr Doktor, mir geht's wirklich großartig! Aber haben Sie auch was gegen weiße Streifen?«

Das Problem existiert weiter.

Einmal geschah es, dass man einen verrückten jungen Mann zu mir brachte. Er hatte die Wahnvorstellung, dass ihm während des Schlafens Fliegen in den Körper geflogen waren, durch den Mund oder die Nase, und jetzt sausten sie in seinem Inneren herum. Das machte ihm natürlich große Probleme. Er drehte und wendete sich und konnte weder richtig sitzen noch schlafen wegen dieser wirbelnden Derwische in seinem Inneren. Es war eine ständige Qual.

Was macht man mit so jemandem? Ich sagte zu ihm: »Leg dich hier aufs Bett und entspann dich erst mal für zehn Minuten ein bisschen. Dann werden wir sehen, was wir tun können.«

Ich deckte ihn ganz mit einem Laken zu, damit er nichts sehen konnte. Dann rannte ich im ganzen Haus umher und versuchte ein paar Fliegen einzufangen. Das war schwierig, denn so etwas hatte ich noch nie gemacht. Aber meine Erfahrung im Einfangen von Leuten half mir dabei!

Irgendwie schaffte ich es, drei Fliegen zu erwischen. Ich steckte sie in eine Flasche, brachte sie zu dem jungen Mann und schwenkte sie mit einem Zauberspruch mehrmals über ihn. Dann sagte ich ihm, er könne die Augen öffnen, und zeigte ihm die Flasche.

Als er die Flasche sah, sagte er: »Ha! Du hast ein paar erwischt! Aber nur die kleineren! Die großen sind immer noch da. Die sind riesig!«

Also, das ist schwer. Wo soll man so riesige Fliegen hernehmen? Er sagte: »Aber ich bin dir sehr dankbar! Zumindest hast du die kleineren erwischt! Die großen sind halt wirklich sehr groß!«

So machen die Leute immer weiter. Kaum hat man ihnen auf der einen Seite geholfen, präsentieren sie einem das gleiche Problem von einer anderen Seite – als ob es eine zwingende Notwendigkeit dafür gäbe. Versuche, das zu verstehen.

Es ist sehr schwierig, ohne Probleme zu leben, fast nicht menschenmöglich. Und warum? Weil die Probleme dich ablenken. Die Probleme halten dich beschäftigt. Ein Problem gibt dir was zu tun, es hält dich auf Trab. Wenn du kein Problem hättest, könntest du dich nicht ständig an deiner Oberfläche aufhalten. Ohne Problem würdest du in dein Zentrum fallen und von ihm aufgesogen werden.

In deinem Zentrum bist du leer. Es ist wie die Nabe eines Rades: Das ganze Rad bewegt sich um diese leere Nabe herum. In deinem innersten Kern bist du leer – ein Nichts, Nichtheit, *Shunyam*, die Leere, abgrundtiefe Leere. Und weil du vor dieser abgrundtiefen Leere Angst hast, klammerst du dich an den Rand des Rades – oder an die Speichen, wenn du ein bisschen mutiger bist –, aber du bewegst dich nie auf die Nabe zu. Es macht zu sehr Angst; man fühlt sich unsicher.

So kommen dir die Probleme sehr gelegen. Wie kannst du nach innen gehen, solange es irgendein Problem gibt, das du lösen musst? Die Leute kommen zu mir und sagen: »Wir wollen ja nach innen gehen, aber da gibt es ein paar Probleme ...« Und sie meinen, wegen dieser Probleme nicht nach innen gehen zu können. In Wahrheit ist es aber genau andersherum: Weil sie nicht nach innen gehen wollen, schaffen sie sich Probleme.

Lass dieses Verständnis so tief wie möglich in dich einsinken: Alle deine Probleme sind nur zum Schein.

Ich gehe ständig auf eure Probleme ein, nur weil ich nicht unhöflich sein will. Sie sind alle unecht, im Grunde bedeutungslos. Aber sie bieten euch eine Gelegenheit, euch selbst zu vermeiden; sie lenken euch ab. Dann sieht es so aus, als könne man nicht nach innen gehen, weil es zuerst so viele Probleme zu lösen gibt! Doch kaum ist ein Problem gelöst, taucht sofort ein anderes auf. Und wenn ihr näher hinschaut und es beobachtet, werdet ihr sehen, dass das zweite Problem von der gleichen Art ist wie das erste. Und wenn ihr versucht, es zu lösen, taucht sofort ein drittes auf und übernimmt seinen Platz.

Ich will dir eine Anekdote erzählen:

Psychiater: »Ihr Teenies seid schon eine rechte Plage. Kein Sinn für Verantwortung! Vergiss doch mal die materiellen Dinge und beschäftige dich lieber mit was anderem – mit

Wissenschaft, zum Beispiel mit der Mathematik. Wie geht's dir denn in Mathe?«

Junger Patient: »Nicht besonders.«

»Jetzt werden wir mal einen Test machen, damit du weißt, wo du stehst. Sag mir mal eine Zahl.«

»573447. – Das ist die Telefonnummer von meiner Freundin!«

»Keine Telefonnummer. Eine ganz gewöhnliche Zahl.«

»Okay. Zweiundneunzig.«

»Sehr gut. Jetzt noch eine, bitte.«

»Fünfundsechzig.«

»Und noch eine.«

»Fünfundneunzig.«

»Wunderbar. Siehst du, man kann seinen Verstand auch noch zu was anderem gebrauchen, wenn man nur will!«

»Cool. 92-65-95! Mann, wat 'ne Figur!«

Und schon ist er wieder bei der Freundin! Wenn nicht bei ihrer Telefonnummer, dann bei ihren Maßen. Und so geht das immer weiter, endlos.

Man muss den Kern der Sache verstehen. Warum seid ihr so darauf erpicht, Probleme zu erzeugen? Gibt es diese Probleme wirklich?

Hast du dir diese grundlegende Frage je gestellt? Gibt es da wirklich Probleme oder erzeugst du sie nur selbst, weil du dich so sehr an ihre Gesellschaft gewöhnt hast, dass du dich einsam fühlen würdest, wenn es sie nicht gäbe? Lieber bist du unglücklich, als dich leer zu fühlen. Die Leute klammern sich lieber an ihr Unglück, als in diese Leere hineinzugehen.

Ich sehe es jeden Tag. Ein Paar kommt zu mir: Sie streiten sich schon seit Jahren; sie erzählen mir, dass sie seit fünfzehn Jahren miteinander streiten. Seit fünfzehn Jahren sind sie verheiratet und zanken sich ständig und machen sich das Leben gegenseitig zur Hölle! Warum trennt ihr euch nicht? Warum klammert ihr euch an euer Unglück? Entweder ändert euch oder geht auseinander! Welchen Sinn hat es, euer ganzes Leben zu vergeuden? Aber ich kann sehen, was da los ist.

Sie sind nicht bereit, allein zu sein. Zumindest leistet ihr Unglück ihnen Gesellschaft. Und sie können sich nicht vorstellen, wie es wäre, wenn sie sich trennen würden – ob sie ihr Leben dann geregelt bekommen würden. Sie haben sich an ein bestimmtes Muster von ständigem Konflikt, Ärger, Zank, Kampf und Gewalt gewöhnt. Sie haben den Trick gelernt. Jetzt wissen sie nicht mehr, wie sie sich in einer anderen Situation verhalten sollen – mit jemand, der eine ganz andere Persönlichkeit hat. Wie benimmt man sich mit jemand anderem? Sie kennen nur das eine. Sie haben eine bestimmte Sprache des Unglücklichseins gelernt. Jetzt sind sie sehr geübt darin, sehr effizient. Sich auf einen neuen Menschen einzulassen würde bedeuten, wieder bei ABC anzufangen. Nach fünfzehn Jahren in einer bestimmten Branche hat man Angst, das Metier zu wechseln.

Ich habe von einem berühmten Filmstar gehört, der zu seinem Psychiater sagte: »Ich habe überhaupt kein Talent zum Schauspieler, kein Talent zum Sänger! Ich bin weder schön noch attraktiv. Mein Gesicht ist hässlich, meine Persönlichkeit nichtssagend. Was soll ich nur tun?« Und er war ein berühmter Schauspieler.

Der Psychiater sagte: »Warum hören Sie nicht auf? Wenn Sie keine Begabung und keine Berufung für diese Arbeit fühlen, warum machen Sie dann nicht etwas anderes?«

Da antwortete der Schauspieler: »Wie bitte? Nachdem ich zwanzig Jahre investiert habe und jetzt endlich fast ein Star bin?«

Du hast so viel in dein Unglück investiert. Beobachte es mal. Wenn ein Problem wegfällt, dann sieh, wie das eigentliche Problem sich sofort auf etwas anderes verlagert. Es ist wie eine Schlange, die sich häutet, aber die Schlange bleibt die gleiche.

Warum machst du aus deinem Leben ein solches Problem?

Das Leben ist so unendlich schön. Warum lebst du es nicht einfach, jetzt sofort? Lachen ist ein Zeichen von Leben, und Weinen auch. Und manchmal bist du eben traurig. Es ist ein Zeichen, dass du lebendig bist, eine Stimmung. Wunderbar! Manchmal bist du glücklich, und dann sprudelst du nur so über und hüpfst vor Freude. Auch das ist gut und schön.

Alles, was geschieht – akzeptiere es, heiße es willkommen und fließe mit ihm mit. Dann wirst du sehen, wie nach und nach deine Gewohnheit wegfällt, ständig alles infrage zu stellen und aus deinem Leben ein Problem zu machen.

Und demjenigen, der keine Probleme erzeugt, offenbart das Leben alle seine Mysterien. Es öffnet sich nie jenen, die alles hinterfragen. Das Leben ist bereit, sich dir zu offenbaren, wenn du kein Problem daraus machst. Wenn du aber ein Problem daraus machst, macht dich das blind und du wirst aggressiv gegenüber dem Leben.

Das ist der Unterschied zwischen der wissenschaftlichen und der religiösen Vorgehensweise: Der Wissenschaftler ist aggressiv. Er versucht, dem Leben seine Wahrheiten zu entreißen. Fast gewaltsam, mit gezückter Pistole, zwingt er das Leben, ihm seine Wahrheiten auszuliefern. Ein religiöser Mensch wird sich nie mit gezückter Pistole vor das Leben hinstellen und es mit Fragen löchern.

Ein religiöser Mensch entspannt sich einfach und fließt mit dem Leben mit. Und ihm offenbart das Leben vieles, was es dem Wissenschaftler niemals offenbart. Der Wissenschaftler wird immer nur die Krümel auflesen, die vom Tisch gefallen sind; der Wissenschaftler wird nie als Gast eingeladen.

Aber wer einfach das Leben lebt und alles willkommen heißt, wer es freudig akzeptiert, ohne zu fragen, aber voller Vertrauen – der wird sein Gast sein. *(66)*

Was ist Neurose und worin besteht ihre Heilung?

Neurosen haben in der Vergangenheit noch nie solche epidemischen Ausmaße angenommen wie heute. Neurotisch zu sein ist heute beinahe der Normalzustand der menschlichen Psyche. Das muss man verstehen.

In der Vergangenheit waren die Menschen spirituell gesünder, weil sie psychisch noch nicht mit so vielen Dingen überfüttert waren. Der Verstand war noch nicht so überlastet. Der Verstand des heutigen Menschen ist völlig überfrachtet, und alles, was unverarbeitet ist, erzeugt Neurosen.

Es ist, als würdest du immer weiteressen und den Körper voll stopfen. Alles, was der Körper nicht verdauen kann, erweist sich als Gift. Aber die Nahrung, die du über das Essen aufnimmst, ist längst nicht so wichtig wie das, was du über das Hören und Sehen aufnimmst. Durch die Augen, durch die Ohren, durch alle deine Sinne empfängst du ununterbrochen tausenderlei Eindrücke. Und da ist keine Zeit, um das alles gesondert zu verarbeiten. Es ist, als würde man ständig bei Tisch sitzen und vierundzwanzig Stunden am Tag essen.

Das ist die heutige Situation für den Verstand: Er ist völlig überlastet von all den Dingen, die auf ihn einstürmen. Kein Wunder, dass er unter dieser Last zusammenbricht. Jeder Mechanismus hat seine Grenzen und der Verstand ist ein sehr feiner und empfindlicher Apparat.

Ein wirklich gesunder Mensch ist jemand, der fünfzig Prozent seiner Zeit darauf verwendet, seine Erfahrungen zu verarbeiten. Fünfzig Prozent Tätigkeit, fünfzig Prozent Untätigkeit – darin besteht das richtige Gleichgewicht. Fünfzig Prozent Denken, fünfzig Prozent Meditation – darin besteht die Heilung.

Meditation ist nichts anderes als Zeit, in der du dich innerlich völlig entspannst. Zeit, in der du alle Türen, alle Sinne vor den äußeren Reizen verschließt und dich aus der Welt nach innen zurückziehst. Du vergisst die Welt, als ob sie gar nicht existierte – keine Zeitungen, kein Radio, kein Fernsehen, keine Leute.

Du bist allein in deinem innersten Sein. Entspannt. Bei dir daheim.

In diesen Momenten wird alles, was sich in dir angesammelt hat, verarbeitet. Und alles, was wertlos ist, wird ausgeschieden. Meditation funktioniert wie ein zweischneidiges Schwert: Einerseits integriert sie alles Nährende und andererseits verwirft sie und scheidet den ganzen Müll aus.

Doch die Meditation ist in unserer Welt verloren gegangen. In früheren Zeiten waren die Menschen noch auf natürliche Weise meditativ. Das Leben war unkompliziert und man hatte noch Zeit, einfach herumzusitzen und gar nichts zu tun – in die Sterne zu gucken, die Bäume zu betrachten, den Vögeln zu lauschen. Die Menschen hatten Pausen, in denen sie total passiv waren. Und in solchen Momenten wird man gesund und heil.

Neurose bedeutet, dass der Verstand eine solche Last zu tragen hat, dass man darunter begraben wird. Man kann sich nicht mehr rühren. Keine Rede von Höhenflügen des Bewusstseins! Man kann nicht mal mehr kriechen – die Belastung ist zu groß geworden. Und diese Belastung nimmt ständig noch weiter zu. Bis man irgendwann zusammenbricht. Das ist nur natürlich.

Ein paar Dinge gibt es hier zu verstehen.

Neurose ist wie die Maus, die immer wieder aufs Neue in die Sackgasse rennt und nichts dazulernt. Nichts dazulernen – das bedeutet Neurose; das ist die erste Definition. Du rennst immer wieder aufs Neue in dieselbe Sackgasse.

Zum Beispiel wenn du wütend wirst. Wie oft bist du schon wütend geworden? Und wie oft hast du schon bereut, dass du wütend geworden bist? Und trotzdem, sobald ein bestimmter Reiz da ist, reagierst du wieder so. Du hast nichts dazugelernt.

Oder du bist gierig. Und deine Gier hat dir immer Leid gebracht. Du weißt, dass die Gier noch nie jemanden glücklich gemacht hat. Aber trotzdem bist du gierig und du machst immer weiter damit. Du lernst nichts dazu.

Nichts dazulernen erzeugt Neurose; es *ist* Neurose.

Dazulernen bedeutet Verarbeiten. Du probierst etwas aus und entdeckst, dass es nicht funktioniert. Dann lässt du es fallen und gehst in eine andere Richtung; du probierst eine andere Möglichkeit. Das nennt man Klugheit, das nennt man Intelligenz. Aber ständig mit dem Kopf gegen die Wand zu rennen, wenn du doch genau weißt, dass dort gar keine Tür ist – das ist Neurose.

Die Menschen werden immer neurotischer, weil sie immer wieder in dieselbe Sackgasse rennen. Sie versuchen ständig etwas zu tun, was nicht funktioniert. Ein Mensch, der fähig ist, etwas hinzuzulernen, wird niemals neurotisch, ausgeschlossen. Er sieht sofort, dass da eine Wand ist – und lässt die ganze Idee fallen. Und dann versucht er es in einer anderen Richtung. Es gibt immer mehrere Möglichkeiten. Er hat etwas dazugelernt.

Von Edison wird erzählt, wie er an einem bestimmten Experiment arbeitete und schon siebenhundertmal damit gescheitert war. Seine Kollegen waren schon ganz verzweifelt. Drei Jahre hatte man bereits damit vertan, aber immer wieder probierte er neue Möglichkeiten aus. Jeden Morgen ging er aufs Neue mit Begeisterung an die Arbeit – mit der gleichen Begeisterung wie am ersten Tag. Auf diese Weise waren drei Jahre erfolglos vorübergegangen.

Eines Tages kamen die Kollegen zu ihm und sagten: »Wir sehen keinen Sinn mehr darin. Wir sind jetzt siebenhundertmal gescheitert! Es ist Zeit, das Experiment abzubrechen.« Edison soll darauf gesagt haben: »Was sagt ihr da? Gescheitert? Wir haben siebenhundert Möglichkeiten ausprobiert und gelernt, dass es der falsche Weg war. War das nicht eine gute Erfahrung? Heute werde ich es wieder anders versuchen; ich habe eine neue Möglichkeit gefunden. Wir kommen der Wahrheit immer näher! Wie viele falsche Wege kann es denn geben? Irgendwo muss die Grenze sein. Wenn es tausend falsche Wege gibt, dann kennen wir jetzt schon siebenhundert; dann bleiben nur noch dreihundert übrig. Irgendwann kommen wir an den richtigen Punkt!«

Das heißt lernen! Wenn man ein Experiment macht und sieht, dass es nicht funktioniert, probiert man eben eine andere Möglichkeit. Und wenn man sieht, dass auch das nicht funktioniert, dann lässt man es fallen, wenn man klug ist. Und wenn man dumm ist, hält man daran fest.

Der Dumme nennt das »konsequent sein«. Er sagt: »So habe ich das gestern schon gemacht und so werde ich es auch heute machen. Und morgen auch.« Er ist starrsinnig, er stellt sich stur. Er sagt: »Wie kann ich das aufgeben, wenn ich so viel darin investiert habe? Es geht nicht anders.« Und so bleibt er dabei und verschwendet damit sein ganzes Leben. Und je näher der Tod kommt, umso verzweifelter und hoffnungsloser wird er. Tief im Bauch fühlt er, dass er damit scheitern wird. Er ist schon so oft gescheitert, und trotzdem versucht er immer wieder dasselbe, ohne etwas dazuzulernen. Auf diese Weise wird man neurotisch.

Ein Mensch, der fähig ist zu lernen, wird nie neurotisch werden.

Ein *Disciple*, ein Schüler, wird niemals neurotisch werden. Das Wort »*Disciple*« bedeutet »einer, der bereit ist zu lernen«. Man sollte nie ein Wissender werden; man sollte immer offen bleiben für den Prozess des Lernens.

Vermeintliches Wissen macht die Menschen neurotisch. Es ist kein Zufall, dass Professoren, Philosophen, Psychiater und Gelehrte so leicht verrückt werden. Sie haben so viel gelernt, dass sie daraus den Schluss gezogen haben, es gäbe für sie nichts mehr zu lernen. Doch sobald man beschließt, dass es nichts mehr zu lernen gibt, wächst man nicht mehr weiter.

Nicht mehr weiterzuwachsen, das ist Neurose – die zweite Definition.

Früher sah die Welt natürlich ganz anders aus. Vor sechshundert Jahren hat man in sechs Wochen etwa genauso viele Sinneseindrücke aufgenommen wie wir heute an einem Tag. Die Informationen und Sinneseindrücke von sechs Wochen erreichen uns heute an einem einzigen Tag! Ein vierzigfach höherer Druck, zu lernen und sich anzupassen. Der heutige Mensch muss imstande sein, mehr zu lernen als je zuvor, weil es heute so viel mehr zu lernen gibt.

Der heutige Mensch muss imstande sein, sich tagtäglich

auf neue Situationen einzustellen, weil die Welt sich so schnell verändert. Es ist eine große Herausforderung.

Wenn man eine große Herausforderung annimmt, trägt das enorm zur Erweiterung des Bewusstseins bei. Entweder wird der moderne Mensch total neurotisch werden – oder dieser Druck wird ihn transformieren. Es hängt sehr davon ab, wie er damit umgeht. Aber eines ist sicher: Es führt kein Weg zurück! Die Sinnesreize werden weiter zunehmen. Ihr werdet immer mehr Informationen verarbeiten müssen und das Leben wird sich in immer schnellerem Rhythmus verändern. Ihr werdet fähig sein müssen, neue Dinge hinzuzulernen und euch anzupassen.

Früher haben die Menschen in einer fast gleich bleibenden Welt gelebt. Alles war statisch. Man hat die Welt genauso zurückgelassen, wie der Vater sie einem hinterlassen hatte. Man hat überhaupt nichts daran verändert. Nichts wurde geändert. Es stellte sich nie die Frage, zu viel lernen zu müssen. Ein bisschen zu lernen genügte. Dadurch hatte man noch Platz im Hirn, leere Stellen, und auf diese Weise konnten die Menschen sich ihre geistige Gesundheit bewahren. Heute ist im Hirn kein Platz mehr, keine leeren Stellen – es sei denn, man schafft sie sich ganz bewusst.

Meditation ist heute mehr denn je nötig.

Meditation wird so sehr benötigt, dass es fast zu einer Frage von Leben und Tod wird.

In der Vergangenheit war Meditation ein Luxus. Nur einige wenige Menschen – ein Buddha, ein Mahavira, ein Krishna – haben sich dafür interessiert. Die anderen waren auf natürliche Weise still, auf natürliche Weise glücklich und gesund. Für sie bestand keine Notwendigkeit, an Meditation zu denken; sie meditierten bereits, auf ihre unbewusste Weise. Das Leben bewegte sich so ruhig, so langsam dahin, dass selbst die Dümmsten sich anpassen konnten. Jetzt vollzieht sich die Veränderung so rasend schnell, in einem solchen Tempo, dass selbst die Intelligentesten das Gefühl bekommen, sie schaffen es nicht, sich so schnell anzupassen. Jeden Tag ändert sich das Leben und ihr müsst schon wieder etwas dazulernen. Ständig müsst ihr etwas Neues hinzulernen.

Man kann heute nicht mehr aufhören zu lernen. Es muss ein lebenslanger Prozess bleiben.

Ihr werdet bis zum Augenblick eures Todes lernfähig bleiben müssen. Nur dann könnt ihr geistig gesund bleiben, nur dann könnt ihr der Neurose entgehen. Und der Druck ist enorm – vierzigmal größer.

Wie kann man diesen Druck entspannen? Ihr werdet euch ganz bewusst meditative Augenblicke schaffen müssen. Wenn man nicht mindestens eine Stunde am Tag meditiert, wird man nicht aus Zufall neurotisch, sondern führt es selbst herbei.

Für eine Stunde solltest du dich aus der Welt zurückziehen in dein inneres Sein. Für eine Stunde solltest du so allein sein, dass nichts dich beunruhigen kann – keine Erinnerung, kein Gedanke, keine Fantasie. Eine Stunde ohne Inhalt im Bewusstsein … das wird dich verjüngen und erfrischen. Es wird neue Energiequellen in dir freisetzen, und wenn du dann wieder zurückkehrst in die Welt, wirst du jünger, frischer und lernfähiger sein, mit mehr Staunen in den Augen, mehr Ehrfurcht im Herzen, wieder wie ein Kind.

Dieser Druck, Neues zu lernen, und die alte Gewohnheit, nichts hinzuzulernen, treibt die Menschen in den Wahnsinn. Der Verstand ist heute total überbeansprucht und bekommt keine Zeit mehr, alles zu verdauen und ins eigene Wesen zu integrieren.

An diesem Punkt bietet sich die Meditation an. Sie ist heute wichtiger geworden als je zuvor.

Wenn wir dem Verstand keine Zeit geben, sich in der Meditation auszuruhen, müssen wir all die Nachrichten, die ständig hereinkommen, verdrängen. Damit verweigern wir uns dem Lernen – wir sagen, wir hätten keine Zeit. Dann beginnen sich all die Nachrichten in dir anzustauen. Wenn du nicht genug Zeit hast, um die Informationen abzurufen, die dein Verstand ununterbrochen empfängt, beginnen sie sich zu stapeln – so wie Akten sich auf deinem Schreibtisch stapeln, Briefe sich stapeln, wenn du keine Zeit hast, sie zu lesen und zu beantworten. Dein Verstand wird mit einem Wust von Informationen voll gestopft – so viele Akten, die darauf warten, angesehen zu werden, so viele Briefe, die gelesen und beantwortet werden müssen, so viele Herausforderungen, die angenommen und konfrontiert werden müssen.

Ich habe gehört …

Mulla Nasruddin sagte eines Tages: »Wenn heute irgendwas schief geht, kann ich mich frühestens in drei Monaten darum kümmern! So viel ist bereits schief gelaufen und wartet darauf, dass ich Zeit dafür habe. Wenn heute noch etwas schief läuft, kommt es erst in drei Monaten dran!«

Eine Warteschlange. Eine solche Schlange ist auch in dir – und sie wächst ständig. Und je länger diese Schlange wird, umso weniger Platz hast du in dir. Je länger diese Schlange wird, umso mehr Lärm ist in dir – denn all die Dinge, die du angesammelt hast, schreien nach deiner Aufmerksamkeit.

Das beginnt normalerweise im Alter von etwa fünf Jahren, wenn das wirkliche Lernen praktisch aufhört, und es dauert bis zum Tod. Früher war das in Ordnung. Fünf bis sieben Jahre reichten aus, um alles zu lernen, was man fürs Leben brauchte; das reichte völlig. Sieben Jahre Lernen genügte für siebzig Lebensjahre. Aber heute reicht es nicht mehr.

Du kannst nicht mit dem Lernen aufhören, weil ständig neue Dinge passieren und du diesen neuen Dingen nicht mit alten Konzepten begegnen kannst. Du kannst dich nicht auf deine Eltern und deren Wissensstand verlassen, du kannst dich nicht einmal auf deine Lehrer in der Schule und an der Universität verlassen, denn das, was sie dir erzählen, ist schon längst veraltet. Inzwischen ist schon wieder so viel Neues passiert. So viel Wasser ist den Ganges hinuntergeflossen.

Diese Erfahrung machte ich, als ich noch Student war. Ich

war schockiert über das Wissen meiner Professoren – es war dreißig Jahre alt! Sie hatten es in ihrer Jugend von ihren Lehrern erworben und seit damals hatten sie sich nicht mehr informiert, was inzwischen passiert war. Ihr Wissen war absolut nutzlos geworden.

Ich lag ständig im Streit mit meinen Professoren. Man warf mich aus etlichen Colleges hinaus, man schloss mich aus, weil die Professoren behaupteten, sie kämen mit mir nicht klar. Dabei machte ich gar keine Schwierigkeiten! Ich zeigte ihnen nur, dass alles, was sie sagten, längst überholt war. Aber das verletzte ihr Ego. Sie hatten ihr Wissen aus ihrer Studienzeit und dachten wohl, die Welt wäre damals stehen geblieben.

Die Schüler können sich heute nicht mehr auf ihre Lehrer verlassen, die Kinder können sich nicht auf ihre Eltern verlassen. Darum ist überall auf der Welt eine große Rebellion im Gange – mit nichts anderem hat das zu tun! Die Schüler können ihre Lehrer nicht mehr respektieren, es sei denn, die Lehrer lernen ständig dazu. Sonst verdienen sie keinen Respekt. Wofür denn? Sie geben keine Veranlassung dazu. Und die Kinder können ihre Eltern nicht respektieren, weil die Einstellung der Eltern längst überholt ist. Schon die kleinen Kinder merken, dass das, was ihre Eltern sagen, nicht mehr stimmt. Die Eltern werden ständig dazulernen müssen, wenn sie die Entwicklung ihrer Kinder unterstützen wollen; die Lehrer werden dazulernen müssen. Niemand kann heute aufhören zu lernen. Und das Tempo wird sich noch weiter beschleunigen.

Also, erstens: Das Lernen darf nie aufhören, sonst wirst du neurotisch. Mit dem Lernen aufzuhören bedeutet, Informationen anzuhäufen, die du nicht verarbeitet, nicht verdaut hast, die dir nicht ins Blut, in die Knochen, ins Mark gedrungen sind. Sie bleiben an dir kleben und drängen danach, integriert zu werden.

Zweitens: Du brauchst Zeit, um dich zu entspannen. Der Druck ist sonst zu groß. Du brauchst Zeit, um dich von diesem Druck zu erholen. Der Schlaf kann dir das nicht mehr geben, weil selbst der Schlaf überfrachtet ist. Dein Tag ist so überlastet, dass beim Schlafengehen nur dein Körper erschöpft ins Bett sinkt, während dein Verstand weiterrattert und versucht, die Dinge auf die Reihe zu bekommen. Du nennst das »Träumen«, aber es ist nichts anderes als der verzweifelte Versuch des Verstandes, Klarheit in die Dinge zu bringen, wofür du sonst keine Zeit hast.

Du solltest dich bewusst entspannen – in der Meditation. Schon ein paar Minuten tiefer Meditation können dich davor bewahren, neurotisch zu werden.

Beim Meditieren befreit sich der Verstand von dem ganzen Wust. Die Erfahrungen werden verdaut, die Überlastung verschwindet und der Verstand wird wieder frisch und jung, klar und rein.

In der Vergangenheit machte die Informationsaufnahme ein Zehntel der Zeit aus und die meditative Zeit neun Zehntel. Heute ist es genau umgekehrt: Neun Zehntel der Zeit beansprucht die Aufnahme und ein Zehntel ist meditative Zeit.

Nur ganz selten entspannst du dich. Ganz selten sitzt du einfach still und tust gar nichts. So verschwindet allmählich sogar dieses eine Zehntel der Zeit für unbewusstes Meditieren. Wenn das passiert, werden die Menschen völlig durchdrehen. Und es passiert bereits.

Was meine ich mit »Zeit für unbewusste Meditation«? Du gehst in den Garten, spielst mit deinen Kindern – das ist Zeit für unbewusste Meditation. Du gehst zum Schwimmen ins Schwimmbad – das ist Zeit für unbewusste Meditation. Du mähst den Rasen, hörst den Vögeln zu – das ist Zeit für unbewusste Meditation. Aber sogar das verschwindet, weil die Leute immer dann, wenn sie Zeit hätten, sich vor den Fernseher hocken und wie festgenagelt auf dem Sofa sitzen.

Heute füttert das Fernsehen deinen Verstand mit einer gefährlichen Flut an Informationen. Du kannst das alles gar nicht mehr verarbeiten. Oder das Zeitunglesen ... Du wirst mit allem möglichen Unsinn gefüttert. Sooft du Zeit hast, stellst du das Radio oder das Fernsehen an. Und wenn du dich mal besonders gut fühlst und dich entspannen möchtest, gehst du ins Kino. Und was für eine Entspannung erlebst du da? Das Kino erlaubt dir nicht, dich zu entspannen, weil es dich ununterbrochen mit Informationen bombardiert.

Entspannung bedeutet, einmal nicht mit Informationen bombardiert zu werden.

Einem Kuckuck zuzuhören genügt, weil du dabei nicht mit Informationen gefüttert wirst. Musik zu hören genügt, weil es dich nicht mit Informationen belastet. Musik ist wortlos; sie ist reiner Klang. Sie liefert dir keine Nachrichten, sie gibt dir nur Freude. Tanzen ist gut, Musik ist gut, Gartenarbeit ist gut, mit Kindern zu spielen ist gut. Oder einfach nur dazusitzen und gar nichts zu tun ist gut. Das bringt Heilung. Und wenn du es ganz bewusst tust, wird die Wirkung noch größer sein.

Du musst ein Gleichgewicht schaffen.

Neurose ist ein Ungleichgewicht im Verstand, in der Psyche: zu viel Tätigkeit und gar keine Untätigkeit, zu viel maskuline und gar keine feminine Energie, zu viel *Yang* und zu wenig *Yin*. Du brauchst fifty-fifty. Du brauchst ein tiefes Gleichgewicht. Du brauchst eine gewisse Symmetrie in deinem Inneren – halb Mann und halb Frau, *Ardhanarishwar**, dann wirst du niemals neurotisch werden. Die Individualität ist weder männlich noch weiblich, sie ist eine Einheit.

Versuche, ein Gleichgewicht zu erzielen zwischen den Zeiten, die du auf das Tun verwendest, und den Zeiten, die du auf das Nichttun verwendest. Das bringt dich zur Ganzheit. Buddha nennt das den »mittleren Weg«, *Majjhim nikaya*. Halte dich genau in der Mitte auf. Und denke daran, du kannst auch zu sehr nach dem anderen Extrem tendieren, du kannst zu untätig werden. Auch das wäre gefährlich. Es hat seine eigenen Fallstricke und Gefahren. Wenn du zu untätig wirst, verliert dein Leben seinen Tanz, verliert dein Leben seine Freude und du wirst unlebendig.

---

* tantrische Darstellung des Gottes Shiva als halb Mann und halb Frau

Ich sage also nicht, dass du untätig werden sollst. Ich sage, dass du ein Gleichgewicht zwischen Tätigkeit und Untätigkeit, zwischen Tun und Nichttun finden sollst. Lass diese beiden Pole ins Gleichgewicht kommen und bleib einfach in der Mitte. Lass sie die beiden Flügel deines Wesens sein, und kein Flügel sollte ein Übergewicht über den anderen bekommen.

Im Westen hat das Tun überhand genommen und das Nichttun ist verschwunden. Im Osten hat das Nichttun überwogen und das Tun ist zu kurz gekommen. Der Westen kennt äußere Fülle, äußeren Reichtum und innere Armut. Der Osten kennt inneren Reichtum, innere Fülle und äußere Armut. Beide leiden, denn beide haben ein Extrem gewählt.

Mein Ansatz ist weder östlich noch westlich, mein Ansatz ist weder männlich noch weiblich, mein Ansatz ist weder der des Tuns noch des Nichttuns. Mein Ansatz ist der einer vollkommenen Symmetrie, eines inneren Gleichgewichts. Darum sage ich zu meinen *Sannyasins:* Zieht euch nicht aus der Welt zurück! Lebt in dieser Welt, aber seid nicht von dieser Welt. Die Taoisten nennen das *Wei-wu-wei,* Tun im Nichttun, die Vereinigung von *Yin* und *Yang, Anima* und *Animus*. Das ist der Weg zur Erleuchtung. Ungleichgewicht ist Neurose, Gleichgewicht ist Erleuchtung. *(67)*

Die Psychoanalyse, die sich im Westen aus der Arbeit von Sigmund Freud, Alfred Adler, C. G. Jung, Wilhelm Reich und anderen entwickelt hat, versucht Probleme zu lösen, die ihren Ursprung im Ego haben – Frustration, Konflikte, Schizophrenie, Geistesgestörtheit. Kannst du bitte etwas über den Beitrag, die Grenzen und die Unvollständigkeit der psychoanalytischen Methode im Vergleich zu deinen Meditationstechniken sagen, speziell im Hinblick auf die Lösung menschlicher Probleme, die im Ego wurzeln?

Zunächst muss man verstehen, dass kein Problem, das im Ego wurzelt, sich lösen lässt, wenn nicht das Ego als Ganzes transzendiert wird. Diese Probleme lassen sich höchstens aufschieben, auf einen gewissen Grad der Normalität reduzieren, zu einer gewissen Anpassung an die Norm hinführen. Diese Probleme lassen sich ein bisschen »verdünnen«, aber man kann sie nicht beseitigen.

Die Psychoanalyse kann bewirken, dass ein Mensch in dieser Gesellschaft besser funktioniert, aber sie kann keines dieser Probleme lösen. Die Probleme werden nur aufgeschoben oder verlagert und dadurch entstehen nur neue Probleme. Das Problem verschiebt sich nur, bleibt aber bestehen. Früher oder später bricht das alte Problem wieder hervor und dann wird es noch schwieriger, es aufzuschieben oder zu verlagern.

Mit der Psychoanalyse erreicht man nur eine vorübergehende Erleichterung, weil die Psychoanalyse keine Vorstellung von dem hat, was jenseits des Egos ist, von dem, was über das Ego hinausgeht. Ein Problem lässt sich nur lösen, wenn man es hinter sich lässt, wenn man darüber hinausgeht. Wenn du nicht darüber hinausgehen kannst, dann bist *du* das Problem. Wer soll es dann lösen? Wie ist es dann zu lösen? *Du* bist das Problem; das Problem ist nicht von dir getrennt.

Yoga, Tantra und die Techniken der Meditation haben eine ganz andere Ausgangsbasis. Sie sehen das so: Die Probleme sind da, die Probleme umgeben dich, aber *du* bist nie das Problem. Deshalb kannst du die Probleme transzendieren. Du kannst sie dir anschauen, so wie ein Beobachter von einem Berg ins Tal hinunterschaut.

Dieses beobachtende Selbst vermag das Problem zu lösen. Ja, durch bloßes Beobachten ist ein Problem eigentlich schon halb gelöst. Wenn du ein Problem beobachten kannst, wenn du es unvoreingenommen betrachten kannst, ohne dich hineinzuverwickeln, dann kannst du daneben stehen und es dir in Ruhe anschauen. Und die Klarheit, die aus diesem Beobachten kommt, wird dir den Hinweis, den geheimen Schlüssel zur Lösung geben. Fast alle Probleme gibt es nur, weil keine Klarheit da ist, die dieses Verständnis ermöglicht.

Nicht Lösungen brauchst du, sondern Klarheit.

Ein richtig verstandenes Problem ist bereits gelöst, weil das Problem nur auftaucht, wenn der Verstand etwas nicht versteht. Du schaffst das Problem, weil du etwas nicht verstehst. Das Wesentliche ist also nicht, das Problem zu lösen; das Wesentliche ist, mehr Verständnis zu erlangen. Und wenn mehr Verständnis und mehr Klarheit da sind und du das Problem vorurteilslos konfrontieren kannst, wenn du es so beobachten kannst, als ob es gar nicht zu dir gehören würde, sondern zu jemand anderem, wenn du eine Distanz kreieren kannst zwischen dem Problem und dir – nur dann lässt es sich lösen.

Meditation erzeugt Distanz; sie gibt dir eine Perspektive. Dann transzendierst du das Problem. Du gelangst auf eine andere Bewusstseinsebene.

Mit der Psychoanalyse bleibst du auf der gleichen Ebene. Die Ebene ändert sich nie; du passt dich auf der gleichen Ebene wieder an. Dein Bewusstsein, deine Bewusstheit, deine Fähigkeit zu beobachten – daran ändert sich gar nichts.

Wenn du in Meditation gehst, gelangst du auf immer höhere Ebenen. Dann kannst du auf deine Probleme hinunterschauen. Sie sind jetzt im Tal und du bist auf einem Berg. Von diesem Standort, aus dieser Höhe betrachtet, sehen die Probleme völlig anders aus. Und je mehr die Distanz zunimmt, umso fähiger wirst du, die Probleme zu beobachten, als ob sie gar nicht zu dir gehören würden.

Du darfst eines nicht vergessen: Wenn ein Problem nicht dein eigenes ist, weißt du immer gute Ratschläge zu geben, wie man es lösen kann. Wenn jemand anderer betroffen ist, wenn jemand anderer in Schwierigkeiten ist, bist du immer weise. Dann kannst du großartige Ratschläge geben. Aber wenn es dein eigenes Problem ist, weißt du einfach nicht, was du tun sollst. Wie kommt das? Das Problem ist das gleiche, nur bist du jetzt selbst davon betroffen. Solange es das Problem von jemand anderem war, hattest du eine Distanz, aus der du es vorurteilslos betrachten konntest.

Jeder ist ein guter Ratgeber für andere, aber wenn ihm selbst etwas widerfährt, verliert er die ganze Weisheit, weil er die Distanz verliert.

Jemand ist gestorben, die Familie ist verzweifelt ... Jetzt kannst du gute Ratschläge geben. Du kannst sagen, die Seele sei unsterblich, du kannst sagen, nichts sterbe und das Leben sei ewig. Aber wenn jemand stirbt, den du geliebt hast, jemand, der dir etwas bedeutet hat, der dir nahe stand, mit dem du intim warst, dann wirst du dir die Haare raufen und wirst weinen und Tränen vergießen. Dir selbst kannst du nun nicht denselben Rat geben – dass das Leben unsterblich ist und dass man nicht wirklich stirbt. Das erscheint dir jetzt absurd.

Bedenke also, wenn du anderen Ratschläge gibst, dass du vielleicht dumm dastehen wirst. Wenn du zu jemandem, dem ein geliebter Mensch gestorben ist, sagst, das Leben sei unsterblich, wird er dich für blöde halten. Was redest du da für einen Unsinn! Er weiß, wie es sich anfühlt, einen geliebten Menschen zu verlieren. Darüber kann keine Philosophie ihn hinwegtrösten. Und er weiß auch, dass du das nur sagen kannst, weil es gerade nicht dein eigenes Problem ist. Du kannst es dir leisten, so weise zu sein – er nicht.

Durch Meditation transzendierst du dein alltägliches Sein.

Es entsteht ein neuer Bezugspunkt in dir, von dem du die Dinge auf neue Weise betrachten kannst. Eine Distanz wird kreiert. Die Probleme sind noch da, aber viel weiter weg – als würden sie jemand anderen betreffen. Nun kannst du dir selbst gute Ratschläge geben, aber das ist dann gar nicht mehr nötig. Schon allein die Distanz macht dich weise.

Die ganze Technik der Meditation besteht darin, eine Distanz zwischen dir und deinen Problemen zu erzeugen. So wie du jetzt bist, bist du zu sehr in deine Probleme verwickelt. Du kannst nicht klar denken, kannst nicht darüber nachsinnen, kannst sie nicht durchschauen, kannst sie nicht unbeteiligt beobachten.

Die Psychoanalyse hilft also höchstens zur Anpassung;

sie bringt keine Transformation. Das ist das eine. Und das andere: Die Psychoanalyse erzeugt Abhängigkeit.

Du bist auf einen Experten angewiesen und der Experte macht alles. Es dauert drei Jahre, vier Jahre oder sogar fünf Jahre, wenn das Problem sehr tief geht, und du wirst nur davon abhängig. Du wächst nicht. Im Gegenteil, du wirst mehr und mehr abhängig. Bald brauchst du den Psychoanalytiker jeden Tag oder zweimal die Woche, dreimal die Woche. Wenn du mal nicht zu ihm hingehen kannst, fühlst du dich verloren. Wenn du mit der Psychoanalyse aufhörst, fühlst du dich verloren. Sie macht süchtig, sie wird zur Droge.

Du fängst an, von einem anderen Menschen abhängig zu sein, einem Experten. Du kannst ihm dein Problem erzählen und er findet die Lösung. Er diskutiert es und holt die unbewussten Wurzeln aus dir hervor. Aber *er* wird es tun; die Lösung kommt von jemand anderem.

Und wohlgemerkt, ein Problem, das ein anderer löst, wird dir keine Reife bringen. Ein Problem, das ein anderer löst, kann *ihm* mehr Reife bringen, aber dich wird es nicht reifer machen. Es wird dich höchstens unreifer machen. Dann wirst du bei jedem Problem den Rat eines Experten brauchen, einen professionellen Rat. Und ich glaube, dass nicht einmal die Psychoanalytiker durch eure Probleme reif werden, denn sie gehen selbst zu anderen Psychoanalytikern zur Psychoanalyse. Sie haben ihre eigenen Probleme. Sie lösen eure Probleme, aber die eigenen Probleme können sie nicht lösen. Wieder ist es eine Frage der Distanz.

Wilhelm Reich bemühte sich wieder und wieder darum, von Sigmund Freud analysiert zu werden. Freud lehnte es immer ab, ihn zu analysiseren, und Reich war sein Leben lang verletzt, dass Freud ihn abgewiesen hatte. Die Freudianer, die orthodoxen Freudianer, haben ihn deswegen nie als Experten akzeptiert, weil er selbst nicht analysiert worden war.

Alle Psychoanalytiker gehen mit ihren eigenen Problemen zu anderen. Es ist wie bei den Ärzten. Wenn ein Arzt krank wird, kann er nicht selbst die Diagnose für sich erstellen. Er ist sich selbst zu nahe, darum geht er zu einem anderen Arzt. Ein Chirurg kann sich nicht selbst operieren, nicht wahr? Es fehlt ihm die Distanz. Es ist schwierig, am eigenen Körper zu operieren. Aber es ist sogar dann schwierig, wenn die eigene Frau ernsthaft krank wird und eine größere Operation braucht. Du kannst sie nicht operieren, weil deine Hand zittert. Ihr seid euch zu nah, und du hast Angst, als Chirurg zu versagen. Du brauchst den Rat eines anderen. Du wirst einen anderen Chirurgen hinzuziehen, der die Operation an deiner Frau ausführt. Wie kommt das? Du hast schon viel operiert, hast viele Operationen durchgeführt. Und was ist jetzt? Bei deinem Kind, bei deiner Frau kannst du es nicht, weil du zu wenig Distanz hast – fast gar keine.

Ohne Distanz kannst du nicht unbelastet sein. Darum kann ein Psychoanalytiker anderen helfen, aber wenn er selbst in Schwierigkeiten ist, muss er fremden Rat annehmen, muss er sich von einem anderen analysieren lassen. Und erscheint es nicht seltsam, dass jemand wie Wilhelm Reich schließlich verrückt wurde?

Es ist unvorstellbar, dass ein Buddha verrückt wird – oder könnt ihr euch das vorstellen? Wenn ein Buddha verrückt werden könnte, dann gäbe es keinen Ausweg aus diesem ganzen Leiden. Dass ein Buddha verrückt wird, ist einfach undenkbar.

Seht euch das Leben von Sigmund Freud an, dem Vater und Begründer der Psychoanalyse. Er hat viele tiefe Einsichten zu allen möglichen Problemen geäußert. Aber was ihn selbst betraf, hat er kein einziges Problem gelöst. Nicht ein einziges Problem hat er gelöst! Angst war für ihn genauso ein Problem wie für jeden anderen. Er war sehr ängstlich und nervös. Wut war für ihn genauso ein Problem wie für jeden anderen. Ja, er konnte so wütend werden, dass er vor Wut einen Ohnmachtsanfall bekam. Und dieser Mann wusste so viel über die menschliche Psyche! Aber wenn es ihn selbst betraf, schien dieses Wissen nutzlos zu sein. Auch Jung konnte, wenn er große Angst hatte, bewusstlos werden und in Ohnmacht fallen.

Wo liegt das Problem? Die Distanz ist das Problem. Sie hatten über die Probleme nachgedacht, aber ihr Bewusstsein war nicht gewachsen. Sie dachten intellektuell, scharf, logisch und zogen ihre Schlüsse. Manche ihrer Schlussfolgerungen mögen zwar richtig gewesen sein, aber das ist nicht der Punkt. Sie haben sich im Bewusstsein nicht weiterentwickelt, sie sind über das Menschliche nicht hinausgewachsen. Und solange man das Menschliche nicht transzendiert, lassen sich die Probleme nicht lösen; man kann sich höchstens damit arrangieren.

Freud sagte in seinen letzten Lebenstagen, der Mensch sei unheilbar. Wir könnten höchstens hoffen, ihn dem Leben besser anzupassen; eine andere Hoffnung gäbe es nicht. Und das sei das Höchste! Der Mensch könne nicht glücklich sein, sagte Freud. Wir können es höchstens so arrangieren, dass er nicht allzu unglücklich ist, das ist alles. Aber glücklich sein kann er nie; er ist unheilbar.

Was für eine Lösung kann aus einer solchen Einstellung kommen? Und das sagt er nach vierzig Jahren Erfahrung mit Menschen! Er kommt zu dem Ergebnis, dass man dem Menschen nicht helfen könne. Der Mensch sei von Natur aus und seinem Wesen nach unglücklich und werde immer unglücklich bleiben!

Der Osten hingegen sagt, dass der Mensch transzendiert werden kann. Es ist nicht der Mensch, der unheilbar ist. Sein Mangel an Bewusstheit ist die Ursache des Problems. Wenn die Bewusstheit zunimmt, wenn die Bewusstheit wächst, nehmen die Probleme ab. Sie existieren im umgekehrten Verhältnis: Ein Minimum an Bewusstheit geht mit einem Maximum an Problemen einher; ein Maximum an Bewusstheit geht mit einem Minimum an Problemen einher.

Bei vollkommener Bewusstheit verschwinden die Probleme, so wie morgens in der aufsteigenden Sonne die Tautropfen verschwinden. Bei vollkommener Bewusstheit gibt es keine Probleme, denn wenn die Bewusstheit vollkommen ist, können keine Probleme mehr auftauchen.

Die Psychoanalyse kann also höchstens etwas kurieren,

aber vorbeugen kann sie nicht. Probleme werden weiterhin auftauchen.

Meditation geht in die tiefste Tiefe. Sie verändert dich so grundlegend, dass keine Probleme mehr auftauchen können. In der Psychoanalyse geht es um Probleme, in der Meditation geht es unmittelbar um *dich*. Sie kümmert sich überhaupt nicht um Probleme. Darum haben die größten Psychologen des Ostens – Buddha, Mahavira, Krishna – nie über Probleme geredet. Und deswegen hält sich die westliche Psychologie für eine neue Disziplin. Das ist aber nicht der Fall.

Erst in diesem Jahrhundert, in der ersten Hälfte des zwanzigsten Jahrhunderts, konnte Freud wissenschaftlich nachweisen, dass es so etwas wie das Unbewusste gibt. Buddha hat aber schon vor zweitausendfünfhundert Jahren darüber gesprochen. Nur hat Buddha sich nie mit den Problemen abgegeben, denn, wie er sagt, sind die Probleme endlos. Wenn man versucht, jedes einzelne Problem anzugehen, wird man sie nie *wirklich* lösen. Man muss den Menschen selbst angehen. Die Probleme kann man vergessen.

Man muss das Sein angehen und es zum Wachsen bringen. Sobald der Mensch in seinem Sein wächst, sobald er bewusster wird, fallen die Probleme von selbst weg; man braucht sich darüber keine Gedanken zu machen.

Wenn zum Beispiel jemand schizophren ist, gespalten, geteilt: Die Psychoanalyse befasst sich mit der Spaltung und sieht zu, wie sie diese Spaltung erträglicher machen kann, wie sie diesen Menschen so weit anpassen kann, dass er innerhalb der Gesellschaft funktionsfähig wird und friedlich leben kann. Die Psychoanalyse geht das Problem direkt an, die Schizophrenie. Wenn so jemand zu Buddha käme, würde Buddha über den schizophrenen Zustand kein einziges Wort verlieren. Er würde nur sagen: »Meditiere, dann wirst du in deinem Sein eins werden. Und wenn du in deinem Sein eins wirst, verschwindet die Spaltung an der Peripherie.« Die Spaltung ist da, aber sie ist nicht die Ursache, sie ist nur die Wirkung. Irgendwo in der Tiefe des Seins ist eine

Dualität vorhanden und diese Dualität hat zu dem Riss an der Oberfläche geführt.

Wenn man versucht, den Riss zu kitten, bleibt die innere Spaltung bestehen. Dann wird der Riss irgendwo anders auftreten. Kittet man auch den neuen Riss, dann wird irgendwo anders ein neuer Riss auftreten. Sobald man ein psychisches Problem behandelt hat, taucht sofort ein anderes auf. Behandelt man das zweite Problem, dann taucht ein drittes auf.

Das ist nicht schlecht für diesen Berufszweig, denn er lebt davon. Aber es ist keine Hilfe.

Der Westen wird über die Psychoanalyse hinausgehen müssen, und solange der Westen nicht zu den Methoden zur Entwicklung von Bewusstheit vorstößt, zum inneren Wachstum des Seins, zur Bewusstseinserweiterung, so lange wird die Psychoanalyse nicht viel helfen können.

Und das passiert bereits. Die klassische Psychoanalyse ist längst überholt. Die mutigeren Vordenker des Westens überlegen jetzt, wie man das Bewusstsein erweitern kann, statt die Probleme zu lösen – wie man die Menschen zu mehr Wachheit und Bewusstheit hinführen kann. Jetzt ist es so weit: Der Same beginnt aufzugehen.

Diesen Unterschied muss man sich vor Augen halten.

Ich beschäftige mich nicht mit deinen Problemen. Es gibt sie millionenfach und es ist völlig zwecklos, sie zu lösen, weil der Schöpfer dieser Probleme *du* bist, und du bleibst davon unberührt. Kaum löse ich ein Problem, erzeugst du zehn weitere. Du bist darin unschlagbar, weil der Schöpfer dahinter unverändert bleibt. Und wenn ich versuche, ein Problem nach dem anderen zu lösen, verschwende ich nur meine Energie.

Ich schiebe deine Probleme beiseite und dringe direkt bis zu *dir* vor. Der Schöpfer der Probleme muss sich ändern. Und sobald der Schöpfer sich verändert, verschwinden die Probleme an der Oberfläche. Niemand kooperiert mehr mit ihnen, niemand hilft mehr bei ihrer Entstehung, niemand genießt sie. Vielleicht findest du dieses Wort hier seltsam, aber du solltest dir klarmachen, dass du deine Probleme tatsächlich genießt; deshalb erzeugst du sie. Du genießt sie aus vielen Gründen.

Die ganze Menschheit ist krank. Und dafür gibt es wesentliche Gründe, grundlegende Ursachen, die wir ständig übersehen. Immer wenn ein Kind krank ist, bekommt es Aufmerksamkeit. Solange es gesund ist, gibt ihm keiner Aufmerksamkeit, aber wenn es krank wird, geben ihm die Eltern Liebe – oder tun zumindest so. Solange es ihm gut geht, kümmert sich keiner. Niemand denkt daran, dem Kind einen Kuss oder eine Umarmung zu geben. Und so lernt das Kind den Trick. Liebe ist ein Grundbedürfnis und Aufmerksamkeit ein Grundnahrungsmittel. Für das Kind ist Aufmerksamkeit sogar potenziell noch wichtiger als Milch. Ohne Aufmerksamkeit stirbt etwas in ihm.

Aufmerksamkeit ist Energie. Wenn jemand dich liebevoll ansieht, gibt er dir Nahrung, eine ganz subtile Nahrung. Jedes Kind braucht Aufmerksamkeit. Aber man gibt ihm höchstens dann Aufmerksamkeit, wenn es krank ist, wenn irgendein Problem auftaucht. Wenn das Kind also Aufmerksamkeit braucht, erzeugt es einfach Probleme – so wird es zu einem Problemfabrikanten.

Liebe ist ein Grundbedürfnis. Dein Körper entwickelt sich durch Nahrung, die Seele entwickelt sich durch Liebe. Aber Liebe bekommt ihr nur, wenn ihr krank seid, wenn ihr irgendein Problem habt; ansonsten gibt euch niemand Liebe. Die Kinder lernen diese Methode und fangen an, Probleme zu erzeugen. Immer wenn das Kind krank ist oder ein Problem hat, gibt ihm jeder Aufmerksamkeit.

Hast du schon mal Folgendes beobachtet …? Die Kinder spielen ganz friedlich und still im Haus. Plötzlich kommen Gäste und sofort gibt es ein Problem mit den Kindern. Weil du den Gästen deine Aufmerksamkeit gegeben hast, wollen die Kinder ebenfalls Aufmerksamkeit. Sie wollen deine Beachtung, sie wollen von den Gästen beachtet werden, wollen von allen beachtet werden. Sie stellen etwas an, erzeugen irgendein Problem. Das passiert unbewusst, aber mit der Zeit wird es zu einem Muster. Und sogar als Erwachsener macht man es immer noch genauso.

Für Frauen gilt, dass neunundneunzig Prozent ihrer Krankheiten und psychischen Probleme auf das Bedürfnis nach Liebe zurückgehen. Wenn eine Frau geliebt wird, hat sie keine Probleme. Aber sobald es ein Problem in der Liebe gibt, tauchen viele andere Probleme auf. Dann sehnt sie sich nach Aufmerksamkeit. Und die Psychoanalytiker beuten dieses Bedürfnis nach Aufmerksamkeit aus, denn ein Psychoanalytiker ist ein professioneller Aufmerksamkeitsspender. Man geht zu ihm, weil er ein Profi ist. Eine Stunde lang schaut er dich ganz aufmerksam an und hört sich alles an, was du sagst, selbst den größten Blödsinn, als wäre es eine Predigt aus der Bibel. Und er überredet dich, noch mehr zu reden und alles zu sagen, egal, ob es relevant oder irrelevant ist, um deinen Verstand zu entleeren. Und danach fühlst du dich sehr gut.

Wie man weiß, verlieben sich neunundneunzig Prozent aller Patienten in ihren Psychoanalytiker. Es ist sehr schwierig zu verhindern, dass die Beziehung zwischen Klient und Experte früher oder später zu einer Liebesbeziehung wird. Warum? Warum verliebt sich eine Patientin so leicht in ihren männlichen Psychoanalytiker? Und umgekehrt, warum verliebt sich ein männlicher Patient so leicht in seine Psychoanalytikerin? Der Grund ist, dass man zum ersten Mal so viel Aufmerksamkeit bekommt! Es befriedigt das Bedürfnis nach Liebe.

Solange sich also dein inneres Wesen nicht grundlegend verändert, bringt die Lösung von Problemen überhaupt nichts. Du hast ein unerschöpfliches Potenzial, neue Probleme zu erzeugen.

Meditation ist der Versuch, dich erstens unabhängig zu machen und zweitens dein Bewusstsein seinem Wesen nach und qualitativ zu verändern.

Mit einer neuen Bewusstseinsqualität können die alten Probleme nicht weiter bestehen; sie verschwinden einfach. Als du zum Beispiel noch ein kleines Kind warst, hattest du ganz andere Probleme. Als du dann älter wurdest, verschwanden sie einfach. Wohin sind sie verschwunden? Du hast sie nie gelöst; sie sind einfach verschwunden. Du kannst dich nicht einmal erinnern, welche Probleme du in deiner Kindheit hattest. Doch als du größer wurdest, verschwanden die Probleme.

Als du ein bisschen älter wurdest, hattest du ganz andere Probleme, und wenn du alt wirst, werden sie nicht mehr da sein. Nicht, dass du imstande sein wirst, sie zu lösen – niemand ist imstande, Probleme zu lösen; man wächst einfach aus ihnen heraus. Wenn du alt bist, wirst du lachen über die eigenen Probleme, die einmal so dringlich und so destruktiv waren, dass du ihretwegen oft daran gedacht hast, dir das Leben zu nehmen. Und wenn du dann älter geworden bist, lachst du einfach nur darüber. Wo sind all diese Probleme geblieben? Hast du sie gelöst? Nein, du bist einfach aus ihnen herausgewachsen. Die Probleme gehörten zu einer bestimmten Entwicklungsphase.

Ähnlich ist es, wenn die Bewusstheit in dir wächst. Auch dann verschwinden nach und nach die Probleme. Irgendwann kommt der Augenblick, da du so bewusst geworden bist, dass keine Probleme mehr auftauchen.

Meditation ist nicht Analyse. Meditation ist Wachstum. Sie befasst sich nicht mit deinen Problemen, sie befasst sich mit deinem Sein. *(68)*

Nach meinem Gefühl legst du für den westlichen Menschen nicht genügend Wert auf die Traumarbeit als Weg zur Bewusstwerdung. Ich denke da insbesondere an die Techniken, die C. G. Jung im Rahmen seiner Psychologie der Selbsterkenntnis entwickelt hat.

Das stimmt, ich lege nicht sehr viel Wert auf Freud, Jung, Adler, Assagioli.

Freud, Jung, Adler und andere sind wie Kinder, die im Sand der Zeit spielen. Sie haben wunderschöne Kiesel gesammelt, lauter schöne bunte Steine, aber im Hinblick auf das Absolute sind sie wie Kinder, die mit Kieselsteinen spielen. Diese Steine sind keine echten Diamanten. Und alles, was sie gewonnen haben, ist ziemlich primitiv. Um das zu verstehen, musst du schrittweise mit mir gehen.

Wenn jemand körperlich krank ist, braucht er einen Arzt, einen Doktor. Wenn jemand psychisch krank ist, können Freud, Jung und die anderen ihm ein bisschen helfen. Wenn aber jemand existenziell krank ist, kann ihm weder ein Arzt noch ein Psychiater helfen.

Existenziell krank zu sein ist etwas Spirituelles. Es gehört weder zum Körper noch zum Verstand, es ist ganzheitlich – und das Ganze geht über alle seine Teile hinaus, es transzendiert sie. Das Ganze ist nicht bloß eine Kombination der Teile, die Summe aller Teile. Es ist etwas, das jenseits der einzelnen Teile liegt. Es ist etwas, das sämtliche Teile in sich beinhaltet. Es ist Transzendenz.

Und die Krankheit *ist* existenziell. Die Menschen leiden an einer spirituellen Krankheit.

Träume können dabei überhaupt nicht helfen. Was können Träume tatsächlich bringen? Bestenfalls können sie dir helfen, dein Unterbewusstsein ein bisschen besser zu verstehen. Träume sind die Sprache des Unterbewusstseins, die Symbole, Hinweise, Andeutungen, Gesten des Unterbewusstseins, Botschaften des Unbewussten an das Bewusste. Der Psychoanalytiker kann dir helfen, deine Träume zu interpretieren. Er kann zu einem Dolmetscher, zu einem Vermittler werden; er kann dir sagen, was dein Traum bedeutet. Und wenn du deinen Traum verstehst, wirst du natürlich deinem Unbewussten etwas näher kommen.

Es wird dir helfen, mit deinem Unbewussten etwas besser zurechtzukommen. Du wirst es etwas besser verstehen. Diese beiden Teile in dir, das Bewusste und das Unbewusste, werden nicht mehr so weit auseinander klaffen; sie kommen sich ein bisschen näher. Du wirst nicht mehr so gespalten sein wie vorher. Eine Art Einheit, eine kleine Einheit ist in dir entstanden. Du bist normaler geworden. Aber normal zu sein bedeutet gar nichts. Normal zu sein ist nicht einmal erwähnenswert. Normal zu sein bedeutet, dass du so bist, wie man üblicherweise zu sein hat. Es ist nichts Neues hinzugekommen, nichts Jenseitiges ist zu dir durchgedrungen. Aber du wirst dich als Mensch in dieser Gesellschaft besser zurechtfinden. Du wirst natürlich auch ein etwas besserer Ehemann, eine etwas bessere Mutter, ein etwas besserer Freund sein – aber nur etwas besser.

Das ist aber nicht Selbsterkenntnis. Und wenn Jung anfängt, von Selbsterkenntnis durch Traumanalyse zu reden, redet er Unsinn. Das ist keine Selbsterkenntnis, denn Selbsterkenntnis stellt sich nur ein, wenn das Denken nicht mehr da ist. Das Interpretieren von Träumen ist immer noch Denken; Träume gehören zum Verstand.

Wenn Jung über seine analytische Psychologie als Weg zur Selbsterkenntnis spricht, dann weiß er nicht, wovon er redet. Er selbst ist nicht zur Selbsterkenntnis, zur Selbstverwirklichung gelangt.

Wenn man Jungs oder Freuds Leben unter die Lupe nimmt, dann sieht man, dass beide ganz gewöhnliche Menschen waren. Freud konnte so wütend werden wie jeder andere auch, ja sogar noch mehr als gewöhnliche Leute. Er konnte hassen wie jeder andere auch. Er war eifersüchtig, und zwar so sehr, dass er bewusstlos zu Boden fiel, wenn er einen Eifersuchtsanfall hatte. Das passierte einige Male in Freuds Leben. Immer wenn ihn die Eifersucht packte, war er so verstört, dass er einen Anfall bekam und in Ohnmacht fiel. Und dieser Mensch soll zur Selbsterkenntnis gelangt sein? Was ist dann mit Buddha? Welchen Platz gibt man Buddha?

Freuds Leben zeigt seinen ganz gewöhnlichen menschlichen Ehrgeiz – die übliche Politik. Er wollte aus der Psychoanalyse eine große Bewegung machen, ähnlich dem Kommunismus, und er versuchte, das zu steuern. Er versuchte wie irgendein Lenin oder Stalin, die Kontrolle zu haben, aber noch dominanter. Er erklärte sogar Jung zu seinem Nachfolger. Und seht euch mal die Fotos von Jung an! Immer wenn ich auf ein Foto von Jung stoße, schaue ich es mir genau an.

So etwas sieht man selten. Schaut euch sein Bild genau an: Aus seinem Gesicht kann man alles ablesen – das Ego. Schaut euch die Nase an, diese Augen, diese Berechnung, diese Wut – diese Krankheiten sind ihm alle ins Gesicht geschrieben. Er lebte ein ganz gewöhnliches, angstbesetztes Leben. Er hatte große Angst vor Geistern und Gespenstern und war sehr eifersüchtig, konkurrierend und streitsüchtig.

Der Westen hat keine Ahnung, was Selbsterkenntnis ist, darum verstehen die Leute alles Mögliche darunter. Der Westen weiß überhaupt nicht, was Selbsterkenntnis bedeutet. Selbsterkenntnis bedeutet eine absolute Stille, die durch nichts gestört werden kann, ein absolutes Nicht-Sein. Wie könnten Besitzdenken, Ehrgeiz und Eifersucht darin existieren? Wie könnte man im Zustand des Nicht-Denkens Kontrolle über andere ausüben, wie könnte man andere dominieren wollen?

Selbsterkenntnis bedeutet das völlige Verschwinden des Egos. Und mit dem Ego verschwindet alles andere.

Man darf eines nicht vergessen: Das Ego kann nicht durch die Interpretation von Träumen verschwinden. Im Gegenteil, dadurch wird das Ego eher gestärkt, weil sich die Kluft zwischen dem Bewussten und dem Unbewussten verringert.

Das Ego wird gestärkt, der Verstand wird stärker. Je weniger Probleme der Verstand wälzt, umso stärker wird der Verstand. Das Ego erhält neuen Auftrieb.

Was also die Psychoanalyse vermag, ist, das Ego besser zu erden, es mehr zu zentrieren; sie macht dein Ego stärker und selbstbewusster. Natürlich kannst du dich dann besser als vorher in dieser Welt durchsetzen, denn die Welt glaubt an das Ego. Dann bist du besser gerüstet für den Kampf ums Überleben. Du hast mehr Selbstvertrauen und bist weniger nervös. Du wirst manche Ambitionen leichter verwirklichen können, als wenn du innerlich voller Unruhe bist und dein Unterbewusstsein ständig mit dem bewussten Verstand im Streit liegt. Aber das bedeutet nicht Selbstverwirklichung.

Im Gegenteil – es ist Egoverwirklichung.

Die ganze westliche Psychologie ist bisher nicht auf das Nicht-Ego, die Egolosigkeit, gestoßen. Sie denkt nach wie vor nur in Begriffen des Ego: Wie man das Ego stärker verwurzelt, wie man es zentrierter machen kann, wie man das Ego gesünder machen kann, normaler, besser angepasst.

Der Osten hingegen versteht das Ego an sich als Krankheit.

Der Verstand an sich ist die Krankheit. Es geht nicht darum, zu wählen zwischen dem bewussten und dem unbewussten Verstand; beide müssen verschwinden. Sie müssen sich auflösen, und darum hat der Osten nie versucht, irgendetwas zu interpretieren. Wenn etwas verschwinden soll, wozu es dann noch interpretieren? Wozu noch Zeit damit verschwenden? Man lässt es einfach fallen.

Sieh den Unterschied: Der Westen versucht, einen Ausgleich zwischen dem Bewussten und dem Unbewussten herzustellen und das Ego zu stärken, damit du zu einem besser angepassten Mitglied der Gesellschaft werden kannst, zu einem innerlich ausgeglicheneren Individuum. Wenn diese Kluft überbrückt wird, wirst du mit dem Verstand entspannter umgehen.

Der Osten hat versucht, den Verstand an sich zu überwinden und darüber hinauszugelangen. Es ist keine Frage der Anpassung an die Gesellschaft, es ist eine Frage der Anpassung an die Existenz selbst. Es ist keine Frage des Ausgleichs zwischen dem Bewussten und dem Unbewussten, es ist eine Frage der Neuordnung sämtlicher Teile, die dein Sein als Ganzes ausmachen.

Träume haben ihre Wichtigkeit. Wenn jemand krank ist, sind Träume wichtig; sie zeigen die Symptome der Krankheit auf. Aber ihr habt keine Ahnung von einem Menschen, der nicht mehr träumt. Träumen an sich ist pathologisch; Träumen an sich ist eine Krankheit. Buddha träumte nie. Was hätte Freud mit ihm angefangen? Wenn Freud damals da gewesen wäre, was hätte er mit Buddha gemacht? Was hätte es an ihm zu interpretieren gegeben? Da gab es nichts zu interpretieren. Wenn Freud in Buddha hineingeschaut hätte – er hätte nichts gefunden, was er hätte interpretieren können. Seine ganze Psychologie hätte sich bei Buddha als absolut zwecklos erwiesen.

Wenn Freud oder Jung einem Buddha in die Nähe gekommen wären oder wenn sie zu mir gekommen wären, hätten sie nichts zu interpretieren gefunden; sie hätten keinen einzigen Gedanken aufschnappen können.

Der Osten sagt: »Träumen an sich ist pathologisch.« Es ist eine Art Krankheit, es ist eine Störung. Wenn du ganz still bist, verschwindet das Denken bei Tag und das Träumen bei Nacht. Denken und Träumen sind lediglich zwei Aspekte derselben Sache: Während des Tages, wenn du wach bist, passiert das Denken, und während der Nacht, wenn du schläfst, passiert das Träumen.

Träumen ist eine primitive Art zu denken. Man denkt in Bildern wie die Kinder. Darum gibt es in Kinderbüchern so viele bunte Bilder. Kinder können sich mit Worten noch nicht so gut zurechtfinden. Erst nach und nach fühlen sie sich damit zu Hause. Darum muss man für sie einen großen Apfel zeichnen und in kleinen Buchstaben »Apfel« darunter schreiben. Erst sehen sie das Bild und dann fangen sie an, es mit dem Wort zu verknüpfen. Mit der Zeit wird das Bild immer kleiner, bis es schließlich ganz verschwindet. Dann genügt allein das Wort »Apfel«.

Der primitive Verstand denkt in Bildern, genau wie die Kinder. Im Schlaf wirst du wieder zu einem Primitiven. Dann verschwindet die ganze Zivilisation, die ganze Kultur, die ganze Gesellschaft. Dann gehörst du nicht mehr zu dieser modernen Welt, dann bist du wieder ein Primitiver in seiner Höhle. Weil der unbewusste Verstand unzivilisiert geblieben ist, denkst du wieder in Bildern.

Träumen und Denken sind im Grunde dasselbe. Wenn die Träume aufhören, hören auch die Gedanken auf; wenn die Gedanken aufhören, hören die Träume auf.

Das ganze Bemühen im Osten geht dahin: Wie kann man den Verstand als Ganzes loslassen? Wir machen uns keine Gedanken darüber, wie man ihn anpassen kann, wie man ihn interpretieren kann, sondern nur, wie man den ganzen Komplex loswerden kann. Und wenn man ihn als Ganzes loswerden kann, wozu sich dann noch über Interpretationen Gedanken machen? Wozu Zeit verschwenden?

Früher oder später wird der Westen zu dieser Erkenntnis gelangen, denn jetzt dringen die Meditationstechniken auch bis in den Westen vor.

Meditationen sind die Methode, um Träume und Gedanken loszuwerden, den gesamten Komplex des Verstandes loszuwerden. Und sobald diese Dinge von dir abfallen, erreichst du ein Wohlbefinden, das nicht vom Verstand herrührt. Du erreichst etwas, das du dir in deinem jetzigen Bewusstseinszustand überhaupt nicht vorstellen kannst. Du kannst dir nicht im Entferntesten ausmalen, wie es sein könnte, nicht mehr zu denken, nicht mehr zu träumen, sondern einfach nur noch zu *sein*.

Die Psychoanalyse und ähnliche Richtungen brauchen sehr lange – drei Jahre, fünf Jahre –, nur um Träume zu interpretieren. Das erscheint ziemlich langweilig und nur wenige Leute können sich das überhaupt leisten. Und selbst die, die es sich leisten können – was gewinnen sie daraus? Zu mir kommen viele, die eine Psychoanalyse hinter sich haben. Zur Selbsterkenntnis sind sie nicht gelangt. Sie waren oft viele Jahre in Psychoanalyse. Und nicht nur sie selbst sind analysiert worden, sie haben auch viele andere Menschen analysiert – aber nichts ist passiert. Sie bleiben gleich, das Ego bleibt gleich. Im Gegenteil, es wird noch etwas mehr verfestigt, es wird stärker. Aber das existenzielle Unbehagen bleibt.

Stimmt, ich lege keinen sehr großen Wert auf Freud und Jung, weil meine Einstellung dahin geht, wie man den Verstand loslassen kann. Man kann ihn loslassen, und es dauert weniger lang, ihn loszulassen, es ist einfacher, und außerdem kann man ihn ohne Hilfe von anderen loslassen.

Der Osten ist schon vor etwa fünftausend Jahren über diese Tatsache gestolpert. Auch dort hat man Träume interpretiert. In den alten Büchern des Ostens gibt es viele Traumdeutungen. Ich bin auf keine einzige neue Errungenschaft gestoßen, die der Osten nicht schon irgendwann in der Vergangenheit entdeckt hätte. Auch Freud und Jung sind also nichts Neues. Es ist nur die Wiederentdeckung von altem Terrain. Der Osten hatte es mit Sicherheit entdeckt, aber gleichzeitig entdeckte er auch, dass die Deutung des Verstandes ohne Ende ist: Er träumt immer weiter, er produziert immer neue Träume.

Und tatsächlich ist die Psychoanalyse niemals vollständig. Selbst nach fünf Jahren ist sie noch nicht vollständig. Keine Psychoanalyse kann je vollständig sein, weil der Verstand immer neue Träume spinnt. Man interpretiert ihn, aber er spinnt immer neue Träume. Seine Fähigkeit ist unerschöpflich; er ist sehr kreativ, sehr fantasiebegabt. Er hört erst auf, wenn das Leben aufhört.

Oder er hört auf durch Meditation – wenn du den Sprung wagst und selber stirbst. Was der Verstand braucht, ist sein Tod und keine Analyse. Und wenn sein Tod möglich ist, welchen Sinn hätte dann die Analyse? Das sind zwei völlig verschiedene Dinge, und das muss man beachten.

Jung und Freud waren Genies, aber sie sind in die Irre gegangen; sie waren intellektuelle Größen, aber sie haben ihre Zeit verschwendet. Und das Problem ist, dass sie so vieles über den Verstand entdeckt haben, aber es bei sich selbst nicht anwenden konnten – und das allein sollte den Ausschlag geben.

Wenn ich eine Meditationstechnik entdecke und selbst nicht meditieren kann, welche Bedeutung wird meine Entdeckung dann haben? Auch darin unterscheidet sich der Osten vom Westen. Im Westen gilt: Auch wenn der Arzt sich selbst vielleicht nicht heilen kann, so kann er doch dich heilen.

Im Osten hieß es schon immer: »Heiler, heile zuerst dich selbst. Das wird das Kriterium sein, ob du es auch bei anderen vermagst.« Im Westen fragt man nicht danach; diese Frage wird nicht gestellt. Im Westen hat sich die Wissenschaft verselbstständigt. Persönliche Fragen werden nicht gestellt, weil die Wissenschaft als objektive Erforschung gilt, als etwas nicht Subjektives. In den Naturwissenschaften mag das ja angehen, aber die Psychologie kann nicht absolut objektiv sein. Sie muss auch subjektiv sein, einfach weil der Verstand subjektiv ist.

Darum ist das Erste, was man einen Jung fragen sollte: »Hast du dich selbst erkannt?« Aber er war wirklich ein großer Egoist. Er dachte, er hätte sein Selbst verwirklicht. Er war nicht bereit, nach Indien zu kommen. Nur ein einziges Mal kam er, aber er war nicht bereit, eine selbstverwirklichte Seele wie Ramana Maharshi aufzusuchen. Er war widerstrebend, er wollte nicht hingehen. Was gab es für ihn da schon zu lernen? Er hatte ja schon alles! Aber er wusste gar nichts. Nur ein paar Traumfragmente, die er interpretiert hatte – und er dachte, er hätte das Leben selbst interpretiert.

Und so interpretiert man weiterhin die Träume und denkt, die Träume wären die Wirklichkeit. Der Osten vertritt genau den entgegengesetzten Standpunkt. Wir haben uns das Leben genau betrachtet und haben herausgefunden, dass das Leben selbst ein Traum ist. Der Westen meint, wenn er die Träume interpretiert, interpretiert er die Wirklichkeit. Im Gegensatz dazu haben wir uns das Leben näher angesehen und haben herausgefunden, dass es nichts anderes ist als ein Traum.

Aber was ist dieses Widerstreben? Der Osten war für Jung eine Bedrohung; seine Angst vor dem Osten war begründet. Er hatte Angst vor dem Osten, weil der Osten die Wahrheit über sein Verständnis aufgedeckt hätte – dass es falsch war. Wäre er zu Ramana gegangen oder zu irgendeinem anderen Mystiker des Ostens, dann hätte er auf einen Schlag erkannt, dass alles, was er errungen zu haben meinte, überhaupt nichts wert war. Er war gerade bis zu den Stufen des Tempels gelangt. Den inneren Schrein hatte er noch nicht betreten.

Doch im Westen kann alles Mögliche durchgehen. Ohne die geringste Ahnung zu haben, was Selbsterkenntnis ist, nennt man es Selbsterkenntnis. Jeder Name kann dafür herhalten; das steht einem frei.

Selbsterkenntnis bedeutet, zum Nicht-Selbst zu gelangen, zu dieser absoluten Leere im Inneren zu gelangen, an diesen Punkt zu gelangen, wo du nicht bist.

Der Tropfen hat sich im Ozean aufgelöst und es gibt nur noch den Ozean. Wer wird dann noch träumen? Wer ist dann noch übrig, der träumen könnte? Das Haus ist leer. Da ist niemand. *(69)*

In der Rolle des Therapeuten scheine ich von einem Standort liebevoller Distanz und Zentriertheit aus einigen Menschen helfen zu können. Gleichzeitig erkenne ich aber, dass ich meine eigenen blinden Flecken der Unbewusstheit nicht sehen kann. Was ist das?

Wie gut, dass du erkannt hast, dass du deine eigenen blinden Flecken der Unbewusstheit nicht sehen kannst, obwohl du die Rolle eines Therapeuten spielst und anderen helfen kannst, ihre Probleme zu lösen.

Es ist gut, dass du dir dessen bewusst geworden bist, denn viele Therapeuten, Psychologen, Psychoanalytiker und Psychiater gehen in eine Falle, weil sie mit ihren fachlichen Kenntnissen Menschen helfen können. Sie vergessen völlig, dass sie ihre eigenen Probleme noch nicht gelöst haben. Sie sind so sehr mit der Lösung der Probleme anderer beschäftigt, dass sie ganz vergessen haben, dass auch sie Probleme zu lösen haben.

Vielleicht ist das sogar der tiefere psychologische Grund, warum jemand zu einem Therapeuten, Psychoanalytiker oder Psychologen wird. Auf diese Weise kann er seine eigenen Probleme vermeiden. Denn wenn man so sehr damit beschäftigt ist, die Probleme anderer Leute zu lösen, hat man weder die Zeit noch die Muße, über seine eigenen Probleme und über sich selbst nachzudenken. Es ist eine gute Methode, um vor eurer eigenen Wirklichkeit, eurer Blindheit, eurer Dunkelheit davonzulaufen.

Darum sage ich, dass es eine gute Erkenntnis von deiner Seite aus ist, dass du dir deiner blinden Flecken bewusst geworden bist. Hilf anderen, aber vergiss nicht dich selbst dabei.

Beachte, dass die Lösung deiner eigenen Probleme das Wichtigste ist; es ist die Grundlage. Und solange du deine eigenen Probleme nicht gelöst hast, kannst du anderen tatsächlich nur auf sehr oberflächliche Weise helfen. Du hast über die Dinge gelesen, hast dir Wissen und Fachkenntnisse angeeignet, aber das reicht nicht sehr tief. Du verfügst nicht über die Autorität deiner eigenen Erfahrung und verstehst den anderen nicht in seiner Komplexität.

Jeder, der von Berufs wegen anderen Menschen psychologische oder spirituelle Hilfe anbietet, muss sich ständig vor Augen halten, dass seine Ratschläge nur dann authentisch sein können, wenn sie aus der eigenen Erfahrung kommen. Wenn sie nur aus seinem Wissen kommen, kann das zwar bei manchen oberflächlichen Dingen helfen, aber es kann das Leben des anderen nicht transformieren.

Tausende Psychologen der verschiedensten Schulen arbeiten auf der ganzen Welt mit Menschen, aber im eigenen Leben werden sie von den gleichen Problemen geplagt, für die sie große Experten sind. Wenn das Problem jemand anderen betrifft, stehen sie darüber. Dann sind sie nur Beobachter, sie sind nicht hineinverwickelt. Sie können gute Ratschläge geben, aber ihr Rat geht nicht in die Tiefe. Ihr Rat kann nur so tief gehen wie die eigene Erfahrung – und nicht wie das Wissen.

Der große Mangel der westlichen Psychologie und all ihrer Schulen ist eines: Sie sind nicht meditativ. Sie haben nichts, was auch nur im Entferntesten an Meditation heranreicht.

Was die Psychoanalyse selbst in jahrelanger Arbeit an einem Patienten nicht verändern kann, das vermag Meditation innerhalb von Wochen zu verändern. Und wenn der Psychoanalytiker selbst meditieren würde, dann könnte er das Problem aus einem völlig anderen Blickwinkel betrachten. Er würde nicht einmal daran denken, es analysieren zu wollen, weil Analyse sinnlos ist. Man kann immer weiter analysieren, doch der Verstand produziert immer neue Probleme.

Analyse ist so, wie wenn man einen Baum beschneidet. Man stutzt die Blätter und die Äste, aber ständig wachsen neue Blätter und neue Äste nach. Kaum hat man ein Blatt abgeschnitten, nimmt der Baum es als Herausforderung und lässt statt des einen gleich mindestens drei neue Blätter wachsen. Auf diese Weise kann man dem Baum nicht beikommen; er ist ein Lebewesen. Wenn jemand versucht, ihn zu zerstören, stellt er sich der Herausforderung.

Der Psychoanalytiker analysiert ein Problem: Der Verstand stellt sich der Herausforderung und erzeugt gleich ein Dutzend neuer Probleme anstelle des einen.

Der Verstand ist eine Problemerzeugungsfabrik – vollautomatisch! Man braucht ihn nicht anzuwerfen, man braucht ihn nicht abzudrehen; er läuft von ganz allein immer weiter. Nach deiner Geburt wird er irgendwann einmal gestartet und er stirbt erst, wenn du tot bist. Ansonsten läuft er dein ganzes Leben lang immer weiter, ohne dass er jemals geschmiert werden müsste. Eine großartige Errungenschaft der Natur!

Wer selbst keine Erfahrung mit Meditation hat, kennt nichts, was jenseits des Verstandes liegt. Und auf der Ebene des Verstandes kann man einem anderen Verstand nicht helfen. Man kann höchstens besser informiert sein. Man kann zwar für einen Moment manches Problem unterdrücken, aber das Problem wird dann in anderer Form wieder auftauchen. Nur wenn man sich selbst jenseits des Verstandes aufhält, kann man aus dieser Perspektive die Probleme der anderen sehen.

Und tatsächlich sind es gar nicht so viele Probleme. Es ist nur ein einziges Problem: das Leben im Verstand. Und es gibt nur eine einzige Lösung: das Leben jenseits des Verstandes. Einen Ausweg aus dem Verstand zu finden, darin besteht die einzige Lösung.

Und dabei spielt es keine Rolle, zu wem dieser Verstand

gehört – ob es der Verstand eines ungebildeten, unwissenden, armen Menschen ist oder der Verstand eines sehr kultivierten, gut informierten, sehr gebildeten Menschen. Die Lösung ist die gleiche: Beide müssen aus dem Verstand herauskommen.

Aber du kannst ihnen nur helfen, wenn du dir selbst helfen kannst. Dieser alte Ausspruch der Alchimisten ist sehr bedeutsam: »Arzt, heile dich selbst!« Für einen gewöhnlichen Arzt muss das nicht unbedingt stimmen, denn ein gewöhnlicher Arzt kann selbst Kopfweh haben, dir aber trotzdem eine Medizin verschreiben und dein Kopfweh heilen. Ein gewöhnlicher Arzt kann selbst Tuberkulose haben und trotzdem deine Tuberkulose heilen. »Arzt, heile dich selbst!« – dabei geht es nicht um den gewöhnlichen Arzt, es geht um Alchimie, um den Arzt der inneren Welt. Wenn du dort krank bist, kannst du niemandem helfen.

Aber natürlich kannst du, wenn du anderen hilfst, die eigene Krankheit vergessen – es ist der einfachste Weg, sie zu vergessen. Du engagierst dich so sehr im Namen des Dienens, im Namen des Mitgefühls – schöne Worte, hinter denen sich nur deine Flucht verbirgt.

Du musst noch tiefer in die Meditation eintauchen und du musst den Leuten, die in deine Therapiegruppen kommen, helfen, in die Meditation einzutauchen. Gib ihnen all die Hilfe, die du ihnen durch dein Fachwissen geben kannst, aber mache Meditation zur Grundlage.

Und während du eine Gruppe leitest … Als Therapeut weißt du viel mehr als die Teilnehmer, aber als Meditierender kannst du selbst mitmachen, als Teilnehmer und nicht als Therapeut. Das bringt dich den Menschen näher. Das bringt dir ein tieferes Verständnis in deinem Herzen und auch sie werden deine Menschlichkeit deutlicher und tiefer spüren können, dein Mitgefühl, deine Liebe.

Meditiere mit ihnen. Mache es zur Regel, dass in jeder Therapiegruppe eine Stunde der Meditation gewidmet ist. Die übrige Zeit kannst du mit deinen Methoden, mit deinen Techniken arbeiten, aber fange mit Meditation an und am

Abend beende die Gruppe mit Meditation. Und nach der Meditation sollten die Leute schlafen gehen. Nach der Meditation sollten sie nichts anderes mehr tun, denn dann wird die ganze Nacht einen gewissen Duft von Meditation haben, eine gewisse Schwingung von Meditation wird ihr Wesen durchziehen. Und wenn sie morgens aufwachen, werden sie sich völlig anders fühlen als sonst: friedlicher, heiterer, ruhiger, gesammelter.

Das Erste und das Letzte sollte Meditation sein, und dazwischen machst du deine Therapiegruppe. Und in den Zeiten der Meditation nimmst du selbst daran teil. Dann reichst du ihnen die Hände und bist einer von ihnen. In der Therapiegruppe hast du eine höhere Position – du weißt mehr als sie. Sie brauchen Hilfe und du hilfst ihnen – darin bist du ihnen natürlich überlegen.

Doch in der Meditation sollte keiner überlegen oder unterlegen sein. Beginne mit dieser schönen Gleichheit und beende die Gruppe mit dem gleichen Phänomen. Dann wird deine Therapiegruppe beides zugleich sein: meditative Therapie und therapeutische Meditation.

Eines meiner wichtigsten Anliegen ist es, eine Synthese zwischen Therapie und Meditation zu schaffen, denn das wird endlich die Synthese zwischen West und Ost herbeiführen. Dies ist ein sehr grundlegender Ansatzpunkt. Der Westen arbeitet ständig nur mit dem Verstand und dreht sich dabei immer nur im Kreis, während der Osten schon vor langer Zeit, vor vielen hundert Jahren, über den Verstand hinausgegangen ist. Was der Westen innerhalb des Verstandes zu finden hofft, hat der Osten jenseits des Verstandes gefunden, ohne Schwierigkeiten.

Eine Synthese ist notwendig. Die westlichen Methoden der Psychotherapie können hilfreich sein, um Lebensprobleme, Beziehungsprobleme, die gewöhnlichen weltlichen Probleme zu lösen, aber sie können nicht euer Grundproblem lösen: die Frage nach dem Sinn des Lebens. Sie haben keine Lösung für die Suche nach der Wahrheit.

Der Osten vermag die Probleme zu lösen, die über diese

Welt hinausgehen. Und wenn beide, Ost und West, zusammenwirken, können wir den Menschen von beiden Seiten aus helfen: Wir können ihn fähiger machen, in dieser Welt zu leben – mit mehr Effizienz, mehr Kultur, mehr Liebesfähigkeit –, aber wir können ihm auch helfen, in sein Alleinsein einzutauchen und die Welt hinter sich zu lassen. Dann wird er, selbst während er in dieser Welt lebt, ständig mit dem Ewigen in Kontakt sein.

Sobald der Mensch zu beidem fähig wird, ist er wie ein gesunder Vogel mit beiden Flügeln – bereit, sich in den unendlichen Himmel aufzuschwingen, zu seiner höchsten Bestimmung. Und Therapie kann ihren Teil dazu beitragen.

(70)

Was meinst du mit der »Psychologie der Buddhas«? Wie unterscheidet sie sich von der heute vorherrschenden Psychologie?

Die heutige Psychologie ist noch nicht umfassend genug; sie berührt nur die Peripherie der menschlichen Individualität. Sie bleibt auf den Verstand beschränkt. Es ist nicht richtig, sie »Psychologie« zu nennen. Psychologie bedeutet »Wissenschaft von der Seele«, und die gegenwärtige Psychologie ist nicht nur *keine* Wissenschaft von der Seele, sondern sie leugnet sogar die Existenz der Seele.

Aber die Seele zu leugnen, das Bewusstsein, das jenseits des Denkens in uns vorhanden ist ... Diese Leugnung ist keine gewöhnliche Leugnung, denn sie spricht dem Menschen seine ganze Würde ab. Sie nimmt ihm sein innerstes Zentrum. Er wird zentrumslos, seelenlos, ein Roboter.

Die richtige Bezeichnung für die moderne Psychologie wäre »Robotologie«, denn sie untersucht nur das mechanische Verhalten des Menschen und die Mechanik seines Denkens. Ihre Untersuchungen können nicht sehr tief gehen, denn wenn der Verstand alles sein soll und es im Leben nicht mehr gibt als den Verstand, dann ist es unmöglich, zu einem ungeteilten Ganzen zu werden.

Geteilt zu sein, darin besteht das Wesen des Verstandes. Er pendelt ständig zwischen den Gegensätzen: Liebe und Hass, Mut und Angst, Ja und Nein, Atheismus und Theismus …

Der Verstand fühlt sich nur wohl, wenn er alles in zwei Aspekte teilen kann. Er kann sich kein Licht vorstellen, wenn es nicht im Gegensatz zur Dunkelheit steht; er kann sich Leben nicht vorstellen, wenn es nicht durch den Tod begrenzt wird.

Und weil die Psychologie sich immer nur innerhalb der Grenzen des Verstandes bewegt, kann sie dem Menschen nicht helfen, sich zur Höhe seines vollen Potenzials zu entwickeln. Die Psychologie wird dich entmutigen – die spirituelle Suche sei nur eine Fata Morgana, die Suche nach der Wahrheit nur eine Halluzination.

Es ist kein Zufall, dass wir die intelligenteste aller Generationen sind, denn in uns sind zehntausend Jahre Evolution enthalten. Wir sind einerseits die intelligenteste Generation, die es je gab, und andererseits – weil die Psychologie diese vergiftenden Ideen verbreitet hat, dass es kein Bewusstsein gäbe, keine Seele, kein Leben nach dem Tode, dass der Mensch bloß Materie sei, dass der Verstand ebenfalls nichts weiter als eine bestimmte Kombination materieller Elemente sei … all das hat zu einer sehr merkwürdigen Situation geführt. Die Intelligenz treibt den Menschen zu höherem Wachstum, aber diejenigen Leute, die für Wachstum zuständig wären, halten die Menschen zurück und sagen ihnen: »Es gibt kein Jenseits! Seid einfach normal! Das ist mehr, als ihr euch träumen lassen könnt!«

»Seid einfach normal!« – das ist das Ziel der Psychologie. Ein großartiges Ziel: einfach normal zu sein!

Die Menschen haben jahrtausendelang ohne jede Psychologie gelebt, ganz normal. Tatsächlich wird man, wenn man zurückgeht, weniger Morde finden, weniger Selbstmorde, weniger Vergewaltigungen, weniger sexuelle Perversionen. Wenn man zurückgeht, werden sie weniger. Der primitive Mensch war unschuldiger als ihr. Er war nicht so intelligent wie ihr, aber er war unschuldiger. Ihr habt das Erbe seiner Unschuld übernommen, aber ihr habt es unterdrückt.

Die Verbindung von Intelligenz und Unschuld ist Meditation. Sobald Unschuld und Intelligenz sich in euch zu entfalten beginnen … Nicht, dass euch das in die Lage versetzen würde, alle Probleme des Verstandes zu lösen, nein. Es passiert etwas völlig Neues: Ihr gelangt nach und nach über den Verstand hinaus. Ihr lasst die Probleme des Verstandes weit hinter euch, so als hätten sie nie zu euch gehört. Und das haben sie tatsächlich nie.

Sobald man weiß, wie man aus dem Verstand herausschlüpfen kann, entsteht daraus eine völlig andere Psychologie, die auf dieser Kunst beruht, aus dem Verstand herauszuschlüpfen. Wer seinen Verstand hinter sich lassen kann, hilft ihm, sich abzukühlen. Dann erhält der Verstand keine Energie mehr – er kühlt sich ab und wird ganz von selbst ruhig.

Darum habe ich gesagt: Meditation ist auch eine Medizin. Diese beiden Wörter stammen aus derselben Wurzel.

Sobald eure Intelligenz und eure Unschuld für euch verfügbar werden, wie die zwei Flügel eines Vogels, gehört euch der ganze Himmel. Dann gibt es für euch keine Grenzen mehr.

Ich habe die Psychologie, die auf der Meditation beruht, die »Psychologie der Buddhas« genannt. Doch die moderne Psychologie ist die Psychologie der Schlafenden.

Man muss eines verstehen: Die Leute, die zu Sigmund Freud kamen, dem Begründer der modernen Psychologie, waren alle krank – offensichtlich, denn warum wären sie sonst zu einem Psychoanalytiker gegangen? Sie waren ernsthaft krank; ihre Psyche war dabei, auseinander zu fallen.

Sigmund Freud kam immer nur mit kranken Menschen in Berührung. Und dadurch entstand bei ihm der Eindruck, der Mensch an sich sei krank. In gewisser Hinsicht ist das logisch, denn jeder, den er untersuchte, jeder, den er analysierte, jeder, den er behandelte, war krank. Es waren dies Leute aus der höheren Gesellschaftsschicht, aus dem Bürgertum – Professoren, Wissenschaftler, sehr reiche Leute – denn die Zeit eines Psychoanalytikers ist teuer. Alle diese Leute lebten im Grunde ein geistesgestörtes Leben. Doch wenn das Leben aller anderen genauso geistesgestört ist, merkt es keiner.

Wenn Sigmund Freud die Möglichkeit leugnete, dass der Mensch eine Seele hat, so kann man ihm das nicht verdenken. Er hat nie einen Gautama Buddha zu Gesicht bekommen, er hat nie einen Menschen getroffen, der über den Verstand hinausgelangt war. Die Schwierigkeit ist natürlich, dass diejenigen, die jenseits des Verstandes gelangt sind, keinen Anlass haben, zu einem Sigmund Freud zu gehen. Und er selbst hatte Angst, zu solchen Menschen hinzugehen, denn sie hätten das ganze Fundament, auf dem er sein Imperium aufgebaut hatte, infrage gestellt. Mit Sicherheit ging es dabei um ein etabliertes Interesse.

Wenn solche einfachen Methoden der Meditation den Menschen helfen können ... Nicht bloß normal zu sein, denn normal zu sein kann unmöglich als Ziel akzeptiert werden. Es würde bedeuten, dass man sein ganzes Leben lang im Mittelmaß stecken bleibt, dass man nie über die Grenzen der Gesellschaft hinausgeht. Man bleibt halbherzig in allem, ohne Intensität, ohne Totalität.

Ein normaler Mensch ist nichts Halbes und nichts Ganzes, lauwarm, Wischiwaschi; er sitzt zwischen allen Stühlen.

Es ist bedauerlich, dass die großen Psychologen des Westens keine Möglichkeit hatten, einen Erwachten, einen Mystiker zu treffen und sich mit seiner Welt vertraut zu machen, die absolut außergewöhnlich ist. Er lebt vierundzwanzig Stunden unter euch, aber er ist keiner von euch. Sein Reich ist weit weg. Er hat von einer Liebe geschmeckt, von der ihr nur träumen könnt. Er hat die Wahrheit erfahren, über die ihr nur nachgedacht und philosophiert habt. Er ist der göttlichen Existenz von Angesicht zu Angesicht begegnet, ohne die Vermittlung eines Priesters oder Propheten oder Erlösers. Er hat die Existenz in ihrer Unmittelbarkeit gesehen. Er ist kein Christ, kein Hindu – denn das alles ist so uralt, so verstaubt, so geborgt, dass es euch keine Transformation bringen kann.

Merkt euch eines: Solange die Wahrheit nicht zu eurer eigenen Erfahrung wird, ist alles, was ihr von der Wahrheit glaubt, nur ein Glaube. Und jeder Glaube ist gelogen und alle Gläubigen sind blind.

»Psychologie der Buddhas« – das bedeutet, den Menschen als dreistöckiges Gebäude zu begreifen. Da gibt es einige Menschen, die sich nur im Erdgeschoss aufhalten, nur im Körper. Ihr ganzes Interesse konzentriert sich auf den Körper – und das ist die unterste Ebene des Lebens, für die man sich entscheiden kann. Es ist, als würde man auf der Veranda leben, obwohl einem das ganze Haus gehört.

Die zweite Ebene des Lebens ist die Verstandesebene, die man zu verstehen sucht. Aber wer ist es, der den Verstand versteht? Seht die Schwierigkeit des Psychologen: Er untersucht den Verstand, doch wenn man ihn fragt: Wer ist es, der den Verstand untersucht …? Der Verstand kann sich nicht selbst untersuchen.

Darüber muss es noch etwas geben, das darüber hinausgeht: den Beobachter, den Zeugen, der den Verstand untersuchen kann. Der Wissenschaftler untersucht ihn nur von außen. Er untersucht das Verhalten anderer und aus ihrem Verhalten leitet er Prinzipien für das allgemeine menschliche Verhalten ab. Aber seine Beobachtung bezieht sich nur auf das Verhalten, nicht auf das wahre Sein im Inneren. Er kann sich auch täuschen. Man kann traurig sein, aber nach außen lächeln; man kann seine Tränen zurückhalten. Oder man kann Krokodilstränen hervorbringen, wenn man ein bisschen raffinierter ist.

Das Verhalten ist nie zuverlässig. Wir wissen nie, was im anderen vorgeht, ob sein Verhalten ein Ausdruck seines Inneren ist oder nur eine Tarnung, eine schöne Fassade, hinter der er sich verbirgt.

Buddha nennt diese drei Stufen: Körper, Verstand, Bewusstsein. Und selbst das Bewusstsein ist nur eine Stufe.

Diese drei Stufen führen zum Tempel des Göttlichen, der Unsterblichkeit, der Schönheit, der himmlischen Musik ... Dort fängst du an, die Gipfel zu berühren, die Himalajagipfel mit ihrem unberührten Schnee, der noch nie geschmolzen ist. In deinem inneren Sein enthältst du noch viel höhere Gipfel als den Mount Everest, Gipfel von ewiger Schönheit.

Die Psychologie der Buddhas umfasst die ganze Individualität des Menschen – aber sie endet nicht dort. Durch die Erforschung und Erfahrung von Körper, Verstand, Bewusstsein und dem Jenseitigen, das darüber hinausgeht, bereitet dich Buddha darauf vor, dich im Universalen aufzulösen.

So wie ein Tautropfen von einem Lotosblatt in den Teich gleitet ...

An einem wunderbaren Morgen geht die Sonne auf und der Himmel ist eine Farbenpracht ... Ein kühles Lüftchen weht, gerade gut für die Rosenblätter und die anderen Blumen, für den Lotos ... In der frühen Morgensonne sehen die Tautropfen auf den Blütenblättern des Lotos wie Perlen aus. Oder man sollte besser sagen, dass Perlen wie Tautropfen aussehen. Jetzt gleiten sie langsam, ganz langsam auf das unendliche Meer zu, in dem sie sich verlieren und dennoch nicht verloren gehen. Sie vergehen als Tautropfen und tauchen als ganzer Ozean wieder auf.

Solange die Psychologie den Menschen nicht zu dieser ozeanischen Erfahrung hinzuführen vermag, ist sie unreif und steckt noch in den Kinderschuhen. Und im Westen geht sie im Kreis. Wohin kann sie denn gelangen, wenn sie die höhere Wirklichkeit nicht akzeptiert? Sie steckt im Verstand fest – sie analysiert ihn, analysiert seine Träume, analysiert seine Verdrängungen.

Aber man muss die Frage ernst nehmen, warum es auf der ganzen Welt keinen einzigen Menschen gibt, der vollständig analysiert worden ist. Das scheint mir ein Manko des ganzen Systems der Psychoanalyse zu sein: Zwölf, fünfzehn Jahre lang sind die Leute in Psychoanalyse, aber sie bewegen sich überhaupt nicht weiter! Sie beherrschen höchstens den psychologischen Jargon. Man kann sich kaum noch mit ihnen unterhalten! Aber sie sind noch immer die gleichen Leute, mit den gleichen Schwächen, mit all ihren Unzulänglichkeiten. Zwölf oder fünfzehn Jahre Psychoanalyse haben es nicht geschafft, ihre falsche Persönlichkeit auch nur ein bisschen anzukratzen.

Das Ganze ist ein Spiel der Reichen. So wie die armen Leute ihre Spiele haben, so haben auch die Reichen ihre Spiele. Die Psychologie war bisher nur ein Spiel, ein Herumraten ohne Grundlage in der Wirklichkeit.

Die Mystiker des Ostens haben sich nie besonders um den Verstand gekümmert. Stattdessen haben sie Methoden entwickelt, den Verstand zu umgehen. Das sind die verschiedenen Meditationstechniken – sie alle dienen dazu, den Verstand zu umgehen.

Sobald ihr euren Verstand hinter euch gelassen habt und ihn aus der Vogelperspektive betrachten könnt, kommt alles an den richtigen Platz.

Es ist eure Energie, die den Verstand in Unruhe versetzt, die ihm die Macht gibt, gewalttätig zu sein, traurig zu sein, hasserfüllt zu sein, eifersüchtig zu sein. Doch nun gebt ihr ihm keine Energie mehr. Und dann wird es nicht mehr lange dauern und der Verstand wird dahinschwinden wie eine Wolke. Gerade war er noch da und jetzt ist er verschwunden.

Wenn das Denken verschwindet, kommt die Meditation zur Reife. Jetzt wird die Meditation zum tragenden Element und nicht der Verstand. Dann könnt ihr den Mechanismus des Denkens im Dienst der Meditation einsetzen, aber der Verstand spielt eine untergeordnete Rolle; er spielt nicht mehr den Herrn.

Es ist eine Ironie, dass wir im Osten seit zehntausend Jahren nur mit Meditation arbeiten und damit absolut Erfolg gehabt haben – nicht nur um den Menschen meditativer zu machen, sondern auch um alle Probleme des Verstandes aufzulösen. Es gibt nur diesen einen Weg, um den Verstand mitsamt seinen Problemen aufzulösen: Man muss ihn hinter sich lassen.

Die moderne Psychologie hat jedoch keine Orientierung, wo es hingeht, darum geht sie ständig im Kreis. Die Menschen gelangen nicht über das Gewöhnliche hinaus.

Sigmund Freud, Alfred Adler, Assagioli – sie haben dem ihr ganzes Leben gewidmet ... Aber man sieht an ihnen nicht die Augen eines Gautama Buddha, nicht die Gesten eines Mahavira, nicht die tiefen Erkenntnisse der Upanishaden-Seher. Man sieht nicht die transformierende Präsenz, wie die Mystiker aller Länder und aller Zeiten sie ausstrahlen.

So wie ich die Dinge sehe, ist der Verstand an sich krank. Und solange man nicht aus ihm herauskommt, kann man dem armen Verstand nicht helfen zu gesunden, weil man zu sehr mit ihm identifiziert ist.

Die Identifikation mit dem Verstand zu durchbrechen ist der kürzeste Weg zum innersten Sein. In deinem innersten Sein bist du immer gesund; es kennt keine Krankheit. Dein Sein kann seinem natürlichen Wesen nach Krankheit nicht kennen. So wie der Verstand Frieden nicht kennen kann, kennt dein Sein weder Spannungen noch Ängste noch Verzweiflung.

Die Frage ist also nicht, wie man den Verstand heilt, sondern wie man die ganze Energie, die ganze Aufmerksamkeit vom Denken zum Sein hin verlagern kann.

Meditation hilft diesen Wechsel herbeizuführen. Diese Verlagerung der Aufmerksamkeit, diese Umkehr des Bewusstseins – das nenne ich die »Psychologie der Buddhas«.

Jede andere Psychologie muss im Dunkeln tappen, weil nur ein Sehender wissen kann, was Licht ist. Es mag Millionen von Menschen geben, die blind sind – es sind Millionen, aber es ist keine Frage von Demokratie. Sie können nicht darüber abstimmen, sie können nicht ein Wort über das Licht sagen. Dieser eine Mensch hat Recht und die vielen Millionen haben Unrecht. Es ist keine Frage der Mehrheit.

Die einzige Frage, die zählt, ist die Transformation des

Seins vom *Mind* zum *No-Mind,* vom Denken zum Nicht-Denken.

Die moderne Psychologie hält sich für die Wissenschaft vom *Mind,* vom Denken.

Die Psychologie der Buddhas wird die Wissenschaft vom Nicht-Denken sein. *(71)*

11. KAPITEL

Meditation

Was ist Meditation?

Meditation ist ein Zustand jenseits des Denkens. Meditation ist ein Zustand des reinen Bewusstseins ohne Inhalt.

Normalerweise ist unser Bewusstsein von einem Schutthaufen zugedeckt, wie ein Spiegel, den der Staub blind gemacht hat. Und im Kopf geht es zu wie zur Hauptverkehrszeit: Da verkehren Gedanken, da verkehren Sehnsüchte, da verkehren Erinnerungen, da verkehren ehrgeizige Vorstellungen – es herrscht ständiger Verkehr! Tagein, tagaus. Selbst wenn du schläfst, läuft dieser Mechanismus im Kopf weiter und du träumst. Du denkst immer noch; der Verstand produziert immer neue Ängste und Sorgen. Er sorgt sich immer schon um den nächsten Tag, im Untergrund laufen ständig Vorbereitungen.

Dies ist der Zustand ohne Meditation. Meditation ist genau das Gegenteil. Wenn Funkstille im Kopf ist, wenn alles Denken aufgehört hat, kein Gedanke sich regt, kein Verlangen auftaucht, wenn du absolut still bist – diese Stille ist Meditation. In dieser Stille erkennt man die Wahrheit, und nur in dieser Stille.

Meditation ist ein Zustand jenseits des Denkens.

Und den Zustand der Meditation kann man nicht mithilfe des Verstandes erreichen. Der Verstand ist zu laut, er ist ein Perpetuum mobile, er hält sich selbst in Gang. Meditation erreichst du nur dann, wenn du den Verstand beiseite legst, wenn du gelassen bist, unbeteiligt, nicht mit deinen Gedanken identifiziert; wenn du die Gedanken vorüberziehen siehst, aber dich nicht mit ihnen identifizierst, wenn du nicht denkst: »Ich bin meine Gedanken.«

Meditation geschieht, wenn dir klar wird, dass du nicht

dein Verstand bist, und wenn dieses Bewusstsein tiefer und tiefer in dich sinkt. Dann wirst du allmählich Augenblicke der Stille erleben, Augenblicke reiner Klarheit, Augenblicke der Transparenz, Augenblicke, in denen sich nichts in dir regt und alles still ist. In diesen stillen Augenblicken wirst du erkennen, wer du bist, und du wirst um das Mysterium dieser Existenz wissen.

Und dann kommt ein Tag, ein Tag großer Seligkeit, an dem Meditation dein natürlicher Zustand wird.

Der Verstand ist etwas Unnatürliches; er wird nie dein natürlicher Zustand sein. Aber Meditation ist der natürliche Zustand, den wir verloren haben. Meditation ist das verlorene Paradies, das wir wieder finden können. Schau in die Augen eines Kindes und du wirst eine unermessliche Stille und Unschuld entdecken. Jedes Kind kommt im Zustand der Meditation zur Welt, aber dann wird es in die Gesellschaft eingeführt – sie bringt dem Kind bei, wie man denkt, wie man kalkuliert, wie man vernünftig wird, wie man argumentiert. Das Kind lernt Worte, Sprache, Konzepte und nach und nach verliert es seine ursprüngliche Unschuld. Es wird von der Gesellschaft verseucht, vergiftet. Es wird zu einer leistungsfähigen Maschine; ein Mensch ist es dann nicht mehr.

Es kommt darauf an, diesen ursprünglichen Zustand wieder zu finden. Du kennst ihn schon, und wenn du zum ersten Mal Meditation erlebst, wirst du dich wundern – ein starkes Gefühl wird in dir aufsteigen, dass du diesen Zustand schon kennst. Und dieses Gefühl stimmt: Du kennst ihn tatsächlich. Du hast ihn nur vergessen. Der Edelstein ist unter dem Schutt verloren gegangen. Aber wenn du diesen Schutt wegräumst, wirst du den Edelstein wieder finden – er gehört dir.

Er kann nicht wirklich verloren gehen, er kann höchstens in Vergessenheit geraten. Wir werden als Meditierende geboren und dann lernen wir, die Wege des Verstandes zu gehen. Aber unsere wirkliche Natur bleibt irgendwo ganz tief unten verborgen, wie eine unterirdische Strömung. Grabe nach, und sei es auch nur ein bisschen an jedem Tag, und du wirst die Quelle noch lebendig finden, die Quelle frischen Wassers. Es ist die größte Freude im Leben, sie zu finden.

(72)

Gedankenleere ist Meditation. Wenn keine Gedanken da sind, in diesem Zustand erkennen wir denjenigen, der sonst durch unsere Gedanken verdeckt wird. Wenn keine Wolken da sind, wird die Sicht frei auf den blauen Himmel. Auch in dir ist ein Himmel. Schiebe die Wolken der Gedanken beiseite, dann wird er sichtbar, wird er erfahrbar. Es ist möglich. Wenn der Verstand ruht und kein Gedanke sich darin regt, dann wird in der Stille, in dieser tiefen Gedankenleere, in der absoluten Abwesenheit von Gedanken, die Wahrheit erkannt.

Was können wir tun, um so weit zu kommen? Wir müssen etwas sehr Einfaches tun, aber du wirst es sehr schwierig finden, weil du so kompliziert geworden bist. Was einem neugeborenen Baby möglich ist, ist für dich unmöglich. Das Kind schaut einfach, ohne zu denken. Es nimmt nur wahr. Und einfach nur wahrzunehmen ist etwas Wunderbares. Das ist das Geheimnis – der Schlüssel, der das Tor zur Wahrheit aufschließen kann.

Ich sehe euch. Ich nehme euch wahr, einfach so. Könnt ihr mir folgen? Ich sehe euch einfach nur, ich denke nicht. Und dabei kommt eine unvergleichliche Ruhe, eine lebendige Stille über mich, in der alles gesehen und alles gehört wird, aber innen regt sich nichts. Da ist keine Reaktion im Inneren, da sind keine Gedanken. Da ist nur Sehen.

Rechtes Gewahrsein ist die Methode der Meditation.

Du musst sehen, einfach nur sehen, was außen und was innen ist. Außen gibt es Objekte, innen Gedanken. Du musst sie betrachten ohne jede Absicht. Da ist keine Absicht, nur Sehen. Du bist ein Zeuge, ein unbeteiligter Zeuge, und du siehst einfach nur.

Dieses Beobachten, diese Achtsamkeit, führt dich allmählich hin zum Frieden, zur Leere, zum Nichts, zur Freiheit vom Denken.

Probiere es aus, dann wirst du es wissen.

Wenn die Gedanken verschwinden, erwacht die Bewusstheit zum Leben. Halte gelegentlich inne – an jedem beliebigen Ort, zu jeder beliebigen Zeit. Schau einfach hin und hör zu und sei ein Zeuge – beobachte die Welt und dich selbst. Denke nichts. Sei bloß Zeuge und sieh, was geschieht. Und dann lass dieses Zeugesein sich ausdehnen. Lass es alle deine körperlichen und geistigen Tätigkeiten begleiten. Erlaube ihm, immer bei dir zu sein.

Wenn dieses Zeugesein da ist, hört dein Ego auf zu existieren – und du wirst sehen, wirst erkennen, wer du wirklich bist. Das Ich wird sterben und du erlangst das Selbst.

In dieser Übung des Zeugeseins, in diesem Beobachten der eigenen Geistesverfassung ereignet sich eine einfache Transformation, ein einfacher Wechsel zwischen dem, was beobachtet wird, und dem, der beobachtet. Während du deine Gedanken beobachtest, bekommst du einen Schimmer von dem, der da beobachtet. Und eines Tages wird der Sehende in seiner ganzen Größe und Herrlichkeit erstehen und dann hat deine ganze Armut und Armseligkeit ein Ende.

Dies ist keine Methode, die zur Befreiung führt, wenn man sie nur gelegentlich praktiziert. Sie muss ständig praktiziert werden, Tag und Nacht. Indem man das Zeugesein praktiziert, indem man sich mehr und mehr im Zustand des Zeugeseins aufhält, wird dieser Zustand immer stabiler und fängt an, die ganze Zeit präsent zu sein.

Allmählich fängt er an, die ganze Zeit bei dir zu sein, im Wachen wie im Schlafen. Er fängt an, sogar im Schlaf präsent zu sein. Und wenn das geschieht, wenn der Zeuge anfängt, sogar im Schlaf präsent zu sein, dann kannst du sicher sein, dass er tief in dich eingesunken ist und seine Wurzeln weit in dir ausgebreitet hat. Heute schläfst du, selbst wenn du wach bist. Morgen wirst du wach sein, selbst wenn du schläfst.

Dieses Zeugesein bringt die Gedanken zum Verschwinden, weil es uns aus unseren Träumen und aus unserem Schlaf weckt. In einem Verstand, der frei von Gedanken und Träumen ist, lösen sich die Wellen auf. Der Verstand wird still, unbewegt, ohne Wellengekräusel, so wie das Meer sich beruhigt, wenn keine Wellen da sind, so wie die Flamme einer Kerze nicht flackert, wenn kein Luftzug sich im Hause regt. In diesem Zustand wird das Göttliche, wird Gott erkannt – der das Selbst ist, der die Wahrheit ist. Und damit öffnen sich die Tore zu Gottes Palast.

Diese Tür, dieser Zugang liegt nicht in Worten – er liegt im Selbst. Darum sage ich, dass du nirgendwo anders danach graben sollst als in dir selbst. Geh nirgendwo anders hin.

Geh nach innen, in dich selbst. *(73)*

Du bist so voller Lärm. Wenn du einfach mal die Augen zumachst und für ein paar Augenblicke deinen Verstand beobachtest, wirst du denken: »Was spielt sich bloß alles in meinem Kopf ab? Bin ich verrückt oder was?« Tausenderlei Dinge laufen ab und das Hirn läuft vierundzwanzig Stunden, tagein, tagaus – von der Wiege bis zum Grabe läuft es ununterbrochen. Es ist ein sehr ermüdender Vorgang, es erschöpft dich, aber du weißt nicht, wie du es abstellen kannst.

Meditation bedeutet einfach die Kunst, es abzustellen – und das ist ganz leicht. So leicht, wie das Licht ein- oder auszuschalten. Meditation ist ein ganz einfacher Vorgang. Man muss nur wissen, wo der richtige Schalter ist. Die Upanishaden nennen ihn »Zeugesein« – das ist der richtige Schalter.

Beobachte nur deinen Gedankenprozess und tue gar nichts. Mehr brauchst du nicht zu tun. Sei einfach nur Zeuge, ein Beobachter, ein Zuschauer, der den ganzen Verkehr im Kopf an sich vorüberziehen lässt – Gedanken, Wünsche, Erinnerungen, Träume, Fantasien. Halte ein wenig Abstand, sei unbeteiligt und beobachte. Betrachte es, ohne es zu bewerten, ohne es zu verurteilen, ohne zu sagen: »Das ist gut« und: »Das ist schlecht.« Bringe keine Moralbegriffe ins Spiel, sonst kannst du niemals meditieren.

Deshalb bin ich gegen die so genannte Moral. Sie ist meditationsfeindlich, denn ein sogenannter moralischer Mensch trägt so viele moralische Vorstellungen, Gebote und Verbote in sich, dass er nicht beobachten kann; er kann nicht einfach nur zuschauen. Er zieht übereilte Schlüsse: »Das ist falsch und das ist richtig.« Und alles, was ihm richtig erscheint, will er festhalten, und alles, was ihm falsch erscheint, will er loswerden. Er springt mitten zwischen die Gedanken und fängt an, sie zu packen und mit ihnen zu ringen – und dabei verliert er sein ganzes Zeugesein.

Zeugesein bedeutet einfach ein distanziertes Beobachten ohne Vorurteile – das ist das ganze Geheimnis der Meditation. Es ist so einfach! Wenn du erst einmal den Dreh raus hast, ist es die einfachste Sache der Welt, denn mit dieser Unschuld wird jedes Kind geboren. Du hattest es schon im Bauch deiner Mutter, du hattest es, als du ein kleines Kind warst – du brauchst es nur wieder zu entdecken.

Meditation ist nichts Neues; du bist schon damit auf die Welt gekommen. Der *Mind,* der Verstand, der ist neu hinzugekommen, doch Meditation ist deine Natur, dein wahres Sein. Wie könnte das schwierig sein? Du musst nur den Trick kennen: Beobachten.

Setze dich neben den Fluss und beobachte, wie er dahinströmt. Ja, manchmal kommt Treibholz vorbei, manchmal ein Boot, manchmal eine Leiche und manchmal schwimmt vielleicht eine schöne Frau vorbei ... Aber du schaust einfach zu und kümmerst dich nicht darum. Du bleibst ungerührt und regst dich über nichts auf. Du brauchst gar nichts zu tun, du sollst gar nichts tun. Das macht alles der Fluss, und es ist seine Angelegenheit. Du sitzt einfach still da. Im stillen Dasitzen lernst du nach und nach diese Kunst ... Und eines Tages, wenn dein Gewahrsein total ist, wird sich der Verstand auflösen.

Wenn dein Gewahrsein fünfzig Prozent ist, verschwindet fünfzig Prozent des Verkehrs. Wenn dein Gewahrsein neunzig Prozent ist, verschwindet neunzig Prozent des Verkehrs. Wenn dein Gewahrsein hundert Prozent ist, totales Gewahrsein, dann verschwindet der ganze Verstand – der Fluss ist nicht mehr da. *(74)*

Die ganze Kunst der Meditation besteht darin, den Verstand zu transzendieren. Der Osten hat fast zehntausend Jahre einem einzigen Ziel gewidmet, mit all seiner Intelligenz und all seinem Genie: Wie kann man den Verstand mit seinen Konditionierungen transzendieren? Diese ganze zehntausend Jahre währende Bemühung hat ihren Höhepunkt in der Verfeinerung der Methode der Meditation gefunden.

Kurz gesagt bedeutet Meditation: das Denken beobachten, Zeuge des Denkens sein.

Wenn du den Verstand beobachten kannst, ihn einfach still betrachten kannst, ohne Rechtfertigung, ohne Anerkennung, ohne Verurteilung, ohne irgendeine Bewertung dafür oder dagegen – einfach beobachten, als hättest du nichts mit ihm zu tun ... Da spielt sich dieser ständige Verkehr im Verstand ab, doch du stehst daneben und du beobachtest das Ganze.

Und das Wunder der Meditation ist, dass durch einfaches Beobachten das Denken allmählich verschwindet.

Sobald das Denken verschwindet, kommst du an die Tür des Herzens, die letzte Tür, und sie ist sehr zerbrechlich und nicht verdorben von der Gesellschaft. Das Herz öffnet dir unmittelbar einen Weg; es hindert dich nie. Es ist praktisch immer bereit, dich zu ihm kommen zu lassen und dir das Tor zum Sein zu öffnen. Das Herz ist dein Freund. Aber der Kopf ist dein Feind.

Der Körper ist dein Freund, das Herz ist dein Freund, und zwischen beiden steht der Kopf als Feind, wie eine riesige

Bergwand, wie ein Himalaja. Aber der Kopf kann durch eine einfache Methode überwunden werden.

Gautama Buddha nannte diese Methode *Vipassana*, Patanjali nannte sie *Dhyan*. Aus dem Sanskrit-Wort *Dhyan* wurde in China *Ch'an* und in Japan *Zen*. Es ist das gleiche Wort. In Englisch (und Deutsch) gibt es keine genaue Entsprechung für *Zen* oder *Dhyan* oder *Ch'an*. Darum verwenden wir ziemlich willkürlich das Wort »Meditation«.

Aber du musst wissen, dass die Bedeutung, die dem Wort »Meditation« in den Wörterbüchern gegeben wird, nicht die Bedeutung ist, in der ich es verwende. Alle Wörterbücher sagen, Meditation bedeute, über etwas nachzudenken, nachzusinnen. Immer wenn ich zu einem westlich denkenden Menschen sage: »Meditiere«, fragt er sofort: »Worüber?« Der Grund ist, dass sich im Westen die Meditation nie so entwickelt hat wie *Dhyan* oder *Ch'an* oder *Zen* im Osten.

Meditation bedeutet ganz einfach Bewusstheit – kein Nachdenken über etwas, keine Konzentration auf etwas, keine Kontemplation von etwas. Das westliche Wort hat immer mit irgendeinem Objekt zu tun.

Meditation, so wie ich es verwende, bedeutet einfach einen Zustand von Bewusstheit.

Genau wie ein Spiegel. Denkst du etwa, ein Spiegel würde sich auf etwas konzentrieren? Alles, was vor ihn hintritt, wird gespiegelt, aber der Spiegel selbst bleibt davon unberührt. Ob eine schöne Frau vor ihn hintritt oder eine hässliche Frau oder gar niemand – er ist davon absolut unberührt; er ist einfach eine reflektierende Quelle.

Meditation ist einfach nur reflektierende, spiegelgleiche Bewusstheit. Du beobachtest lediglich, was vor dich hintritt. Und durch dieses einfache Beobachten verschwindet das Denken nach und nach. Man hat dir von Wundern erzählt, aber dies ist das einzige Wunder. Alle anderen Wunder sind bloß Geschichten.

Meditation ist das einzige Wunder. Sie holt dich aus dem Verstand heraus. Und das Herz ist immer bereit, dich zu empfangen und dir einen Weg zu zeigen, der dich zu deinem Sein führt. Und das Sein ist deine Ganzheit, dein höchstes Wohlbefinden. *(75)*

Sind spezielle Techniken nötig, um die Bewusstheit zu steigern, oder genügt das Beobachten von Körper, Denken und Fühlen, um uns durch die verschiedenen Ebenen des Bewusstseins und die entsprechenden Stufen im Unterbewusstsein hindurchzuführen?

Das Beobachten von Körper, Verstand und Herz ist mehr als genug. Keine anderen speziellen Techniken sind nötig, obwohl es natürlich solche Techniken gibt. Aber so wie ich es sehe, sind sie nicht notwendig – im Gegenteil, sie komplizieren das Ganze nur. Spirituelles Wachstum ist kein technisches Phänomen, darum kann eine Technik zum Hindernis werden. Man kann anfangen, sich an eine Technik zu klammern, und genau das ist Millionen von Menschen passiert.

Auf der Suche nach spirituellem Wachstum begegnet ihnen ein Lehrer, der ihnen eine Technik gibt. Mit Hilfe dieser Technik werden sie stiller, ruhiger, gelassener und fühlen sich großartig – aber dann wird die Technik unentbehrlich. Sie können nicht mehr auf sie verzichten. Wenn sie die Technik aufgeben, verschwinden nach und nach all diese Erfahrungen. Sogar wenn sie die Technik jahrelang praktiziert haben, verschwinden all diese Erfahrungen innerhalb von drei Tagen.

Die Techniken können euch nicht wirklich spirituelles Wachstum geben. Sie erzeugen eine Halluzination, die nur deshalb spirituell aussieht, weil ihr nicht wisst, was spirituelles Wachstum ist.

Einmal brachte jemand einen Sufi-Meister zu mir. Er war der Lehrer von Tausenden von Mohammedanern und jedes Jahr kam er einmal in meine Stadt. Einige mohammedanische Anhänger seiner Gruppe hatten begonnen, sich für mich zu interessieren, und sie wollten, dass wir uns trafen. Besonders lobend erwähnten sie, dass ihr Meister überall und in allen Dingen Gott sehe. Und er sei immer fröhlich: »Wir kennen ihn seit zwanzig Jahren und noch nie haben wir ihn anders gesehen als in Ekstase!«

Ich sagte zu ihnen: »Am besten wird es sein, wenn er in meinem Haus zu Gast ist. Überlasst ihn mir für drei Tage. Ich werde mich um euren Meister kümmern.« Er war ein alter Mann, ein gütiger Mann.

Ich fragte ihn: »Bist du durch irgendeine Technik in diese ständige Ekstase gekommen oder kam sie von allein, ohne Technik?«

Er sagte: »Ich habe zweifellos eine Technik angewandt. Die Technik besteht darin, sich zu erinnern, dass Gott in allem ist, was man sieht. Am Anfang kam mir das lächerlich vor, aber mit der Zeit hat sich mein Verstand daran gewöhnt. Jetzt kann ich überall und in allem Gott sehen.«

Also sagte ich: »Dann mach jetzt eines … Wie lange praktizierst du das schon?«

»Vierzig Jahre« – er muss um die siebzig gewesen sein.

Ich fragte ihn: »Kannst du auf deine Ekstase vertrauen?«

Er sagte: »Absolut.«

Dann sagte ich: »Dann mach jetzt mal eines: Lass die Technik für drei Tage weg. Hör auf, dich ständig daran zu erinnern, dass alles Gott ist, und betrachte die Dinge einmal drei Tage lang so, wie sie wirklich sind, ohne die Vorstellung von Gott ins Spiel zu bringen. Ein Tisch ist ein Tisch, ein Stuhl ist ein Stuhl, ein Baum ist ein Baum, ein Mensch ist ein Mensch.«

Er fragte: »Aber was soll das für einen Sinn haben?«

Ich sagte: »Das sage ich dir nach drei Tagen.«

Es dauerte aber nicht mal drei Tage. Schon nach einem Tag war er so wütend auf mich, so rasend wütend, dass er sagte: »Du hast mir meine ganze Disziplin von vierzig Jahren kaputtgemacht! Du bist ein gefährlicher Mann! Man sagte mir, du seiest ein Meister, aber statt dass du mir hilfst …! Jetzt sehe ich in einem Stuhl nur noch einen Stuhl, in einem Menschen nur noch einen Menschen. Gott ist verschwunden! Und nicht nur Gott, auch meine Ekstase ist verschwunden und ich bin nicht mehr von einem Meer Gottes umgeben!«

Ich sagte: »Genau das war der Sinn! Ich wollte, dass du begreifst, dass die Technik bei dir nur eine Halluzination erzeugt hat. Sonst könnten vierzig Jahre Disziplin nicht an einem einzigen Tag verschwinden! Du musstest unaufhörlich diese Technik praktizieren, um die Illusion ständig aufrechtzuerhalten. Jetzt steht es dir frei: Wenn du für den Rest deines Lebens in einer Halluzination von Ekstase leben willst, steht es dir frei. Wenn du aber aufwachen willst, brauchst du keine Technik.«

Merke dir, Zeugesein ist keine Technik – es ist deine Natur.

Beobachten ist keine Technik, denn du erlegst dir nichts auf, darum besteht keine Möglichkeit, eine Illusion zu erzeugen. Du beobachtest einfach nur. Selbst wenn Gott vor dir erschiene, solltest du dich nicht hinwerfen und seine Füße berühren. Du solltest einfach nur beobachten. Beobachten ist keine Technik.

Eine Technik erzeugt etwas – Beobachten zeigt nur das, was ist. Es erzeugt nichts, im Gegenteil, es kann ein paar Illusionen zerstören, die hängen geblieben sind, weil du nicht aufmerksam genug warst, um zu bemerken, dass es eine Einbildung war.

Eine Illusion lässt sich so leicht erzeugen, weil der Verstand Techniken immer liebt. Doch wer ist es, der die Technik benutzt? Der Verstand wird Herr über die Technik sein.

Beobachten ist jenseits des Verstandes. Der Verstand kann nicht beobachten. Das ist das Einzige, was der Verstand nicht kann. Darum kann es vom Verstand nicht verfälscht werden, kann es nicht in die Irre geleitet werden.

Doch der Verstand kann jede beliebige Erfahrung projizieren. Der Sufi-Meister konnte nicht drei Tage bei mir bleiben, doch beim Abschied sagte er: »Ich bin dir dankbar. Ich werde meine Reise ganz von vorne anfangen müssen. Ich kann jetzt sehen, wie alles kam: Zuerst habe ich angefangen zu projizieren. Ich wusste, ein Tisch ist ein Tisch und ein

Stuhl ist ein Stuhl, aber ich projizierte, dass Gott darin ist, dass es leuchtet von der Existenz Gottes. Dabei wusste ich, dass es nur meine eigene Vorstellung war! Aber vierzig Jahre … Mit der Zeit wurde es zur Realität. Aber du hast mir gezeigt, dass diese Technik nur eine Halluzination erzeugt hat.«

Es hat viele Menschen gegeben, viele so genannte große Heilige, Propheten und Erlöser, die in Halluzinationen gelebt haben – sie kannten nicht diesen einfachen, natürlichen Vorgang des Gewahrseins.

Es ist besser, sich auf keine Technik einzulassen. Gewahrsein ist so rein – man sollte es durch nichts verunreinigen. Und es ist so vollständig, so komplett, dass keine zusätzliche Unterstützung nötig ist. Aber der Verstand will immer irgendeine Technik, weil er über Techniken die Kontrolle haben kann. Der Verstand ist ein Techniker – Technik ist sein Gebiet. Gewahrsein entzieht sich seiner Kontrolle. Es ist jenseits davon, es steht darüber – und tatsächlich ist es der Tod des Verstandes.

Wenn das Gewahrsein in dir zunimmt, stirbt der Verstand.

Und all diese Leute, wie Maharishi Mahesh Yogi, der die Transzendentale Meditation lehrt – sie geben euch einfach nur Techniken, mit denen sich der Verstand gut fühlt. Der Verstand kann sie benutzen, aber dadurch entsteht kein Wachstum. Die Technik ist nicht schlecht, aber sie gibt dir nur ein illusorisches Gefühl von Wohlbefinden – so als würdest du dich weiterentwickeln, aber in Wirklichkeit stehst du genau da, wo du vorher schon warst. Es kommt zu keiner Evolution, zu keinem Wachstum.

Alle diese Leute, die Techniken geben, beuten die Menschheit nur aus – und das ist die schlimmste Ausbeutung, weil sie die Evolution zum Stillstand bringt.

Ich bin gegen alle Techniken.

Ich bin für einen einfachen, natürlichen Vorgang, der euch bereits zur Verfügung steht und den ihr gelegentlich sogar schon anwendet.

Wenn du ärgerlich wirst, wie merkst du, dass du ärgerlich wirst? Wenn nur dieser Ärger da wäre und keiner, der ihn beobachtet, könntest du den Ärger gar nicht bemerken. Der Ärger kann sich nicht seiner selbst bewusst werden.

Du bist dir also dessen bewusst, wenn du ärgerlich bist und wenn du nicht ärgerlich bist, wenn es dir gut geht und wenn es dir nicht gut geht. Aber du hast diese Fähigkeit des Zeugeseins bisher nicht ständig, nicht wissenschaftlich und nicht tiefgehend und total genug in jeder Phase deines Verstandes angewandt. Für mich ist in diesem Wort »Zeugesein« die Essenz von Meditation enthalten. *(76)*

Was Meditation betrifft, kann es eigentlich gar keine Methode geben. Meditation ist keine Methode. Durch eine Technik, durch eine Methode kannst du nicht über den Verstand hinausgelangen. Wenn du alle Methoden, alle Techniken hinter dir lässt, dann transzendierst du den Verstand.

Meditation an sich ist also keine Methode. Die Wahrheit lässt sich nicht durch eine Methode erlangen.

Methoden sind unsere eigenen Erfindungen. Wir, die wir unwissend sind, haben in unserer Unwissenheit durch Methoden, die wir selbst konstruiert, geschaffen und projiziert haben, Wissen erlangt. Durch Methoden kann man eine Art Selbsthypnose, eine Autohypnose, erzielen. Jede Methode, gleich welchen Namens, kann dir nur einen illusorischen Frieden geben.

Durch eine Methode kannst du nicht über dich selbst hinausgehen, denn es ist *deine* Methode und sie wird dich stärken – dein Ego, deinen Verstand. Wenn du sämtliche Methoden und Pfade, sämtliche Wege aufgibst und in einem völligen Vakuum bleibst, wenn du gar nichts tust und nichts denkst – nur dann kann das erlangt werden, was wir Meditation nennen.

Wenn du aber einer bestimmten Methode, einem bestimmten Weg, einem Guru folgst, dann gelangst du nirgendwohin, denn es kann dich nirgends hinführen. Es kann dich nur zu einem illusorischen Zustand der Selbsthypnose führen. *(77)*

Kann man ohne irgendeine Technik meditieren?

Die Frage, die du gestellt hast, ist zweifellos von großer Bedeutung, weil Meditation an sich überhaupt keine Technik braucht. Techniken sind allerdings nötig, um die Hindernisse zu beseitigen, die sich der Meditation in den Weg stellen.

Man muss das also ganz klar verstehen: Meditation an sich braucht keine Techniken; sie ist einfach ein Verstehen, ein Wachsein, Bewusstheit. Und weder Wachsein noch Bewusstheit sind Techniken.

Aber auf dem Weg zum Wachsein gibt es so viele Hindernisse! Seit Jahrhunderten bauen die Menschen diese Hindernisse auf – und sie müssen entfernt werden. Meditation selbst kann das nicht; dazu sind bestimmte Techniken nötig.

Die Funktion der Techniken besteht also nur darin, den Boden vorzubereiten, den Weg, den Kanal freizuräumen. Die Techniken selbst sind noch nicht Meditation. Wenn man bei der Technik stehen bleibt, verfehlt man die Sache.

Krishnamurti* hat sein Leben lang ständig darauf hingewiesen, dass es für Meditation keine Technik gibt. Das Ergebnis davon war aber nicht, dass Millionen von Menschen zur Meditation fanden. Nein, das Ergebnis war, dass Millionen von Menschen zu der Überzeugung gelangten, dass keine Technik für die Meditation notwendig sei. Dabei ließen sie aber völlig die Frage außer Acht, was sie mit ihren Blockaden, mit den Hindernissen tun sollten. Ich habe viele Anhänger von Krishnamurti getroffen, auch ganz enge Schüler von ihm, und sie gefragt: »Keine Technik ist nötig – damit bin ich absolut einer Meinung. Aber hast du denn Meditation erfahren, oder irgendein anderer, der auf Krishnamurti gehört hat?«

---

* erleuchteter Meister des 20. Jahrhunderts

Obwohl es im Wesentlichen richtig ist, was er sagt, redet er nur von der positiven Seite dieser Erfahrung. Es gibt aber auch eine negative Seite. Und für diese negative Seite sind verschiedene Techniken nötig, absolut notwendig, denn nur wenn man den Boden gut vorbereitet und alles Unkraut und alle wild wuchernden Wurzeln herauszieht, kann man Rosen und andere Blumen zum Wachsen bringen. Die Rosen haben gar nichts mit den Wurzeln und dem wilden Unkraut zu tun, die man beseitigt hat. Aber die Beseitigung des Unkrauts war absolut notwendig, um den Boden in den richtigen Zustand zu bringen, dass Rosen in ihm zum Blühen kommen können.

Du fragst: *»Kann man ohne irgendeine Technik meditieren?«* Es ist nicht nur möglich – es ist die einzige Möglichkeit.

Gar keine Technik ist nötig – zumindest was die Meditation an sich angeht. Aber was machst du mit deinem Verstand? Der Verstand wird dir tausend Probleme machen. Die Techniken sind nötig, um deinen Verstand beiseite zu räumen und Raum zu schaffen, damit der Verstand ruhig werden kann, ganz still, so als wäre er nicht da. Dann passiert Meditation ganz von allein. Es ist keine Frage der Technik. Du brauchst nichts zu tun.

Meditation ist natürlich – etwas, das schon in deinem Inneren vorhanden ist und versucht, seinen Weg ins Freie zu finden, an die Sonne, an die frische Luft. Doch der Verstand hat von allen Seiten Mauern errichtet und alle Türen sind verschlossen, alle Fenster sind verschlossen. Diese Techniken sind dazu da, die Fenster zu öffnen, die Türen zu öffnen. Dann steht dir sofort der ganze Himmel zur Verfügung, mit all seinen Sternen, in seiner ganzen Pracht, mit all seinen Sonnenuntergängen und Sonnenaufgängen.

Bloß ein kleines Fenster hat dich abgehalten ... Schon ein kleines Fitzelchen Stroh kann dir ins Auge geraten und dich daran hindern, den unendlich weiten Himmel zu sehen, weil du die Augen nicht mehr aufmachen kannst. Es erscheint unlogisch, dass so ein winziges Fitzelchen Stroh oder ein Körnchen Sand dich daran hindern können, diese herrlichen

Sterne und den unendlichen Himmel zu sehen. Aber tatsächlich können sie es und sie tun es.

Techniken sind nötig, um das Stroh und die Sandkörner aus deinen Augen zu entfernen. Meditation ist dein Wesen, dein ureigenstes Potenzial. Sie ist eine andere Bezeichnung für Wachheit.

Der junge Vater fuhr sein Baby im Park spazieren und zeigte sich von dem Gebrüll, das aus dem Kinderwagen kam, wenig beeindruckt. »Sachte, sachte, Albert«, sagte er ganz ruhig. »Sei schön friedlich. So ist's brav!«

Aus dem Wagen tönte erneutes Geheul. »Ist ja schon gut, Albert«, murmelte der Vater. »Nimm dich zusammen!«

Eine junge Mutter, die gerade vorbeikam, bemerkte: »Ich muss Ihnen gratulieren! Sie wissen wirklich, wie man mit einem Baby redet!« Und sie streichelte dem Baby den Kopf und sagte schmeichelnd: »Ja, was ist denn mit dir, Albert?«

»Nein, nein«, rief da der Vater. »Er heißt Hansi. Ich bin Albert!«

Er hat sich nur selbst erinnert: »Albert, nimm dich zusammen!« Damit er es nicht vergisst, sonst hätte er das Baby womöglich in den Teich geworfen.

Meditation ist einfach Bewusstheit ohne jede Anstrengung, anstrengungslose Achtsamkeit – sie braucht keine Technik.

Aber dein Kopf ist so voller Gedanken, voller Träume, so voll mit Vergangenheit, voll mit Zukunft. Er ist nicht hier und jetzt, aber Bewusstheit ist immer hier und jetzt. Techniken sind nötig, um dir zu helfen, die Wurzeln zur Vergangenheit zu durchtrennen und die Träume für die Zukunft abzuschneiden, damit du in diesem Augenblick hier bist, als würde es nur diesen Augenblick geben. Dann ist keine Technik nötig.

Otto Müller besucht seinen Freund Wolfgang Schmidt, der im Sterben liegt. »Kannst du mir einen Gefallen tun, wenn du in den Himmel kommst?«, sagt Otto Müller. »Kannst du für mich rauskriegen, ob die dort oben Fußball spielen?« Wolfgang Schmidt verspricht ihm, Bescheid zu geben, wenn das irgendwie möglich ist.

Ein paar Tage nach Schmidts Tod erhält Müller einen Anruf: »He, Otto«, sagt Schmidt, »hier ist dein alter Freund Wolfgang.«

»Schmidtchen? Bist du's wirklich?«, fragt Otto.

»Na klar«, erwidert sein Freund. »Ich hab eine gute und eine schlechte Nachricht für dich. Die gute: Sie spielen hier Fußball. Und die schlechte: Nächsten Sonntag stehst du im Tor!«

Das Leben ist eine komplizierte Sache. Es gibt gute und schlechte Nachrichten. Die gute Nachricht ist, dass du keine Technik brauchst, aber die schlechte Nachricht ist: Ohne Technik kommst du nicht hin! *(78)*

Einfach zu *sein* ist ein solches Freudenfest – wenn man weiß, wie man seine Konditionierungen ablegen kann. Dieses »Ablegen« kannst du durch die Dynamische Meditation lernen. Es wird dadurch nicht verursacht – es kommt ohne Ursache zu dir.

Meditation wird eine Situation schaffen, in der du zum Unbekannten gelangst. Stück für Stück wirst du von deiner gewohnheitsmäßigen, mechanischen, roboterhaften Persönlichkeit wegkommen. Sei mutig: Praktiziere die Dynamische Meditation mit aller Kraft – und alles andere wird folgen. Es wird nicht dein Tun sein, es wird einfach geschehen.

Du kannst das Göttliche nicht herbeibringen, aber du kannst es am Kommen hindern. Du kannst die Sonne nicht ins Haus bringen, aber du kannst die Tür schließen. Im negativen Sinn kann der Verstand vieles tun, im positiven Sinn nichts. Alles Positive ist ein Geschenk, alles Positive ist ein Segen; es kommt zu dir, während alles Negative deinem eigenen Tun entspringt.

Meditation und alle Hilfsmittel zur Meditation können eines bewirken: dich von deinen negativen Hindernissen wegstoßen. Sie können dich aus dem Gefängnis holen, das dein Verstand ist, und wenn du draußen bist, wirst du lachen. Es war so einfach herauszukommen; es war so nah. Nur ein Schritt war nötig. Aber wir drehen uns weiter im Kreis und verpassen immer diesen einen Schritt ... den einen Schritt, der dich ins Zentrum bringen kann.

Du drehst dich weiter im Kreis an der Peripherie und wiederholst immer das Gleiche; irgendwo muss die Kontinuität unterbrochen werden. Das ist alles, was durch eine Meditationsmethode erreicht werden kann. Wenn die Kontinuität unterbrochen ist, wenn der Fortlauf deiner Vergangenheit durchbrochen ist, genau in dem Moment geschieht die Explosion! Genau in dem Moment bist du zentriert, zentriert in deinem Sein, und dann weißt du alles, was schon immer dein war – alles, was nur auf dich gewartet hat. *(79)*

Warum ziehst du chaotische Meditationsmethoden den systematischen vor?

Ich ziehe chaotische Methoden den systematischen vor, denn eine chaotische Methode erleichtert es sehr, das Zentrum vom Kopf wegzubringen. Das Zentrum kann durch keine systematische Methode nach unten verlagert werden, weil Systematik selber Kopfarbeit ist. Systematische Methoden stärken das Gehirn, es erhält mehr Energie.

Chaotische Methoden setzen das Gehirn außer Funktion. Es hat nichts zu tun. Die Methode ist so chaotisch, dass sich das Zentrum automatisch vom Kopf zum Herzen verlagert. Wenn du die Dynamische Meditation nach besten Kräften, ohne System und chaotisch machst, geht dein Zentrum zum Herzen. Dann kommt es zu einer Katharsis.

Katharsis ist notwendig, weil dein Herz vom Gehirn unterdrückt wird. Dein Gehirn hat so viel von deinem Wesen an sich gerissen, dass es dich beherrscht. Da ist kein Raum für das Herz, deshalb werden seine Sehnsüchte verdrängt. Du hast nie von ganzem Herzen gelacht, hast nie aus dem Herzen gelebt, hast nie etwas mit dem ganzen Herzen getan. Das Gehirn funkt immer dazwischen, es systematisiert und macht die Dinge kalkulierbar und das Herz wird dabei unterdrückt.

Zuerst brauchst du also eine chaotische Methode, um das Zentrum des Bewusstseins vom Kopf hinunter zum Herzen zu verlagern. Dann brauchst du Katharsis, um das Herz zu erleichtern, um Verdrängungen abzuschütteln und das Herz zu öffnen. Wenn das Herz leicht wird und von seiner Last befreit, dann sinkt das Bewusstseinszentrum noch tiefer; es verlagert sich zum Nabel. Der Nabel ist die Quelle der Vitalität, der Ursprung, aus dem alles andere kommt: der Körper, der Geist, alles.

Ich verwende diese chaotische Methode sehr überlegt. Systematische Methoden können heute nichts ausrichten, weil das Gehirn sie für sich instrumentalisiert. Auch das Singen von *Bhajans** hilft heute nicht mehr, weil das Herz so belastet ist, dass es nicht zu wirklichem Singen aufblühen kann. Singen wäre nichts als Flucht, Beten wäre heutzutage nur Ausflucht. Das Herz kann sich nicht im Gebet entfalten, weil es so sehr mit unterdrückten Gefühlen beladen ist. Ich kenne keinen einzigen Menschen, der in tiefem, aufrichtigem Beten versinken kann. Beten ist unmöglich geworden, weil die Liebe selbst unmöglich geworden ist.

Das Bewusstsein muss zu seiner Quelle, zu seinen Wurzeln zurückgebracht werden, nur dann gibt es eine Möglichkeit zur Transformation. Deshalb verwende ich chaotische Methoden, um das Bewusstsein aus dem Kopf nach unten zu bringen.

Immer wenn du dich im Chaos befindest, hört das Gehirn auf zu arbeiten. Wenn du zum Beispiel Auto fährst und plötzlich rennt dir jemand in die Quere, dann reagierst du so unmittelbar, dass es keine Gehirnarbeit sein kann. Das

---

* andachtsvolle Lieder

Gehirn braucht Zeit. Es denkt darüber nach, was es tun oder lassen soll. Immer wenn ein Unfall droht und du auf die Bremse trittst, fühlst du einen starken Reiz in der Nabelgegend, als ob dein Bauch reagieren würde. Angesichts des drohenden Unfalls ist dein Bewusstsein zum Nabel hinabgerutscht. Wenn man den Unfall im Voraus abschätzen könnte, hätte das Gehirn Zeit, damit fertig zu werden. Bei einem Unfall geschieht jedoch etwas Unbekanntes und du merkst, dass sich dein Bewusstsein zum Nabel hin verlagert.

Wenn man einen Zen-Mönch fragt: »Von wo aus denkst du?«, wird er seine Hand auf den Bauch legen. Als westliche Reisende zum ersten Mal mit japanischen Mönchen in Kontakt kamen, konnten sie das nicht verstehen. »Was für ein Unsinn. Wie kann man vom Bauch aus denken?« Aber die Zen-Antwort ist bedeutsam. Das Bewusstsein kann jedes Körperzentrum benutzen, und das Zentrum, das unserer Energiequelle am nächsten liegt, ist der Nabel. Das Gehirn ist am weitesten von der Quelle unserer Energie entfernt. Wenn daher die Energie nach außen strömt, wird das Gehirn zum Zentrum des Bewusstseins. Fließt die Lebensenergie jedoch nach innen, dann wird schließlich der Nabel zum Zentrum.

Chaotische Methoden sind nötig, um das Bewusstsein zu seinen Wurzeln zurückzubringen, denn nur von den Wurzeln aus ist Transformation möglich. Andernfalls wirst du nur weiterhin Worte gebrauchen, aber es kommt zu keiner Transformation. Es genügt nicht, bloß zu wissen, was richtig ist. Man muss die Wurzeln transformieren, sonst wirst du dich nicht verändern.

Wenn jemand weiß, was richtig ist, aber nichts dazu tun kann, wird er doppelt verspannt. Er versteht, kann jedoch nichts tun. Einsicht hat nur Bedeutung, wenn sie vom Nabel kommt, von den Wurzeln. Wenn du vom Gehirn her verstehst, ändert dich das nicht.

Das Höchste kann nicht vom Intellekt her verstanden werden, weil du, wenn du vom Kopf ausgehst, mit den Wurzeln im Widerstreit bist, von denen du herstammst. Das ganze Problem ist, dass du dich vom Nabel fortbewegt hast.

Du bist durch den Nabel ins Leben gekommen und wirst beim Sterben wieder durch ihn den Körper verlassen. Man muss zu den Wurzeln zurückkehren; aber das ist schwierig, mühselig.

So wie ich die Situation sehe, hat sich der moderne Mensch so sehr verändert, dass er neue Methoden, neue Techniken braucht. Chaotische Methoden werden ihm helfen, weil der Zeitgeist selbst chaotisch ist. Tatsache ist, dass dieses Chaos, diese Rebellion im modernen Menschen, eine Rebellion des Körpers gegen den Verstand mit seinen Unterdrückungsstrategien ist. Wir können sagen, es ist die Rebellion des Herzzentrums und des Nabelzentrums gegen den Kopf.

Diese Zentren lehnen sich gegen den Intellekt auf, weil er den ganzen Bereich der menschlichen Seele unter seine Herrschaft gebracht hat. Das kann nicht länger geduldet werden. Deshalb sind die Universitäten zu Zentren der Rebellion geworden. Das ist kein Zufall. Wenn man sich die ganze Gesellschaft als organisches Ganzes vorstellt, dann ist die Universität der Kopf, das Gehirn.

Wegen dieser Bereitschaft zur Rebellion fallen lockere und chaotische Methoden auf fruchtbaren Boden. Die Dynamische Meditation wird dabei helfen, das Bewusstseinszentrum vom Kopf wegzubringen. Jemand, der diese Methode anwendet, braucht keine äußere Rebellion mehr, weil die Ursache der Rebellion bereinigt wird. Er erlangt Gelassenheit und Zufriedenheit.

Deshalb bedeutet Meditation für mich nicht nur eine Erlösung für das Individuum, eine individuelle Transformation; sie kann auch zur Grundlage werden für die Transformation der ganzen Gesellschaft, der menschlichen Natur an sich. Die Menschheit hat keine andere Wahl, als entweder Selbstmord zu begehen oder ihre Energie bewusst zu transformieren. *(80)*

Vergiss einmal für sechzig Minuten die ganze Welt um dich. Lass die Welt um dich verschwinden und verschwinde von der Welt. Mache eine totale Kehrtwendung, eine Drehung um 180 Grad, und schau nach innen. Anfangs wirst du nur Wolken sehen. Lass dich von ihnen nicht beunruhigen; diese Wolken sind Symptome deiner Verdrängungen, von allem, was du unterdrückt hast. Du wirst auf Ärger stoßen, auf Hass, Gier und alle möglichen schwarzen Löcher. Dies alles hast du ständig unterdrückt, also ist es da. Eure sogenannten Religionen haben euch beigebracht, all das zu unterdrücken, und jetzt ist es da, wie Wunden. Du hast sie dein ganzes Leben lang versteckt.

Deshalb lege ich für den Anfang so viel Wert auf Katharsis. Solange du noch keine große Katharsis durchgemacht hast, musst du einen langen Weg durch viele Wolken gehen. Das ist ermüdend und du wirst dabei vielleicht so ungeduldig, dass du dich wieder der Welt zuwendest. Und du wirst behaupten: »Da ist gar nichts. Es gibt keinen Lotos, keinen Duft, alles nur Abfall und Gestank.«

Du weißt das. Wenn du deine Augen zumachst und nach innen gehst, was begegnet dir dann alles? Du stößt nicht auf die lieblichen Regionen, von denen die Buddhas erzählen. Du stößt auf Höllen, auf Todesängste. Sie sind alle da drinnen eingesperrt und warten auf dich. Die gesammelte Wut vieler vergangener Leben. Da drinnen ist das totale Durcheinander, deshalb geht man erst lieber gar nicht hinein. Man geht lieber ins Kino oder in den Klub, wo man Leute treffen und klatschen kann. Man hält sich am liebsten so lange auf Trab, bis man müde ist und ins Bett fällt. So lebt ihr, das ist euer Lebensstil.

Wenn du also anfängst, in dich hineinzuschauen, dann bist du natürlich verwirrt. Die Buddhas erzählen, dass man große Seligkeit findet, einen unbeschreiblichen Duft, dass man blühende Lotosblumen sieht und dass dieser Duft ewig ist. Und die Farben dieser Blumen sind immer frisch; sie verblassen nie. Sie erzählen von diesem Paradies, sie erzählen von diesem Reich Gottes, das du in dir hast. Aber wenn du nach innen schaust, siehst du nichts als die Hölle.

Du siehst keine Buddha-Landschaften, du siehst Adolf Hitlers Konzentrationslager. Natürlich denkst du dann, dass dies alles Blödsinn ist – es ist besser, nicht nach innen zu schauen. Wozu immer wieder in deinen Wunden wühlen? Es tut nur weh. Und aus den Wunden quillt der Eiter und es ist schmutzig.

Doch Katharsis hilft. Wenn du eine Katharsis erlebst, wenn du chaotische Meditationen machst, vertreibst du all die Wolken und dunklen Löcher aus deinem Inneren und danach fällt es dir leichter, wach und bewusst zu sein.

Das ist der Grund, warum ich am Anfang so großen Wert auf chaotische Meditationen lege und erst danach stille Meditationen empfehle. Anfangs aktive und später passive Meditationen. Du kannst erst dann in die Passivität gehen, wenn du dein inneres Gerümpel hinausgeworfen hast. Die Wut ist raus, die Gier ist raus … das alles war da, Schicht für Schicht. Aber wenn du das alles erst einmal hinausgeworfen hast, ist es leicht, nach innen zu gehen. Dann steht dir nichts mehr im Weg.

Und dann erstrahlt plötzlich das Licht des Buddhalandes! Mit einem Mal bist du in einer ganz anderen Welt – in der Welt des Lotos-Gesetzes, der Welt des *Dhamma*, der Welt des *Tao*. *(81)*

Die Dynamische Meditation*

Die Dynamische Meditation dauert eine Stunde und hat fünf Phasen. Man kann sie alleine machen, aber die Energie wird viel

* Diese Anleitung zu einer der wichtigsten von Osho entwickelten Meditationen ist kursiv gedruckt. Dazu gibt es Musik auf MC oder CD (siehe Anhang).

stärker, wenn du sie mit einer Gruppe von Leuten machst. Sie ist eine ganz persönliche Erfahrung, deshalb solltest du während der ganzen Meditation alle anderen um dich herum völlig vergessen und deine Augen geschlossen halten; am besten ist eine Augenbinde. Mache die Dynamische Meditation mit nüchternem Magen und trage dabei bequeme, weite Kleidung.

Erste Phase: 10 Minuten

Atme schnell und chaotisch durch die Nase ein und aus. Konzentriere dich dabei immer ganz aufs Ausatmen. Für die Einatmung sorgt der Körper von selbst. Atme so schnell und so heftig, wie du nur kannst, und achte darauf, dass der Atem weiterhin tief geht. Mach das so total, wie du nur irgend kannst, ohne deinen Körper zu verspannen. Achte darauf, dass Nacken und Schultern entspannt bleiben. Mach weiter so, bis du buchstäblich zum Atmen geworden bist, und lass den Atem chaotisch sein (d. h. nicht gleichbleibend und vorhersehbar). Sobald deine Energie ins Fließen kommt, wird sie sich in Bewegungen umsetzen. Lass die Körperbewegungen einfach kommen und nutze sie dazu, deine Energie sogar noch zu steigern. Wenn du Arme und Körper auf natürliche Weise bewegst, hilft es deiner Energie, aufzusteigen. Spüre, wie sich deine Energie aufbaut; lass in dieser ersten Phase auf keinen Fall locker und werde nie langsamer. Erlaube dir aber nicht, dich schon in der ersten Phase auszutoben.

Zweite Phase: 10 Minuten

Folge deinem Körper. Gib dem Körper die Freiheit, alles auszudrücken, was hochkommt … Explodiere! … Lass den Körper machen. Lass alles heraus, was ausbrechen will. Werde total verrückt … Singe, schreie, kreische, lache, weine, hüpfe, zittere, tanze, kicke und tobe herum. Halte nichts zurück, halte deinen ganzen Körper in Bewegung. Ein bisschen Schauspielerei kann dir oft helfen, in die Gänge zu kommen. Erlaube deinem Verstand auf keinen Fall, sich in das, was passiert, einzumischen. Denk daran: Sei total mit deinem Körper.

Dritte Phase: 10 Minuten

Hebe beide Arme, so hoch du kannst, ohne Schultern und Nacken zu verspannen und die Ellenbogen zu versteifen. Springe mit erhobenen Armen auf und ab und rufe dabei das Mantra HUH! HUH! HUH! HUH! so tief wie möglich aus dem Bauch heraus. Jedes Mal, wenn du mit den Fußsohlen flach aufkommst, achte darauf, dass die Fersen den Boden berühren, und lass diesen Ton tief in dein Sexzentrum hineinhämmern. Gib alles, was du hast, bis zur völligen Erschöpfung.

Vierte Phase: 15 Minuten

Stopp! Erstarre, so wie du bist – egal, in welcher Position du dich gerade befindest, und mache keinerlei Körperkorrekturen. Jedes Husten, jede kleinste Bewegung würde den Energiestrom unterbrechen und alle Mühe war umsonst. Beobachte alles, was mit dir geschieht.

Fünfte Phase: 15 Minuten

Feiere! – Sei ausgelassen, gehe mit der Musik, tanze, drücke deinen Dank an die Schöpfung aus und nimm dein Glücksgefühl und deine Lebendigkeit mit in den Tag.

Wenn du dort, wo du meditierst, keinen Lärm machen kannst, dann gibt es noch eine stille Version: Anstatt die Emotionen herauszuschreien, lasse in der zweiten Phase die Katharsis allein durch die Bewegungen deines Körpers geschehen. In der dritten Phase kannst du den Ton »HUH« lautlos nach innen hämmern und die fünfte Phase kann ein Ausdruckstanz werden.

Irgendjemand hat einmal gesagt, dass die Meditationen, die wir hier machen, der reine Wahnsinn sind. Das stimmt. Und zwar sind sie das aus einem ganz bestimmten Grund – der Wahnsinn hat nämlich Methode; er ist ganz bewusst gewählt.

Vergiss nicht: Du kannst nicht absichtlich verrückt werden. Wahnsinn ist etwas, das von dir Besitz ergreift; nur so kannst du überhaupt verrückt werden. Wenn du absichtlich verrückt wirst, ist das etwas völlig anderes. Im Grunde hast du dich unter Kontrolle, und einer, der sogar seine Verrücktheit in der Hand hat, wird niemals wirklich wahnsinnig werden. *(82)*

Dies ist eine Meditation, bei der du ununterbrochen wach, bewusst, aufmerksam bleiben musst, bei allem, was du tust. Bleibe Zeuge. Verliere dich nicht. Man kann sich leicht dabei verlieren. Während der Atemphase kann es dir leicht passieren, dass du dich vergisst. Du kannst so sehr eins werden mit dem Atmen, dass du vergisst, Zeuge zu bleiben. Aber damit entgeht dir das Wesentliche. Atme so schnell und so tief wie möglich, lege dich total ins Zeug, bleibe aber dennoch Beobachter.

Beobachte, was geschieht – als wärest du nur ein Zuschauer, als würde dies alles einem anderen passieren, als würde die ganze Sache im Körper stattfinden, und dein Bewusstsein schaut zu und bleibt einfach zentriert. Während aller drei Phasen musst du Zeuge bleiben. Und wenn alles plötzlich aufhört und du in der vierten Phase völlig reglos erstarrst, dann erreicht diese Wachheit ihren Höhepunkt. *(83)*

Osho spricht über einige der Körperreaktionen, die durch die tiefe Katharsis der Dynamischen Meditation auftreten können:

Wenn du Schmerz fühlst, beobachte ihn aufmerksam, versuche nicht, etwas dagegen zu tun. Aufmerksamkeit ist das große Schwert – es durchschneidet alles. Richte ganz einfach deine Aufmerksamkeit auf den Schmerz.

Ein Beispiel: Du sitzt während der letzten Phase der Meditation still da, ganz unbeweglich, und spürst viel Unbehagen im Körper. Du spürst, wie dein Bein einschläft, spürst ein Jucken in der Hand, hast das Gefühl, dass Ameisen auf dir herumkrabbeln. Wie oft hast du schon nachgeschaut, aber keine Ameisen gefunden. Das Krabbeln ist innen, nicht außen. Was sollst du tun? Du spürst, wie dein Bein einschläft? – Beobachte, richte einfach deine ganze Aufmerksamkeit darauf. Du fühlst einen Juckreiz? – Kratze nicht. Das hilft nicht. Widme ihm ganz einfach deine Aufmerksamkeit. Öffne noch nicht einmal deine Augen. Wende deine Aufmerksamkeit nur innerlich darauf und warte und beobachte. Innerhalb von Sekunden wird der Juckreiz verschwunden sein.

Was auch immer geschieht – etwa wenn du Schmerzen hast, starke Schmerzen im Magen oder im Kopf –, es geschieht, weil sich beim Meditieren der ganze Körper verändert. Die gesamte Körperchemie verändert sich. Neues kommt hoch und der Körper ist in einem Chaos. Manchmal ist der Magen betroffen, denn im Magen sitzen viele unterdrückte Emotionen, die bei der Meditation aufgewühlt werden. Manchmal kann dir schlecht werden und du glaubst, dich erbrechen zu müssen. Es kann auch sein, dass du starke Kopfschmerzen bekommst, weil die Meditation die innere Struktur deines Gehirns verändert. Wenn du den Meditationsprozess durchmachst, bist du wirklich im Chaos. Aber bald wird sich alles einrenken. Fürs Erste aber gerät alles in Aufruhr.

Was sollst du also tun? Du siehst ganz einfach den Schmerz im Kopf, du beobachtest ihn. Sei ein Beobachter. Vergiss einfach, dass du der Agierende bist, und nach und nach löst sich der Schmerz auf, und zwar auf eine so wunderschöne und anmutige Weise, dass du es nicht glauben würdest, wenn du es nicht selbst erlebt hättest. Nicht nur wird der Schmerz im Kopf verschwinden – denn die Energie, die den Schmerz hervorruft, verschwindet, sobald du deine Aufmerksamkeit auf sie richtest, und genau dann wird diese Energie zur Freude. Es ist dieselbe Energie.

Schmerz und Freude sind zwei Dimensionen der gleichen Energie. Wenn du still sitzen bleiben kannst und auf alle Ablenkungen Acht gibst, dann verschwinden alle Ablenkungen. Und wenn alle Ablenkungen fort sind, wirst du dir plötzlich bewusst, dass der Körper nicht mehr da ist. *(84)*

Hinweis: Osho hat davor gewarnt, das Beobachten des Schmerzes in Fanatismus ausarten zu lassen. Wenn unangenehme körperliche Symptome – Schmerzen oder Übelkeit – nach drei oder vier Tagen Meditation andauern, quäle dich nicht – gehe zum Arzt. Dies gilt für alle Meditationstechniken Oshos. Sie sollen Spaß machen!
Die Dynamische Meditation ist Oshos bekannteste und am meisten praktizierte Meditationstechnik, aber es gibt noch viele andere Techniken, die er empfiehlt, um uns den Eintritt in diesen Zustand des unbeteiligten Zeugeseins jenseits des Denkens zu ermöglichen. Am Ende dieses Buches finden Sie eine Liste von Osho-Büchern speziell zum Thema Meditation und Meditationstechniken sowie Hinweise, wo Sie diese Methoden kennen lernen und zusammen mit anderen praktizieren können.

Meditation ist nichts als ein Hilfsmittel, um dir dein wahres Selbst bewusst zu machen – und das wird nicht von dir geschaffen, es braucht nicht erst von dir geschaffen zu werden. Es ist das, was du schon bist!

Du bist damit geboren worden. Du *bist* es. Es muss nur wieder entdeckt werden. Wenn das nicht möglich ist oder wenn die Gesellschaft nicht zulässt, dass man es entdecken kann ... Und keine Gesellschaft lässt das zu, denn das wahre Selbst ist eine Gefahr – eine Gefahr für die etablierte Kirche, eine Gefahr für den Staat, eine Gefahr für die Masse, eine Gefahr für die Tradition. Denn wenn ein Mensch sein wahres Selbst erkennt, wird er zu einem Individuum. Dann fällt er nicht mehr unter die Massenpsychologie; dann fällt er nicht mehr irgendeinem Aberglauben zum Opfer, dann kann er nicht mehr ausgebeutet werden, dann kann er nicht wie Herdenvieh gelenkt werden, dann kann er nicht mehr herumkommandiert und mit Befehlen manipuliert werden.

Dann lässt er sein eigenes Licht leuchten und lebt nach seiner eigenen inneren Stimme. Dann hat sein Leben eine unermessliche Schönheit und Integrität. *(85)*

Meditation hilft dir, deine eigenen intuitiven Fähigkeiten zu entwickeln. Dann wird es für dich ganz klar, was dich nährt und erfüllt und was dich zum Blühen bringen kann. Und was das sein mag, ist für jedes Individuum anders. Darin liegt die Bedeutung des Wortes »Individuum«: Jeder ist einzigartig. Und die Suche nach deiner Einzigartigkeit ist ein großes, aufregendes Abenteuer. *(86)*

Es gibt keine größere Magie als Meditation. Die Umwandlung von Negativem in Positives, die Umwandlung von Dunkelheit in Licht – darin besteht das Wunder der Meditation. Die Verwandlung eines zitternden Angsthasen in eine unerschrockene Seele, die Verwandlung eines Menschen, der sich an jede dumme Kleinigkeit klammert, in einen freien Menschen, der nicht mehr klammert und nicht besitzergreifend ist – das geschieht durch Meditation.

Buddha nannte Meditation ein großes Schwert, das deine Probleme an der Wurzel abschneidet. Sie macht dir bewusst, dass du deinen inneren Abgrund nicht zu fürchten brauchst, denn er ist schön, er ist beglückend. Du hast diese Beglückung und diese Schönheit noch nicht erfahren, weil du dich darauf noch nie eingelassen hast, weil du immer davor weggelaufen bist. Du hast noch nicht davon gekostet: Es ist kein Gift, sondern Nektar! Aber wie kannst du das wissen, wenn du nicht davon kostest? Du läufst vor etwas weg, das zur Erfüllung deines Lebens werden kann. Du läufst vor etwas weg, das die einzige Sache ist, die zu erlangen sich lohnt: Du läufst weg vor dir selbst! *(87)*

Meditation bedeutet, sich bewusst zu werden, dass die Quelle des Lebens im Inneren ist. Der Körper ist vom Äußeren abhängig, das stimmt – aber du bist nicht nur dein Körper. Du selbst bist nicht vom Äußeren abhängig, du bist von der inneren Welt abhängig. Das sind die beiden Richtungen: Du kannst dich nach außen oder nach innen bewegen. Denken und Verstand sind der Prozess, bei dem man nach außen geht, und dieser Prozess beginnt mit dem Tag, an dem das Kind die Mutterbrust entdeckt. Damit beginnt der Verstand. Und er führt dich immer weiter und weiter weg von dir selbst.

Meditation ist die Erkenntnis: »Es gibt auch eine innere Welt, und danach muss ich suchen.«

Der Verstand ist auf irgendein Ziel, irgendein Objekt fokussiert. Meditation ist die Suche nach dem reinen Sehnen ohne Objekt, nur das Sehnen. »Was ist diese Sehnsucht in mir, die viel Geld haben will, viel Macht haben will, berühmt werden will … Was ist diese Sehnsucht in mir? Wer ist dieser Sehnende in mir? Worin besteht sein Wesen?«

Diese Sehnsucht zu kennen ist Meditation. Und sie in ihrer Reinheit zu kennen bedeutet, Gott zu kennen. Sehnsucht ohne irgendeinen Inhalt, reines Sehnen, die reine Flamme ohne jeden Rauch – das ist Gott.

Meditation führt dich zu Gott, denn sie führt dich zu deinem innersten Wesenskern. Und wenn du anfängst, nach innen zu gehen, schließt sich der Kreis.

Du wirst erst reif in dem Moment, in dem Meditation zu dir kommt, ansonsten bleibst du kindisch. Das Spielzeug mag sich ändern: Kleine Kinder spielen mit kleinen Spielsachen und große Kinder, ältere Kinder, alt gewordene Kinder spielen mit großen Spielsachen – aber qualitativ ist da kein Unterschied.

Manchmal kannst du es bei deinem eigenen Kind erleben … Es stellt sich auf den Tisch und du sitzt auf dem Stuhl daneben, und es sagt: »Schau, Papa, ich bin größer als du!« Es steht höher, auf dem Tisch, und es sagt: »Schau, ich bin größer als du!«, und du lachst.

Aber was machst du selbst? Wenn du mehr Geld bekommst, schau mal, wie du dann gehst! Du sagst damit all deinen Nachbarn: »Schaut, ich bin größer als ihr!« Oder wenn du Präsident oder Premierminister eines Landes geworden bist, schau, wie du dann gehst, mit welcher Erhabenheit, mit welchem Ego. Damit sagst du allen: »Ich habe euch alle besiegt! Jetzt sitze ich auf dem größten Sessel.«

Das sind genau die gleichen Spiele! Von deiner Kindheit bis ins hohe Alter spielst du genau die gleichen Spiele. Ob du nun »Monopoly« auf dem Brett spielst oder das richtige »Monopoly« an der Börse, macht keinen Unterschied; es ist das gleiche Spiel, nur in größerem Maßstab.

Sobald du einmal verstanden hast, dass hier die Wurzel deiner kindischen Unreife liegt, in diesem nach außen gehenden Verstand ... Kleine Kinder fangen an, nach dem Mond zu greifen, und selbst die größten Wissenschaftler versuchen, den Mond zu erreichen – und sie haben ihn schon erreicht. Da ist kein großer Unterschied. Doch selbst wenn du den Mond erreichst, was tust du dann dort? Du bist der Gleiche geblieben! Du wirst auf dem Mond stehen, mit dem gleichen Schrott im Kopf und all dem heiligen Kuhmist, den du im Herzen mit dir herumschleppst! Es wird überhaupt keinen Unterschied machen! Du kannst ein ganz armer oder ein ganz reicher Mensch sein, du kannst total anonym oder weltberühmt sein – es macht überhaupt keinen Unterschied.

Solange der Verstand keine Kehrtwendung nach innen macht, solange der Verstand sich nicht in eine völlig neue Dimension bewegt und zur Meditation wird ...

Meditation ist der Verstand, der sich seiner eigenen Quelle zuwendet.

Meditation macht dich zu einem reifen Menschen, Meditation macht dich erst zu einem wirklich erwachsenen Menschen. Älter zu werden bedeutet nicht unbedingt, erwachsen zu werden. Ich sehe Leute, die mit achtzig Jahren immer noch dieselben Spiele spielen, diese hässlichen Machtspiele – noch im Alter von zweiundachtzig, dreiundachtzig, vierundachtzig Jahren! So tief scheint ihr Schlaf zu sein. Wann werden sie endlich aufwachen? Wann werden sie sich auf die innere Welt besinnen?

Und der Tod wird dir alles wegnehmen, was du für dich angehäuft hast – deine Macht, dein Geld, dein Ansehen. Nichts bleibt übrig. Nicht die geringste Spur davon. Dein ganzes Leben wird weggewischt. Der Tod wird kommen und alles zerstören, was du hervorgebracht hast; der Tod wird kommen und beweisen, dass alle deine Schlösser nur Kartenhäuser waren.

Reife bedeutet, dass du etwas in dir erkannt hast, was todlos ist, dass du etwas in dir kennst, was den Tod transzendieren wird – das ist Meditation.

Der Verstand kennt die Welt, Meditation kennt Gott. Der Verstand ist der Weg, um das Objekt zu verstehen; Meditation ist der Weg, um das Subjekt zu verstehen. Der Verstand ist das Interesse am Inhalt, Meditation ist das Interesse am Behälter – dem Bewusstsein. Der Verstand versteift sich auf die Wolken, die Meditation sucht nach dem Himmel. Die Wolken kommen und gehen, doch der Himmel bleibt unveränderlich bestehen.

Suche nach dem inneren Himmel. Und wenn du ihn gefunden hast, wirst du niemals sterben. Der Körper wird sterben, der Verstand wird sterben, aber *du* wirst niemals sterben. Nur ein Meditierender weiß, was das Leben ist, denn er ist bis zur Quelle aller Ewigkeit vorgedrungen. *(88)*

Du hast einmal gesagt, ein spirituelles Ego sei noch gefährlicher als ein gewöhnliches Ego. Kannst du das bitte näher erläutern?

Alle Egos sind gefährlich, denn das Ego ist eine falsche Größe. Es existiert eigentlich gar nicht. Es ist nur da, weil du dir nicht bewusst bist, wer du bist.

Das Ego ist wie die Dunkelheit. Die Dunkelheit hat keine positive Existenz für sich allein; sie ist nur die Abwesenheit von Licht. Darum kann man nichts direkt mit der Dunkelheit machen. Wenn man die Dunkelheit weghaben will, kann man es nicht direkt angehen; man muss Licht hereinbringen. Und wenn man Dunkelheit haben will, kann man sie ebenfalls nicht direkt hereinbringen; man muss nur das Licht ausmachen. Alles, was man verändern will, muss man mit dem Licht tun, weil das Licht wirklich existiert. Die Dunkelheit existiert nicht, und mit etwas, das nicht existiert, kann man nichts machen.

Das Ego existiert nicht; es ist eine nicht vorhandene Größe. Es ist die Abwesenheit von Bewusstheit, Wachheit. Du bist nicht bewusst, darum ist das Ego da, darum herrscht Dunkelheit.

Alle Egos sind gefährlich, weil man in etwas lebt, was gar nicht existiert. Du lebst für etwas, was es gar nicht gibt, du opferst das, was ist, für etwas, was nicht ist. Darin besteht die Gefahr. Das wirkliche Leben wird geopfert auf dem Altar des nicht vorhandenen Egos.

Du läufst hinter dem Geld her, hinter Macht und Prestige, aber tatsächlich ist niemand wirklich an Macht, Geld und Prestige interessiert. Das sind nur die Wege, wie das Ego sich manifestiert. Wenn du mehr Geld hast, kannst du mehr Ego haben; wenn du mehr Macht hast, kannst du mehr Ego haben. Der grundlegende Wunsch ist, das Ego zu vergrößern, aber je mehr dein Ego gestärkt wird, umso dichter wird die Dunkelheit und umso kleiner wird die Wahrscheinlichkeit, dass du bewusst wirst. Und wenn du nicht bewusst wirst, verpasst du die ganze Chance deines Lebens – die goldene Chance, Gott zu erkennen und in der Wahrheit zu leben. Ein Leben, das zu einem ständigen Feiern werden könnte, zu einer ewigen Freude, wird geopfert für etwas absolut Bedeutungsloses.

Darum merke dir: Alle Egos sind gefährlich. Doch das spirituelle Ego ist das gefährlichste, denn alle anderen Egos sind grob. Dass es einem Politiker um sein Ego geht, kann man sehen, und sogar der Politiker kann es in manchen Momenten sehen. Es ist sehr grob; wie könnte man es übersehen? Man stolpert darüber, es ist wie ein Fels.

Aber das spirituelle Ego ist sehr subtil, mehr wie ein Duft. Man stolpert nicht darüber, es haut einen nicht um wie ein Felsbrocken. Man kann es nicht so leicht beiseite räumen wie einen Felsen. Es ist mehr wie ein subtiler Duft. Je spiritueller du wirst, umso feiner und subtiler wird dein Ego. Dein Ego wird edel und erhaben, und wenn das Gift sich mit Erhabenheit schmückt, ist es natürlich gefährlicher, weil man es für Nektar halten kann. Dann steht zwar Nektar auf dem Etikett, aber der Inhalt der Flasche ist das gleiche Gift.

Darum sind eure Heiligen größere Egoisten als eure Sünder. Für die Sünder gibt es noch Hoffnung; sie können viel leichter zum Göttlichen gelangen als eure so genannten Heiligen. Eure Heiligen leben mit so egoistischen Einstellungen, sie sind voller Müll, voll mit heiligem Kuhmist.

Der weltliche Mensch prahlt mit seinem großen Geldbeutel und der religiöse Mensch prahlt mit seiner großen Tugend. Der weltliche Mensch prahlt mit seiner Macht, seinem Ruhm, aber auch der so genannte Heilige prahlt mit seiner Macht – seinen spirituellen Kräften. Auf diese Weise versucht er, seine spirituelle Macht unter Beweis zu stellen.

Einmal kam ein so genannter spiritueller Mann zu Ramakrishna. Ramakrishna saß am Ufer des Ganges in Dakshineshwar, wo er lebte. Dieser spirituelle Mann sagte zu Ramakrishna: »Ich habe gehört, dass du ein großer Heiliger bist. Wenn du es wirklich bist, dann komm mit mir und zeig mir, wie du auf dem Wasser gehst. Wenn du über das Wasser gehen kannst, dann werde ich glauben, dass du spirituell bist.«

Ramakrishna lachte. Er sagte: »Kannst du es denn?«

Der Mann sagte: »Ja, ich kann es.«

Ramakrishna fragte ihn: »Wie lange hast du gebraucht, um zu lernen, über das Wasser zu gehen?«

Der Mann sagte: »Ich habe achtzehn Jahre dafür gebraucht und es war eine große Anstrengung, eine ungeheure Disziplin, mit Fasten, Beten und vielen Entbehrungen. Ich habe in einer Höhle im Himalaja gelebt. Ich habe alles geopfert. Und dann wurde mir diese spirituelle Kraft verliehen.«

Ramakrishna sagte: »Ich bin nicht spirituell. Ich bin ein einfacher Mensch, ganz gewöhnlich. Aber eines möchte ich dir sagen: Wenn ich ans andere Ufer will, rudert mich der Fährmann hinüber und es kostet einen Paisa. Deine ganze achtzehnjährige Anstrengung ist nicht viel mehr wert als das. Du hast diese achtzehn Jahre vergeudet. Du magst ja spirituell sein, aber du bist ein Narr. Du bist total dumm! Ich bin noch nie einem so unintelligenten Menschen begegnet – achtzehn Jahre zu vergeuden, nur um über das Wasser gehen zu können! Und was hast du davon? Gut, jetzt kannst du übers Wasser gehen – na und?«

Das ist das spirituelle Ego. Früher oder später will es seine Kräfte demonstrieren, um zu beweisen: »Ich bin heiliger als du.« Dieser Mann war mit der Idee gekommen, Ramakrishna zu beweisen: »Ich bin heiliger als du. Ich stehe höher als du.«

Das ist sinnlos. Von Buddha wird nicht berichtet, dass er irgendwelche Wunder gewirkt habe. Von Mahavira wird nicht berichtet, dass er irgendwelche Wunder gewirkt habe. Und nach meinem Verständnis sind all die Wunder, von denen man im Namen Jesu spricht, reine Erfindung.

(In diesem Moment setzt das Mikrofon aus …)

Seht ihr? Da hat sich jetzt irgendein Christ geärgert! Diese Wunder sind alle Erfindungen der Christen.

Ich habe dazu eine völlig andere Einstellung. Wenn die Christen sagen, dass Jesus Wasser in Wein verwandelte, ist das nicht wörtlich zu nehmen, als Tatsache. Es bedeutet einfach, dass Menschen wie Jesus schon von einfachem Wasser betrunken sind. Ich weiß das aus eigener Erfahrung. Ich mixe mein Soda nie mit Whisky, ich mixe mein Soda nur mit Soda, aber ich werde davon so betrunken … wozu soll ich da noch Whisky hinzufügen? Die reine Luft genügt schon, um betrunken zu werden, das Wasser genügt. Alles enthält die göttliche Essenz, was braucht man noch mehr, um betrunken zu sein? Diese Existenz ist schon mehr, als dazu nötig ist.

Aber der spirituelle Mensch wird versuchen, unter Beweis zu stellen, wie spirituell er ist. Er wird es durch Wunder beweisen wollen; er wird zu einem Exhibitionisten. Deshalb ist das spirituelle Ego gefährlicher. Er selbst kann es nicht sehen und andere werden es auch nicht gleich sehen können. Und weil man es nicht so leicht sehen kann, nenne ich es gefährlicher.

Lass den Gedanken fallen, dass du von der Existenz getrennt bist. Und ich sage nicht, dass du gegen das Ego kämpfen sollst, das wäre Unsinn. Ich sage dir, dass du mehr Bewusstheit in dir erzeugen sollst, dass du voller Licht und Bewusstheit sein sollst – dann wird das Ego von allein verschwinden. Und wenn es verschwindet, hat es seine Schönheit, ist es ein Segen. Wenn in dir kein Ego mehr ist – weder weltlich noch überweltlich –, wenn überhaupt kein Ego mehr da ist, egal, welcher Art, dann bist du eins mit Gott. Dann ist das Hindernis beseitigt, dann ist die letzte Barriere gefallen.

Das Göttliche zu erfahren bedeutet, das Leben in seiner absoluten Einfachheit, in seiner absoluten Schönheit zu erfahren. Das Göttliche zu erfahren bedeutet, die Wahrheit in ihrer immer währenden Gültigkeit zu erfahren. Dann bist du jenseits des Todes, jenseits der Zeit.

Das Ego ist die einzige Barriere. Aber kämpfe nicht dagegen – ob spirituell oder weltlich, ist ganz egal. Erzeuge mehr Bewusstheit, werde meditativer.

Meditation ist die einzige Medizin. Sie heilt dich, sie heilt dich von der größten Krankheit, die es gibt – der Krankheit des Egos. *(89)*

12. KAPITEL

Liebe

Ich war schon oft in meinem Leben verliebt, aber jedes Mal war es ziemlich frustrierend. Woran liegt das?

Liebe ist ein fast völlig unbekanntes Phänomen – darum muss es wohl etwas anderes gewesen sein! Und wenn du dich verliebst, wirst du dich früher oder später auch wieder ent-lieben. Du solltest es nicht Liebe nennen, denn Liebe ist eine sehr seltene Erfahrung.

Was du Liebe nennst, ist dein Begehren, dein Wunschtraum. Es ist deine Bedürftigkeit, deine Angst vor Einsamkeit. Du fühlst dich einsam und hohl und möchtest deine innere Leere mit einem anderen Menschen füllen. Aber durch einen anderen kann man nicht zur Erfüllung gelangen, darum ist früher oder später Frustration die Folge.

Frustration ist unvermeidlich in eurer so genannten Liebe. Was passiert denn in Wirklichkeit, wenn du dich verliebst? Du beginnst zu fantasieren und erwartest viel zu viel. Und weil du so viel erwartest, folgt daraus große Frustration.

Das ist etwas Neues in unserem Zeitalter, und mehr noch im Westen als im Osten. Der Osten war schon immer sehr pragmatisch, was die Liebe angeht, sehr realistisch. Im Osten gibt es nicht so viel Frustration, weil die Leute nicht so viel erwarten. Wovon sollten sie frustriert sein? Im Osten kommt zuerst die Hochzeit. Und erst im Zusammenleben mit einer Frau oder einem Mann freundet man sich allmählich an, beginnt man sich gegenseitig zu mögen und sich zu unterstützen und daraus entwickelt sich eine Art von Liebe. Aber sie ist ohne Romantik und darum auch ohne Frustration.

Im Westen muss immer zuerst »Liebe« da sein, und diese

Liebe macht euch verrückt. Was ihr Liebe nennt, ist eine Hormonkrankheit, eine chemische Störung. Unter dem Einfluss der Körperchemie steht ihr wie unter Drogen, ihr seid *»stoned«* … Und es ist tatsächlich so, nur wird die Droge von euren eigenen Hormonen freigesetzt, deshalb merkt ihr es nicht. Wenn man sich eine Droge spritzt, dann weiß man es, aber dies ist eine biologische Droge. Die Natur macht davon Gebrauch, um der Fortpflanzung willen. Ansonsten – überleg doch mal, wenn es dieses Rauschmittel in dir nicht gäbe … Stell dir mal vor, wie die Liebe aussähe, wenn diese Berauschung nicht wäre und nicht dieser Drang, sich fortzupflanzen – wer würde sich dann noch fortpflanzen? Und wozu? Das wäre das Ende der Welt. Die Natur hat euch ausgetrickst, sie hat ein festes Programm in euch installiert. Sie löst einen hormonellen Prozess in dir aus und plötzlich fängst du an zu fantasieren, und dann sehen kleine Dinge plötzlich ganz toll aus.

Ich habe gehört …

Eine hübsche, aber etwas flachbrüstige junge Frau kommt zur Routineuntersuchung zu ihrem Arzt. »Bitte ziehen Sie jetzt die Bluse aus«, sagt der Doktor.

»Oh nein«, protestiert die junge Dame, »das kann ich nicht!«

»Ach, kommen Sie schon«, erwidert der Arzt, »wir wollen doch aus zwei Maulwurfshügeln keine Berge machen!«*

Aber so geht das in der Liebe: Die Leute fangen an, aus Maulwurfshügeln Berge zu machen. Und wenn dann die Frustration einsetzt, machen sie aus Bergen Maulwurfshügel.

Wenn ihr in diesem berauschten Zustand seid, sieht alles großartig aus. Darum sagt man auch in vielen Sprachen der

---

* wörtliche Übersetzung einer englischen Phrase, die sinngemäß »aus einer Mücke keinen Elefanten machen« bedeutet – *Anm. d. Ü.*

Welt: »in Liebe fallen«. Man fällt aus der Bewusstheit heraus, man verliert die Bewusstheit, man ist wie betrunken. Dann sieht eine ganz normale Frau so traumhaft aus wie ein Engel. Und ein ganz gewöhnlicher Mann wird zum Herkules. Alles erscheint dann so großartig und so toll – aber im Grunde ist es nur eine Projektion eures Begehrens.

Früher oder später kommt es zur Kollision mit der Wirklichkeit – dann wird Herkules von seinem Sockel gestürzt und Kleopatra fällt von ihrem Thron herunter. Dann sitzt du von Angesicht zu Angesicht einem ganz gewöhnlichen Mann, einer ganz gewöhnlichen Frau gegenüber und wunderst dich, was du da machst und wie du überhaupt hierher gekommen bist. Und wenn dann noch ein paar Kinder um euch herum spielen, dann ist überhaupt alles zu spät! Dann müsst ihr nur wegen der Kinder zusammenbleiben. Herkules ist erledigt, Kleopatra ist erledigt. Nur zwei ganz gewöhnliche Leute sind da, die dumm dreinschauen, weil sie sich um ihre Kinder kümmern müssen, die eine Erziehung brauchen. Und früher oder später werden dann die Kinder genau das Gleiche wiederholen.

Deine Erwartungen sind viel zu groß, daher die Frustration.

Meditiere über die folgende Geschichte und lass dir Zeit dabei:

Die Dame des Hauses ruft ihren Butler: »Smithers, kommen Sie doch bitte zu mir nach oben in mein Schlafzimmer!«

Als er ins Zimmer tritt, sagt sie: »Smithers, jetzt ist es so weit: Bitte ziehen Sie meine Schuhe aus.« Smithers zieht ihre Schuhe aus.

»Jetzt ziehen Sie meine Strümpfe aus.« Er zieht ihre Strümpfe aus. »Und jetzt, Smithers, ziehen Sie mein Kleid aus.« Er zieht ihr Kleid aus.

»Und jetzt bitte meinen Büstenhalter.« Da fällt auch ihr Büstenhalter. »Und nun, Smithers, ziehen Sie bitte noch mein Höschen aus. Und wenn ich Sie je wieder in meinen Sachen erwische, sind Sie fristlos entlassen!«

Genauso läuft das: Da ist eine Erwartung und sie wird gesteigert und gesteigert und gesteigert – und dann die Frustration! *(90)*

Mein ganzes Bemühen geht dahin, keine Illusionen in euch zu erzeugen, sondern ganz im Gegenteil jede Möglichkeit für Illusionen zu zerstören. Die Menschen haben mit allen möglichen Illusionen gelebt; sie sind umgeben von Halluzinationen.

Wenn du dich in jemanden verliebst, ist es selten eine reale Erfahrung. Viel öfter ist es nur eine Illusion, eine Vorstellung, eine Projektion. Wenn du jemanden als schön empfindest, ist es vor allem die Biologie, die in dir diese Illusion von Schönheit erzeugt. Sobald die biologische Faszination vorüber ist, vergeht auch die Schönheit; dann sieht dieselbe Frau gar nicht mehr so schön aus.

Die Frauen haben von Anfang an die Psyche des Mannes besser durchschaut als die Männer die Psyche der Frau. Tatsächlich haben die Männer ständig behauptet, die Frauen seien ihnen ein Rätsel. Mir sind sie kein Rätsel und ich habe vielleicht mehr Frauen kennen gelernt als sonst irgendjemand auf dieser Welt, und auch Männer. Mir ist niemand ein Rätsel. Alles ist absolut klar. Aber ihr wollt eben nicht klar sehen. Ihr wollt lieber eure Illusionen behalten. Illusionen sind lieblich und süß und schön. Die Wahrheit, die blanke, nackte Wahrheit, ist nicht so süß.

Ein Mann wurde in eine psychiatrische Klinik aufgenommen, weil er sich für Ronald Reagan hielt. Das Personal sah sich vor einem schwierigen Problem, denn es gab schon einen Ronald Reagan im Hause. Der Direktor meinte, das könnte Schwierigkeiten geben, aber dann hatte er eine glänzende Idee ... In der ersten Nacht brachte man den neuen Patienten im Zimmer des anderen Ronald Reagan unter, in der Hoffnung, diese Konfrontation könnte vielleicht einen der beiden – oder beide – wieder zur Vernunft bringen.

Am nächsten Morgen rief der Direktor den Neuen zu sich ins Büro und fragte ihn, wie denn seine erste Nacht gewesen sei.

»Stellen Sie sich vor, Herr Doktor«, erwiderte der Mann, »da habe ich so viele Jahre mit einer Illusion gelebt!«

»Das ist ja eine erstaunliche Erkenntnis!«, sagte der Doktor aufgeregt. »Bitte erzählen Sie!«

»Nun, solange ich mich erinnern kann«, fuhr der Mann fort, »habe ich immer geglaubt, ich sei Ronald Reagan, dabei bin ich es gar nicht!«

»Das ist ja großartig!«, sagte der Arzt. »Und wer sind Sie wirklich?«

Der Mann schaute den Arzt an, lächelte süß und sagte: »Ich bin Nancy!«

Die Leute wechseln nur die Illusionen. Ich möchte aber, dass ihr aus sämtlichen Illusionen aussteigt und die Wirklichkeit so wahrnehmt, wie sie wirklich ist. Sie ist einfach und sie ist schön. Am Anfang seid ihr vielleicht schockiert darüber, dass eure Illusionen zerstört werden. Aber wenn ihr euch allmählich daran gewöhnt und in Harmonie mit der Existenz und mit der Wirklichkeit kommt, werdet ihr eine ungeheure Freiheit erleben, ein großartiges Gefühl von Authentizität.

Gautama Buddha soll einmal gesagt haben, die Erfahrung der Wahrheit sei am Anfang bitter, aber am Ende ganz süß. Mit Illusionen ist es genau andersherum: Am Anfang sind sie sehr süß und am Ende erweisen sie sich als sehr bitter. Tatsächlich könnte dies als Kriterium dienen: Hüte dich vor dem, was am Anfang süß ist. Es ist eine Illusion. Bald wirst du aufwachen und dann tut es weh und fühlt sich sehr bitter an. Es ist besser, bei der Erfahrung der Wahrheit zu bleiben, die am Anfang bitter ist, sich am Ende jedoch als die süßeste Erfahrung überhaupt herausstellt.

Wenn ich zu euch rede, muss ich Poesie gebrauchen, weil

es einfach Dinge gibt, die sich in Prosa nicht ausdrücken lassen. Es gibt Dinge, die man nur poetisch andeuten kann. Poesie kann aber immer falsch verstanden werden, weil sie in Symbolen redet und man sie leicht für bare Münze nehmen kann. Wenn ihr Poesie wörtlich und buchstäblich nehmt, erzeugt ihr eine Illusion, die früher oder später von der Wirklichkeit zunichte gemacht wird.

Keine Illusion kann lange überleben. Alle Illusionen haben nur eine kurze Lebensdauer.

Und genau das passiert in fast allen euren Beziehungen. In jedem Bett, in dem sich ein Paar befindet, finden sich bei näherem Hinsehen nicht zwei, sondern vier Leute – zwei wirkliche und zwei unwirkliche Personen. Die beiden unwirklichen Personen kommen daher, dass jeder etwas in den anderen hineinprojiziert. Natürlich muss es dann zu einer Desillusionierung kommen. Jede Beziehung kommt in ein Stadium der Desillusionierung – dann tut es wirklich weh. Baue also nie eine Beziehung auf einer Projektion auf!

Meide das Ego, meide den Verstand.

Wenn du alles ganz klar siehst, ohne dass dein Blick von Gedanken getrübt ist, wirst du keine Beziehungen mehr kreieren. Wohl wirst du Verbindungen eingehen, in denen du tiefe Intimität erlebst, aber es wird keine feste Beziehung, keine Bindung mehr daraus entstehen. Ansonsten wird aus jeder Beziehung eine Art Ehe. Und sobald etwas zu einer Ehe wird, ist es zu einem Gefängnis geworden.

Meine ganze Absicht geht dahin, euch Freiheit zu geben und zu helfen, euch von all diesen Ketten zu befreien, die ihr für Schmuck gehalten habt, euch aus dem Gefängnis herauszuholen, das ihr für euer Zuhause gehalten habt, und euch bewusst zu machen, dass eure Religionen, eure Nationen, eure Rassen, eure Kasten, eure Ideologien nur verschiedenartige Gefängnisse sind. Das alles macht euch zu Gefangenen.

Eure Ketten sind mit Blumen dekoriert, eure Ketten sind aus Gold, aber es spielt keine Rolle, ob diese Ketten aus Gold oder aus Stahl sind – Ketten sind Ketten, und sie zerstören eure Würde, sie zerstören eure Menschlichkeit und reduzieren euch zu Sklaven. Die ganze Menschheit lebt in vielen verschiedenen Arten von Sklaverei.

Diese Sklaverei ist multidimensional: Ihr gehört einer Rasse, einer Nation, einer Religion, einer politischen Partei an. Das alles sind Wurzeln eurer Sklaverei und sie wirken sich destruktiv auf eure Spiritualität aus.

Ein authentischer Mensch gehört zu keiner Religion, zu keiner Nation, zu keiner Rasse. Er ist einfach ein Teil dieser Existenz. Warum sollte man zu so kleinen, trivialen Gruppierungen gehören, wenn man zum ganzen Universum gehören kann? Und es ist ein enormer Unterschied, wenn man zum ganzen Universum gehört.

Wenn du zum Ganzen gehörst, macht dich das frei, denn das Ganze ist unendlich; es kennt keine Grenzen, keine Beschränkungen. Das Ganze kann dir niemals zum Gefängnis werden. *(91)*

Ich habe den starken Wunsch, geliebt zu werden, und bin verzweifelt, weil ich noch nie geliebt worden bin.

Dies ist eines der Grundprobleme des Menschen und es geht jeden an. Wir leben in einer absolut lieblosen Gesellschaft, darum hungert jeder nach Liebe, sehnt sich verzweifelt nach Liebe, verzehrt sich nach Liebe und verhungert fast. Aber das Problem ist: Solange du andere nicht liebst, können auch sie dich nicht lieben – doch du kannst nicht lieben, weil du nie geliebt worden bist. Es ist ein Teufelskreis.

Um lieben zu können, muss man Liebe erfahren haben, sonst ist man nicht zur Liebe fähig.

Es sind Experimente mit Affen gemacht worden ... Wenn die Affenmutter ihr Baby umarmt, wird der Affe fähig, später auch andere Weibchen zu umarmen. Wenn man der Affenmutter nicht erlaubt, ihr Kind in den Arm zu nehmen – sie darf es füttern und versorgen, aber sie darf es nicht umarmen –, dann lernt dieser Affe nie, andere Weibchen zu lieben. Er lernt diese Sprache nicht. Er kann nicht lieben, weil er nie geliebt wurde. Er weiß nicht, was Liebe ist.

Und das Überraschende für die Psychologen war, dass ein solcher Affe, der nie von der Mutter umarmt und geherzt wurde, später nicht fähig war, sexuelle Kontakte zu Weibchen herzustellen. Er lernte nicht, wie man sich paart. Die Umarmung der Mutter erzeugt eine bestimmte Energieresonanz, die zur Entwicklung der Sexualität, zur Entstehung von Liebe notwendig ist. Diese Wärme wirkt auf bestimmte Energiezentren ein, und wenn diese Energiezentren nie in Schwingung versetzt worden sind, hat man Schwierigkeiten damit.

Der Mensch ist das einzige Lebewesen, das damit Schwierigkeiten hat, das einzige lieblose Wesen auf dieser Erde. Man bringt uns alles andere bei, nur nicht die Liebe – und alles, was man uns beibringt, ist gegen die Liebe.

Nicht nur, dass man uns nicht beibringt, wie man liebt, man bringt uns auch noch vieles bei, was absolut gegen die Liebe ist. Man bringt uns bei, wie man Geld hortet und reich wird, man bringt uns bei, wie man erfolgreich wird, wie man ehrgeizig ist, wie man Ansehen gewinnt. All das bringt man uns bei – aber all das ist gegen die Liebe.

Ein Mensch, der liebevoll ist, kann nicht ehrgeizig sein. Einem liebevollen Menschen ist es unmöglich, ehrgeizig zu sein. Um ehrgeizig zu sein, muss man hungrig sein – ungeliebt und zur Liebe unfähig. Und wer ausgehungert ist nach Liebe, projiziert seinen Hunger und seine Liebe auf andere Dinge: Geld, Macht, Ansehen. Das wird zu seiner Liebesaffäre. Dafür ist er bereit zu sterben!

Es gibt Millionen von Menschen, die nur leben, um Geld zu horten. Sie wissen nichts anderes, wofür es sich zu leben lohnt. Geld ist für sie wie eine Geliebte. Und dann gibt es Menschen, die ihr Leben lang ständig nach einer höheren Position streben. Das sind diejenigen, die auf der Karriereleiter herumturnen: Sie klettern immer höher, ohne eigentlich zu wissen, wohin und wozu. Wenn man sie von der Leiter herunterholt, werden sie sehr böse, doch wenn sie höher steigen, sind sie auch nicht glücklich. In jedem Fall ist ihr Leben vertan.

Man bringt uns Ehrgeiz bei, man bringt uns das Wünschen bei, man bringt uns Aggressivität bei, man bringt uns bei, andere zu hassen und ihnen zu misstrauen. Man bringt uns bei, andere Menschen feindselig zu behandeln und niemandem zu vertrauen. Jeder ist dein Gegner und du konkurrierst mit allen, um zu überleben. Man nennt das »Überleben des Stärkeren«. Darum musst du noch egoistischer, noch ehrgeiziger, noch aggressiver sein! Setze deine ganze Energie ein, um dir deinen Weg unter all den anderen Konkurrenten freizukämpfen!

Aber wenn man liebt, verschwinden all diese Dinge. Wen interessiert das dann noch?

Liebe ist so erfüllend. Wer braucht dann noch viel Geld? Liebe ist so unendlich befriedigend. Wer will dann noch Macht haben? Es findet eine Übertragung statt: Wenn man einen Menschen tief lieben kann, sucht man nicht mehr nach Bestätigung von anderen. Durch diesen einen Menschen fühlt man sich bestätigt. Dieser eine Mensch hat dir in die Augen geschaut und er hat dein Potenzial gesehen. Dieser eine Mensch hat dir tief ins Herz geschaut und er liebt dich. Dieser eine Mensch hat in dich hineingeschaut und deine Größe gesehen, deine Schönheit. Und du hast in seine Augen geschaut und hast dich darin gespiegelt gesehen. Das ist genug. Das macht dich wertvoll. Plötzlich hast du einen Wert – du bist nicht bloß nutzlos, du hast einen immensen Wert.

Und dieser Wert leitet sich nicht von irgendeinem Nutzen ab. Nicht weil du nützlich bist, liebt dich dieser Mensch. Er liebt dich einfach so!

Liebe ist bedingungslos. Nicht weil du moralisch bist, weil du tugendhaft bist, weil du gebildet bist, weil du zu einer berühmten Familie gehörst – diese Dinge sind unwesentlich. Er liebt dich einfach so, wie du bist! Nicht weil er sieht, dass du einmal sehr prominent werden wirst, nicht weil dir eine große Zukunft als Intellektueller, als Autor, als

Schauspielerin beschieden ist, nein! Er liebt dich einfach so, wie du bist. Genau wie du jetzt schon bist, das genügt ihm. Das gibt dir einen Wert!

Aber das fehlt uns heute. Doch denke daran: Es ist nicht nur dein Problem – es ist das Problem von jedem. Deshalb mache nicht viel Aufhebens davon. Versuche es einfach nur zu verstehen und finde einen Ausweg. Wenn du es nicht verstehst, ist es schwierig, da herauszukommen. Was passiert, wenn du es nicht verstehst?

Wenn du es nicht verstehst, wirst du weiter nach Liebe schreien und darauf warten, dass jemand kommt. Du wirst warten, dass der Märchenprinz kommt und dich küsst – und dann wirst du dich in einen wunderschönen Menschen verwandeln und von da an wird alles in Ordnung sein! Aber da kannst du vielleicht lange warten! Und in der Zwischenzeit stirbst du langsam ab und deine Energie beginnt zu schrumpfen. In der Zwischenzeit hörst du auf zu wachsen und stagnierst. Solche Prinzen gibt es nur im Märchen, aber nicht im wirklichen Leben. Im wirklichen Leben musst du sie suchen, musst auf sie zugehen, musst sie einladen – *du* musst die Initiative ergreifen.

Liebe passiert nur jenen Menschen, die nach ihr suchen, sonst nicht. Wenn du also wirklich geliebt werden willst, wird es nicht helfen, nur zu warten. Fange an zu suchen! Es gibt so viele schöne Leute! Tatsächlich ist jeder Mensch schön. Vielleicht passt er nicht zu dir, das steht auf einem anderen Blatt, aber keiner ist hässlich – keiner kann hässlich sein, denn alle kommen von Gott. Wie könnte irgendjemand hässlich sein?

Jeder Mensch hat seinen eigenen Wert, einen unermesslichen Wert. Suche dir jemanden, mit dem du eine harmonische Schwingung hast, mit dem du ein Einssein fühlst, mit dem du verschmelzen kannst. Und warte nicht. Warten ist Zeitverschwendung!

Diese Gesellschaft ist so lieblos. Darum wird niemand zu dir kommen, weil alle anderen auch warten, vergiss das nicht! Jeder wartet und jeder hat Angst, den ersten Schritt zu tun in dieser lieblosen Gesellschaft. Wenn jemand auf dich zugeht und sich dir nähert, hat er Angst, du könntest ihn zurückweisen, und Zurückweisung tut weh, sie tut sehr weh. Wenn man von jemandem zurückgewiesen wird, hat man das Gefühl: »Das zeigt wieder, dass ich es nicht wert bin! Ich hätte besser gar nicht fragen sollen, dann könnte ich zumindest noch hoffen – aber jetzt bleibt nicht mal die Hoffnung.«

Wenn man zu oft abgewiesen wird, verkriecht man sich mit der Zeit in sich selbst; man verschließt sich und wird tot. Diese Angst vor Zurückweisung ist also immer im Spiel, und darum geht keiner auf den anderen zu, keiner ergreift die Initiative. Jeder wartet nur darauf, dass der andere die Initiative ergreift – doch der andere sitzt in der gleichen Klemme.

In Zukunft werden also nur jene lieben können und geliebt werden, die es verstehen, selbst die Initiative zu ergreifen. Nimm es selbst in die Hand! Ich glaube nicht, dass das ein Problem ist. Du musst nur aus deinem selbst geschaffenen Gefängnis herauskommen. Nichts und niemand blockiert dich. Da steht auch kein Wächter an der Tür zu deinem Gefängnis – die Tür ist offen! Du bleibst nur aus alter Gewohnheit drinnen, weil du Angst hast, du könntest abgelehnt werden, wenn du die Initiative ergreifst, und was dann?

Kein Grund zur Sorge! Eine Ablehnung bedeutet nicht, dass *du* abgelehnt wirst. Vielleicht hat der andere nur Angst und weist dich zurück, um sich zu schützen. Es kann tausend Gründe geben: Er ist kalt, er weiß nicht, was Liebe ist, er weiß nicht, wie man in der Liebesenergie pulsiert. Oder vielleicht ist er jedes Mal, wenn er es versuchte, gescheitert. Nun hat sich sein Scheitern verfestigt und er will nie wieder einen solchen Fehlschlag erleben! Vielleicht hat er in seiner Liebe zu Frauen bisher nur Frustrationen erlebt … Es gibt tausenderlei Gründe.

Da ist also kein Grund, dich persönlich abgelehnt zu fühlen, wenn jemand dich zurückweist. Die Abweisung hat Gründe, die in ihm selbst liegen; es ist *sein* Problem. Habe

Mitgefühl, wenn dich jemand zurückweist, und fühle dich nicht abgelehnt. Darin besteht die ganze Kunst, sich einzulassen auf die Liebe. Es ist gut, neunundneunzig Mal abgelehnt zu werden, wenn du beim hundertsten Mal angenommen wirst. Es lohnt sich! Das Risiko auf sich zu nehmen lohnt sich!

Wenn du nie von jemand zurückgewiesen wirst, weil du nie die Initiative ergreifst und niemand dich je annimmt – das ist die Hölle! Kürzlich blätterte ich im Tagebuch eines Dichters, und es gefiel mir, wie er die Hölle definierte. Er sagte: »Die Hölle ist der Ort, wo die Menschen darauf warten, geliebt zu werden, aber es kommt nie jemand.« Das gefiel mir – weil es stimmt! Alle warten ... und das Warten wird viel zu lang. Es heißt ja, die Hölle sei für ewig.

Lass dich also nicht entmutigen. Fasse Mut und finde einen Freund. Und denke immer daran, die Liebe nicht mit romantischen Ideen zu verklären, sonst entsteht daraus viel Frustration. Auch das ist ein Elend. Die Gesellschaft ist nicht nur lieblos, die Leute haben auch noch völlig falsche Ideen über die Liebe im Kopf! Erst bekommen sie keine Liebe und wenn es endlich doch einmal passiert, sind sie unzufrieden, weil sie solche perfektionistischen, unmenschlichen Ideale haben!

Wenn du einen Menschen liebst, wird er auch schwitzen und sein Schweiß wird stinken. Wenn du einen Menschen liebst, wird es tausenderlei Dinge an ihm geben, die du nicht leiden kannst, manchmal nur Kleinigkeiten. Einen perfekten Menschen wirst du nicht finden. Nicht nur du bist nicht perfekt – niemand ist perfekt. Jeder hat seine Schwächen und Fehler.

Die erste Schwierigkeit ist also, dass die Menschen so lieblos sind und keiner weiß, wie man liebt. Die zweite Schwierigkeit ist, dass die Menschen mit völlig romantischen Vorstellungen über die Liebe groß werden – Liebe wie im Märchen, ein Traum, abstrakt und unwirklich, unecht und unrealistisch. Mit solchen Vorstellungen wirst du früher oder später frustriert sein, selbst wenn du einen Geliebten findest.

Lass also all diese romantischen Vorstellungen fallen – sie stehen der Liebe im Wege. Romantische Vorstellungen sind ein großes Gift, aber sie passen zu dieser neurotischen Gesellschaft. Eine lieblose Gesellschaft muss einfach romantische Ideen über die Liebe haben. Das gehört zum gleichen Spiel; es wird im selben Paket mitgeliefert. Erst macht man die Menschen lieblos und dann gibt man ihnen solche Ideale, dass keiner sie erfüllen kann. Und so bleiben sie mitten in der Luft hängen. Ohne Liebe leiden sie und mit Liebe leiden sie auch – das Leiden ist gesichert.

Ein Mensch, der das versteht, wird sein Alleinsein genießen, wenn gerade keine Liebe da ist. Und wenn die Liebe kommt, wird er das Zusammensein genießen. Er genießt es in jedem Fall. Ein törichter Mensch fühlt sich einsam und frustriert, wenn er allein ist, aber zusammen mit jemand anderem ist er auch nicht glücklich, weil ihm der andere nicht perfekt genug ist.

Sei also nicht töricht. Sei intelligent und fang an, die Initiative zu ergreifen! *(92)*

Versuche es so tief wie möglich zu verstehen: Sobald du dich in jemanden verliebst, versucht sofort deine ganze Konditionierung, von diesem Menschen Besitz zu ergreifen. Dieser Versuchung musst du widerstehen. Hüte dich davor!

Sobald du anfängst, von jemandem Besitz zu ergreifen, tötest du die Liebe. Du kannst den anderen entweder besitzen oder du kannst ihn lieben – aber beides zusammen geht nicht. Es gibt also nur die eine Möglichkeit: Wenn du ein Liebender sein willst, musst du alles Besitzdenken aufgeben. Widerstehe jeder Versuchung, besitzergreifend zu sein, denn diese Versuchung kommt aus dem Ego.

Einmal sagte Mulla Nasruddin zu mir: »Es ist wirklich erstaunlich, mein Herr, wie gut wir uns verstehen! Dabei haben wir praktisch nichts gemeinsam!«

»Doch«, sagte ich, »wir haben etwas sehr Wichtiges gemeinsam: Ich finde Sie großartig und Sie sind derselben Meinung.«

Das Ego ist immer aus den falschen Gründen derselben Meinung, denn das Ego kann nur mit dem existieren, was falsch ist. Es nährt sich von dem, was falsch ist. Immer wenn du das Gefühl hast, dass dein Ego befriedigt wird, sei auf der Hut! Du hast die falsche Nahrung zu dir genommen, hast etwas Falsches gegessen! Und immer dann, wenn du dich egolos fühlst, kannst du dich entspannen: Du hast die richtige Nahrung zu dir genommen, etwas, das deiner Natur entspricht.

Das Ego ist nichts als eine Störung, aber es hat seine eigene Logik. Es sagt dir ständig, wie wichtig du bist – der wichtigste Mensch auf der Welt! Und dann musst du es beweisen. Jeder von uns versucht das auf die eine oder andere Weise: Wir besitzen viel Geld, besitzen eine schöne Frau, besitzen Macht und Ansehen; wir trachten danach, der erste Mann im Staat zu werden, ein Künstler oder Dichter zu werden oder gar ein Heiliger. Jeder versucht auf seine Weise, sich diese geheime Fantasie zu bestätigen: Ich bin der wichtigste Mensch auf der Welt!

Unter diesen Umständen kannst du nicht lieben. Ehrgeiz ist Gift für die Liebe.

Ein Liebender braucht nichts zu beweisen. Er weiß, dass er geliebt wird, und das genügt ihm.

Versuche es einmal genau zu diagnostizieren: Wenn du nicht geliebt wirst – und wie kannst du geliebt werden, wenn du selbst nicht liebst? Wenn du nicht geliebt wirst und auch selbst nicht liebst, entsteht plötzlich das große Bedürfnis, etwas zu leisten, etwas zu darzustellen, um der Welt zu beweisen, dass du wichtig bist und gebraucht wirst. Es herrscht ein großes Bedürfnis, gebraucht zu werden. Du fühlst dich überflüssig, unfähig und unnütz, wenn du nicht gebraucht wirst. An diesem Bedürfnis ist an sich nichts verkehrt. Gebraucht zu werden ist ein Bedürfnis der Liebe.

Wenn eine Frau dich liebt, bist du erfüllt. Jemand braucht dich, du bist wichtig. Dann kümmerst du dich nicht um die Menge. Dann stellst du dich nicht auf den Marktplatz und schreist: »Ich bin wichtig!« Dann bist du nicht ehrgeizig und hortest nicht Geld wie ein Besessener.

Wenn jemand dich liebt, macht diese Liebe dich würdig, macht diese Liebe dich souverän. Die Liebe macht dich zu einem Kaiser, zu einem Souverän. So tief und stark erfüllt dich die Liebe, dass es nicht mehr nötig ist, etwas zu leisten oder irgendetwas zu tun. Das Ego existiert einfach nicht in der Liebe. Bleibt dieses Bedürfnis jedoch unerfüllt, dann wirst du versuchen, es irgendwie zu erfüllen. Dann wirst du versuchen, eine große Berühmtheit zu werden, die von vielen Menschen gebraucht wird.

Doch bedenke eines: Von einem Menschen geliebt zu werden oder von Millionen gebraucht zu werden ist nicht das Gleiche. Schon die Liebe eines einzigen Menschen, schon ein einziger Blick aus Liebe ist genug. Und selbst wenn du Millionen Menschen um dich scharst und sie alle auf dich schauen, wird dich das nicht befriedigen. Das ist Politik, und auf diese Weise versucht es der Politiker.

Ich bin noch nie einem Politiker begegnet, dessen Herz funktioniert hätte. Sein Herz ist völlig tot, aber auch er hat das Bedürfnis, geliebt zu werden, gebraucht zu werden, von jemandem gesehen zu werden. Wie versucht er es zu befriedigen? Indem er die Masse um sich versammelt. Durch die Masse versucht er sich sein Bedürfnis nach Liebe zu erfüllen. Aber die Masse liebt ihn nicht, die Masse pfeift auf ihn, die Masse will sich nur ihre eigenen Bedürfnisse erfüllen. Weil er an der Macht ist, erscheint er ihnen wichtig. Sie erweisen dem Sessel die Ehre und der Mann im Sessel lässt sich davon täuschen. Sobald er nicht mehr in dem Sessel sitzt, kümmert sich kein Mensch um ihn.

Habt ihr es schon bemerkt? Sobald ein Politiker nicht mehr an der Macht ist, ist er schon vergessen. Keiner denkt mehr an ihn. Er mag noch dreißig oder vierzig Jahre lang leben, aber keiner weiß etwas von ihm. Allmählich gerät er völlig in Vergessenheit. Nur einmal noch, wenn er stirbt, weist eine kleine Notiz in der Zeitung darauf hin, dass der frühere Präsident oder Premierminister Soundso gestorben ist.

Das Bedürfnis nach Liebe kann nicht durch Macht erfüllt werden. Du kannst ein großes Königreich besitzen, doch dein Bedürfnis nach Liebe wird dadurch nicht erfüllt. Aber wenn dir ein Herz gehört, das im Einklang mit dir schlägt, wirst du erfüllt sein. *(93)*

Was ist Liebe?

Es ist bedauerlich, dass wir diese Frage stellen müssen. Würden die Dinge ihren natürlichen Lauf nehmen, dann sollte eigentlich jeder wissen, was Liebe ist. Ich verstehe aber, dass niemand – oder kaum jemand – weiß, was Liebe ist.

Liebe ist zu einer der seltensten Erfahrungen geworden. Sicher, man spricht darüber, es werden Filme gedreht, Geschichten geschrieben, Lieder komponiert. Man schaut sich Filme über die Liebe an, sieht Sendungen im Fernsehen, hört darüber im Radio, liest darüber in Zeitschriften – eine riesige Industrie füttert euch ständig mit Vorstellungen über Liebe. Eine große Zahl von Menschen ist ständig damit beschäftigt, anderen verstehen zu helfen, was Liebe ist. Dichter, Schriftsteller, Romanschreiber – sie alle sind ständig damit zugange.

Dennoch bleibt die Liebe ein unbekanntes Phänomen – und sie sollte eines der bekanntesten sein! Es ist beinahe so, als würde jemand daherkommen und fragen: »Was ist Nahrung?« Wäret ihr nicht erstaunt, wenn jemand daherkäme und fragte: »Was ist Nahrung?« Nur wenn jemand von Anfang an gehungert und noch keinen Bissen Nahrung zu Gesicht bekommen hätte, wäre eine solche Frage relevant. Und so ist es auch mit dieser Frage.

Du fragst: *»Was ist Liebe?«*

Liebe ist Nahrung für die Seele. Doch du bist ausgehungert. Deine Seele hat noch keine Liebe empfangen, darum kennst du ihren Geschmack nicht. Deine Frage ist relevant und das ist bedauerlich. Dein Körper hat Nahrung bekommen, darum kann er existieren, aber deine Seele hat noch keine Nahrung bekommen, darum ist deine Seele tot oder noch nicht geboren, oder sie liegt ständig im Sterben.

Wenn ein Kind geboren wird, ist es komplett – komplett ausgestattet mit der Fähigkeit, zu lieben und geliebt zu werden. Jedes Kind wird voller Liebe geboren und weiß genau, was Liebe ist. Man braucht einem Kind nicht zu sagen, was Liebe ist. Aber das Problem entsteht, weil Mutter und Vater nicht wissen, was Liebe ist. Kein Kind bekommt die Eltern, die es verdient – kein Kind bekommt *jemals* die Eltern, die es verdient. Solche Eltern gibt es einfach nicht auf dieser Welt. Und bis die Kinder dann selbst zu Eltern geworden sind, haben sie die Fähigkeit, zu lieben, verloren.

Das erinnert mich ... In Mexiko gibt es ein kleines Tal, in dem alle Neugeborenen innerhalb von drei Monaten erblinden. Es ist ein kleines, primitives Volk. Dort gibt es eine Fliege, die ein für die Augen schädliches Gift überträgt, und daran erblindet das ganze Volk. Jedes Kind kommt mit völlig intakten Augen zur Welt, doch wenn es in den ersten drei Monaten von der Fliege gestochen wird und das Gift in den Körper gelangt, erblindet es. Ein solches Kind mag irgendwann später im Leben fragen: »Was sind Augen? Was meinst du, wenn du von Augen sprichst? Was bedeutet Sehen, Sehkraft? Was ist das?« Eine solche Frage wäre relevant. Das Kind wurde mit Augen geboren, aber sie gingen irgendwann im Verlauf des so genannten Wachstums verloren.

Das Gleiche ist mit der Liebe passiert. Jedes Kind wird mit so viel Liebe geboren, wie man nur in sich tragen kann, mit mehr Liebe, als man für sich behalten kann, mit überfließender Liebe. Ein Kind ist die geborene Liebe, es ist aus dem Stoff, den wir Liebe nennen. Aber die Eltern können ihm keine Liebe geben. Sie haben ihr eigenes Defizit: Ihre Eltern haben sie nie geliebt. Eltern können nur so tun, als würden sie lieben; sie können nur von Liebe reden. Sie sagen: »Wir lieben dich ja so sehr!«, aber alles, was sie tun, zeugt von Lieblosigkeit. Wie sie sich benehmen und wie sie ihr Kind behandeln, ist sehr verletzend; da ist keine Achtung. Eltern achten ihre Kinder nicht. Wer erweist schon einem Kind Achtung? Ein Kind wird überhaupt nicht als Mensch angesehen. Ein Kind wird höchstens als Problem angesehen. Solange es den Mund hält, ist es brav. Solange es nicht brüllt und keinen Urschrei von sich gibt – perfekt! Am besten ist es, wenn es die Eltern überhaupt nicht stört. Das erwartet man von einem Kind.

Aber da ist keine Achtung, keine Liebe. Die Eltern haben nie erfahren, was Liebe ist. Die Mutter hat ihren Ehemann nicht geliebt, der Mann hat seine Frau nicht geliebt. Da ist keine Liebe, nur Dominieren, Besitzergreifen, Eifersucht und alle möglichen anderen Gifte, die die Liebe zerstören. So wie ein bestimmtes Gift die Sehkraft zerstören kann, so zerstört das Gift des Besitzergreifens und der Eifersucht die Liebe.

Liebe ist eine äußerst zarte Blume. Man muss sie beschützen, muss sie unterstützen, muss sie begießen; nur dann wird sie stark. Und die Liebe eines Kindes ist besonders zart – weil das Kind so zart ist, weil sein Körper so zart ist. Glaubst du, ein Kind kann überleben, wenn man es sich selbst überlässt? Überleg mal, wie hilflos der Mensch ist. Wenn man ein Kind sich selbst überlässt, kann es unmöglich überleben. Es wird sterben. Und genauso ergeht es der Liebe.

Die Liebe bleibt sich selbst überlassen. Die Eltern können nicht lieben, sie wissen nicht, was Liebe ist; sie sind nie im Strom der Liebe geschwommen. Erinnere dich nur an deine Eltern … Und wohlgemerkt, ich sage nicht, dass sie verantwortlich sind. Sie sind selbst Opfer, genau wie du. Und ihren eigenen Eltern erging es ebenso. Und so weiter … man kann bis Adam und Eva und Gottvater zurückgehen.

Ja, nicht einmal Gottvater scheint sehr viel Achtung für Adam und Eva gehabt zu haben; er zeigte ihnen keine Achtung. Er hat sie von Anfang an herumkommandiert: »Das dürft ihr tun!« und: »Das dürft ihr nicht tun!« Und er machte genau denselben Krampf wie alle Eltern. »Esst nicht die Früchte von diesem Baum!« Und als Adam die Frucht trotzdem aß, reagierte Gottvater so wütend, dass er Adam und Eva aus dem Paradies warf.

Dieser Hinauswurf ist immer präsent und alle Eltern drohen ihren Kindern, sie hinauszuwerfen, sie aus dem Paradies zu vertreiben: »Wenn du nicht zuhörst ... wenn du dich nicht benimmst, werfe ich dich hinaus!« Natürlich hat das Kind Angst. Hinaus? In die Wildnis des Lebens? So lernt es, Kompromisse zu machen. Mit der Zeit wird das Kind zu einem Heuchler, es fängt an zu manipulieren. Auch wenn ihm gar nicht nach Lächeln zumute ist ... doch wenn die Mutter kommt und das Kind Milch haben will, dann lächelt es eben.

Das ist der Anfang der Politik, das Einmaleins aller Politik. Insgeheim fängt das Kind an, Hass zu empfinden, weil man es nicht achtet; insgeheim fängt es an, frustriert zu sein, weil man es nicht liebt, so wie es ist. Man erwartet von ihm, dass es bestimmte Dinge tut; nur dann wird es geliebt. Die Liebe stellt Bedingungen; das Kind ist ihrer nicht würdig, so wie es ist. Erst muss es sich der Liebe seiner Eltern würdig erweisen, bevor es sie bekommt.

Also versucht das Kind, sich würdig zu erweisen, und so wird es unecht. Es verliert sein natürliches Selbstwertgefühl. Mit der Zeit geht seine ganze Selbstachtung verloren und es fühlt sich schuldig.

Und oft kommt dem Kind der Gedanke in den Sinn: »Sind das meine wirklichen Eltern? Kann es sein, dass sie mich nur adoptiert haben? Vielleicht stimmt das alles gar nicht? Vielleicht lieben sie mich gar nicht?« Und tausende Male sieht es den Ärger in den Augen der Eltern, diesen hässlichen Ärger in ihrem Gesicht – und wegen solcher Kleinigkeiten, dass es in keinem Verhältnis dazu steht! Schon bei ganz kleinen Dingen bekommt es die Wut der Eltern zu spüren. Das Kind kann es gar nicht glauben. Es ist so ungerecht und unfair! Aber es muss sich fügen, es muss nachgeben, es muss die Dinge aus Notwendigkeit hinnehmen. Und auf diese Weise wird nach und nach seine Liebesfähigkeit abgetötet.

Liebe wächst nur in Liebe. Liebe braucht ein Klima der Liebe – das ist grundlegend. Nur in einem Klima von Liebe kann Liebe gedeihen. Sie braucht eine gleichartige Schwingung um sich herum. Wenn die Mutter liebevoll ist, wenn der Vater liebevoll ist – nicht nur mit dem Kind, sondern auch miteinander, und wenn zu Hause eine liebevolle Atmosphäre herrscht, in der Liebe fließt, dann entwickelt das Kind ein liebevolles Wesen – und dann wird es niemals die Frage stellen: »Was ist Liebe?« Es kennt sie von Anfang an und Liebe ist seine Basis.

Aber dazu kommt es nicht. Es ist bedauerlich, aber bisher war es so. Und so lernst du es von deinen Eltern … ihr Nörgeln, ihre Konflikte. Beobachte dich nur selbst! Beobachte dich, wenn du eine Frau bist: Machst du es nicht fast genauso wie deine Mutter? Beobachte, wie du reagierst, wenn du mit deinem Freund, mit deinem Ehemann zusammen bist. Reagierst du nicht genauso? Und wenn du ein Mann bist, beobachte dich, was du machst. Bist du nicht genau wie dein Vater? Machst du nicht den gleichen Blödsinn, den er immer machte? Früher hast du dich gewundert: »Wie kann Papa das nur tun?«, und jetzt machst du es genauso. Die Menschen wiederholen alles, sie ahmen alles nach. Der Mensch ist ein Affe. Und so ahmst du deinen Vater und deine Mutter nach. Das musst du aufgeben. Nur dann kannst du wissen, was Liebe ist; ansonsten bleibst du unfähig dazu.

Ich kann nicht definieren, was Liebe ist, denn für die Liebe gibt es keine Definition. Sie ist eines jener undefinierbaren Dinge wie Geburt, Tod, Gott, Meditation. Sie gehört zu diesen undefinierbaren Dingen. Ich kann sie nicht definieren.

Ich kann nicht sagen: »Das ist Liebe.« Ich kann sie dir nicht zeigen. Sie ist kein sichtbares Phänomen. Sie kann nicht seziert, kann nicht analysiert werden; sie kann nur erfahren werden. Nur durch eigene Erfahrung kannst du sie kennen. Ich kann dir aber den Weg zeigen, wie du zu dieser Erfahrung kommen kannst.

Der erste Schritt: Sag deinen Eltern Adieu. Das heißt

nicht, dass du respektlos mit ihnen umgehen sollst, nein. Ich wäre der Letzte, dir das zu sagen. Und es heißt auch nicht, dass du deinen physischen Eltern Adieu sagen sollst. Es bedeutet, dass du den Stimmen deiner Eltern in deinem Inneren Adieu sagen sollst, deinem inneren Programm, deinen inneren Tonbändern. Lösche sie! Und du wirst dich wundern, wie frei du wirst, wenn du dich innerlich von deinen Eltern lossagst. Zum ersten Mal wirst du Mitgefühl für deine Eltern empfinden können. Ansonsten kannst du das nicht; du wirst deinen Groll gegen sie nicht los. Jeder hegt Groll gegen seine Eltern.

Wie kannst du ohne Groll für sie sein, wo sie doch solchen Schaden in dir angerichtet haben – wenn auch unwissentlich? Sie wollten das Beste für dich, sie waren bereit, alles zu tun, damit es dir gut geht. Aber was können sie machen? Durch Wollen allein passiert gar nichts; durch gute Absichten allein passiert gar nichts. Sie hatten die besten Absichten, das ist wahr; daran besteht gar kein Zweifel. Alle Eltern wünschen ihren Kindern alle Freuden des Lebens. Aber was können sie machen? Sie selbst haben keine Freude gekannt. Sie sind Roboter, und so schaffen sie – wissentlich oder unwissentlich, absichtlich oder unabsichtlich – ein Klima, in dem auch ihr Kind früher oder später zum Roboter wird.

Wenn du ein Mensch und kein Roboter sein willst, musst du dich innerlich von deinen Eltern lossagen. Und du wirst sehr aufmerksam sein müssen. Es ist harte Arbeit, Schwerstarbeit; es geht nicht von heute auf morgen. Du wirst sehr genau auf dein Verhalten achten müssen. Beobachte, wann deine Mutter auftaucht und durch dich handelt – und hör auf damit, sag dich davon los. Tue etwas völlig anderes, was deiner Mutter nie im Traum eingefallen wäre.

Zum Beispiel, wenn dein Freund einer anderen Frau bewundernd nachschaut: Beobachte, wie du reagierst. Machst du es genauso wie deine Mutter, wenn dein Vater einer anderen Frau bewundernd nachgeschaut hat? Wenn du es genauso machst, wirst du nie wissen, was Liebe ist. Du wiederholst einfach nur dieselbe Geschichte. Das gleiche Stück, nur mit anderen Darstellern. Die gleiche bescheuerte Szene wird immer und immer wieder von neuem abgespult. Sei kein Imitator! Steig aus! Mach mal was Neues! Mach etwas, das für deine Mutter unvorstellbar gewesen wäre. Mach etwas Neues, das für deinen Vater undenkbar gewesen wäre. Diese Frische muss in dein Leben treten, dann wird deine Liebe in Fluss kommen.

Der erste, wesentliche Schritt ist also, dich von deinen Eltern loszusagen.

Und das Zweite, das wesentlich ist: Die Leute meinen, nur lieben zu können, wenn sie einen würdigen Partner finden. Was für ein Unsinn! Du wirst nie einen finden. Die Leute meinen, nur lieben zu können, wenn sie den perfekten Mann, die perfekte Frau finden. Unsinn! Den perfekten Partner findest du nie, weil es perfekte Frauen und perfekte Männer nicht gibt. Und wenn es sie gäbe, wäre ihnen an deiner Liebe nichts gelegen; sie wären an dir nicht interessiert.

Ich habe von einem Mann gehört, der sein ganzes Leben lang Junggeselle geblieben war, weil er die perfekte Frau gesucht hatte. Als er siebzig war, fragte ihn jemand: »Du hast so viele Reisen unternommen, von Delhi bis Kathmandu, von Kathmandu bis Goa, von Goa bis Pune ... überall hast du gesucht. Hast du nirgendwo eine perfekte Frau finden können? Nicht mal eine Einzige?«

Der alte Mann wurde sehr traurig. Er sagte: »Ja, doch. Einmal habe ich eine getroffen. Einmal traf ich eine perfekte Frau.«

Der Fragesteller sagte: »Und was geschah dann? Warum hast du sie nicht geheiratet?«

Da wurde der alte Mann sehr, sehr traurig und sagte: »Was hätte ich machen sollen? Sie suchte den perfekten Mann!«

Und vergiss nicht: Wenn zwei Wesen perfekt sind, wird ihr Bedürfnis nach Liebe nicht das Gleiche sein wie deines. Ihr

Liebesbedürfnis hat eine völlig andere Qualität. Du kennst nicht einmal die Liebe, die für dich möglich ist – wie willst du da die Liebe eines Buddhas verstehen oder die Liebe, die von mir zu dir fließt? Du wirst eine solche Liebe nicht verstehen können. Zuerst musst du die Liebe verstehen, die ein natürliches Phänomen ist. Aber nicht einmal das ist bisher geschehen. Bevor du etwas Transzendentes verstehen willst, musst du erst das Natürliche verstehen.

Das ist also das Zweite, was du beachten musst: Suche nie nach dem perfekten Mann oder der perfekten Frau. Auch das hat man dir ins Hirn gepflanzt: Nur wenn du den richtigen Mann oder die richtige Frau findest, wirst du glücklich sein! Und so machst du dich auf die Suche nach diesem Ideal, aber du findest es nicht, und dann bist du unglücklich – aber dann hast du wenigstens einen guten Grund, um unglücklich zu sein.

Um in Liebe fließen und wachsen zu können, ist keine Perfektion nötig. Liebe hat nichts mit dem anderen zu tun. Ein liebender Mensch liebt einfach, so wie ein lebender Mensch atmet, trinkt, isst, schläft. Genauso liebt ein wirklich lebendiger Mensch, ein liebevoller Mensch. Du sagst ja auch nicht: »Erst wenn ich die richtige Luft habe, die nicht verschmutzt ist, werde ich atmen!« Du atmest ja auch in Los Angeles oder in Bombay. Du atmest auch überall dort, wo die Luft verschmutzt und vergiftet ist. Du atmest einfach ständig. Du kannst es dir nicht leisten, nicht zu atmen, nur weil die Luft nicht so perfekt ist, wie sie sein sollte. Oder wenn du hungrig bist, dann isst du etwas – irgendetwas.

Wenn du in der Wüste kurz vor dem Verdursten bist, wirst du alles trinken, was du bekommen kannst. Du wirst nicht auf Coca-Cola bestehen. Alles ist recht, alles Trinkbare, auch Wasser, sogar schmutziges Wasser. Ja, es kommt sogar vor, dass Menschen ihren Urin trinken. Wenn man zu sterben droht, spielt es keine Rolle mehr, was man trinkt. Hauptsache, es löscht den Durst!

Ein lebendiger Mensch liebt einfach. Liebe ist eine ganz natürliche Funktion.

Verlange also keine Perfektion, sonst wird die Liebe in dir nicht zum Fließen kommen. Im Gegenteil, du wirst sehr lieblos werden. Menschen, die Perfektion verlangen, sind ziemlich lieblose, neurotische Menschen. Selbst wenn sie einen Geliebten oder eine Geliebte finden, erwarten sie Perfektion – und dieser Anspruch macht die Liebe kaputt.

In dem Moment, in dem ein Mann eine Frau liebt oder eine Frau einen Mann, treten sofort Erwartungen dazwischen. Die Frau erwartet, dass der Mann perfekt sein soll, nur weil er sie liebt. Als hätte er eine Sünde begangen! Jetzt muss er perfekt sein, jetzt muss er plötzlich alle seine Beschränkungen aufgeben, nur wegen dieser Frau! Jetzt kann er nicht mehr menschlich sein. Er muss entweder zu einem Übermenschen werden oder zu einem Scheinheiligen, einem Heuchler, einem Betrüger. Und weil es natürlich viel schwieriger ist, ein Übermensch zu werden, werden die Leute lieber zu Heuchlern. Sie fangen an, sich zu verstellen und Theater zu spielen und dem anderen alles Mögliche vorzumachen. Im Namen der Liebe spielen sie alle möglichen Spielchen.

Das Zweite ist also: Erwarte keine Perfektion. Du hast kein Recht, vom anderen irgendetwas zu erwarten. Wenn jemand dich liebt, sei dankbar, aber erwarte nichts – denn er ist nicht verpflichtet, dich zu lieben. Wenn jemand dich liebt, ist es ein Wunder. Sei entzückt über dieses Wunder.

Aber die Leute sind alles andere als entzückt. Wegen Kleinigkeiten machen sie sich alle Chancen auf die Liebe zunichte. Sie sind gar nicht interessiert an der Liebe und an der Freude, die sie bringt; sie sind viel mehr an ihren Egotrips interessiert.

Darum bemühe dich um deine Freude, bemühe dich ausschließlich um deine Freude, bemühe dich um nichts anderes als deine Freude. Alles andere ist unwichtig.

Deine Liebe sollte etwas so Natürliches sein wie dein Atem. Und wenn du jemanden liebst, stelle keine Erwartungen, sonst schlägst du gleich von vornherein eine Tür zu. Erwarte gar nichts. Wenn etwas zu dir kommt, sei dankbar.

Wenn nichts kommt, braucht es auch nicht zu kommen; es besteht keine Notwendigkeit, dass etwas kommt. Du kannst es nicht als selbstverständlich erwarten.

Aber seht die Menschen: Seht, wie sie einander für selbstverständlich nehmen! Wenn deine Frau für dich Essen kocht, bist du ihr nie dankbar. Ich sage nicht, dass du ihr deinen Dank in Worten ausdrücken sollst, aber aus deinen Augen sollte er sprechen. Aber das ist dir nicht wichtig; du nimmst es für selbstverständlich. Es ist ja ihre Arbeit! – Wer sagt das denn? Oder wenn dein Mann hingeht und Geld für dich verdient, dankst du ihm nie dafür. Du fühlst keine Dankbarkeit. Dein Kopf denkt: »Dazu ist ein Mann ja schließlich da!« Wie kann Liebe unter diesen Umständen wachsen?

Liebe braucht ein Klima der Liebe. Liebe braucht ein Klima der Dankbarkeit, der Anerkennung. Liebe braucht ein Klima ohne Forderungen, ohne Erwartungen. Das ist das Zweite, was man beachten muss.

Und das Dritte: Statt daran zu denken, wie du Liebe bekommen kannst, fang an zu geben! Wenn du gibst, bekommst du, das ist gar nicht anders möglich. Aber die Menschen sind mehr daran interessiert, etwas zu bekommen. Jeder ist nur daran interessiert, etwas für sich zu ergattern, und keinem scheint das Geben selbst Freude zu machen. Die Leute geben sehr widerwillig, und wenn sie doch einmal etwas geben, dann nur, um etwas dafür zu bekommen. Es ist fast wie ein Geschäft. Es ist ein Kuhhandel. Sie achten immer genau darauf, dass sie mehr bekommen, als sie geben – damit sie einen guten Tausch machen, ein gutes Geschäft. Aber der andere macht es genauso!

Liebe ist kein Geschäft, darum hör auf, sie so geschäftsmäßig zu betreiben! Sonst wirst du dein ganzes Leben und die Liebe und alles Schöne verpassen – denn alles Schöne ist überhaupt nicht geschäftsmäßig. Geschäfte sind das Hässlichste auf der Welt – ein notwendiges Übel. Die Existenz weiß nichts von Geschäften. Die Bäume blühen und es ist kein Geschäft. Die Sterne funkeln und es ist kein Geschäft, und du brauchst dafür nichts zu bezahlen und es verlangt niemand etwas von dir. Ein Vogel kommt und setzt sich neben deine Tür und singt dir ein Lied, und er wird von dir kein Zertifikat verlangen oder irgend so etwas. Und wenn er sein Lied gesungen hat, fliegt er glücklich wieder fort, ohne eine Spur zu hinterlassen. Nur so kann Liebe wachsen. Gib und schau nicht, wie viel du dafür bekommen kannst.

Ja, die Liebe kommt, sie kommt tausendfach, aber sie kommt auf natürliche Weise, sie kommt ganz von selbst. Du brauchst sie nicht zu fordern. Wenn du sie forderst, kommt sie nie. Wenn du sie forderst, tötest du sie. Darum gib, fang an zu geben. Am Anfang wird es dir schwer fallen, weil du dein ganzes Leben lang darauf trainiert wurdest, zu bekommen statt zu geben. Am Anfang wirst du mit deinem Schutzpanzer zu kämpfen haben. Deine Muskulatur ist hart geworden, dein Herz ist erstarrt, du bist kalt geworden. Am Anfang wird es schwierig sein, aber ein Schritt führt zum nächsten, und so wird der Fluss allmählich ins Fließen kommen.

Als Erstes sag dich von deinen Eltern los. Indem du dich von deinen Eltern lossagst, sagst du dich von der Gesellschaft los. Indem du dich von deinen Eltern lossagst, sagst du dich von der Zivilisation, von der Erziehung, von alledem los, denn all das repräsentieren deine Eltern. Dann wirst du zu einem Individuum. Dann bist du zum ersten Mal nicht mehr Teil der Masse. Du hast deine authentische Individualität erlangt. Du bist allein. Das bedeutet Wachstum. So sollte ein erwachsener Mensch sein.

Ein Erwachsener ist jemand, der keine Eltern mehr braucht. Ein Erwachsener ist jemand, der niemanden braucht, an den er sich klammern oder anlehnen kann. Ein Erwachsener ist jemand, der glücklich ist in seinem Alleinsein – sein Alleinsein ist ein Lied, ein Feiern. Ein Erwachsener ist jemand, der mit sich allein glücklich sein kann. Sein Alleinsein ist nicht Einsamkeit, seine Vereinzelung ist ein Losgelöstsein, es ist meditativ.

Eines Tages musstest du aus dem Bauch deiner Mutter herauskommen. Wenn du länger als neun Monate darin geblieben wärest, wärest du gestorben – nicht nur du, sondern auch deine Mutter. Eines Tages musstest du aus dem Bauch deiner Mutter herauskommen und eines Tages musstest du auch aus dem Schoß deiner Familie – einem anderen Mutterbauch – herauskommen, um zur Schule zu gehen. Und dann musstest du eines Tages aus dem Schoß der Schule – einem anderen Mutterbauch – herauskommen, um in die große weite Welt zu gehen. Aber im Innersten bist du immer noch ein Kind. Du bist immer noch im Mutterbauch, weil es so viele Schichten von Mutterbauch gibt. Du musst dich endlich abnabeln.

Im Osten nennen wir das die zweite Geburt. Im Osten nennt man jemanden, der unabhängig geworden ist, *Dwij*, einen zweimal Geborenen. Er hat eine zweite Geburt erlebt, er ist vollkommen frei geworden von den elterlichen Prägungen. Und das Schöne ist, dass nur ein solcher Mensch Dankbarkeit gegenüber den Eltern empfinden kann. Das Paradoxe ist, dass nur ein solcher Mensch seinen Eltern vergeben kann. Er empfindet Mitgefühl und Liebe für sie, er empfindet unendlich viel für sie, denn sie haben das Gleiche erlitten. Er ist nicht mehr böse auf sie, nein, überhaupt nicht. Er mag Tränen in den Augen haben, aber er ist nicht böse auf sie, und er wird alles tun, um auch seinen Eltern zu helfen, zu einer solchen Ebene des Alleinseins zu gelangen, zu einem solchen Gipfel des Alleinseins.

Werde zu einem Individuum, das ist also das Erste. Das Zweite: Erwarte keine Perfektion, erwarte nichts und verlange nichts. Liebe gewöhnliche Menschen. Nichts ist verkehrt an gewöhnlichen Menschen. Alle gewöhnlichen Menschen sind außergewöhnlich. Jeder Mensch ist so einzigartig – habe Achtung vor dieser Einzigartigkeit.

Drittens: Gib, und gib bedingungslos. Dann wirst du erfahren, was Liebe ist. Ich kann sie nicht definieren. Ich kann dir den Weg zeigen, wie du dahin gelangst, dass sie wachsen kann. Ich kann dir zeigen, wie man einen Rosenstrauch pflanzt, wie man ihn bewässert, wie man ihn düngt, wie man ihn beschützt. Dann wird eines Tages, aus heiterem Himmel, eine Rosenblüte entstehen und dein Zuhause mit ihrem Duft erfüllen. So ereignet sich die Liebe. *(94)*

Warum habe ich solche Angst vor der Liebe?

Liebe macht Angst, weil Liebe ein Tod ist – ein größerer Tod als der gewöhnliche Tod, den du kennst.

Bei einem gewöhnlichen Tod stirbt der Körper, aber das ist überhaupt kein Tod. Der Körper ist wie ein Kleid: Wenn es zerschlissen und alt geworden ist, wechselst du es gegen ein neues aus. Es ist kein Tod, es ist nur ein Wechsel – wie ein Wechsel der Kleider, ein Wechsel des Hauses, der Wohnung. Du selbst jedoch gehst weiter, das Bewusstsein geht weiter – dasselbe alte Bewusstsein in immer neuen Körpern, derselbe alte Wein in immer neuen Flaschen. Die Form wechselt, aber nicht das Bewusstsein; der Körper wechselt, aber nicht das Bewusstsein. Der gewöhnliche Tod ist also gar kein wirklicher Tod.

Die Liebe ist ein wirklicher Tod: Dabei stirbt nicht der Körper, aber der Verstand stirbt. Der Körper geht genauso weiter, aber das Ego verschwindet.

Wenn du liebst, musst du sämtliche Vorstellungen fallen lassen, die du von dir hast. Wenn du liebst, kannst du nicht im Ego sein, weil das Ego keine Liebe zulässt. Sie sind zu konträr. Wenn du dich für das Ego entscheidest, ist Liebe nicht möglich. Wenn du dich für die Liebe entscheidest, musst du das Ego aufgeben. Daher die Angst.

Wenn du liebst, packt dich eine Angst, die größer ist als jene vor dem Tod. Darum ist die Liebe aus der Welt verschwunden. Selten, nur ganz selten ereignet sich das Phänomen der Liebe.

Was ihr Liebe nennt, ist eine falsche Münze. Ihr habt sie erfunden, weil es sonst zu schwierig wäre, ohne Liebe zu leben. Es ist schwierig, weil ohne Liebe das Leben keinen Sinn hat; es ist sinnlos. Ohne Liebe hat das Leben keine Poesie. Ohne Liebe existiert zwar der Baum, aber er gelangt nie zur Blüte. Ohne Liebe kannst du nicht tanzen, kannst du nicht feiern, kannst du nicht dankbar sein, kannst du nicht beten. Ohne Liebe ist ein Tempel nur ein ganz gewöhnliches Haus; mit Liebe wird aus einem ganz gewöhnlichen Haus ein Tempel. Ohne Liebe bleibst du nur eine Möglichkeit – eine leere Geste.

Durch die Liebe bekommst du zum ersten Mal eine Substanz. Durch die Liebe entsteht zum ersten Mal in dir eine Seele. Das Ego löst sich auf und die Seele entsteht.

Ohne Liebe zu leben ist unmöglich, darum sind die Menschen auf einen Trick gekommen. Die Menschheit hat einen Trick erfunden, ein Hilfsmittel. Und dieses Hilfsmittel besteht darin, eine falsche Liebe zu leben, damit das Ego weiter existieren kann. Dann ändert sich nichts und ihr könnt weiter das Spiel des Verliebtseins spielen, ihr könnt weiter meinen, dass ihr liebt, ihr könnt weiter glauben, dass ihr liebt. Aber seht euch eure Liebe an! Was entsteht daraus? Nichts als Unglück, nichts als Hölle, nichts als Konflikt, Streit und Gewalt.

Schaut euch eure Liebesbeziehungen genauer an. Sie haben mehr Ähnlichkeit mit Hassbeziehungen als mit Liebe. Es wäre besser, sie Hassbeziehungen statt Liebesbeziehungen zu nennen. Aber weil alle auf die gleiche Art leben, wird es euch nie bewusst. Alle leben mit dieser falschen Münze und so wird es euch nie bewusst.

Die echte Münze der Liebe ist sehr kostbar: Du bekommst sie nur zu dem Preis, dass du dich selbst verlierst. Einen anderen Weg gibt es nicht.

Deine Frage ist also völlig relevant.

Das Ego ist eine falsche Größe, eine bloße Vorstellung, eine Wolke am Himmel deines Seins, Schall und Rauch, ohne Substanz – ein Traum. Die Liebe verlangt von dir, das aufzugeben, was du gar nicht hast, und die Liebe ist bereit, dir das zu geben, was du schon hast, was du immer schon hattest. Die Liebe gibt dir dein Selbst zurück. Das Ego hält dich ab von deinem Selbst und die Liebe enthüllt dir dein Selbst.

Aber die Angst ist da. Die Angst ist natürlich, und man muss sich einlassen, auch wenn man Angst hat. Sei mutig, sei kein Feigling. Die wahre Stärke deines Wesens wird erst auf die Probe gestellt, wenn die Liebe auftaucht. Vorher kannst du nie wissen, aus welchem Stoff du gemacht bist. Im gewöhnlichen Leben auf dem Marktplatz, bei all deinen Aktivitäten in der Welt des Ehrgeizes und der Machtpolitik wird deine wahre Substanz nie auf die Probe gestellt. Du gehst nie durchs Feuer.

Liebe ist das Feuer. *(95)*

Warum tut Liebe so weh?

Liebe tut weh, weil sie den Weg ebnet für die Seligkeit. Liebe tut weh, weil sie dich transformiert. Liebe ist Mutation. Jede Transformation tut weh, weil man das Alte um des Neuen willen zurücklassen muss. Das Alte ist sicher, gewohnt, vertraut; das Neue ist absolut unbekannt. Du bewegst dich auf einem nicht kartografierten Ozean. Für das Neue kannst du deinen Verstand nicht gebrauchen, für das Alte ist der Verstand kompetent. Der Verstand funktioniert nur mit dem Alten, mit dem Neuen ist der Verstand vollkommen nutzlos.

Deshalb kommt Angst auf, und wenn man die alte, bequeme, sichere Welt, die Welt des Wohlbehagens, zurücklässt, kommt auch Schmerz auf. Es ist der gleiche Schmerz, den das Kind fühlt, wenn es aus dem Bauch der Mutter kommt, es ist der gleiche Schmerz, den der Vogel fühlt, wenn er aus dem Ei kommt, der gleiche Schmerz, den der Vogel fühlen wird, wenn er zum ersten Mal zu fliegen versucht.

Die Angst vor dem Unbekannten im Kontrast zur Sicherheit des Bekannten, die Unsicherheit des Unbekannten, die Unvorhersehbarkeit des Unbekannten macht dem Menschen große Angst.

Und weil es eine Transformation vom Selbst in einen Zustand des Nicht-Selbst ist, fühlt man tiefe Agonie. Aber du kannst nicht zur Ekstase gelangen, ohne durch die Agonie gegangen zu sein. Wenn das Gold geläutert werden soll, muss es durch das Feuer gehen. Liebe ist ein Feuer.

Weil Liebe so wehtut, leben Millionen von Menschen ein Leben ohne Liebe. Auch sie leiden, aber ihr Leiden ist sinnlos. Durch die Liebe zu leiden bedeutet, nicht umsonst zu leiden. Durch die Liebe zu leiden ist kreativ; es führt dich zu höheren Bewusstseinsebenen. Ohne Liebe zu leiden ist reine Verschwendung; es führt nirgendwohin, es hält dich nur in einem Teufelskreis gefangen.

Ein Mensch ohne Liebe ist narzisstisch, er ist verschlossen. Er kennt nur sich selbst. Doch wie kann er sich selbst wirklich kennen, wenn er den Anderen nie kennen gelernt hat? Denn nur der Andere kann ihm als Spiegel dienen. Ohne den Anderen zu kennen, kannst du niemals dich selbst erkennen. Liebe ist also etwas sehr Grundlegendes für die Selbsterkenntnis. Ein Mensch, der den Anderen nicht in tiefer Liebe erfahren hat, in intensiver Leidenschaft und höchster Ekstase, kann sich selbst nicht erkennen, weil ihm der Spiegel fehlt, in dem er sich selbst gespiegelt sehen könnte.

Beziehung ist ein Spiegel, und je reiner die Liebe ist, je höher die Liebe ist, umso besser, umso reiner ist der Spiegel. Doch die höhere Liebe verlangt Offenheit, die höhere Liebe verlangt Verletzbarkeit. Du musst deinen Panzer ablegen und das tut weh. Du darfst nicht mehr ständig auf der Hut sein. Du musst deinen kalkulierenden Verstand aufgeben. Du musst etwas riskieren. Du musst gefährlich leben. Der Andere könnte dich verletzen – darin besteht die Angst, sich verletzlich zu zeigen. Der Andere könnte dich zurückweisen – darin besteht die Angst vor der Liebe.

Das Spiegelbild, das der Andere dir widerspiegelt, könnte hässlich sein – darin besteht die Sorge. So meidest du lieber den Spiegel. Aber dadurch, dass du den Spiegel meidest, wirst du nicht schöner. Wenn du die Situation meidest, wirst du auch nicht wachsen. Du musst die Herausforderung annehmen.

Man muss sich auf die Liebe einlassen. Das ist der erste Schritt auf das Göttliche zu und er lässt sich nicht umgehen. Wer versucht, den Schritt der Liebe zu umgehen, kann nie zum Göttlichen gelangen. Dieser Schritt ist absolut notwendig, denn du wirst dir deiner Ganzheit erst bewusst, wenn du durch die Gegenwart eines anderen Menschen dazu provoziert wirst, wenn deine Gegenwart durch die Gegenwart eines Anderen verstärkt wird, wenn du aus deiner geschlossenen narzisstischen Welt hinausgezogen wirst unter den offenen Himmel.

Die Liebe ist ein offener Himmel. In Liebe zu sein bedeutet zu fliegen. Und natürlich macht dieser grenzenlose Himmel Angst.

Das Ego aufzugeben tut sehr weh, weil man dir beigebracht hat, das Ego zu kultivieren. Wir halten das Ego für unseren einzigen Schatz. Wir haben ihn beschützt, wir haben ihn dekoriert, wir haben ihn ständig aufpoliert, und wenn dann die Liebe an unsere Tür klopft, wird uns nichts anderes abverlangt, als unser Ego abzulegen. Natürlich tut das weh. Es ist ja dein Lebenswerk. Es ist deine ganze Schöpfung – dieses hässliche Ego, diese Vorstellung: »Ich existiere getrennt vom Ganzen.«

Diese Vorstellung ist deshalb so hässlich, weil sie nicht wahr ist. Diese Vorstellung ist eine Illusion, aber unsere ganze Gesellschaft existiert und beruht ausschließlich auf dieser Vorstellung, dass jeder eine Person sei, keine Präsenz.

In Wahrheit gibt es keine einzige Person auf dieser Welt – es gibt nur Präsenz. Es *gibt* dich nicht – nicht als ein Ego, das getrennt wäre vom Ganzen. Du bist Teil des Ganzen. Das Ganze durchdringt dich, das Ganze atmet in dir, pulsiert in dir, das Ganze ist dein Leben.

Die Liebe ermöglicht dir zum ersten Mal die Erfahrung, dass du mit etwas in Harmonie sein kannst, das nichts mit deinem Ego zu tun hat. Die Liebe gibt dir die erste Lektion, dass du mit jemandem in Harmonie kommen kannst, der nie zu deinem Ego gehörte. Und wenn du in Harmonie sein kannst mit einer Frau, in Harmonie mit einem Freund, einem Mann, in Harmonie mit deinem Kind oder mit deiner Mutter – warum kannst du dann nicht in Harmonie sein mit allen Menschen? Wenn die Harmonie mit einem einzigen Menschen so viel Freude bringt, wie wäre es dann erst, wenn du mit allen in Harmonie sein könntest? Und wenn du mit allen Menschen in Harmonie sein kannst, warum nicht auch mit den Tieren, mit den Vögeln, mit den Bäumen? So führt eine Stufe zur nächsten.

Die Liebe ist eine Leiter. Sie beginnt bei *einem* Menschen und endet mit dem Ganzen.

Liebe ist der Anfang und Gott ist das Ende.

Wer vor der Liebe Angst hat, vor den Wachstumsschmerzen der Liebe, der lebt wie in eine dunkle Zelle eingesperrt.

Die Menschen von heute leben in einer dunklen Zelle; sie sind narzisstisch. Der Narzissmus ist die größte Neurose der heutigen Psyche.

Und dann treten Probleme auf, sinnlose Probleme. Es gibt Probleme, die kreativ sind, weil sie dich zu einem höheren Bewusstsein führen. Aber es gibt auch Probleme, die dich nirgendwo hinführen; sie halten dich nur in Fesseln, sie halten dich nur gefangen in deinem alten Schlamassel.

Die Liebe erzeugt Probleme. Diesen Problemen kannst du aus dem Weg gehen, indem du der Liebe aus dem Weg gehst. Aber das sind die wesentlichen Probleme! Man muss sich ihnen stellen, muss sie konfrontieren. Man muss sie leben, muss durch sie hindurch und über sie hinausgehen. Und der Weg, um über sie hinauszugehen, führt mitten hindurch.

Die Liebe ist das Einzige, was sich wirklich zu leben lohnt. Alles andere ist Nebensache. Alles, was der Liebe dient, ist gut. Alles andere ist nur Mittel zum Zweck, doch die Liebe ist der Zweck. Darum lass dich ein auf die Liebe, so sehr es auch wehtut!

Wenn du dich nicht auf die Liebe einlässt – wie es viele Menschen vorziehen –, gerätst du in eine Sackgasse. Dann hört dein Leben auf, eine Pilgerreise zu sein. Dann ist dein Leben kein Fluss mehr, der in Richtung Meer fließt. Dann ist dein Leben wie ein stagnierendes Gewässer, ein trüber, schmutziger Tümpel voller Schlamm. Um rein zu sein, muss man im Fluss bleiben. Ein Fluss bleibt sauber, weil er immer weiterfließt. Fließen ist der Prozess, durch den man jungfräulich rein bleibt.

Ein Liebender bleibt immer rein und unberührt. Alle Liebenden sind rein. Menschen, die nicht lieben, können nicht rein bleiben. Sie schlafen ein, sie stagnieren und früher oder später – eher früher als später – beginnen sie zu stinken, weil sie sich nicht weiterbewegen. Ihr Leben stirbt ab.

Genau in dieser Situation befindet sich der heutige Mensch und darum sind alle möglichen Neurosen, alle möglichen Geisteskrankheiten heute so verbreitet. Die psychischen Störungen haben fast epidemische Ausmaße angenommen. Es ist nicht mehr so, dass nur einige wenige Menschen psychisch krank sind. Die Realität ist, dass die ganze Welt zu einem Irrenhaus geworden ist. Die ganze Menschheit leidet an einer Art Neurose.

Und diese Neurose kommt von eurer narzisstischen Stagnation. Jeder ist in seiner eigenen Illusion gefangen, ein getrenntes Selbst zu haben. Und auf diese Weise werden die Menschen verrückt. Aber es ist eine sinnlose, unproduktive, unkreative Verrücktheit. Oder die Menschen begehen Selbstmord und auch ihr Selbstmord ist unproduktiv und unkreativ.

Man kann Selbstmord begehen, indem man Gift nimmt, von einer Klippe springt oder sich erschießt. Man kann aber auch einen ganz langsamen Selbstmord begehen – und so geschieht es. Nur wenige begehen einen plötzlichen Selbstmord. Die anderen entscheiden sich für den langsamen Selbstmord: Sie sterben ganz allmählich, nach und nach. Doch die Neigung zum Selbstmord ist allgemein verbreitet.

Dies ist keine Art zu leben, und die Ursache, die grundlegende Ursache ist darin zu sehen, dass wir die Sprache der Liebe verlernt haben. Wir haben nicht mehr den Mut, uns auf das Abenteuer namens Liebe einzulassen.

Darum sind die Leute so sehr an Sex interessiert, denn beim Sex geht man kein Risiko ein. Er ist etwas Momentanes und man braucht sich nicht näher einzulassen. Liebe bedeutet aber, sich einzulassen, sich zu engagieren; sie ist nichts Momentanes. Wenn sie erst einmal Wurzeln gefasst hat, kann sie ewig bestehen. Sie kann zu einem lebenslangen Engagement werden.

Liebe braucht Intimität, und nur wenn ihr euch intim begegnet, wird der andere zum Spiegel. Wenn du einer Frau oder einem Mann nur sexuell begegnest, findet gar keine Begegnung statt. Im Gegenteil, du vermeidest dabei die Seele des anderen. Du benutzt nur seinen Körper und dann machst du dich wieder davon, und auch der andere benutzt deinen Körper und macht sich davon. Ihr werdet nie intim genug, um einander euer ursprüngliches Gesicht zu offenbaren.

Die Liebe ist das größte Zen-Koan überhaupt.

Sie tut weh, aber du darfst sie nicht vermeiden. Wenn du sie vermeidest, lässt du dir die größte Chance zum Wachstum entgehen. Lass dich auf sie ein, erleide die Liebe, denn durch dieses Leiden wird große Ekstase möglich. Gewiss, sie bringt Agonie, aber nur aus der Agonie wird Ekstase geboren. Gewiss, du musst als Ego sterben, aber wenn du als Ego stirbst, wird das Göttliche in dir geboren, der Buddha. Die Liebe gibt dir den ersten Vorgeschmack davon. Die Liebe gibt dir den ersten Beweis, dass Gott existiert und dass das Leben nicht sinnlos ist.

Diejenigen, die sagen, das Leben sei sinnlos, kennen die Liebe nicht. Sie sagen damit im Grunde nur, dass sie in ihrem Leben die Liebe verpasst haben.

Lass den Schmerz da sein, lass das Leiden da sein. Wenn du die finstere Nacht durchstehst, wirst du einen wunderbaren Sonnenaufgang erleben. Nur im Schoß der finsteren Nacht keimt die Sonne, nur aus der finsteren Nacht entfaltet sich der Morgen.

Mein ganzer Ansatz hier ist ein Ansatz der Liebe. Ich lehre die Liebe und nur die Liebe und nichts als die Liebe. Gott könnt ihr vergessen – das ist nur ein leeres Wort. Beten könnt ihr vergessen, denn das ist nur ein Ritual, das euch von anderen aufgezwungen wurde. Liebe ist ein natürliches Gebet und es wird euch von niemandem aufgezwungen. Ihr seid damit zur Welt gekommen.

Liebe ist der wahre Gott – aber nicht dieser Gott der Theologen, sondern der Gott eines Buddha, eines Jesus, eines - Mohammed, der Gott der Sufis. Liebe ist eine *Tariqa* – eine Disziplin, die dich als getrenntes Individuum tötet und dir hilft, mit dem Unendlichen eins zu werden.

Verschwinde als Tautropfen und werde zum Ozean. Doch dafür musst du das Tor der Liebe durchschreiten. Natürlich tut es weh, wenn man anfängt, sich als Tautropfen aufzulösen, nachdem man schon so lange ein Tautropfen gewesen ist. Du denkst: »Das bin ich und jetzt löse ich mich auf! Ich sterbe!« Aber du stirbst nicht; nur eine Illusion stirbt. Die Wahrheit ist, dass du mit dieser Illusion identifiziert warst, aber eine Illusion bleibt eine Illusion.

Erst wenn diese Illusion verschwunden ist, kannst du sehen, wer du in Wirklichkeit bist. Und diese Offenbarung ist der höchste Gipfel der Freude, der Glückseligkeit, des Feierns. *(96)*

Bitte sprich über den Unterschied zwischen gesunder Selbstliebe und egoistischem Stolz.

Es besteht ein Riesenunterschied zwischen den beiden, obwohl sie ziemlich gleich aussehen. Eine gesunde Selbstliebe hat einen sehr hohen religiösen Wert. Jemand, der sich selbst nicht liebt, kann auch keinen anderen Menschen lieben, niemals! Die erste kleine Kräuselwelle der Liebe muss im eigenen Herzen ihren Ursprung nehmen. Und wenn sie nicht für dich selbst entsteht, kann sie auch nicht für jemand anderen entstehen, weil kein anderer dir so nahe ist wie du selbst.

Es ist, wie wenn du einen Stein in einen stillen See wirfst.

Um den Stein herum entstehen die ersten Wellenkräusel und sie breiten sich immer weiter aus, bis hin zu fernen Ufern. Die erste Welle der Liebe muss aus deiner Mitte kommen. Man muss den eigenen Körper lieben, man muss die eigene Seele lieben, man muss sich selbst in seiner Ganzheit lieben.

Und das ist etwas ganz Natürliches, denn sonst könntest du nicht überleben. Und es ist schön, es macht dich schön. Ein Mensch, der sich selbst liebt, wird zur reinsten Anmut und Eleganz. Ein Mensch, der sich selbst liebt, kann gar nicht anders, als ruhiger zu werden, meditativer zu werden, andächtiger als jene, die sich selbst nicht lieben.

Wenn du dein Haus nicht liebst, wirst du es nicht sauber halten. Wenn du dein Haus nicht liebst, wirst du es nicht schön gestalten. Wenn du es nicht liebst, wirst du keinen schönen Garten rundherum anlegen, mit einem Teich mit Lotosblumen. Wenn du dich selbst liebst, wirst du dich mit einem schönen Garten umgeben. Du wirst versuchen, dein Potenzial zu entwickeln, wirst versuchen, alles aus dir herauszuholen, was darauf wartet, ausgedrückt zu werden. Wenn du dich selbst liebst, überschüttest du dich selbst mit dem, was dir wohl tut, und nährst dich ständig selbst.

Wenn du dich selbst liebst, wirst du staunend feststellen, dass andere dich lieben! Keiner liebt einen Menschen, der sich selbst nicht liebt. Wenn du dich nicht mal selbst lieben kannst, wer macht sich dann die Mühe? Doch wer sich selbst nicht liebt, kann nicht neutral bleiben. Vergiss nicht, das Leben kennt keine Neutralität.

Ein Mensch, der sich selbst nicht liebt, wird sich hassen. Er wird sich hassen *müssen,* weil das Leben keine Neutralität kennt. Das Leben lässt dir immer die Wahl. Und wenn du nicht liebst, kannst du nicht einfach im Zustand der Nicht-Liebe verharren. Nein, dann wirst du hassen.

Und ein Mensch, der sich selbst hasst, wird destruktiv. Ein Mensch, der sich selbst hasst, wird auch alle anderen hassen. Er wird voller Wut und Gewalt sein, ständig geladen. Wie kann ein Mensch, der sich selbst hasst, darauf hoffen, dass andere ihn lieben werden? Er wird sich sein ganzes Leben kaputtmachen. Sich selbst zu lieben ist von höchstem religiösem Wert. *(97)*

Ich lehre Selbstliebe. Aber man hat dir erzählt, es sei falsch, sich selbst zu lieben. Man hat dir erzählt: »Liebe die anderen, aber liebe nicht dich selbst!« Doch wie willst du andere lieben, wenn du nicht mal dich selbst lieben kannst?

Meditiere über diesen bedeutsamen Ausspruch von Jesus: »Liebe deinen Nächsten wie dich selbst.«

Das Grundlegende ist aber, dich selbst zu lieben. Du kannst nicht jemand anderen lieben, wenn nicht erst die Liebe in dir selbst emporquillt. Und du bist dir selbst am nächsten. Wenn du dich hasst, wirst du auch deinen Nächsten hassen – egal, was die Priester und all die Führer sagen; das macht keinen Unterschied. Du wirst deinen Nächsten hassen, wirst die Menschheit hassen, wirst die Erde hassen – weil du dich selbst hasst.

Liebe dich selbst und aus dieser Liebe entsteht die Liebe für andere.

Ich lehre euch, selbstsüchtig zu sein, denn nur aus echter Selbstsucht entsteht wahre Nächstenliebe. Ein wirklich selbstsüchtiger Mensch kann nicht gegen andere sein; ein wirklich selbstsüchtiger Mensch kann einem anderen nicht wehtun, denn um jemandem wehzutun, musst du zuerst dir selbst wehtun. Du kannst keinem anderen Leid zufügen, ohne dass du dir selbst Leid zufügst. Bevor du auf einen anderen wütend wirst, musst du zuerst auf dich selbst wütend sein. Bevor du einem anderen Gewalt antust, musst du selbst viele Alpträume durchleiden.

Ein Mensch, der sich selbst wirklich liebt, der unendliche Liebe zu sich selbst empfindet, kann keinem anderen Schaden zufügen, denn er kann sich selbst keinen Schaden zufügen. *(98)*

Ich lehre euch Selbstliebe. Aber vergesst nicht: Selbstliebe ist etwas anderes als egoistischer Stolz, etwas ganz anderes. Sie ist das genaue Gegenteil. Jemand, der sich selbst liebt, wird entdecken, dass es gar kein Selbst in ihm gibt. Liebe bringt immer das Selbst zum Schmelzen. Das ist ein alchemistisches Geheimnis, das man lernen und verstehen muss, das man an sich selbst erfahren muss.

Liebe bringt immer das Selbst zum Schmelzen. Immer wenn du liebst, verschwindet das Selbst. Wenn du eine Frau liebst – zumindest in jenen kostbaren Augenblicken, in denen du wirkliche Liebe für die Frau empfindest –, gibt es in dir kein Selbst, kein Ego.

Ego und Liebe können nicht zusammen existieren. Sie sind wie Dunkelheit und Licht: Die Dunkelheit verschwindet, sobald das Licht hinzukommt. Wenn du dich selbst liebst, wirst du dich wundern: Selbstliebe führt zur Auflösung des Selbst. In der Selbstliebe lässt sich kein Selbst mehr finden. Es ist ein Paradox: Selbstliebe ist absolut selbstlos. Sie ist nicht selbstsüchtig – denn sobald Licht da ist, gibt es keine Dunkelheit, und sobald Liebe da ist, gibt es kein Selbst.

Liebe bringt das erstarrte Selbst zum Schmelzen. Das Selbst ist wie ein Eisblock, Liebe wie die Morgensonne. Die Wärme der Liebe bringt das Selbst zum Schmelzen. Je mehr du dich selber liebst, umso weniger wirst du das Selbst in dir finden. Und dann wird daraus eine großartige Meditation, ein großer Sprung ins Göttliche.

Und du kennst es schon! Vielleicht nicht als Selbstliebe, weil du dich bisher nie selbst geliebt hast. Aber du hast andere geliebt und dabei hast du bestimmt schon einmal einen Vorgeschmack davon bekommen. Bestimmt hat es schon einige dieser seltenen Augenblicke gegeben, in denen du plötzlich nicht mehr da warst und nur noch Liebe da war, reine strömende Liebesenergie ohne ein Zentrum, die von nirgendwo nach nirgendwo floss. Wenn zwei Liebende beisammensitzen, sitzen zwei Nichts beisammen, zwei Nullen. Und darin besteht die Schönheit der Liebe, dass sie dich völlig leer macht vom Selbst.

Erinnere dich, erst neulich sagte ich: Macht euch leer – durch Umarmungen, Küsse, Berührungen, Liebe. Mache dich leer! Verströme dich in der Liebe, damit Platz in dir wird – denn Gott kann nur in dich eintreten, wenn du Platz hast, ihn in dir aufzunehmen.

Und es wird viel Platz nötig sein, denn du machst dich bereit, den höchsten Gast zu empfangen. Du lädst das ganze Universum in dich ein. Dafür brauchst du eine unendliche Leere, ein Nichts in dir. Liebe ist der beste Weg, um zu einem Nichts zu werden.

Darum vergiss nicht: Egoistischer Stolz ist niemals Selbstliebe. Egoistischer Stolz ist das genaue Gegenteil. Ein Mensch, der sich selbst noch nicht lieben gelernt hat, wird zu einem Egoisten. Egoistischer Stolz ist das, was die Psychoanalytiker eine narzisstische Lebensstruktur nennen, Narzissmus.

Vielleicht kennst du das Gleichnis von Narziss: Er war in sich selbst verliebt. Als er in einen stillen Teich blickte, verliebte er sich in sein eigenes Spiegelbild.

Doch sieh den Unterschied: Ein Mensch, der sich selbst liebt, liebt nicht sein Spiegelbild, sondern einfach sich selbst. Er braucht dazu keinen Spiegel. Er kennt sich von innen. Kennst du dich denn nicht selbst? Weißt du denn nicht, dass es dich gibt? Brauchst du denn noch einen Beweis, dass es dich gibt? Brauchst du einen Spiegel, um dir zu beweisen, dass du existierst? Und wenn es keinen Spiegel gäbe, würdest du an deiner Existenz zweifeln?

Narziss verliebte sich in sein Spiegelbild, nicht in sich selbst. Das ist keine wahre Selbstliebe. Er verliebte sich in das Spiegelbild – und das Spiegelbild ist der Andere. Aus ihm waren zwei geworden, er hatte sich geteilt. Narziss war gespalten; er lebte in einer Art Schizophrenie. Aus ihm waren zwei geworden: der Liebende und der Geliebte. Er wurde zu seinem eigenen Liebesobjekt. Und genau das passiert mit vielen Menschen, die zu lieben glauben.

Wenn du dich in eine Frau verliebst, beobachte dich und sei aufmerksam: Vielleicht ist es nichts als Narzissmus, vielleicht ist das Gesicht der Frau, sind ihre Augen, ihre Worte nur der stille Teich, in dem du dein Spiegelbild erblickst.

Nach meiner eigenen Beobachtung sind neunundneunzig von hundert Liebesbeziehungen narzisstisch. Die Leute lieben gar nicht die Frau, die sie vor sich haben. Sie lieben die Bestätigung, die sie durch die Frau bekommen, die Aufmerksamkeit, die sie von der Frau bekommen, die Schmeichelei, mit der die Frau den Mann überschüttet.

Zwei Liebende saßen am Meeresstrand. Es war eine Vollmondnacht, große Wellen rollten heran; es war die Zeit der Flut. Da rief der Liebhaber laut über das Meer: »Lass große Wellen kommen! Rollt heran, ihr großen Wellen!« Und es kamen riesige Wellen und rollten an den Strand.

Da kuschelte die Frau sich noch näher an ihn, umarmte und küsste ihn und sagte: »Ich hab es ja gewusst! Du bist ein Wunder! Selbst das Meer gehorcht dir!«

So läuft das. Die Frau schmeichelt dem Mann, der Mann schmeichelt der Frau; man schmeichelt sich gegenseitig. Die Frau sagt: »Keiner ist so schön wie du! Du bist ein Wunder! Du bist der schönste Mann, den Gott je erschaffen hat! Selbst Alexander der Große ist nichts im Vergleich zu dir!« Und du blähst dich auf, dein Brustkorb schwillt auf den doppelten Umfang und auch dein Kopf schwillt an – obwohl nichts als Stroh drin ist, aber das fängt an zu quellen. Und du sagst zu der Frau: »Du bist das wunderbarste Geschöpf Gottes! Selbst Kleopatra verblasst neben dir! Ich kann mir nicht vorstellen, dass Gott etwas noch Schöneres als dich erschaffen könnte! Keine andere Frau wird je so schön sein wie du!«

Und das nennt ihr Liebe! Aber es ist Narzissmus. Der Mann ist wie der stille Teich, der die Frau widerspiegelt, und die Frau ist wie der stille Teich, der den Mann widerspiegelt. Und sie spiegeln die Wahrheit nicht nur wider, sondern schmücken sie noch aus, auf tausenderlei Art, damit sie noch schöner aussieht. Und das nennen die Leute dann Liebe.

Das ist keine Liebe. Das ist gegenseitige Egobefriedigung.

Wirkliche Liebe kennt kein Ego. Wirkliche Liebe beginnt mit Selbstliebe.

Die Natur hat dir diesen Körper, dieses Wesen gegeben; darin bist du verwurzelt. Genieße es, erfreue dich daran, feiere es! Und das ist keine Frage von Stolz oder Ego, weil du dich nicht mit jemand anderem vergleichst. Das Ego kommt erst durch den Vergleich. Selbstliebe kennt keinen Vergleich. Du bist du; das ist alles. Du sagst damit nicht, dass jemand anderer dir unterlegen ist; du vergleichst überhaupt nicht. Sobald du einen Vergleich anstellst, musst du wissen, dass es nicht Liebe ist, sondern irgendein Trick, eine subtile Strategie des Egos.

Das Ego lebt aus dem Vergleich. Wenn du zu einer Frau sagst: »Ich liebe dich«, ist das *eine* Sache. Wenn du aber zu einer Frau sagst: »Kleopatra verblasst neben dir!«, dann ist das eine andere Sache, etwas völlig anderes, das genaue Gegenteil. Wozu bringst du Kleopatra ins Spiel? Kannst du die Frau nicht lieben, ohne Kleopatra ins Spiel zu bringen? Aber du bringst Kleopatra ins Spiel, um dein Ego aufzublähen. Oder dieser Mann – liebe ihn einfach! Wozu vergleichst du ihn mit Alexander dem Großen?

Liebe kennt keinen Vergleich, Liebe liebt einfach, ohne zu vergleichen.

Sobald ein Vergleich da ist, weißt du, dass es sich um egoistischen Stolz handelt. Dann ist es Narzissmus. Und wenn kein Vergleich da ist, weißt du, dass es Liebe ist – zu dir selbst oder zum Anderen. Wirkliche Liebe macht keine Trennung. Die Liebenden verschmelzen miteinander. In der egoistischen Liebe besteht eine große Trennung: die Trennung zwischen dem Liebenden und dem Geliebten.

Wirkliche Liebe ist keine Beziehung. Lasst es mich noch einmal sagen: Wirkliche Liebe ist keine Beziehung, weil es nicht mehr diese zwei Personen gibt, die miteinander eine Beziehung haben. In der wirklichen Liebe gibt es nur noch die Liebe – ein Erblühen, ein Duft, ein Verschmelzen, ein Einswerden. Nur in der egoistischen Liebe gibt es zwei Personen, den Liebenden und den Geliebten. Sobald aber ein

Liebender und ein Geliebter da sind, verschwindet die Liebe. Und wenn Liebe da ist, verschwinden beide, der Liebende und der Geliebte, in der Liebe.

Liebe ist ein großartiges Phänomen. Du kannst darin nicht überleben.

Wirkliche Liebe ist immer in der Gegenwart. Egoistische Liebe ist immer entweder in der Vergangenheit oder in der Zukunft. Wirkliche Liebe ist leidenschaftlich kühl. Das hört sich wie ein Paradox an, aber im Leben sind alle wesentlichen Wahrheiten paradox; darum nenne ich sie leidenschaftlich kühl. Sie hat Wärme, aber keine Hitze. Sie hat zweifellos eine Wärme, aber auch eine Kühle. Es ist ein sehr gelassener, ruhiger, kühler Zustand. Liebe macht dich weniger fiebrig. Wenn es jedoch keine wirkliche, sondern egoistische Liebe ist, dann ist sie sehr hitzig, voller Leidenschaft, wie im Fieber und überhaupt nicht kühl.

Wenn du das im Gedächtnis behalten kannst, hast du ein Kriterium zur Beurteilung. Aber du musst bei dir selbst anfangen, eine andere Möglichkeit gibt es nicht. Du musst da anfangen, wo du bist.

Liebe dich selbst, und zwar so sehr, dass dein ganzer Stolz, dein Ego und all dieser Unsinn in deiner Liebe verschwinden. Und sobald sie verschwinden, beginnt deine Liebe andere Menschen zu erreichen. Dann ist es keine Beziehung mehr, sondern ein Teilen. Dann ist es keine Subjekt-Objekt-Beziehung mehr, sondern ein Verschmelzen, ein Zusammensein. Es wird nicht mehr fiebrig sein, sondern leidenschaftlich kühl, warm und kühl zugleich. Es wird dir den ersten Vorgeschmack vom paradoxen Wesen des Lebens geben. *(99)*

Ich lehre dich den Dienst an dir selbst. Daraus entsteht eine völlig neue Sichtweise. Wer sich selber dient, wer Freude an sich selber hat, wer sich selbst liebt und achtet, der kann gar nicht anders, als auch andere zu achten. Ihm wird mehr und mehr bewusst, dass in jedem das gleiche Leben pulsiert – dasselbe Leben. Je mehr du dich selbst liebst, desto mehr wird dir bewusst, dass du nicht getrennt existierst.

Nur in der Liebe wird Einssein erlebt. Je mehr du dich selber liebst, desto mehr verschmilzt du mit deinem Sein und wirst eins, desto mehr wirst du orgasmisch in deiner inneren Welt und desto mehr erkennst du auch, dass alle Definitionen falsch und alle Trennlinien willkürlich sind, dass du nicht getrennt bist von diesem Universum, das eine Einheit ist.

Darum nennen wir es ja auch »Universum«, denn *uni* bedeutet »eins«. Wir nennen es nicht »Multiversum«. Es ist eins, ein einziges Ganzes. Wir alle sind Teile voneinander, keiner ist eine Insel. Wir alle gehören zu einem unsichtbaren, unendlichen Kontinent. Unsere Existenz ist grenzenlos.

Aber diese Erfahrung ist nur jenen möglich, die sich selbst erkennen und eine so grenzenlose Liebe zu sich selbst empfinden, dass sie die Augen zumachen und allein sein können in größter Seligkeit. Darum geht es in der Meditation.

Meditation bedeutet, ekstatisch zu sein in deinem Alleinsein. Und wenn du diese Ekstase im Alleinsein erfährst, wird sie so machtvoll, dass du sie nicht für dich behalten kannst. Sie beginnt überzufließen. Und sobald diese Energie aus dir überquillt, wird sie zu Liebe. Meditation lässt Liebe entstehen.

Wer Meditation nicht erfahren hat, wird nie diese Liebe erfahren. Er kann so tun, als würde er lieben, aber er ist dazu gar nicht fähig. Er kann nur so tun als ob, aber er hat nichts zu geben; er fließt nicht über.

Liebe ist ein Geben. Aber bevor du etwas geben kannst, musst du es haben! Meditation kommt zuerst. Meditation ist der Mittelpunkt, Liebe ist die Peripherie. Meditation ist die Flamme, Liebe ist ihr Strahlen. Meditation ist die Blüte, Liebe ist ihr Duft.

Ich lehre Meditation, weil das der einzige Weg ist, um dein Wesen mit Liebe zu erfüllen. Und sobald du vor Liebe überfließt, wirst du mit anderen in Beziehung treten und für sie da sein. Dann tritt Dienen in dein Leben, als Begleiterscheinung der Meditation. Es wird dir nicht auferlegt, es ist keine Pflicht. »Pflicht« ist ein hässliches Wort, ein schmutziges Wort. Alles, was du aus Pflicht tust, ist aufgezwungen, antrainiert, unecht. Es ist unehrlich und macht dich zum Heuchler.

Wenn dein Sein überfließt und du es nicht für dich behalten kannst, hat es eine völlig andere Qualität. Du *musst* lieben, musst es teilen. Und das Schöne am Teilen ist: Je mehr du gibst, umso mehr bekommst du. Je mehr du dich leer machst in der Liebe, umso erfüllter bist du. *(100)*

Du hast von der Liebe gesprochen und davon, dass sie ein Grundbedürfnis ist, das wir möglichst erfüllen sollten. Du hast aber auch gesagt, dass sie uns immer wieder Leid bringt. Wie können wir ein sinnvolles Leben führen, wenn alle unsere Versuche, Erfüllung in der Liebe zu finden, stets in Leid enden?

Alle eure Versuche enden stets in Leid. Nicht nur eure Bemühungen um die Liebe. *Alle* eure Bemühungen, ohne Ausnahme, enden in Leid, weil alle eure Bemühungen aus dem Ego kommen. Keine dieser Bemühungen kann Erfolg haben, weil die Ursache für all das Leid der Handelnde selbst ist. Nur wenn du in Liebe sein kannst, ohne dass ein Liebender da ist, wird es nicht in Leid enden.

Das erscheint sehr, sehr schwierig: Wie kann man in Liebe sein, ohne dass ein Liebender da ist? Der *Liebende* erzeugt das Leid, nicht die Liebe. Der Liebende setzt Dinge in Gang, die in der Hölle enden.

Alle Liebenden scheitern, und zwar ohne Ausnahme. Aber die Liebe scheitert nie.

Du muss also eines verstehen: In deiner Liebe solltest du nicht da sein. Liebe sollte da sein, aber ohne Ego. Und genauso solltest du gehen, ohne dass ein Gehender da ist, solltest du essen, ohne dass ein Essender da ist, solltest du alles tun, was nötig ist, ohne dass ein Handelnder da ist. Darin besteht die ganze Disziplin – die einzige religiöse Disziplin.

Ein religiöser Mensch ist nicht jemand, der einer bestimmten Religion angehört. Ein wirklich religiöser Mensch gehört tatsächlich nie zu einer bestimmten Religion. Ein religiöser Mensch ist jemand, der den Handelnden aufgegeben hat und ganz natürlich lebt. Er ist einfach präsent.

Seine Liebe hat eine ganz andere Qualität: Sie ist nicht besitzergreifend, nicht eifersüchtig. Sie gibt nur. Sie ist kein Kuhhandel, kein Geschäft. Sie ist keine Ware, sondern ein Überfließen deines Seins. Du teilst sie mit anderen. In diesem Seinszustand, in dem Liebe, aber kein Liebender da ist, ist es in der Tat nicht so, dass man einen bestimmten Menschen liebt und einen anderen nicht. Man *ist* einfach Liebe. Das Objekt spielt keine Rolle mehr.

Diese Liebe ist wie Atmen. Es spielt keine Rolle, mit wem man atmet – man atmet einfach. Es spielt keine Rolle, wer gerade bei dir ist. Und genauso ist diese Liebe: Es wird unwesentlich, wen du liebst. Du bist in Liebe – mit jedem, der gerade bei dir ist. Und vielleicht ist gerade niemand da, vielleicht sitzt du nur in einem leeren Zimmer – doch die Liebe fließt weiter.

Jetzt ist die Liebe keine Aktivität mehr; sie ist zu deinem Wesen geworden. Du kannst sie weder ein- noch ausschalten. Du *bist* Liebe. Darin besteht das Paradox.

Wenn du verschwindest, wird an deiner Stelle Liebe sein. Nur wenn du nicht mehr bist, kann Liebe sein. Letzten Endes vergisst du die Liebe völlig – denn wer wäre da, um an sie zu denken? Dann ist die Liebe wie das Aufblühen einer Blume, wie das Aufgehen der Sonne, wie das Funkeln der Sterne am Nachthimmel – sie ereignet sich einfach. Und selbst wenn du einen Felsen berührst, geschieht es voller Liebe. Es ist zu deiner Seinsqualität geworden.

Nichts anderes bedeutet es, wenn Jesus sagt: »Liebet eure Feinde.« Es geht nicht darum, die Feinde zu lieben, sondern Liebe zu *werden*. Dann kannst du gar nicht anders. Selbst wenn der Feind kommt, musst du ihn lieben. Etwas anderes kannst du nicht tun. Hass ist so töricht, und er kann nur mit dem Ego zusammen existieren. Hass ist töricht, weil du damit dem Anderen weh tust, aber dir selbst noch viel mehr. Er ist töricht, weil der ganze Schmerz, den du einem anderen Menschen zufügst, zu dir zurückkommt. Ein Vielfaches davon kommt zu dir zurück; die Nachwirkungen werden dich erdrücken. Es ist einfach nur töricht und idiotisch. Alle Sünden sind töricht und idiotisch. Darum kennt der Osten nur diese einzige Sünde: die Unwissenheit. Alles andere ist nur eine Begleiterscheinung davon.

Wenn ich von Liebe spreche, meine ich diese Liebe, in der kein Liebender da ist. Und wenn dir deine Liebe Leid bringt, dann weißt du, dass es keine Liebe ist.

Es ist dein Ego, das dir Leid bringt. Das Ego vergiftet alles, was auch immer du berührst.

Es ist wie mit König Midas: Alles, was er berührte, wurde zu Gold. Das Ego ist wie König Midas: Alles, was es berührt, wird zu Gift. Und sicher weißt du, in was für Schwierigkeiten und in was für ein Unglück Midas geriet! Alle Dinge verwandelten sich in Gold und trotzdem war er todunglücklich, so unglücklich wie noch keiner auf dieser Welt! Als er seine geliebte Tochter berührte, wurde sie zu Gold. Als er seine Frau berührte, wurde sie zu Gold. Als er die Speisen berührte, wurden die Speisen zu Gold. Er konnte nichts mehr trinken, konnte nichts mehr essen, konnte nicht schlafen, konnte nicht lieben; er konnte sich überhaupt nicht mehr bewegen. Seine eigene Familie floh vor ihm. Die Diener standen weit weg von ihm, denn wenn sie näher kamen, konnte es sein, dass er sie berührte und in Gold verwandelte. Das muss König Midas absolut verrückt gemacht haben.

Und wie ist es mit dir? Alles, was du berührst, wird zu Gift. Selbst wenn alles zu Gold würde, wäre es die Hölle. Wie ist es mit dir? Du berührst etwas und es wird vergiftet.

Du bist unglücklich und du musst die Ursache finden. Die Ursache liegt in dir: Es ist der Handelnde, das Ego, das »Ich«.

Aber du musst es selbst durchleiden. Du kannst aus meiner Erfahrung nichts lernen. Im Zen sagt man: »Ob das Wasser heiß oder kalt ist, weißt du erst, wenn du davon getrunken hast.« Wenn ich also sage, das Ego verwandelt alles in Gift, dann wird dir das nicht viel helfen. Du musst es selbst beobachten, du musst auf Beobachtungsposten gehen. Du musst dein Ego zu spüren bekommen und musst verstehen, was es dir einbringt.

Doch das Ego ist sehr trickreich. Es sagt immer ... wenn du leidest, sagt es immer, dass jemand anderer schuld sei. Das ist der Trick, mit dem das Ego sich selbst schützt. Wenn du leidest, kommt dir nie der Gedanke, dass du selbst schuld bist; immer ist es jemand anderer.

Der Ehemann leidet, weil die Frau ihn unglücklich macht; die Frau leidet, weil der Mann sie unglücklich macht. Immer schiebt das Ego die Verantwortung auf den Anderen. Der Vater leidet und schuld daran ist sein Sohn.

Ich habe Leute getroffen, die leiden, weil sie Kinder haben, und andere, die leiden, weil sie keine Kinder haben. Ich sehe Leute, die leiden, weil sie verliebt sind – ihre Beziehung bringt ihnen so viele Probleme, so viel Chaos und Verzweiflung ... Und ich sehe Leute, die leiden, weil sie nicht verliebt sind – sie sind ohne Liebe unglücklich.

Alle scheinen absolut entschlossen zu sein, zu leiden. Wie die Situation auch aussieht, ihr schafft euch immer Leid. Aber ihr schaut nie nach innen. Etwas in euch selbst muss die Ursache dafür sein: dieses Ego, für das ihr euch haltet, diese Vorstellung von einem Selbst. Und je größer die Vorstellung vom Selbst, desto größer ist das Leiden.

Untersuche dein Leiden und versuche immer, die Ursache herauszufinden. Und die Ursache lässt sich immer in dir selbst finden.

Sobald du an den Punkt kommst, wo dir klar wird, dass die Ursache *immer* in dir liegt, bist du an einem Wendepunkt deiner Entwicklung angelangt. Jetzt kannst du umkehren, jetzt kannst du dich verändern – jetzt bist du dazu bereit. Solange du die Verantwortung ständig auf andere geschoben hast, war keine Veränderung möglich.

Sobald du erkennst, dass du selbst verantwortlich bist für *alles* Leiden, das du erzeugst, für deine eigene Hölle – in diesem Augenblick passiert eine große Wende. Ab diesem Zeitpunkt wirst du zum Schöpfer deines eigenen Himmels.

Darum lege ich dir ans Herz, Beziehungen einzugehen und dich auf die Welt einzulassen, um Erfahrungen zu sammeln und reif zu werden, um weich geklopft zu werden und zur Reife zu gelangen. Erst dann wird alles, was ich sage, einen Sinn für dich ergeben. Ansonsten wirst du es zwar intellektuell verstehen, aber existenziell verpassen. *(101)*

Liebe löst die Identität auf. In der Liebe gibt es weder »Ich« noch »Du« – nur noch Liebe. Liebe ereignet sich nicht zwischen zwei Personen. Zwischen zwei Personen kann sich höchstens ein Kampf abspielen, unter verschiedenen Namen. Das kann im Namen der Liebe, im Namen einer schönen Sache geschehen, aber solange zwei Menschen festhalten an ihrer Identität, an ihrer Persönlichkeit, die sie ihr Leben lang kultiviert haben … und natürlich haben sie viel darin investiert.

Doch die Liebe kommt wie ein Wirbelwind und entreißt dir deine ganze kultivierte Identität. Und zurück bleibt reine Stille, Klarheit. Du kannst noch nicht einmal sagen: »Ich bin.« Selbst das wäre eine Störung. Da ist diese ungeheure Präsenz, aber keine Identität mehr. *(102)*

13. KAPITEL

Tod

Wie ist deine Einstellung zum Tod?

Ein Mystiker, den man zu seiner Hinrichtung führte, sah eine große Menschenmenge vor sich herlaufen. »Ihr braucht euch nicht so zu beeilen!«, sagte er. »Ich versichere euch, ohne mich läuft gar nichts!«

Das ist auch meine Einstellung zum Tod: Er ist der größte Witz, den es gibt. Der Tod hat sich noch nie ereignet, kann sich dem Wesen der Dinge nach nicht ereignen, denn das Leben ist ewig. Das Leben kann nicht enden; es ist kein Ding, es ist ein Prozess. Es ist nicht etwas, das einen Anfang und ein Ende hat. Du warst schon immer hier in den verschiedensten Formen und wirst immer hier sein, in verschiedenen Formen und letztlich formlos. So lebt ein Buddha in dieser Existenz: Er wird zur Formlosigkeit. Er verschwindet völlig aus der Grobstofflichkeit der Form.

Den Tod gibt es nicht. Er ist eine Lüge, aber er erscheint sehr real.

Er erscheint nur real, ist es aber nicht. Er erscheint so, weil ihr so sehr an eure getrennte Existenz glaubt. Durch euren Glauben, von der Existenz getrennt zu sein, macht ihr den Tod zu einer Realität. Wenn ihr die Vorstellung, von der Existenz getrennt zu sein, aufgebt, verschwindet der Tod.

Wenn ich eins bin mit der Existenz, wie kann ich da sterben? Die Existenz war schon vor mir da und wird auch nach mir noch da sein. Ich bin nur eine kleine Welle im Ozean und die Welle kommt und geht, aber der Ozean bleibt bestehen. Sicher, du wirst nicht mehr da sein – so wie du jetzt bist, wirst du nicht mehr da sein. Diese Form wird verschwinden, aber derjenige, der sich in dieser Form aufhält, wird weiter bestehen, entweder in anderen Formen oder schließlich in der Formlosigkeit.

Fang an, dich eins zu fühlen mit der Existenz, denn so ist es tatsächlich. Darum betone ich immer wieder, dass ihr die Trennung zwischen dem Beobachter und dem Beobachteten aufheben sollt, und zwar so oft wie möglich am Tag. Nimm dir ein paar Augenblicke Zeit – wann immer, wo immer –, um die Trennung zwischen dem Beobachter und dem Beobachteten aufzuheben. Werde zu dem Baum, den du siehst, werde zu der Wolke, die du betrachtest ... dann wirst du nach und nach anfangen, über den Tod zu lachen.

Dieser Mystiker, den man zu seiner Hinrichtung führte, muss die totale Lüge des Todes gesehen haben. Darum konnte er über seinen eigenen Tod Witze machen. Man brachte ihn zum Hinrichtungsplatz und er sah eine große Menschenmenge vor sich herlaufen. Die Leute wollten seine Kreuzigung sehen. An solchen Dingen sind die Leute sehr interessiert. Wenn sie hören, dass jemand öffentlich ermordet wird, strömen Tausende herbei, um zuzuschauen.

Worin besteht diese Anziehung? Insgeheim seid ihr alle Mörder, und so könnt ihr es ersatzweise genießen. Darum sind auch Filme und Kriminalromane mit Mord und Totschlag so populär und in Mode. Ein Film, der keinen Mord oder Selbstmord und keine obszönen Sexszenen enthält, wird nie ein Kassenschlager. Er wird keinen Erfolg haben, er ist ein Misserfolg. Warum? Weil niemand an irgendetwas anderem interessiert ist. Diese Wünsche schlummern tief in eurem Wesen. Wenn ihr diese Dinge auf der Leinwand seht, könnt ihr sie stellvertretend genießen, so als würdet *ihr* sie tun; ihr identifiziert euch mit den Figuren im Film oder im Roman.

Dieser Mystiker wurde also zu seiner Hinrichtung geführt. Er sah die große Menschenmenge vor sich herlaufen. »Ihr braucht euch nicht so zu beeilen!«, sagte er. »Ich versichere euch, ohne mich läuft gar nichts! Ihr könnt euch Zeit lassen und langsam gehen. Es gibt keine Eile. Ich bin es, den sie töten werden, und ohne mich passiert gar nichts.«

Das ist meine Einstellung zum Tod. Lache darüber! Lass das Lachen zu deiner Einstellung zum Tod werden. Er ist eine kosmische Lüge, die vom Menschen selbst erfunden wurde, die vom Ego erfunden wurde, von der Selbsttäuschung.

Darum hat in der Natur kein anderes Tier, kein Vogel, kein Baum Angst vor dem Tode. Nur der Mensch, und er macht so viel Aufhebens davon ... Sein ganzes Leben lang zittert er davor. Der Tod kommt immer näher, und weil der Tod sich nähert, kann der Mensch sich nicht erlauben, total zu leben. Wie kannst du leben, wenn du solche Angst hast? Leben ist nur möglich, wenn man keine Angst hat. Leben ist nur möglich mit Liebe, nicht mit Angst. Doch der Tod erzeugt Angst. Und wer ist schuld daran?

Nicht Gott hat den Tod erschaffen; er ist eine Erfindung des Menschen.

Sobald du das Ego erschaffst, erschaffst du auch seine Kehrseite – den Tod. *(103)*

Gibt es im Menschen nicht so etwas wie eine tief verwurzelte Sehnsucht, als Ego zu sterben, zu verschwinden, sich aufzulösen? Und wie unterscheidet sich diese von Freuds Thanatos, *von der Lebensverneinung?*

In Wirklichkeit gibt es gar kein Ego, das verschwinden könnte. Verschwinden ist nur möglich, wenn etwas wirklich existiert. Nur wenn das Ego wirklich existieren würde, wäre sein Verschwinden möglich. Was ist also damit gemeint, wenn man sagt: »Lass das Ego verschwinden«?

Was es tatsächlich bedeutet, ist: »Schau tief hinein und du wirst kein Ego in dir finden.« Darin besteht das Verschwinden. Es ist nicht so, dass das Ego verschwindet; es hat von vornherein nie existiert. Du hast nur geglaubt, dass es da sei; es war nur ein Konzept, eine Vorstellung in dir, nichts anderes.

Es ist so, wie wenn du abends nach Sonnenuntergang in

der Dämmerung ein Seil erblickst, aber du meinst, es sei eine Schlange. Aus Angst projizierst du eine Schlange auf das Seil und läufst weg, weil du in Panik gerätst. Aber da ist gar keine Schlange. Wenn dich jemand lachend aufhält, dich zu dem Seil hinführt und dir zeigt, dass es nur ein Seil ist und nichts anderes – wirst du dann sagen, jetzt sei die Schlange verschwunden, sie habe sich aufgelöst, habe sich davongemacht oder gar, sie sei gestorben? Das wäre doch unsinnig! Du wirst auch lachen und wirst sagen, dass da von Anfang an gar keine Schlange war. Das Seil war immer ein Seil. Du hast nur eine Schlange darauf projiziert. Die Schlange entsprang nur einer Regung deiner Angst.

Genauso ist es mit dem Ego.

Das Ego ist bloß ein Gedanke. Und wenn du versuchst, das Ego fallen zu lassen, wirst du große Schwierigkeiten haben. Man kann es nicht fallen lassen. Wie kannst du etwas fallen lassen, das überhaupt nicht existiert?

Darum befinden sich Leute, die versuchen, das Ego fallen zu lassen, in einer absurden Situation. Sie lassen es immer wieder fallen, aber immer wieder taucht es von neuem auf, sprudelt es hervor. Sie geben sich sehr bescheiden, aber am Grunde ihrer Bescheidenheit lauert das Ego. Die Bescheidenheit selbst wird zur Wurzel ihres Egos. Sie demonstrieren der Welt: »Keiner ist bescheidener als ich. Darin bin ich Spitze!« Jetzt ist die Bescheidenheit nur zu einer anderen Form von Ego geworden.

Man kann das Ego nicht fallen lassen; man kann es nur genauer unter die Lupe nehmen. Sobald du es genauer untersuchst, wirst du es nicht finden, weil es nicht existiert. Es verschwindet, so wie ein Traum morgens beim Aufwachen verschwindet. Alles, was du tun kannst, ist aufwachen. Du kannst das Ego nicht auflösen. Der ganze Versuch ist absurd, denn wenn du dich bemühst, das Ego aufzulösen, gehst du davon aus, dass es existiert – und das ist von vornherein falsch.

Du fragst: »*Gibt es im Menschen nicht so etwas wie eine tief verwurzelte Sehnsucht, als Ego zu sterben?*«

Nein, die gibt es nicht, weil das Ego gar nicht existiert. Doch ja, es gibt im Menschen eine tief verwurzelte Sehnsucht, zu erkennen: »Wer bin ich?« – die gibt es, aber nicht die Sehnsucht, als Ego zu sterben. Im Menschen ist ein großer Drang, zu erkennen: »Wer bin ich?« Er ist beharrlich, er zieht sich durch dein ganzes Leben. Schon kleine Kinder fangen an zu fragen: »Wer bin ich?«

Diese Frage ist sehr grundlegend. Sie ist dir in die Wiege gelegt – die Suche nach dem eigenen Wesen. Und wenn du dein Wesen tief genug erforschst, wirst du kein Ego finden. Was du finden wirst, ist das Göttliche. Wenn du nach innen gehst, wirst du kein Ego finden, du wirst Gott finden. Wenn du nach außen gehst, wirst du Gott nicht finden und du wirst weiter an das Ego glauben.

Das Ego ist eine Glaubensvorstellung des nach außen gerichteten Bewusstseins, Egolosigkeit ist die Erfahrung des nach innen gerichteten Bewusstseins. Es hat nichts mit Freuds *Thanatos* zu tun; das ist ein völlig anderes Phänomen. Die menschliche Lust am Leben ist *Eros*, aber wenn diese Lust am Leben immer wieder frustriert wird, tritt ihr Gegenspieler *Thanatos* an ihre Stelle, ihr diametraler Gegensatz.

Genau wie Liebe sauer werden und in Hass umschlagen kann, kann Lebenslust in Todeslust umschlagen. Es mag dich verwundern, dass in armen Ländern viel weniger Selbstmorde verübt werden. Logisch wäre es andersherum: Die Armen müssten mehr Selbstmorde begehen, denn in ihrem Leben gibt es nichts, wofür es sich zu leben lohnt. Aber die Reichen begehen mehr Selbstmorde. Wie erklärt sich diese rätselhafte Unlogik? Je reicher eine Gesellschaft wird, umso mehr Menschen begehen Selbstmord; immer mehr Menschen töten sich selbst. Warum? Die Lebenslust schlägt um.

Der Arme hat noch gar nicht gelebt. Wie könnte er frustriert sein vom Leben? Frustration ist nur möglich, wenn man gelebt hat und erkannt hat, dass es nichts bringt. Der Arme hat noch Hoffnung; er hofft auf das Morgen, er hofft noch auf das Leben.

Der Reiche kennt alles vom Leben; er hat alles gesehen,

alles gelebt. Er hat sich umgeschaut, hat überall gesucht und nichts gefunden. In großer Frustration schlägt *Eros,* der Lebensinstinkt, um in Selbstmordneigung. Der Reiche möchte am liebsten sterben, weil das Leben keinen Sinn mehr hat, weil sich alle Hoffnungen zerschlagen haben. Er hat alles, was ihm die Welt zu geben vermag, und trotzdem ist es sinnlos. Wozu also das Ganze unnötig hinauszögern?

Das größte Problem, mit dem man sich in Zukunft konfrontiert sehen wird, ist der Selbstmord. Die Wissenschaft wird unsere Erde immer reicher und reicher machen und immer mehr Menschen werden zum Selbstmord tendieren, weil sie erkennen: »Welchen Sinn hat es, das Leben immer wieder auf dieselbe Art zu leben? Hier gibt es nichts, was Erfüllung bringt. Warum nicht dem Ganzen ein Ende setzen?«

In den reichen Ländern, in reichen Kulturen ist es immer eine bedeutsame Frage: »Was ist der Sinn des Lebens?« In einem armen Land fragt niemand nach dem Sinn des Lebens; dort fragen die Leute nach materiellen Dingen. Die Sinnfrage ist die letzte Frage; man stellt sie erst, wenn man alles gelebt hat.

Im Westen fragen die Menschen nach dem Sinn des Lebens und wenden sich dem Osten zu. Und die Menschen im Osten wenden sich dem Westen zu, weil sie mehr Technik wollen, bessere Häuser, besseres Essen, bessere Straßen, bessere Autos. Sie wollen all das, was im Westen zu haben ist. Der Osten wird kommunistisch, der Westen wird religiös. Der Osten wird immer materialistischer, und warum? Weil Eros im Osten noch unerfüllt ist, kann Thanatos, der Todeswunsch, dort noch nicht um sich greifen.

Im Westen hat Eros seinen Sättigungsgrad erreicht; er hat den höchsten Gipfel überschritten und nun geht es in dieser Richtung nicht mehr weiter. Der Kreis schließt sich, das Rad dreht sich weiter und wendet sich nun Thanatos zu.

Die ganzen Vorbereitungen für einen Dritten Weltkrieg sind im Grunde nichts anderes als Vorbereitungen für einen globalen Selbstmord. Es wird so viel Energie, so viel Technologie, so viel Intelligenz in die Vorbereitungen für einen

Dritten Weltkrieg gesteckt, der alles Leben auf Erden zerstören würde – nicht nur das Leben der Menschen, sondern alles Leben. Warum ist da eine solche Leidenschaft für den Krieg? Es ist nur ein Ersatz für Selbstmord.

Thanatos ist Eros, der umgeschlagen ist.

Solange Eros nicht wieder belebt wird, solange Eros sich nicht nach innen wendet, solange nicht etwas, das nichts mit materiellen Dingen zu tun hat, etwas Absolutes in dein Leben tritt und zu deiner Suche wird, kann Eros nur in Thanatos umschlagen. Aber das ist nicht unumgänglich. Wenn dein Eros stirbt, kannst du einen Sprung machen – hin zu einer neuen Qualität von Eros.

Jesus sagt: »Kommt zu mir, ich zeige euch den Weg zu einem reichen Leben, zum ewigen Leben.« Und alle großen Meister dieser Welt haben dies gelehrt: »Du hast abgeschlossen mit diesem Leben? Gut«, sagen sie, »es ist unnötig, bitter zu werden. Wir zeigen dir den Weg zum ewigen Leben, das niemals bitter wird, weil es ewig und grenzenlos ist. Dann kannst du immer weitergehen, weiter und weiter bis in alle Ewigkeit, und du wirst immer neue Überraschungen erleben.«

Das ist Religion: Es ist die Suche nach einem Eros, der nie in Thanatos umschlägt.

Wahre Religion ist immer lebensbejahend. Sie bejaht das Leben auf dieser Erde, und wenn ein Mensch feststellt, dass ihn dieses Leben nicht mehr erfüllt, dann öffnet sie ihm die Türen zum göttlichen Leben. Wenn diese Türen jedoch geschlossen bleiben, gibt es ein Problem: Dann fängt die Energie an, ins Gegenteil umzuschlagen.

Jede Energie kann ins genaue Gegenteil umschlagen. Liebe kann sich in Hass verwandeln, Wut kann sich in Mitgefühl verwandeln, Habsucht kann sich in Teilen verwandeln, Freundschaft kann sich in Feindschaft verwandeln – und umgekehrt. Jede Energie kann ins genaue Gegenteil umschlagen, denn Energie ist immer ein dialektischer Vorgang. Die These kann sich in ihre Antithese verwandeln.

Du liebst einen Menschen, aber irgendwann bist du unbefriedigt und fängst an, den anderen zu hassen. Ehe kann sich in Scheidung umkehren; nur die Ehe kann sich in eine Scheidung umkehren. Wenn es auf dieser Welt keine Scheidungen mehr geben soll, muss die Ehe verschwinden – dann wird es keine Scheidungen mehr geben. Wie könnte es eine Scheidung geben ohne Ehe?

Immer wenn du dich mit großen Erwartungen nach etwas sehnst und wenn die Erwartungen enttäuscht werden, gibt es eine Krise. Und dann gibt es zwei Möglichkeiten: Entweder kippt deine Energie ins Gegenteil um – oder sie macht einen Quantensprung und wechselt die Ebene; sie geht auf eine andere Ebene.

Lebe dieses irdische Leben mit Totalität. Und wenn du siehst, dass es dich nicht mehr befriedigt, dann mache einen Sprung, einen Quantensprung ins unirdische Leben. Lebe in vollen Zügen ein extrovertiertes Leben, und wenn du siehst, dass du daran gereift bist und deine Reifeprüfung bestanden hast, dann wende dich nach innen. Darum geht es mir bei diesem ganzen Prozess.

Und der Moment der Krise ist der größte Moment. Im Moment der Krise brauchst du jemanden zur Orientierung – du brauchst einen Meister. Ein Psychotherapeut kann dir dabei nicht helfen; er kann dir nur helfen, dich wieder an dein altes Leben anzupassen, mit dem du so frustriert bist. Das mag für einige Monate, einige Jahre hinreichen, aber dann wird das Gleiche wieder passieren.

Nur ein Meister kann dir zu einem Quantensprung verhelfen – einem Sprung von einer tieferen auf eine höhere Ebene. Und es ist ohne Ende … Immer höhere und höhere Ebenen, Gipfel über Gipfel über Gipfel erwarten dich … Und kaum hast du einen Gipfel erklommen, winkt zu deiner Überraschung schon die Herausforderung des nächsten Gipfels. Darin zeigt sich die Ewigkeit des Lebens. *(104)*

Ich stamme aus einer Familie mit vier Selbstmorden mütterlicherseits, einschließlich meiner Großmutter. Welchen Einfluss hat das auf meinen eigenen Tod? Was kann ich tun, um diese Perversion des Todes zu überwinden, die sich wie ein roter Faden durch meine ganze Familie zieht?

Das Phänomen des Todes ist etwas sehr Geheimnisvolles. Und das Gleiche gilt für das Phänomen des Selbstmordes. Man darf nicht von der Oberfläche aus entscheiden, was Selbstmord ist. Er kann vieles sein. Meine eigene Erkenntnis ist, dass Menschen, die Selbstmord begehen, die sensibelsten Menschen auf der Welt sind – sehr intelligent. Aufgrund ihrer Sensibilität, aufgrund ihrer Intelligenz haben sie es schwer, mit dieser neurotischen Welt fertig zu werden.

Die Gesellschaft ist neurotisch, sie steht auf neurotischen Grundmauern. Ihre Geschichte ist eine einzige Geschichte des Wahnsinns, der Gewalt, des Krieges, der Zerstörung. Der eine sagt: »Mein Land ist das größte der Welt!« – nun, das ist Neurose. Ein anderer sagt: »Meine Religion ist die größte und beste Religion der Welt!« – nun, das ist Neurose. Diese Neurose sitzt euch inzwischen im Mark und in den Knochen. Und die Menschen sind sehr, sehr abgestumpft und unempfindlich geworden. Sie konnten nicht anders, das Leben wäre sonst unmöglich. Man muss abgebrüht werden, um mit diesem stumpfen Leben ringsum fertig zu werden, andernfalls kommt man aus dem Tritt. Und wenn du aus dem Tritt kommst mit der Gesellschaft, erklärt dich die Gesellschaft für verrückt.

Die *Gesellschaft* ist verrückt, aber wenn du mit ihr nicht auf einer Linie bist, erklärt die Gesellschaft *dich* für verrückt. Entweder musst du also verrückt werden oder du musst einen Ausweg aus der Gesellschaft finden – und genau das heißt Selbstmord. Das Leben wird unerträglich, es scheint unmöglich, mit so vielen Menschen um dich herum fertig zu werden – und sie sind *alle* wahnsinnig. Was willst du machen, wenn man dich in ein Irrenhaus gesteckt hat?

Genau das ist einmal einem meiner Freunde passiert. Er war in einem Irrenhaus. Er war von einem Gericht für neun Monate dort eingesperrt worden. Nach sechs Monaten – er war verrückt, also konnte er so etwas tun – fand er eine große Flasche Phenol im Badezimmer. Er trank sie aus. Fünfzehn Tage lang hatte er Durchfall und musste sich übergeben, und weil er Durchfall hatte und erbrechen musste, fand er wieder zur Welt zurück: Sein System war gereinigt, das Gift verschwunden.

Er erzählte mir, dass die letzten drei Monate die schlimmsten waren: »Die ersten sechs Monate waren schön, weil ich ja auch verrückt war und die anderen alle verrückt waren. Alles lief einfach prima, es gab kein Problem. Ich war eingestimmt auf den ganzen Wahnsinn um mich herum.«

Als er Phenol getrunken hatte, nach fünfzehn Tagen Durchfall und Erbrechen, wurde per Zufall sein System irgendwie entgiftet, wurde sein Magen gereinigt. Er konnte in diesen fünfzehn Tagen nichts essen, er musste einfach zu viel kotzen! Also musste er fasten und fünfzehn Tage im Bett bleiben. Diese Bettruhe, dieses Fasten, diese Reinigungskur half. Es war ein Unfall – aber er wurde normal. Er ging zu den Ärzten, teilte ihnen mit: »Ich bin wieder normal!«, aber alle lachten sie ihn aus. Sie sagten: »Das sagt jeder.« Je mehr er darauf bestand, desto sturer behaupteten sie: »Du bist verrückt, denn jeder Verrückte sagt das. Geh und mach deine Arbeit! Du kommst nicht eher hier heraus, als bis der Gerichtsbescheid da ist.«

»Diese drei Monate waren unerträglich«, sagte er, »ein Alptraum!« Immer wieder dachte er an Selbstmord. Aber er ist ein Mann mit starkem Willen. Und es war nur eine Frage von Monaten … er konnte abwarten. Es war unerträglich! Der eine zog ihn an den Haaren, ein anderer zog ihn am Bein, ein Dritter sprang einfach auf ihn drauf. All das war schon sechs Monate lang so zugegangen, aber er hatte selber dazugehört, hatte dieselben Sachen gemacht, war ein Vollmitglied dieser verrückten Gesellschaft gewesen. Aber diese drei Monate waren unmöglich, denn er war normal und alle anderen waren verrückt.

Wenn du in dieser neurotischen Welt normal, sensibel, intelligent bist, musst du entweder wahnsinnig werden oder

Selbstmord begehen – oder du musst *Sannyasin* werden – was gibt es sonst?

Im Osten kommt Selbstmord nicht so oft vor, weil hier *Sannyas* eine Alternative bietet. Man kann sich mit Anstand zurückziehen – der Osten akzeptiert das. Du kannst anfangen, »dein eigenes Ding zu machen«. Der Osten hat Respekt davor. Daher ist die Quote in Amerika fünfmal so hoch wie in Indien: Auf einen Inder, der Selbstmord begeht, kommen fünf Amerikaner, die Selbstmord begehen. Und das Phänomen des Selbstmordes breitet sich in Amerika immer mehr aus. Die Intelligenz nimmt zu, die Sensibilität nimmt zu, aber die Gesellschaft ist abgestumpft und bietet keine intelligente Welt. Was also tun? Einfach unnötig weiter leiden? Dann kommen Gedanken wie: »Warum nicht alles hinschmeißen? Warum nicht Schluss machen? Warum nicht die Fahrkarte an Gott zurückgeben?«

Die Leute begehen Selbstmord, weil sie sich festgefahren fühlen und nirgends einen Ausweg sehen. Sie sind in eine Einbahnstraße geraten.

Und je intelligenter du bist, desto früher kommst du in diese Einbahnstraße, diese Sackgasse – und was sollst du dann machen? Die Gesellschaft lässt dir keine Alternative. Die Gesellschaft gestattet dir keine alternative Gesellschaft. *Sannyas* ist eine alternative Gesellschaft.

Es mag seltsam klingen, dass ausgerechnet Indien die niedrigste Selbstmordrate der Welt hat. Es sollte die höchste sein, logisch gesehen, denn die Menschen hier leiden. Die Menschen sind elend, sie verhungern. Aber dieses seltsame Phänomen ist überall zu beobachten: Arme Menschen begehen nicht Selbstmord. Sie haben nichts, wofür sie leben können; sie haben nichts, wofür sie sterben können. Weil sie ausgehungert sind, sind sie mit ihrem Essen beschäftigt, mit ihrem Obdach, mit Geld und dergleichen. Sie können es sich nicht leisten, an Selbstmord zu denken – so gut geht es ihnen einfach noch nicht.

Amerika hat alles. Indien hat nichts. Erst neulich las ich …

Jemand schrieb: »Was haben die Amerikaner? Einen lächelnden Jimmy Carter, einen Johnny Cash und einen Bob Hope. Und was haben die Inder? Einen langweiligen, ausgetrockneten, halb toten Morarji Desai, *No Cash* und *No Hope*.«

Und trotzdem begehen die Menschen nicht Selbstmord! Sie leben weiter, sie genießen das Leben. Selbst die Bettler sind munter und aufgeregt – sie haben nichts, was so besonders aufregend wäre, aber sie hoffen. Warum passiert es in Amerika so oft? Die gewöhnlichen Probleme des Lebens sind verschwunden. Der Geist ist frei, über das gewöhnliche Bewusstsein hinauszufliegen. Der Geist kann sich über den Körper, ja selbst über den Geist hinaus aufschwingen. Das Bewusstsein ist bereit, sich in die Lüfte zu erheben – aber die Gesellschaft erlaubt es nicht.

Neun von zehn Selbstmördern sind sensible Menschen. Angesichts der Sinnlosigkeit des Lebens, angesichts der Würdelosigkeit, die das Leben einem aufzwingt, angesichts der Kompromisse, die man für nichts und wieder nichts machen muss, angesichts der Öde – sie schauen sich um, sehen nur: »Ein Märchen ist's, erzählt von einem Dummkopf, voller Klang und Wut, das nichts bedeutet«*, und beschließen, den Körper loszuwerden. Könnten sie in ihrem Inneren Flügel wachsen lassen, würden sie sich anders entscheiden.

Und dann hat Selbstmord noch eine andere Bedeutung.

Auch sie muss verstanden werden. Im Leben scheint alles Nachahmung zu sein, kollektiv. Du kannst kein Auto haben, das nicht auch andere haben. Millionen von Leuten haben das gleiche Auto wie du; Millionen von Leuten leben das gleiche Leben wie du, sehen den gleichen Film, das gleiche Kino, die gleiche Fernsehsendung wie du, lesen die gleiche Zeitung wie du. Das Leben ist allzu platt, es bleibt nichts Einmaliges übrig, das du tun könntest, das du sein könntest.

Selbstmord scheint etwas Einmaliges zu sein – nur du al-

---

* Zitat aus *Macbeth* von W. Shakespeare – *Anm. d. Übers.*

lein kannst dein Sterben übernehmen, niemand kann für dich sterben. Dein Tod wird *dein* Tod sein, nicht der eines anderen. Er ist einmalig!

Schaut euch dieses Phänomen genau an: Der Tod ist einmalig! Er definiert dich als Individuum, gibt dir Individualität. Die Gesellschaft hat dich deiner Individualität beraubt. Du bist nur ein Rädchen im Getriebe, bist ersetzbar. Wenn du stirbst, wird niemand dich vermissen; du wirst ersetzt. Wenn du ein Professor an der Universität bist, wird ein anderer Professor an deine Stelle treten. Selbst wenn du der Präsident eines Landes bist, wird jemand anderer Präsident des Landes werden, sofort, im selben Moment, da du nicht mehr bist.

Du bist ersetzbar.

Das schmerzt – dass dein Wert nicht besonders groß ist, dass man dich nicht vermissen wird, dass du eines Tages verschwinden wirst und bald auch alle, die sich noch deiner entsinnen, verschwunden sind. Dann wird es praktisch so sein, als wärst du nie da gewesen. Stell dir einfach einmal diesen Tag vor, an dem du verschwunden sein wirst ... Sicher, ein paar Tage lang werden die Leute sich noch erinnern – dein Lebensgefährte wird sich an dich erinnern, deine Kinder werden sich an dich erinnern, hier und da ein paar Freunde. Nach und nach wird ihre Erinnerung verblassen, schwach werden, sich aufzulösen beginnen. Nur die Menschen, mit denen du eine gewisse Intimität hattest, werden sich vielleicht noch ab und zu deiner entsinnen – solange sie noch leben. Aber wenn sie dann auch verschwunden sind, dann ... dann bist du einfach verschwunden, so als wärst du nie da gewesen.

Dann macht es keinen Unterschied, ob du da warst oder nicht da warst.

Das Leben erweist dir nicht die Ehre der Einmaligkeit. Das ist sehr demütigend. Es treibt dich in ein solches Loch, dass du nur ein Rädchen im Getriebe bist, ein Rädchen in dieser riesigen Maschinerie. Es macht dich anonym.

Wenigstens der Tod ist einmalig. Und Selbstmord ist noch

einmaliger als der Tod. Warum? Weil der Tod von sich aus kommt, der Selbstmord aber etwas ist, was du selber herbeiführst. Den Tod hast du nicht in der Hand; wenn er kommt, kommt er. Aber den Selbstmord hast du in der Hand, da bist du nicht Opfer. Selbstmord hast du in der Hand. Beim Tod bist du Opfer, beim Selbstmord hast du die Kontrolle. Deine Geburt ist bereits passiert, da kannst du jetzt nichts mehr machen, und du hast auch nichts gemacht, bevor du geboren wurdest – es war Zufall.

Es gibt drei Dinge im Leben, die zentral wichtig sind:

Die Geburt, die Liebe und der Tod.

Die Geburt ist schon passiert, daran ist nichts mehr zu ändern. Du wurdest nicht einmal gefragt, ob du geboren werden willst oder nicht. Du bist ein Opfer.

Die Liebe passiert ebenfalls – du kannst nichts daran ändern, du bist hilflos. Eines Tages verliebst du dich in jemanden, du kannst nichts daran ändern. Wenn du dich in jemanden verlieben *willst*, kriegst du es nicht hin – das ist unmöglich. Und wenn du dich in jemanden verliebst, es aber *nicht* willst, wenn du dich wegreißen möchtest – auch das scheint schwierig.

Die Geburt ist etwas, was dir geschieht, und die Liebe ebenso. Jetzt bleibt nur noch der Tod, mit dem man etwas anfangen kann: Du kannst entweder Opfer sein oder du kannst für dich selber entscheiden.

Ein Selbstmörder ist einer, der entscheidet, der sagt: »Lasst mich zumindest *eines* in dieser Existenz, in der ich praktisch ein Spielball des Zufalls war, selber tun. *Ich* werde Selbstmord begehen. Wenigstens etwas kann *ich* tun!« Die Geburt ist ausgeschlossen, Liebe lässt sich nicht erzwingen, wenn sie nicht da ist, aber der Tod? Der Tod bietet eine Alternative: Entweder kannst du Opfer sein oder du kannst entscheiden.

Diese Gesellschaft hat euch alle Würde genommen; darum begehen die Leute Selbstmord. Denn dass sie Selbstmord begehen, verleiht ihnen eine Art Würde. Sie können zu Gott sagen: »Ich pfeife auf deine Welt und dein Leben, denn es war wertlos!« Die Menschen, die Selbstmord begehen, sind fast immer sensibler als die anderen, die sich weiter mit dem Leben abquälen.

Und ich sage damit nicht, begeht Selbstmord! Was ich sage, ist: Es gibt eine höhere Möglichkeit.

Jeder Moment des Lebens kann so schön, so individuell, so unnachahmlich, so unwiederholbar sein! So kostbar kann jeder Moment sein! Dann braucht es keinen Selbstmord. *Jeder Moment* kann einen solchen Segen bringen und jeder Moment kann dich als einmalig definieren – denn du *bist* einmalig! Noch nie hat es einen Menschen wie dich gegeben und nie wieder wird es einen Menschen wie dich geben.

Aber die Gesellschaft zwingt dich, Teil einer großen Armee zu werden. Die Gesellschaft schätzt nie denjenigen Menschen, der seinen eigenen Weg geht. Die Gesellschaft will dich als Teil der Masse: Sei ein Christ, sei ein Hindu, sei ein Jude, sei ein Amerikaner, sei ein Inder, sei ein Deutscher – sei Teil einer Masse, egal, welcher Masse, aber sei Teil einer Masse. *Sei niemals du selbst!*

Und diejenigen, die nur sie selbst sein wollen … Sie sind das Salz der Erde, diese Menschen, die nur sie selbst sein wollen! Sie sind die wertvollsten Menschen auf der Erde. Die Erde verdankt ihr bisschen Würde und Poesie allein diesen Menschen … Und ausgerechnet sie begehen Selbstmord!

Sannyas oder Selbstmord ist eine Alternative. Dies ist meine Erfahrung: Du kannst nur noch Sannyasin werden, wenn du an den Punkt gelangt bist, wo dir außer Sannyas nur noch Selbstmord bleibt. Sannyas bedeutet: »Ich will versuchen, *zu Lebzeiten* ein Individuum zu werden. Ich werde mein Leben auf *meine* Art leben, ich werde mir nichts vorschreiben und mich nicht beherrschen lassen. Ich werde nicht wie eine Maschine, wie ein Roboter funktionieren. Ich werde keine Ideale haben und ich werde keine Ziele haben. Ich werde im Moment leben und ich werde aus dem Moment heraus leben. Ich werde spontan sein. Und ich werde alles dafür riskieren.«

Sannyas ist ein Risiko.

Ich möchte dir sagen: Ich habe dir in die Augen gesehen und die Möglichkeit des Selbstmordes ist da. Aber ich glaube nicht, dass du Selbstmord begehen musst. Sannyas genügt!

Du hast mehr Glück als die vier Familienangehörigen vor dir, die Selbstmord begingen. Tatsache ist, dass jeder intelligente Mensch die Voraussetzungen dafür mitbringt, Selbstmord zu begehen. Nur Idioten begehen ihn nicht. Hat man je davon gehört, dass irgendein Idiot Selbstmord begangen hätte? Er macht sich keine Gedanken über das Leben – warum sollte er Selbstmord begehen? Nur eine seltene Intelligenz fühlt mit der Zeit den Drang, etwas zu unternehmen, weil das Leben, so wie es gelebt wird, nicht wert ist, gelebt zu werden: »Also entweder tust du jetzt etwas und änderst dein Leben, gibst ihm eine andere Form, eine neue Richtung, eine neue Dimension, oder andernfalls – warum diese Alptraum-Last weiterschleppen, tagein, tagaus, jahrein, jahraus …«

Denn es kann unabsehbar so weitergehen. Die medizinische Wissenschaft hilft euch auch noch, es immer weiter fortzusetzen – hundert Jahre, hundertzwanzig Jahre! Und jetzt sagen diese Leute, dass der Mensch bis zu dreihundert Jahre lang leben kann – ohne weiteres! Überlegt mal: Wenn die Leute dreihundert Jahre lang leben müssen, wie wird die Selbstmordrate dann erst in die Höhe schnellen! Denn dann dämmert es allmählich auch den Dümmsten, wie sinnlos es ist.

Intelligenz heißt, tief in die Dinge hineinzuschauen. Hat dein Leben einen Sinn? Hat dein Leben Freude? Hat dein Leben Poesie in sich? Hat dein Leben Kreativität in sich? Fühlst du dich dankbar, dass du hier bist? Fühlst du dich dankbar, dass du geboren wurdest? Kannst du deinem Gott danken? Kannst du mit deinem ganzen Herzen sagen, dass dies ein Segen ist?

Wenn du es nicht kannst, warum dann weiterleben? »Entweder sieh zu, dass dein Leben ein Segen wird, oder belaste diese Erde nicht weiter. Verschwinde! Soll ein anderer deinen Platz einnehmen und es vielleicht besser machen!« Dieser Gedanke kommt dem intelligenten Kopf ganz natürlich. Es ist ein sehr, sehr natürlicher Gedanke, wenn du intelligent bist. Intelligente Menschen begehen Selbstmord, und wer noch intelligenter ist als die intelligenten Menschen, der nimmt Sannyas! Der fängt an, einen Sinn zu schaffen, der fängt an, eine Bedeutung zu schaffen, der fängt an zu leben: »Warum sich diese Chance entgehen lassen?«

Heidegger hat gesagt: »Der Tod isoliert mich und macht mich zum Einzelmenschen. Es ist *mein* Tod, nicht der der Masse, der ich angehöre. Jeder von uns stirbt seinen eigenen Tod. Der Tod ist unwiederholbar. Ich kann ein Examen ein oder zwei oder drei Mal machen, kann meine erste Ehe mit meiner zweiten vergleichen und so weiter und so fort. Sterben aber kann ich nur einmal. Heiraten kann man, so oft man will. Seine Arbeit kann man wechseln, so oft man will. Man kann den Wohnort wechseln, so oft man will, aber sterben kann ich nur einmal. Der Tod ist deshalb eine solche Herausforderung, weil er zugleich gewiss und ungewiss ist. Dass er kommen wird, ist gewiss; wann er es tun wird, ist ungewiss. Darum die große Neugier auf den Tod. Was ist er? Man möchte es wissen. Und an dieser Kontemplation des Todes ist nichts Morbides. Anschuldigungen dieser Art sind nichts als ein Trick des anonymen ›Man‹ – der Masse –, um dich daran zu hindern, der Tyrannei zu entfliehen und Einzelmensch zu werden. Was wir erkennen müssen, ist, dass unser Leben ein Sein zum Tode ist. Sobald man an diesen Punkt gelangt ist, ist die Chance da, sich von der Banalität des Alltags und der Abhängigkeit von anonymen Mächten zu befreien. Wer sich dergestalt seinem Tod gestellt hat, erhält den augenöffnenden Gnadenstoß. Er nimmt sich nunmehr als Einzelnen wahr, getrennt von der Masse, bereit, die Verantwortung für sein eigenes Leben zu übernehmen. Auf diese Art und Weise entscheiden wir uns zu einer authentischen statt einer unwahren Existenz. Wir erheben das Haupt aus der Masse und werden am Ende wir selbst.«

Allein schon dich in solche Dinge zu versenken, verleiht

dir eine gewisse Individualität, eine Form, eine Kontur, eine Definition – denn es handelt sich um *deinen* Tod. Er ist das einzig Eigene, was dir auf dieser Welt geblieben ist. Und wenn du an Selbstmord denkst, wird es sogar noch eigener: Du hast die Wahl.

Noch einmal: Ich sage damit nicht, geht hin und begeht Selbstmord! Ich sage damit, dass euer Leben, so wie es ist, euch zum Selbstmord hinführt. Verändert es! Und versenkt euch in den Tod – er kann jederzeit kommen.

Denke also nicht, es sei morbide, sich über den Tod Gedanken zu machen. Es ist nicht morbide – denn er ist der Höhepunkt des Lebens, das eigentliche Crescendo des Lebens. Du musst ihm Aufmerksamkeit schenken. Er ist bereits unterwegs. Ob *du* nun Selbstmord begehst oder *er* kommt … denn kommen wird er.

Er muss kommen. Du musst dich darauf vorbereiten.

Und der einzige Weg, der richtige Weg, sich auf den Tod vorzubereiten, ist nicht, Selbstmord zu begehen; der richtige Weg ist, jeden Augenblick die Vergangenheit sterben zu lassen. Das ist der richtige Weg: Jeden Moment für die Vergangenheit tot zu sein, nie die Vergangenheit mitzuschleppen, auch nicht einen Moment lang. Stirb in jedem Moment für die Vergangenheit und werde in der Gegenwart geboren. Das wird dich frisch erhalten – jung, vibrierend, strahlend; das wird dich lebendig, pulsierend, erregt, ekstatisch erhalten.

Und ein Mensch, der weiß, wie man in jedem Moment für die Vergangenheit stirbt, versteht zu sterben – und das ist die größte Fertigkeit und Kunst. Wenn zu einem solchen Menschen der Tod kommt, dann tanzt er mit ihm, umarmt er ihn! Er ist Freund, er ist nicht Feind. Es ist Gott, der in der Form des Todes zu dir kommt. Es ist ein völliges Entspannen in die Existenz hinein, ein Wiederganzwerden, ein Wiedereinswerden mit dem Ganzen. *(105)*

14. KAPITEL

Egolosigkeit

Du redest ständig davon, dass man das Ego fallen lassen soll, aber wie kann ich das, wenn ich das Ego nicht von meiner wahren Natur unterscheiden kann?

Das Ego kann man nicht fallen lassen. Es ist wie die Dunkelheit, und die Dunkelheit kann man nicht fallen lassen; man kann nur Licht hereinbringen. Sobald Licht da ist, verschwindet die Dunkelheit. Nun könnte man sagen, dies sei der Weg, um die Dunkelheit fallen zu lassen, aber das darf man nicht zu wörtlich nehmen.

Die Dunkelheit existiert gar nicht – sie ist nur die Abwesenheit von Licht. Darum kann man nichts direkt damit machen. Man kann nur etwas mit dem Licht machen – man kann das Licht entweder hereinbringen oder hinaustragen. Wenn du Dunkelheit haben willst, lösche das Licht aus; wenn du keine Dunkelheit haben willst, schalte das Licht ein.

Du kannst das Ego nicht fallen lassen.

Meditation kann man lernen. Meditation funktioniert wie Licht, Meditation *ist* Licht.

Werde zu Licht, dann wirst du das Ego nirgendwo finden können.

Wenn du es fallen lassen möchtest, wirst du Probleme haben, denn wer ist es, der das Ego fallen lassen will? – Das Ego selbst! Es spielt jetzt nur ein neues Spiel – das Spiel namens Spiritualität, Religion, Selbsterkenntnis. Wer hat diese Frage gestellt? – Das Ego selbst! Und auf diese Weise täuscht es dich. Aber natürlich, wenn das Ego fragt, wie man das Ego fallen lassen könne, denkst du: »Das kann nicht das Ego sein. Wie könnte das Ego nach dem eigenen Selbstmord fragen?« Und so hat das Ego dich wieder einmal getäuscht.

Deine Selbstnatur, deine wahre Natur, hat keine Fragen

und braucht keine Antworten. Deine wahre Natur ist absolut licht, sie ist voller Licht. Sie kennt keine Dunkelheit; Dunkelheit ist ihr fremd.

Du brauchst das Ego nicht fallen zu lassen. Schau einfach nach innen und schau, ob du es finden kannst – suche es zuerst. Mache dir erst mal keine Gedanken über deine wahre Natur. Geh erst nach innen und suche das Ego. Du wirst es nicht finden. Stattdessen wirst du dein wahres Selbst finden – leuchtend und voller Duft wie eine Lotosblume. Solcher Schönheit begegnet man sonst nirgendwo; es ist die wunderbarste Erfahrung im Leben. Und wenn du deinen eigenen Lotos aus Licht gesehen hast, das Erblühen deines eigenen Lotos, dann ist es mit dem Ego ein für alle Mal zu Ende. Dann wirst du nicht mehr so sinnlose Fragen stellen.

»Wie kann ich«, sagst du, *»das Ego von meiner wahren Natur unterscheiden?«*

Entweder ist das Ego da, dann kennst du deine wahre Natur noch nicht, oder du kennst deine wahre Natur, aber dann gibt es kein Ego mehr. Beides kannst du nicht haben, darum kannst du auch keine Unterscheidung treffen. Du kannst sie nicht unterscheiden, weil nicht beide zugleich anwesend sein können. Nur eines kann anwesend sein.

Jetzt im Moment ist das Ego alles, was du bist. Darum mach dir keine Gedanken über den Unterschied. Wenn das Ego nicht mehr da wäre, würde diese Frage überhaupt nicht auftauchen. Die Selbstnatur kennt keine Fragen; die Selbstnatur ist Ekstase und kein Problem. *(106)*

Kann es sein, dass ich mein Ego unterdrückt habe und es erst wieder finden muss, bevor ich es wirklich verlieren kann?

Es sieht paradox aus, aber es ist wahr: Eines der größten Probleme ist, dass man das Ego erst einmal haben muss, bevor man es verlieren kann. Nur eine reife Frucht fällt zu Boden. Reife ist alles.

Ein unreifes Ego kann nicht abgeworfen werden, man

kann es nicht zerstören. Wenn du dich mit einem unreifen Ego herumschlägst und versuchst, es zu zerstören und aufzulösen, ist die ganze Mühe vergebens. Anstatt es zu zerstören, wird das Ego auf neue, subtile Art gestärkt.

Das ist etwas ganz Grundlegendes, das verstanden werden muss: Das Ego muss zu seinem Höhepunkt kommen, es muss stark sein. Es muss Integrität erreicht haben – nur dann kannst du es auflösen.

Ein schwaches Ego kann man nicht auflösen. Und das wird zum Problem.

Im Osten predigen sämtliche Religionen Egolosigkeit. Im Osten sind alle Leute von Anfang an gegen das Ego. Wegen dieser Anti-Haltung kann das Ego nie stark werden und kommt nie zu einem Punkt der Integration, von dem aus man es abwerfen kann. Es wird nie reif. Darum ist es für Leute aus dem Osten sehr schwierig, das Ego aufzulösen – beinahe unmöglich.

Die religiöse und psychologische Tradition des Westens ist darauf ausgerichtet, den Leuten zu predigen, ihre Egos stark zu machen. Wie könnt ihr überleben, ohne ein starkes Ego zu haben? Das Leben ist ein Kampf. Wenn man egolos ist, geht man unter. Wer soll dann Widerstand leisten, soll kämpfen und wetteifern? Und das Leben ist ein ständiger Konkurrenzkampf.

Die westliche Psychologie sagt: Schafft euch ein starkes Ego. Als Westler kann man das Ego sehr leicht auflösen. Wenn ein Suchender aus dem Westen zu der Einsicht gelangt, dass das Ego das Problem ist, kann er es leicht auflösen – leichter als jeder Suchende aus dem Osten.

Das ist das Paradox: Der Westen lehrt das Ego, der Osten die Egolosigkeit, aber im Westen ist es einfach, das Ego aufzulösen, im Osten ist es schwer schwierig.

Das wird eine schwierige Aufgabe für dich sein: das Ego erst zu erreichen und dann zu verlieren – denn man kann nur etwas verlieren, was man besitzt. Wenn man es nicht hat, wie kann man es verlieren? Man kann nur richtig arm werden, wenn man reich gewesen ist. Wenn du nicht reich bist, kann deine Armut niemals die besondere Schönheit haben, die Jesus predigt: Seid arm im Geiste. Deine Armut kann nicht die Bedeutung haben, die sie bei Gautama Buddha hatte, als er ein Bettler wurde.

Nur ein reicher Mann kann arm werden, denn du kannst nur das verlieren, was du hast. Wenn du nie reich gewesen bist, wie kannst du arm sein? Deine Armut existiert nur an der Oberfläche, niemals im Geiste. An der Oberfläche kannst du arm sein, aber tief im Innern sitzt die Gier nach Reichtümern. Dein Geist will Reichtümer erwerben, er ist ehrgeizig und ständig begierig, Reichtum zu erlangen. So kannst du nur oberflächlich betrachtet arm sein. Und du tröstest dich dann, indem du sagst, dass Armut gut ist … Aber du kannst dann nicht wirklich arm sein. Nur ein reicher, ein wirklich reicher Mann kann arm sein.

Und um wirklich reich zu sein, genügt es nicht, Reichtümer zu besitzen. Man kann dabei immer noch arm sein. Wenn der Ehrgeiz weiterhin da ist, ist man immer noch arm. Wie viel einer besitzt, ist ohne Bedeutung. Wenn du genug hast, verschwindet die Gier. Wenn du reich genug bist, verschwinden die Wünsche.

Das Verschwinden der Wünsche ist das Merkmal, dass man genug hat. Dann bist du reich. Jetzt kannst du loslassen; du kannst arm werden, du kannst ein Bettler werden wie Buddha. Deine Armut ist reich. Deine Armut ist jetzt ein eigenes Königreich.

Und genauso ist es mit allem. Die Upanishaden oder Laotse oder Jesus oder Buddha, sie alle lehren, dass Wissen nutzlos ist. Immer mehr Wissen anzuhäufen hilft einem nicht weiter. Und nicht nur das, es kann zum Hindernis werden. Wissen ist nicht nötig – aber das soll nicht heißen, dass du dumm bleiben sollst, denn dann ist deine Unwissenheit nicht echt. Wenn du genügend intellektuelles Wissen angesammelt hast und es aufgibst – dann ist Unwissenheit erreicht.

Dann wirst du wirklich unwissend – wie Sokrates, der sagen kann: »Ich weiß nur eines, und das ist, dass ich nichts weiß.« Dieses Wissen – oder diese Unwissenheit, wie man es nennen will – ist etwas ganz anderes. Sie hat eine andere Qualität, eine andere Dimension. Wenn du einfach nur unwissend bist, weil du nichts gelernt hast, kann deine Unwissenheit nicht weise sein. Es ist nicht Weisheit, sondern Nichtvorhandensein von Wissen. Und im Innern wird das Verlangen da sein, mehr zu wissen, mehr Informationen zu haben.

Wenn du aber zu viel weißt – die Schriften, die Vergangenheit, die Tradition, alles das, was man wissen kann – und dir die Sinnlosigkeit des Ganzen bewusst wird, dann begreifst du plötzlich, dass dies kein Wissen ist. Du erkennst, dass es geliehen ist.

Es ist nicht deine eigene existenzielle Erfahrung. Es ist nichts, was du selbst kennen gelernt hast. Andere mögen es wirklich wissen, aber du selbst hast es nur aufgelesen. Dieses Ansammeln geschieht mechanisch. Es ist nicht aus dir gewachsen; es ist kein Wachstum. Es ist bloß Müll, den du von anderen Türen eingesammelt hast – geliehen, tot.

Vergiss nie: Wissen ist nur lebendig, wenn *du* es weißt, wenn es deine persönliche, direkte Erfahrung ist. Wenn du etwas von anderen weißt, ist es nur Erinnerung, nicht Wissen. Das Gedächtnis ist etwas Totes. Wenn du die Reichtümer des Wissens ringsumher ansammelst, die Schriften, ganze Bibliotheken in deinem Kopf hast – dann wird dir plötzlich klar, dass du nur die Last anderer Leute mit dir herumschleppst. Du erkennst, dass dir nichts davon gehört. Du hast es nicht selbst erfahren. Dann kannst du es loslassen, du kannst all dieses Wissen fallen lassen.

Aus diesem Fallenlassen erwächst eine neue Art von Unwissenheit. Diese Unwissenheit ist nicht die Unwissenheit der Unwissenden – es ist die Unwissenheit der Weisen, es ist Weisheit.

Nur ein Weiser kann sagen: »Ich weiß es nicht.« Aber wenn er sagt: »Ich weiß es nicht«, stellt er nur eine Tatsache fest. Er ist nicht begierig, mehr zu wissen. Wenn du aus ganzem Herzen sagen kannst: »Ich weiß es nicht«, sind dir in diesem Augenblick die Augen geöffnet. In diesem Moment öffnen sich die Türen der Erkenntnis. In diesem Augenblick, wenn du mit deiner Totalität sagen kannst: »Ich weiß es nicht«, bist du offen für die Weisheit.

Diese Unwissenheit hat eine Schönheit – aber sie wurde durch Wissen erlangt. Es ist eine Armut, die durch Reichtum erworben wurde.

Und das Gleiche geschieht mit dem Ego – du kannst es erst verlieren, wenn du es hast.

Als Buddha von seinem Thron herunterstieg, wurde er zum Bettler. Warum musste Buddha von seinem Thron heruntersteigen? Er war ein König, gekrönt, auf dem Gipfel seines Egos. Warum dieses Extrem – dieses Herabsteigen aus seinem Palast, um ein Bettler auf der Straße zu werden?

Buddha hatte eine Schönheit in seinem Betteln, die die Welt noch nicht gesehen hatte – ein so schöner Bettler, ein so reicher Bettler, ein so königlicher Bettler, solch ein Kaiser! Was geschah, als er von seinem Thron herunterstieg?

Er stieg vom Thron seines Egos herunter. Thronsessel sind nichts anderes als Symbole, Symbole des Egos, der Macht, des Ruhmes, des Ansehens. Er stieg herab und dann geschah die Egolosigkeit.

Diese Egolosigkeit ist nicht Bescheidenheit, diese Egolosigkeit ist nicht Demut. Du kannst viele bescheidene Menschen finden, aber unter ihrer Demut versteckt sich ein subtiles Ego.

Man erzählt sich, dass Diogenes einmal den Sokrates besuchte. Er sah aus wie ein Bettler und trug immer schmutzige Kleider mit vielen Löchern und Flicken. Selbst wenn ihm ein neues Gewand geschenkt wurde, wollte er es nicht anziehen, bevor es nicht alt, schmutzig und zerrissen war.

Er besuchte Sokrates und begann über Egolosigkeit zu sprechen. Aber Sokrates mit seinen scharfen Augen muss gesehen haben, dass dieser Mann nicht egolos war. Die Art und Weise, wie er über Demut sprach, war sehr egoistisch.

Es wird berichtet, dass Sokrates sagte: »Durch deine

schmutzigen Kleider, durch die Löcher in deinen Kleidern sehe ich nichts als Ego. Du sprichst von Demut, aber dein Reden kommt vom tiefsten Mittelpunkt des Egos.«

Das passiert; diese Heuchelei passiert. Du hast das Ego und verbirgst es durch das Gegenteil. Du wirst nur an der Oberfläche demütig. Diese äußere Demut kann keinen täuschen. Du kannst dich selbst täuschen, aber es kann niemand anderen täuschen. Durch die Löcher deiner zerrissenen Kleider blinzelt das Ego. Es ist immer da. Eine solche Demut ist Selbstbetrug und sonst gar nichts. Niemand glaubt daran.

So etwas kommt vor, wenn du ein unreifes Ego wegwerfen willst.

Meine Lehren erscheinen widersprüchlich, aber so ist das Leben. Das Leben beinhaltet den Widerspruch. Ich lehre euch, Egoisten zu werden, so dass ihr egolos werden könnt.

Ich lehre euch, perfekte Egoisten zu werden. Versteckt es nicht, sonst werdet ihr zu Heuchlern. Kämpft nicht mit dem unausgegorenen Phänomen. Lasst es reifen. Helft dem Ego. Treibt es auf die Spitze. Habt keine Angst – es gibt keinen Grund, Angst zu haben. Auf diese Weise werdet ihr die Qualen des Egos kennen lernen.

Wenn es einmal auf die Spitze getrieben wurde, braucht ihr weder einen Buddha noch mich, um euch zu sagen, dass das Ego die Hölle ist.

Ihr werdet es selbst wissen, denn der Höhepunkt des Egos wird der Höhepunkt eurer höllischen Erfahrungen sein. Es wird ein Alptraum sein. Dann braucht ihr niemanden, der euch sagt, dass es sterben muss. Dann wird es schwierig sein, es noch länger zu behalten.

Man erlangt Wissen nur durch Leiden.

Du kannst nichts durch ein bloßes logisches Argument wegwerfen. Du kannst nur etwas wegwerfen, wenn es so schmerzhaft geworden ist, dass du es einfach nicht mehr behalten kannst.

Dein Ego ist noch nicht unerträglich geworden, deshalb behältst du es.

Das ist natürlich. Ich kann dich nicht überreden, es fallen zu lassen. Und selbst wenn du dich überzeugt fühlst, versteckst du es nur, das ist alles.

Nichts Unreifes kann weggeworfen werden – unreife Früchte haften am Baum und der Baum hält an den unreifen Früchten fest. Wenn du sie gewaltsam pflückst, bleibt eine Wunde zurück. Die Narbe bleibt zurück, die Wunde bleibt offen und du wirst dich immer verletzt fühlen.

Vergiss nicht, dass alles seine Zeit braucht, um zu wachsen, zu reifen, auf die Erde zu fallen und zu vergehen. Dein Ego braucht auch seine Zeit. Es muss reif werden.

Darum hab keine Angst davor, ein Egoist zu sein. Du *bist* einer, sonst wärest du schon längst verschwunden.

Das ist der Mechanismus des Lebens – du musst ein Egoist sein und deinen Weg erkämpfen. Du musst mit Millionen von Wünschen ringsumher kämpfen. Du musst streiten, um zu überleben.

Das Ego ist eine Überlebensmaßnahme.

Wenn ein Kind ohne Ego bleibt, muss es sterben; es kann nicht überleben. Das ist unmöglich. Wenn ein Kind kein Ego hat und hungrig ist, fühlt es nicht: »Ich bin hungrig.« Es fühlt, dass Hunger da ist – aber nicht, dass der Hunger zu ihm gehört. Wenn Hunger da ist und das Kind fühlt: »Ich bin hungrig«, fängt es an zu schreien und will gefüttert werden. Das Kind wächst durch das Wachstum seines Egos.

Für mich ist das Ego ein Teil des natürlichen Wachstums.

Aber das soll nicht heißen, dass man für immer darin stecken bleiben soll! Es ist ein natürliches Wachsen – aber dann kommt der zweite Schritt, wo man es fallen lassen muss. Auch das ist natürlich. Aber der zweite Schritt kann nur getan werden, wenn die erste Stufe zu ihrem Crescendo gekommen ist, zu einem Höhepunkt – auf die Spitze.

Ich lehre also beides – ich lehre euch, Egoisten zu sein, und ich lehre euch, egolos zu sein.

Werdet erst einmal Egoisten, perfekte, absolute Egoisten, als würde das ganze Universum nur für euch existieren, als wärt ihr der Mittelpunkt, als zögen alle Sterne ihre Bahn nur um euch und als ginge die Sonne nur für euch auf; als wäre alles nur dazu da, euch zu helfen, hier zu sein.

Werdet zum Mittelpunkt und habt keine Angst. Wenn ihr Angst habt, werdet ihr nie reif.

Akzeptiert es, denn es ist ein Teil des Wachstums. Genießt es und treibt es auf die Spitze. Wenn es dann am Höhepunkt angekommen ist, merkt ihr plötzlich, dass ihr nicht der Mittelpunkt seid. Ihr seht, dass es ein Trugbild war, eine kindische Einbildung. Aber ihr seid eben Kinder gewesen, darum war es nicht verkehrt.

Jetzt seid ihr reif geworden. Jetzt seht ihr, dass ihr nicht der Mittelpunkt seid.

Und tatsächlich, wenn ihr seht, dass ihr nicht das Zentrum seid, seht ihr auch, dass kein Zentrum existiert – oder dass das Zentrum überall ist. Entweder gibt es keinen Mittelpunkt – und die Schöpfung existiert als ein Ganzes, als eine Einheit, ohne jegliches Zentrum als Kontrollpunkt – oder jedes einzelne Atom ist ein Mittelpunkt.

Jakob Böhme hat gesagt, dass die ganze Welt nur aus Mittelpunkten besteht, dass jedes Atom das Zentrum ist und dass es keine Außenbezirke gibt. Überall Mittelpunkte und nirgendwo Randgebiete. Das sind die beiden Möglichkeiten. Beides bedeutet das Gleiche, nur die Ausdrucksweise ist verschieden und widersprüchlich.

Aber erst werde zum Mittelpunkt.

Die Sache ist so: Du träumst – und wenn der Traum zu seinem Höhepunkt gekommen ist, bricht er ab. Das ist immer so – immer wenn ein Traum auf die Spitze getrieben wird, hört er auf. Was ist der Gipfel eines Traumes? Der Höhepunkt eines Traumes ist das Gefühl, dass das, was passiert, Wirklichkeit ist. Du hast das Gefühl, es ist Realität, kein Traum. Du gehst weiter und weiter und weiter zu einem höheren Gipfel und der Traum wird beinahe real. Ein Traum kann nie real werden, aber er kann beinahe real werden.

Er kommt der Realität derartig nahe, dass du nicht mehr weitergehen kannst. Du fühlst, noch ein Schritt und der Traum wird real. Doch er kann nicht Realität werden, es ist ein Traum. Aber wenn er der Realität so nahe kommt, wird der Schlaf abgebrochen – der Traum wird zerstört und du bist erwacht. Das Gleiche passiert mit allen Arten von Traumvorstellungen.

Das Ego ist der größte Traum. Es hat seine Schönheit und seine Qual. Es hat seine Ekstase und sein Leid. Es hat seinen Himmel und seine Hölle – beides ist vorhanden. Träume sind manchmal sehr schön und manchmal schrecklich – aber es sind Träume.

Ich sage euch also nicht, dass ihr aus eurem Traum aufwachen sollt, bevor die rechte Zeit gekommen ist. Nein, tut nie etwas vor seiner Zeit. Erlaubt den Dingen zu wachsen; lasst allem seine Zeit, so dass alles auf natürliche Weise geschehen kann.

Das Ego wird abfallen, es kann ganz von selbst abfallen. Wenn du es einfach wachsen lässt und ihm in seinem Wachstum hilfst, gibt es keinen Grund, es fallen zu lassen.

Das ist sehr tief: Wenn du es fallen lässt, bleibt innen das Ego bestehen. Denn wer wird es fallen lassen? Wenn du denkst, dass du es fallen lässt, bist du das Ego. So ist alles, was du fallen lassen kannst, nicht das Richtige. Das wahre Ego bleibt erhalten, und du hast irgendetwas anderes fallen gelassen.

Du kannst dich nicht selbst egolos machen.

Wer sollte es denn tun? Es passiert, es ist kein Tun. Du wächst in das Ego hinein und es kommt der Punkt, wo alles derartig höllisch wird, dass der Traum abbricht. Auf einmal siehst du: Die Gans ist draußen – sie war nie in der Flasche.

Du warst nie das Ego.

Es war nur ein Traum, der dich umgab. Ein notwendiger Traum, sage ich, ein notwendiger Abschnitt im Wachstum. Darum verurteile ich es nicht.

Im Leben ist alles notwendig. Nichts ist unnötig, nichts kann unnötig sein. Was auch immer geschieht, musste geschehen. Was auch immer geschieht, geschieht aus bestimmten, tieferen Gründen. Du brauchst es, damit du im Trugbild des Traumgespinstes bleiben kannst. Es ist wie ein

Kokon, der dir hilft, der dich schützt, sodass du überleben kannst. Aber man muss nicht für immer im Kokon bleiben. Wenn du reif bist, dann zerbrich die Hülle und komm heraus.

Das Ego ist die Eierschale – es schützt dich. Wenn du bereit bist, zerbrich die Schale und komm aus dem Ei heraus. Das Ego ist die Schale. Aber warte, hab es nicht so eilig! Eile wird dir nicht helfen, Hast wird dir nicht helfen – sie kann eher hinderlich sein. Gib dir Zeit und verurteile nichts. Wer ist es denn, der das Ego verurteilt?

Geht zu den so genannten Heiligen – die von Frömmigkeit und Demut sprechen. Seht in ihre Augen – nirgendwo sonst findet man solche verfeinerten, raffinierten Egos. Ihre Egos tragen nun das Mäntelchen der Religion, des Yoga, der Heiligkeit – aber das Ego ist noch da. Vielleicht sammeln sie keine Reichtümer, aber sie sammeln Anhänger. Die Münzen sind andere: Jetzt zählen sie die Anhänger.

Vielleicht sind sie nicht mehr hinter den Dingen dieser Welt her, aber dafür sie sind hinter den Dingen der anderen Welt her. Diese oder die andere Welt – beides sind Welten. Und sie sind womöglich noch habgieriger als ihr. Sie verurteilen vergängliche Dinge und diese Welt der kurzlebigen Freuden, weil sie ewige Freuden haben wollen. Ihre Habgier ist absolut.

Sie können sich nicht mit vergänglichen Freuden zufrieden geben. Sie wollen ewige Freuden. Wenn etwas nicht ewig ist, sind sie nicht zufrieden. Ihre Habgier sitzt tief; sie ist absolut.

Habgier gehört zum Ego; sie ist der Hunger des Egos.

Und so kommt es vor, dass Heilige manchmal egoistischer sind als Sünder – und dann sind sie vom Göttlichen weit entfernt. Und manchmal können Sünder leichter zu Gott kommen als die so genannten Frommen. Das Ego ist das Hindernis.

Das ist meine Erfahrung: Sünder können ihre Egos leichter fallen lassen als die Frommen. Die Sünder waren ja nie gegen das Ego. Sie haben es genährt, sie haben es genossen, sie haben es total ausgelebt. Die Frommen haben immer mit ihrem Ego gekämpft und ihm nie erlaubt zu reifen.

Das ist also meine Einstellung: Das Ego muss abgeworfen werden – aber vielleicht muss man sehr lange warten. Und man kann es nur fallen lassen, wenn man es vorher kultiviert hat. Das ist das Schwierige an der ganzen Sache. Der Verstand sagt: »Wenn wir es verlieren müssen, warum sollen wir es erst kultivieren?« Der Verstand sagt: »Warum sollen wir es erschaffen, wenn wir es doch zerstören müssen?«

Wenn du auf den Verstand hörst, bist du in Schwierigkeiten. Der Verstand ist immer logisch und das Leben ist immer unlogisch. Beide treffen sich nie.

Es ist simple Logik, einfache Mathematik: Wenn du das Haus zerstören wirst, warum es erst aufbauen? Warum sich überhaupt die Mühe machen? Warum diese ganze Anstrengung und Verschwendung von Zeit und Energie? Das Haus ist noch nicht da, warum es also aufbauen und dann zerstören? Aber das Haus ist nicht wirklich der Punkt – *du* bist der Punkt, um den es geht.

Wenn du das Haus baust, veränderst du dich. Und wenn du es dann wieder abreißt, veränderst du dich total – du wirst nicht mehr der Gleiche sein. Der Aufbau des Hauses, dieser ganze Prozess wird dich wachsen lassen. Und dann, wenn das Haus fertig ist, reißt du es ab. Das wird eine Mutation für dich sein.

Der Verstand ist logisch und das Leben ist dialektisch. Der Verstand bewegt sich in einer geraden Linie und das Leben bewegt sich von einem Pol zum anderen, immer sprunghaft, von einem Punkt zum genauen Gegenteil.

Das Leben ist dialektisch. Es sagt: Schaffe etwas und dann zerstöre es. Werde geboren und dann stirb. Erringe etwas und dann verliere es. Sei reich, sagt das Leben, und dann werde arm. Sei die Spitze, ein Mount Everest des Egos, und dann werde ein Abgrund von Egolosigkeit.

Dann kennst du beides: die Illusion und die Wirklichkeit, *Maya* und *Brahma*. *(107)*

Du hast gesagt, Anstrengung sei gefährlich, aber in den Meditationen sei harte Arbeit nötig. Für meinen deutschen Verstand bedeutet Anstrengung das Gleiche wie harte Arbeit. Gibt es denn harte Arbeit ohne Anstrengung?

Das ist ein heikler Punkt. Anstrengung ist immer halbherzig, Anstrengung ist immer begrenzt. Du tust etwas, weil du keine andere Möglichkeit siehst, wie du das gewünschte Ergebnis erzielen kannst, außer wenn du es tust. Gäbe es einen anderen Weg, dann würdest du die Anstrengung fallen lassen und gleich zum Ergebnis springen. Wenn man sich anstrengt, ist man nie total, kann man es gar nicht sein, weil man dabei an die Zukunft denkt, an das Endergebnis.

Anstrengung ist zukunftsorientiert, ergebnisorientiert. Man tut es nur mit dem Gedanken an irgendein zukünftiges Ergebnis, einen Gewinn, einen Ehrgeiz, einen Profit.

Darum sagen die Zen-Meister, anstrengungslose Anstrengung sei nötig.

Was meinen sie mit anstrengungsloser Anstrengung? Sie meinen, dass harte Arbeit nötig ist, aber sie darf nicht zukunftsorientiert sein. Man sollte Freude daran haben – nicht, um irgendein anderes Ziel zu erreichen. Selbst wenn gar nichts dabei herauskommt, genießt man es, weil es schön ist. Doch das ist für den menschlichen Verstand sehr schwierig. Darum nenne ich es harte Arbeit.

Das Schwierigste ist, eine Sache um ihrer selbst willen zu tun – ein Lied um seiner selbst willen zu singen, zu meditieren um der Meditation willen, zu lieben um der Liebe willen.

Das ist das Schwierigste für den menschlichen Verstand, weil er zukunftsorientiert ist. Er sagt: »Eine Sache um ihrer selbst willen? Wozu denn? Was springt für mich dabei heraus?« Die Leute kommen zu mir und fragen: »Wir können meditieren, aber was haben wir davon? Wir können *Sannyasins* werden, aber welchen Nutzen ziehen wir daraus?« So ist der Verstand – immer gierig.

Lasst mich euch erzählen …

Eines Tages schaute Mulla Nasruddin durch das Fenster auf die Straße, als er seinen Gläubiger auf das Haus zukommen sah. Da er wusste, was der Typ wollte, rief Mulla seine Frau herbei und sagte ihr, sie solle sich um den Besuch kümmern.

Die Frau öffnete also die Tür und sagte: »Ja, mein Herr, ich weiß. Wir haben Sie noch nicht bezahlen können. Mulla ist zwar selbst gerade nicht da, aber er denkt Tag und Nacht darüber nach, wie er das Geld bekommen kann, um es Ihnen zurückzuzahlen. Er hat mich sogar gebeten, die Straße im Auge zu behalten, und jedes Mal wenn eine Schafherde vorbeikommt, soll ich hinausgehen und die Wollbüschel aufklauben, die sich an den Büschen verfangen haben. Wenn wir auf diese Weise genug Wolle beisammenhaben, können wir sie spinnen und ein paar Schals daraus machen, die wir verkaufen können, um Ihnen das Geld zurückzuzahlen.«

Als sie das sagte, fing der Mann zu lachen an. Da kam Mulla aus seinem Versteck hervor und sagte: »Du Gauner! Sobald du Geld riechst, fängst du an zu grinsen!«

Der Verstand ist ein solcher Gauner. Sobald er irgendeinen Hinweis auf die Zukunft bekommt, fängt er an zu grinsen. Er stürzt sich sofort darauf, packt es – und du bist nicht mehr im Hier und Jetzt.

Meditation geschieht um ihrer selbst willen – so wie Liebe um ihrer selbst willen geschieht.

Frag eine Rose, warum sie blüht. Sie blüht einfach. Es ist so schön zu blühen! Sie hat kein Motiv. Frag die Vögel, warum sie singen. Sie singen einfach. Sie haben ihren Spaß daran, sie genießen es, sie haben kein Motiv.

Lass den Verstand los, dann verschwinden deine Motive. Zumindest für ein paar Stunden am Tag solltest du Dinge um ihrer selbst willen tun. Tanze, singe, spiel die Gitarre, sitz mit Freunden beisammen oder schau einfach in den Himmel. Zumindest ein paar Stunden deiner Zeit solltest du dich solchen unmotivierten Tätigkeiten widmen. Diese Tätigkeiten sind die harte Arbeit.

Und ich weiß, der Verstand ist sehr faul. Er liebt es zu träumen. Er arbeitet nicht gern, darum denkt er ständig an die Zukunft. Der Verstand ist sehr faul. Er denkt nur an die Zukunft, um die Gegenwart, die Herausforderung der Gegenwart zu vermeiden.

Ich habe eine Anekdote gehört …

Ein Mann ging am Flussufer spazieren und traf auf einen jungen Kerl, der faul unter einem Baum lag. An einer Angelleine im Wasser zuckte wild der Korken. »Du, da hat einer angebissen!«, sagte der Mann.

»Ach ja«, sagte der Angler mit müder Stimme. »Holst 'n mir raus?«

Der Spaziergänger tat, wie ihm geheißen, worauf der Liegende ihn fragte: »Holst 'n mir runter, machst 'n neuen Köder dran und wirfst die Leine neu aus?«

Auch das wurde ausgeführt und der Mann kommentierte scherzhaft: »So'n fauler Kerl wie du sollte sich 'n paar Kinder zulegen, die's für dich machen!«

»Keine schlechte Idee«, gähnte der Fischer. »Haste nich 'ne Idee, wo ich 'ne schwangere Frau herkriege?«

So ist der Verstand; er mag keine Mühe auf sich nehmen.

Er hofft einfach, träumt und wartet auf die Zukunft.

Die Zukunft ist ein Trick, um die Gegenwart aufzuschieben. Die Zukunft ist ein Trick, um die Gegenwart zu vermeiden. Es ist nicht so, dass du in der Zukunft irgendetwas tun wirst – nein. Denn der Verstand bleibt der Gleiche und er wird sagen: »Morgen! Morgen!« – bis du stirbst. Und du wirst gar nichts tun und wirst immer nur darüber nachdenken.

Dieses Denken hilft dir, dein Gesicht zu wahren. Dann fühlst du dich nicht faul, weil du so viel an dein Tun denkst, an die großen Taten, die du einmal vollbringen wirst, an die großen Dinge, von denen du träumst! Dann brauchst du die kleinen Dinge, die jetzt im Moment getan werden müssten, nicht zu tun.

Harte Arbeit bedeutet, ganz in der Gegenwart zu sein und zu tun, was die Gegenwart verlangt.

»Du hast gesagt, Anstrengung sei gefährlich, aber in den Meditationen sei harte Arbeit nötig.«

Ja, es ist harte Arbeit – weil du gegen deinen Verstand angehen musst.

Hart ist nicht die Arbeit – die Arbeit ist wunderbar einfach, die Arbeit ist eigentlich ganz leicht. Die Härte rührt daher, dass du so sehr vom Verstand eingenebelt bist und aus ihm herauskommen musst.

»Für meinen deutschen Verstand bedeutet Anstrengung das Gleiche wie harte Arbeit.«

Das verstehe ich. Aber der Verstand ist immer deutsch.

Darum hat jeder solche Probleme! Darum findet jeder in sich seinen eigenen Faschismus, seinen eigenen Nazi, seinen eigenen Adolf Hitler. *Jeder* tut das.

Der Verstand ist ein Faschist und er hält ständig Ausschau nach Führern oder nach Leuten, die ihm folgen.

Es kam für die ganze Welt überraschend, dass Deutschland einem Adolf Hitler auf den Leim ging. Keiner konnte es glauben, es war einfach nicht logisch! Ein so großartiges Volk mit einer solch großen Tradition von Wissenschaftlern, gelehrten Geistern, großen Philosophen wie Kant, Hegel, Feuerbach, Marx …! Eine solche Hochkultur mit einem so hoch entwickelten Intellekt! Eine Gesellschaft, die so großartige Wissenschaftler, Musiker, Schriftsteller und Dichter hervorgebracht hatte! Das Land der Philosophen und Professoren! Das Wort »Professor« hat in keinem anderen Land ein so hohes Ansehen genossen wie in Deutschland.

Was passierte mit diesem intelligenten Volk, dass es auf einen so dummen, geradezu idiotischen Menschen wie Adolf Hitler hereinfiel?

Man muss dazu eines verstehen: Alle Gelehrtheit, die nur an der Oberfläche ist, die nur den Verstand betrifft, bringt einem gar nichts. All diese Gelehrtheit bleibt nur an der Oberfläche – aber in der Tiefe bleibt man weiterhin kindisch.

Diese Professoren – und sogar ein Mann wie Martin Heidegger, ein bedeutender Philosoph, ja man könnte sagen, der größte, den dieses Jahrhundert hervorgebracht hat ... Selbst er wurde ein Anhänger von Adolf Hitler. Was geschah mit diesen Geistesgrößen, dass sie einem Mann folgten, der praktisch ein Irrer war?

Man muss das verstehen. Das passiert und es passiert immer wieder.

Diese Geistesgrößen sind nur an der Oberfläche groß, wenn man aber tiefer gräbt, findet man, dass sie in ihrem Wesen äußerst kindisch sind. Nur ihr Intellekt hat sich entwickelt, aber sie selbst haben sich nicht entwickelt. Martin Heideggers Intellekt ist sehr erwachsen, aber sein Wesen ist kindisch. In seinem Wesen ist er kindisch geblieben – er wartet auf jemanden, der ihn führt.

Ein wirklich reifer Mensch wird seine Verantwortung nicht an jemand anderen abgeben. Er trägt selbst die Verantwortung für sein eigenes Wesen.

So ist dieses ganze Volk von Wissenschaftlern, Philosophen, Professoren, Dichtern und intellektuellen Größen auf einen sehr gewöhnlichen, mittelmäßigen Mann hereingefallen. So konnte dieser Mann die Herrschaft antreten.

Das sollte jedem helfen, die Dummheit des Intellekts zu verstehen. Der Intellekt ist oberflächlich. Man muss sich in seinem Sein weiterentwickeln, sonst läuft man immer Gefahr und neigt dazu, auf solche Leute hereinzufallen. Und es gibt sie immer.

Der Verstand wird von der Außenwelt konditioniert; er kann auch von der Außenwelt gesteuert werden. Man muss über den Verstand hinauswachsen in den Zustand des Nicht-Denkens, erst dann ist man nicht mehr von außen steuerbar.

Nur ein Mensch, der im *No-Mind* lebt, der das Denken hinter sich gelassen hat, ist frei und unabhängig. Er ist weder Deutscher noch Inder, weder Engländer noch Amerikaner – er ist einfach frei. Amerikaner, Inder, Deutscher – das sind alles Namen für eure Gefängnisse. Es sind nicht die Himmel eurer Freiheit. Das sind keine Himmel, in denen man fliegen könnte; es sind die Gefängnisse, in denen die Menschen leben.

Ein freier Mensch gehört sich selbst und sonst niemandem. Ein freier Mensch ist einfach eine Energie ohne Namen, ohne Form, ohne Rasse, ohne Nation. Die Tage der Nationen und Rassen gehören der Vergangenheit an; die Tage des Individuums sind im Kommen.

In einer besseren Welt wird es keine Deutschen, keine Inder, keine Hindus, keine Christen mehr geben – es wird einfach nur Individuen geben, die völlig frei sind und ihr Leben auf ihre eigene Art und Weise leben. Sie werden sich nicht in das Leben von irgendjemand anderem einmischen und sie werden nicht zulassen, dass irgendjemand sich in ihr Leben einmischt.

Aber der Verstand selbst ist kindisch und gleichzeitig berechnend. Er kann auf irgendeinen Adolf Hitler, irgendeinen Chauvinisten, irgendeinen Verrückten hereinfallen, wenn dieser nur unverfroren genug ist … Und die Leute sind unverfroren, sie zögern nicht. Darin bestand auch die Faszination von Adolf Hitler. Er war so unverfroren, absolut kühn. Er zögerte nie, er war sich absolut sicher. Und Leute, die sich in ihrem Wesen unsicher fühlen, sind sofort fasziniert von einem solchen Menschen. Da ist jemand, der sich der Wahrheit so sicher ist – er muss die Wahrheit gefunden haben! Man fängt an, sich nach ihm auszurichten. Weil ihr selbst unsicher seid, könnt ihr auf jemanden hereinfallen, der verrückt ist. Verrückte sind sich immer sicher; nur ganz bewusste und wache Menschen zögern. Ihr Zögern ist ein Hinweis, dass sie bewusst sind und die Komplexität des Lebens kennen.

Und außerdem ist der Verstand sehr berechnend; er kann alles rationalisieren.

Ich habe gehört …

Berger, der sich mit seiner Frau in einem Berliner Dachbodenversteck vor den Nazis verbarg, beschloss, ein wenig frische Luft zu schnappen. Als er im Freien herumlief, stand ihm plötzlich Adolf Hitler von Angesicht zu Angesicht gegenüber. Der deutsche Führer zog eine Pistole und zeigte auf einen Haufen Pferdemist, der auf der Straße lag. »Also los, Jude!«, brüllte er. »Iss das oder ich töte dich!«

Zitternd tat Berger, wie ihm befohlen. Da fing Hitler an zu lachen und er schüttelte sich so vor Lachen, dass ihm die Waffe aus der Hand fiel. Berger hob sie schnell auf und sagte: »Jetzt isst du den Mist oder ich schieße!«

Der Führer ließ sich auf alle viere nieder und begann den Pferdemist zu essen. Während er noch damit beschäftigt war, entschlüpfte Berger, lief durch eine dunkle Seitengasse, kletterte über einen Zaun und rannte die Treppe hoch zum Dachboden. Er schlug die Tür hinter sich zu, verriegelte sie und drehte den Schlüssel im Schloss um. »Hilda! Hilda!«, rief er nach seiner Frau. »Rat mal, mit wem ich heute zu Mittag gegessen habe!«

Der Verstand rationalisiert ständig. Selbst wenn du Pferdemist gegessen hast, macht er daraus ein Mittagessen und: »Hilda! Hilda! Rat mal, mit wem ich heute zu Mittag gegessen habe!«

Hüte dich vor den Fallstricken des Verstandes. Und je bewusster du wirst, umso mehr wirst du fähig sein, im gegenwärtigen Augenblick zu leben und in deinen Handlungen total zu sein. Dann hast du keine Motive mehr; dann tust du etwas, nur weil du Freude daran hast. Und das nenne ich die schwerste Arbeit.

Aus dem Verstand auszusteigen ist die schwerste Arbeit. Aber es ist keine Anstrengung – es ist Bewusstheit. Es ist keine Anstrengung – es ist intensive Wachheit. *(108)*

Das meine ich mit Loslassen: Du lässt einfach deine Projektionen, deine Fantasien fallen und lässt die Existenz dein Leben ganz in die Hand nehmen. Dann gibt es keine Verzweiflung, weil es keine Möglichkeit gibt, frustriert zu sein. Dann gibt es keine Angst und keine Unruhe – du entspannst dich mit dem Leben. Was auch immer geschieht, es ist gut.

Die Existenz ist weiser als du. Was immer also geschieht – Buddha nennt es »Sosein« –, was auch immer geschieht, vergiss das nicht, entspricht dem Wesen der Existenz. Stelle dich nicht über und gegen die Existenz. Habe teil daran und fühle eine gewisse Einheit.

Diese Einheit kann man Sosein oder Istheit nennen, aber die Bedeutung ist, dass alles, was geschieht, gut ist. Man muss nur die Schönheit und die Freude entdecken, die darin liegen. Nur ein solcher Mensch kann glückselig sein; ansonsten besteht immer das Gefühl, betrogen worden zu sein.

Jeder Mensch … von tausend stirbt vielleicht einer ohne den Gedanken, vom Leben betrogen worden zu sein. Fast jeder stirbt mit dem Gedanken: »Was war das? Siebzig Jahre lang habe ich mich abgekämpft. Was soll dieses Spiel?« Alle Erwartungen wurden zunichte gemacht, alle Träume sind zerbrochen, alle Versprechungen blieben unerfüllt. Du stirbst als Bankrotteur.

Fast jeder stirbt als Bankrotteur, was seine Erwartungen angeht. Nur wer das Loslassen praktiziert, fühlt sich durch nichts betrogen. Er nimmt alles, was ihm begegnet, glücklich und freudig an, und wenn sich die Dinge ändern, lässt er die Änderung zu, ohne sie durch Widerstände zu behindern. Ein solcher Mensch kennt keine Enttäuschungen; er weiß, dass das Leben ihn nie betrogen hat, sondern ihm sogar jene Sehnsüchte erfüllt hat, von denen er nicht einmal wusste.

Alles ist, wie es sein sollte. So friedlich sind die Hügel im Vollmondlicht … Die Flüsse tanzen friedlich in der Vollmondnacht dahin. Ihr Wellentanz lässt die Spiegelung des Vollmondes zu einem silbrigen Glanz werden, der über allem liegt. Alles ist still und friedlich. Die Hügel sind nicht frustriert, die Flüsse sind nicht frustriert. Sogar der Frosch glänzt allein ganz glücklich im Mondlicht.

Wenn du die Natur betrachtest und dir den Menschen

und seinen Verstand einmal wegdenkst, dann ist alles Seligkeit – alles ist Buddha. Nur der Verstand des Menschen erzeugt Probleme, weil er kein Loslassen erlaubt.

Der Mond ist voller Seligkeit, und ebenso alles, was im Mondlicht leuchtet … nur der Mensch nicht.

Der Mensch kann so glücklich wie die Hügel und so friedlich wie die Flüsse sein, wenn er den Mond und die Umgebung ohne den Verstand betrachten kann. Ohne Gedanken wird er selbst zu einem Teil der ganzen Szenerie.

Doch der Mensch bleibt stets mit seinen eigenen unsinnigen Vorstellungen beschäftigt. Während die ganze Existenz jubiliert, macht allein der Mensch sich Sorgen. Hast du je einen Baum gesehen, der sich Sorgen gemacht hätte? Kein Tier macht sich jemals Sorgen. Selbst wenn es stirbt, stirbt es friedlich. So ist eben der Lauf des Daseins, dass alles, was geboren wird, einmal sterben wird.

Doch der Verstand des Menschen mischt sich ein. Er erzeugt immer Probleme, weil er die Dinge anders haben möchte, als sie sind. Er ist nicht bereit, das Sosein der Existenz zu akzeptieren. Er will, dass es nach ihm geht. Dieses »Nach-ihm-Gehen« ist das ganze Unglück. Jeder versucht es so hinzubekommen, dass alles nach ihm geht. Ob man es ausspricht oder nicht … aber selbst wenn du es nicht aussprichst – in deinem Verstand spinnst du Gedanken, wie die Dinge nach *deiner* Vorstellung laufen sollten – und das ist unmöglich.

Du kannst den Lauf der Existenz nicht ändern.

Alles, was du tun kannst, ist, deinen Verstand loszulassen. *(109)*

Was bedeutet hierjetzt? Ist das Denken ein Teil davon? Oder gibt es hierjetzt nur, wenn man nicht denkt?

Denken ist die Fähigkeit, *nicht* hier zu sein. Darum kann es im Denken nie hierjetzt geben – es ist kein Teil davon, das ist unmöglich. Denken gehört immer entweder zur Vergangenheit oder zur Zukunft. Denken kann niemals zur Gegenwart gehören. Das ist im Vorgang des Denkens impliziert, es entspricht seinem Wesen.

Sobald du denkst, denkst du entweder an die Vergangenheit oder an die Zukunft. Selbst wenn es die unmittelbare Vergangenheit ist, ist es immer noch die Vergangenheit. Es ist nie die Gegenwart, kann nie die Gegenwart sein.

Denken braucht Raum. Und der gegenwärtige Augenblick enthält keinen Raum. Das Denken erschafft sich die Vergangenheit und die Zukunft, um darin zu leben. Je größer die Vergangenheit, desto leichter kann das Denken sich darin bewegen. Je größer die Zukunft, desto leichter kann das Denken sich auch darin bewegen. Die Gegenwart bietet keinen Raum, in dem das Denken sich bewegen könnte.

Der gegenwärtige Augenblick ist ein Augenblick jenseits des Denkens.

Immer wenn du in der Gegenwart bist, funktionierst du ohne den Verstand. Dein Körper ist in der Gegenwart, aber dein Verstand nie. Dein Körper ist *immer* in der Gegenwart – darum ist der Körper so schön und der Verstand so hässlich.

Aber seit jeher hat man euch beigebracht, euch nach dem Verstand zu richten und den Körper zu missachten. Das ist die größte Tragödie, unter der die Menschheit bisher gelitten hat. Wenn eine neue Menschheit entstehen soll, müssen wir die Dinge wieder an ihren richtigen Platz rücken: Ihr müsst euch nach dem Körper richten und nicht nach dem Verstand.

Gebrauche deinen Verstand, aber identifiziere dich nicht mit ihm. Der Verstand ist ein guter Sklave, aber ein sehr schlechter Herr. Der Körper ist viel weiser.

Wenn du Hunger hast, hast du hier und jetzt Hunger; du kannst nicht in der Zukunft oder in der Vergangenheit Hunger haben. Wenn du Durst hast, spürst du es in diesem Moment in deiner Kehle – es ist unmittelbar, in der Gegenwart. Aber dein Verstand rennt immer in alle Richtungen … Darum kommen dein Körper und dein Verstand nie zusammen. So ist eine Spaltung in dir entstanden; so ist das Wesen des Menschen schizophren geworden.

Komm aus dem Verstand in den Körper. Je mehr du im Körper bist, umso natürlicher wirst du sein. Je mehr du im Körper bist, umso näher wirst du dem Göttlichen sein.

Der Verstand ist nur ein Hilfsmittel. Wunderbar! Hilfreich! Er kann auf tausenderlei Arten eingesetzt werden. Aber da entsteht auch das Problem: Weil der Verstand auf so vielerlei Arten eingesetzt werden kann, wirst du von ihm abhängig, und mit der Zeit verlierst du das Bewusstsein für die Gegenwart und konzentrierst dich nur noch auf den Verstand. Dann beginnt dein Leben zu vertrocknen, es verödet.

Dann tauchen plötzlich solche Fragen auf: »Was ist der Sinn des Lebens?« – denn der Verstand kann euch keinen Sinn liefern. Der Verstand kann euch keine Bestimmung verleihen. Der Verstand kann euch nicht helfen zu leben. Er kann euch nicht das Leben geben! Er kann euch Technik geben, kann euch größere Maschinen geben, kann euch mehr Wohlstand geben – aber er kann euch nicht mehr Lebendigkeit, mehr Sein geben.

So wächst der Reichtum immer mehr, die Technik entwickelt sich immer höher – und die Menschen werden immer ärmer. Seltsam! Der äußere Reichtum nimmt immer mehr zu, während der Mensch innerlich zu einem Bettler wird.

Noch nie zuvor in der Geschichte des Menschen hat es eine solche innere Leere, eine solche innere Sinnlosigkeit, eine solche innere Armut gegeben.

Und der Grund dafür liegt hierin: Es ist der Körper, der Bedeutung verleiht; der Körper ist göttlich. Den Verstand hat der Mensch geschaffen, doch der Körper ist noch im Göttlichen, er existiert noch im Göttlichen, er atmet noch das Göttliche.

Du fragst: *»Was ist hierjetzt?«*

Würde man dir darauf irgendeine verstandesmäßige Antwort geben, dann wäre das nicht die richtige Antwort. Alles, was der Verstand sagen könnte, um hierjetzt zu definieren, wäre falsch. Was auch immer er sagen kann – alles wäre falsch.

Der Verstand hat keine Ahnung von hierjetzt! Wie sollte er es definieren?

Sei einfach still. Für einen Augenblick, sei ... und da ist es!

Dies ist hierjetzt!

Ich werde dir keine Definition geben, denn Definitionen kommen aus dem Verstand und Definitionen werden immer vom Verstand aufgenommen. Hierjetzt ist aber eine existenzielle Erfahrung ... diese Bäume, dieser zwitschernde Vogel, das Rauschen des Verkehrs, die Eisenbahn und die Sonne und die Bäume ... und ihr und ich ... und diese Stille, diese Präsenz ...

Wenn kein einziger Gedanke sich in dir regt, wenn die innere Leinwand vollkommen leer ist, nicht ein einziges Bild, das sich bewegt ...

Das, was ist ...

Und das kann nicht definiert werden.

Du kannst es erfahren; es ist immer gegenwärtig. Jeder hat ein *Recht* auf diese Erfahrung – aber wie soll man es definieren? Wenn du versuchst, es zu definieren, musst du die Vergangenheit und die Zukunft ins Spiel bringen. Geh und schau mal im Wörterbuch nach, schau im Lexikon nach – was steht dort? Dort steht, die Gegenwart sei ein Augenblick zwischen Vergangenheit und Zukunft – nur so kann man es definieren.

Kann es aber eine unrichtigere Art geben, die Gegenwart zu definieren? Wenn man für eine Definition die Vergangenheit und die Zukunft bemühen muss, wenn man die Gegenwart nicht definieren kann, ohne Vergangenheit und Zukunft ins Spiel zu bringen, wie soll man sie dann definieren?

Die Gegenwart ist weder Vergangenheit noch Zukunft und sie existiert auch nicht zwischen den beiden! Sie kann nicht zwischen den beiden existieren, denn die Vergangenheit ist *nicht mehr* da und die Zukunft ist *noch nicht* da. Wie könnte die Gegenwart zwischen zwei nicht existierenden Dingen existieren? Die Gegenwart ist existenziell. Wie kann die Existenz durch etwas definiert werden, das gar nicht existiert? Das ist völlig absurd! Aber dorthin führt uns die Logik. Die Logik erscheint sehr logisch, aber sie wurzelt im Absurden.

Die Gegenwart existiert nicht zwischen Vergangenheit und Zukunft – die Gegenwart ist *jenseits* von Vergangenheit und Zukunft. Die Gegenwart ist in der Ewigkeit. Die Gegenwart gehört nicht einmal zur Zeit!

Es ist auch gar nicht so, dass die Zeit vergeht, sondern wir vergehen und die Zeit bleibt. Wir kommen und gehen, und die Zeit bleibt. Es ist nicht so, dass jener Moment, der eben noch war, nun Vergangenheit geworden ist, nein.

Die Zeit ist ein einziger Augenblick, völlig eins. Sie ist Ewigkeit. Sie geht nicht vorüber, sie geht nirgendwohin.

Hast du schon mal beobachtet, wenn du in der Eisenbahn sitzt und dein Zug steht in einer Station und wartet und dann beginnt sich dein Zug in Bewegung zu setzen und du hast das Gefühl, als würde sich der Zug auf dem Gleis nebenan in Bewegung setzen? Oder der andere Zug beginnt sich zu bewegen und es fühlt sich an, als würde sich dein Zug in Bewegung setzen, aber wenn du genauer hinschaust, siehst du, dass dein Zug sich gar nicht bewegt – der andere Zug bewegt sich.

Die Zeit bleibt stehen – wir sind es, die sich bewegen, die sich verändern. Der Ozean der Zeit bleibt unverändert – nur die Fische bewegen sich.

Diese Bewegung findet in deinem Verstand statt. Der Verstand *ist* Bewegung.

Die Wahrheit ist unbewegt, sie ist immer gleich.

Sieh mal: Als du zur Welt kamst … hast du dich seither verändert? Natürlich, auf einer bestimmten Ebene hast du dich verändert. Dein Körper ist gewachsen, du bist größer und älter geworden, hast vieles erlebt – all die Erfahrungen, Frustrationen, Aufregungen, Ekstasen – alles, was das Leben so bringt. Aber geh mal tiefer: Hast du dich in der Tiefe wirklich verändert? In deinem Wesenskern? Bist du dort nicht derselbe geblieben? Dort hat sich nichts verändert. Dein Wesenskern ist da, wo er immer war und wo er immer sein wird – er ist immer gleich; dort herrscht immer das gleiche Klima.

An der Oberfläche ändern sich die Dinge ständig. Das Rad des Wagens dreht sich ständig weiter, aber es dreht sich um etwas, das immer unbewegt bleibt – die Achse. Du bist beides, Peripherie und Achse, das Zentrum. Nicht einmal den Zyklon gibt es dort im Zentrum – dort herrscht Stille. Dort bewegt sich nie etwas.

Das ist dein Sein!

Welche Bezeichnung du ihm gibst, spielt keine Rolle. Dieses Auge des Zyklons, dieses Zentrum des Sturms – das ist hierjetzt. Es gehört nicht der Zeit an. Es ist die Ewigkeit.

Du fragst mich: »*Was ist hierjetzt?*«

Fühle es! Erlebe es! Und nichts anderes tun wir hier. Was ist Meditation? – ins Hierjetzt zu kommen. Was ist Liebe? – ins Hierjetzt zu kommen. Was ist Feiern? – ins Hierjetzt zu kommen. Aber definieren kann man es nicht. *(110)*

Ich selbst bin die Frage. Ich weiß nicht, wer ich bin. Was soll ich tun? Wohin soll ich gehen?

Bleib bei dieser Frage: »Wer bin ich?« Tu gar nichts und geh nicht irgendwohin. Und fang nicht an, irgendeiner Antwort zu glauben. Bleib bei der Frage. Das ist eines der schwierigsten Dinge – bei einer Frage zu bleiben und nicht die Antwort zu suchen; denn der Verstand ist sehr listig, er kann dir eine falsche Antwort liefern. Er kann dich trösten; er kann dir etwas geben, an das du dich klammern kannst, und dann wird die Frage nicht beantwortet, sondern nur unterdrückt. Dann fängst du an, an die Antwort zu glauben, und die Frage bleibt tief unten in deinem Unterbewusstsein, wie eine Wunde. Dann geschieht keine Heilung.

Wenn du bei der Frage bleibst, sage ich nicht, dass du die

Antwort bekommen wirst. Niemand hat je eine Antwort bekommen. Wenn du bei der Frage bleibst, wird die Frage nach und nach verschwinden. Nicht, dass eine Antwort käme, es gibt keine Antwort. Es kann keine geben, denn das Leben ist ein Geheimnis. Gäbe es eine Antwort, dann wäre das Leben kein Geheimnis mehr.

Es enthält keine Antwort, es kann nicht gelöst werden. Es ist kein Rätsel, es ist ein Geheimnis. Und das ist der Unterschied zwischen einem Rätsel und einem Geheimnis: Ein Rätsel kann gelöst werden, wie schwer die Lösung auch zu finden sein mag. Ein Geheimnis kann nicht gelöst werden – nicht weil es schwierig wäre. Es ist ganz einfach, aber es lässt sich von Natur aus nicht lösen.

Bleib bei der Frage – aufmerksam, bewusst, ohne eine Antwort zu suchen, ohne sich um eine Antwort zu bemühen. Es ist mühselig, aber wenn du das fertig bringst … und es ist zu schaffen. Ich habe es geschafft. Und alle, die dahin kamen, dass sich die Frage auflöste, haben es geschafft. Die bloße Aufmerksamkeit, das Feuer der Bewusstheit verbrennt die Frage. Die Sonne der Bewusstheit bringt die Frage zum Schmelzen; sie löst sich auf, sie verdunstet. Eines Tages entdeckst du plötzlich, dass du da bist und die Frage ist nicht da. Nicht, dass die Frage durch eine Antwort ersetzt worden wäre! Es gibt keine Antwort. Aber die Frage hat sich einfach aufgelöst. Du bist da, aber ohne Frage. Das ist die Antwort.

Du, ohne eine Frage – das ist die Antwort. Nicht, dass du dann sagen kannst, wer du bist – du wirst einfach nur lachen über die Frage. Diese Frage ist absurd geworden. Von vornherein war das Fragen schon falsch. Aber das kannst du jetzt noch nicht verstehen.

Du musst also fragen: »Wer bin ich?« Und du musst es sehr intensiv fragen. Stelle die Frage, aber erwarte keine Antwort.

Das ist der Unterschied zwischen Theologie und wahrer Religion. Theologie gibt dir die Antwort, Religion gibt dir Bewusstheit. Die Theologie liefert dir Antworten – vom

Fließband, vorfabriziert, ausgefeilt, perfekt. Religion gibt dir keine Antworten; sie hilft dir einfach, tief in die Frage einzudringen. Je tiefer du in die Frage eintauchst, umso mehr wirst du feststellen, dass sie dahinschmilzt, dass sie sich auflöst. Und wenn die Frage sich aufgelöst hat, wird eine ungeheure Energie in dir freigesetzt. Du bist da, ohne eine Frage.

Und wenn keine Frage mehr da ist, ist natürlich auch der Verstand nicht mehr da. Der Verstand ist der Frager. Wenn das Fragen verschwindet, löst sich auch der Verstand auf und da ist reines Bewusstsein – ein Himmel ohne Wolken, eine Flamme ohne Rauch.

Und genau das ist Gott. Genau das ist ein Buddha, genau das ist ein Christus. Vergesst es nicht. Ich sage es immer und immer wieder: Buddha hat die Antwort nicht gefunden. Deswegen gibt Buddha darauf nie eine Antwort. Du fragst ihn: »Existiert Gott?«, und er wird ausweichen, er wird nicht antworten. Du fragst ihn: »Was geschieht, wenn ein Buddha stirbt?« Er wird ausweichen; er fängt an, von anderen Dingen zu reden. Er wird darauf nicht antworten.

Er ist kein Metaphysiker, er ist kein Philosoph. Er hat sich dieser Frage gestellt und die Frage hat sich aufgelöst. Die Frage löst sich auf, so wie die Dunkelheit verschwindet, wenn man ein Licht anzündet, wenn man eine Lampe hereinbringt. Bringe mehr Bewusstheit in die Frage.

Du fragst mich: *»Ich selbst bin die Frage.«* Wunderbar! Genauso sollte es sein.

Führe alle Fragen auf die Grundfrage zurück, und die lautet: »Wer bin ich?« Hör auf, dich immer nur an der Peripherie zu bewegen, zum Beispiel mit: »Wer erschuf die Welt? Warum erschuf er die Welt?« – alles unsinnige Fragen. Komm zu der Grundfrage, zu der fundamentalsten Frage: »Wer bin ich?«

Wer ...? Lass dein Bewusstsein eindringen wie ein Pfeil, der tiefer und tiefer geht. Und hab's nicht so eilig, eine Antwort zu finden – denn der Verstand ist raffiniert. Wenn du in Eile bist, ungeduldig, ist der Verstand imstande, dir eine Antwort zu liefern. Der Verstand kann Schriften zitieren.

Aber er ist der Teufel. Er kann sagen: »Ja, du bist Gott, du bist *Brahma,* du bist reines Bewusstsein, *Satchitananda,* du bist die Höchste Wahrheit, die Ewige Seele, das Unsterbliche Sein!« Solche Antworten können deine Suche an der Wurzel zerstören.

Ein Sucher muss sich vor fertigen Antworten hüten, und es gibt davon jede Menge. Von allen Seiten werden sie dir angeboten. Genauer gesagt, dein Verstand ist schon längst damit konditioniert worden. Die Antworten hat man dir schon gegeben, bevor du überhaupt die Frage gestellt hattest.

Ein kleines Kind – es hat noch nicht einmal angefangen zu fragen, wer Gott ist, und schon wird ihm die Antwort geliefert; es wird konditioniert. Es hat nicht gefragt – die Frage ist noch gar nicht aufgetaucht, aber die Antwort wird schon geliefert. Viele Leute glauben dann einfach diesen Antworten und kommen überhaupt nie dahin, die Frage selbst zu stellen.

Wenn du die Frage nie gestellt hast, kannst du alles, was du weißt, auf den Müll werfen. Dein ganzes Wissen – wirf es auf den Müllhaufen. Nicht um das Wissen geht es, sondern um den Wissenden. Nicht um eine Antwort geht es, sondern nur um den Zustand des Bewusstseins, in dem das Fragen aufhört – diese Klarheit, diese Klarheit der Sicht und der Wahrnehmung, diese Klarheit der Augen. Du siehst bis auf den Grund, aber du findest nirgendwo eine Antwort. Die Existenz ist so unermesslich groß, so geheimnisvoll.

Und es ist gut, dass es so ist. Stell dir vor, was für ein Unglück das wäre, wenn du die Antwort finden könntest! Dann wäre das Leben nicht lebenswert, dann wäre es ohne Bedeutung. Nur weil du die Antwort nicht finden kannst, behält das Leben seine unendliche Bedeutung. Gott ist nicht die Antwort. Gott ist der Seinszustand, in dem die Frage sich aufgelöst hat. Gott ist der Zustand jenseits des Denkens.

Bleib bei der Frage. Ich bin hier, um dir zu helfen, bei deiner Frage zu bleiben.

Ich werde dir keine Antwort liefern; du hast jetzt schon

zu viele. Ich werde dir nicht noch mehr aufbürden. Ich bin hier, um dich zu lehren, wie du die Antworten, die du bisher gelernt hast, wieder verlernen kannst, damit die Frage so rein werden kann wie ein Kristall, damit die Frage zu deiner eigenen, authentischen Frage wird, damit die Frage aus deinem innersten Wesen kommt.

Und bleib dabei. Lauf nicht hierhin und dorthin; sei nicht in Eile. Sei geduldig. Lass diese Frage zu deinem ständigen Begleiter werden. Das ist die einzige Wissenschaft, die ich lehre: die Wissenschaft des Fragens – und zwar ohne Eile, eine Antwort zu finden.

Und es ist schön, bei der Frage zu bleiben, weil Antworten korrumpieren. Sie zerstören deine Unschuld, sie zerstören deine reine Unwissenheit. Sie stopfen deinen Verstand voll mit Wörtern, Theorien, Dogmen. Dann bist du nicht mehr unschuldig. Sie verderben dich. Die Frage ist rein, sie verdirbt dich nicht. Im Gegenteil, sie intensiviert deine Reinheit, sie macht dich klarer und klarer.

Werde dir der Frage bewusst. Dazu brauchst du nicht etwa ständig zu fragen: »Wer bin ich?« Dazu brauchst du sie nicht in Worte zu fassen.

Lass die Frage wortlos da sein. Lass sie wie das Atmen sein, lass sie wie dein Wesen sein.

Lass sie da sein, still, aber beständig, so als ob du mit ihr schwanger gingest.

Eines Tages, wenn du lange genug mit der Frage gelebt hast, beginnt sie zu verschwinden. Sie verdunstet, wie wenn morgens die Sonne aufgeht und die Tautropfen sich auflösen. Wenn das Bewusstsein zu einem Feuer geworden ist, zu einem intensiven Licht, dann beginnt die Frage sich aufzulösen.

Und wenn sich die Frage aufgelöst hat, kannst du nicht sagen, wer du bist – aber du weißt es. Es ist kein Wissen, es ist etwas Wissendes. Du kannst nicht antworten, aber du weißt. Du kannst es tanzen; du kannst es nicht beantworten. Du kannst es lächeln; du kannst es nicht beantworten. Du wirst es leben, aber du kannst es nicht beantworten. *(111)*

15. KAPITEL

Erleuchtung

Ist Erleuchtung jenseits der Natur der Dinge?

Erleuchtung ist die wahre Natur der Dinge. Aber so ist das nie gesagt worden, im Gegenteil. Man hat das Denken der Menschen verdorben, indem man ihnen ein Ziel gab, das gegen die Natur geht. Und man hat es mit so schönen Beinamen wie »übernatürlich« versehen. Und die Menschen haben sich darin verrannt, aus einem einfachen Grund: Die Natur der Dinge ist das, was du schon bist. Aber das ist nicht weiter aufregend. Und es stellt auch keine Herausforderung dar und verlangt nicht von dir, dein Ego zu beweisen. Es ist kein unerreichbar ferner Stern. Der Verstand braucht als Nahrung immer ganz schwierige, nahezu unmögliche Dinge. Nur wenn du das Unmögliche erreichst, kannst du dich als etwas Besonderes fühlen.

Erleuchtung ist keine besondere Begabung und kein Talent. Es ist nicht so, wie wenn jemand ein geborener Maler oder Dichter oder Wissenschaftler ist – das sind Begabungen.

Erleuchtung ist die Lebensquelle jedes Menschen. Man muss nicht einmal sein Haus verlassen, um danach zu suchen. Wenn du dein Haus verlässt, um danach zu suchen, verpasst du es, und wer weiß, ob du je wieder nach Hause zurückfindest.

Erleuchtung ist nichts anderes als die Erkenntnis der Tatsache: »Ich bin schon das, was ich immer sein wollte. Ich war nie etwas anderes und kann auch nie etwas anderes sein.«

Es liegt in der Natur deines Wesens, dass du nicht darüber hinausgelangen kannst. So sehr du dich auch anstrengst und dir Leiden, Sorgen und Angst kreierst – du kannst nicht darüber hinausgelangen. Du bist du. Wie könntest du je über dich selbst hinausgelangen?

Dein Wesen ist deine eigentliche Lebensquelle, deine wahre Existenz. Wo auch immer du hingehst, nimmst du dein Wesen mit.

Es gibt Berichte über Leute, die bei der ersten Erfahrung ihres Selbst nur in tiefes Lachen ausbrachen. Als sie die Absurdität dessen erkannten, was sie immer versucht hatten ... Sie hatten immer versucht, sie selbst zu sein! Das ist das einzige unmögliche Ding auf der Welt, denn du bist es ja schon. Wie kannst du versuchen, es zu sein?

Doch die Priester, die so genannten religiösen Führer und all jene, die euch versklaven wollen, haben euch immer Ideale gegeben. Sie haben euch gesagt: »Wenn ihr euch nicht in einer bestimmten Art und Weise benehmt, seid ihr schlecht.« Wenn ihr nicht die Dinge tut, die sie euch vorschreiben, seid ihr nicht gut. Niemand hat diese Leute je gefragt: »Wer verleiht euch die Autorität, für andere zu entscheiden? Wenn ihr etwas für gut haltet, dann tut es selbst. Aber ihr habt kein Recht, irgendjemandem zu befehlen, euch zu folgen.«

Die großen Verderber, die großen Vergifter sind diejenigen, die eine Gefolgschaft geschaffen haben. Jemandem zu folgen bedeutet nichts anderes, als auf absurde Weise gegen sich selbst zu gehen.

Man hat euch gesagt, dass ihr jemand anderer sein sollt, der ihr nie sein könnt. Das hat diese ganze Welt voll unermesslichem Leid geschaffen.

Nur wenn wir die Wurzeln erkennen, kann dieses Leid verschwinden. Wir können weiter unser technisches Spielzeug, unsere technischen Errungenschaften ausbauen, aber dieses Leid wird bestehen bleiben. Und es leben nicht nur die Armen im Unglück; nach meiner Erfahrung sind die Armen weniger unglücklich als die Reichen.

Der Arme hat zumindest die Hoffnung. Der Reiche lebt hoffnungslos – er weiß, er hat alles getan, was er konnte, doch sein Leben ist genauso leer wie vorher, vielleicht noch leerer. Und der Tod rückt immer näher, das Leben verkürzt sich in jedem Augenblick, doch er hat es vergeudet im Anhäufen von Geld, Macht, Prestige. Oder er hat sein Leben vergeudet mit dem Bemühen, ein Heiliger zu sein, der zu Göttern betet, die der Mensch fabriziert hat.

Und das alles hat man getan, um zu verhindern, dass ihr einfach nur ihr selbst seid.

Ich lehre euch eine ganz einfache Moral, und sie lautet: »Geht niemals gegen eure Natur.« Selbst wenn sämtliche Buddhas aller Zeiten dem entgegenstehen sollten, gebt ihnen keine Aufmerksamkeit. Was haben sie mit euch zu schaffen? Sie haben getan, was ihnen richtig erschien, und ihr müsst das tun, was euch richtig erscheint. Und was ist richtig? Man kann es nicht durch irgendwelche Schriften festlegen. Man kann es nicht durch irgendein äußeres Kriterium festlegen. Ihr müsst nur ein wesentliches Kriterium verstehen:

Was dich glücklicher macht, ist gut.

Was dich glückselig macht, ist die einzige Moral. Was dich unglücklich macht, ist die einzige Sünde. Was dich von dir selbst abbringt, ist das Einzige, was du vermeiden musst.

Hab einfach Freude an dir selbst – dann bist du erleuchtet. Du warst schon immer erleuchtet. Es gibt keine Möglichkeit, unerleuchtet zu sein.

Ich habe es auf so viele verschiedene Arten versucht, aber ich muss gestehen, ich bin gescheitert. Ich konnte nicht unerleuchtet werden. Wo auch immer ich war, was auch immer ich tat, es war überraschend: Ob ich nach Norden gehe oder nach Süden – ich bin und bleibe erleuchtet!

In Japan gibt es eine schöne Puppe ... Die Leute dort stellen die wunderbarsten Puppen her. Es ist keine gewöhnliche Puppe. In Japan nennt man sie *Daruma,* das ist die japanische Verfälschung des Namens Bodhidharma. Die Puppe ist so gemacht, dass sie Bodhidharmas Erkenntnis darstellt: Sie ist ganz schwer in den Beinen und oben in Richtung Kopf sehr leicht. Man kann sie hinwerfen, wie man will – sie geht immer in die Lotosposition. Man kann ihr nichts anhaben.

Die Leute haben das vielleicht vergessen und sie ist einfach zu einem Kinderspielzeug geworden, aber die Puppe macht das anschaulich, was ich sage und was auch Bodhidharma sagte: Es gibt keine Möglichkeit, unerleuchtet zu sein.

Wer hat dir den Gedanken eingegeben, du müsstest erleuchtet werden?

In einem Mädcheninternat hält Fräulein Ehrlich, eine alte Jungfer, ihre Einführungsrede: »Also, Mädchen, wenn ihr ausgeht, denkt bitte immer daran: Kein Rauchen auf der Straße, kein unziemliches Benehmen in der Öffentlichkeit. Und wenn euch die Männer belästigen, dann fragt euch: Lohnt sich ein ganzes Leben der Ehrlosigkeit für eine einzige Stunde Vergnügen? Also, Kinder, habt ihr noch Fragen?«

Da tönt eine Stimme aus der letzten Reihe: »Wie macht man es, dass es eine Stunde dauert?«

Rundherum gibt es Leute, die euch verrückt machen können. Ansonsten ist alles perfekt – genauso, wie es sein sollte. Dies ist die perfekteste aller Welten. Es fehlt gar nichts. Aber ein paar Strohköpfe haben keine Ruhe, bis sie nicht ein paar andere dazu bringen, hinter Schatten herzujagen, die sie nie erreichen können.

Und je mehr man spürt, dass man es nicht erreichen kann, umso stärker wird das Gefühl der Sinnlosigkeit und Hoffnungslosigkeit, umso stärker wird das Gefühl der völligen Leere. Und eine Traurigkeit macht sich breit, die mit der Zeit immer schwerer wird.

Akzeptiere nie eine Regel, die dich unglücklich macht. Akzeptiere nie eine Moral, die dir Schuldgefühle macht. Akzeptiere nie, wenn dir etwas aufgezwungen wird, das gegen deine Natur geht.

Sei einfach du selbst, dann bist du perfekt.

Sobald du dich von dir selbst wegbewegst, gerätst du in Schwierigkeiten. Und jeder ist in Schwierigkeiten.

Meine eigene Erfahrung aus der Begegnung mit Tausenden von Menschen ist, dass ich noch nie jemanden gesehen habe, der *absolut* unglücklich gewesen wäre. Im Gegenteil, ich habe erlebt, dass die Leute ihr Unglück genießen und dass sie es sogar übertreiben.

Großes Mitgefühl entsteht, wenn man Menschen sieht, die zu schönen Blumen hätten aufblühen können, aber verkümmert sind. Sie haben ihren Weg nach Hause verloren, und jeder versucht ihnen zu helfen, woandershin zu kommen: »Werde wie Buddha, werde wie Jesus, werde wie Moses!« Aber keiner sagt je: »Sei einfach du selbst.«

Was hast du mit Moses zu schaffen? Was verbindet dich mit Jesus Christus? Aber die Menschen verehren sie und beten zu ihnen und hoffen, eines Tages dem Ideal ihrer Vorstellungen zu entsprechen. Natürlich scheitern sie immer.

Du bist und bleibst eine Rose. Lass die ganze Welt dich lobpreisen oder verdammen – das spielt keine Rolle.

Wenn ein Mensch beschließt: »Ich werde mich selbst behaupten«, hat das nichts mit Ego zu tun. Er schützt sich einfach gegen diese kriminelle Welt, die seit Jahrtausenden verdorben ist. Du hast jedes Recht, dich selbst zu schützen, um nicht vergiftet zu werden.

Es besteht für dich kein Bedarf an einem Gott, einer Religion, einem Moralkodex, an einer besonderen Methode oder Anstrengung, um die Erleuchtung zu erlangen.

Einfach natürlich zu sein ist mehr, als du dir je vorstellen kannst.

Außer dem Menschen ist die ganze Existenz erleuchtet. Kein einziges Wesen versucht, etwas anderes zu sein, als es ist. Alle sind im Einklang mit dem Universum.

Vielleicht ist eure ganze Suche nach Erleuchtung nichts als eine raffinierte Strategie, die Erleuchtung aufzuschieben. Und sogar von Aufschieben zu reden ist nicht richtig.

Ihr *seid* schon erleuchtet, aber ihr versucht so zu tun, als wäret ihr nicht erleuchtet.

All eure Bemühungen, Katholiken, Protestanten, Hindus oder Mohammedaner zu sein, sind nichts als ein Mittel, das euch daran hindert, eure Erleuchtung zu erkennen.

Darum sei einfach natürlich, damit du im Einklang mit der Existenz bist. Damit du im Regen, in der Sonne und mit den Bäumen tanzen kannst, damit du auch mit den Felsen, den Bergen, den Sternen in Kommunion sein kannst. Jenseits davon gibt es keine Erleuchtung.

Lass es mich definieren: Erleuchtung heißt, im Einklang mit der Existenz zu sein.

Im Einklang mit der Natur zu sein – der wahren Natur der Dinge – ist Erleuchtung. Im Widerspruch zur Natur zu sein bedeutet nur Unglück – Unglück, das du dir selber schaffst. Niemand anderer ist dafür verantwortlich. *(112)*

Ist für die Erleuchtung ein besonderer Ort, eine besondere Zeit nötig?

Jeder Ort ist besonders, denn jeder Ort fließt über von Göttlichkeit. Kein Ort ist gewöhnlich. Die Erleuchtung kann dir sogar auf der Toilette passieren! Die Erleuchtung hat keine Angst vor deiner Toilette! Sie kann überall passieren. Man braucht nicht zu den heiligen Stätten zu fahren, denn die gibt es nicht. Die ganze Existenz ist heilig! Man braucht nicht nach Benares oder Jerusalem oder Mekka zu fahren – das ist alles Unsinn. Jeder Ort ist erfüllt von Göttlichkeit. Jeder Platz ist ein besonderer Platz.

Und von welcher besonderen Zeit sprichst du? Gibt es etwa eine Jahreszeit oder ein bestimmtes Klima für die Erleuchtung?

Die Erleuchtung ist in Wirklichkeit gar kein Ereignis. Wäre sie ein Ereignis, dann wäre sie möglicherweise auf einem bestimmten Boden, in einem bestimmten Klima, an einem bestimmten Ort, an bestimmten Tagen wahrscheinlicher. Aber die Erleuchtung ist kein Ereignis.

Die Erleuchtung ist einfach ein Wiedererkennen – die Erkenntnis, dass du schon immer erleuchtet warst und dass du sie niemals auch nur für einen einzigen Augenblick verloren hattest. Du warst nur eingeschlafen. Darum trifft man bei manchen Zen-Meistern auf äußerst seltsame *Satori*-Erfahrungen!

Jemand geht über den Markt und hört, wie ein anderer das Diamant-Sutra rezitiert. Und als er eine bestimmte Zeile hört, wird er erleuchtet. Wie ist das möglich? Während man eine bestimmte Zeile aus dem Diamant-Sutra hört, während man hört, dass man von Anfang an schon immer erleuchtet war?

Ja, das kann passieren, weil die Erleuchtung deine Natur ist, deine wahre Natur. Sie ist nichts Äußerliches. Die Blume blüht bereits, du hast sie nur nicht wahrgenommen. Du suchst ständig woanders danach; du schaust nie nach innen.

So kann es passieren ... Manchmal hat ein Meister seinen Schüler geschlagen und mit einem Mal ... der Stock des Meisters auf dem Kopf des Schülers und irgendetwas wird ausgelöst: Das Denken steht still. Plötzlich kommt dem Schüler die Erkenntnis, plötzlich erlangt er Bewusstheit.

Alles Mögliche kann passieren ... Man erzählt von einem Schüler, der still dasaß und meditierte, monatelang, jahrelang. Irgendwann kam der Meister mit einem Ziegelstein und fing an, direkt vor dem Schüler, der wie eine Buddhastatue dasaß, den Ziegel zu reiben. Der Schüler hatte es gut gelernt, stundenlang unbeweglich wie eine Statue dazusitzen. Jetzt rieb dieser Meister den Ziegel gegen einen Stein, und natürlich muss das den Schüler furchtbar gestört haben. Er muss nahe am Explodieren gewesen sein – da reibt einer vor seiner Nase einen Ziegel und es ist niemand anderer als sein eigener Meister! Eine Weile bemühte er sich, es zu kontrollieren, aber schließlich wurde es ihm zu viel und er platzte heraus: »Hör auf! Was tust du da?«

Und der Meister sagte: »Ich versuche, aus dem Ziegel einen Spiegel zu machen. Ich reibe und reibe ihn einfach so lange, bis eines Tages ein Spiegel daraus wird!«

Da lachte der Schüler und sagte: »Du musst verrückt geworden sein.«

Und der Meister sagte: »Und du? Du reibst und reibst den

Ziegel deines Verstandes schon Jahr um Jahr. Meinst du, irgendetwas wird je passieren?«

Mit einem Schlag verschwanden die Wolken: »Ja!«

Der Schüler erlangte die Erkenntnis und fiel dem Meister zu Füßen.

Der Meister muss nach jenen Augenblicken Ausschau halten, in denen die Schicht der Unbewusstheit ganz dünn geworden ist.

Erleuchtung kann an jedem Ort, zu jeder Zeit passieren. Du musst nur zulassen, dass sie passieren kann. Es ist keine Frage von Ort und Zeit, es ist eine Frage deines Zulassens.

Hier ist eine Parabel, ein modernes Zen-Gleichnis – du wirst es aber nicht in den Zen-Büchern finden …

Die Erleuchtung eines Suchers

Ein ernster junger Mann war äußerst verwirrt angesichts der Konflikte in Amerika in der Mitte des zwanzigsten Jahrhunderts. Er ging zu vielen Leuten, um einen Weg zu finden, die Spannungen aufzulösen, die ihm so sehr zu schaffen machten, doch seine Unruhe blieb.

Eines Abends sagte in einem Café ein angeblicher Zen-Priester zu ihm: »Gehe zu dieser verfallenen Villa, deren Adresse ich dir aufgeschrieben habe. Rede mit keinem der Bewohner. Du musst bis morgen Abend, bis der Mond aufgeht, in Schweigen verharren. Gehe in das große Zimmer rechts von der Eingangshalle, setze dich im Lotossitz auf den Schutthaufen in der nordöstlichen Ecke, mit dem Gesicht zur Wand, und meditiere.«

Er tat, wie ihm der Zen-Priester aufgetragen hatte. Seine Meditation wurde häufig von sorgenvollen Gedanken gestört. Er machte sich Gedanken, ob nicht auch noch die Reste der Installationsrohre an der Decke zum oberen Stockwerk auf ihn herunterfallen und sich zu den Rohrstücken und dem anderen Schrott hinzugesellen würden, auf dem er saß. Er machte sich Gedanken, wie er herausfinden könne, wann am nächsten Abend der Mond aufging. Er machte sich Gedanken über die Kommentare der Leute, die durchs Zimmer liefen.

Seine Sorgen und seine Meditation wurden unterbrochen, als plötzlich – wie zur Probe seines Vertrauens – durch das offene Rohrende aus dem oberen Stockwerk Exkremente auf ihn herabstürzten. Im selben Moment kamen zwei Leute ins Zimmer und einer fragte den anderen, wer denn der Mann sei, der da in der Ecke saß. Und als Antwort kam: »Manche sagen, er ist ein Heiliger, und andere sagen, er ist ein Scheißkerl.«

Als er das hörte, wurde der Mann erleuchtet.

Die Frage ist nur, ob du in jeder Situation präsent bist. Als er dies hörte – es war kein Diamant-Sutra, aber er muss es wirklich gehört haben, er muss in diesem Moment absolut wach gewesen sein. Natürlich, wenn über dich geredet wird und einer sagt: »Manche sagen, er ist ein Heiliger, und andere sagen, er ist ein Scheißkerl« – da muss sein ganzes Denken zum Stillstand gekommen sein. Als er das hörte, wurde der Mann erleuchtet.

Es kann dir jederzeit und überall passieren. Die Erleuchtung ist immer verfügbar. Sie kommt nicht von außen. Sie kommt, wenn die Gedanken verschwinden, aus deinem Inneren. Wenn die Gedanken in dir nicht mehr nach Aufmerksamkeit schreien und du plötzlich still bist, einfach aufmerksam, ganz da, dann taucht die Erleuchtung aus dem tiefsten Kern deines Seins auf. Sie kommt wie ein Duft. Und wenn du das einmal erlebt hast, gehört es für immer dir. *(113)*

Ist schon mal jemand erleuchtet worden, als er einen Witz hörte? Vielleicht gibt es dann noch Hoffnung für mich!

Erstens, niemand wird jemals erleuchtet. Es kommt vor, dass Leute unerleuchtet werden, aber erleuchtet wird nie jemand.

Erst wenn man es leid geworden ist, immer wieder unerleuchtet zu werden, tagein, tagaus, jahrein, jahraus, ein Leben nach dem anderen, sagt man sich eines Tages: »Jetzt reicht's! Ich sollte aufhören, unerleuchtet zu werden!« Und das ist der Moment, in dem man erleuchtet ist.

Erleuchtung ist natürlich; unerleuchtet zu sein ist etwas, das man tun muss. Darum wird in Wirklichkeit nie jemand erleuchtet. Man entdeckt lediglich: »Ich brauche einige Dinge gar nicht zu tun, die ich immer getan habe – und die haben mich daran gehindert, zu sehen, wer ich bin.« Das kann in jeder beliebigen Situation passieren. Es ist schon in den merkwürdigsten Situationen passiert.

Mahavira wurde in einer äußerst seltsamen Körperstellung erleuchtet. Die Jainas gaben ihr einen speziellen Namen – wohl um die Wahrheit zu verbergen, denn sie sagen, er sei in *Godohasan* gesessen. *Godohasan* ist die Position, in der man Kühe melkt. Was er da wohl gemacht hat? Mit Sicherheit hat er keine Kuh gemolken; er besaß gar keine. Was könnte er wohl in dieser Stellung gemacht haben? Ein seltsamer Kerl, dieser Mahavira! Ihr versteht sicher, was er da gemacht hat. Ich werde es euch nicht verraten, denn wenn ich es verrate, werden alle Jainas sagen, ich zerstöre ihre Religion. Aber es lohnt sich wirklich, diese Frage zu stellen: Was hat er da gemacht? Eines ist sicher, das werden sie auch nicht abstreiten – dass er keine Kuh gemolken hat, denn er hatte ja allen Besitz aufgegeben. Als er nackt in *Godohasan* saß, was machte er da? Und er wurde dabei erleuchtet!

Menschen sind schon in allen möglichen Situationen erleuchtet worden, denn es geht dabei nur um das Verständnis. Es kann jeden Moment passieren. Ja, selbst wenn du auf dem Klo sitzt … Mahavira war da ein bisschen altmodisch. Auf dem Klo kommen einem sowieso die *besten* Gedanken. Was wäre also verkehrt daran, wenn jemand beim Hören eines Witzes erleuchtet würde?

Wenn du wirklich im Lachen aufgehst, verschwindet dein Ego. Beide zusammen können nicht existieren. Darum kann ein Egoist nicht lachen. Selbst wenn er sich bemüht, ist es nur Gymnastik für die Lippen, mehr nicht. Wie könnte er etwas so Profanes tun? Etwas so Weltliches und Gewöhnliches wie Lachen? Unmöglich!

Die Christen sagen, Jesus habe niemals gelacht. Sie können nicht glauben, dass Jesus lachte, denn wer lacht, ist menschlich, allzu menschlich. Sie können zwar glauben, dass Jesus auf dem Wasser ging, das ist kein Problem. Oder dass er die Toten zum Leben erweckte, das finden sie großartig. Oder dass Jesus nach der Kreuzigung wieder auferstanden ist ... An all solchen Quatsch können sie glauben, aber dass Jesus gelacht haben soll – niemals! Wenn das wahr wäre, dann hielte ich das für das einzige Wunder, das er je vollbrachte.

Aber es ist nicht wahr, das kann ich aus meiner eigenen Erfahrung sagen. Es ist nicht wahr. Es kann nicht wahr sein! Sogar wenn Jesus selbst behaupten würde, dass er nie gelacht habe, würde ich nicht auf ihn hören. Jesus, und nie gelacht? Wer könnte denn sonst lachen? Diese ganze herrlich verrückte Schöpfung, dieses ganze absurde, wunderbare Leben – und Jesus soll nicht gelacht haben? Das kann ich nie und nimmer glauben.

Jesus muss gelacht haben und er muss auch Witze geliebt und erzählt haben. Man hat sie vielleicht nicht gesammelt – aber das zeigt höchstens, wes Geistes Kind seine Chronisten waren. Jesus war ein sehr weltlicher Mann. Er liebte es, zu essen, zu trinken und zu plauschen – denn was tat er? Jeden Abend traf er sich mit seinen Jüngern und Freunden und sie saßen stundenlang beisammen und tranken bis spät in die Nacht. Erst am Morgen gingen sie schlafen. Was konnte er denn die ganze Zeit getan haben? Er kann doch nicht in einem fort nur gegessen und getrunken haben. Man sieht doch, dass dieser Mann nicht viel gegessen hat – man sieht es seinen Bildern an! Wenn er die ganze Zeit nur gegessen und getrunken hätte, würde er wie ein Elefant aussehen! Er ist aber sehr gut proportioniert. Er muss geplaudert und Witze erzählt und gelacht haben. Tatsächlich kann nur ein Erleuchteter wirklich Sinn für Humor haben.

Da gibt es also kein Problem. Du kannst erleuchtet werden, während du einen Witz hörst. Und ich gebe dir jeden Tag reichlich Gelegenheit, erleuchtet zu werden.

Hör dir die folgenden Witze an und halte dich bereit. Wer weiß? Die Erleuchtung kommt immer unvermutet – vielleicht kommt sie heute! Aber du darfst es nicht erwarten.

Das ist das Problem mit der Erleuchtung: Wenn man sie erwartet, verpasst man sie. An die Erleuchtung sind so seltsame Bedingungen geknüpft: Wenn du sie erwartest, verpasst du sie, wenn du sie herbeisehnst, verpasst du sie. Darum erwarte nicht, dass es passiert. Sitz einfach entspannt da und hör dir den Witz an. Dann kann es passieren – oder auch nicht.

Die Ehe zwischen dem alten Bauern und seiner jungen Frau funktioniert nicht besonders gut, darum fragt der Bauer seinen Doktor um Rat. »Nächstes Mal, wenn du auf dem Feld am Pflügen bist und Lust auf deine Frau bekommst«, sagt der Doktor, »dann warte nicht bis zum Mittagessen oder bis zum Abend, sondern lass alles liegen und stehen und geh sofort nach Hause!«

»Das hab ich versucht«, sagt der Bauer, »aber bis ich zu Hause ankomme, bin ich so fix und fertig, dass es keinen Sinn mehr hat.«

Der Doktor denkt einen Augenblick nach. »Nimm morgens, wenn du aus dem Haus gehst, die Schrotflinte mit, und wenn du fühlst, dass es kommt, gib einen Schuss ab, dann kann sie zu dir kommen, wo du gerade bist.«

Ein paar Wochen später treffen sich die beiden auf der Straße. »Nun, hat es geklappt?«, fragt der Doktor.

»Prima ... die ersten drei Tage«, sagt der Bauer. »Aber dann fing die Jagdsaison an, und seither hab ich sie nicht mehr gesehen!«

Heinrich, ein deutscher Einwanderer in den Vereinigten Staaten, hat sein ganzes Leben lang sehr hart gearbeitet. Endlich wird er fünfundsechzig und kann einen Antrag auf Altersrente stellen. Er geht zum Büro der Sozialversicherung, um den Antrag zu stellen, aber als er an die Reihe kommt, sagt ihm das Mädchen am Schalter, er müsse seine Geburtsurkunde vorlegen, um sein Alter nachzuweisen. Er hat aber keine Geburtsurkunde und geht niedergeschmettert nach Hause.

Plötzlich fällt ihm etwas ein und er läuft zurück in das Büro. Als er die junge Frau sieht, geht er zu ihr hin, knöpft sein Hemd auf und zeigt ihr die grauen Haare auf seiner Brust.

»Okay, mit so vielen grauen Haaren auf der Brust sind Sie bestimmt schon fünfundsechzig«, sagt sie.

Heinrich ist darüber sehr erfreut und eilt nach Hause, um seiner Frau zu erzählen, dass es mit der Altersrente geklappt hat. »Wie hast du das denn geschafft?«

»Ich hab mein Hemd aufgeknöpft und ihr meine grauen Haare gezeigt.«

»Du Blödmann! Du hast es vermasselt!«, schreit da seine Frau. »Du hättest deine Hose aufknöpfen sollen, dann hätten sie dir die Versehrtenrente genehmigt!«

Ein Mann wohnte einem Bankett bei, das zu seinen Ehren im örtlichen Rotarierclub stattfand. Am Ende des Abendessens musste er eine kurze Rede halten. Er war sehr nervös, denn er war kein guter öffentlicher Redner, darum bat er seine Frau, ihn zu kneifen, wenn er irgendetwas Falsches sagen sollte.

Als er sein Eisdessert beendet hatte, erhob er sich von seinem Stuhl und fing an: »Meine Damen und Herren! Ich bin überwältigt! Ich zittere von Kopf bis Fuß vor Erregung … aua!« Seine Frau hatte ihn gekniffen.

Er hielt inne und besann sich einen Augenblick. Dann fing er von neuem an: »Ganz ehrlich, meine Herrschaften, ich fühle, wie Sturzbäche von Gefühlen meine Seele durchfluten … aua!« Ein erneutes Kneifen und ein Augenblick des Innehaltens.

Dann sagte er: »Also ganz ernsthaft, meine Herrschaften, dies ist der erregendste Augenblick meines Lebens …« Und wieder kniff ihn seine Frau, aber diesmal wandte er sich ihr zu und fragte: »Stimmt irgendetwas nicht, Liebes? Ich spreche die Wahrheit ... oder sage ich etwas Falsches?«

»Das Problem ist«, sagte seine Frau, »deine Hose ist offen!« Er wurde blass und sie fuhr fort: »Und deine Eier hängen im Eisbecher!« *(114)*

Bin ich ein ruheloser, verwirrter Buddha, der jetzt nur diese spezielle Natur der Buddhaschaft zu akzeptieren braucht? Oder bedeutet Buddhaschaft etwas ganz anderes und stellt sich erst ein, wenn man durch all dieses Zeug, das jetzt passiert, hindurchgegangen ist?

Du bist von Anfang an ein Buddha – so wie jeder andere auch. Buddhaschaft ist die Quelle und das Ziel. Du bist von Anfang an ein Buddha und bleibst ein Buddha bis zum Schluss. Das Einzige, worum es geht, ist, dies zu erkennen. Du musst es nicht erst verwirklichen. Wirklich ist es schon.

Es ist wirklich. Es geht also nicht um die Verwirklichung, sondern nur um das Erkennen, um eine Kehrtwendung nach innen.

Darin liegt die eigentliche Bedeutung des Wortes »Bekehrung«: Du kehrst um und wendest dich dir selbst zu.

Das Bewusstsein ist ständig mit Objekten beschäftigt, es geht ständig nach außen. Sein Engagement, seine Verpflichtung besteht gegenüber der Außenwelt. Wenn du es von der Außenwelt ablöst und ihm erlaubst, nach innen zu sinken, wird sich das Erkennen einstellen. Dann fängst du an, zum ersten Mal einen Geschmack von deinem Sein zu bekommen. Du hast seit Millionen von Jahren immer nur den Geschmack des »Anderen« gekostet. Doch der Andere hält dich nur ständig auf Trab, und sonst passiert da gar nichts. Die Beschäftigung mit dem Anderen ist nur wie ein Spielzeug. Und so wie du mit dem Anderen beschäftigt bist, ist auch der Andere mit dir beschäftigt – denn für ihn oder sie bist du der Andere.

Den Anderen zu sehen und sich selbst dabei zu vergessen bedeutet Unwissenheit.

Sich an sich selbst zu erinnern und den Anderen zu vergessen bedeutet Erwachen.

Und sobald du zu dir selbst erwacht bist und deine Buddhaschaft erkannt hast, kannst du auch wieder nach außen schauen. Aber dann wirst du dort nie wieder den Anderen finden. Wenn du erkennst, wer du bist, verschwindet in dieser Erkenntnis der Andere.

Das ist das paradoxe Wesen der Selbsterkenntnis: Indem du das Selbst erkennst, verschwindet das Selbst und mit dem Selbst verschwindet auch der Andere. Der Andere kann ohne dein Selbst nicht existieren. »Ich-Du« existiert nur als Dualität. Es sind eigentlich nicht zwei Wörter, sondern es ist ein Dual-Wort. Du kannst beides nicht voneinander trennen. Solange du auf den »Anderen« schaust, entsteht als Schatten davon das »Ich«. Und so bleibst du mit dem Anderen beschäftigt und stolperst über immer neue Fallstricke, fällst auf immer neue Spiele herein. Der Andere ist die Welt.

Du musst dich nach innen wenden … Aber du bist viel zu sehr damit beschäftigt, dir Erregung zu verschaffen. Der Andere erregt dich. Der Andere interessiert dich und du willst ihn erforschen. So bewegst du dich ständig auf den Anderen zu und du selbst bleibst unerkannt, bleibst ohne Erinnerung an dein innerstes Wesen, bleibst unbewusst.

Buddhaschaft ist nichts anderes als die Beschäftigung mit dir selbst. Wenn du erst einmal weißt, wer du bist, verschwindet das »Ich« und mit dem Verschwinden des »Ich« verschwindet auch das »Du«, verschwindet der »Andere«. Dann ist alles eins. Dann gibt es auch kein »Innen« und kein »Außen« mehr. Das bezeichnet man als Erleuchtung.

Du fragst mich: *»Bin ich ein ruheloser verwirrter Buddha, der jetzt nur diese spezielle Natur der Buddhaschaft zu akzeptieren braucht?«*

Alle sind ruhelos, alle sind verwirrt. Diese Verwirrung kommt aus eurer Beschäftigung mit dem Anderen. Der Andere verwirrt dich. Die Ruhelosigkeit ist da, weil du dich zu sehr für den Anderen interessierst. Sie bleibt bestehen, aber sie macht deine Buddhaschaft nicht zunichte. Dein Potenzial bleibt davon unberührt. Das ist nur an der Oberfläche, an der Peripherie. Diese Stürme wehen nur an der Oberfläche, sie erzeugen Wellen an der Oberfläche, aber in deiner tiefsten Tiefe bist du davon unberührt, völlig unbewegt. Nicht die kleinste Welle kräuselt sich dort im Zentrum ... dort ist das Auge des Zyklons.

Fang an, nach innen zu schauen. Vergiss einfach für ein paar Augenblicke den Anderen. Nach und nach wirst du den Dreh herausbekommen. Es ist keine Technik, sonst könnte ich sie euch beibringen. Man kann es nicht lehren; du musst dich selbst herantasten. Aber durch das Herantasten kommst du hin, das ist sicher – denn viele sind schon hingekommen.

Wenn ich hingekommen bin, kannst auch du hinkommen.

Und du kannst nicht einfach jemandem folgen, weil jeder auf seinem eigenen Weg hinkommt; jeder ist einzigartig und anders als alle anderen.

Fang an, dich heranzutasten. Dieses Herantasten ist Meditation. Verschließ deine Augen vor dem Anderen. Sicher kennst du Buddhastatuen – Buddha sitzt mit geschlossenen Augen da. Diese geschlossenen Augen sind nur ein Symbol; sie sind symbolisch dafür, dass er nicht mehr mit dem Anderen beschäftigt ist, dass er nicht mehr den Anderen erforschen will. Er will die Dinge in der richtigen Reihenfolge tun. Zuallererst will er seine Subjektivität erforschen: Wer ist das in mir? Solange er das nicht herausgefunden hat, ist alles andere sinnlos.

Solange ich nicht weiß, wer ich bin, kann ich auch nicht wissen, wer der Andere ist. Wenn ich mich selbst nicht erfahren kann, wie kann ich den Anderen erfahren? Der Andere ist weit weg. Wenn ich nicht sensibel genug bin, um mein eigenes Herzklopfen zu fühlen, wie kann ich das Herzklopfen des Anderen fühlen?

Aber das hast du versucht und bist damit gescheitert; du hast es wieder und wieder versucht und hast gehofft – und bist wieder und wieder frustriert worden. Du bewegst dich ständig in derselben alten Rille. Es ist ein Teufelskreis.

Fang an, dich nach innen vorzutasten. Immer wenn du allein bist – und sieh zu, dass du gelegentlich allein sein kannst. Es ist nicht gut, immer in der Menge zu sein. Suche dir gelegentlich einen Platz ganz für dich und schließ einfach die Augen. Das ist symbolisch: Verschließe dich vor der Welt.

Das ist wichtig zu verstehen, denn der heutige Verstand ist allzu sehr damit beschäftigt, sich zu öffnen und für andere stets offen zu bleiben. An sich ist das etwas Schönes, aber man kann dabei leicht ins Extrem fallen – und dazu neigt der Verstand immer.

In der Vergangenheit haben die Religionen euch gelehrt, euch zu verschließen. Das war das eine Extrem. Um da herauszukommen, ist der heutige Trend, sich zu öffnen und für andere offen zu sein. Dabei kann man völlig verlernen, wie man wieder zumacht – und beide Extreme sind gefährlich. Erst hat man unter der christlichen Religion gelitten und jetzt leidet man unter den heutigen Tendenzen der humanistischen Psychologie.

Du brauchst das Gleichgewicht, du brauchst die Freiheit. Du brauchst die Möglichkeit, das tun zu können, was du tun möchtest.

Manchmal musst du dich öffnen – das ist Liebe. Liebe ist eine Öffnung für den Anderen. Und manchmal musst du dich verschließen vor der ganzen Welt und dem ganzen Dasein – das ist Meditation.

Und nur wer beides willentlich tun kann, ist wirklich erwachsen. Sein Rückzug aus der Welt hindert ihn nicht daran, sich der Welt wieder zu öffnen, und seine Öffnung wird nie zu einer starren Geste oder Fixierung, die es ihm unmöglich macht, sich wieder zurückzuziehen.

In der Liebe trittst du in Verbindung mit dem Anderen; in der Meditation trittst du in Verbindung mit dir selbst. Und beides bereichert dich.

Solange die Liebe nicht in tiefer Meditation verwurzelt ist, wird sie oberflächlich bleiben. Aus ihr wird nie Intimität; sie erreicht keine Tiefe. Sie bringt dir keine Seligkeit; sie bringt dir nur Qualen, aber niemals Ekstase. Liebe muss auf Meditation aufgebaut sein. Und wenn Meditation gegen die Liebe ist, wenn sie liebesfeindlich ist, wird sie zu einer verdorrten Wüste, zu einer Einöde. Keine Blume wird je darin erblühen.

Die Menschheit hat beides versucht und ist mit beidem gescheitert. Doch man hat jeden Weg getrennt vom anderen versucht, als zwei Wege, die sich gegenseitig ausschließen. In der ganzen Geschichte der Menschheit ist noch nie versucht worden, Meditation und Liebe miteinander zu verbinden – wie die beiden Flügel eines Vogels: entgegengesetzt und doch einander ergänzend.

Akzeptiere dich, entspanne dich mit dir, hab Spaß mit dir und liebe dich selbst!

Du bist gut, du bist schön. Lass dieses Gefühl in dir wachsen, dann wirst du sehen, wie alle Reibung verschwindet. Der Konflikt verschwindet, du kämpfst nicht mehr. Und die Energie, die auf diese Weise gespart wird, wird immer mehr. Bald wirst du dich wie ein großes Reservoir von Energie fühlen. Dann kannst du dich in Bewegung setzen. Dann kannst du nicht mehr stillstehen, denn die Energie fängt an, sich von allein zu bewegen. Sie erreicht den Ozean, mit Sicherheit erreicht sie den Ozean. Sie erreicht den Ozean, weil das Sein überfließt.

Du bist ein Buddha. Achte dich selbst, dann wird deine Buddhanatur sich verändern. Du bist ein ruheloser Buddha? Bald wirst du ein Buddha sein, der in sich ruht. Aber deine Buddhanatur bleibt bestehen, egal, ob du ruhelos bist oder in dir ruhst.

Im Moment bist du noch ein verwirrter Buddha, aber dann wirst du ein klarer Buddha sein. Doch die Buddhanatur bleibt. Die Buddhanatur ist solcherart, dass sie durch deine Ruhelosigkeit oder durch deine Verwirrung niemals aufgehoben wird. Im Moment bist du vielleicht ein unwissender Buddha, und dann wirst du ein weiser Buddha sein – doch die Buddhanatur bleibt gleich.

Darum erkläre ich euch hier und jetzt zu Buddhas. *(115)*

16. KAPITEL

Gewöhnlichsein

Ein Buddha zu sein, erleuchtet zu sein, ist eine ganz gewöhnliche Sache. Wenn ich »gewöhnlich« sage, meine ich: Es muss so sein. Wenn es außergewöhnlich aussieht, liegt das an euch, weil ihr so viele Hindernisse errichtet – aber ihr liebt das!

Erst baust du ein Hindernis auf und dann versuchst du es zu überwinden. Und darüber bist du dann sehr erfreut. Eigentlich gibt es da überhaupt kein Hindernis. Aber damit würde sich dein Ego nicht gut fühlen. Darum musst du einen langen Umweg nehmen, um schließlich an den Punkt zu gelangen, der am nächsten lag, an deinen innersten Punkt. Und du hattest dich nie davon entfernt!

Suche also nicht irgendetwas Mysteriöses. Sei einfach und unschuldig. Dann wird sich dir die ganze Existenz öffnen. Du wirst nicht verrückt werden. Du wirst einfach lächeln über die Absurdität der ganzen Sache, die so nahe liegend war, die du aber nicht erreichen konntest. Es gab gar kein Hindernis. Es war in gewissem Sinne schon immer in dir. Es ist ein Wunder, wie du ständig daran vorbeigehen konntest.

Wenn wirklich Leere da ist, wird dir alles, was existiert, das Ganze, die ganze Wirklichkeit, offenbart werden. Nicht, dass sie dir jetzt verschlossen wäre; sie ist offenbar, nur *du* bist verschlossen. Dein Verstand ist besetzt.

Wenn dein Verstand leer ist, nicht besetzt, dann bist du offen und es kann eine Begegnung stattfinden. Und dann zeigt sich die Schönheit von allem in ihrer totalen Gewöhnlichkeit.

Darum sagt man, dass jemand, der zur Erkenntnis gelangt, absolut gewöhnlich wird. Er ist eins mit der Wirklichkeit. Sich nach dem Besonderen zu sehnen ist eine Methode des Egos, und alle Methoden des Egos erzeugen Abstand und Distanz zwischen dir und dem Wirklichen.

Sei leer – und alles wird sich damit für dich ereignen.

Aber warte nicht auf irgendetwas Besonderes. *Nirvana* ist nichts Besonderes. Wenn ich das sage – was geschieht in deinem Verstand? Wenn ich sage: »*Nirvana* ist nichts Besonders«, was fühlst du? Wie fühlst du dich? Du bist ein bisschen enttäuscht. In deinem Kopf muss die Frage aufgetaucht sein: »Wozu dann kämpfen? Wozu sich anstrengen? Wozu dann meditieren? Wozu all diese Techniken?«

Schau dir diese Gedanken an; diese Gedanken sind das Problem. Das Denken will etwas Besonderes. Und weil dieser Wunsch vorhanden ist, fabriziert der Kopf immer wieder besondere Dinge. In der Wirklichkeit gibt es nichts Besonderes – entweder ist die ganze Wirklichkeit besonders oder nichts ist besonders.

Wegen dieses Wunsches hat der Verstand sich Himmel und Paradiese geschaffen. Und mit einem Einzigen gibt er sich nicht zufrieden, er erschafft ständig mehr. Die Christen haben einen Himmel, die Hindus haben sieben! Weil es so viele gute Menschen gibt, muss eine Hierarchie da sein! Die Allerbesten – wo werden sie hinkommen? Da ist kein Ende. Zu Buddhas Zeiten gab es eine Sekte, die an siebenhundert Himmel glaubte. Schließlich muss man all die Egos irgendwo unterbringen! Das höchste Ego muss auch in den höchsten Himmel kommen.

So machen wir es alle. Wir haben eine Vorstellung, ein Ziel von etwas Besonderem, und dieses »Besondere« treibt uns voran. Aber vergiss nicht, wegen dieses »Besonderen« kommst du überhaupt nicht voran, denn du bewegst dich nur in Wünschen. Sich in Wünschen zu bewegen ist kein Fortschritt; es geht immer im Kreis.

Wenn du trotzdem weitermeditieren kannst – in dem Wissen, dass nichts Besonderes passieren wird, dass du nur zu einer Versöhnung mit der gewöhnlichen Wirklichkeit kommen wirst, dass du in Harmonie kommen wirst mit dieser gewöhnlichen Wirklichkeit –, wenn du mit diesen Gedanken trotzdem meditieren kannst, wird Erleuchtung in diesem Augenblick möglich.

Aber mit diesen Gedanken wird dir nicht nach Meditieren sein. Du wirst sagen: »Wenn gar nichts Besonderes passieren wird, dann kann ich es genauso gut sein lassen!«

Die Leute kommen zu mir und sagen: »Ich meditiere schon seit drei Monaten und es ist noch nichts passiert!« Ein Wunsch ... und dieser Wunsch wird zum Hindernis. Es kann in einem einzigen Augenblick passieren, wenn kein Wunsch da ist.

Wünsche dir also nichts Mysteriöses. Wirklich, wünsche dir gar nichts. Sei einfach entspannt und zufrieden mit der Realität, wie sie ist.

Sei gewöhnlich – gewöhnlich zu sein ist wunderbar! Dann gibt es keine Spannung, keine Angst. Gewöhnlich zu sein ist sehr mysteriös, weil es so einfach ist.

Für mich ist Meditation ein Spiel, eine Spielerei; es ist keine Arbeit. Aber für euch bleibt es weiterhin Arbeit, denn ihr denkt in Begriffen von Arbeit. Es ist daher gut, den Unterschied zwischen Arbeit und Spiel zu verstehen.

Arbeit ist zielorientiert; sie genügt nicht um ihrer selbst willen. Sie muss irgendwohin führen, zu irgendeinem Glück, irgendeinem Ziel, irgendeinem Zweck. Sie ist eine Brücke, ein Mittel zum Zweck. An sich ist sie bedeutungslos. Die Bedeutung verbirgt sich im Ziel.

Spiel ist etwas völlig anderes. Es hat kein Ziel – oder es ist selbst das Ziel. Das Glück liegt nicht jenseits, nicht außerhalb davon. Im Spiel zu sein bedeutet, glücklich zu sein. Es bringt dir kein Glück außerhalb, keine Bedeutung jenseits davon – alles, was im Spiel da ist, gehört von sich aus dazu, es ist darin enthalten. Du spielst, aber aus keinem anderen Grund als dem, dass du es hier und jetzt genießt. Es ist ohne Zweck.

Darum können nur Kinder wirklich spielen. Je erwachsener ihr seid, umso unfähiger werdet ihr zu spielen. Weil ihr immer mehr nach dem Zweck, immer mehr nach dem Warum fragt. Warum soll ich spielen? Ihr werdet mehr und mehr zielorientiert. Irgendetwas muss man damit doch erreichen; an sich ist es bedeutungslos. Der Wert an sich verliert seine Bedeutung für euch. Nur Kinder können spielen, weil sie nicht an die Zukunft denken. Sie können zeitlos hier sein.

Arbeit ist Zeit, Spiel ist zeitlos.

Meditation muss wie Spiel sein, nicht zielorientiert. Du solltest nicht meditieren, um irgendetwas zu erreichen, denn dann verfehlst du das Ganze. Man kann nicht meditieren, wenn man wegen einer bestimmten Sache meditiert. Man kann nur meditieren, wenn man damit spielt und seine Freude daran hat, wenn man nichts daraus gewinnen will, wenn man es einfach schön findet.

Meditation um der Meditation willen ... dann wird es zeitlos. Und dann ist das Ego nicht im Spiel.

Ohne Wünsche kannst du dich nicht selbst in die Zukunft projizieren, ohne Wünsche kannst du keine Erwartungen aufbauen und ohne Wünsche wirst du nie enttäuscht. Ohne Wünsche verschwindet tatsächlich die Zeit. Dann bewegst du dich von einem Augenblick der Ewigkeit zu einem anderen Augenblick der Ewigkeit. Da ist keine Abfolge ... Und dann wirst du niemals fragen, warum nichts Besonderes passiert.

Was mich angeht, so bin ich noch nicht so weit gekommen, das Mysterium zu ergründen. Das Spiel selbst ist das Mysterium. Zeitlos zu sein, wunschlos zu sein, das ist das Mysterium. Und gewöhnlich zu sein ist das »Ziel« – wenn ihr mir dieses Wort gestattet. Gewöhnlich zu sein ist das Ziel.

Wenn du gewöhnlich sein kannst, bist du befreit; dann gibt es für dich kein *Sansara,* keine Welt.

Diese ganze Welt ist ein Ringen um Außergewöhnlichkeit. Manche versuchen es in der Politik, andere versuchen es in der Wirtschaft, wieder andere in der Religion. Aber die Gier ist die gleiche. *(116)*

Für mich bist du der außergewöhnlichste Mensch, den ich mir überhaupt vorstellen kann. Aber ich weiß, dass du dich wie ein gewöhnlicher Mensch fühlst. Wo ist für einen begabten und talentierten Menschen oder für ein Genie der Zugang, um sich gewöhnlich fühlen und gewöhnlich werden zu können? Ich kann sehen, dass jedes Mal wenn ich mich für etwas Besonderes halte, etwas schief geht. Aber ich habe noch immer nicht den Zugang zu wahrer Bescheidenheit und Einfachheit gefunden. Kannst du bitte etwas darüber sagen?

Ich fühle mich nicht wie ein gewöhnlicher Mensch – ich bin es.

Menschen mit besonderen Talenten und Begabungen, geniale Menschen – sie leiden alle an dem gleichen Problem, an dem auch du leidest, denn sie vergessen, dass die ganze Existenz gewöhnlich ist.

Ein Sonnenaufgang, so wundervoll er auch sein mag, ist ganz gewöhnlich. Ein Himmel voller Sterne fühlt sich überhaupt nicht besonders an. Ein Rosenstrauch voll herrlicher Blüten mit ihrem Duft gehört einfach zu diesem gewöhnlichen Dasein.

Die talentierten Leute haben Probleme, weil sie den Bezug zur Existenz verlieren. Sie werden durch ihre kleinen Talente engstirnig und befangen.

Was sind denn eure Talente, was sind eure Genies?

Bist du etwa ein Genie, weil du malen kannst? Sieh die Schmetterlinge, sieh die Blumen, sieh den Himmel bei Sonnenuntergang – diese ganze Schöpfung ist so farbenprächtig! Und nur weil du eine kleine Leinwand bemalt hast, bist du zu etwas Besonderem geworden? Und was hast du denn gemalt?

Man muss sich nur an die Schöpfung erinnern, dann verfängt man sich nicht im Netz dieses egoistischen Gefühls, etwas Besonderes zu sein. Sobald du das Gefühl hast, etwas Besonderes zu sein, hast du den Kontakt zum Leben, zur Liebe, zur Totalität des Ganzen verloren – dann bist du allein.

Das wahre Genie ist sich dessen nicht bewusst, es fühlt sich nicht als etwas Besonderes. Daran erkennt man das wahre Genie. Das Gefühl, etwas Besonderes zu sein, entsteht aus Unterlegenheit. Je unterlegener man sich fühlt, desto mehr versucht man, etwas vorzutäuschen und seine Besonderheit hervorzukehren.

Gemessen an der Unermesslichkeit, an der Unendlichkeit und Ewigkeit der Existenz, sind wir nur Tautropfen in der frühen Morgensonne. Wir mögen glitzern wie Perlen auf den Blättern des Lotos, doch ein kleiner Windhauch – und schon gleitet der Tautropfen ins Meer und ist verschwunden. Das Meer ist immer da. Wenn auch du immer hier und jetzt sein willst, identifiziere dich nicht mit einem winzigen Tautropfen. So schön er auch aussehen mag – er ist nur Schein.

Schmelze, löse dich auf, verschwinde im Meer, dann wird das Meer nicht mehr von dir getrennt sein. Es ist nicht so, dass der Tautropfen stirbt. Nein, umgekehrt – der Tautropfen wird zum Meer.

Du fragst mich, wie man echte Bescheidenheit, echte Einfachheit erreichen kann, erlangen kann. Diese Dinge sind niemals zu *erlangen*. Diese Dinge hat man nicht in der Hand. Wenn du verstehst, können sie passieren. Alles, was du tun musst, ist zu begreifen, dass wir alle Teil dieser geheimnisvollen Welt sind. Und diese Welt ist so unermesslich groß – wie kannst du da anders sein als bescheiden?

Es geht nicht darum, Demut zu erreichen, zu erlangen. Es geht darum, das Verständnis zu erlangen: Wie kann ich anders als demütig sein? Eines Tages gab es dich noch nicht und eines Tages wird es dich nicht mehr geben – und trotzdem versuchst du, Demut zu erlangen? Du wünschst dir Einfachheit in deinem Leben?

Aber das Leben *ist* einfach. Wenn du es kompliziert machen willst, kannst du das natürlich – du kannst dich auf den Kopf stellen, dann wird das Leben kompliziert. Du kannst alle möglichen Dummheiten machen, dann wird das Leben kompliziert.

Tue gar nichts. Versuche einfach nur, bewusst und wach zu sein, und sieh, mit was für einer wunderbaren, geheimnisvollen Welt du verbunden bist! Dann wirst du plötzlich entdecken, wie einfach du bist – wie ein Kind.

Das Kind besitzt eine Einfachheit, die es nicht erlangt hat. Es besitzt Einfachheit, weil es immer noch auf subtile Weise im Einklang mit dem Ganzen ist. Schon im Bauch der Mutter war es im Einklang mit dem Ganzen. Das hat es noch nicht vergessen.

Ist dir schon die Tatsache aufgefallen ... Wenn du versuchst, dich zurückzuerinnern, wie weit kannst du zurückgehen? Bis zum Alter von drei oder vier Jahren? Weiter wirst du nicht zurückgehen können. Aber mit drei Jahren warst du völlig bewusst. Du hast alles viel mehr genossen, als du es jemals im Leben wieder genießen wirst. Alles war wunderschön – die kleinen, bunten Steine, die Muscheln am Strand waren Schätze für dich.

Du fragst, wie du Einfachheit erlangen kannst. Einfachheit, die erlangt wird, ist unecht, denn insgeheim weißt du, dass du nicht einfach bist. Erzielte Bescheidenheit ist falsch, denn im innersten Herzen weißt du, dass sie nur eine Masche, eine Förmlichkeit ist. In der Welt rechnet es sich, bescheiden und einfach zu sein – das sind deine Masken.

Aber wenn du mich fragst, dann will ich dir sagen: Gib den Gedanken auf, etwas erreichen zu wollen. Der ganze Gedanke, etwas erreichen zu wollen, ist egoistisch.

Du bist schon einfach, du bist schon bescheiden.

Schau dich nur um! Sieh das Meer, sieh den Himmel.

Wie kannst du da etwas anderes sein als einfach und bescheiden? *(117)*

Ich hatte gehofft, durch Meditation mehr Selbstsicherheit, Kraft und Entspanntheit zu erlangen. Doch im Gegenteil, ich habe zwar weniger Angst, aber ich fühle mich immer leerer, unsicherer und verletzlicher. Warum geschieht das?

Alle Wünsche führen nicht zu dem Ziel, das sie dir versprochen haben; sie führen dich genau zum Gegenteil. Du willst etwas Besonderes sein? Damit hast du bereits dein Gewöhnlichsein akzeptiert. Wer etwas Besonderes ist, möchte nichts Besonderes sein; er ist sich nicht einmal bewusst, dass er etwas Besonderes ist.

Was immer du dir wünschst – eines ist dabei sicher: Du bist es nicht. Und woher kommen alle diese Wünsche und Ziele? – vom Nachahmen. Rundherum siehst du Menschen – der eine ist reich, der andere intellektuell, einer ist ein Ringer, ein anderer ein Boxer. Und du bist gar nichts. Das tut weh. Es tut weh, weil du falsche Vorstellungen vom Leben hast.

Du musst also ein paar Dinge in deinem Dasein zur Kenntnis nehmen: Erstens kannst du niemand anderer sein als der, der du bist. Wenn du versuchst, jemand anderer zu sein als der, der du bist, wirst du doch niemals anders sein, und du wirst dabei das verfehlen, was dir bestimmt war zu sein.

Es ist beinahe so, als wollte ein Rosenstrauch zu einer Lotosblume werden. Seine ganze Energie wird sich darauf richten, ein Lotos zu werden; er wird die Rosen ganz vergessen. All seine Energie wird fehlgeleitet sein. Doch er wird nie zu einem Lotos werden, weil er nicht die Samen, nicht das Potenzial mitbekommen hat, ein Lotos zu sein. Und eines ist sicher: Jetzt wird er nicht einmal zu einem blühenden Strauch voller Rosen werden.

Und wer hat gesagt, dass ein Lotos besser sei als eine Rose? Beide sind schön und beide werden gebraucht. Selbst der kleinste Grashalm wird ebenso sehr gebraucht wie der größte Stern am Himmel. Dieses ganze Universum ist eine einzige organische Einheit. Hier existiert nichts, was nicht gebraucht wird, und die am meisten gebrauchten Menschen sind jene, die sich selbst einfach so akzeptieren, wie sie sind, und sich daran freuen, wie sie sind – nämlich niemand.

Aber ein Niemand zu sein ist der Höhepunkt der Seligkeit in dieser Existenz. Versuche nicht, etwas Besonderes zu sein. Lass die Natur einfach machen, wo immer sie dich hinführt. Schwimme nicht gegen den Strom, sonst ist dein

Scheitern gewiss. Geh mit dem Strom, lass los! Versuche nicht einmal zu schwimmen! Der Strom wird dich freudig tanzend zum Meer hintragen.

Was mich betrifft, so hat man mir von Kindheit an immer gesagt ... wie oft, lässt sich schwer zählen, weil jeder mir ständig sagte: »So wie du dich benimmst, so wie du lebst und wie du die Dinge angehst, wird aus dir ein Niemand!« Und sie hatten alle Recht! Aus mir wurde tatsächlich ein Niemand, aber ich will gar nichts anderes sein. Ich wollte es nie, denn wenn ich ein Niemand bin, dann habe ich keine Sorgen, dann habe ich keine Spannungen. Dann habe ich nicht einmal Träume, weil nichts unterdrückt wird.

Ich lebe von Moment zu Moment und das Leben ist eine solche Ekstase!

Und weil ich ein Niemand bin, kann ich das ganze Universum in mir enthalten. Ein Niemand zu sein – Niemandheit – kennt keine Grenzen.

Je mehr du zu etwas Besonderem wirst, umso mehr ziehst du dich zusammen. Je mehr du zu etwas Besonderem wirst, umso härter wirst du. Je mehr du zu etwas Besonderem wirst, umso mehr stellst du dich *gegen* das Leben – und keiner kann gegen das Leben gewinnen.

Es gibt nur einen einzigen Sieg, und der besteht darin, ein Niemand zu sein – und das ganze Universum liegt in dir. Dann bist du siegreich. Du wirst es nicht wissen, aber die Vögel werden davon erzählen. Die Blumen werden sagen: »Ja, es hat sich ereignet!« Das ganze Universum wird es wissen, nur du nicht.

Somit ist es gut, dass es dir nicht gelungen ist, etwas Besonderes zu werden – du bist gesegnet.

Jetzt versuch es auf meine Weise – und es ist eine Abkürzung. Du brauchst nirgendwohin zu gehen, du kannst einfach ein Niemand sein, der einfach jetzt hier sitzt.

Ich verspreche dir nichts für das Morgen.

Ich verspreche dir nur *diesen* Augenblick.

Sei einfach still, sei niemand – und sieh, wie schön, wie wahr, wie herrlich das ist! *(118)*

17. KAPITEL

Freiheit

Der Mensch ist das einzige Wesen auf dieser Erde, das Freiheit besitzt. Ein Hund wird als Hund geboren, lebt als Hund, stirbt als Hund – da ist keine Freiheit. Eine Rose bleibt eine Rose; da ist keine Möglichkeit zur Transformation – sie kann nicht zu einem Lotos werden. Da gibt es keine Möglichkeit zu wählen; da ist überhaupt keine Freiheit.

Hierin unterscheidet sich der Mensch vollkommen. Hierin liegt die Würde des Menschen, seine Besonderheit in der Existenz, seine Einzigartigkeit.

Darum sage ich, dass Charles Darwin Unrecht hatte, als er den Menschen mit den Tieren gleichstellte. Den wesentlichen Unterschied hat er überhaupt nicht beachtet. Der wesentliche Unterschied ist: Alle Tiere werden mit einem Programm geboren, nur der Mensch wird ohne Programm geboren. Der Mensch wird als *Tabula rasa* geboren, als leere Tafel, als unbeschriebenes Blatt. Du musst alles selbst darauf schreiben, was du schreiben willst – und es wird deine Schöpfung sein.

Der Mensch ist nicht nur frei – ich würde vielmehr sagen: Der Mensch *ist* Freiheit.

Darin besteht sein Wesenskern, darin besteht seine wahre Seele.

In dem Moment, in dem man dem Menschen die Freiheit verweigert, verweigert man ihm seinen kostbarsten Schatz, sein wahres Königreich. Dann wird er zum Bettler und ist in einer viel hässlicheren Situation als die Tiere, denn sie haben zumindest ein bestimmtes Programm. Dann ist der Mensch völlig verloren.

Sobald man das verstanden hat, dass der Mensch als Freiheit geboren ist, öffnen sich alle Dimensionen des Wachstums. Dann liegt es an dir, was aus dir wird und was nicht aus dir wird. Es wird deine eigene Schöpfung sein. Dann wird das Leben zu einem Abenteuer – nicht zu einem festgelegten Programm, sondern zu einem Abenteuer, zu einer Erforschung, zu einer Entdeckung.

Die Wahrheit ist dir nicht schon mitgegeben; du musst sie erst erschaffen. In gewisser Weise erschaffst du dich jeden Augenblick selbst.

Wenn du die Schicksalstheorie akzeptierst, ist auch das ein Entscheidungsakt über dein Leben. Wenn du den Fatalismus akzeptierst, wählst du das Leben eines Sklaven – aber es ist deine Wahl! Dann hast du dich dafür entschieden, in ein Gefängnis zu gehen; du hast dich entschieden, angekettet zu sein – aber dennoch ist es deine Wahl. Du kannst aus dem Gefängnis herauskommen.

Darum geht es bei *Sannyas:* deine Freiheit zu akzeptieren. Natürlich haben die Menschen Angst davor, frei zu sein, denn Freiheit bedeutet Risiko. Man weiß nie, was man tun wird, wohin man gehen wird und was bei allem letztendlich herauskommen wird. Wenn du kein vorgefertigtes Produkt bist, liegt die ganze Verantwortung bei dir.

Du kannst niemandem die Verantwortung in die Schuhe schieben. Letztlich stehst du völlig selbstverantwortlich im Leben, was auch immer du bist, wer auch immer du bist. Du kannst der Verantwortung nicht entgehen, kannst sie nicht vermeiden. Das ist die Angst. Aus dieser Angst heraus haben die Leute alle möglichen deterministischen Haltungen gewählt.

Und es ist sonderbar: Die religiösen und die unreligiösen Leute sind sich in einem einzigen Punkt einig – dass es keine Freiheit gibt. In jedem anderen Punkt sind sie verschiedener Meinung, aber in diesem einen Punkt sind sie sich sonderbarerweise einig. Die Kommunisten, die sich als Atheisten, als religionslos bezeichnen, sagen, der Mensch sei durch gesellschaftliche, ökonomische und politische Faktoren bestimmt. Der Mensch sei nicht frei. Das Bewusstsein des Menschen werde durch äußere Kräfte bestimmt.

Es ist die gleiche Logik. Diese äußeren Kräfte kann man

verschieden benennen: Die Kommunisten nennen sie Wirtschaftsstruktur, Hegel nennt sie »die Geschichte«, die Religionen nennen sie »Gott«. Gott, Geschichte, Ökonomie, Politik, Gesellschaft – das sind alles äußere Faktoren. Aber darin sind sich alle einig – dass ihr nicht frei seid.

Davon unterscheidet sich ein wirklich und authentisch religiöser Mensch.

Ich sage euch: Ihr seid absolut frei, bedingungslos frei.

Meidet nicht die Verantwortung; sie zu meiden wird euch nicht helfen. Je früher du sie akzeptierst, umso besser, denn dann kannst du sofort anfangen, dich selbst zu erschaffen.

Sobald du anfängst, dich selbst zu erschaffen, kommt eine große Freude auf. Und wenn du dich selbst vollendet hast, so wie *du* es wolltest, wird es dich ungeheuer befriedigen. Wie einen Maler, der sein Bild vollendet hat und nun die letzten Striche anlegt – sein Herz erfüllt große Zufriedenheit. Ein gut gemachtes Stück Arbeit bringt großen Frieden. Man hat das Gefühl, am Göttlichen teilgenommen zu haben.

Kreativ zu sein ist das einzige Gebet, denn nur durch Kreativität kannst du an der Göttlichkeit teilhaben; anders kannst du ihrer nicht teilhaftig werden. Göttlichkeit ist nicht etwas, über das man nachdenken müsste – man muss an ihr teilhaben. Du kannst kein Zuschauer bleiben, du kannst nur Mitwirkender sein – nur dann bekommst du einen Geschmack des Mysteriums.

Ein Bild zu erschaffen, ein Gedicht zu erschaffen, Musik zu erschaffen ist nichts im Vergleich zu dem, dich selbst zu erschaffen, dein Bewusstsein zu erschaffen, dein wahres Sein zu erschaffen.

Aber die Menschen hatten immer Angst, und für diese Angst gibt es Gründe. Erstens ist es riskant, weil nur du allein verantwortlich bist. Und zweitens kann die Freiheit missbraucht werden, denn du kannst dich für die falsche Sache entscheiden.

Freiheit bedeutet, dass du das Richtige, aber auch das Falsche wählen kannst. Wenn du nur das Richtige wählen könntest, wäre es keine Freiheit.

Dann wäre es so wie damals, als Ford die ersten Autos herstellte – alle waren schwarz. Er führte seine Kunden in den Ausstellungsraum und sagte zu ihnen: »Sie können jede Farbe haben – vorausgesetzt, es ist schwarz!«

Aber was ist das für eine Freiheit? *Vorausgesetzt*, es ist richtig, *vorausgesetzt*, es achtet die Zehn Gebote, *vorausgesetzt*, es entspricht der Bhagavad Gita oder dem Koran, *vorausgesetzt*, es entspricht Buddha, Mahavira, Zarathustra. Das ist überhaupt keine Freiheit.

Freiheit bedeutet grundsätzlich, ihrem Wesen nach, dass man beides tun kann – das Richtige oder das Falsche.

Und die Gefahr besteht darin – und daher auch die Angst –, dass es immer leichter ist, das Falsche zu tun. Das Falsche ist wie der Weg bergab und das Richtige wie der Weg bergauf. Bergauf zu gehen ist schwierig und anstrengend; je höher man kommt, umso anstrengender wird es. Bergab geht es ganz leicht, da braucht man überhaupt nichts zu tun; die Schwerkraft macht alles. Man kann sich einfach wie ein Stein von der Bergkuppe hinunterrollen lassen und der Stein wird unten ankommen – gar nichts muss getan werden.

Aber wenn du höher steigen willst im Bewusstsein, wenn du höher steigen willst in der Welt der Schönheit, der Wahrheit, der Glückseligkeit, dann wirst du dich nach den allerhöchsten Gipfeln sehnen und das ist zweifellos schwierig.

Und außerdem, je höher du steigst, umso größer wird die Gefahr, dass du abstürzt, denn der Pfad wird schmal und auf allen Seiten umgeben dich dunkle Täler. Ein einziger falscher Schritt und du stürzt in den Abgrund und bist verschwunden. Es ist viel bequemer und angenehmer, auf ebenem Boden zu gehen und sich nicht um die Gipfel zu kümmern.

Freiheit gibt dir die Gelegenheit, tiefer zu fallen als die Tiere oder höher emporzusteigen als die Engel. Freiheit ist eine Leiter: Die eine Seite der Leiter reicht bis in die Hölle und die andere Seite berührt den Himmel. Es ist die gleiche Leiter. Die Entscheidung liegt bei dir; für die Richtung musst du dich entscheiden.

Wenn du nicht frei bist, kannst du deine Unfreiheit nicht missbrauchen. Unfreiheit kann nicht missbraucht werden. Der Gefangene kann seine Situation nicht missbrauchen – er ist angekettet, er ist nicht frei, irgendetwas zu tun. Und das ist die Situation aller Tiere mit Ausnahme des Menschen – sie sind *nicht* frei. Sie werden geboren, um ein bestimmtes Tier zu sein – und das haben sie zu erfüllen. Oder vielmehr die Natur erfüllt es; sie brauchen gar nichts zu tun. In ihrem Leben gibt es keine Herausforderung.

Nur der Mensch muss sich der Herausforderung, dieser enormen Herausforderung stellen.

Aber nur ganz wenige Menschen entscheiden sich für das Risiko, für den Aufstieg zu den Gipfeln, für die Erforschung ihres höchsten Potenzials. Nur einige wenige – Buddha, Christus –, nur ganz wenige; man kann sie an den Fingern abzählen.

Warum wählt nicht die ganze Menschheit den gleichen Zustand der Glückseligkeit wie Buddha, den gleichen Zustand der Liebe wie Christus, den gleichen Zustand der Lebensfreude wie Krishna? Warum? Aus dem einfachen Grund, dass es schon gefährlich ist, diese Höhen auch nur anzustreben; es ist besser, nicht darüber nachzudenken.

Und die beste Methode, um nicht darüber nachdenken zu müssen, besteht darin, zu akzeptieren, dass es keine Freiheit gibt: Alles ist dir vorherbestimmt. Es gibt ein Skript, das dir vor deiner Geburt ausgehändigt wird, und daran brauchst du dich einfach nur zu halten.

Nur die Freiheit kann man missbrauchen; die Sklaverei kann man nicht missbrauchen.

Darum gibt es heute so viel Chaos auf der Welt. Das hat es noch nie in diesem Maße gegeben, weil die Menschen noch nie so frei waren. In Amerika genießen die Leute die größte Freiheit, die es jemals irgendwo auf der Welt zu irgendeinem Zeitpunkt der Geschichte gab. Immer wenn Freiheit da ist, bricht das Chaos aus – doch dieses Chaos ist es wert, denn nur aus diesem Chaos können Sterne geboren werden.

Ich gebe euch keine Disziplin, weil jede Disziplin eine subtile Form von Sklaverei ist. Ich gebe euch keine Gebote, weil alle Gebote, die von jemand anderem gegeben und von außen auferlegt werden, euch zu Gefangenen machen, zu Sklaven machen.

Ich lehre euch nur, wie ihr frei sein könnt – und dann ist es euch überlassen, was ihr mit eurer Freiheit tun wollt. Wenn ihr unter das Niveau der Tiere fallen wollt, ist das eure Entscheidung und ihr könnt es natürlich tun, denn es ist euer Leben. Wenn ihr euch dafür entscheidet, ist das euer Vorrecht.

Wenn ihr aber die Freiheit und ihren Wert versteht, dann werdet ihr nicht abstürzen, dann werdet ihr nicht unter das Niveau der Tiere sinken – ihr werdet anfangen, über die Engel hinauszuwachsen.

Der Mensch ist keine starre Größe, er ist eine Brücke – eine Brücke zwischen zwei Ewigkeiten: dem Tier und dem Gott, dem Unbewussten und dem Bewussten.

Wachse in deinem Bewusstsein, wachse in deiner Freiheit, mache jeden Schritt aus deiner eigenen Entscheidung heraus. Erschaffe dich selbst! Und übernimm dafür die ganze Verantwortung! *(119)*

Normalerweise schiebt der Verstand immer die Verantwortung auf andere. Wenn du leidest, ist immer jemand anderer schuld. Deine Frau ist schuld, dass du leidest; dein Ehemann ist schuld, dass du leidest; deine Eltern sind schuld, dass du leidest; deine Kinder sind schuld, dass du leidest. Oder das Finanzsystem der Gesellschaft, der Kapitalismus, der Kommunismus, der Faschismus, die herrschende politische Ideologie, die Gesellschaftsstruktur. Oder das Schicksal, das Karma, Gott – wie es euch beliebt!

Die Menschen kennen Millionen von Wegen, sich vor der eigenen Verantwortung zu drücken. Aber sobald man irgendeinem XYZ die Schuld daran gibt, dass man leidet, kann man nichts mehr daran ändern. Was kann man dann noch machen? Erst wenn eine andere Gesellschaftsform kommt, wenn der Kommunismus kommt und die klassenlose Gesellschaft einführt, können wir alle glücklich sein! Vorher ist es unmöglich! Wie kann man glücklich sein in einer Gesellschaft, die arm ist? Wie kann man glücklich sein in einer Gesellschaft, die von den Kapitalisten beherrscht wird? Wie kann man glücklich sein mit einem solchen Bürokratismus? Wie kann man glücklich sein mit einer Gesellschaft, die dem Einzelnen keine Freiheit lässt?

Ausreden über Ausreden über Ausreden ... Das sind alles Ausreden, um dieser einen Erkenntnis auszuweichen: »Ich bin für mich selbst verantwortlich. Niemand anderer ist für mich verantwortlich. Es ist ganz und gar meine eigene Verantwortung! Was auch immer ich bin, ich bin meine eigene Schöpfung.«

So ist dieser Ausspruch von Atisha zu verstehen: *»Führe jeglichen Vorwurf auf den einen zurück.«* Und dieser eine bist *du*.

Sobald sich diese Erkenntnis verankert: »Ich bin für mein Leben verantwortlich – für all mein Leid, für all meinen Schmerz, für alles, was mir bisher widerfahren ist und was mir gerade widerfährt. Ich habe es so gewählt. Ich selbst habe die Samen gesät und nun bringe ich die Ernte ein. Ich bin selbst dafür verantwortlich!« Von dem Moment an, da diese Erkenntnis zu deiner eigenen, natürlichen Einsicht wird, wird alles einfach.

Von da an nimmt das Leben eine neue Wendung; es beginnt sich in eine neue Dimension zu bewegen. Und diese Dimension ist eine Kehrtwendung, eine Revolution, eine Mutation. Denn sobald dir klar ist: »Ich selbst bin verantwortlich«, weißt du auch: »Ich kann aus dem Ganzen jeden Moment aussteigen, wenn mir danach ist. Niemand kann mich hindern, auszusteigen.«

Kann dich etwa jemand daran hindern, dein Unglück aufzugeben oder dein Unglück in Glückseligkeit zu transformieren? Nein, niemand. Selbst wenn du im Gefängnis bist, in Ketten und eingesperrt, kann niemand *dich* einsperren. Deine Seele bleibt frei. Natürlich befindest du dich in einer sehr eingeschränkten Lage, aber selbst in dieser eingeschränkten Lage kannst du ein Lied singen. Du kannst Tränen der Ohnmacht vergießen, du kannst aber auch ein Lied singen. Selbst mit Ketten an den Füßen kannst du tanzen; dann wird sogar der Klang der Ketten zur Musik.

Und das nächste Sutra: *»Sei jedem dankbar.«* Atisha geht wirklich ganz wissenschaftlich vor. Erst sagt er: »Übernimm selbst die ganze Verantwortung.« Und als Nächstes: »Sei jedem dankbar.« Wenn niemand außer dir verantwortlich ist für dein Unglück, wenn dein Unglück die Folge deines eigenen Tuns ist, was bleibt dann übrig?

»Sei jedem dankbar«, denn jeder trägt dazu bei, die Situation herzustellen, in der du transformiert werden kannst – sogar jene, von denen du meinst, sie behinderten dich, sogar jene, die du für deine Feinde hältst. Ob Freund, ob Feind, ob Gut oder Böse, ob günstige oder ungünstige Umstände – alles zusammen bildet den Kontext, in dem du transformiert und zu einem Buddha werden kannst.

Sei allen dankbar: denen, die dir geholfen haben, ebenso wie denen, die dich behindert haben, und denen, die sich gleichgültig verhielten. Sei allen dankbar, denn alle zusammen bilden den Kontext, in dem Buddhas geboren werden – den Kontext, in dem *du* zu einem Buddha werden kannst.

(120)

Was ist Wunschlosigkeit? Bedeutet es, ganz ohne Wünsche zu sein, oder bedeutet es, frei zu sein, Wünsche zu haben oder nicht?

Ganz ohne Wünsche zu sein würde bedeuten, dass du tot bist; dann wärest du nicht mehr lebendig. Aber man hat euch gepredigt: Seid wunschlos!

Aber was kannst du tun? Du kannst dir einen Wunsch nach dem anderen versagen, doch je mehr Wünsche du dir versagst, desto ärmer wird dein Leben. Wenn alle Wünsche ausgemerzt sind, hast du Selbstmord begangen, einen spirituellen Selbstmord.

Nein, Wünsche sind Lebensenergie. Wünschen heißt leben.

Was meine ich also, wenn ich sage: »Sei frei von Wünschen?«

Ich meine es in der zweiten Bedeutung: Du solltest frei sein, völlig frei sein, Wünsche zu haben oder auch nicht.

Wünsche sollten nicht zur Besessenheit werden – das ist die Bedeutung. Du solltest imstande sein ... Zum Beispiel, wenn du siehst, dass jemand ein wunderschönes Haus hat, neu erbaut, und es entsteht der Wunsch in dir, ein ebensolches Haus zu haben. Bist du nun frei, diesen Wunsch zu haben oder nicht zu haben? Wenn du frei bist, würde ich sagen, du bist wunschlos. Wenn du aber sagst: »Ich bin nicht frei; dieser Wunsch bleibt bestehen. Selbst wenn ich ihn aufgeben möchte, kann ich es nicht – er verfolgt mich. Ich sehe dieses Haus im Traum, ich denke ständig daran. Ich habe Angst, in diese Straße zu gehen, weil das Haus in mir Neid erweckt; das Haus bringt mich ganz durcheinander ...«

Wenn du sagst: »Ich bin nicht imstande, diesen Wunsch zu haben oder auch nicht zu haben«, dann ist das kein gesunder Zustand. Dann wirst du von deinen Wünschen beherrscht, dann bist du das Opfer. Dann wirst du viel leiden, weil um dich herum Millionen Dinge passieren, und wenn so viele Wünsche von dir Besitz ergreifen, wird es dich zerreißen.

Und genauso passiert es: Ein neuer Kanzler ist gewählt geworden und nun möchtest du auch gerne Kanzler werden. Oder jemand ist Millionär geworden und nun möchtest du auch gerne Millionär werden. Oder jemand ist Bestsellerautor geworden und nun möchtest du ebenfalls Bestsellerautor werden. Der eine ist dies, der andere ist das ... um dich herum leben Millionen Menschen, die Millionen Dinge tun. Aus jeder Ecke und Ritze taucht ein Wunsch auf und springt dich an und ergreift von dir Besitz und du bist nicht imstande, ja oder nein zu sagen. Das wird dich verrückt machen.

Auf diese Weise ist die ganze Menschheit verrückt. All diese Wünsche zerren dich in so viele verschiedene Richtungen. Du bist zerstückelt, weil die vielen Wünsche Teile deines Wesens in Beschlag genommen haben.

Und diese Wünsche sind auch widersprüchlich. Dann bist du nicht nur zersplittert, sondern auch im Widerspruch mit dir selbst. Ein Teil von dir will sehr reich werden, ein anderer Teil will Dichter werden – nun wird es schwierig. Es ist sehr schwierig, reich zu werden und dabei ein Dichter zu bleiben. Ein Dichter kann nicht hartherzig sein; es wird ihm sehr schwer fallen, reich zu werden.

Geld ist nicht Poesie; Geld ist Blut, Geld ist Ausbeutung. Ein Dichter, der diesen Namen wert ist, kann niemanden ausbeuten. Ein Dichter, der diesen Namen wert ist, wird eine Vision der Schönheit in sich tragen. Er kann nicht selbst so hässlich sein und andere ausnutzen, nur um seinen Wunsch zu befriedigen, viel Geld anzuhäufen.

Oder du willst Politiker werden und gleichzeitig willst du auch meditieren, du willst ein meditatives Leben führen. Das geht nicht. Politiker können nicht religiös sein. Sie können zwar so tun, als wären sie religiös, aber zu wahrer Religiosität sind sie nicht fähig. Wie kann ein Politiker religiös sein? Religion ist ihrem Wesen nach Ehrgeizlosigkeit und Politik ist nichts als reiner Ehrgeiz.

Religiosität bedeutet: »Ich bin glücklich, so wie ich bin.«

Politik bedeutet: »Ich werde erst glücklich sein, wenn ich an der Spitze bin.« So wie ich bin, bin ich nicht glücklich. Ich muss rennen und mich beeilen, und wenn nötig werde ich auch zerstörerisch sein. Wenn es mit zulässigen Mitteln geht, gut; wenn nicht, dann eben mit unzulässigen Mitteln. Aber ich muss an die Spitze kommen! Ich muss mich selbst beweisen.

Ein Politiker leidet seinem Wesen nach an einem Minderwertigkeitskomplex. Ein religiöser Mensch leidet weder an einem Minderwertigkeitskomplex noch an Größenwahn.

Politiker tun so, als wären sie religiös, weil sich das in der Politik lohnt.

Religiös zu sein bedeutet, ehrgeizlos zu sein, keinerlei Ehrgeiz zu haben, irgendwo anders oder irgendjemand anderer zu sein, sondern nur hier und jetzt zu sein.

Wenn du nun beide Ideen zugleich hast – ein Politiker zu sein und gleichzeitig ein Meditierender –, dann kommst du in Schwierigkeiten. Du wirst dich selbst verrückt machen. Wenn du ehrlich bist, wirst du verrückt werden. Wenn du unehrlich bist, wirst du nicht verrückt werden, aber du wirst zu einem Heuchler werden. Und das sind eure Politiker.

Und damit ist nicht gesagt, dass all jene, die man in den Religionen findet, nicht ebenfalls Politiker sind. Neunundneunzig von hundert sind auch dort Politiker. Sie betreiben nur eine etwas andere Art von Politik – Religionspolitik. Sie haben ihre eigenen Hierarchien und der Priester will Papst werden – wieder ist es Politik. Oder der Sünder will zum Heiligen werden – wieder ist es Politik, wieder ist es ein Minderwertigkeitskomplex.

Sobald einer anfängt, besonders heilig, religiös und fromm zu tun, umgibt er sich mit einem heiligen Ego, mit einem Heiligenschein. Dann spricht aus seinen Augen die Verurteilung anderer – sie sind alle verdammt, nur er wird gerettet werden! Dann schaut er voller Mitleid auf die anderen herunter: Diese Leute werden zur Hölle fahren! – Wieder ist es Politik.

Ein wirklich religiöser Mensch weiß nichts vom Ego. Er ist nicht einmal demütig. Wohlgemerkt, er ist so egolos, dass er nicht einmal demütig ist. Demut ist ebenfalls eine Vorspiegelung des Egos. Der Demütige *versucht* wiederum, demütig zu sein, er sucht sich zu beweisen: »Ich bin demütig.« Insgeheim mag er sogar denken: »Ich bin der demütigste Mensch auf der Welt.« Wieder ist es Ego!

Viele Wünsche werden dich in Besitz nehmen und viele werden widersprüchlich sein und werden dich zersplittern und auseinander reißen. Du verlierst deine Integrität und bist nicht mehr ein »In-dividuum« (ein unteilbares Ganzes – *Anm. d. Übers.).*

Du fragst: *»Was ist Wunschlosigkeit?«*

Es gibt also diese beiden Seiten: Entweder man lebt wunschlos – aber dann muss man seine Lebendigkeit völlig abschneiden; dann muss man sich alles versagen. Dann wird man zum Jaina-Mönch – eine leere Hülse, total unzufrieden mit allem und vor allem mit sich selbst, unkreativ und ohne Lebensfreude; man kommt nie zum Blühen. Oder man lebt seine Wünsche aus – aber dann wird man zerrissen. Und beide Zustände sind hässlich.

Das Richtige wäre, so völlig frei zu sein von der Begehrlichkeit, dass man wählen kann. Dann hat man immer die Wahl, ob man etwas haben will oder nicht. Dann ist man wirklich frei.

Dann hast du beides: Kreativität, Lebenslust, die Freude am Wünschen *und* die Stille, den Frieden und die Gelassenheit der Wunschlosigkeit. *(121)*

Bitte sprich über Alleinsein und Mut.

Zunächst musst du eines erkennen: Ob du willst oder nicht, du bist immer allein. Alleinsein ist deine eigentliche Natur.

Du kannst versuchen, es zu vergessen, du kannst versuchen, nicht allein zu sein, indem du Freunde findest, indem du dir Liebhaber suchst und dich unter die Menge mischst … Aber was immer du tust, bleibt nur an der Oberfläche. Tief im Innern wird dein Alleinsein davon nicht berührt, es bleibt unangetastet.

Dem Menschen widerfährt bei der Geburt ein seltsamer Zufall: Er wird in eine Familiensituation hineingestellt. Anders geht es nicht, weil das Menschenkind das verletzlichste Kind in der ganzen Schöpfung ist. Die Tiere kommen schon vollständig auf die Welt. Ein Hund bleibt sein ganzes Leben lang ein Hund; er entwickelt sich nicht weiter, er macht keine Evolution durch. Natürlich wird er alt werden und an Jahren zunehmen, aber er wird nie intelligenter, wird nie bewusster, kann nie erleuchtet werden. In dieser Hinsicht bleiben alle Tiere genau auf der Stufe ihrer Geburt stehen – nichts Wesentliches ändert sich mehr. Tod und Geburt liegen bei ihnen auf einer Horizontalen, auf derselben Ebene.

Nur der Mensch hat die Möglichkeit, sich vertikal zu entwickeln, nach oben und nicht nur horizontal. Die Mehrheit der Menschen verhält sich jedoch wie die Tiere: Ihr Leben besteht nur darin, alt zu werden; sie werden nie erwachsen und entwickeln sich nie nach oben.

Altwerden und Erwachsenwerden sind zwei völlig verschiedene Erfahrungen.

Der Mensch wird in eine Familie von anderen Menschen hineingeboren. Vom ersten Moment an ist er nicht mit sich allein. Deshalb gewöhnt er sich an eine bestimmte Psychologie des Zusammenseins mit anderen. Sobald er allein ist, beginnt er sich zu fürchten ... unbekannte Ängste sind da. Er weiß nicht genau, wovor er eigentlich Angst hat, aber immer wenn er sich aus der Menge hinausbewegt, stellt sich ein Unbehagen in ihm ein. Zusammen mit anderen fühlt er sich behaglich, entspannt und wohl.

Daher kommt es, dass er nie die Schönheit des Alleinseins kennen lernt. Seine Angst hindert ihn daran.

Weil er in eine Gruppe hineingeboren wurde, bleibt er Teil einer Gruppe, und mit zunehmendem Alter fängt er an, sich neue Gruppen, neue Verbindungen, neue Freunde zu suchen. Schon bestehende Kollektive befriedigen ihn nicht – Staat, Religion, politische Parteien ... So schafft er sich seine eigenen, neuen Vereinigungen – den Rotarierclub, den Lions Club. Aber mit all diesen Strategien will er nur eines vermeiden: das Alleinsein.

Sein ganzes Leben lang macht er nur die Erfahrung, mit anderen zusammen zu sein. Allein zu sein erscheint fast wie Sterben. In gewisser Weise ist es ein Tod – der Tod der Persönlichkeit, die du dir in der Masse erworben hast. Sie ist ein Geschenk, das andere dir gegeben haben. Sobald du aus der Masse heraustrittst, trittst du auch aus deiner Persönlichkeit heraus.

In der Masse weißt du genau, wer du bist: Du kennst deinen Namen, deine Titel, deinen Beruf. Du kennst alle Daten, die du für deinen Reisepass, deinen Personalausweis wissen musst. Aber wer bist du, wenn du dich aus der Menge herausbewegst? Was ist dann deine Identität? Dann wird dir plötzlich bewusst, dass du nicht dein Name bist – der Name wurde dir verliehen. Du bist auch nicht deine Abstammung, denn welche Beziehung hätte deine Abstammung zu deinem Bewusstsein? Dein Herz ist weder christlich noch hinduistisch noch mohammedanisch. Dein Sein begrenzt sich nicht auf irgendwelche politischen Grenzen eines Staates. Dein Bewusstsein ist nicht Teil einer Organisation oder Kirche.

Wer bist du?

Plötzlich beginnt sich deine Persönlichkeit aufzulösen. Darin besteht die Angst – vor dem Tod der Persönlichkeit.

Nun wirst du dich ganz neu entdecken müssen. Zum ersten Mal wirst du dich fragen, wer du bist. Du wirst anfangen müssen, über diese Tatsache zu meditieren: Wer bin ich? Und die Angst ist da, dass es dich vielleicht gar nicht gibt. Vielleicht warst du nur eine Kombination sämtlicher Meinungen der anderen in der Menge. Vielleicht warst du nichts als deine Persönlichkeit.

Niemand will ein Nichts sein. Niemand will ein Niemand sein.

Und tatsächlich *ist* jeder ein Niemand.

Da gibt es eine sehr schöne Geschichte …

Alice kam ins Wunderland. Sie traf den König und der König fragte: »Alice, hast du einen Boten getroffen, der zu mir wollte?«

Sie sagte: »Ich habe niemand getroffen.«

Der König sagte: »Wenn du Niemand getroffen hast, warum ist er noch nicht da?«

Alice war sehr verwirrt. Sie sagte: »Du verstehst mich nicht richtig. Niemand ist niemand.«

Der König sagte: »Das ist klar, Niemand ist Niemand, aber wo ist er? Er sollte schon längst hier sein! Das bedeutet, dass Niemand langsamer läuft als du.«

Darüber war Alice natürlich sehr empört, und sie vergaß, dass sie mit dem König redete. Sie sagte: »Niemand läuft schneller als ich!«

Und so dreht sich die ganze Konversation um diesen »Niemand«. Sie meint, dass er sagt: »Niemand läuft langsamer als du.«

»... und ich bin eine schnelle Läuferin! Ich komme aus der anderen Welt ins Wunderland, in diese kleine Welt – und er beleidigt mich!« Natürlich erwidert sie: »Niemand läuft schneller als ich!«

Der König sagt darauf: »Wenn das stimmt, warum ist er dann noch nicht hier?«

Und auf diese Weise geht die Diskussion weiter.

Jeder ist ein Niemand.

Die erste Aufgabe für den Sucher der Wahrheit, den *disciple,* ist es also, das Wesen des Alleinseins genau zu verstehen. Es bedeutet, ein Niemand zu sein. Es bedeutet, deine Persönlichkeit aufzugeben, die dir von der Menge als Mitgift gegeben wurde. Sobald du dich aus der Menge herausbewegt, kannst du diese Mitgift nicht mitnehmen in dein Alleinsein. In deinem Alleinsein musst du dich völlig neu entdecken und keiner kann dir eine Garantie geben, ob du in deinem Innern jemanden finden wirst oder nicht.

Jene, die ins Alleinsein eingetaucht sind, haben dort niemanden (*»nobody«*) gefunden. Und ich meine wirklich *»no body«* (keinen Körper). Keinen Namen, keine Form – nur reine Präsenz, reines Leben, namenlos, formlos.

Genau das ist die wahre Auferstehung und zweifellos braucht man dafür Mut. Nur sehr mutige Menschen sind in der Lage, ihre *»nobodiness«* (Nicht-Körperlichkeit), ihre *»nothingness«* (Nicht-Dingheit) freudig zu akzeptieren. Ihre *»nothingness«* ist ihr reines Sein – sie ist beides, Tod und Auferstehung.

Deine Frage dreht sich um Alleinsein und Mut. Mut kommt aus der Liebe ... Nur Liebe kann mutig sein.

Liebst du dich selbst? Liebst du dieses Dasein? Liebst du dieses wunderbare Leben, das ein solches Geschenk ist? Es ist dir gegeben worden, ohne dass du überhaupt dafür bereit warst, ohne dass du es dir verdient hast, ohne dass du dessen würdig warst.

Wenn du diese Existenz liebst, die dir das Leben geschenkt hat und die dir in jedem Augenblick Leben und Nahrung spendet, dann wirst du den Mut finden. Und dieser Mut wird dir helfen, allein dazustehen wie eine Zeder im Libanon – hoch gewachsen, nach den Sternen greifend, aber allein.

Im Alleinsein wirst du als Ego und Persönlichkeit verschwinden und du wirst dich wieder finden als das Leben selbst – unsterblich und ewig.

Solange du zum Alleinsein nicht fähig bist, ist deine Suche nach der Wahrheit zum Scheitern verurteilt.

Dein Alleinsein ist deine Wahrheit. Dein Alleinsein ist deine Göttlichkeit.

Die Funktion des Meisters besteht darin, dir zu helfen, allein dazustehen. Meditation ist nur eine Strategie, um dir deine Persönlichkeit wegzunehmen, deine Gedanken, deinen Verstand, deine Identifikation mit dem Körper, und dich innerlich absolut allein dastehen zu lassen, ein lebendiges Feuer. Und wenn du dein lebendiges Feuer gefunden hast, wirst du alle Freuden und Ekstasen erfahren, deren das menschliche Bewusstsein fähig ist.

Du kannst nur authentisch lieben, wenn du *bist*.

Im Moment bist du nur ein Teil der Menge, ein Rädchen im Getriebe. Wie kannst du da lieben? – Du bist noch nicht.

Erst musst du *sein*, erst musst du erkennen, wer du bist.

Im Alleinsein wirst du entdecken, was es heißt, zu *sein*. Und aus diesem Bewusstsein deines Seins fließt die Liebe und noch viel mehr.

Dem Alleinsein sollte dein ganzes Suchen gelten.

Und das heißt nicht, dass du in die Berge gehen musst;

man kann auch auf dem Marktplatz allein sein. Es ist einfach eine Frage der Bewusstheit, der wachen, beobachtenden Aufmerksamkeit und der Selbsterinnerung, dass du dieses wahrnehmende Bewusstsein bist. Dann bist du immer allein, wo du dich auch befindest – ob in der Menge oder in den Bergen, es macht keinen Unterschied. Du bist immer das gleiche beobachtende Bewusstsein. In der Menge beobachtest du die Menge, in den Bergen beobachtest du die Berge. Mit offenen Augen beobachtest du die Existenz und mit geschlossenen Augen beobachtest du dich selbst.

Du bist nur dieses eine: der Beobachter, der Zeuge.

Und dieser beobachtende Zeuge ist die größte Erkenntnis. Das ist deine Buddhanatur, das ist das Wesen deiner Erleuchtung, deines Erwachens. Das sollte deine einzige Disziplin sein. Nur das macht dich zu einem *disciple,* einem Jünger: die Disziplin der Erfahrung deines Alleinseins. Was sonst wäre ein Jünger?

Man hat euch über alle Einzelheiten des Lebens getäuscht. Man hat euch erzählt, dass man zu einem Jünger wird, wenn man an einen Meister glaubt. Das stimmt überhaupt nicht, denn sonst wären ja alle Menschen schon Jünger. Einer glaubt an Jesus, ein anderer an Buddha, ein dritter an Krishna, ein vierter an Mahavira. Jeder glaubt an irgendjemanden – aber keiner ist ein Jünger. Denn ein Jünger zu sein bedeutet nicht, an einen Meister zu glauben.

Ein Jünger zu sein bedeutet, die Disziplin zu erlernen, du selbst zu sein, dein wahres Selbst zu sein.

In dieser Erfahrung ist der tiefste Schatz des Lebens verborgen. In dieser Erfahrung wirst du zum ersten Mal zu einem König; sonst bleibst du immer ein Bettler in der Menge.

Nur jene Menschen, jene wenigen Menschen, die allein in ihrem Sein dagestanden haben, in ihrer Klarheit, in ihrem Licht, jene, die ihr eigenes Licht gefunden haben, die zu ihrer Blüte gefunden haben, zu ihrem eigenen inneren Raum, der ihr Zuhause, ihre ewige Heimat ist – diese wenigen Menschen sind die Könige. Dieses ganze Universum ist ihr Königreich. Sie brauchen es nicht zu erobern – sie haben es sich bereits erobert.

Indem du dich selbst erkennst, eroberst du es. *(122)*

Das Leben sollte eine Kunst sein, und dafür muss man hart arbeiten. Nur dann passiert die Transformation. Sobald du das Ego loslässt, bist du göttlich. Das einzige Hindernis ist das Ego.

Seinem innersten Wesen nach ist jeder ein Gott. Potenziell ist jeder ein Gott, aber das Ego verbirgt uns. Man muss es beiseite räumen. Es ist eine absolut unnötige, dicke Staubschicht, völlig ohne Bedeutung.

Aber wir werden darauf trainiert; die Gesellschaft bereitet uns darauf vor. Sie dient den etablierten Machtinteressen. Die Gesellschaft ist darauf angewiesen, dass ihr Egoisten seid, denn nur solange ihr Egoisten seid, werdet ihr ehrgeizig sein. Wäret ihr nicht ehrgeizig, dann würde die ganze wirtschaftliche Struktur, die ganze politische Struktur zusammenbrechen. Alles ist auf Ehrgeiz aufgebaut.

Darum muss jedes Kind durch Ehrgeiz vergiftet werden. Und Ehrgeiz bedeutet Ego. Du musst der Erste sein! Du musst Präsident, du musst Premierminister des Landes werden, du musst der Reichste werden, du musst den Nobelpreis gewinnen, du musst »Mister Universum« werden, du musst Schönheitskönigin werden – dieser ganze Unsinn!

Nur eines erlaubt man dir nicht: du selbst zu sein, einfach du selbst.

Alles andere kannst du versuchen, nur sei niemals ganz einfach du selbst, ganz gewöhnlich! Wenn jeder einfach er selbst wäre, würden die ganze Wirtschaftsstruktur und die Politik den Bach hinuntergehen. Wer würde dann noch Präsident sein wollen? Wozu? Es wäre unmöglich, jemanden zu finden, der Präsident werden will, außer man macht eine Strafe daraus: Wenn jemand ein Verbrechen oder einen Selbstmordversuch begeht, müsste er zur Strafe Premierminister werden – oder etwas in der Richtung. Aber wer würde dann noch all die Neurosen, Psychosen, Spannungen, Sorgen und Ängste auf sich nehmen wollen? Wer wäre dann noch so dumm, sein Leben damit zu vergeuden?

Wahre Religion ist eine Rebellion gegen diese ganze Struktur des ehrgeizigen Egos.

Lerne, das Ego loszulassen. An dem Tag, da das Ego verschwindet, hast du alles erreicht – alles, was es wert ist, erreicht zu werden. Alles, was dir Glückseligkeit und Freiheit bringen wird. Alles, was dir bewusst machen wird, dass du unsterblich bist, dass es weder einen Anfang noch ein Ende gibt, dass du ewig bist. Dann wird plötzlich das ganze Leben zu einem Fest. *(123)*

Wie unterscheidet man zwischen erleuchteter Selbstliebe und Egomanie?

Es ist ein subtiler, aber klarer Unterschied, gar nicht schwierig – subtil, aber nicht schwierig. Wer an Egomanie leidet, wird mehr und mehr Leid für sich erschaffen. Das Leid ist der Hinweis darauf, dass man krank ist.

Egomanie ist eine Krankheit, ein Krebsgeschwür der Seele.

Egomanie macht dich mehr und mehr verspannt, mehr und mehr verkrampft; sie erlaubt dir überhaupt nicht, dich zu entspannen. Sie treibt dich allmählich in den Wahnsinn.

Selbstliebe ist das genaue Gegenteil von Egomanie. In der Selbstliebe ist kein Selbst da, nur Liebe. In der Egomanie ist keine Liebe da, nur Selbst.

Durch Selbstliebe beginnst du dich immer mehr zu entspannen. Ein Mensch, der sich selbst liebt, ist total entspannt. Jemanden anderen zu lieben kann Spannung erzeugen, denn der Andere muss nicht immer in Harmonie mit dir sein. Der Andere wird seine eigenen Vorstellungen haben. Der Andere bedeutet eine andere Welt. Da gibt es viele Möglichkeiten einer Kollision, eines Aufeinanderprallens.

Da gibt es viele Möglichkeiten für Sturm und Gewitter, weil der Andere seine eigene Welt ist. Es findet immer ein subtiler Kampf statt.

Aber wenn du dich selbst liebst, ist kein anderer da. Dann gibt es keinen Konflikt – nur reine Stille, unermessliche Freude. Du bist allein; nichts kann dich stören. Der Andere wird überhaupt nicht gebraucht.

Und für mich ist nur jemand, der zu einer so tiefen Liebe zu sich selbst fähig geworden ist, auch fähig, andere zu lieben. Wenn du dich selbst nicht lieben kannst, wie kannst du andere lieben? Es muss erst im eigenen Hause passieren, es muss erst in dir passieren, bevor es sich auf andere ausdehnen kann.

Die Menschen versuchen andere zu lieben, und dabei sind sie sich gar nicht bewusst, dass sie noch nicht einmal sich selbst lieben. Wie kannst du dann andere lieben? Was man nicht hat, kann man mit niemandem teilen. Du kannst anderen nur das geben, was schon in dir ist.

Der erste und grundlegende Schritt in Richtung Liebe ist also die Selbstliebe – aber es ist kein Selbst darin. Lass mich dir das erklären. Das »Ich« entsteht erst im Gegensatz zum »Du«. »Ich« und »Du« existieren zusammen.

Das »Ich« kann in zwei Dimensionen existieren. Die eine ist die des »Ich-Es«: du und dein Haus, du und dein Auto, du und dein Geld – »Ich-Es«. Bei diesem »Ich« der »Ich-Es«-Beziehung ist dein »Ich« fast wie ein Ding. Es ist nicht bewusst; es schläft tief und fest. Dein Bewusstsein ist nicht präsent. Dann bist du wie die Dinge – ein Ding unter Dingen, ein Teil deines Hauses, ein Teil deiner Einrichtung, ein Teil deines Geldes.

Hast du das schon einmal beobachtet: Ein Mensch, der sehr geldgierig ist, nimmt allmählich die Eigenschaften des Geldes an. Er wird wie das Geld. Er verliert seine spirituelle Qualität, seine Seele. Er reduziert sich zu einem Ding. Wenn du das Geld liebst, wirst du wie das Geld. Wenn du dein Haus liebst, wirst du mit der Zeit zu etwas Materiellem. Was immer du liebst, zu dem wirst du. Liebe ist Alchimie.

Gib Acht, dass du nicht das Falsche liebst, denn es wird dich transformieren. Nichts ist so transformierend wie die Liebe. Darum liebe das, was dich in höhere Dimensionen emporhebt. Liebe das, was jenseits von dir ist. Darin besteht das ganze Anliegen der Religion: dir ein Liebesobjekt wie Gott zu geben, so dass du nicht mehr fallen kannst. Du musst höher steigen.

Die eine Art von »Ich« existiert als »Ich-Es«; die andere Art von »Ich« existiert als »Ich-Du«. Wenn du einen Menschen liebst, entsteht dieses andere »Ich« in dir, das »Ich« der »Ich-Du«-Beziehung. Wenn du einen Menschen liebst, wirst du zum Menschen.

Aber wie ist das mit der Selbstliebe? Da ist weder ein »Es« noch ein »Du«. Dann verschwindet das »Ich«, weil »Ich« nur im Kontext von »Es« oder »Du« existieren kann. »Ich« ist die Gestalt, »Es« und »Du« fungieren als das Umfeld. Wenn das Umfeld verschwindet, verschwindet auch das »Ich«.

Wenn du allein bist, dann *bist* du, aber du hast kein »Ich«, du fühlst dich nicht als »Ich«. In der Tiefe bist du ein »Bin«.

Normalerweise sagen wir: »Ich bin.« Im Zustand der tiefen Liebe zu dir selbst verschwindet das »Ich«; nur das »Bin«, das reine Sein, die reine Existenz bleibt übrig. Das wird dich mit unendlicher Seligkeit erfüllen. Es macht aus dir ein Feiern, ein Freudenfest.

Dann erübrigt sich das Problem der Unterscheidung zwischen den beiden.

Wenn du immer unglücklicher wirst, dann bist du auf dem Trip der Egomanie.

Wenn du immer ruhiger, stiller, glücklicher, friedlicher wirst, dann bist du auf einem anderen Trip – dem Trip der Selbstliebe.

Auf dem Ego-Trip bist du destruktiv gegen andere, denn das Ego versucht immer, auf Kosten des »Du« zu leben. Gehst du aber in Richtung Selbstliebe, dann verschwindet das Ego. Und wenn das Ego verschwindet, lässt du den Anderen so sein, wie er oder sie ist. Du gibst ihm totale Freiheit.

Wenn du ohne Ego bist, kannst du den Menschen, den du liebst, nicht in ein Gefängnis stecken, kannst ihn nicht in einen Käfig sperren. Du gestattest ihm, ein Adler zu sein, hoch oben am Himmel. Du gestattest ihm, er selbst zu sein, sie selbst zu sein. Du gibst völlige Freiheit.

Liebe gibt totale Freiheit. Liebe *ist* Freiheit – Freiheit für dich selbst und Freiheit für das Objekt deiner Liebe.

Ego ist Versklavung – Versklavung für dich selbst und Versklavung für dein Opfer.

Aber das Ego kann sehr verborgene Tricks mit dir spielen. Es ist sehr raffiniert und seine Methoden sind sehr subtil. Es kann sogar so tun, als wäre es Selbstliebe.

Ich will dir eine Anekdote erzählen …

Mulla Nasruddins Gesicht hellte sich auf, als er den Mann erkannte, der vor ihm die Treppe zur U-Bahn hinabstieg. Er klopfte dem Mann so heftig auf den Rücken, dass dieser beinahe hinstürzte, und dabei schrie er: »Mensch, Goldberg! Jetzt hätt ich dich beinah nicht erkannt! Du hast ja mindestens dreißig Pfund zugenommen, seit ich dich das letzte Mal gesehen habe! Und die Nase hast du dir auch operieren lassen! Und ich schwöre, du bist mindestens zwanzig Zentimeter gewachsen!«

Der Mann schaute ihn wütend an: »Hören Sie«, sagte er in eiskaltem Ton, »ich heiße nicht Goldberg.«

»Was du nicht sagst!«, sagte Mulla Nasruddin. »Sogar deinen Namen hast du geändert?«

Das Ego ist sehr schlau und es rechtfertigt sich ständig und findet immer Rationalisierungen. Wenn du nicht sehr gut aufpasst, kann es sich sogar hinter Selbstliebe verstecken. Es wird hinter dem Wort »Selbst« Schutz suchen. Es wird sagen: »Ich bin dein Selbst.« Es kann sein Gewicht verändern, es kann seine Größe verändern, es kann sogar seinen Namen verändern. Und weil es nur eine Einbildung ist, hat es auch damit kein Problem: Es kann kleiner werden, es kann größer werden. Es ist ja nur dein Fantasieprodukt.

Pass also gut auf! Wenn du wirklich in der Liebe wachsen willst, ist große Achtsamkeit nötig. Jeder Schritt muss mit tief gehender Bewusstheit getan werden, damit das Ego keine Schlupflöcher findet, in denen es sich verstecken kann.

Dein wirkliches Selbst ist weder »Ich« noch »Du«, es ist weder du noch der Andere. Dein wirkliches Selbst ist etwas ganz und gar Transzendentes.

Was du »Ich« nennst, ist nicht dein wirkliches Selbst. »Ich« ist etwas, das du der Wirklichkeit übergestülpt hast. Wenn du zu jemandem »Du« sagst, wendest du dich nicht an das wirkliche Selbst des Anderen. Du hast ihm einfach nur ein Etikett aufgedrückt. Wenn alle Etiketten wegfallen, bleibt das wirkliche Selbst übrig – und das wirkliche Selbst gehört ebenso zu dir wie zum Anderen. Das wirkliche Selbst ist eins.

Darum sage ich, dass wir alle am gemeinsamen Sein teilhaben; wir sind Teile voneinander. Unsere wahre Realität ist Gott. Wir mögen wie Eisberge auf dem Meer dahintreiben und getrennt erscheinen – doch wenn wir schmelzen, bleibt nichts von uns übrig. Die Konturen werden verschwinden, die Begrenzungen werden verschwinden und der Eisberg wird nicht mehr da sein. Er wird eins mit dem Ozean.

Das Ego ist ein Eisberg. Lass ihn schmelzen. Lass ihn dahinschmelzen in tiefer Liebe, sodass er sich auflöst und du eins wirst mit dem Ozean.

Ich habe gehört …

Der Richter sagte mit strenger Miene: »Mulla, deine Frau behauptet, du hättest sie mit einem Baseballschläger auf den Kopf geschlagen und die Treppe hinuntergeworfen. Was hast du dazu vorzubringen?«

Mulla Nasruddin rieb sich mit der Hand die Nase und dachte nach. Schließlich sagte er: »Euer Ehren, ich denke, in diesem Fall gibt es drei Seiten: die Geschichte meiner Frau, meine eigene Geschichte und die Wahrheit!«

Da hat er wohl Recht.

»Sie denken sicher, die Wahrheit hätte zwei Seiten«, sagte er, »aber in diesem Fall hat sie drei Seiten« – und damit hat er völlig Recht.

Es gibt deine Geschichte, meine Geschichte und die Wahrheit – es gibt dich und mich und die Wahrheit.

Die Wahrheit ist weder »Ich« noch »Du«. »Ich« und »Du« sind eine Projektion auf die Unermesslichkeit der Wahrheit.

»Ich« ist nicht wahr, »Du« ist nicht wahr – nützlich zwar und zweckmäßig in dieser Welt. Es wäre schwierig, ohne »Ich« und »Du« diese Welt zu betreiben.

Gut – benutze diese Wörter, aber sie sind nur Hilfsmittel für die Welt. In Wirklichkeit gibt es weder »Du« noch »Ich«. Da existiert etwas – oder jemand oder eine Energie, die grenzenlos ist und keine Trennlinien kennt. Daraus kommen wir und darin verschwinden wir auch wieder. *(124)*

Warum nehme ich mich selbst und alles andere so schrecklich ernst?

Das Ego kann nur existieren, wenn du dich selbst und alles andere ernst nimmst.

Nichts tötet das Ego so leicht wie Lachen und Verspieltheit. Wenn du anfängst, das Leben als Spaß zu nehmen, muss das Ego sterben; dann kann es nicht weiterexistieren.

Das Ego ist eine Krankheit. Es braucht ein Klima von Traurigkeit, damit es existieren kann. Ernsthaftigkeit erzeugt diese Traurigkeit in dir. Traurigkeit ist der notwendige Nährboden für das Ego. Deshalb sind eure Heiligen so ernst, weil sie nämlich die größten Egoisten auf dieser Welt sind! Sie mögen so tun, als wären sie demütig, aber sie sind stolz auf ihre Demut! Sie nehmen ihre Demut sehr ernst.

Ein wirklicher Heiliger kann nicht ernst sein. Ein wirklich religiöser Mensch muss das Leben feiern. Sieh dich nur um ... sieh die Bäume – sind sie etwa ernst? Sieh die Vögel, hör ihnen zu – sind sie ernst? Sieh die Sterne, den Mond, die Sonne – sind sie ernst? Die Existenz ist ganz und gar unernst; sie ist ein einziger Tanz. Sie ist ein immer währendes Feiern, ein Fest.

Nur der Mensch ist ernst, denn nur der Mensch hat versucht, eine Trennung zwischen sich und der Existenz zu errichten. Er will nicht bloß ein Teil des Ganzen sein, weil er dann darin verschwinden würde. Er will sich seine Identität bewahren, seinen eigenen Namen, seine eigene Gestalt, seine Definition. Selbst wenn er dadurch Leid erzeugt, nimmt er das in Kauf; selbst wenn er dafür in der Hölle leben muss, ist er dazu bereit.

Einmal fragte jemand George Bernard Shaw, wo er denn hin möchte, wenn er stirbt – in die Hölle oder in den Himmel. Er sagte: »Ich will da hin, wo ich der Erste sein kann. Ich will nicht der Zweite sein.« Und im Himmel hat man keine Chance, der Erste zu sein, denn es sind schon so viele Heilige dort – Jesus und Zarathustra und Mahavira und Buddha. Wer beachtet denn dort einen armen George Bernard Shaw? Er ist bereit, zur Hölle zu gehen, wenn er nur der Erste sein kann.

Das Ego will immer der Erste sein, das Ego will alle anderen unter sich wissen; deswegen nimmt es sich selbst so ernst. Deswegen ist es ein solcher Perfektionist. Es verlangt Perfektion, was unmöglich ist. Niemand ist perfekt. Niemand könnte auch nur für einen einzigen Augenblick existieren, wenn er vollkommen wäre. Unvollkommenheit ist das Merkmal des Lebens, denn nur wenn man unvollkommen ist, kann man wachsen. Wenn man vollkommen ist, gibt es kein Wachstum mehr, keine Evolution mehr. Wenn man vollkommen ist, ist man in einer Sackgasse. Vollkommenheit bedeutet Tod; Unvollkommenheit bedeutet Fließen, Wachstum, Bewegung, Dynamik.

Das Ego verlangt Perfektion von sich selbst und auch von anderen. Es verlangt das Unmögliche, und weil das Unmögliche nicht erreicht werden kann, kann das Ego weiterbestehen. Es ist nicht zufrieden mit dem Gewöhnlichen; es will das Außergewöhnliche. Und das Leben besteht nur aus dem Gewöhnlichen. Aber das Gewöhnliche ist schön, das Gewöhnliche ist wunderbar. Es gibt keine Notwendigkeit für irgendetwas Außergewöhnliches.

Das gewöhnliche Leben ist heilig, aber das Ego verurteilt es als profan. Es verlangt nach dem außergewöhnlichen Leben. Darum haben alle Religionen über ihre Begründer Geschichten erfunden, die unwahr sind: Moses teilte das Meer, Jesus ging über das Wasser … alle diese Geschichten sind reine Erfindungen – Lügen, die von den Anhängern erfunden wurden, um zu beweisen, dass ihr Meister außergewöhnlich sei, dass er kein gewöhnlicher Mensch sei.

In Wirklichkeit kann man keine gewöhnlicheren Menschen finden als Buddha, Mahavira, Jesus, Moses, Zarathustra, Laotse. Sie sind so einfach! Sie haben sich akzeptiert, wie sie sind. Sie leben im Sosein, *Tathata*. Sie lechzen nicht nach Perfektion. Sie sind vollkommen im Einklang mit dieser unperfekten Welt, völlig zufrieden damit. Und sie nehmen sich selbst nicht so ernst, als dass sie große Höhen, große Gipfel erreichen und alle anderen übertreffen müssten.

Sie sind doch nicht verrückt! Sie sind schöne Menschen und ihre Schönheit besteht darin, dass sie das Gewöhnliche als außergewöhnlich, das Profane als heilig akzeptiert haben.

Du fragst: »*Warum nehme ich mich selbst und alles andere so schrecklich ernst?*«

Jeder nimmt sich selbst und die anderen ernst. Nur so kann das Ego existieren. Fang an, ein bisschen spielerischer zu werden, dann wirst du erleben, wie dein Ego sich auflöst. Nimm das Leben als etwas Unernstes, nimm es als Witz – ja, als einen kosmischen Witz. Lach ein bisschen mehr!

Lachen ist viel wichtiger als Beten. Beten kann dein Ego nicht beseitigen – im Gegenteil, es wird dadurch höchstens noch heiliger, noch frommer. Aber Lachen beseitigt mit Sicherheit dein Ego. Ist dir schon aufgefallen, wenn du wirklich lachst …? Dein Ego verschwindet für einen Moment. Du wirst wieder zum Kind, du kicherst. Du vergisst, dass du etwas Besonderes bist. Du bist nicht mehr ernst. Für einen Augenblick hast du deine Fixierung fallen gelassen.

Deswegen liebe ich Witze. Sie sind Gift für euer Ego!

Ihr hättet es wohl lieber, dass ich über ernsthafte Dinge rede: über Astralebenen und wie viele Körper der Mensch besitzt, ob sieben oder neun, und wie viele Chakras. Jeden Tag kommen solche Fragen – Esoterisches, Okkultes. Das sind die ernsthaften Leute! Aber hier sind sie in die falsche Gesellschaft geraten!

Ich bin überhaupt nicht ernst. Ich lache nur nicht mit euch, weil das zum Witzeerzählen dazugehört. Wenn man einen Witz erzählt, muss man ganz ernst bleiben; man darf nicht mitlachen. Ich muss für mich allein im stillen Kämmerchen lachen! Aber meine Lebenseinstellung ist alles andere als ernst; sie ist spielerisch, denn nur so kann nach meiner Erfahrung das Ego verschwinden.

Beobachte mal, wenn du lachst: Wo ist dann das Ego? Plötzlich bist du zum Schmelzen gekommen, plötzlich bist du flüssig geworden, nicht mehr erstarrt, sondern im Fluss. Dann bist du nicht mehr alt und weise und schrecklich gelehrt.

Hör dir diesen Witz an und schau, ob du dein Ego wieder findest:

Kurz nach der Ankunft im Flitterwochenapartment beginnt der nervöse Bräutigam sich darüber Gedanken zu machen, wie unschuldig seine Braut wohl noch ist. Schließlich entscheidet er sich für den direkten Weg. Er zieht sich schnell aus, zeigt auf seine freigelegte Männlichkeit und fragt seine Angetraute: »Weißt du, was das ist?«

Ohne Zögern sagt sie errötend: »Das ist ein Zipfel.«

Erfreut über die Aussicht, seine naive Frau in die Geheimnisse des Ehelebens einweihen zu können, flüstert der Ehemann: »Liebling, von jetzt an werden wir das einen Schwanz nennen.«

»Ach, komm«, kichert sie. »Ich hab schon viele Schwänze gesehen, aber das ist ein Zipfel.« *(124)*

Warum bereitet es dir ein solches Vergnügen, uns so sehr zum Lachen zu bringen? In diesen Momenten fühlt es sich an, als ob wir alle ein Glas göttlichen Champagners miteinander trinken würden. In diesem Spaß verlieren wir uns selbst und kommen dir ganz nahe. Danke!

Noch keine Religion dieser Welt hat je das Lachen als spirituelle Qualität anerkannt. Was mich angeht, so ist es eine der wichtigsten spirituellen Qualitäten, einfach deshalb, weil im totalen Lachen das Ego verschwindet. Dann existiert nur noch das Lachen, aber ihr seid nicht mehr.

Und wenn das nicht bedeutet, spirituell zu sein, was sonst? Daher kommt es, dass ihr, wenn ihr zusammen lacht, alle ineinander verschmelzt und auch mit mir verschmelzt. All die kleinen Egos verschwinden wie Tautropfen in der frühen Morgensonne.

Der Verstand konnte noch nie lachen: Er ist grundsätzlich ernsthaft, grundsätzlich pathologisch. In dem Moment, wo du lachst, funktionierst du plötzlich nicht mehr aus dem Verstandeszentrum; du fängst an, aus dem Herzzentrum zu funktionieren. Und wenn dein Lachen wirklich total ist, kannst du sogar noch tiefer rutschen als das Herz – dann kannst du bis ins Zentrum deines Seins gelangen. Es kann dir einen Schimmer der Wahrheit, der Schönheit, der feiernden Existenz geben. Darum liebe ich es, euch so viel wie möglich lachen zu sehen.

Und du hast Recht: *»In diesen Momenten fühlt es sich an, als ob wir alle ein Glas göttlichen Champagners miteinander trinken würden.«* Nicht nur »als ob« … wir trinken tatsächlich ein Glas göttlichen Champagners miteinander. *»In diesem Spaß verlieren wir uns und kommen dir ganz nahe.«* Und nicht nur nahe – ihr könnt eins mit mir werden.

Sich nahe zu sein bedeutet immer noch Entfernung; sich

nahe zu sein bedeutet immer noch Trennung. Liebe kommt nie zur Erfüllung, wenn man sich nur nahe kommt. Sie kommt nur zur Erfüllung, wenn die Grenzen verschwinden und es zu einem Verschmelzen und Einswerden kommt.

Speziell für dich erzähle ich den folgenden Witz:

Ein berühmter Zulu-Krieger kam einmal zum König des Zululandes und bat ihn um die Hand seiner Tochter. Der König sagte: »Kein Mann kann meine Tochter heiraten, wenn er nicht vorher drei Aufgaben erfüllt, die ich ihm stellen werde!«

Der Krieger sagte: »Sprich, o König, und ich werde sie sogleich ausführen!«

Der König sagte: »Ich habe drei Zelte aufbauen lassen. Im ersten Zelt ist ein großes Fass mit Alkohol. Das musst du auf einen Zug austrinken. Dann musst du sofort in das zweite Zelt gehen. Dort ist ein zwei Meter großer Gorilla mit rasenden Zahnschmerzen. Du musst seinen schlechten Zahn finden und ihn mit bloßen Händen herausziehen. Und dann musst du sofort in das dritte Zelt gehen. Dort wartet eine englische Lady, die speziell darauf trainiert wurde, keinen Orgasmus zu haben, und die musst du total befriedigen!«

»Geht in Ordnung, mein König«, sagte der Krieger. Er ging ins erste Zelt und trank das ganze Fass Alkohol in einem gewaltigen Zug leer. Dann wankte er hinaus und ging sofort ins nächste Zelt mit dem rasenden Gorilla. Es gab einen furchtbaren Kampf. Das Zelt wackelte, die Luft war von wüstem Geschrei und Geheul erfüllt und durch die Türöffnung kamen große Fetzen Fell geflogen sowie ein menschliches Ohr.

Das Brüllen und Toben ging noch zwanzig Minuten so weiter. Dann kam der Krieger blutüberströmt herausgekrochen, erhob sich schwankend auf die Füße und sagte: »Okay, Majestät! Jetzt sag mir: Wo ist die englische Lady mit den Zahnschmerzen?« *(125)*

Ja, Osho, ja. Es gibt keine Flasche mehr, nicht mehr dich, nicht mehr mich, nur noch diese trunkene Freude, bei der sich meine Zehen vor Vergnügen kringeln. Aber, Osho … was war der Witz?

Der Witz aller Witze, der einzige Witz …

Der Beamte Riko bat einmal den Zen-Meister Nansen, ihm das alte Problem mit der Gans in der Flasche zu erklären. »Wenn man ein Gänseküken in eine Flasche steckt«, sagte Riko, »und es füttert, bis es ausgewachsen ist, wie kann man dann die Gans herausholen, ohne sie zu töten oder die Flasche zu zerbrechen?«

Nansen klatschte kräftig in die Hände und rief: »Riko!«

»Ja, Meister?«, schreckte der Beamte hoch.

»Siehst du«, sagte Nansen, »die Gans ist draußen.«

Dies ist der einzige und letztmögliche Witz im Leben. Ihr *seid* erleuchtet. Ihr *seid* Buddhas, die vorgeben, keine zu sein, die vorgeben, jemand anders zu sein. Und meine ganze Arbeit hier besteht darin, euch bloßzustellen.

Siehst du, die Gans ist draußen! Du wirst jede Anstrengung unternehmen, sie wieder in die Flasche zurückzutun, denn wenn die Gans erst mal draußen ist, dann hast du keine Probleme mehr.

Und der Mensch versteht nur mit Problemen zu leben, er weiß nicht, wie er ohne Probleme leben soll. Also steckt er die Gans immer wieder in die Flasche zurück.

Es gibt ein wunderschönes Gedicht von Rabindranath Tagore.

Er sagt: »Ich habe Tausende von Leben lang nach Gott gesucht. Ich sah ihn manchmal von weitem, bei einem fernen Stern. Ich eilte hin … und als ich ankam, war er schon wieder fort. Ich folgte ihm weiter und weiter. Schließlich kam ich an eine Tür, und auf der Tür stand geschrieben: ›Dies ist das Haus, wo Gott lebt.‹«

Rabindranath sagt: »Ich wurde zum ersten Mal tief verunsichert. Ich war völlig verwirrt. Zitternd ging ich die Stufen hoch. Eben wollte ich anklopfen, als ich es plötzlich sah, wie vom Blitz getroffen: Wenn ich an die Tür klopfe und Gott öffnet, was dann? Dann ist alles aus: mein Herumreisen, meine Pilgerfahrten, meine großen Abenteuer, meine Philosophie, meine Dichtung – all die Sehnsucht meines Herzens – alles ist aus! Es ist Selbstmord.

Und als ich das so kristallklar sah«, sagt Rabindranath, »da zog ich meine Schuhe aus und ging mucksmäuschenstill die Stufen wieder hinunter, damit er mich ja nicht hörte und die Tür aufmachte – denn was dann? Und von dem Moment an, als ich am Fuß der Treppe ankam, habe ich nie wieder zurückgeschaut. Seitdem renne und renne ich seit Tausenden von Jahren. Ich suche immer noch Gott, obwohl ich jetzt weiß, wo er wohnt. Ich brauche also nur einen großen Bogen um dieses Haus zu machen und kann ihn sonst überall suchen. Ich brauche keine Angst zu haben ... nur jenes Haus, das muss ich meiden. Jenes Haus verfolgt mich. Ich kann mich genau daran erinnern. Sollte ich durch Zufall dieses Haus betreten, dann wäre alles aus ...«

Das ist eine große Erkenntnis.

Der Mensch lebt in Problemen, der Mensch lebt im Unglück. Ohne Probleme zu leben, ohne Unglück zu leben, dazu gehört wirklich Mut.

Ich lebe seit fünfundzwanzig Jahren ohne Probleme und ich weiß, es ist eine Art Selbstmord. Ich sitze einfach immer nur in meinem Zimmer und tue nichts. Es gibt nichts zu tun!

Wenn ihr so viel Schweigen in euch einlassen könnt, dass es euch bis in den Kern eures Wesens durchdringt, dann, nur dann werdet ihr fähig sein, die Gans aus der Flasche zu lassen. Vielleicht für eine Sekunde ... und dann werdet ihr die Gans wieder in die Flasche zurückstoßen. Dann habt ihr etwas zu tun, das hält euch beschäftigt, besorgt, gedankenvoll, ängstlich.

In dem Augenblick, in dem die Probleme aufhören, hört das Denken auf.

In dem Augenblick, in dem die Probleme aufhören, hört das Ego auf.

Das Ego und das Denken können sich nur im Dickicht der Probleme am Leben halten.

Meiner Beobachtung nach schafft der Mensch sich Probleme, um sein Ego zu nähren. Wenn es keine wirklichen Probleme gibt, wird er welche erfinden. Aber erfinden muss er welche, sonst kann sein Verstand nicht weiter funktionieren.

Hiermit erkläre ich also einfach, dass alles göttlich ist. Die Bäume und die Felsen und die Steine und die Berge und die Sterne – alle sind göttlich. Die Gans war nie in der Flasche drin! Es ist nur der Mensch, der nicht ohne Probleme leben kann, der die Gans erst in die Flasche hineinzwingt und dann fragt, wie er sie wieder herauskriegen kann. Und dann stellt er unmögliche Bedingungen: Erstens darf die Flasche nicht zerbrochen werden und zweitens darf die Gans nicht getötet werden.

Jetzt ist die Gans groß, sie nimmt die ganze Flasche ein. Es ist unmöglich, die Bedingungen zu erfüllen. Entweder muss die Flasche zerbrochen werden – und das ist nicht erlaubt – oder die Gans muss dran glauben – auch das ist nicht erlaubt. Du musst die Gans herausbekommen, ohne sie zu töten und ohne die Flasche zu zerschlagen. Das ist aber nicht möglich, das liegt nicht in der Natur der Dinge. *Ais dhammo sanantano* – so ist das Gesetz des Lebens. Es ist nicht möglich. Und so ist der Mensch zufrieden, weil es nun mal nicht möglich ist. Fazit: Er darf seine Flasche weiter tragen.

Ich sehe dich, wie du die Flasche mit der Gans herumschleppst. Aber die Wahrheit ist, dass die Flasche nur unsere Einbildung ist, ein Fantasiegebilde aus demselben Stoff, aus dem unsere Träume sind.

Das zu akzeptieren ist für die Menschheit das Allerschwerste. Daher so viel Widerstand gegen mich, weil ich euch sage, dass ihr Götter seid, dass ihr Buddhas seid, dass es keinen anderen Gott gibt als *dich*.

Das zu akzeptieren ist das Schwerste überhaupt.

Du möchtest lieber ein Sünder sein, du möchtest lieber schuldig sein und lieber zur Hölle fahren, als zu akzeptieren, dass du ein Buddha bist, ein Erwachter – denn dann wären alle Probleme gelöst. Und wenn die Probleme gelöst sind, löst *du* dich auf. Und sich im All aufzulösen ist das Einzige, was überhaupt Wert hat, das Einzige, was irgendwie Bedeutung hat.

Was ich euch sage, ist keine Ideologie. Dieser Ort (der Ashram in Pune) *bewirkt* etwas. Dies ist ein Buddhafeld. Ich muss euch Dinge wegnehmen, die ihr nicht habt, und ich muss euch Dinge geben, die ihr längst habt. Ihr braucht mir kein bisschen dankbar zu sein, denn ich gebe euch nichts Neues, ich verhelfe euch lediglich dazu, euch zu erinnern.

Ihr habt die Sprache eures wahren Seins vergessen.

Ich bin dahin gekommen, sie wieder zu erkennen – ich habe mich wieder an mich erinnert. Und von dem Tag an, da ich mich wieder an mich erinnert habe, befinde ich mich in einer merkwürdigen Situation: Ich habe Mitleid mit euch und doch muss ich insgeheim auch über euch schmunzeln – denn in Wirklichkeit habt ihr gar keine Probleme.

Ihr braucht kein Mitleid. Was ihr braucht, ist ein Hammer. Ihr braucht einen Schlag auf den Kopf!

Dein Leiden ist ein Witz. Ekstase ist deine wirkliche Natur.

Du bist Wahrheit.
Du bist Liebe.
Du bist Seligkeit.
Du bist Freiheit. *(127)*

Über den Autor

Osho ist ein zeitgenössischer Mystiker, dessen Leben und Lehren Millionen von Menschen aller Altersgruppen und Lebensbereiche beeinflußt haben. Die Londoner *Sunday Times* zählte Osho zu den »1000 Gestaltern des 20. Jahrhunderts«, und die indische Zeitung *Sunday Mid-Day* reihte ihn ein unter die zehn Menschen, die das Schicksal Indiens in neue Bahnen gelenkt haben – zusammen mit Gandhi, Nehru und Buddha.

Osho hat über sich und sein Wirken gesagt, daß er dazu beitrage, die Voraussetzungen für die Geburt eines neuen Menschen zu schaffen. Er hat ihn oft als »Zorba the Buddha« charakterisiert – ein Mensch, der die irdischen Freuden eines Alexis Sorbas ebenso wie die heitere Stille eines Gautama Buddha genießen kann. Durch alle Aspekte von Oshos Werk zieht sich wie ein roter Faden eine Vision, die die zeitlose Weisheit des Ostens und das höchste Potential westlicher Wissenschaft und Technologie vereint.

Bekannt ist Osho auch für seinen revolutionären Beitrag zur Wissenschaft der inneren Transformation. Seine Sicht von Meditation bezieht das beschleunigte Tempo unseres modernen Lebens mit ein. Daher sind seine einzigartigen »Aktiven Meditationen« so gestaltet, daß zuerst der im Körper und im Geist angesammelte Streß freigesetzt wird, was es viel leichter macht, einen gedankenfreien und entspannten Zustand von Meditation zu erfahren.

Die Webseite www.osho.com bietet in mehreren Sprachen einen detaillierten Überblick über Oshos Werk und seine Meditationen.

Von Osho sind zwei autobiographische Werke erhältlich:

Autobiography of a Spiritually Incorrect Mystic. St. Martins Press, 2000 (dt.: *Autobiographie eines spirituellen Provokateurs.* Wilhelm Heyne Verlag, München 2003)

Glimpses of a Golden Childhood. The Rebel Publishing House, 1985 (dt.: *Goldene Augenblicke.* Osho Verlag, Köln 1995)

Osho Meditation Resort

Um Menschen die unmittelbare Erfahrung einer neuen Lebensweise zu vermitteln, die mehr Achtsamkeit, Entspannung und Freude zum Ziel hat, wurde ein Meditation Resort ins Leben gerufen. Es liegt in Pune, Indien, etwa hundertfünfzig Kilometer südöstlich von Bombay. Pune, einst Zufluchtsort vor der Sommerhitze, ist heute eine aufstrebende moderne Großstadt, die mehrere Universitäten und diverse High-Tech-Industrien beherbergt.

Das Resort umfaßt rund fünfzehn Hektar Land im üppig grünen Wohnviertel Koregaon Park und bietet zeitgenössische und traditionelle Meditationsprogramme für Tausende von Besuchern aus über hundert Ländern an. Unterkunftsmöglichkeiten gibt es in zahlreichen nahegelegenen Hotels und Privatwohnungen sowie in einem neuerstellten luxuriösen Gästehaus im Resort selbst.

Alle Meditationsprogramme wurden speziell für Menschen von heute konzipiert. Die verwendeten Methoden sind eine Hilfe zur Selbsttransformation und tragen dazu bei, eine Qualität von Entspannung, Bewußtheit und Stille ins eigene Leben zu bringen.

Das Meditationsprogramm beginnt jeden Tag um sechs Uhr früh und endet um zehn Uhr abends. Es zieht sich durch das ganze Jahr, ebenso wie das umfangreiche Angebot an Einzelsitzungen, Gruppenworkshops und Kursen, die größtenteils in modernen, klimatisierten Räumlichkeiten stattfinden. Das »Club Med«-Programm – »Med« für Meditation – bietet die Möglichkeit, auf einem liebevoll gestalteten Gelände auf »Zen«-Weise mit verschiedenen Sportarten zu experimentieren und Erholung zu finden.

Im Resort wird in Cafés und Restaurants im Freien traditionelle indische Küche sowie eine Vielfalt internationaler Gerichte mit biologisch angebautem Gemüse von der eigenen Farm serviert. Das Resort verfügt zudem über eine eigene Filtrieranlage für sicheres, sauberes Trinkwasser.

Informationen über Anreise und Programme bei:
www.osho.com/resort

www.osho.com

Diese Webseite bietet in verschiedenen Sprachen eine Führung durch das Gelände, Informationen über Bücher und CDs, die Adressen von Osho-Informationszentren weltweit sowie Auszüge aus Oshos Vorträgen.

Osho International
New York
oshointernational@oshointernational.com
www.osho.com/oshointernational

Quellennachweis

Die Quellenangaben beziehen sich auf die Titel der Originalvortragserien, die fast alle in Englisch in Buchform erschienen sind. Soweit eine deutschsprachige Ausgabe vorliegt, sind Titel und Verlag in Deutsch angegeben.

1. Kapitel: Ego

1 From Death to Deathlessness, 6. Kapitel
2 From Bondage to Freedom, 33. Kapitel
3 From the False to the Truth, 18. Kapitel
4 The Book of Wisdom, 16. Kapitel
5 Ebd.
6 This Very Body the Buddha, 6. Kapitel

2. Kapitel: Ideale

7 Ekstase: Die vergessene Sprache, 4. Kapitel, Osho Verlag
8 The Transmission of the Lamp, 26. Kapitel
9 Das Herz Sutra, 6. Kapitel, Osho Verlag
10 Die Gans ist raus, 5. Kapitel, Sannyas Verlag
11 The Revolution, 2. Kapitel
12 Die Gans ist raus, 9. Kapitel, Sannyas Verlag
13 Guida Spirituale, 12. Kapitel
14 Be Still and Know, 6. Kapitel
15 The Further Shore, 17. Kapitel

3. Kapitel: Erfolg

16 The Sun Rises in the Evening, 10. Kapitel
17 The Fish in the Sea is Not Thirsty, 3. Kapitel

18 The Dhammapada: The Way of the Buddha, 1. Band, 4. Kapitel
19 I Say Unto You, 2. Band, 4. Kapitel
20 The Osho Upanishad, 11. Kapitel
21 The Transmission of the Lamp, 36. Kapitel
22 From the False to the Truth, 18. Kapitel
23 The Search, 7. Kapitel
24 Yoga: The Science of the Soul, 2. Band, 6. Kapitel
25 The Dhammapada: The Way of the Buddha, 12. Band, 9. Kapitel
26 Beyond Enlightenment, 20. Kapitel

4. Kapitel: »Mind«

27 Bodhidharma: The Greatest Zen Master, 2. Kapitel
28 Beyond Psychology, 25. Kapitel
29 Socrates Poisoned Again After Twenty-Five Centuries, 28. Kapitel
30 The Razor's Edge, 25. Kapitel
31 Beyond Psychology, 39. Kapitel
32 The Fish in the Sea is Not Thirsty, 14. Kapitel
33 The Wisdom of the Sands, 2. Band, 2. Kapitel

5. Kapitel: Identifikation

34 That Art Thou, 3. Kapitel
35 Jenseits von Psychologie, 19. Kapitel, Osho Verlag
36 Ebd.
37 The Invitation, 4. Kapitel
38 Sprengt den Fels der Unbewusstheit, 8. Kapitel, Osho Verlag
39 The Way of Tao, 1. Band, 3. Kapitel
40 The Way of Tao, 1. Band, 5. Kapitel
41 The Dhammapada: The Way of the Buddha, 11. Band, 10. Kapitel
42 The Dhammapada: The Way of the Buddha, 6. Band, 10. Kapitel

6. Kapitel: Macht

43 Om Mani Padme Hum, 24. Kapitel
44 The Razor's Edge, 29. Kapitel
45 The Razor's Edge, 6. Kapitel
46 Philosophia Perennis, 2. Band, 4. Kapitel
47 The Dhammapada: The Way of the Buddha, 2. Band, 4. Kapitel
48 The Golden Future, 7. Kapitel

7. Kapitel: Politik

49 The Path of the Mystic, 42. Kapitel
50 From Misery to Enlightenment, 7. Kapitel
51 From Misery to Enlightenment, 7. Kapitel
51 Beyond Psychology, 26. Kapitel
52 The Last Testament, 1. Band, 3. Kapitel
53 From Darkness to Light, 14. Kapitel

8. Kapitel: Gewalt

55 The Invitation, 10. Kapitel
56 From Bondage to Freedom, 8. Kapitel
57 The Golden Future, 7. Kapitel
58 From Death to Deathlessness, 15. Kapitel
59 The Fish in the Sea is Not Thirsty, 13. Kapitel
60 The Path of the Mystic, 34. Kapitel

9. Kapitel: Krise

61 From Unconsciousness to Consciousness, 15. Kapitel
62 Communism and Zen Fire, Zen Wind, 5. Kapitel
63 The Sword and the Lotos, 3. Kapitel
64 The Path of the Mystic, 29. Kapitel

10. Kapitel: Therapie

65 The Wild Geese and the Water, 4. Kapitel
66 Yoga: The Science of the Soul, 9. Band, 6. Kapitel

67 The Secret of Secrets, 1. Band, 12. Kapitel
68 The Supreme Doctrine, 13. Kapitel
69 Yoga: The Science of the Soul, 4. Band, 4. Kapitel
70 The Rebel, 26. Kapitel
71 Sermons in Stones, 14. Kapitel

11. Kapitel: Meditation

72 Das Orangene Buch, Osho Verlag
73 The Perfect Way, 8. Kapitel
74 Philosophia Ultima, 1. Kapitel
75 Om Mani Padme Hum, 2. Kapitel
76 The Path of the Mystic, 12. Kapitel
77 Early Talks, 7. Kapitel
78 The Rebel, 24. Kapitel
79 Meditation, die Kunst der Ekstase, Vorwort, Osho Verlag
80 Esoterische Psychologie, 4. Kapitel, Osho Verlag
81 Das Orangene Buch, Osho Verlag
82 The New Alchemy: To Turn You On, 12. Kapitel
83 Meditation: Die erste und letzte Freiheit, Osho Verlag
84 Das Orangene Buch, Osho Verlag
85 The Dhammapada: The Way of the Buddha, 2. Band, 8. Kapitel
86 Guida Spirituale, 2. Kapitel
87 The Dhammapada: The Way of the Buddha, 12. Band, 9. Kapitel
88 Philosophia Perennis, 2. Band, 5. Kapitel
89 The Dhammapada: The Way of the Buddha, 11. Band, 10. Kapitel

12. Kapitel: Liebe

90 The Secret of Secrets, 2. Band, 14. Kapitel
91 The Invitation, 23. Kapitel
92 This Is It, 6. Kapitel

93 The Beloved, 1. Band, 9. Kapitel
94 Sufis: The People of the Path, 1. Band, 14. Kapitel
95 Komm und folge … zu dir, 6. Kapitel, Osho Verlag
96 The Secret, 2. Kapitel
97 The Secret, 18. Kapitel
98 Philosophia Perennis, 2. Band, 8. Kapitel
99 The Secret, 18. Kapitel
100 Philosophia Perennis, 2. Band, 8. Kapitel
101 Yoga: The Science of the Soul, 3. Band, 2. Kapitel
102 Om Mani Padme Hum, 18. Kapitel

13. Kapitel: Tod

103 The Book of Wisdom, 22. Kapitel
104 Unio Mystica, 2. Band, 6. Kapitel
105 Das Herz Sutra, 4. Kapitel, Osho Verlag

14. Kapitel: Egolosigkeit

106 The Dhammapada: The Way of the Buddha, 12. Band, 10. Kapitel
107 Mein Weg: Der Weg der weißen Wolke, 8. Kapitel, Edition Tao
108 Dang Dang Doko Dang, 10. Kapitel
109 Rinzai: Master of the Irrational, 6. Kapitel
110 Walk Without Feet, Fly Without Wings, and Think Without Mind, 3. Kapitel
111 Jesus – der Menschensohn, 6. Kapitel, Sannyas Verlag

15. Kapitel: Erleuchtung

112 Om Mani Padme Hum, 11. Kapitel
113 The Wisdom of the Sands, 2. Band, 2. Kapitel
114 Philosophia Ultima, 2. Kapitel
115 The Wisdom of the Sands, 2. Band, 8. Kapitel

16. Kapitel: Gewöhnlichsein

116 The Book of Secrets, 66. Kapitel
117 Sermons in Stones, 30. Kapitel
118 Sermons in Stones, 27. Kapitel

17. Kapitel: Freiheit

119 Philosophia Ultima, 2. Kapitel
120 The Book of Wisdom, 5. Kapitel
121 Walk Without Feet, Fly Without Wings and Think Without Mind, 3. Kapitel
122 The Invitation, 23. Kapitel
123 Eighty-Four Thousand Poems, 22. Kapitel
124 The Beloved, 2. Band, 10. Kapitel
125 The Dhammapada: The Way of the Buddha, 10. Band, 10. Kapitel
126 The Rebellious Spirit, 21. Kapitel
127 Die Gans ist raus, 10. Kapitel, Sannyas Verlag

Alphabetisches Sachregister

B

C

I

M

S